AF500011

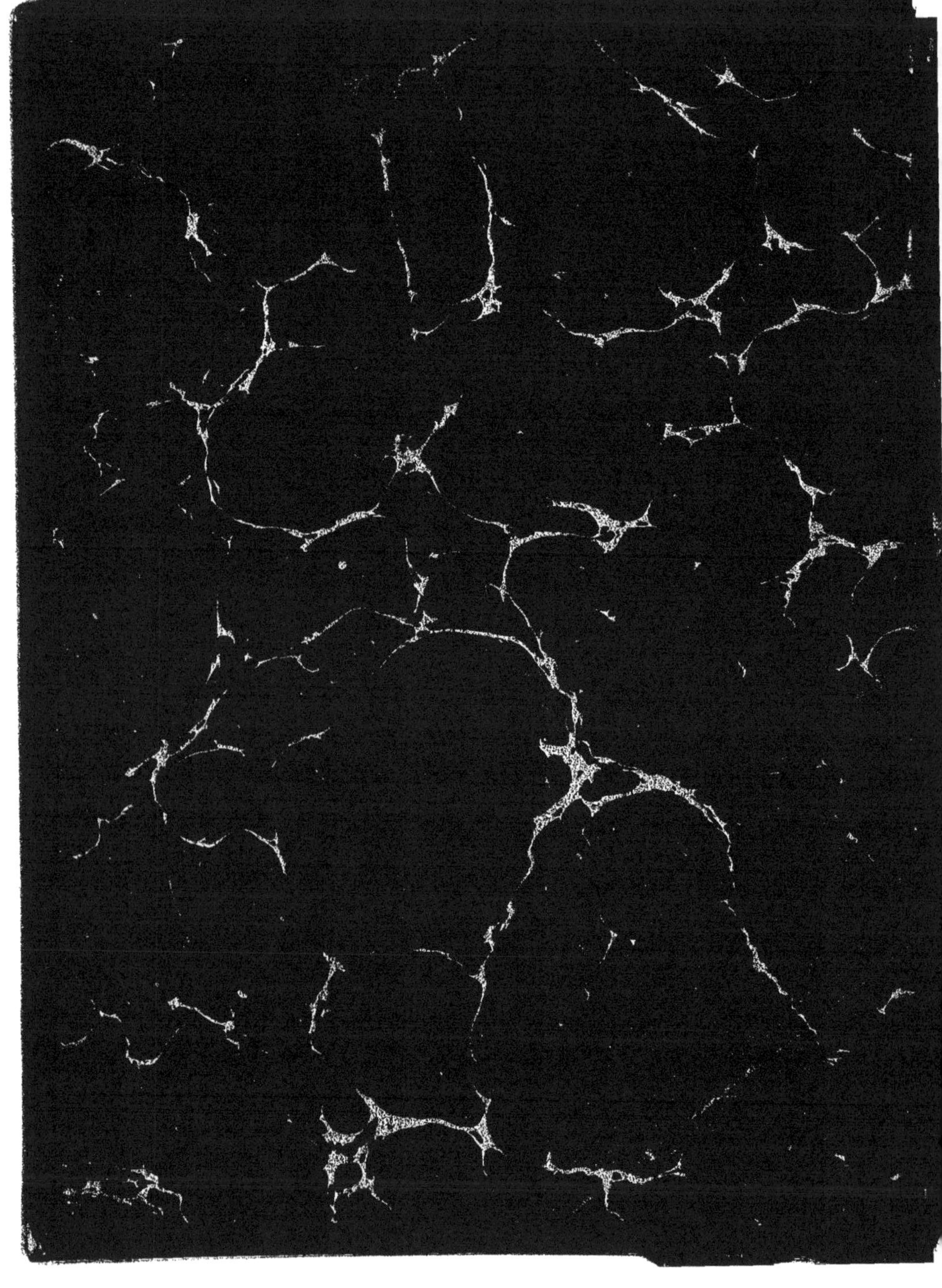

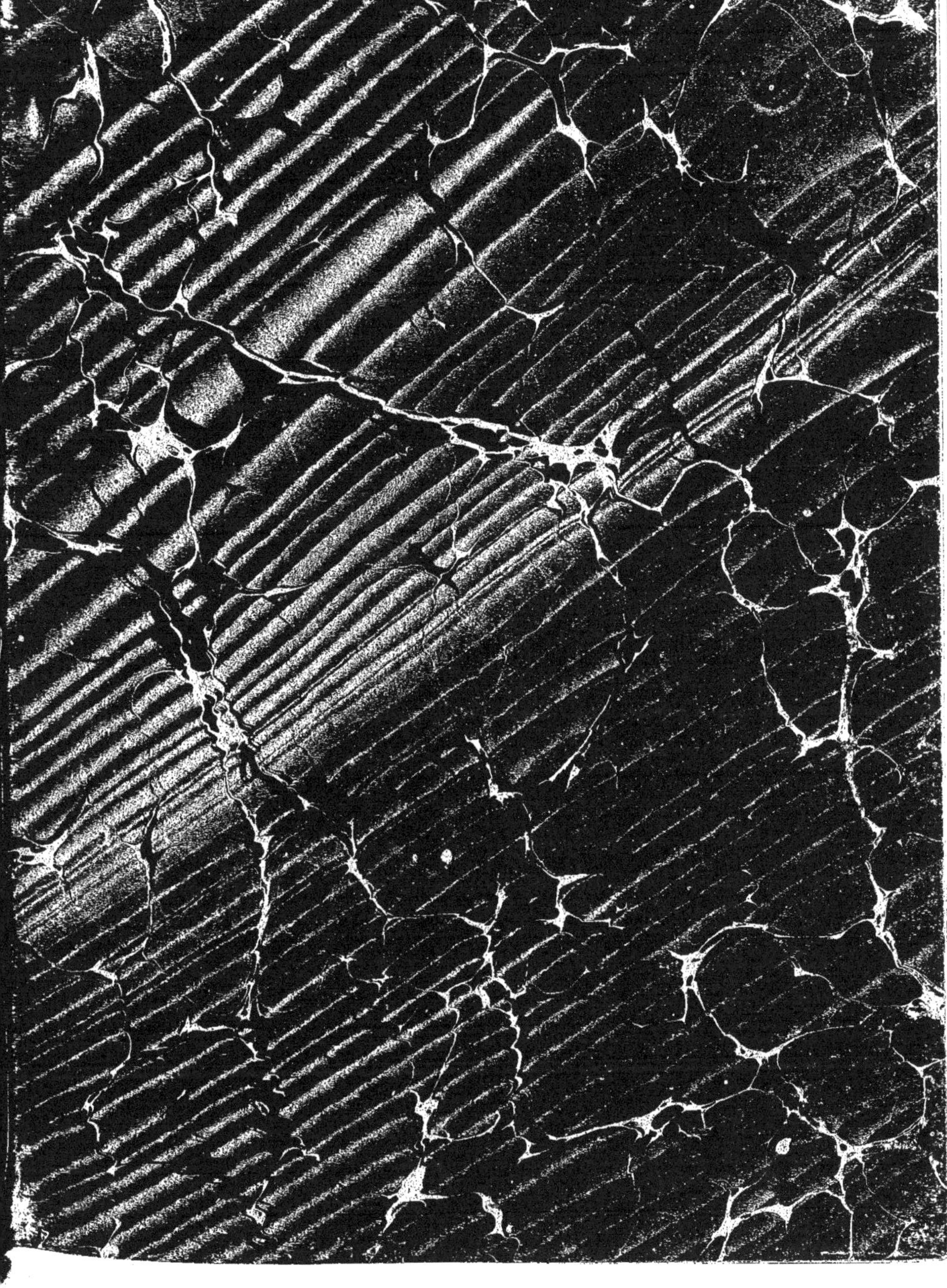

15 centimes la Livraison

LA
CORRECTIONNELLE

PETITES CAUSES CÉLÈBRES

ÉTUDES DE MŒURS POPULAIRES AU XIXe SIÈCLE

Un beau volume grand in-4°, sur papier jésus vélin glacé

ÉDITION DE LUXE

Paraissant par livraison, deux fois par semaine.

CHAQUE LIVRAISON CONTIENT

TROIS PAGES DE TEXTE AVEC ENCADREMENT

ET UN DESSIN

PAR GAVARNI

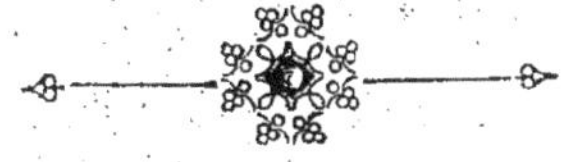

Que notre titre, tout pompeux qu'il puisse vous paraître, ne vous effraie pas ! Ce n'est ni une statistique judiciaire, ni un répertoire de jurisprudence que nous nous proposons d'écrire, mais tout simplement un tableau de mœurs. Ces mœurs ne seront ni les vôtres, ni les nôtres ; cet esprit n'appartiendra ni à nous, ni à vous. Nous ne serons que les historiens, les sténographes, les *Daguerréotypeurs* de cette être multiple, qui a plus d'esprit que l'homme le plus spirituel, et qui s'appelle —TOUT LE MONDE.

Le peuple tout entier sera là, en effet ! Merveilleuse galerie où se donneront rendez-vous la pimpante grisette, au minois et au bonnet chiffonnés ; la femme du peuple, incisive et mordante ; l'ouvrier, avec son langage plein de *tropes* et de figures; l'épicier, ce roi de notre société moderne ; le sergent-de-ville, cette pâle copie du gendarme ; le gamin, ce type immortel ; et le bon bourgeois, candide et crédule, sans lequel le gamin n'existerait pas !

Les *illustrations* de ce recueil ont été confiées au spirituel et gracieux crayon de GAVARNI. Là, se résume tout le véritable mérite de notre livre. Là seulement est la création ; car reproduire ainsi, c'est créer. Quant à l'*humour* de notre texte, si les scènes que nous vous raconterons parviennent à vous mettre au cœur et sur la lèvre ce rire *rabelaisien* devenu si rare aujourd'hui ; heureux alors d'avoir réussi, nous vous avouerons tout bas que le but de cette publication doit se traduire par une locution triviale, qui pourrait être écrite en tête de notre livre :

HISTOIRE DE RIRE,
ET DE PASSER UN QUART D'HEURE AGRÉABLE EN SOCIÉTÉ.

CONDITIONS DE LA SOUSCRIPTION.

Ce volume se composera de 100 livraisons, plus une couverture de luxe et une table des matières, qui seront délivrées aux souscripteurs au prix d'une livraison.

Prix de la Livraison.

Pour Paris. . . . . 15 cent.
Pour les départements. . . . . . 20 cent.

On recevra *franco* le volume complet (100 livraisons) en payant d'avance :

Pour Paris. . . . . 15 fr.
Pour les départements, en un mandat sur Paris. . . . . 20 fr.

ON SOUSCRIT A PARIS:

CHEZ MARTINON

4, Rue du Coq-Saint-Honoré.

Imprimerie d'AMÉDÉE GRATIOT et Cᵉ, 11, rue de la Monnaie.

LA

CORRECTIONNELLE

PETITES CAUSES CÉLÈBRES

ÉTUDES DE MŒURS POPULAIRES

Au Dix-Neuvième Siècle

ACCOMPAGNÉES DE CENT DESSINS

PAR GAVARNI

PARIS

Chez Martinon, rue du Coq-Saint-Honoré, 4

1840

LA

CORRECTIONNELLE

PETITES CAUSES CÉLÈBRES

LA

CORRECTIONNELLE

PETITES CAUSES CÉLÈBRES

ÉTUDES DE MŒURS POPULAIRES

Au Dix-Neuvième Siècle

ACCOMPAGNÉES DE CENT DESSINS

PAR GAVARNI

PARIS

Chez Martinon, rue du Coq-Saint-Honoré, 4

1840

J. BOURMANCÉ, ÉDITEUR D'ESTAMPES, 241, PLACE DU PALAIS-ROYAL.

LA MÈRE CRAMOISIE.

Augustine-Cécilie Condrieu, que les enfants de la Montagne Sainte-Geneviève ont surnommée la *mère Cramoisie*, est une véritable outre à vin. A voir ces yeux éraillés, ces lèvres cautérisées par les liqueurs spiritueuses et les nombreux rubis ou bubes semés sur cette peau tannée, il n'est personne qui devinât sous ces haillons, sous les plis de ce bonnet fripé, l'une des plus séduisantes Aspasies de la République et du Directoire. Elle est prévenue du délit de vagabondage.

« Femme Condrieu, quels sont vos moyens d'existence ?

La mère Cramoisie se récriant : — Femme Condrieu ?..... Ah bien ! Vous parlez joliment au jour d'aujourd'hui !... Femme Condrieu !... Il paraît qu'on se tutéye ici... merci !... Au fait et au prendre, de quoi causons-nous, mes petits agneaux ?...

— Je vous demande quels sont vos moyens d'existence, de quoi vous vivez ?

— Vous me faites rire !... Sûrement, ce n'est pas de l'air du temps, comme on dit. Tout le monde sait bien que la canaille mange plus de pain que de volaille, mais bah ! ce n'est pas çà qui vous fait une bonne conscience ; heureusement que le *pailleté* (vin paillet) n'a pas été inventé pour confire les cornichons, et de celui-là, il y en a pour toutes les classes de la société.... Ah ! par exemple, le nôtre râpe un peu, c'est vrai...... Mais çà vaut encore mieux que toutes ces drogues de vin, oùs-ce qu'on met des violettes et des jujubes pour les riches.

— Vous ne répondez pas. Avez-vous une profession ? On vous a surprise demandant l'aumône ; vous deviez savoir cependant que la mendicité est défendue.

— *La mère Cramoisie.* « Ah! mon Dieu, qu'est-ce que vous me dites donc là, mon bon juge?... Mais c'est le massacre des Innocents!... Vous voulez donc faire mourir le pauvre monde?... Est-ce que les petits souliers n'ont pas toujours été dans les grands, et les pauvres auprès des riches? Quand j'étais dans les plumes et les chaussures de maroquin fin, ça se pratiquait ainsi; ce que je donnais alors, on me le rend aujourd'hui.. Qué qu' ça peut faire à la patrie? Tenez, voulez-vous que je vous dise?... Il n'y a que les mauvais riches qu'ont fait cette loi. »

L'inspecteur de police qui a arrêté la mère Cramoisie, dépose que, non seulement elle se livre habituellement à la mendicité, mais encore, que son intempérance est de notoriété publique dans tout le quartier de la place Maubert.

La mère Cramoisie se tournant vers l'inspecteur : « Et toi aussi, mon petit loup, tu fais comme si tu buvais par l'oreille... Allons donc! Retiens-moi bien ceci. A nos âges, mon petit camus, le vin, c'est comme de la flanelle de santé. Un verre de verjus, c'est, sans comparaison, comme si on avalait un gilet de molleton sans manches!...

— N'avez-vous pas une famille, des parents, des amis qui puissent vous réclamer?

— *La mère Cramoisie.* « Des amis?... Est-ce que les pauvres diables ça connaît cette marchandise-là? Quant à ce qui est des enfants, j'en suis totalement dépourvue; le ciel sait pourtant s'il y a de ma faute.

— Ainsi, vous n'avez personne pour vous réclamer?

— Je me réclame moi-même, donc.

— Si le Tribunal vous remettait en liberté, que feriez-vous?

— Je lui ferais une belle révérence, et puis ... Dam', je suis de bonne foi, j'irai savoir si l'enseigne du *Verre-Galant* n'a pas changé de place; car il faut vous dire que la pituite me travaille, et que mes pauvres rhumatismes me font bien souffrir!... »

Le Tribunal, jugeant que la mère Cramoisie pourrait fort bien s'enhardir de son indulgence pour reprendre le cours de ses mauvaises habitudes, la condamne à huit jours d'emprisonnement, et ordonne qu'à l'expiration de sa peine elle sera conduite au dépôt de mendicité.

La mère Cramoisie. « Vous me donnez donc comme ça mes Invalides!... C'est égal; la Justice n'est pas juste d'empêcher le monde de vivre, comme vivent les petits oiseaux du bon Dieu! »

LES CARTES ONT TOUJOURS RAISON.

— *Au nom du Dieu vivant et fort, Agar vous salue!...* Telle est l'introduction d'une circulaire que la dame Pitou, cabaliste fameuse de la rue Bertin-Poirée, fait distribuer publiquement pour annoncer aux personnes *désireuses de connaître le passé, le présent et l'avenir,* que ladite dame Pitou s'occupe avec un rare bonheur, depuis plus de trente ans, de cartonomancie, chiromancie, nécromancie et autres branches de la cabale... qui concernent son état. Or, de tout temps, le *Grand Ethélia* a été dévotement consulté par les amoureux. C'est dans ce livre mystérieux et sublime, aussi bien que dans les combinaisons du *grand et du petit Tarot,* qu'ils ont toujours trouvé la clef de leurs craintes et de leurs espérances. — Adèle Poirier, jeune et jolie couturière, avait conçu quelques soupçons sur la fidélité d'un galant damoiseau qui lui tenait fortement au cœur. Les pronostics de la dame Pitou, loin de dissiper les graves appréhensions de la sentimentale couturière, n'avaient fait que les accroître. Adèle rendit plusieurs visites à la dame Pitou; mais chaque fois la cartonomancienne se renfermait dans le domaine des conjectures, si bien que la tendre Adèle, après les doctes consultations de la devineresse, en savait toujours un peu moins qu'auparavant. Et cependant Adèle voulait connaître à tout prix les secrètes inclinations de son Sargines. On évoqua les grands moyens; on arrêta qu'on aurait recours à une *conjuration* solennelle de toutes les puissances invisibles; assurément le cas en valait bien la peine. Fatale curiosité! Tous les esprits du grand et du petit Éther consultés, Adèle recueillit de la bouche de la prophétesse les paroles suivantes, que nous reproduisons dans leur forme sacramentelle : « Petite, votre volage s'est pris pour une femme blonde, tirant sur le brun, et à laquelle il a juré constance et fidélité. Il vous arrivera de la peine et du chagrin, rapport à une lettre venue de loin qui vous annoncera un changement dont auquel votre volage ne sera pas étranger. Défiez-vous, petite; on cherchera à vous éloigner pour vous renvoyer, mais la prudence conseille de rester. Tant plus il y aura d'obstacles, tant plus vous triompherez; jusqu'au jour où un homme de loi

LA CORRECTIONNELLE

Petites Causes Célèbres.

N° 1.

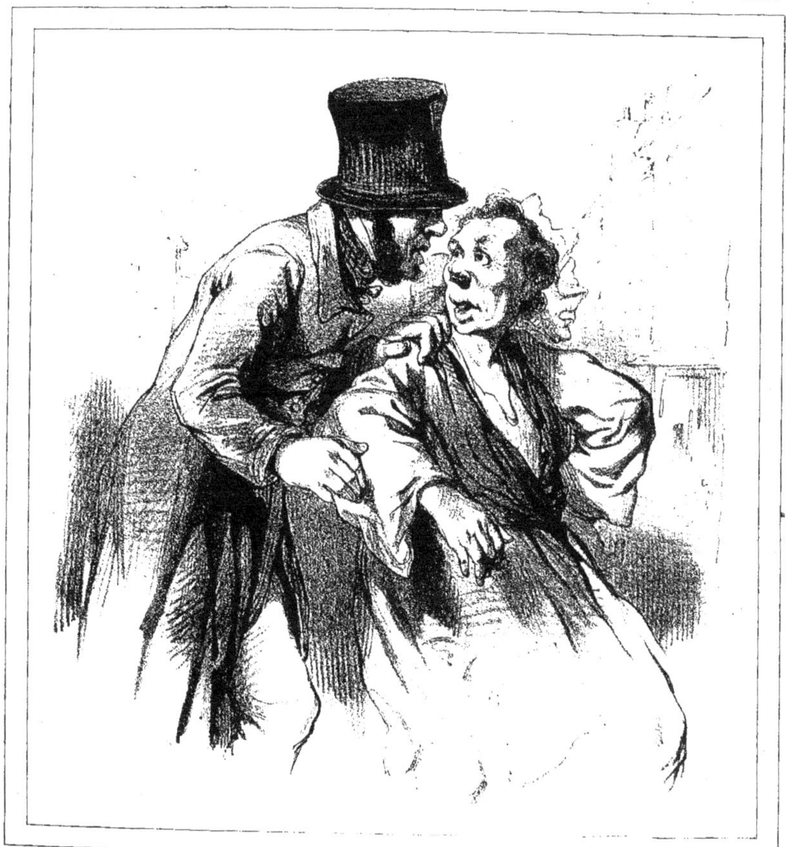

LA MÈRE CRAMOISIE

« A nos âges, mon petit Camus le vin c'est comme de la flanelle de santé. Un petit verre de verjus
« c'est, sans comparaison, comme que si qu'on avalait un Gilet de molleton sans manches......

Lith. Coulon

vous fera oublier votre volage en vous parlant de mariage, auquel cas vous serez heureuse et vous aurez des enfants. »

La glose était claire; elle ne laissait rien à désirer.

On devine bien que les puissances occultes ne se dérangent pas gratuitement et qu'il en coûte pour avoir l'aide des esprits noirs; partant il y avait compte à faire entre la devineresse et Adèle Poirier. Tant pour la bougie jaune; tant pour le marc de café; tant pour les paroles sibyllines; droit de présence pour l'ange Azazel, jetons à Bélial, à Astaroth, etc., etc. Total 300 francs, qu'Adèle acquitta en un billet à l'ordre de la dame Pitou et dont la cause était ainsi motivée: *Valeur reçue en marchandises.* Cette espèce de transaction commerciale n'était pas sans doute très flatteuse pour les Princes, les Trônes et les Dominations qui faisaient l'objet du marché; mais la prudente madame Pitou avait à éluder les dispositions de la loi sur les devins et les vendeurs de sortiléges.

L'effet ne fut pas acquitté à l'échéance. La dame Pitou se résigna à attendre des circonstances meilleures et plus favorables. Depuis, mademoiselle Poirier a contracté mariage avec un jeune clerc d'huissier (l'homme de loi prédit par la Sibylle de la rue Bertin-Poirée!). La dame Pitou, jugeant alors que le moment était venu, réclama vainement le paiement d'un titre souscrit dans les justes conditions de la loi; puis enfin elle intenta une demande judiciaire, à laquelle Adèle (aujourd'hui madame Lebas) répondit par une plainte en police correctionnelle.

La 6e Chambre, appelée à décider sur le mérite de cette plainte, jugeant qu'il n'y avait pas preuve suffisante des faits avancés par la dame Lebas, renvoie la dame Pitou de la plainte.

LE VOL AU NEZ.

Le jeune Brochant, quoique fils de bonne mère, a contracté dans la fréquentation des mauvais garnements de son âge le goût de la dissipation et de la prodigalité. Brochant est à peine âgé de douze ans. Il lui fallait de l'argent pour satisfaire ses goûts dispendieux et ses habitudes de luxe. C'est dans cette conjoncture que Brochant se détermina à exercer la coupable manœuvre que vous allez voir.

Brochant avait-il besoin de quelque menue monnaie? zeste! il s'introduisait dans les fosses nasales un fétu de paille et provoquait par ce moyen une abondante hémorrhagie. Puis, s'approchant piteusement de quelque imprévoyante commère, ayant poche au tablier, il réclamait de son humanité le secourable service de lui introduire une clef dans le dos. On ne refusait jamais. Et pendant que la trop confiante matrone appuyant la tête du petit escroc sur sa poitrine, vaquait à l'exercice d'un zèle charitable, Brochant glissait dextrement l'extrémité de ses doigts dans la profondeur de la poche béante, et ramenait toujours quelques gros sous. La ruse venait toujours à bien, et grâce à ces larcins répétés, Brochant faisait figure dans le monde des gamins. Il achetait du *flan*, de la galette, régalait celui-ci, prêtait à celui-là, et personne ne pouvait s'expliquer d'où lui venait cette petite fortune. Mais un jour, jour fatal! qu'il pratiquait son escroquerie accoutumée au préjudice de la dame Grandpré, marchande de marée à la Halle, Brochant fut aperçu par un garde municipal de service.

Il vient répondre aujourd'hui à une accusation d'escroquerie.

La dame Grandpré dépose sur le fait reproché à Brochant. La déposition du témoin est remarquable surtout par l'énergie de l'expression et un grand luxe de cette espèce de liaisons que l'on nomme *velours*.

— Brochant, qu'avez-vous à répondre?

Brochant, pleurant. — Hi! hi! hi!... ha! ha! ha!... Ce n'est pas moi!...

— Vous avez été pris en flagrant délit.

— Ha! ha! ha!... c'est petit Bricolet, et puis l'petit du charcuitier... hé! hé!

— Ils ont pu vous conseiller; mais c'est vous qui avez exécuté la soustraction commise au préjudice de la dame Grandpré.

— Non... hon! hon!

— Le tribunal aimerait mieux vous entendre confesser votre faute.

— Oui... hi! hi!...

— Ainsi, vous reconnaissez donc...

— Non, hon! hon!... puisque c'est petit Bricolet, et...

— Avouez donc, Brochant?

— Oui... hi!... non... hon!... hon!... Je n'avais pas de cuivre, et alors, petit Bricolet m'a dit: T'es joliment *gniaffe*, toi; tiens, voilà comment qu'on fait.......

Le tribunal, considérant que Brochant a agi sans discernement, le renvoie de la plainte.

Imprimerie d'AMÉDÉE GRATIOT et Ce, rue de la Monnaie, 11.

J. BOURMANCÉ, ÉDITEUR D'ESTAMPES, 241, PLACE DU PALAIS-ROYAL.

UNE RANCUNE INFINIMENT TROP PROLONGÉE.

« Qui terre a, guerre a, » vieil adage qui reçoit tous les jours encore son application. Minerve-Cornélia Truelle et son voisin, le sieur Trognon, tous deux propriétaires à Grenelle, vivaient dans un parfait accord, lorsqu'un jour la bonne harmonie qui jusque-là avait régné entre les deux voisins fut subitement troublée à propos d'un droit contesté, relativement à un écoulement d'eau. Ces sortes de contestations sont toujours épineuses entre propriétaires jaloux. Ce litige, qu'il eût été facile de régler amiablement à son origine, a amené d'abord un refroidissement d'amitié et plus tard les plus graves dissensions. Ce sont aujourd'hui des haines implacables, une guerre permanente et opiniâtre, auprès de laquelle les rivalités fameuses des Montaiguts et des Capulets ne sont en vérité qu'une querelle d'Allemands. Le ressentiment de la dame Truelle porte spécialement sur la demoiselle Landon, jeune et jolie personne de vingt ans, qui remplit auprès du sieur Trognon les délicates fonctions de *femme de confiance*. On devine bien que la position de la demoiselle Virginie auprès du sieur Trognon a fourni à la dame Truelle une inépuisable matière à médisance, sinon à calomnie. La dame Truelle n'a pas manqué d'exploiter cette position au profit de son animosité. Mais un bel et bon procès en diffamation, dans lequel la dame Truelle a succombé, est venu protéger à point la réputation de la demoiselle Virginie.

Il semblait que toute manifestation hostile dût se borner là, et que la condamnation obtenue contre la dame Truelle dût refroidir l'inimitié des parties contendantes. Il n'en a pas été ainsi. Le jugement qui consacrait le triomphe de mademoiselle Virginie et l'abaissement de la dame

Truelle était à peine rendu, qu'une scène de désordre éclatait à quelques pas de la salle d'audience... Malheur aux vaincus! Mademoiselle Virginie, encore dans l'enivrement de la victoire qu'elle vient de remporter, ne peut se défendre du malin plaisir d'humilier sa rivale. Elle se place juste en face de son adversaire, et, *ratissant* malicieusement ses doigts, elle insulte à la défaite de la dame Truelle. C'était une provocation en bonne forme. Celle-ci, toute émue de la condamnation qui la frappe, laisse échapper sa prudence et part d'une apostrophe grossière; Virginie riposte, et bientôt la querelle a dégénéré en une rixe vive et acharnée; lutte déplorable dans laquelle plus d'un coup d'ongle fut donné, et plus d'une dentelle déchirée!

La dame Truelle, qui prétend n'avoir fait que repousser une agression, a porté plainte contre la demoiselle Virginie. Celle-ci, à son tour, alléguant des voies de fait, a formé une plainte récursoire contre la dame Truelle. Les deux prévenues sont au banc des accusés.

Première plaignante. Dieu du ciel! je ne sais où une demoiselle, qui se dit bien née, peut aller chercher toutes les vilainies que cette petite créature m'a débitées.

Deuxième plaignante. Je vous assure, Messieurs, que madame que voici m'a habillée de la belle façon et sans ménager l'étoffe.

Première plaignante. Il faut avoir perdu père et mère pour prononcer les abominations dont j'ai été agonie par cette petite pimbêche.

Deuxième plaignante. Je ne sais pas s'il y a dans le monde un homme assez osé pour entendre sans rougir toutes les invectives dont madame m'a gratifiée.

Première plaignante. Vous faites bien votre bégueule.

Deuxième plaignante. Vous faites bien votre sucrée.

Première plaignante. Allez, ma chère, il ne faut pas tant d'oignons pour faire une botte, ni tant d'effronterie pour faire une ...

Deuxième plaignante. Horreur de femme!... c'est peut-être pas rapport à vous, madame *Catimini*, qu'on appelle votre époux *monsieur Capricorne?*... pauvre cher homme, va!...

Chœur des plaignantes. Vous êtes une insolente!... une fausse!... une coquine! une malheureuse!... une pas grand'chose!...

On appelle le témoin Boucher. Après avoir décliné ses noms et prénoms, Boucher regardant alternativement l'une et l'autre prévenue, hésite, se trouble et garde le silence.

Chœur des plaignantes. Parlez, parlez, M. Boucher!... dites la vérité, M. Boucher! il ne vous sera fait aucun mal, M. Boucher!

M. Boucher prenant la parole : « C'est donc pour vous dire que, le 10 octobre écoulé, je sortais de cette même salle où j'avais été appelé comme témoin, lorsque j'entendis ces deux dames qui se disaient des choses... oh! mais des choses...

— Précisez ce que vous avez entendu.

— Eh bien!... j'ai entendu madame Truelle qui disait à mademoiselle Landon : vous me paierez cela... J'avoue que je ne sais pas ce que peut lui devoir cette jeune personne. Mademoiselle Landon ajouta : allez, allez, on sait bien que vos pièces de cent sous ne valent que cinq francs... propriétaire ruinée ?... Ah! petite horreur d'infamie, répliqua madame Truelle,... propriétaire ruinée?... moi femme et légitime Truelle, qui a deux maisons et trois enfants sur le pavé de Grenelle qui ne doivent rien à personne!... Et vlin et vlan!... si ça ne fait pas ton compte, mamzelle d'amour, tu peux le dire; je paie toujours ces choses-là sans escompte ni retenue; v'là ma manière. » Boucher regarde timidement les prévenues.

— Est-ce là tout ce que vous savez des faits que s'imputent réciproquement les parties?

— Il est certain que je n'en sais pas davantage.

Le tribunal n'est pas mieux éclairé par les dépositions tout-à-fait contradictoires de plusieurs témoins, successivement appelés. En conséquence, dans l'impossibilité de déterminer les torts de chacune des prévenues, il met les parties dos à dos et les condamne solidairement aux dépens.

UNE FARCE PANTAGRUÉLIQUE.

— Un gros garçon vient, à l'appel de son nom, prendre place sur le banc de la police correctionnelle. Son air narquois, son œil vif et clair, sa figure réjouie annoncent que la prévention qui pèse sur lui n'est pas bien grave. Sa large face participe à la fois du Falstaff et du Rabelais; sa bouche toujours riante annonce qu'il obéit incessamment à une pensée joyeuse. Il promène sur l'auditoire des yeux pétillants de malice et de gaité,

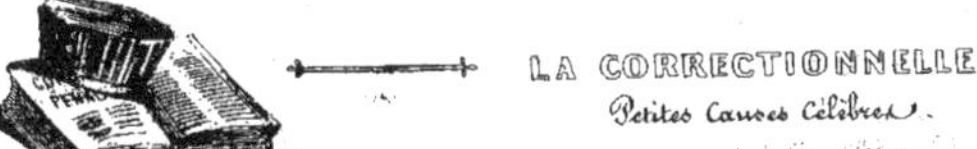

LA CORRECTIONNELLE

N° 2.

Petites Causes Célèbres.

Mademoiselle Virginie. — Allez, allez!.. On sait bien que vos pièces de cent sous ne valent que cinq francs..... Propriétaire ruinée!

Madame Truelle. — Ah! petite horreur d'infamie!... propriétaire ruinée?..moi, femme et légitime Truelle qu'a deux maisons et trois enfans sur le pavé de Grenelle, qui ne doivent rien à personne!... Et vlin! et vlan!...... Si ça ne fait pas ton compte, Mamzelle d'amour, tu peux le dire, Je paie ces choses là sans escompte, ni retenue; v'là ma manière.

Lith. Conlon, r. richer, 7.

et s'amuse à faire retomber sur ses yeux, puis à relever sur le sommet de sa tête un large toupet; ce qui change à chaque instant le caractère de sa physionomie toujours plaisante.

Une farce pantagruélique amenait notre gros garçon devant le tribunal. Cette farce nous ne sommes pas moins embarrassés pour vous la dire que le témoin qui, depuis cinq minutes, est là, devant M. le président, *tournant autour du pot*, et sans savoir comment expliquer l'objet de sa plainte.

Ce témoin est une dame encore jeune, fort gentille, et dont l'air embarrassé et confus pique vivement la curiosité de l'auditoire.

Enfin les questions pressantes de M. le président la décident. « Monsieur, dit-elle, je suis faïencière, et j'ai toujours en évidence, devant ma porte, un grand nombre de vases de toutes sortes : Cuvettes, pots à l'eau, et pots.... de toute espèce. Le 4 octobre dernier, j'étais tranquillement dans ma boutique, occupée à festonner une collerette, lorsqu'un passant y entre en ricanant et me dit : « Voyez donc, madame, voyez donc ! » Je sors dans la rue, et je vois monsieur....

M. le président; Eh bien, vous voyez monsieur !... Ensuite ?....

La plaignante. Je vois monsieur.... Comment voulez-vous qu'une femme dise ces choses-là....

Le prévenu. Est-ce parce qu'il y a ici des hommes ?... bah ! en gazant un peu.

M. le président. Je vous engage à ne pas plaisanter... Songez que vous êtes ici sous le coup d'une prévention. (A la plaignante) : Continuez, madame.

La plaignante. Enfin, monsieur était là, tout debout, près de la borne.... Il s'était emparé d'un... *vase* de mon étalage, et il ne se gênait pas plus que s'il eût été chez lui.

Ici le prévenu ne peut qu'imparfaitement comprimer un éclat de rire.

La plaignante. Je vous conseille encore de rire, gros indécent !

M. le président. Continuez et ne parlez pas au prévenu.

La plaignante. Vous sentez bien que je ne pouvais pas m'approcher ; aussi je me contentai de lui crier, de loin, et en détournant la tête : « Voulez-vous bien finir, vilain malpropre ! — Ça va être fini tout à l'heure, ma petite mère, » qu'il me répond avec son air effronté ; et il continuait toujours. Alors je me fâche tout haut, mais il ne s'en émeut pas davantage. « Quand j'achète une chose, qu'il me dit, je crois que j'ai bien le droit de l'essayer... Combien ? — Quinze sous, horreur d'homme, que je lui réponds. — C'est un peu cher, qu'il me dit... Alors il le pose à terre et me dit : « Voyons-en un autre. » A ces mots, la colère me prend, j'empoigne un balai qui était près de ma porte, et je m'élance sur lui. Alors il se sauve en emportant l'objet en question, et tout d'un coup il me le jette dans les jambes contenant et contenu.... J'en ai eu les jambes toutes meurtries et j'en ai boîté pendant huit jours.

Le prévenu convient de tout ; il dit qu'il avait bien déjeûné avec deux amis auxquels il avait fait la conduite, et que, quand il est un peu en train, il faut toujours qu'il fasse une farce à quelqu'un, que c'est plus fort que lui, que c'est une monomanie insurmontable. Au reste, il prétend n'avoir pas eu l'intention de jeter le vase dans les jambes de la plaignante. « Je suis farceur comme un préfet, dit-il, mais doux comme un hanneton empaillé ! »

Un certificat de médecin établit que la faïencière a reçu, par la force avec laquelle le vase a été lancé, des contusions et des écorchures qui n'ont cependant présenté aucune gravité. En conséquence, le gros farceur est condamné à trois jours d'emprisonnement et à 25 francs d'amende.

On appelle la cause de la demoiselle Ernestine Raymond, accusée d'attentat à la pudeur. Les regards se portent avidement sur la prévenue ; mais les curieux paraissent un peu déconcertés en apercevant une femme petite, laide, malpropre, et dont les traits usés accusent quarante-cinq ans au moins. Un inspecteur de police vient déposer, avec force réticences et circonlocutions, que dans la soirée du 9 octobre dernier il a trouvé la demoiselle Raymond sous une porte cochère, à peu près dans l'état, mais sous des apparences moins symboliques, de Léda recevant les embrassements de Jupiter... Les détails fournis par l'inspecteur sont tellement minutieux et circonstanciés, qu'ils ne laissent aucun doute sur la culpabilité de la demoiselle Raymond. Aussi celle-ci se borne-t-elle pour sa défense à invoquer comme circonstance atténuante la misère à laquelle elle était en proie. — Le Tribunal, en raison des antécédents fâcheux de l'accusée, la condamne à 3 ans d'emprisonnement.

Imprimerie d'Amédée Gratiot et Cie, rue de la Monnaie, 11.

SINGULIÈRE ANTIPATHIE.

Chacun parmi nous a ses antipathies, étranges faiblesses de l'esprit, qui deviennent d'autant plus bizarres, que les causes en sont plus cachées. Loiseau (Jean-Baptiste-Hector), célibataire et bronzeur, chanteur agréable et bon enfant, mais qui, par malheur, participe à toutes les imperfections de l'humaine nature, Loiseau éprouve, lui aussi, des répulsions dont il n'est pas maître. Il n'est pas dans l'échelle de la création un individu qui lui soit plus antipathique que le sergent de ville.

Loiseau n'a jamais su résister au périlleux désir de faire une niche quelconque à son contraire, le sergent de ville. Deux fois déjà il a été condamné pour des espiègleries de ce genre, et aujourd'hui il comparaît de nouveau devant la 7me Chambre pour un badinage de même nature.

Belhomme, sergent de ville, est à la barre, et sans autres précautions oratoires, il aborde son sujet à peu près comme un autre le quitte.

« *Pour vous raccourcir,* dit-il en commençant, j'étais en observation, le 22 septembre dernier, à la barrière d'Enfer, lorsque je vois un homme, qui venait derrière moi en chantant de toute la force de ses *pomons : Je suis sergent, et bon enfant.* Cet homme, qui faisait celui épris de vin, c'était Loiseau que voici.

Loiseau, vivement. J'étais épris !.... Encore que je faisais des festons, que la chaussée n'était pas assez large pour encadrer mes broderies.....

Belhomme. Des festons, ça se peut ; mais vous aviez éternué un moment auparavant, et un homme épris n'éternue jamais ; c'est connu.

Loiseau. Vous êtes donc médecin que vous dites ça.... Ah ! peut-être monsieur a fait ses études à l'hôpital des chiens....

Belhomme continuant : Brief, Loiseau que

voici, tout en dessinant des S, s'heurta contre moi. Je me fâcha, et lui dis de tirer au large. Pour lors, lui clabaude contre les sergents de ville, et m'appelle particulièrement (*balbutiant*) mouchard et d'autres gros mots. Moi, je me fends pour l'arrêter; mais Loiseau que voici, joignant le geste à la parole, me saisit par le milieu du visage, et me travaille si bien cette partie de moi-même, que pendant plus de quinze jours on me demandait partout, qui est-ce qui m'avait tiré les vers du nez. Je plonge sur lui, je le prends au collet et en deux temps et trois mouvements je le terrassa, je l'emmena, je le coffra... et voilà.

Loiseau. Ah! à mon tour. Mon tribunal, je vas vous dire pur et simplement la vérité de la vérité, foi de Loiseau, qui n'est pas le nom de mon père; car il est bon de vous dire, mes magistrats, que mam' Loiseau, ma mère, une honnête femme, allez! était mariée seulement d'inclination à M. Paliard, dont voilà mon étymologie, comme dit cet autre...... Pour revenir à mon mouton (ici Loiseau lance un regard oblique sur le témoin), c'était un lundi que je faisais mon dimanche. Il faisait chaud, et je m'étais rafraîchi de quelques litres, histoire de faire de la salive pour r'humecter la conversation, car j'ai toujours la bouche sèche. Mais j'ai la tête faible, et je ne porte pas le vin, c'est là mon malheur; vous allez voir. V'là que ce gueux de chasselas pilé m'avait dérangé les organes... Les maisons valsaient, valsaient... et le sergent de ville, qui était devant moi, marchait sur la tête... C'est pour vous dire. Enfin j'avais les yeux qui me faisaient le tour de la tête, et moi-même j'allais, sauf votre respect, comme un cerf-volant qui n'a pas assez de queue; vous allez rire!... Tant y a qu'en allant de çà de là, je m'heurtai inconsidérément au sergent. Il me dit des choses, moi je lui en réponds. On sait bien, pas vrai, qu'un homme épris de boisson ne file pas raide son chemin, comme une *comotive*, quoi!... Mais v'là qu'en voulant mettre la main à côté de la figure du sergent, à cause de l'état elle tombe juste en plein sur son visage.

Le Président. Vous reconnaissez donc que vous vous êtes porté à des voies de fait?

Loiseau. Je reconnais, pardine! puisqu'il n'y a pas moyen de faire autrement. Peut-être bien qu'il a eu le nez un peu chiffonné, mais vous voyez que ça se passe, sans que ça se repasse... Il n'y paraît plus. Quant à ce qui est des gros mots, dam' je ne sais plus ce que ma langue a pu dire, mais le cœur n'y était pour rien.

Le Président. Vous chantiez des paroles blessantes.

Loiseau. C'te bêtise... c'était un petit air d'opéra, pas davantage; car il faut vous dire que j'aime la musique, comme mon nom l'indique.

Plusieurs témoins sont entendus, et déposent que l'état d'ivresse de Loiseau ne leur semblait nullement constant. En conséquence, le Tribunal, attendu l'état de récidive, et sans avoir égard à l'irrésistible entraînement des sentiments antipathiques, condamne Loiseau à trois mois d'emprisonnement et deux cent cinquante francs d'amende.

UN ROMAN PAR LETTRES.

Lallemand est un honnête écrivain public, de mœurs placides, et discret comme le silence même. Lallemand tient le secret de bien des faiblesses, car plus d'une fois il a mis sa superbe bâtarde et ses majuscules coquettes au service de quelque tendre Héloïse ou de quelque Saint-Preux, dont l'éducation n'allait pas jusqu'aux *belles-lettres* inclusivement. Il semblait que Lallemand n'eût que des bénédictions à attendre des heureux qu'il avait faits. Mais rien n'est ingrat comme les gens sans lettres... si ce n'est pourtant les gens qui ont reçu de l'éducation! Le placide Lallemand voit fondre un jour chez lui une furie, sous les traits d'Henriette Robin, lingère irascible, et d'une violence de caractère telle, que *Médée elle-même, la femme la plus emportée de l'antiquité*, dit le docte Lallemand dans sa déposition, *paraîtrait, auprès de la furibonde lingère, douce et calme comme le lion apprivoisé de M. Carter*.

« Le 29 août dernier, dit Lallemand, la demoiselle Robin se présente à mon cabinet et réclame mon ministère, me chargeant de répondre à plusieurs épîtres que ladite demoiselle avait reçues de M. le comte de B..... Voici le relevé des travaux de rédaction que j'ai faits d'ordre et pour compte de mademoiselle Henriette. »

Lallemand ouvre un grand registre in-folio et lit: 29 *août*. Réponse à M. de B..... pour lui dire que mademoiselle Henriette ne peut agréer ses hommages. — 31 *dito*. Lettre à M. de B..... pour lui accuser réception d'un envoi de boucles d'oreilles, et lui exprimer combien elle est touchée de

Je suis Sergent
Et bon enfant.
. . . .
. . . .

(Le Philtre)

Lith. Coulon.

ses hommages. — 2 *septembre*. Lettre de la même au même : Peinture des sentiments de mademoiselle Henriette... Protestation d'un amour éternel... — 7 *dito*. De la même au même : Rendez-vous pour le lendemain au bal de Tivoli... Expression d'un amour passionné..... Son âme s'est ouverte à la jalousie. — 21 *dito*. De la même au même... Elle ne peut supporter ses airs d'indifférence... Elle laisse entrevoir la possibilité d'un suicide. — 25 *dito*. De la même...

— Passez tous ces détails étrangers aux débats.

Lallemand. En tout, 22 lettres entièrement originales et inédites!... Grâce à mes lettres, mademoiselle Henriette, qui ne sait pas même signer son nom, put passer pour une *Sapho* aux yeux de M. le comte de B..... Mais voilà qu'un jour M. le comte de B..... s'aperçoit, à ce qu'il paraît, de l'origine de ces lettres; explications et rupture... Mademoiselle Henriette accourt chez moi et m'accuse d'avoir manqué à la condition la plus essentielle de ma profession, la discrétion. Elle s'emporte, crie, tempête, renverse tout mon mobilier et disperse mes écritures. Ce n'est pas tout; elle me lance une chaise à la tête... que ma pauvre femme a bien cru qu'il faudrait me trépaner, et qu'une glace a été brisée par ricochet.

— Henriette Robin, qu'avez-vous à dire?

Henriette, d'un ton de chatte-mite : « On m'avait desservie auprès de M. le comte de B.... Je croyais alors que c'était monsieur.... mais j'ai su depuis que c'était mademoiselle Hortense, une de mes amies, (*avec aigreur*) une mijaurée, qui fait aujourd'hui sa requinquée, à cause qu'elle est au mieux avec M. de B.... Mais, je suis là, et elle n'a qu'à se bien tenir!... (*Recomposant sa modestie et sa douceur.*) Je m'étais trompée par rapport à monsieur, et lui en demande mille et mille pardons.»

Le tribunal, tout en admettant les excuses présentées par mademoiselle Henriette, jugeant néanmoins qu'erreur ne fait pas compte, condamne la prévenue en 150 fr. de dommages-intérêts envers le plaignant et 50 fr. d'amende.

Simon Leleu est un Normand balourd des basses-terres, venu tout exprès de Bayeux à Paris, pour y débiter cette liqueur pétillante et doucereuse, qui, dans les *raouts* des commis-marchands et des grisettes, accompagne toujours agréablement un cent de marrons, la divine galette, ou tout autre comestible non moins recherché. Leleu est accusé de coups et de blessures sur la personne du nommé Legendre, charretier.

Les faits à la charge de Leleu sont établis d'une manière précise et concordante par des témoins. Leleu est seul de son bord; mais, en homme familiarisé de longue main avec les ressources de la chicane, Leleu prend intrépidement la parole.

« J'ons pensé, mes bons messieu's, qu'la justice se rend itou à Paris comme à d'cheuz nous, et qu'un chacun en peut n'avoir pour son argent. Par ainsi, vous allais me bailler un bon jugement qui m'déclarions innocenté.... ou sinon j'mangerions plutôt jusqu'au dernier cerciaux d'mes tonniaux pour en appeler et en rappeler.

—Vous avez entendu la déclaration des témoins?

— Des témoins?... Vous m' la baillais belle!... j' connaissons ces manigances-là, allais!... Il n'en manque point des témoins de bonne volonté à d' cheux nous, allais!... Et si j'avions pu tant seulement aller tracher à Vaucelles la Marotte et Jacquot le vé-d'un (qui ne voit que d'un œil), qui sont mes témoins d'accoutumance, y vous aurions dit itou que j' n'étions point fautif à c't endré-là... Tenais... vos témoins sont des menteux, et j' n' savons point pourquoi qu'on m' fait toutes ces anicroches. Qué qu' vous demandais?... v'là point ben du bruit pour pas grand'laine?... E' l' plaigneux vous a raconté son cas à sa manière... Véci la vérité du bon Dieu... V'là qu' j'étions en train d' rentrer mon ber (cidre), quand un méchant banneau (charrette à un cheval) vint à passer. J' lui crions d' tirer à *hu*, mais li tire à *dia* et l' v'là qui se fourrions et' d'dans mes tonniaux, comme un' corneille qu'abat du gland. Moi, j'avons peur pour mon ber; c'est ben naturel; c'est mon commerce... Mais li, y s' met à m' tracher noise, et... j' vous d'mande à queu propos?... un méchant valet qu' étions autant fait pour tenir e' l' cordiau (les rennes) qu' l' chen d' not' curé pour porter la crosse!... J'étions dans mon dré; li n'avions pas raison, ça se vé d' reste... V'là qui m'abîmions d' sottises... mé, j' n' lui ont point prêché d'ça... J' connaissons mon affaire, allais!... J' l'ons point battu, allais! et s'il m'avions envoyé e' l' sergent, j' n' lui en voulons point...

Leleu se dispose à continuer sa harangue, mais le tribunal déclare que l'affaire est suffisamment entendue, et après délibération condamne Leleu à huit jours d'emprisonnement et à 50 fr. d'amende.

Imprimerie d'AMÉDÉE CHATIOT et Ce, rue de la Monnaie, 11.

SIMPLE ET SANS ART.

Un monsieur habillé de neuf et dont la physionomie respire la candeur et une parfaite mansuétude de mœurs, vient se placer en face du tribunal en écarquillant les yeux et la bouche épanouie. Il déclare se nommer Anastase Chantournier, exercer l'utile profession d'instituteur primaire à Dormant, et n'être à Paris que momentanément.

M. le Président. Vous auriez été victime d'une tentative de vol de la part du nommé Tranchant... Le reconnaissez-vous ?

L'instituteur. Je reconnais très bien M. le comte de Poulinière... Quant à du reste, je crois M. le comte un trop galant homme pour être susceptible de ce qu'on l'accuse... Impossible !... Je ne crois pas !

— Il a été cependant arrêté par un inspecteur de police au moment où il tentait de vider vos poches.

— Qui ?... M. le comte?... Faites erreur, monsieur le juge... ah ben ! un comte qui a des propriétés autant comme autant... Permettez de dire que ça se peut pas ; c'est physiquement pas possible.

— Exposez au tribunal les faits qui ont accompagné le fait imputé à Tranchant.

— Tranchant ?... pas possible !... Comte de Poulinière, bon !... Voici mon narré. Arrivé depuis peu de jours à Paris, j'étais allé visiter la colonne de la place Vendôme, ce *drapeau* de la gloire française... M. le comte eut la bonté de se procher de moi, et me dit des choses flatteuses sur les agréments de Paris ; donc il m'offrit galamment de me faire parcourir tous les embellissements de la capitale. J'y fus sensible. Il me démontra les *augustes* batailles de la colonne ; puis il me désigna une belle hôtel de cet endroit, en me disant :

« Voici ma demeure, jeune homme; venez me voir, jeune homme ; ça fera plaisir à madame la comtesse de Poulinière, mon épouse... Vous êtes assurément *attitré*. Je lui dis : Non, je suis instituteur à Dormant... Bon! il me dit, j'ai besoin d'un *percepteur* pour les jeunes comtes, mes fils, pour l'écriture, le calcul et la religion... 300 francs par mois, la table et le feu... Si ça vous va, dites le mot.. Je trouvai la *préposition* convenante, et il m'a dit : Venez chez le marchand de vins d'au coin, je vous signerai votre arrangement. Mais à même heure un lieutenant de police prit M. le comte par le bras et m'a fait signer qu'il avait voulu me *rapiner* mon mouchoir; c'est totalement impossible... Je le reconnais à la face de la justice... M. le comte est au-dessus de cette petitesse.

Le président à l'accusé. « Qu'avez-vous à dire pour votre défense?

Tranchant. « Je suis étranger au colloque de l'instituteur, par lequel il veut *éternir* ma réputation. Je ne suis pas comte, je n'ai pas d'enfants, et toutes les bourdes que ce serin nous a chantées sont des simulations... Chantournier s'entend avec le sergent de ville pour me perdre. Ils m'en veulent tous les deux et je ne leur z'y ai rien fait de mal. Voici la sincérité. J'ai dit à Chantournier : J'achète les mouchoirs d'occasion, pour les colonies... si le vôtre est bon teint, je le prends.

— On n'abuse pas la justice avec de semblables absurdités.

— Tiens, il n'y a pas de sots métiers, comme on dit... Pour ce qui est d'avoir *sustilisé* le mouchoir de Chantournier... jamais!... jamais!... jamais!... »

Le tribunal, attendu que le fait de tentative de soustraction est constant, condamne Tranchant à trois mois d'emprisonnement. Chantournier reste tout ébaubi de cette condamnation et ne paraît pas encore très convaincu que Tranchant ne soit pas en réalité le comte de Poulinière.

CHIEN ET CHAT.

Le carlin n'est pas mort! Ce quadrupède bien-aimé des garde-malades et des mères d'actrices, que l'on croyait ne plus exister que dans la mémoire sentimentale des portières de la rue du Pas-de-la-Mule, et qui, nouveau Mastodonte, semblait devoir fatiguer les laborieuses recherches des Cuvier d'un autre âge, le carlin existe! Nous en avons vu un exemplaire à l'une des dernières audiences de la police correctionnelle. Il reposait mollement entre le bras gauche et le cœur de sa maîtresse, étrange femme, problème de sexe, d'âge et de condition, ressemblant à s'y méprendre à l'épais et hideux toutou qu'elle serrait amoureusement dans les plis de son châle.

Pendant que le carlin ronfle dans sa graisse, la grosse dame, d'une voix faussée par l'indignation et la douleur, entame devant un nombreux auditoire le lamentable récit que vous allez ouïr :

« Rien n'est stable dans ce monde, et le temps entraîne à sa suite nos plus chères illusions! La fortune s'envole, la beauté passe, les amis disparaissent!... seul, le chien nous reste fidèle. »

A la suite de ce touchant exorde, la grosse dame souffle un soupir à fendre les cœurs et les murailles. M. le président profite de cette pause pour engager la plaignante à se renfermer dans les faits de sa cause.

« Monsieur, s'écrie la grosse dame, je demande justice! » Et en disant ces mots la plaignante, entraînée par son exaltation, égare une giffle du côté du carlin, qui, réveillé en sursaut, pousse un grognement parfaitement rauque. La grosse dame s'en émeut, et pour rassurer l'intéressant animal, elle lui dit d'une voix qu'elle cherche à adoucir. « Modère-toi, Zobéïde; le tribunal nous rendra justice.» Puis, après avoir quelques instants bercé son toutou, elle continue ainsi :

« J'ai pour voisin monsieur, que vous voyez-là... en gants jaunes et avec des moustaches rousses... pouah!... Eh bien! Monsieur a pris Zobéïde en une profonde aversion... Il n'y a pas de méchants tours qu'il ne lui joue... Coups de pied, coups de canne... je ne serais même pas étonné que les dernières coliques de la pauvre petite ne provinssent d'infâmes boulettes... Ah! si j'en avais la preuve!.. (Nouvelle giffle à Zobéïde, laquelle fait entendre un nouveau grognement, qui s'éteint dans un bercement nouveau.)

La grosse dame. Tout cela n'était rien, M. le juge! mais figurez-vous que monsieur, qui a un chat... une vilaine bête... une monstrueuse bête... s'est imaginé de l'instruire dans la haine de Zobéïde; et un jour qu'il la rencontra, il l'attaqua lâchement par derrière et lui creva un œil.

Le jeune homme. Un œil, par derrière!

Il me démontra les Augustes Batailles de la Colonne, puis il me désigna une belle Hôtel de cet endroit là, en me disant «Voici ma demeure, jeune homme, venez me voir, jeune homme, ça fera plaisir à M.e la Comtesse de Poulinière, mon epouse... Vous êtes surement attitré

Lith. Coulon

La grosse dame. Taisez-vous, sanguinaire!...

M. le Président. Mais, madame, tout cela est étranger aux voies de fait dont vous vous plaignez. Il faudrait pourtant en parler.

La grosse dame. Eh bien! monsieur, comme j'allais chez lui pour lui demander raison des infamies de son chat, il m'a jeté la porte à la tête, et m'a fait une horrible blessure.

M. le Président. Réclamez-vous des dommages-intérêts?

La grosse dame. Je réclame pour Zobéïde... que l'on extermine son chat et toute sa génération...

Le jeune homme, qui nie toute participation au duel du chien et du chat, a fait appeler en témoignage le portier de la maison qui déclare ne rien savoir de la blessure faite à la plaignante. « Quant à monsieur, jamais je ne l'ai vu frapper le carlin de madame, ni exciter son chat contre lui. On ne peut attribuer la perte de l'œil de Zobéïde qu'à cet instinct d'inimitié qui anime l'un contre l'autre la race des chiens et celle des chats.

La grosse dame. Vous osez dire cela, scélérat! buveur de sang!

Le jeune homme. Prenez garde, portier, elle veut de vos cheveux! »

L'auditoire rit, le tribunal conserve avec peine sa gravité, et la grosse dame, déclarée non-recevable, est condamnée aux dépens.

Elle se retire en épongeant son châle avec son mouchoir; car la chaleur de la discussion l'a empêchée de s'apercevoir que Zobéïde venait de jouer au naturel la scène de la comédie des *Plaideurs*.

— On appelle la cause de la dame Mélotte contre Catherine Solieu. Celle-ci, *limonadière* en plein vent sur le boulevard du Temple, se rend au banc des accusés, étayée d'une petite canne, et en poussant des hélas! « C'est bien dur à mon âge, dit-elle, après soixante-trois ans d'une vie sans reproches, de se voir réduite à se *seoir* avec des criminels... femme Mélotte, c'est votre ouvrage, et je ne vous en félicite pas. »

La dame Mélotte, qui tient par la main un jeune enfant, à la figure barbouillée de raisiné, expose en ces termes les faits de la plainte.

« Mon président, je m'adresse à votre cœur maternel... Je suis mère de ce petit être que je vous présente... c'est gentil comme une figure de cire et doux comme un chardonneret. Un jour il rentre à la maison avec une bosse au front; deux travers de doigt plus sur le côté et je n'avais plus de *Dodore*... j'en suis encore toute *émouvé*. J'y demande : Qu'est-ce qui t'a paraphé comme ça, mon petit? Il me dit: C'est la mère aux berlingots; donc c'était la marchande de *coco* ci-incluse. Je me rends à son établissement, et j'y dis : Y paraît que vous avez toujours été infructueuse à l'endroit des enfants, marâtre; car vous auriez agi à tout l'opposé avec mon mien. Là-dessus, la femme Solieu se contente de me dire que je suis une..... oh! mais ça n'est pas vrai, mon président. Je suis une honnête femme, dont je puis avoir des certificats... Ce n'est pas tout, elle me dit que si j'y montre pas mes talons, elle va m'allonger sa demi-aune sur la figure, et puis elle me dit des torrents d'horreurs, et que mon Dodore était un petit filou... lui qui ne ramasserait pas même une épingle qui ne serait pas à lui. Je demande la punition de la limonadière; y me faut sa condamnation, à celle fin qu'un chacun sache bien que la femme Mélotte est bien et durement une honnête femme et que son *Dodore* est bien le fils de feu son père. »

La femme Solieu se borne à raconter au tribunal que le jeune *Dodore* est le plus malin des gamins du boulevard du Temple; qu'un jour il demanda à la prévenue de lui verser pour deux *yards* de *coco*, et qu'ayant trempé ses lèvres dans le nectar délicieux, il répandit à terre le breuvage en accusant la mère Solieu d'avoir introduit de la moutarde dans sa boisson. Il refusa de payer. C'est dans cette circonstance que la mère Solieu, oubliant sa modération habituelle, porta un coup de sa béquille au jeune espiègle. Quant aux injures dont se plaint madame Mélotte, elles ont été provoquées par les injures bien plus graves de celle-ci, qui n'a pas craint d'appeler la limonadière *empoisonneuse*, et de lui dire qu'elle sucrait son nectar avec de la mauvaise mélasse; imputation de nature à porter atteinte au commerce de la femme Solieu.

Le tribunal, jugeant seulement sur les voies de fait, attendu qu'elles sont prouvées, condamne la limonadière à 16 fr. d'amende.

La femme Solieu, avec un profond soupir : « Mais vous voulez donc me faire mourir de honte? Après 63 ans d'une vie sans affront, me condamner comme une... dernière des dernières... oh!...»

Imprimerie d'Amédée Chatiot et Ce, rue de la Monnaie, 11.

UN AMOUR MALHEUREUX.

Quel est cet homme au teint have et flétri, aux traits anguleux, à la chevelure inculte, et dont toute la personne se ressent évidemment d'un violent désordre moral? Que peut-il avoir à démêler avec cette jeune grisette, jolie, proprette, coquettement atournée, qui lui lance à la dérobée des regards dans lesquels se peignent tour à tour la terreur, la pitié et la honte? Cet homme, c'est Birbach, tendre et mélancolique corroyeur allemand, qui cache, sous une écorce raboteuse, une sensibilité toute germanique, et cet enthousiasme en quelque sorte méthodique qui produit les passions vigoureuses et concentrées et les amoureux *en dedans*, selon le langage un peu trivial, mais plein de relief, des demoiselles de boutique. Birbach n'a pu apercevoir mademoiselle Olympe, sa voisine, sans concevoir pour elle une de ces passions soudaines et irrésistibles qui s'emparent de tout un homme, esprit et cœur, et absorbent toutes ses facultés. Laissons mademoiselle Olympe nous développer ce triste roman qui vient se dénouer très prosaïquement devant la police correctionnelle, où notre *Werther* se trouve traduit sur la plainte de sa *Charlotte*.

« Messieurs, dit mademoiselle Olympe d'une voix timide, c'est bien mortifiant pour moi d'avoir à vous entretenir de cette affaire. M. Stephens Birbarch était mon voisin depuis six mois..... six mortels mois, je puis le dire, et pendant lesquels j'ai eu à souffrir de sa part bien des désagréments et des avanies. Il ne se passait pas de jour qu'il ne m'écrivît des lettres en allemand, et qu'il ne me fît des déclarations dans sa langue, mais auxquelles je n'ai jamais répondu, comme bien vous pensez. Je ne pouvais pas mettre les pieds sur le carré que Stephens n'entr'ouvrît sa porte pour pousser quelque gros soupir et me faire ses grands yeux de travers. Si je sortais, Stephens était sur mes pas; lorsque je rentrais, le soir, j'étais toujours sûre de le trouver planté devant ma porte ou assis sur l'escalier, la tête dans ses deux mains, poussant toujours ses mêmes soupirs. Il me faisait peur avec sa grande barbe et ses vilains cheveux. Je m'en plaignis à la portière qui me dit : Le corroyeur est un imbécile.... Vous lui avez tourné le jugement; il ne travaille plus, ma chère... il *me* doit deux termes, il va s'attirer son congé... N'ayez pas de souci, je lui laverai le museau... Stephens ne tint pas compte des avertissements de la portière; tant et si bien qu'un soir, comme je rentrais chez moi, il me prit la main et me dit en allemand, et avec ses mêmes yeux de travers, des choses qui ne devaient pas être très honnêtes à cause de la circonstance. Au fond, j'avais de la peine pour lui; mais, comme on dit, on ne *se* commande pas à *soi-même.*

M. le Président. Vous n'avez encore rien dit des faits qui ont motivé votre plainte.

Mademoiselle Olympe. Ah! monsieur, j'en suis encore toute confusionnée!... Un matin, donc, que j'étais couchée et que je dormais, je fus réveillée en sursaut par M. Stephens, qui était debout devant mon lit avec des yeux... oh! mais des yeux qui ne me sortiront jamais de la tête... Je ne comprenais pas d'abord comment il avait pu entrer, puis je me rappelai que sa clé ouvrait la serrure de ma chambre. J'avais été bien mal attentionnée, le connaissant depuis le soir qu'il m'avait manqué, de ne pas mettre ma commode derrière ma porte... On paie toujours bien cher une imprudence! .. Que voulez-vous que je vous dise?... Cet homme que je croyais si honnête et si délicat, m'a outragée, tout ce qu'il y a de plus outragée dans mon honneur qui m'est cher. Il a été révoltant comme il n'est pas possible... Ce n'est pas sa faute s'il n'y a pas eu... un malheur de fait. Heureusement que mon bon ange envoya la portière à mon secours. Elle seule pourra vous dire dans quel état elle m'a trouvée et toutes les égratignures que j'avais au visage. »

Madame Bataille, portière, dépose sur les mêmes faits, mais avec une crudité d'expressions, et une liberté de langage qui nous interdisent de reproduire ici sa déposition.

Birbach paraît morne et plus préoccupé de la plaignante que de la plainte. Il refuse de répondre. Il se contente de porter, à intervalles égaux, la main au cœur, et de lancer périodiquement à mademoiselle Olympe un de ces regards profonds dans lesquels l'âme passe toute entière.

Birbach est condamné à six mois d'emprisonnement et 150 fr. d'amende, comme convaincu de s'être rendu coupable d'attentat à la pudeur. Avant de quitter l'audience, Stephens cherche encore une fois de l'œil la trop cruelle Olympe; mais son regard, loin d'exprimer le reproche ou la colère, n'est qu'une traduction de ce cri qui retentit dans le cœur du sentimental corroyeur : *Icht lieben si!*

M. PLUCHONNEAU.

Un petit vieillard, sec comme un peuplier, et bâti comme un ceps de vigne, se présente en qualité de plaignant à la barre correctionnelle. Il porte un habit bleu barbeau et une culotte courte, couleur safran. Sa tête est entièrement dégarnie de cheveux. Quelques poils rares ornent cependant le derrière de son crâne; il les a réunis à l'aide d'un cordon qui les serre tellement qu'ils gardent perpétuellement la position horizontale: on dirait d'une saucisse collée par un bout au cuir chevelu.

M. le Président. Vous vous plaignez de voies de fait... Expliquez votre plainte.

Le plaignant. Vous pouvez prendre des renseignements dans mon quartier; on vous dira si j'y suis vertueux et honorablement noté.

M. le Président. Il ne s'agit pas de cela.

Le plaignant. Je paie mon terme et mes impôts avec une régularité que j'oserais qualifier d'évangélique, et j'ai été sept ans incorporé dans la garde nationale sans avoir encouru le moindre blâme de mes chefs supérieurs... j'ai même eu trois voix pour être caporal.

M. le Président. Voulez-vous enfin en venir à votre plainte?

Le plaignant. Je ne donnerais pas une pichenette à un chat, et j'adore les enfants.

M. le Président. Je vais vous retirer la parole si vous ne venez pas au fait.

Le plaignant. Je crois m'y être scrupuleusement renfermé.

M. le Président. C'est-à-dire que vous n'en avez pas dit un mot.

Le plaignant. Je crois vous avoir dit que je m'appelle Pluchonneau... En cette qualité, j'étais

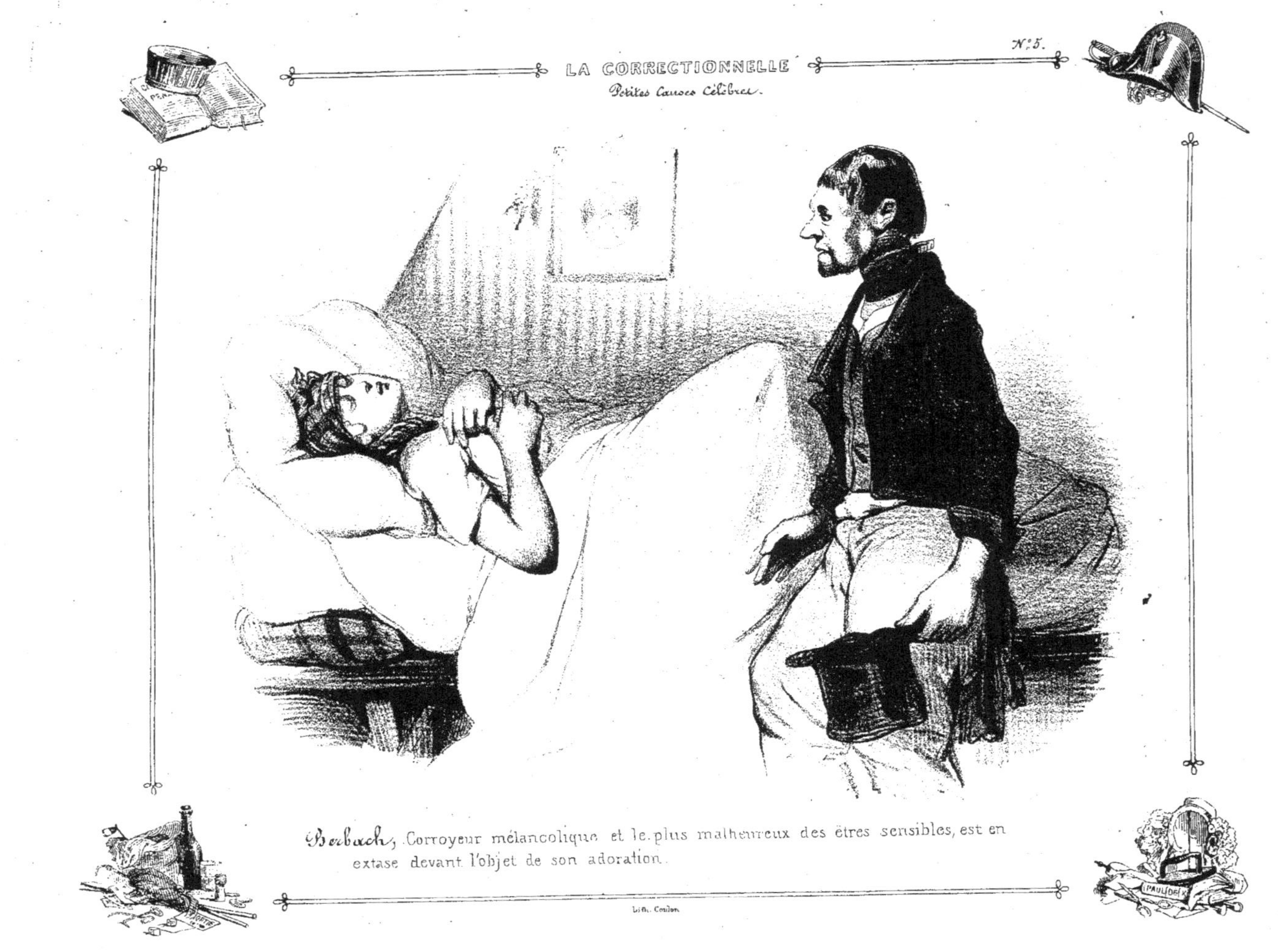

Berbach, Corroyeur mélancolique et le plus malheureux des êtres sensibles, est en extase devant l'objet de son adoration.

Lith. Coulon.

allé au Jardin-du-Roi, que les révolutionnaires ont appelé, je ne sais à quel propos, Jardin-des-Plantes... Enfin, j'y étais allé jouir de l'aspect des singes... Après avoir admiré ces quadrupèdes, que je qualifierai de merveilleux avec M. de Buffon, j'étais venu rendre visite à l'ours Martin, et je partageais avec lui le sucre de ma demi-tasse que j'avais mis dans ma poche à son intention... J'adore les animaux... Ce monsieur, qui était mon ennemi au fond de son cœur sans que je puisse m'en douter, ne l'ayant jamais vu, était près de moi. Faut croire qu'il était jaloux que je donne du sucre à l'ours au lieu de lui en offrir, ou bien qu'il avait des raisons pour m'en chercher... J'en ignore scrupuleusement; mais ce que je n'ignore pas, c'est qu'il me dit, en me fixant avec la plus palpable moquerie, que les petits cadeaux entretiennent l'amitié, et que d'un serin à un ours il n'y a que la patte. C'était disgracieux pour un homme de mon rang, herboriste retiré; aussi je m'autorisai à lui dire qu'il était un paltoquet et que l'ours était mieux léché que lui. C'était molestant, je le sais; mais ça ne valait pas un indicible coup de pied dans mon tibia, que toute la peau en a parti, et que je l'ai retrouvée le soir dans mon caleçon.

Le prévenu. Je puis-t-y riposter?... Donc, le muffle ci-joint....

M. le Président. Parlez plus convenablement!

Le prévenu. Si vous aviez vu comme il avait l'air cornichon en donnant ses miettes de sucre à l'ours, qu'il appelait p'tit fi, p'tit mignon, ni plus ni moins qu'un chardonneret!... Y avait joliment de quoi rire.... mais il ne vous dit pas qu'il m'a dit des sottises pendant une heure.... Il m'a appelé émeutier, révolutionnaire, septembriseur...., enfin, un tas d' mots étrangers... Alors embêté de çà, je lui ai rabattu son caquet avec un petit coup de mon soulier... Mais lui avoir décollé la *pelure*, c'est pas vrai, je le renie.

Malheureusement pour le prévenu, deux témoins viennent corroborer la plainte de M. Pluchonneau, et le prévenu est condamné à 15 jours de prison.

Bellinari est un de ces colporteurs de figurines que le Piémont nous envoie par légions et que vous êtes assuré de trouver dans toutes les cohues, leur planchette sur la tête, au risque de casser bras et jambes aux saints et aux grands hommes dont se compose leur fragile étalage. Il faut toujours se défier du voisinage de ces rusés coquins, qui habituellement ne se faufilent dans les foules que dans le but d'y chercher plaies ou bosses pour leurs petits bons hommes; c'est du moins ce qui paraît résulter de l'affaire dont les détails suivent.

Le 29 octobre dernier, le sieur Robineau, épicier, madame son *épouse,* ses deux enfants en bas âge, sa bonne et son chien, se rendaient par extraordinaire rue Beaubourg, où les appelait un dîner de famille. La famille Robineau, au grand complet, y compris le quadrupède déjà mentionné, occupait l'un des trottoirs fort étroits qui bordent la rue Saint-Denis, lorsque Bellinari, dit la plainte, jugeant sans doute à l'air fort pacifique de M. Robineau qu'il y avait un bon coup de commerce à faire avec lui, vint se jeter dans la famille de l'épicier. Le choc fut tellement violent que toute la cargaison de Bellinari fut renversée et brisée comme verre dans sa chute. Grave débat entre le colporteur et l'épicier, qui refuse de reconnaître le dommage dont se plaint Bellinari. La querelle s'échauffe, et M. Robineau, emporté par la pétulance de son caractère, lance, dans la chaleur de l'altercation, un vigoureux coup de parapluie à son adversaire. Les voies de fait sont parfaitement caractérisées.

Bellinari s'exprime ainsi: « Signori zouzes, fate mi la carità de condamnare lé signore che m' ha dato ouna grandissime zifle avéque soun bâton. Excellentissimi zouzes, z'avez un souperbe Napoleone à ceval, una copia d'un gusto délicioso... Ze né démande pas trop; trénté francs pour la copia déliciosa... Lé reste dé mes *figourines*, zé né voux pas lis faire pagare; perché zé né souis pas un tourco. »

Robineau, qui a peine à contenir son indignation, s'écrie: « Vous avez le front, gâcheux de plâtre, de demander trente francs pour de petites bonnes gens dont les enfants ne voudraient même pas pour leurs petites chapelles de la Fête-Dieu... Il ose parler de son Napoléon!... un quelque chose en redingotte jaune qui était huché sur un poulet d'Inde aurore... Merci!... J'offre de tout 3 francs.

Le tribunal, arbitrant approximativement le dégât à 6 francs, condamne Robineau, qui est pressé d'en finir, à payer cette somme, et aux dépens, et écarte le fait de sévices.

Le piémontais, à part. Zé mé rattraperai oune autre fois.

Imprimerie d'Amédée Gratiot et Ce, rue de la Monnaie, 11.

CANCAN ET DEMI.

Darlot (Ernest-Bonaventure-Chrétien) est un jeune adepte de la science des Fleurant. A voir le style négligé de sa toilette, ses allures délibérées et les grâces légèrement déshonnêtes de sa personne, il n'est personne qui ne devinât un danseur émérite des bals du Chalet et l'un des coryphées les plus audacieux de cette danse lascive, désordonnée dans ses mouvements, qui a remplacé le *cotillon* de nos bons aïeux parmi nous. Darlot est prévenu d'avoir publiquement poussé la danse dont nous parlons jusqu'à ses plus grandes hardiesses, et d'avoir, par la trop grande licence de ses *passes*, porté une atteinte grave à la morale publique.

M. le Président au prévenu. Vous êtes accusé de vous être livré à des danses obscènes.

Ernest. Je prouverai tout à l'heure que je ne suis nullement sorti des *termes* du *cancan*, qui est toléré dans les réunions les mieux choisies.

Un garde municipal à cheval. C'est moi qui a arrêté le particulier. Fallait voir comme il vous en décousait de ces *chassez-croisé*... Et comme il se dandinait, sur ses fuseaux!... Un tremblement, quoi!... Alors, je m'ai approché du cavalier et je lui ai dénoté qu'il *aie* à se modérer dedans ses gestes et de finir ses manières. Mais lui, il vous repart du pied droit, il se balance sur ses z'hanches, et se démène, exemplairement parlant, comme un caniche submergé qui secoue ses plumes... C'était drôle, mais c'était pas dans ma consigne... Et voilà le sujet pourquoi j'ai incalcéré le susdit.

Autre garde municipal. Le particulier dont vous m'interrogez, je le reconnais. Il n'est pas physiquement possible de se demancher de la sorte. On aurait dit qu'il avait des fourmis dans le dos, que ça lui faisait faire des gestes et des *zig-zag* à mourir de rire... Voilà pourquoi nous l'avons empoigné.

Un employé des bals du Chalet et la demoiselle Fœdora, témoins assignés à décharge, déposent que rien dans la danse de M. Ernest n'était de nature à choquer la pruderie des gardes municipaux, et que le prévenu n'est pas sorti des droits et priviléges du *cancan* le moins composé. « *D'allieur,* ajoute mademoiselle Fœdora, je n'aurai pas autorisé que mosieu se *livrâsse* à mon vis-à-vis à des figures équivoques... Je suis modiste, et sans être bégueule je sais tenir mon rang et faire respecter mon sexe. »

M. Ernest prend la parole en ces termes. « Permettez-moi, messieurs, de vous dire que les municipaux que vous venez d'entendre sont par trop chatouilleux. Ils m'accusent d'avoir franchi les bornes que la morale publique et M. le Préfet de police ont assignées au *cancan.* Mais ces bornes quelles sont-elles ? qui peut dire où finit le *cancan;* où commence cette autre danse que je ne puis appeler par son nom ? Sur ce point, messieurs, il faut s'en rapporter à l'autorité des maîtres. Voici une déclaration écrite du sieur Roland, professeur de maintien, qui pose les règles de l'une et de l'autre danses. »

Ici le prévenu lit un mémoire fort détaillé et dans lequel les deux genres sont méthodiquement définis et leurs nuances fort habilement étudiées. Nous remarquons la phrase suivante qui nous a paru mériter d'être extraite : « Le cancan, dit le savant professeur, admet les piquantes agaceries, les grâces lutines de la grisette ; la ch.... se compose des grossières provocations et des impudiques privautés de la courtisane. »

« Je reconnais, ajoute en terminant M. Ernest, que dans un *avant-deux*, j'ai *fatalement* glissé sur une écorce d'orange ; ce qui a pu déranger mes attitudes et introduire quelque chose d'étranger dans la composition de ma danse; mais c'était une simple glissade et rien de plus. »

Le tribunal à moitié convaincu par cette habile défense, mais jugeant néanmoins que si M. Ernest n'est pas allé jusqu'aux sublimités de la ch..., il s'est laissé aller au moins jusqu'aux légèretés un peu vives du cancan et demi, condamne le pharmacopole en 50 fr. d'amende.

LE PITRE.

On appelle la cause de M. le Procureur du Roi contre Lambrewski, dit *la Pologne*, et tout aussitôt un homme court, trapu, chaudement emmitouflé dans un ample carrick noisette, se lève et s'écrie d'une voix fêlée : Présent la Pologne !... la Pologne présent !... présent ! présent !

M. le Président. Quel est votre profession?

La Pologne. Pitre.

Cette déclaration paraît jeter messieurs les juges dans une grande perplexité ; ils semblent se demander du regard : Qu'est-ce qu'un *pitre?* L'huissier-audiencier, qui voit l'embarras du tribunal, se hâte de lui apprendre que le *pitre* est ce personnage grotesque qui tient l'emploi anciennement nommé des *queues-rouges;* acteur essentiel des parades foraines, dont les lazzis composent ce qu'on appelle les *bagatelles de la porte*, et qui prend le nom de *pitre*, de la perruque de chanvre dont il s'affuble le chef.

M. le Président. Vous êtes prévenu d'attentat à la pudeur.

La Pologne. Pas possible !... Prévenu de boisson, passe encore... Je peux pas insimuler que ce jour d'en question j'étais un peu *casse-tête;* mais voilà tout... La pudeur?... je la respecte comme ma mère.

Premier témoin. Dans la soirée du 17 octobre dernier, Lambrewski débitait ses farces sur la place de la Bastille. Il parlait des *Pays-Bas* et disait des bêtises qui faisaient rire, quand tout à coup il lâche ses bretelles et s'asseoit entre deux lampions, le dos faisant face au public. Dam', je ne peux pas vous dire au propre ce qu'il montra... Il disait, lui, que ça s'appelle les *Pays-Bas*...

Deuxième témoin. La Pologne est un farceur; il a toujours quelque nouvelle *drôlerie* pour amuser les pratiques. Un soir qu'il racontait son voyage *au pays de Brandouilles*, qu'il disait être dans les Pays-Bas, le farceur s'est *détourné* et puis sa figure a changé de face; c'était bien évidemment cette partie du corps dans laquelle les gens de sa profession ont coutume de recevoir des coups de pied.

Troisième témoin (en apercevant le prévenu, le témoin est saisi par un rire convulsif qui se prolonge pendant le cours de sa déposition). Ah ! ah ! dit le témoin, avec de bruyants éclats de rire; je reconnais m'sieu Nicaise... ah! ah! qué drôle d'homme!... y peut s' flatter d' m'avoir désossé la rate !... farceur !... va !... ah ! ah !...

M. le Président. Je vous engage à vous renfermer dans les faits de la cause.

N° 6.

LA CORRECTIONNELLE

Petites Causes Célèbres.

.......Il repart du pied droit, il se balance sur ses z'hanches et se démène exemplairement parlant, comme un caniche submergé qui secoue ses plumes.......

Lith. Coulon

Le troisième témoin. On y va... on y va... Pour lors v'là que mon *ga* y nous dit : Vous allez rire... ah ! ah !... je vas vous montrer les Pays-Bas, contrée oùs-ce qu'il règne toujours des vents et des tempêtes... ah ! ah ! et puis y s'a assis à côté du quinquet... ah ! ah ! ah !... ouf !... j'en ai mal au ventre à force que d' rire !... et puis... et puis... ah ! ah ! ah !... ho ! là-là !... ma mâchoire s'a décroché !... et puis... hi ! hi ! hi !... y nous a montré dans son plein... hi ! hi ! hi !... vous n' devinez pas ?... ah ! ah ! c'était sûrement pas la lune... oh ! mais tout qu'il y a de plus d'en plein... hi ! hi !

Le témoin regagne sa place en se tordant les reins, tant est forte l'hilarité qui le domine.

La Pologne se lève, retrousse les manches de son carrick et dit : « On est bien malheureux d'avoir bu... j'avais deux doigts de liquide ce soir-là. différemment j'aurais pas éu, bien sûr, la chose de me mettre dans cet état-là... Mais c'est égal, on ne peut pas dire que dans cette position il soit sorti de vilains mots de ma bouche... J'ai mes témoins. Ils vous diront que je suis, comparativement parlant, comme une demoiselle à l'habitude.

Briançon, qui *a l'honneur* de montrer un veau marin ainsi que plusieurs autres raretés du règne animal, et au service duquel se trouve la *Pologne*, dépose que Lambrewsky « est un petit malin, rempli de moyens, mais qui a l'habitude de boire... » Et, lorsqu'il a une petite fusée de vin, ajoute le témoin, il perd facilement ses idées ; il ne sait plus alors où il a la tête.. Voilà ce qui a fait son erreur.

Le tribunal, prenant en considération l'état d'ivresse de la Pologne, condamne le pitre, plus malheureux que coupable, à 50 fr. d'amende et à trois jours d'emprisonnement.

— Bonjour Dodo... Bonjour Gugusse !... Bonjour Gaga !... Ainsi clament, avant l'ouverture de l'audience, une demi-douzaine de gamins, en regardant le banc des prévenus, où figurent les trois mioches dont nous venons de répéter les noms.

Le tribunal prend place, et nous sommes ainsi privés d'une conversation qui promettait d'être amusante.

Les trois moutards, dont le plus âgé n'a pas douze ans, sont prévenus d'avoir chipé une effroyable quantité de cornets de cassonnade, au préjudice de M. Croquet, sévère épicier de la rue Saint-Louis.

M. Croquet expose ainsi sa plainte : « J'étais en train de confectionner des cornets de cassonnade d'un sou et de deux sous. Après les avoir pesés dans ma balance, que je puis, sans vous faire tort, Messieurs, comparer à celle de la justice, je les mettais en pile sur mon comptoir, ceux d'un sou à gauche, ceux de deux sous à droite.. Il faut de l'ordre dans une partie aussi susceptible que la nôtre... Tout à coup quelqu'un vient me demander; je confère avec ledit quelqu'un, puis je le reconduis jusqu'à la porte. Quand j'vas pour rentrer, je m'embarlificote les jambes dans quelque chose ; c'était ce petit polisson-là, le second, M. Gugusse, qui s'était tout ratatiné pour se fourrer dans moi et me faire tomber. Mais on n'est pas depuis 17 ans dans l'épicerie sans être un malin : au *lieur* de tomber, *j'ajambe* ma boutique, et je vois un autre mioche qui cherchait à se dissimuler derrière un tonneau... C'était M. Dodo... je le pêche, je le fouille, il avait dans sa poche une vingtaine de cornets de cassonnade... C'est pas tout... j'entreperçois quelque chose, comme un rat qui se faufile de derrière le même tonneau, je m'approche, et je saisis par l'oreille le troisième mioche, le plus petit, M. Gaga, qui tenait à la main deux cornets vides... Il avait avalé la cassonnade, le petit Robert-Macaire ; alors je l'arrête, je le joins aux deux autres, et je les fais infuser au violon.

Dodo. Il ment, *l'épicemuche*. Je voulais acheter de la castonnade, et je choisissais les plus gros cornets quand le marchand est entré.

M. le Président. Ce n'est guère vraisemblable : (A Gugusse.) Et vous, vous faisiez sans doute le guet pendant que votre camarade volait ?

Gugusse. J' faisais rien, nà !.. J'attendais que Dodo aie fini.

M. le Président, à Gaga. Quant à vous, vous employiez mieux votre temps, à ce qu'il paraît... Vous mangiez la cassonnade à mesure que votre camarade la volait.

Gaga. J' lichais le papier !

M. le Président. Comment vous léchiez le papier ?

Gaga. Oui, j' lichais le papier ; quand Gugusse avait mangé un cornet, il me repassait le papier en me disant : « Tiens, moutard, v'là pour toi ! » Alors, j' lichais le papier.

Les papas et les mamans viennent réclamer les trois bambins en promettant de bien veiller sur eux. En conséquence, le tribunal ordonne qu'ils seront rendus à leurs parents.

Imprimerie d'Amédée Gratiot et Ce, rue de la Monnaie, 11.

ENCORE UN VOL AU POT.

On ne sait vraiment ce que l'on doit le plus admirer, ou de l'imagination rétroactive de certains voleurs qui viennent aujourd'hui ressusciter ce vol si vieux, si usé, que l'on appelle *vol au pot,* ou de l'inconcevable niaiserie de ces hommes qui, malgré toutes les trompettes de la publicité, se laissent encore prendre à cette ruse grossière.

Il est vrai que le plaignant qui se présente devant la police correctionnelle, est porteur d'une de ces figures sur lesquelles la nature a écrit en lettres ineffaçables : « Attrapez-moi! » Ses gros yeux ronds d'un bleu de faïence, son front aplati sur les tempes et fuyant en arrière, ses lèvres pendantes, ses grosses couleurs qui annoncent un homme vivant d'une vie toute végétative, tout cela est une glu pour le voleur au pot, qui doit surtout être physionomiste.

Ce brave homme porte un nom qui convient admirablement à son moral : il se nomme Claude Crétin. Il raconte ainsi sa mésaventure :

« Je suis de Saint-Gilles, dans le Loiret, et venant d'hériter de mon frère qu'est mort, je me suis dit : « Claude, mon garçon, u as trente-neuf ans bientôt, et tu ne connais pas la grand' ville; si tu y allais faire un tour? Çà va, que je me rajoutai. » Aussitôt je partis avec six chemises, huit paires de bas, autant de mouchoirs, deux pantalons et mon habit des dimanches...., sans compter quatre cents francs en beaux écus tout neufs de cinq francs, dont quarante pièces de 30 sous.

M. le Président. Abrégez donc, et venez-en au moment où vous avez rencontré cet homme.

Le plaignant. Pour lors, après avoir descendu la voiture, je demande naturellement le Palais-Royal pour m'y prom ener. N'y avait pas un quart d'heure que j'étais occupé à regarder tout, quand monsieur que voilà m'aborde, y me dit : «Oh ! mais ! oh ! mais ! je crois que nous sommes pays. — Dam ! que je lui dis, ne sachant que lui dire. — D'où êtes-vous, me demande-il ? — De Saint-Gilles dans le Loiret. — Juste ! c'est mon lieu natif... Connaissez-vous Bertrand ? — Bertrand ! que je fais ; le métayer ? Pardine oui, que je le connais ; à preuve, qu'avant de partir je lui ai gagné deux bouteilles à l'*impériale*. — Eh bien ! c'est mon cousin-germain... Je suis un Bertrand. » Le gredin, il est bien plutôt un Macaire. Enfin, tant y a qu'après avoir fait cinq ou six tours avec moi, il me propose de me faire voir tout ce qu'il y a de curieux dans Paris. Je veux bien. Alors il me dit que pour commencer, il va me mener dîner dans une maison où il y a de la magnifique société... « Cependant, me dit-il, comme on y joue gros jeu, je vas d'abord cacher quelque part un sac d'argent que j'ai là sur moi... mille francs. Ça serait dur de perdre ça. » Il me conduit dans un endroit où il y a des arbres, et il se met à faire un creux et à y mettre son argent. « Vous allez faire comme moi, me dit-il ; je serais trop fâché si vous vous laissiez entraîner à jouer. » Il me prend mon sac, le met à côté du sien, et nous partons. Nous n'avions pas fait dix pas, qu'un monsieur avec une grosse canne, s'approche et arrête mon particulier, en me disant que je suis volé. Il me conduit au trou, déterre les sacs ; il n'y avait que des cailloux dans le sien. Le monsieur à la canne m'a dit que ça s'appelait le vol au pot.

Le prévenu. Vous en êtes un fameux autre !

M. le Président au prévenu. Voyons, qu'avez-vous à répondre ?

Le prévenu. Qué que vous voulez que je blague ? j'ai été *paumé marron* (pris en flagrant délit), *la camelotte dans le pied* (la main dans le sac). J' n'ai pas le sou, faut ben que j'en trouve quéque part... En voyant c'te balle, je me suis dit : « Voilà mon affaire ! » et ça allait bien si *la rousse* (la police) n'était pas venue y fourrer son nez.

M. le Président. Vous avez déjà été arrêté onze fois, et condamné huit.

Le prévenu. Oui, c'est dans ce numéro-là.

Le cynisme du prévenu n'était pas de nature, surtout avec ses antécédents, à lui attirer l'indulgence du tribunal. Aussi est-il condamné à 5 ans de prison et 5 ans de surveillance de la haute police.

LE COUP DU PAVILLON.

Si Aristote, au dire de Charlet, nous conseille la boisson, le Code pénal, bien plus sage, commande implicitement de modérer l'usage des spiritueux (titre II, chap. 3). Mais Trichard a plus de foi dans Aristote que dans le Code ; partant, il applique de son mieux le précepte aristotélique, et le plus souvent outre mesure. Trichard boit toujours et à tout propos, et surtout il boit de tout et sans préférence, je veux parler des cordiaux ; cela s'entend de reste. Pour tout dire en un mot, Trichard n'est pas seulement un festoyeur de bouteilles ordinaire, mais bien, pour nous servir des termes mêmes de l'un des témoins, un *licheur* et un *relicheur* (remarquez, mes belles dames, l'énergie et la vénusté de cet augment RE-*licheur*). C'est, comme on le voit, le suprême buveur élevé à la seconde puissance ; en vérité, c'est bien peu pour Trichard.

Chacun sait que dans les mœurs pantagruéliques, à peu près toutes les occasions où un homme doit boire sont réglées et consacrées par l'usage ; ainsi les praticiens du gobelet connaissent à merveille la *rincette du matin*, le *coup de l'étrier*, le *coup de l'estime*, le *coup du grand vent*, le *coup de* LA MORT (celui qui suit les enterrements de quatrième classe), le *coup de chauffe-minette*, etc., etc. Coups charmants et d'une ingénieuse appellation ! Trichard possède cette riche nomenclature sur le bout de son doigt ; il fait mieux : il la pratique selon le besoin et les circonstances. Mais il est pour Trichard un *toast* favori, un coup délicieux et superlatif ; c'est le coup qu'il nomme *du pavillon*. — Recette pour boire le coup du pavillon : — Prenez un jeune conscrit, de ceux qui ont l'escarcelle un peu bien garnie. Vous lui parlez *victoires* et *conquêtes ;* servez-lui du Napoléon et des Pyramides ; enivrez le *piou-piou* de sa propre gloire ; il vous paie à boire ; vous avez bu : le tour est fait. Ce n'est là qu'un des mille et un expédients que Trichard met en œuvre pour soulager sa soif inextinguible.

Grâce à cet heureux stratagème, Trichard ne manquait jamais de rentrer le soir au logis entre deux vins. Puis il recommençait le lendemain ce qu'il avait fait la veille ; ses jours se passaient en liesse, et il faisait envie à plus d'un buveur de sa connaissance. Un jour pourtant Trichard trouva son maître dans la personne d'un fantassin dont la physionomie candide ne devait cependant inspirer

LA CORRECTIONNELLE

Petites Causes Célèbres.

Claude Crétin — « ... Il me conduit dans un endroit où il y a des arbres et il se met à faire un creux et à mettre son argent. » — « Vous allez faire comme moi, me me dit-il, je serai trop fâché que vous vous laissiez aller à jouer. » Il me prend mon sac, le met à côté du sien et nous partons.

Lith. Coulon.

aucune crainte à Trichard sur la réussite de son *tour* favori. Trichard aborde le fantassin en question, et, après le discours d'usage, tous deux entrent chez le sieur Trollet, marchand de vins. Le bourgogne ne fut pas épargné; on but du meilleur. Arrivé au quart d'heure difficile, Trichard fait mine de vouloir payer. Une lutte de générosité s'établit alors entre les buveurs; le fantassin revendique ce droit comme lui étant dévolu *au vis-à-vis d'un ancien*, et Trichard se soumet, mais non sans murmurer en apparence de ce qu'il appelle un affront. Avant d'acquitter la dépense, le rusé fantassin avise qu'il reste encore quelques saints de la vieille armée qui n'ont pas été fêtés et qui en valent bien la peine. En conséquence, on demande une *subséquente* bouteille, et on recommence sur de nouveaux frais. Mais voici que, un peu avant la fin, le fantassin s'absente, sous un prétexte qu'il est inutile de dire, et Trichard reste seul.... Le fantassin ne revient pas. Trichard se trouve alors en face de la carte à payer, dont le total s'élevait à la somme de 13 fr. 50 c., somme exorbitante pour lui qui n'avait pas une obole dans son gousset. Il fallait opter entre deux partis également fâcheux : celui de sortir d'embarras en s'esquivant par la fenêtre, ce qui pouvait devenir périlleux, ou cet autre non moins chanceux, qui consistait à faire au sieur Trollet l'aveu de la mésaventure. Trichard adopte ce dernier et court confesser piteusement son cas au marchand de vins. Mais Trollet est trop familiarisé avec ces sortes d'excuses pour croire son débiteur sur parole. Bref, Trollet se fâche et provoque l'arrestation du malencontreux consommateur qui a à répondre aujourd'hui à une toute petite accusation d'escroquerie.

Le sieur Trollet vient déposer dans le sens des faits que nous venons de rapporter, et son témoignage est corroboré par celui de plusieurs personnes qui se trouvaient chez lui au moment où Trichard et le fantassin (qui a jugé plus prudent de garder l'anonyme), se livraient à leurs copieuses libations. Trichard prend la parole :

« Mon président, j'ai été refait; j'ai été induit par un gringalet, car je ne suis pas coutumier de la chose qu'on m'inculque... J'ai trente ans de service, et trois blessures, dont je suis bien aise de vous le dire... et des états qui ont fait l'admiration de mes chefs... Demandez au premier venu qu'est-ce que Trichard ?... Trichard ?.. C'est un brave qui a eu ses succès en Égypse ; il a vu le Kremlin et autres *capitales* dont il est fier... ah ! Ce n'est pas un soldat de mon empereur, qui voudrait faire tort à qui que ce *sait*, pas même d'un bouton de guêtre... Je repousse les incriminations qu'on me fournit... Marchand, dites combien on vous redoit, vous avez ma parole ; car pour de la monnaie... absente ! .. Es-tu satisfait, oiseau? »

Malgré cette brillante évocation d'un passé plein de gloire, le tribunal jugeant Trichard sur ses mérites présents, condamne celui-ci à huit jours d'emprisonnement, à cinquante francs d'amende et au montant de la note présentée par le sieur Trollet.

— « Il faut, autant qu'on peut, obliger tout le monde ; » excepté toutefois les étrangers, Anglais, Américains, ou autres, voire même des Parisiens qui viennent vous prier de leur changer de l'or pour de la monnaie commune ; piége grossier, mais auquel tous les jours encore, quelques imprévoyantes personnes se laissent prendre. Pichon, rustaud de la banlieue, et *qui n'est pas fort*, a dit un témoin, vient se plaindre à la justice d'une escroquerie à peu près analogue.

« Je m'en retournais de Paris, le mois dernier, dit Pichon, lorsque devers le pont de Grenelle, Lorin, le mioche que voilà, m'aborda et me proposa de lui changer un napoléon, en me disant qu'il y avait quatre sous à gagner dessus. Je pris le napoléon et après avoir compté à Lorin quatre pièces de cent sous, je mis le napoléon dans la poche de mon pantalon... Bernique!... Arrivé à la maison, je dis à ma femme j'ai un beau napoléon dans ma poche ; je veux le prendre... ah ouiche !... je fourre mes doigts dans du caramel; le napoléon s'avait fondu!... c'était une pièce en sucre. »

Le jeune Lorin, jouant avec le gland de sa casquette d'un rose tendre, baisse timidement les yeux, reconnaît avoir remis à Pichon le napoléon dont il s'agit; il n'avait pas l'intention de *tromper* le plaignant, il voulait seulement lui faire une bonne *attrape*.— « Ah ben ! dit-il, si j'avais voulu *excroquer* la monnaie du paysan, ça serait du propre... On n'a jamais manqué de ce pain-là chez nous... jamais !... Le paysan a le caractère mal fait; c'était histoire de rire ; mais puisqu'il se fâche, on lui rendra sa graisse ! et voilà ! » Le tribunal, considérant toutefois que la plaisanterie est un peu sérieuse, a condamné le jeune Lorin à trois mois d'emprisonnement.

Imprimerie d'AMÉDÉE GRATIOT et Ce, rue de la Monnaie, 11.

PLUS MALHEUREUX QUE COUPABLE.

Fernand! beau nom et qui semble promettre quelque galante équipée du genre de celles qui se pratiquent à Grenade ou à Cordoue, le soir, derrière une jalousie, à l'insu d'un époux ombrageux et à la barbe des alguazils. Par malheur, Fernand n'est ni Cordouan, ni Grenadin, mais un assez mauvais garçon de la rue Planche-Mibray, et le délit pour lequel il est traduit en police correctionnelle tient plus des mœurs de nos *argotiers* que des coutumes mauresques de l'Espagne. Voici les faits qui ont donné lieu aux poursuites exercées contre Fernand.

Le 12 octobre dernier, l'*hidalgo* de la rue Planche-Mibray était arrêté devant l'étalage de la dame Prieur, et caressait, d'un regard plein de convoitise, les chemises blanches comme neige, les délicates manchettes, les jabots, les cols, les cravates bariolées, délicieux ajustements que la lingère madrée avait disposés avec une symétrie perfide, et comme pour tenter la coquetterie des passants. Fernand, le convoiteux Fernand, se voyait en imagination sous l'éclatante batiste; il calculait par la pensée tout ce que ses grâces naturelles recevraient de relief et de distinction de chacune de ces charmantes babioles, et se plaisait à parer sa pauvreté de toutes ces somptuosités. L'ambition est presque toujours une mauvaise conseillère. Fernand, égaré par les coupables suggestions de sa vanité, profite d'un moment où l'attention de madame Prieur était détournée de son étalage, et, preste, fait main-basse sur les objets désirés, les enveloppe à la hâte, et s'enfuit de toute la vitesse de ses jambes. Mais laissons parler le témoin Trébuchet, sergent de ville, par les soins duquel Fernand fut arrêté.

Trébuchet. J'avais remarqué en passant que le

particulier en question reluquait considérablement de belles chemises en calicot et autre linge fin, que c'était fièrement cossu et bon genre, vu son état social. Je me dis il y a de la *gratte* là-dessous ; les fers chauffent : attention!... Ce qui fut dit, fut fait. Je m'apposai sous une porte cochère, la poitrine effacée, *émobile*, et l'œil dans la direction du particulier. Puis, voilà que l'amateur, qui ne se gêne pas plus que de chez lui, se met à prendre sans choisir dans l'étalage, et s'est ensauvé, sans comparaison, comme un homme qui a la rate totalement supprimée. Moi qui a bon pied, bon œil, je lance mes talons l'un après l'autre et après avoir poursui l'individu, je le joins et l'empoigne au collet. J'en avais le cœur gros, allez!... Le particulier se rébellionne et veut jouer des pieds et des mains; mais moi, je le calme en lui trempant pour son bien la tête dans le ruisseau...

M. le Président. N'avez-vous pas été obligé d'appeler la force armée?

Trébuchet. L'armée est restée au poste; j'y ai suffi de moi-même. Et puis l'infusion précitée l'avait rendu gentil comme une demoiselle. Pour lors je lui fis un fer à papillotes avec mon doigt, dont il se fusse endommagé un quinquet s'il eusse attenté de s'évaser... Quand les cheveux sont modernes, c'est plus avantageux que de les conduire par la boutonnière.

M. le Président à l'accusé. Vous étiez porteur de fausses clés au moment de votre arrestation; ce qui indiquerait que vous vous livriez au vol par état.

Fernand. Par occasion, mon président... J'ai une infermité dans la vue... je peux pas travailler, et on ne vit pas seulement de licher les murailles; faut bien qu'on s'en procure où ça se trouve... Faites venir un occulisse... je demande un occulisse. Il vous dira si je n'ai pas un grain dans l'œil, que ça me fait voir comme dans une bouteille d'encre, quoi!... Vous voyez bien que je n'en pose pas à la justice... Qu'on me donne quelque chose à lire pour voir,... je ne le lirai pas bien sûr...

M. le président. Vous avez déjà subi deux condamnations pour vol.

Ferdinand. Faites erreur, mon président, pour vue bàsse. Quand je vous dis que je suis certainement aveuglé... Je n'ai jamais vu ni père, ni mère... Il est juste de dire que j'en suis au dépourvu; mais c'est égal... A preuve, je ne me vois pas moi-même, et quand je ne connais pas mes rues, je suis obligé de demander mon chemin comme un *Quinze-Vingt.* C'est-il malheureux à mon âge!.... Je redemande un occulisse pour la troisième fois.

Le tribunal, attendu que le fait de soustraction est pertinent, et eu égard à l'état de récidive, condamne l'infortuné myope à six ans d'emprisonnement.

DE L'INFLUENCE DU VEAU SUR LA BEAUTÉ.

On amène sur le banc des prévenus une grosse et rougeaude commère, toute harnachée de rubans jonquille; près d'elle s'asseoit un grand gars, qui se tient raide et immobile dans ses habits neufs; un foulard de Rouen, couleur d'omelette aux fines herbes, lui sert de cravate; il s'y rengorge avec un petit air fort content de lui, et en promenant sur l'auditoire des regards qui veulent être fins et qui ne réussissent qu'à être stupides.

Ce couple est prévenu d'adultère; mais dans le délit qui leur est reproché, on doit raisonnablement tout rejeter sur la nature, tant ces deux êtres semblent faits l'un pour l'autre.

Le mari se présente pour exposer sa plainte. Il a l'air enchanté de l'accident qui lui est arrivé. Chaque phrase de sa déposition est coupée par des éclats de rire, qui sont largement partagés par l'auditoire.

« Figurez-vous, dit le plaignant, que je me doutais de rien du tout... eh! eh! eh!... c'est Coco Longin, un bon garçon, tout d'même, qu'est venu me dire : « Fieu, t'en porte! » eh! eh! eh!... Eh ben, je ne me doutais encore de rien... oh! oh! oh!.. Preuve que je lui dis : « De quoi, que je porte? — De quoi? qu'il me fait, de ce que les vaches de mon pays ont sur la tête... ah! ah! ah! — T'es bien sûr? que je lui dis. — Pardine!... Avant z'hier elle était chez Tonnelier, au Maine, avec le grand Gigloux... même qu'il y a payé du veau. — Il y a payé du veau? que je me s'écrie... alors j'en tiens, c'est sûr.

M. le Président. Abrégez un peu ces détails.

Le mari. Laissez-moi donc vous dire... Faut ben que j'entre dans les profondeurs de la chose... C'est que, voyez-vous, moi, j'ai subjugué, dans mon temps.. C'est même étonnant comme j'ai subjugué... Eh ben! c'est grâce au veau... Quand je voyais une jeunesse qui m'entrait dans l'œil, je m'approchais d'elle sans avoir l'air, et j'y offrais du veau... elle acceptait, et je *trilliomphais* insensiblement...

«..... Pour lors je lui fis un fer à papillottes avec mon doigt dont il se fusse endommagé un Quinquet, s'il eusse attenté de s'évaser..... Quand les cheveux sont modernes, c'est plus avantageux que de les conduire par la boutonnière.»

Lith. Coulon.

Méfiez-vous du veau... C'est un nectar pernicieux pour la beauté.

M. le Président. Vous abusez de la patience du tribunal... Répondez à mes questions : Vous avez pris votre femme en flagrant délit ?

Le mari. En fringant délit, comme vous dites. Le camarade remettait ses culottes, rien que ça... Excusez du peu !

Gigloux. Histoire de faire rafistoler un bouton... Ça se prouvera... Tout ça c'est une mécanique pour nous perdre.

La femme. Je demande la parole pour dire que mon mari est un bédouin... Je demande la parole.

M. le Président. Qu'avez-vous à dire ?

La femme. Mon mari est un bédouin, voilà !

Gigloux. Tout ça c'est pas des raisons... Écoutez voir... Pan ! V'là un bouton de ma culotte qui pète... au milieu de la rue... prêt à me trouver tout nu comme un petit Jean-Jean... J'étais à deux pas de madame Tinel... Tiens ! que je dis, j' vas aller prier la femme à Tinel de me rafistoler mon bouton...

La femme. Oh ! que ceci est vrai !... mon mari est un bédouin !

Gigloux. Faites pas attention !... Le sexe est intempérant sur la langue ; c'est connu !... Donc elle me rafistolait ledit bouton quand on frappe à la porte... Elle m'abandonne ma culotte pour aller ouvrir... C'était Tinel qui venait avec le commissaire... Une mécanique pour me perdre, quoi !

La femme. Une affreuse mécanique...

M. le Président. Femme Tinel, convenez-vous du fait d'adultère qui vous est reproché ?

La femme Tinel. C'était un bouton !... C'est une mécanique !... Mon mari est un bédouin !...

L'excuse du prévenu et les raisons de la femme n'étaient pas de nature à obtenir l'indulgence du Tribunal ; aussi les prévenus sont-ils condamnés à 4 mois de prison ; Gigloux est, de plus, condamné à 50 francs d'amende.

UN DOS ET UN ESPRIT MAL FAITS.

Un homme petit, bancroche, à l'œil sec, au teint bilieux et dont le système vertébral décrit une immense déviation et forme un cône dont la base occupe la surface des reins, se présente à la barre en qualité de plaignant.

M. le Président. Quels sont les griefs que vous articulez contre le prévenu ?

Le petit homme. Je viens demander au tribunal le redressement de certaines imputations de la nature la plus grave. M. Hippolyte Bricard, que je traduis devant vous, est un fort mauvais plaisant, qui a trouvé le moyen d'exercer sa causticité à mes dépens. Il se permet de m'appeler bossu (l'auditoire part d'un éclat de rire homérique), chameau du désert, Quasimodo, Mayeux, Beauceron, insinuant par là que je suis de la *bosse* ; bref, il charge toujours mon dos de quelque nouvelle épigramme. Ce n'est pas là qu'est le mal précisément. Chacun doit apprendre à se connaître, et je n'ai pas la prétention d'avoir les formes d'Hercule ou d'Apollon. Mais il est une *aggression* à laquelle je suis plus sensible, sans trop de susceptibilité. M. Hippolyte ne s'est pas borné à m'assaillir par derrière, il a voulu encore s'attaquer à moi de front et c'est *au mien* qu'il ose faire injure. Je suis marié, messieurs, et père de sept enfants, tous parfaitement conformés grâce au ciel et à leur mère. Eh bien ! M. Hippolyte ne se fait pas faute de dire à qui veut l'entendre que mes enfants ne sont pas mes enfants, ce qui impliquerait que mon épouse n'est pas tout à fait mon épouse, et que je suis moi-même quelque chose qui rime à *bossu*, et qui n'est pas *cossu*. Ces propos ont eu assez de retentissement dans mon quartier, pour que je n'y sois plus connu que sous le nom de... de... vous savez ?... le personnage du roman de M. Paul de Kock. Voilà, messieurs, l'outrage dont je viens poursuivre la réparation.

Hippolyte Bricard, jeune merlan à la physionomie éveillée, se lève pour répondre. « Il existe, Messieurs, au dossier (dos-scié) (je ne parle pas de celui du plaignant) un certificat de plusieurs notables du quartier, constatant que je m'occupe seulement de faire la barbe aux pratiques, sans chercher à faire la queue à la réputation de qui que ce soit. Je nie formellement les propos qui me sont imputés. Je n'ai jamais cherché ni plaie, ni *bosse* à personne. Le plaignant en a assez sur le dos sans qu'on lui en mette davantage. Je me renferme donc dans mon innocence. Et quant à monsieur, qui a l'esprit aussi mal fait que ses reins, j'ose espérer que vous l'enverrez faire... dodo. »

Le Tribunal, jugeant néanmoins que les charges n'étaient pas égales de part et d'autre ; que, par conséquent, il n'y avait pas lieu de mettre les parties dos à dos, condamne Hippolyte Bricard à un mois d'emprisonnement et cent francs d'amende.

Imprimerie d'AMÉDÉE GRATIOT et Ce, rue de la Monnaie, 11.

CALIGULA.

Caligula, énorme boule-dogue, habite avec ses maîtres un cinquième étage de la rue des Lavandières. Trop paresseux pour descendre jusque dans la rue, il va, sans façon, prendre ses aises sur le paillasson du quatrième; quelquefois même, par caprice, il monte un étage et laisse trace de sa venue sur le palier du sixième. Dans l'impossibilité d'atteindre l'inconvenant quadrupède, qui décampe à la moindre alerte, les locataires du quatrième et du sixième se sont réunis pour adresser de vertes représentations à madame Moutonet, maîtresse de Caligula. Madame Moutonet a fort mal pris la chose; alors les injures s'en sont mêlées, puis les coups, et la police correctionnelle est définitivement saisie de cette grave affaire.

Madame Moutonet. Je réclame mon œil, mon nez et mon honneur.

Le sixième étage. Votre œil! vous l'avez, ma mie, et ni plus ni moins louche qu'auparavant; votre nez n'a pas cessé d'être une magnifique pomme de terre... Quant à votre honneur, vous savez le proverbe: Là, où il n'y a rien...

Le quatrième étage. Je confirme les paroles de madame Sureau.

M. le Président. Vous avez tort toutes deux; et si vous injuriez le témoin, vous vous exposez à une peine plus grave.

Madame Moutonet. Pour vous rachever, M. le juge, elles m'ont donné un coup de poing sur l'œil, que je l'ai eu dix-sept jours au beurre noir; un idem sur le nez que j'en ai saigné comme un robinet, sans compter qu'elles m'ont agonisée de taupe et de saucisse plate.

Le quatrième étage. C'est une mensongère!

Le sixième. C'est une ordurière!

L'unique témoin de la scène est madame Fignard, portière de la maison. C'est une vieille femme à la figure aigre et maussade, portant la tête haute et barbe au menton. Elle s'avance devant le tribunal portant son gueux sous son bras; mais elle le dépose sur la table de l'audiencier.

M. le Président. Dites ce que vous savez des voies de fait dont se plaint la femme Moutonet.

Madame Frignard. Je vous demanderai prématurément la valiscence de mettre mes lunettes.

M. le Président. Vous n'avez pas besoin de lunettes pour répondre à mes questions.

Madame Fignard. Je vous fais mille pardons... ça m'éclaircit mes idées... (Le témoin tire d'un étui en peau de chagrin une vieille paire de lunettes dont les verres sont de la largeur d'un œil de bœuf, et les fiche avec précaution sur l'extrémité de son nez pointu.) Là!... j'y suis... Ah! mon Dieu, et ma tabatière! bon! la voilà!... (Madame Fignard aspire bruyamment une prise.) Dieu de Dieu! que c'est bon!...

M. le Président. Avez-vous bientôt fini? Nous vous attendons.

Madame Fignard. Voilà, voilà!... Pour lors, je ne sais rien de rien... Tout ça c'est du petit monde, et on est bien malheureux, quand on n'est pas née pour être portière, d'avoir affaire à des p'tites gens... C'est que ça fait de l'embarras encore!... Ça porte des plumes et des bourres de soie et ça prend son bois à la falourde et son charbon au boisseau... Trois francs d'étrennes, c'est du propre!... et faut encore que je consomme des allumettes pour allumer leurs rats... Ça doit à la fruitière, à la laitière, à l'épicier... fi! fi! fi!...

M. le Président. Vous tairez-vous, enfin... Je vous demande si vous avez été témoin de la dispute.

Madame Fignard. Pardine! ça ne fait que ça!... un vrai sabbat, quoi!... Aussi j'ai rentré dans mon chez moi, en me disant: « Allez, allez, tapez-vous!... Je voudrais qu'il y en ait une qui avale les deux autres et qu'elle en crève... Voilà tout ce que je sais.

Heureusement pour la plaignante qu'il existe au dossier un certificat de médecin qui justifie sa plainte. Aussi les deux prévenues sont-elles condamnées chacune à 25 fr. d'amende et solidairement à 40 fr. de dommages-intérêts.

VIEUX HABITS!

Le nommé Toinard occupe le banc des prévenus. Toinard est élancé comme un peuplier et tient tellement à l'aise dans ses vêtements, qu'il a plutôt l'air d'être dans un appartement que dans des habits. Il est facile de voir à l'aspect général de sa toilette que Toinard doit appartenir à cette classe de négociants industrieux qui possède à merveille l'art heureux de rajeunir les tissus de Sédan et de Louviers au profit des fortunes médiocres. En un mot, Toinard était marchand fripier, rue du Temple, à l'enseigne du *Bon roi Dagobert*, à l'exemple duquel Toinard retournait ses culottes. Il est prévenu d'avoir par des manœuvres frauduleuses et des calculs chimériques abusé de la bonne foi du sieur Renaud, auquel il a vendu son fond de fripier et ses fonds de pantalons.

Le sieur Renaud, partie civile, expose ainsi les motifs de sa plainte. « Fin contre fin, dit-il, n'est pas bon à faire doublure; et, comme dit la chanson :

> Tout marchand d'habits que nous sommes,
> Messieurs, nous connaissons les hommes.

C'est assez vous dire que Toinard, qui m'a fraudé, aurait dû y regarder à deux fois avant de se gausser de moi, qui suis de la coterie. Lorsque je lui achetai, au mois de septembre dernier, sa chalandise, il me démontra son *regître,* donc, comme quoi il y avait tous les ans dix mille francs à gagner net et quitte, et qu'il me laissait du neuf accommodé pour trois mille francs. Moi, je vais tout à la bonne franquette... Bonnes gens, bonnes gens!... Mais voilà qu'il ne me venait pas un pelé, et au lieur qu'il y eusse du neuf accommodé, il n'y avait que des loques, dans quoi il n'y aurait pas eu de quoi lever même une paire de guêtres pour un pauvre homme. J'ai été fait au même, je m'en vante! Toinard est un filou!

M. le Président au prévenu. Il paraît que vous avez trompé sciemment le plaignant?

Toinard. Ciment?... pardonnerez, mon juge. Je ne suis pas de cette étoffe-là, et je sais bien ce qu'il en coûte de surfaire son camelot. J'ai dit moins que plus. La pièce *comporte* le morceau, comme on dit, et les rassortiments sont recherchés. Renaud a dans sa boutique de quoi rajouter à toutes les nuances; les morceaux ont leur prix. Mais Renaud est mal habile sur le détail et il n'entend pas la *retourne;* voilà le moteur qu'il y a du déchet. Il ne saurait pas quasiment tailler une casquette de nouveau-né dans une redingote à la propriétaire...

LA CORRECTIONNELLE

Petites Causes Célèbres.

N° 8.

« Mme Figuard : « ..... Pour lors, je ne sais rien de rien..... Tout ça c'est du petit monde, et on est bien malheureux, quand on n'est pas née pour être portière, d'avoir affaire à de p'tites gens... C'est que ça fait de l'embarras encore!.. ça porte des plumes et des bourres de soie, et ça prend son bois à la falourde et son Charbon au boisseau..... »

Lith. Coulon.

Juste Bourmancé, Editeur de la Correctionnelle
Place du Palais Royal, 241

Un chacun sait bien qu'au bout de l'aune faut le drap; mais ça n'est pas une raison pour faire des manches à gigot, quand on doit faire des manches plates... C'est sa bêtise. Au total, quant à l'égard de l'avoir floué, incapable !.. Je demande que Renaud me rajoute sur mon prix... Ça se peut-il?

M. le Président. Enfin, répondez. Reconnaissez-vous les livres représentés par Renaud comme étant ceux que vous lui avez fournis?

Toinard. Scrupuleusement les mêmes!

M. le Président. Eh bien! il résulte, d'une expertise que Renaud a provoquée, que, non seulement les marchandises que vous prétendiez livrer comme neuves, étaient tout simplement des pièces de rebut, mais, encore, qu'il n'y en avait pas pour une somme de trente francs dans le magasin.

Toinard. C'est un faux... un vrai faux!... Je suis volé par Renaud... Je redemande qu'il me rajoute ce qu'il me redoit. Que je ne m'appelle pas Toinard de mon nom, si c'était pas du casimir, tout laine; je n'en achetais pas d'autre... Renaud ment comme un dentiste; qu'il me rajoute et je le laisserai tranquille jusqu'à la fin de ses jours. Puis quant à du reste, qu'il aille se faire pendre ailleurs. »

Le tribunal considérant que la vente a été consentie entre majeurs, et que Renaud a pu, lors de transmission du fonds, s'assurer de la sincérité des déclarations de Toinard, renvoie celui-ci de la plainte.

Une dame maigre, ridée, et qui a jugé nécessaire de relever ses grâces surannées par un *tour* de cheveux d'une teinte orange, prend place à la barre, tenant à la main un immense ridicule qui regorge de papiers. Elle déclare se nommer Adolphine-Marie-Céleste Brulard, et être veuve d'un chef de bataillon mort au champ d'honneur. Elle débute en ces termes :

« Mosieu, j'avais vingt ans de service et cinq blessures... mon mari s'entend; mais ce qui était à lui était bien à moi, et c'est pour cela qu'à la mort du cher homme, il ne me resta que les yeux pour le pleurer. C'est bien dur, allez, pour l'épouse d'un chef de bataillon! et la patrie est bien ingrate de m'avoir réduite, pour ma subsistance, à tenir un garni! Je ne m'en plains pas toutefois, et je veux bien croire qu'elle a ses raisons.

M. le Président. Abordez les faits.

Mme Brulard. Je les aborde. Mosieu Plisson, que j'ai l'honneur de vous désigner ici, se présenta un jour chez moi, et me demanda à louer un cabinet. Il me dit qu'il était un vétéran de la vieille gloire, et que par à peu près il se mémorait mon époux, qu'il avait vu au champ d'honneur, pour avoir cueilli des lauriers avec lui. Il me plut, et je le crus. Deux mois se consumèrent sans que je visse la couleur de l'argent de mosieu; le troisième se succéda et le quâtrième se coula identiquement: Alors je commençai à craindre d'avoir mis de la bonne argent contre de la mauvaise, et un matin je glissai sous sa serviette une petite lettre extrêmement délicate par laquelle je lui demandais quelques pistoles. Je crus même devoir, pour ménager son amour-propre, me servir d'une allégorie fabuleuse... C'était joliment bien torché... tourné je veux dire... Parbleu! j'en ai là la copie et je puis vous la lire.

La plaignante tire de son ridicule un papier gras. « Prenez graine de lin... Ce n'est pas cela... c'est une ordonnance pour un rhume d'échauffement... Ah! voilà!

« Brave guerrier,

« Si Mars est l'amant de Vénus, Plutus ne doit pas mépriser Bellone, et à cet effet, je le prie qu'il verse dans son sein tous les trésors de l'Empire du haut de la voûte éternelle. »

Je crois que c'était délicat, continue madame Brulard... Eh bien! vous me croirez si vous voulez... mosieu n'a pas compris... Et sous le prétexte que mes côtelettes étaient dures et qu'il n'y avait pas assez de beurre dans mes épinards, il m'a injuriée... Mais soyez tranquille, je lui ai répondu avec la même encre. Oh! alors, il m'a allongé ce qu'on appelle une mornifle supérieure, dont je demande le prix au tribunal.

M. Plisson ne nie pas le petit mouvement de vivacité qui lui est échappé, mais il prétend avoir été provoqué par les injures de madame Brulard, qui, dit-il, a plutôt les habitudes d'une vivandière que de la femme d'un officier supérieur.

Mme Brulard, se levant avec vivacité. Est-il, Dieu! possible qu'une femme faible et sans défense soit monestée de la sorte à la face du jour? Veuve Brulard, une vivandière?.... Infamie!.... Veuve Brulard, qui a traversé les camps et les armées sans que l'honneur en pâtisse... Ah! j'ai besoin de m'évanouir pour ne pas me trouver mal.

Le tribunal condamne le sieur Plisson à 16 francs d'amende.

Imprimerie d'Amédée Gratiot et Ce, rue de la Monnaie, 11.

LA MÉLOMANIE.

Le banc des prévenus est occupé par un monsieur porteur d'une redingote dite *Polonaise*, d'un castor gris et d'une chemise de couleur ornée d'un superbe jabot.

M. le Président. Quelle est votre profession ?

Le prévenu. Troubadour.

M. le Président. Je vous engage, dans votre intérêt même, à répondre d'une manière convenable.

Le prévenu. Eh bien ! sans vous offenser, écrivez chanteur et artiste, car la guitare ne m'est pas étrangère. (*Chantant*) :

> Rendez-moi mon léger bateau...
> Ma redingote grise,
> Et ma noble devise...

M. le Président. Vous ne vous êtes pas muni d'une permission du préfet de police ?

Le prévenu. D'autant moins que le rossignolet des bois et *des prairies*... Je ferdonne parce que ça est dans mon individu... Quant au permis dont vous m'interpellez, à quoi bon ?... Si je n'ai pas le timbre et le doigté, ça me le donnera-t-il ?... Qué que ça fait à l'instrument, M. le préfet ?... Allez ; le brouillard nous fait assez de tort sans que les sergents s'en enmêlent... On est assez à plaindre quand la nature vous a doué et qu'on a un soufflet insuffisant pour l'Académie, d'être obligé de roucouler entre deux lampions (*chantant*) :

> Viens-t-en dans ma tartane,
> Jeune fille à l'œil noir...

M. le Président. Vous êtes, en outre, prévenu d'avoir maltraité un représentant de l'autorité.

Le prévenu. Parole de vérité !... Je vous soumets la question. Voilà que je chantais *Ma Normandie,* romance nouvelle et tout-à-fait dans mes organes... Un monsieur passe, je brode ; il s'arrête, j'appuie sur le point d'orgue et je pince l'instrument; mais lui aussi me pince, et me dit que je suis en *contradiction*... C'était peut-être pas régulier, je le signe de ma main. Alors il m'adjoint que je l'accompagne... J'ui demande agréablement: « C'est-il avec la guitare. » Il me répond: « Non, c'est avec tes flûtes. » Et, ce disant, il me tape dans les jambes avec sa badine... Faudrait être un bon homme de pain d'épice pour se laisser molester dans ses mollets sans se *rejamber*... Est-ce juste?... Pour vous rachever, il m'a fait prendre un air du violon... Comme c'est régalant pour un troubadour dont ça n'est pas l'instrument! Voilà mon crime... Il est connu... Qu'on me juge, et si je suis convaincu, qu'on me transporte dans des îles désertes, dans les plus affreux climats, au sein des neiges et des frimas... Quoi!... on n' peut pas être plus bon enfant... Ici le prévenu place sa main sur son front, et après s'être recueilli un moment, il chante *amoroso* :

Sous les climats de l'Helvétie,
Monts sourcilleux, pleins de rigueur,
Tendres échos de la prairie,
Toujours faites battre mon cœur.

Le Président. Vous n'êtes pas ici dans la rue; gardez vos romances pour une meilleure occasion.

Le prévenu. C'est judicieux; mais c'est plus fort que moi... La romance, voyez-vous, c'est la vie de mon existence; elle embellit mes jours, elle charme mes nuits... Je chante le matin, je roucoule le soir... La romance!... c'est un jardin où je promène mes pas et sans cesse et toujours... Avec elle il n'est pas de chagrin (*chantant*):

Non, non, non, il n'en est point
Qu'avec elle on n'oublie.

A ce propos, je sollicite qu'on fasse rajuster aux frais du gouvernement ma guitare qui a été endommagée dans la bagarre. Tiens, ça rime! (*chantant*):

Guitare, ma mie,
Mes chères amours
Toujours, toujours...

M. le Président impatienté. Assez, assez: vous aggravez votre position.

Le prévenu, Je tais ma langue... Je n'ai plus qu'un mot à dire. *Chantant* :

Prenez mes jours, prenez ma vie,
Mais laissez-moi mon seul bonheur...

Le tribunal, excédé des citations de l'opiniâtre chanteur, lui impose énergiquement le silence et procède à l'audition des témoins. Le fait de rébellion et de voies de fait envers un agent de l'autorité étant constant, le tribunal condamne l'intrépide mélomane à deux mois d'emprisonnement.

Le chanteur, sans se déconcerter, les yeux au ciel et la main sur le cœur :

D'une ingrate patrie,
Dieu vous voyez les coups;
Vous qui jugez les rois, jugez-moi, je vous prie;
Je tombe à vos genoux.

La garde municipale entraîne le condamné, qui sort en fredonnant un air dont les paroles ne parviennent pas jusqu'à nous.

UNE INJURE RENTRÉE.

Un vieux bonhomme long, sec et jaune, se présente devant la police correctionnelle. Un bonnet de soie noire lui couvre la tête et tombe jusque sur ses yeux. L'audiencier l'engage à le mettre dans sa poche. — Vous plaisantez, je crois, s'écrie aigrement le vieillard; ma poche n'est pas enrhumée, peut-être bien... C'est moi, c'est ma personne qui possède un catarrhe... équivalent...

L'audiencier. On doit se découvrir devant le tribunal.

Le vieux bonhomme. C'est bien, homme barbare!... Si je tombe malade, c'est vous qui en répondrez devant le Créateur.

Après avoir ôté son bonnet noir, le plaignant reste planté devant ses juges sans pouvoir articuler un mot; il passe ses doigts crochus dans les trois douzaines de poils qui composent sa chevelure, prend du tabac, essuie les verres de ses lunettes, se gratte le tibia, et n'a pas l'air d'entendre M. le président qui, depuis cinq minutes, lui demande ses nom, prénoms et profession. Enfin il se décide. « Monsieur, dit-il, je me nomme Alcibiade Hilarion Falampin, et je suis fabricant de lait d'ânesse. »

M. le Président. Vous avez porté plainte en injures contre le sieur Merlier; faites-nous connaître ces injures.

M. Falampin pousse un soupir infiniment prolongé, à faire croire qu'il souffle dans un trombone, et dit d'une voix étouffée : «Oh! oui, oui, oui, oui!»

M. le Président. Vous ne répondez pas à ma question. Quelles sont les injures qui vous ont été adressées?

M. Falampin garde le silence, croise ses mains sur son ventre et fait le moulinet avec ses pouces.

M. le Président. Ne voulez-vous pas les répéter?

M. Falampin, après un second soupir de même force. Oh non, non, non!

N° 10.

LA CORRECTIONNELLE

Petites Causes Célèbres.

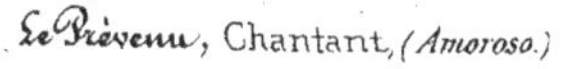

Le Prévenu, Chantant, *(Amoroso.)*

Sous les climats de l'Helvétie
Monts sourcilleux, pleins de rigueur;
Tendres échos de la prairie
Toujours vous serez dans mon cœur....

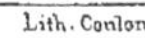

Lith. Conlon

Juste Bourmancé Editeur de la Correctionnelle
Place du Palais Royal, 241

M. le Président. Il faut pourtant bien que le tribunal en ait connaissance.

M. Falampin pousse un troisième soupir plus fort que les deux autres et ne dit mot.

M. le Président. Ces injures sont donc de nature à ne pouvoir pas être répétées?

M. Falampin (quatrième soupir). Oh!

M. le Président. Dites au moins les lettres initiales; le tribunal comprendra.

Le plaignant déboutonne et reboutonne son gilet et ne répond pas.

M. le Président. Comment voulez-vous que le tribunal vous rende justice? Nous ne pouvons pas condamner le prévenu sur une accusation qui n'est pas formulée.

M. Falampin sortant impétueusement de son immobilité: Ah! si, si, condamnez-le, condamnez-le ferme! Il ne l'aura pas volé.

M. le Président. Alors expliquez-vous donc!

Le plaignant retombe dans son apathie et dans son mutisme.

M. le Président. Les témoins seront sans doute plus explicites.

L'huissier. Il n'y pas de témoins.

M. le Président. Comment vous n'avez pas de témoins?

M. Falampin. Oh! non, heureusement!

Dans l'impossibilité d'arracher un mot de plus au plaignant, le tribunal renvoie Merlier de la plainte, et condamne M. Falampin aux dépens.

M. Falampin se retire en soupirant et va rejoindre un de ses amis qui l'a accompagné à l'audience. Celui-ci lui fait sans doute quelques observations sur son étrange conduite, car on entend le bonhomme s'écrier: « C'est égal, ça mourra avec moi! »

— Bonjour, Corcodille, l'air est fraîche à ce matin; on dit que c'est toi qui paie l'eau forte, autrement dire l'huile de savetier, M. l'Empeigne.

— De quoi, Corcodille?... Vous en ét' un autre, grossier.

— Fameux!... fameux!... On y fait des aimabilités, à ce feignant; on y dit des choses flatteuses et d'amitié, on le cajole, quoi! et y vous répond des épithèques?... méchant muffeton! Observe ton infériorité et ton insuffisance, melon.

— Je vous connais pas, peut-être... Je vous empêche pas de riser avec vos semblables, peut-être... Pourquoi que vous m' tarabustez et que vous vous adressez à moi z'individuellement?... parlez-y à votre écot; ne troublez point z'ainsi celui qui consume dans son particulier, et sans nuire z'à son prochain.

Ainsi s'exprimait le tranquille Ballaguerre, qu'un malencontreux hasard avait conduit chez un marchand de vins de la rue de Bondy, un jour que le nommé Guichard était en quête d'un homme de bonne volonté qui voulût bien se charger de lui mettre un velours sur l'estomac. La modération, mais surtout l'égoïsme du pacifique consommateur n'avait fait qu'aiguillonner davantage le parasite Guichard, à tel point que la conversation dont nous avons donné les préliminaires, dégénéra bientôt, par le fait de celui-ci, en une scène plus vive, plus animée, avec accompagnement de gourmades et d'injures. C'est en raison des horions qu'il aurait trop libéralement octroyés au sieur Ballaguerre, que Guichard comparait aujourd'hui devant la police correctionnelle.

Ballaguerre s'avance piteusement vers le tribunal, et d'un ton dolent expose les faits de la plainte. Plusieurs témoins sont entendus, et se plaisent à reconnaître le naturel plein de douceur de Ballaguerre.

Guichard se levant avec impétuosité. V'là pas une abomination d'*échigner* un pauvre homme de la sorte... moi, Guichard, qui n'a jamais eu des raisons avec personne, ni dit un mot plus haut que le ton... Supposition faite que j'y aurais cherché dispute à ce *colibrius*, à quoi que ça m'aurait avancé... Vous avez pu voir le portrait... Un chien de plomb, quoi!... qui n'est pas susceptible de se poser de là... (Guichard se met à la première position du boxeur), et qui se laisserait *cueillir* le nez d'un coup de talon, sans qu'il le susse... C'est pour dire seulement que j'en suis incapable. J'y ai peut-être dit des mots un peu gras... mais faut pas sonner la grosse cloche pour ça; on s'explique entre z'hommes, et puis voilà. »

L'avocat de Guichard, contradictoirement aux témoignages recueillis à l'audience, s'efforce d'établir que son client est un homme rangé, de mœurs tranquilles, et singulièrement porté à la bienfaisance; enfin qu'il appartient à une *famille honorable*, et pour laquelle la condamnation d'un de ses membres serait un éternel sujet de douleur.

Malgré les louables efforts du défenseur, le tribunal n'en condamne pas moins Guichard à huit jours d'emprisonnement.

Imprimerie d'AMÉDÉE GRATIOT et Ce, rue de la Monnaie, 11.

AMOUR, AMOUR, QUAND TU NOUS TIENS!...

Mesdames Molinard et Satiné, l'une portière, l'autre cardeuse de matelas, sont en présence et viennent vider en champ-clos une vieille querelle. Il résulte des faits introductifs du procès que la dame Molinard, dont l'époux aurait été un peu trop sensible aux charmes fort problématiques de la dame Satiné, n'aurait pu voir cette injurieuse préférence sans en ressentir une haine violente, profonde, implacable, comme autrefois Junon lorsqu'elle se vit préférer Vénus sur le mont Ida...

Manet altâ mente repostum
Judicium Paridis, spretæque injuria formæ!

Mais la dame Molinard, plus femme en cela que la vindicative déesse, a fait tomber la responsabilité de cet odieux affront, non point sur le berger Pâris, je veux dire sur le sieur Molinard, mais bien sur Vénus, je veux dire sur la cardeuse de matelas. De là les dissentiments qui divisent la dame Molinard et la dame Satiné, *sa locataire;* guerre longue, guerre opiniâtre, que la cardeuse de matelas, un jour dans sa bouillante colère, résolut de clore par un coup de peigne, je me trompe, par un coup de main décisif. Or, comme ce coup de main équivalait à des voies de fait, la dame Molinard a traîné son ennemie intime devant les juges.

Madame Molinard, plaignante, a la parole.

« Je me prénomme, dit la dame Molinard, Zélie-Charlotte-Césarine, et suis une Fléchot par le sang. Ma tendresse et une légitime union m'ont rendue femme Molinard; je puis dire que je ne cessai jamais de l'être de fait ni de consentement.

M. le Président. Tâchez d'aborder les faits sans tous ces préambules.

Madame Molinard. Hélas! il sera toujours assez tôt. J'ai besoin auparavant de vous détailler l'histoire de ma vie. Née dans un rang distingué, mon éducation m'appelait...

M. le Président. Renfermez-vous donc dans les faits du procès.

Madame Molinard. Vous me permettrez au moins de vous dire que je fus la plus heureuse des femmes jusqu'au jour où Molinard, oubliant ses serments, me répudia indélicatement pour aller, comme il est dit dans la Bible, avec une *Madianite.*

La Cardeuse de matelas, vivement. De quoi, de quoi, *une mécanique?*... Voilà pas des mots bien longs pour dire que vot' homme s'a ennuyé, qu'il fallait qu'il tirasse le cordon pendant que madame lisait ses imprimés!... Une mécanique!...

M. le Président, à la plaignante. Le tribunal est saisi d'une plainte en voies de fait et non pas d'une accusation d'adultère.

Madame Molinard. L'un et l'autre, monsieur!... Il faut que madame Satiné me laisse la paisible jouissance de mon époux... Voilà ce que je demande à la justice.

La Cardeuse de matelas. Tenez, monsieur le juge, tout ça c'est des paroles à la fleur d'orange. Je vas vous tirer le fin du fin en trois mots et demi, et en un tour de main. V'là que j'y suis. C'était, comme qui dirait un matin z'avant sept heures; mam' Molinard *bayait* sa cour. Je descends pour aller chercher... pour aller chercher... (s'adressant à l'audiencier) qué qu' j'allais donc chercher, mon petit?... Ah! bon!... j'allais chercher, révérence gardée, pour deux sous de fromage de cochon; à preuve que je ne pensais pas à Molinard ni à son épouse. J'y dis bonjour, mam' Molinard; vous *bayé* de bonne heure à ce matin!... — A m' dit: « C'est pas l'embarras qu'il y a bien des ordures dans c'te maison. Il est bon de vous dire qu'a me vexait toujours comme ça. — J'y dis: C'est-il pour moi que vous dites ça? — A m' dit: Qui se sent morveux se mouche. — J'y dis: Pourquoi que vous dites ça? — A m' dit: Vous croyez p't-être que je n' sais pas que vous faites le mariage de Jean des Vignes avec mon homme. — J'y dis: Moi! quelle horreur!... Possible est-il que vot' époux aye des vues dessus moi, mais j'en ignore, vu qu'il ne m'en a point z' instruit. L dessus v'là mam' Molinard qui part des quatre pieds et qui m'appelle guenon. Moi qu'est cardeuse, et qui ne me laisse pas manger la laine dessus le dos, j'y en dis d'autres; c'est-y juste, voyons? Pour lors a lève su moi son plumeau de bruyère, donc que j'ai z'u l'œil, z'avec quoi m'voyez, comme un oignon brûlé pendant huit jours et plus... »

M. le Président. Vous avez frappé, de votre côté, la femme Molinard?

Madame Satiné, montrant sa main. Faites excuse... seulement j'y ai passé ma carde dans les cheveux; voilà tout.

Plusieurs témoins sont entendus; mais leur témoignage étant peu explicite quant aux voies de fait, le tribunal renvoie la cardeuse de la plainte.

DE DEUX FLUTEURS QUI ACCORDENT LEURS FLUTES.

Un gros homme, large comme un muid et rouge comme une écrevisse qui sort du court-bouillon, vient se poser carrément devant MM. les juges, et s'écrie en levant la main: « Je vas vous insinuer la chose avec la vérité la plus pure!

Le prévenu. Alors c'est pas comme ton vin.

Le plaignant. Je dédaigne l'*aspotrophe*... Je ne suis point z'orateur, mais un homme patenté et caporal dans la citoyenne, doit z'être ajouté foi plutôt que pas un muffle de ton numéro. Voilà mon genre.

M. le Président. Voyons, dites-nous d'abord vos nom, prénoms et qualité.

Le plaignant. Je me nomme Palleron, et je suis marchand de vins.

Le prévenu. De quoi! marchand de vin!... Saint-Médard, borne-fontaine!... une véritable borne-fontaine!

Le plaignant. Ce que vous dites là est trop incohérent pour faire la moindre sensation sur la grande âme de la justice... Enfin, Messieurs, *imaginez*-vous qu'il a été faire dans tout le quartier, à huit lieues à la ronde, un tas de mots pour démolir mon établissement.

M. le Président. Quels sont ces propos?

Le plaignant. Des grandes petitesses!... que je faisais dans ma cave le contraire de Notre-Seigneur Jésus-Christ aux noces de *Canard.*

Le prévenu. De Canard!... ah! fameux!... de *Ganache*, ignorant!

Le plaignant. Canard, Ganache, je m'en importe inférieurement. J'aime mieux n'être pas éduqué et ne pas mécaniser mon prochain.

Le prévenu. Est-ce que vous ne mécanisez pas votre prochain, en lui introduisant frauduleusement de l'eau dans son vin?

LA CORRECTIONNELLE

Petites Causes Célèbres.

«.... Vous croyez p't-être que je ne sais pas que vous faites le mariage de Jean des Vignes avec mon homme !...»

Lith. Coulon.

Justé Bourmancé Editeur de la Correctionnelle
Place du Palais Royal, 241.

Le plaignant. Faux, horreur de faux! du vin cacheté! je vous demande un peu si c'est possible.

Le prévenu. La bouteille n'était venue au monde toute cachetée, peut-être!... C'était abondamment de l'abondance.

Le plaignant. Vous étiez trop bu pour vous y connaître... Votre palais devait être *métorphosé* en râpe à sucre... La dalle du cou était tant soit peu avariée, mon garçon!

Le prévenu. Ce que vous dites ne me va pas à l'épaule... J'ose dire que je me connais en liquide... j'ai là-dessus ma petite amour-propre... sans comparaison j'ai bu, je bois et je boirai.

Le plaignant. Sous ce rapport vous méritez mon estime... Je sais que vous êtes une pratique flatteuse pour la consommation.

Le prévenu. Eh bien! alors, de quoi que vous voulez me faire arriver de la peine... Payez une bouteille, j'en paierai une autre, et tout sera fini.

Le plaignant. Bien sûr que ça serait de l'argent mieux placé que de le donner aux robes noires.

Le prévenu. Deux fois mieux placé... Arrosons-nous le torse et chantons comme deux petits amours de pochards:

Le vin à quinz' sous
Met sens d'ssus d'ssous!

Le plaignant. Eh! donc!... Vive la joie, l'amour et la galette!...

M. le Président. Taisez-vous donc un peu tous les deux!... (au plaignant): Vous vous êtes porté partie civile.

Le plaignant. Eh ben! quoi!... je me déporte!...

M. le Président. C'est votre droit... seulement vous paierez les frais.

Le plaignant. T'es-t'un bon garçon, Baptiste!

Le prévenu. T'en es-t'un autre!

Le marchand de vins et sa pratique s'en vont bras dessus, bras dessous, et on les entend au loin chanter en chœur dans le couloir:

Le vin à quinz' sous
Met sens d'ssus d'ssous!

On remarque au banc des prévenus, un homme petit, d'une figure étiolée, l'œil éteint et la barbe longue. Il est porteur d'un habit noir encrassé, et dont les boutonnières effilées attestent les longs services.

M. le Président. Blaiseau, levez-vous. Vous êtes prévenu du délit de vagabondage.... Quelle profession exercez-vous?

L'homme à l'habit noir. Homme de lettres.

M. le Président. C'est une profession équivoque que prennent souvent assez volontiers ceux qui n'en ont pas d'autres, pour masquer une position peu honorable. Vous n'avez pu indiquer un domicile.

L'homme à l'habit noir. Le monde est ma patrie, le soleil est mon père, la nature, ma maîtresse, et les étoiles sont mes sœurs... Je connais les rapports des êtres créés... Je vois dans l'avenir...

M. le Président. Je vous engage à laisser-là toutes ces billevesées, et à répondre à mes questions.

L'homme à l'habit noir. J'habite l'univers et plus particulièrement le voisinage de la place Maubert, où la nature se révèle dans toutes ses pompes et sa magnificence. Lorsque je me sens pressé par le sommeil, des femmes blanches descendent des nues, et forment au-dessus de ma tête une tente avec leurs écharpes étincelantes; puis à mon réveil elles me servent des pommes de terre frites et s'en retournent au ciel. *(Au gendarme.)* Mon jeune ami, quelle heure est-il?

M. le Président. Cet homme a le cerveau dérangé!... (s'adressant au prévenu) Avez-vous composé quelques écrits?... De quelles matières vous êtes-vous occupé?

L'homme à l'habit noir. Du symbolisme des idées, auxquelles j'ai trouvé une figure et des formes géométriques. J'ai écrit douze mille volumes seulement sur la configuration des vents, autant sur le chauffage économique et... (Il aperçoit au-dessous du banc d'accusation un avocat qui prend une prise de tabac.) Monsieur, oserai-je vous prier de vouloir bien... (Il prend une prise.) Votre tabac est excellent... Il a un montant délicieux... Hommes barbares, qui m'avez enseveli vivant dans une bouteille... qu'avez-vous fait de mes bottes?...

M. le procureur du roi, arrêtant le prévenu qui se dispose à continuer, conclut, attendu l'état apparent de démence, à ce que Blaiseau soit renvoyé de la plainte, et mis à la disposition de M. le préfet de police; pour l'état de ses facultés, être examiné par les hommes de la science.

Le tribunal fait droit aux conclusions de M. le procureur du roi.

Blaiseau au gendarme qui l'entraîne hors de la salle d'audience: Homme de lettres!... inventeur des omnibus... Je fixe le disque du soleil!... J'ai faim!... Prêtez-moi vos bottes pour m'en retourner au ciel!...

Imprimerie d'AMÉDÉE GRATIOT et Ce, rue de la Monnaie, 11.

UN VOL AU BONJOUR.

Une dame âgée, ridée, éreintée, mais caparaçonnée avec recherche, se présente à la barre tenant à la main un ridicule. Elle dépose en ces termes.

« Je me nomme Agathe-Céliane Bureau, je suis âgée de 56 ans, et *demoiselle*. Le 20 octobre dernier, trois heures sonnant, je sortis de chez moi pour aller faire un tour de promenade aux Champs-Élysées. J'étais parvenue à peu près à la hauteur du quartier Beaujon, lorsqu'un jeune homme, bien vêtu du reste, et dont l'extérieur, les manières et la politesse ne pouvaient inspirer aucune défiance, s'approcha de moi et me salua. Montrant le prévenu, c'était monsieur que voici. — Eh! bonjour, belle dame, dit le jeune homme; puis il me demanda des nouvelles de ma santé et me fit beaucoup de compliments. J'étais aussi surprise qu'étonnée. Monsieur ajoute : « Comment, belle dame, vous ne me *remettez* pas? — Pas distinctement. — C'est singulier, dit le jeune homme; nous nous sommes pourtant vus plusieurs fois dans le monde; cherchez bien, belle dame. — Chez M. Ferrada, peut-être? — Non, belle dame. — Chez M. Bardou, peut-être? — Non, belle dame; c'est particulier que vous ne vous souveniez pas que c'est chez... — Bon, lui dis-je, chez madame veuve Bridard. — Précisément, belle dame... Y a-t-il longtemps que vous n'avez vu la chère dame? — Voilà bientôt trois ans qu'elle est morte. — Ah! mon Dieu! quel événement terrible!... une femme si bien conservée jusque-là... quel malheur pour ses enfants! — Mais elle n'avait pas d'enfants. — Oh! pardonnez; maintenant qu'elle est morte, ça ne peut pas lui faire de tort... mais elle avait eu, *de son vivant*, deux enfants avant son mariage avec M. Bridard. — Que m'apprenez-vous là?....

M. le Président. Enfin l'accusé, en se servant

de chacune de vos réponses, s'arrangea de façon à vous faire croire qu'il connaissait beaucoup la personne dont vous lui parliez.

Mlle Céliane. C'est précisément ce que j'ai pensé depuis... Enfin, monsieur, après une longue conversation, comme je prenais une prise de tabac, car il est bon de vous dire que je fais usage de tabac en poudre, seulement à cause de mes yeux, l'accusé considérant attentivement ma tabatière en *vermeille* s'écria : « Ah ! mon Dieu, belle dame !... Mais c'est la tabatière de feu madame Bridard ; est-ce que la défunte vous la laissa ?...» Je lui dis qu'elle était bien à moi. Il me répondit : « Voilà qui est *original !* » Et il me demanda à s'assurer par ses yeux que ce n'était pas la tabatière de feu madame Bridard. Il prit la tabatière dans ses mains, l'examina, puis il se mit à courir de toutes ses jambes. Je n'eus que la force de crier, et on parvint à arrêter mon voleur.

L'accusé. Elle ne sait ce qu'elle dit, cette vieille madame Putiphar... Je rougis quand je pense aux propos qu'elle m'a tenus,... même, elle m'offrait sa fortune, si je voulais prendre son cœur.

Mlle Céliane. Ah ! l'abomination de jeune homme !... Je suis *demoiselle,* messieurs... Je suis demoiselle !... voilà 55 ans que je *la* suis... c'est une affreuse calomnie...

En présence des déplorables antécédents de l'accusé, déjà repris de justice, ce système de défense devait échouer auprès des magistrats. En conséquence, Hubert a été condamné à cinq ans d'emprisonnement, attendu son état de récidive.

LA TERRE PROMISE.

Benjoin, soldat de la ligne , se présente comme plaignant devant la police correctionnelle.

M. le Président. Quel est votre état ?

Benjoin. Maréchal ferrant et apprenti maréchal de France.

M. le Président. Cette plaisanterie est inconvenante. Voyons, expliquez votre plainte.

Benjoin. Ça ne sera pas long. J'ai été refait au même par ce pékin-là, mais je dis dans les soignés.

M. le Président. Dites-nous dans quelles circonstances.

Benjoin. Dans les circonstances de mon argent. J'vas vous conter l'anecdote. C'était le 17 novembre ; je peux pas oublier ce jour-là ; j'avais reçu une fameuse somme du pays... 22 francs 10 sous. Comme c'était un dimanche, et que j'avais une permission, j'étais allé pincer un rigodon à la barrière *Rochoir.* C' cadet-là avait déjà eu celui de me faire vis-à-vis une demi-douzaine de fois. Alors il s'autorise de m'offrir un léger rafraîchissement ; j'accepte ; il fait bien les choses , un litre à douze... Tout ce qu'il y a de mieux... Tout en trinquant, il me demande s'il y a longtemps que je suis au service. — Six mois, que je lui dis. — Avez-vous entendu parler de l'Afrique, qu'il me demande ? — Où prenez-vous l'Afrique, que je lui réitère. — Eh bien, l'Algérie. — Ah ! en *Algère!* Beaucoup , beaucoup, y a le cousin de ma tante qu'a manqué d'y aller.—Et voilà tout ce que vous en connaissez ? qu'il me fait. — Mais z'oui, que je lui renouvelle. — Seriez-vous flatté d'y aller en *Algère ?* — Eh ! eh ! que je lui fais.— Allons, ne faites pas de façons avec un ami. — Dam , que je lui refais. — Farceur, qu'il me dit, en me f........ un énorme coup de poing dans le dos, ils voudraient y aller tous ; je crois bien, c'est que le pays est bon... Vous irez, mon vieux, qu'il me dit en me serrant la main que j'ai cru que c'était un étau... je m'en charge... Dites-moi, avez-vous des sacs d'argent ? — Farceur ! que je lui fais. — Je veux dire des sacs vides. — Comme je n'en ai jamais eu de pleins, je ne peux pas en avoir de vides. — C'est juste... Eh bien ! tâchez de vous en procurer plusieurs douzaines ; vous en avez besoin pour mettre votre butin. — Bah ! — Sans doute... Vous savez bien, les Arabes ? — Allez toujours, que je lui fais. — Eh ben, les Arabes passent leur vie et leur existence à transporter d'immenses richesses sur leurs chameaux ; on envoie des soldats contre eux ; chacun à son tour... Les Arabes se sauvent, les chameaux s'arrêtent et les soldats partagent les immenses richesses. — Oh ! oh ! que je me s'écrie.—Écoutez qu'il me répond, ma sœur se marie dans huit jours avec un capitaine ; venez à la noce , je vous présenterai à mon beau-frère, et nous arrangerons ça en soupant. — Ça va. — Ah ! mais j'y pense, qu'il me dit ; ça ne se peut pas.—Ah ! diable ! que je lui fais. — Pour aller à la noce, il faut un habit, et le mien est en plan. — Oh ! oh !—Si vous aviez seulement 20 francs, je le retirerais, nous irions à la noce ; le lendemain je remettrais ma pelure au clou ; et je vous rendrais vos 20 fr. — Ça se peut, que je lui fais ; j'ai justement reçu une fameuse somme du pays...

LA CORRECTIONNELLE N° 12.

Petites Causes Célèbres.

Mademoiselle Céliane Bureau, rencontre un inconnu avec lequel elle renouvelle connaissance, et qui après bien des complimens et des politesses, lui vole sa Tabatière sans cérémonie.

Lith. Coulon.

Juste Bourmancé Editeur de la Correctionnelle
Place du Palais Royal, 24

22 fr. 10 sous. — Eh ben! qu'il me dit, demain... — Demain, je peux pas... Mardi à la bonne heure. — Va pour mardi; j'aurai encore le temps de faire repasser mon habit... Vous allez voir, comme quoi c'est moi qui l'a été, repassé! Je lui donne rendez-vous mardi, à six heures, et nous allons ensemble rue Montorgueil, passage de la reine d'Hongrie. — Attendez-moi là, qu'il me dit; ça pourrait vous compromettre de monter avec moi, étant en uniforme. — Je l'attends une heure... Enfin, voyant qu'il ne venait pas, je monte, mais je trouve mon cadet absent; il s'avait esbigné par l'autre bout du passage, rue Montmartre. Quelques jours après, je vois mon individu qui passait devant la caserne... « V'là mon floueur! » que je dis à un camarade... Nous courons, je l'attrape et je l'insère au violon... Voilà l'anecdote.

Le prévenu. Tout ça, c'est des frimes! Le seul tort que j'ai eu, c'est de boire avec ce tourlourou... Le civil ne devrait pas se mésallier avec le militaire... mais quand on a *secoué ses abattis* (balancé) au même quadrille pendant deux heures, on peut se faire une politesse... Pour les 20 francs, il me les a offerts, vu ma gène momentanée... je devais lui payer les intérêts.

Malheureusement pour le prévenu, il existe des notes de police qui établissent qu'il a déjà subi *dix-sept* condamnations tant pour escroqueries que pour tapage, voies de fait, rupture de banc, etc.

Le prévenu. Fallait donc dire tout de suite que vous saviez ça, au lieu de me laisser *m'épaumoner* pendant deux heures.

Le tribunal condamne cet incorrigible voleur à trois ans de prison.

UN COUP DE LANGUE.

On amène au banc des prévenus une petite femme toute ronde, haute en couleur, et portant le costume infiniment pittoresque des marchandes *sur pied* du carreau de la Halle.

M. le Président. Quels sont vos noms et profession?

La prévenue d'une voix enrouée : Françoise Piautard... Y n'est p't-être pas ronflant, mais il est bon tout d'même... Quante z'à l'état c'est différent : marchande de *Portugal*. V'là ce que j'fais.

M. le Président. Vous êtes prévenue d'injures contre un délégué de l'autorité dans l'exercice de ses fonctions. Vous allez entendre les témoins.

La prévenue. Qui ça... l' mouchard? Ah ben! c'est sûr et assuré qu'y s' gênera pas pour vous donner des bourdes et vous dire des vérités par sus l'épaule... Un grand flandrin qu'est malhonnête comme un pain d'orge, et grossier comme une *cueillère* de bois... Oùs-ce qu'il est, ce m'sieur, que j'y serve son bouquet de persil?...

M. le Président procède à l'audition des témoins.

Le premier témoin appelé est le sergent de ville Aubran. Il dépose qu'un soir du mois dernier, étant de service au théâtre de la Porte-Saint-Martin, Françoise Piautard, l'éventaire déployé, s'était mêlée au flot des spectateurs sortants, et qu'elle avait établi le centre de son négoce sur les marches mêmes du théâtre. Le témoin lui avait fait remarquer, à plusieurs reprises, qu'elle gênait ainsi la libre circulation et empêchait l'abord du théâtre. Je lui enjoignis de se retirer, ajoute le témoin, ce qu'elle fit non sans *se faire prier*. Néanmoins elle revint encore une fois. Pour lors patience se perd, et je lui dis sévèrement, à cette fois, de détaler ou sinon je me fâche. Mais voilà qu'elle se met à me chanter pouilles... que je suis un ci, que je suis un l'autre; bref, elle m'appelle concombre tout le long du mot, jugez du reste. »

Françoise Piautard. Ah ben!... y n'enrage pas pour mentir, celui-là... Mais tout d' même c'est pas des raisons... Et quand voir même j'y aurai, une supposition, dit qu'y serait un cornichon, c'est pas la mort d'un homme p't-être ben. C'était pas un motif pour prendre la chose à gauche, me dire, à moi, que j'étais une rien du tout, et me secouer comme un prunier? Fallait p't-être, à cause que M'sieur à un *licorne* sus la tête, y dire bien obligée, je vous remercie, mon cœur. Du tout, du tout. Y m'a manqué, et j' l'ai pas manqué. A l'égard d'avoir dit des choses qui peut le vexer, je pouvais pas y en dire, j' ne sais rien sus son compte... j' connais pas sa famille seulement.

M. le Président. Il paraît cependant que vous vous êtes servie de mots blessants, puisque le sergent de ville s'en est choqué.

Françoise Piautard. Il est difficile, m'sieur Flamberge. Eh ben! une autre fois on y ménagera pas les herbes et on y servira une sauce complète... ça fera mieux son compte, et à moi aussi, car j'aime pas à dire des moitiés de mots...

Le tribunal condamne la prévenue à 5 jours d'emprisonnement et 25 fr. d'amende.

Imprimerie d'AMÉDÉE GRATIOT et Cᵉ, rue de la Monnaie, 11.

MAGIE... QUI N'EST PAS BLANCHE.

Dermon est un de ces adroits coquins qui vivent d'industrie et qui exploitent la crédulité des simples sous les masques les plus divers. Aucune profession ne leur est propre, mais ils les prennent toutes avec une égale aptitude, selon la circonstance et le débit. C'est ainsi que Dermon a été tour à tour marchand *d'objets trouvés*, chaland-*allumeur* dans les ventes *au-dessous du cours*, pédicure *à brevet*, l'amant en pied d'une de ces *demoiselles* que vous savez, *opérateur* pour les dents, et enfin PHYSICIEN. Il est accusé d'escroquerie au préjudice d'Antoine Tichon, journalier à Colombes, homme simple d'esprit et de cœur.

Tichon développe ainsi les motifs de sa plainte :

« Tiens !... je pouvions pas m' méfier d' ce grand voleux... J'y ai vu qu' du bleu, quoi !... Et d' sans Adéline Pingrand, j'y aurions pas fait attention tant seulement... Attendez un p'tit brin... Comment qu'y m' disait donc, ce grand friponneux ?... Ah ! c'est qu'il en dégoisait joliment ; mais tout ça c'était des paroles *miellées*, histoire d' m'entortiller et d' gripper mes pièces de cent sous... J' connaissons ça à présent, allez ! V'là qu' j'étions à même d' chopiner un brin et sans penser à mal faire, comme dit c' t-autre, quand le particulier s'a voulu mettre de mon écot, et m'a approposé de boire une *brinde* (une santé). Tope ! que j' dis. — Vous êtes de la campagne, qu'y m' dit. — J'y dis : oui. — Y m' dit : je veux votre bien ; faut venir à Paris. Y me paraissions un bon enfant tout d' même, et j' croyions ben de tenir un saint par les pieds. Tenez, faut point s' fier à ces choses-là !... Y m' dit : J' suis assuré qu'il y a queuque chose à faire pour vous à Paris ; voyons voir mes cartes : j' vas vous dire vot' belle fortune. Et le v'là qui s' mettions à faire des p'tits paquets, et qui m' regardions d'dans le blanc des yeux, que ça me faisait loucher... Ah! mais c'est qu' j'avions fièrement d' la chance... Y disions comme ça que je pourrais t'avoir des milliasses sans qu'y m'en coûtasse plus de dix écus, et que si j' voulons ben y m' dirait, avec ses cartes, oùs-ce qu'il y aurait des diamants et de l'argent blanche, et que j' serions plus riche que le roi à-beaucoup près.. J'y allonge ma monnaie, vous allez voir... Y recommence ses petits paquets... C'était pas bête tout d' même... Y m' dit : Bon! ça a réussi... Faut aller dire adieu au pays, puis vous reviendrez avec autre trente francs, et je vous conduirons dans un endroit où n'y a qu'à se baisser pour en prendre. Je me dis, fameux!... et puis je m'en vas. Mais v'là qu'arrivé à Colombes, Adeline Pingrand donc, qui est ma promise, une fine langue, allez, alle m' dit : Le Parisien t'a refait, mon garçon; faut y retourner et lui caresser les oreilles... Moi, c'était pas mon affaire, et je l'ons fait empoigner. V'là l'histoire dans son plein.

Dermon s'efforce de présenter les faits sous une tout autre couleur. « Le paysan, dit-il, est un *dindon*... Je lui ai fait les cartes, c'est vrai, mais en *physicien* et comme ça se fait tous les jours en société... A preuve que je ne lui a pas parlé de bijoux, c'est que je lui a parlé de sa blonde et de ses amourettes... Puisque même il y avait toujours un *homme de campagne* à côté de la dame de carreau, qui est une méchante femme, comme chacun sait, et que le paysan me disait : « Bon! bon!... Je sais ce que c'est, l'adjoint au maire qui en conte à la Pingrand, je lui casserai les os; c'est comme s'il le tenait. »

Tichon. C'est vrai; mais c'était faux, puisqu'Adeline m'ont dit que l'adjoint y avions point parlé plus d'à trois fois de depuis sa naissance, donc que c'était à la Saint-Jean passé.

Dermon, d'une voix tonnante. Vieux serin! c'est vous qui m'avez demandé une séance. Je vous ai dit : ça coûte trente francs; vous m'avez dit ça n'est pas cher... Est-ce une preuve?...

Le Président. Attendu qu'il résulte de la déposition des témoins et des débats, que Dermon s'est rendu coupable d'escroquerie, au moyen de prétendues connaissances divinatoires, condamne Dermon à six mois d'emprisonnement et deux cents francs d'amende.

AMADIS.

La veuve Bicorne s'avance en pleurant au pied du tribunal et s'écrie entre deux sanglots : « Mon bon monsieur, j'avais égaré mon chat! »

M. le Président. Il n'est pas question de votre chat.

La veuve Bicorne. Et je ne l'ai pas retrouvé!... Pauvre Amadis!... pourvu qu'il soie tombé en de bonnes mains!

M. le Président. Répondez à mes questions : d'abord comment vous nommez-vous?

La veuve Bicorne. Sébastienne Colichard, femme de Pierre Bicorne, de son vivant allumeur de lampions de la ville de Paris... mort aujourd'hui depuis dix-sept ans, viennent les Rois... Mon pauvre Amadis!

M. le Président. Vous avez porté plainte contre la femme Grillard?

La veuve Bicorne. Oh! la vipère!... C'est ma voisine depuis dix ans, mon bon procureur.

M. le Président. Expliquez votre plainte.

La veuve Bicorne. J'avais perdu mon chat...

M. le Président. Vous l'avez déjà dit.

La veuve Bicorne. Un superbe *angola*, pétri d'intelligence, qui me comprenait comme une personne naturelle, et qui m'aurait répondu s'il avait eu la parole... Pauvre Amadis, il ne lui manquait que ça.

M. le Président. Mais vous n'accusez pas la femme Grillard d'avoir pris votre chat.

La veuve Bicorne. Oh! non, monsieur, car elle ne pouvait pas le souffrir... Pauvre Amadis! elle l'aurait plutôt tué... Vierge du bon Dieu! si je savais ça je l'attaquerais en assassin.

M. le Président. Dites-nous donc de quoi vous vous plaignez.

La veuve Bicorne. J'étais toute *ratournée*, mon procureur du bon Dieu; j'avais la tête dans les talons, quoi! je courais dans toutes les escaliers en appelant Amadis... Pauvre Amadis! c'était lui qui me consolait de la perte de défunt Bicorne... Depuis douze ans il ne m'avait pas quittée. V'là que je me trouve dedans l'escalier face à face de madame Grillard, qui venait de *cri* son lait. « Dites donc, voisine, que je lui fais comme ça, *n'aureriez*-vous pas vu Amadis? » J'avais tort de m'adresser à elle, c'te vipère, puisque je savais qu'elle pouvait pas souffrir Amadis, même qu'elle disait que le pauvre enfant regardait toujours ses serins

N° 13.

LA CORRECTIONNELLE

Petites Causes Célèbres.

.... Et le v'là qui se mettions à faire des petits paquets, et qui m'regardions d'dans le blanc des Yeux que ça me faisait loucher.... Ah! mais c'est que j'avions fièrement de la chance........ Y m'disions que j'pourrai-t-être plus riche que le Roi, à beaucoup près.

Lith. Coulon.

Juste Bourmancé, Editeur de la Correctionnelle
Place du Palais Royal, 241.

de travers... Il s'en fichait pas mal de ses serins; n'est-il pas vrai, mon procureur?

M. le Président. Arrivez donc à votre plainte!

La veuve Bicorne. Elle aurait pu me répondre non, pas vrai? Au *lieur* de ça elle me rit-z' au nez et se met à me chanter :

C'est la mère Michel
Qu'a perdu son chat!

une horreur de chanson, mon procureur!

M. le Président. Ensuite.

La veuve Bicorne. Alors je lui dis qu'il faut qu'elle n'aie ni foie ni *gigier*... Sur ce mot, elle m'appelle vieille marmite, vieux chaudron, vieux pot sans anse... Je veux lui répliquer, mais elle me ferme la bouche d'un coup de poing que le sang en a sorti et que j'en ai perdu une dent. C'était l'avant-dernière, mon bon procureur... dame! à 72 ans!

La prévenue. C'est une fausse!

La veuve Bicorne. Une fausse!... (Ici la plaignante tire de sa poche un petit papier tout crasseux, et elle y prend un horrible chicot qu'elle montre triomphalement au tribunal et à l'auditoire). « Voyez plutôt si c'est une fausse!... Une belle et bonne dent!... et une canine, encore!»

La prévenue. Oh! fameux! — C'est vous que je dis qu'est une fausse, une imposteuse.

M. le Président. Il n'est pas présumable que cette bonne femme vienne se plaindre sans raison.

La prévenue. Est-ce que je sais, moi! Depuis qu'elle a perdu sa vilaine bête, elle ne sait plus ce qu'elle fait...Toutes les nuits, elle sort dix fois sur le carré et réveille tous les voisins en appelant : « Amadis! Amadis! » même que le *propiétaire* y a donné congé.

La veuve Bicorne. C'est moi que je l'ai donné!... Je ne veux pas rester dans une maison où j'ai perdu Amadis... je veux m'expatrier... je veux aller finir mes jours à Gonesse...

M. le Président. Avez-vous des témoins?

La plaignante. J'ai ma dent qui parle pour moi.

Le tribunal condamne la femme Grillard à 16 francs d'amende.

Adolphe Grimet est un méchant petit garnement, tout pétri de malice, et quelquefois de la malice la plus noire. Il a voué une inimitié profonde et scélérate à cette classe si intéressante de la société que l'on appelle épiciers, et que lui, dans son idiome populaire, appelle tout bonnement les *épice-mards*. Il n'est peut-être pas un seul de ces estimables négociants, dans tout le quartier Saint-Jean, qui n'ait eu, au moins une fois, maille à partir avec ce démon incarné. Ce sont toujours les traits les plus malins et les moins innocents. Ici c'est un bocal de cornichons que le drôle renverse; là, une caisse de pruneaux qu'il attire dans le ruisseau, et puis et puis .. toutes les *farces* enfin qu'un cerveau de gamin puisse suggérer... Heureux l'*épice-mard* qui en est encore quitte pour ses pruneaux ou ses cornichons. Il arrive parfois que Grimet s'attaque à la personne de l'*épice-mard.* Exemple :

Un soir du mois dernier, le sieur Benoît Lubin, élève en épicerie, était occupé à fermer sa boutique, lorsqu'il passa par la tête au jeune Grimet de lui jouer un bon tour. De la pensée à l'exécution il n'y a qu'un tour de main. Grimet tire de sa poche le cordeau de sa toupie, l'attache à l'un des angles de la porte et se place à l'angle opposé tenant l'extrémité de la ficelle. Benoît sort; mais son pied se prend à la corde tendue et l'infortuné épice-mard s'en va choir dans la rue la tête la première. Et cependant Grimet riait et riait fort. Le patron accourt au cri plaintif poussé par la victime, s'élance à la poursuite du petit *farceur*, l'arrête et le consigne au poste le plus voisin. De là procès en réparation contre le jeune Grimet et contre sa famille, comme étant civilement responsable des actes de l'un de ses membres, mineur.

La victime comparaît à la barre. C'est un adolescent d'apparence inoffensive. « Voilà plusieurs fois, dit-il, que ce polisson-là me fait des *niches*, et je n'y ai rien fait. Une autre fois, je faisais pas attention à lui, il me tenait le doigt à la hauteur de l'oreille, y m'appelle : épicier!... Je me détourne et je me flanque son doigt dans l'œil, que j'en ai eu une *cocotte* pendant quinze jours.

Grimet garde le silence. Il se borne seulement à placer sa casquette devant la figure, comme pour se mettre à l'abri des regards de la justice et fait ainsi, à la dérobée, à son antagoniste un pied-de-nez.

La victime, de sa place. Monsieur, faites-le finir, il me fait le nez et m'envoie des menaces.

La famille Grimet offre la satisfaction pécuniaire réclamée par le jeune épicier; mais elle se joint à la victime pour demander qu'il plaise au tribunal administrer une bonne leçon à l'incorrigible gamin. — En conséquence, Adolphe Grimet sera détenu pendant un mois dans une maison de correction.

Imprimerie d'Amédée Gratiot et Cᵉ, rue de la Monnaie, 11.

UN ÉCUEIL DE LA POLITIQUE.

Un jour du mois de novembre dernier, le sieur Baradon se promenait sous les arbres des Tuileries, une gazette à la main, l'esprit enfoncé très avant dans les profondeurs de la politique. Un monsieur l'aborde et retient le journal avec les marques de la politesse la plus cérémonieuse. « Pourriez-vous me dire, monsieur, ajoute l'inconnu, s'il est arrivé des nouvelles d'Orient ? » M. Baradon répond; l'inconnu part d'une nouvelle question; la conversation s'établit, et en quelques minutes les deux nouvellistes se trouvent placés sur le terrain des débats politiques. On se passionne d'abord pour telle ou telle manière de voir; chacun défend ses opinions; on s'excite, on se querelle. Mais voici qu'il s'agit d'expliquer la lettre obscure d'une note diplomatique d'un sens fort ambigu; chacun d'eux propose sa version. L'inconnu tord le texte et en exprime des conséquences diamétralement opposées aux opinions de M. Baradon. Celui-ci est un moment étourdi par la politique sophistiquée de l'orateur, la subtilité des commentaires, et prête une attention soutenue à la discussion. L'inconnu profite de la préoccupation de son adversaire, et pendant qu'il lui montre du doigt un passage du journal, il décroche de l'autre main la montre du sieur Baradon et la fait passer adroitement dans sa poche. Un surveillant du jardin, qui observait de loin cette scène, accourt à l'improviste et arrête le savant politique encore nanti du corps du délit. C'est en raison de ces faits que l'inconnu, qui n'est autre que le nommé Augustin Boutan, comparait aujourd'hui devant le tribunal de police correctionnelle, sous l'inculpation d'escroquerie.

Le surveillant du jardin, témoin *de visu*, fait connaître au tribunal de quelle manière l'accusé s'y est pris pour consommer cette escroquerie.

M. Baradon, témoin passif, expose la scène avec une grande simplesse.

« Je ne puis comprendre encore, dit le témoin, comment *monsieur* a pu s'y prendre; c'est vraiment bien extraordinaire... Moi, qui suis toujours et par habitude en garde contre tout le monde, je n'avais pas songé à me méfier de lui... Je vois bien maintenant qu'il cherchait à *m'entortiller* quand il me parlait de la Turquie, de la Syrie, de l'Asie-Mineure... Figurez-vous qu'il me serrait de près, et, me montrant le journal, il me disait (je me le rappelle encore) : Suivez bien le passage : « L'ennemi est aux portes de la Syrie. On nous rapporte chaque jour des actes d'une profonde immoralité de la part des Turcs... L'armée fait main-basse sur tout ce qu'elle trouve, et autres balivernes... En même temps moi aussi j'étais volé, s'écrie M. Baradon, volé par monsieur qui me traitait de Turc *à mort*, à ce qu'il paraît du moins, car je n'ai rien vu.

M. le Président à l'accusé. Qu'avez-vous à dire pour votre défense ?

L'accusé. C'est une fatalité. Il y a erreur. J'escamote et j'aime à rire... Je voulais faire un tour à Monsieur... seulement pour lui faire chercher sa montre... Une plaisanterie comme cela se fait quelquefois... *(Avec attendrissement.)* Si vous saviez comme ma pauvre mère en a eu du chagrin, et moi aussi... une femme à qui on n'a rien à reprocher et qui a toujours donné de bons conseils à ses enfants... C'est une fatalité !... Je suis bien malheureux... Elle en mourra, c'est sûr... D'ailleurs je n'ai pas la montre, puisqu'on me l'a prise chez le commissaire... Vous voyez ma position, je suis bien à plaindre... Ah ! ma pauvre mère !...

Malgré ces beaux sentiments de piété filiale, Boutan est condamné à trois ans d'emprisonnement.

Boutan avec colère. Cré nom ! ça ne valait pas ça... Il y a du reste... mais nous sommes de revue... *(Hélant à la manière des gamins.)* Tribunal, on vous dit mer...ci !...

ABSINTHE ET FIEL.

L'audiencier. La femme Mulotin contre la femme Cabuche !

M. le Président. Approchez, plaignante !

Les deux femmes se présentant à la fois. Voilà, monsieur le juge !

M. le Président. Vous ne pouvez pas être plaignantes toutes les deux.

La femme Mulotin. C'est moi que je demande justice, mon juge... j'ai des motifs prépondérants.

La femme Cabuche. J'en ai de bien plus *pondérants* pour me venger de vous, la voisine !

M. le Président. Femme Mulotin, racontez-nous les faits dont vous vous plaignez.

La femme Mulotin. J'étais un matin à moudre mon petit café quand on frappe à ma porte. Qu'est là ? que je demande prudemment. — C'est moi, voisine ! qu'on me répond.— Ah ! c'est vous, mam' Cabuche, que je dis; attendez voir un instant que je mette un fichu. Parce que ça avait beau être une voisine et une femme de mon sexe, il faut de la décence.

M. le Président. Passez ces détails.

La femme Mulotin. Dites donc, voisine, qu'elle me dit, est-ce que vous ne *pourreriez* pas me donner un peu de feu pour faire chauffer mon marc ? — Avec bien du plaisir, voisine, que je lui dis... Mais asseyez-vous donc un peu... Elle prend une chaise et nous voilà à causer de choses et d'autres, de la politique, des ministres... un tas d' bêtises, quoi ! — Un drôle d'hiver, qu'elle me dit. — N' m'en parlez pas, ça me rappelle l'année de mon mariage, y a quarante-sept ans. — Les légumes sont hors de prix, qu'elle rajoute... la pluie les gâte toutes... vieil hiver pourri ! — Ah ! bah, que je lui dis, ne pensons pas à ça... A quoi que ça sert de s'affliger... Nous ferions bien mieux de boire la goutte... Acceptez-vous la goutte, mam' Cabuche ?

La femme Cabuche. Vous savez bien que je l'ai refusée !

La femme Mulotin. C'est véridique... De l'eau-de-vie le matin, qu'elle me dit; fi donc ! Si vous aviez de l'absinthe, je ne dis pas.

La femme Cabuche. Au moins c'est distingué, de l'absinthe; c'est bon genre.

La femme Mulotin. J'ai celui de descendre mon *cintième*, et d'aller lui acheter deux sous d'absinthe suisse chez le *liquorisse* d'en face... Nous v'là à nous régaler, et à dire la petite gaudriole... Entre femmes, ça se fait... Quand c'est fini, mam' Cabuche s'en va... Mais elle n'était pas plutôt partie, que je ne retrouve plus ma petite cuiller dont je venais de me servir.

La femme Cabuche. Vous l'avez trouvée après !

La femme Mulotin. C'est véridique... Mais je pouvais bien aller vous demander si vous ne l'*aureriez* pas emportée par *mégard*... Ah ! si vous

N° 14.

LA CORRECTIONNELLE

Petites Causes Célèbres.

« Suivez bien le passage: » l'ennemi est aux portes de la Syrie. On nous rapporte chaque jour des actes d'une profonde immoralité de la part des Turcs.... L'armée fait main-basse sur tout ce qu'elle trouve....

Lith. Coulon.

Juste Bourmancé, Éditeur de la Correctionnelle
Place du Palais Royal, 241.

aviez vu alors comme elle m'a reçue. On n'*agonise* pas une créature comme elle m'a *invictimée.*

M. le Président. Quelles sont ces injures ?

La femme Mulotin. Peau de chameau ! Fricot à Bédouin.

La femme Cabuche. Et vous, donc, vous ne dites pas que vous m'avez interpellée de guêpe, de punaise, et une foule d'autres incestes.

La femme Mulotin. C'est vous qu'a commencé.

La femme Cabuche. Pourquoi que vous faites celle qui me prend pour une escroqueuse !

La femme Mulotin. C'est pas vrai, je demande la remise pour prendre un avocat.

La femme Cabuche. J'en prendrai deux !

M. le Président. C'est inutile; la cause est entendue.

Le tribunal, attendu que la dispute n'a eu d'autres témoins qu'une fiole d'eau-de-vie et une fiole d'absinthe, renvoie dos à dos les deux commères.

Les regards furibonds qu'elle se lancent font penser qu'elles ne seront pas longtemps à se retrouver face à face.

La dame Germain, marchande de marée, à la Halle au poisson, eut, un jour, la désastreuse idée d'*éduquer* son fils, pour nous servir d'une locution qui lui est familière, et d'orner l'esprit de son *Phiphile* des connaissances les plus variées et les plus inutiles, quoique, au fond, le drôle fût beaucoup plus propre à façonner une serrure ou à toute autre profession mécanique. Après l'avoir d'abord initié aux arts libéraux, par l'étude fort ingénieuse de la clarinette, la dame Germain songea à compléter l'éducation de son Phiphile, en lui faisant suivre un cours de langue anglaise, sous la direction du sieur Dolichon, polyglotte éminent de la rue de la Tixéranderie. Mais, au dire de la mère, les progrès de l'élève ne furent pas en rapport avec ses excellentes dispositions, et la dame Germain refusa d'acquitter le prix de ses leçons. C'est par suite de ce refus que le sieur Dolichon s'est vu contraint d'actionner la mère Germain, et de la traduire devant le juge de paix.

Les parties sont présentes. Le polyglotte Dolichon, demandeur, homme long, sec, et de complexion débile, expose, dans la forme la plus laconique, les motifs de sa demande, et conclut au paiement de la somme principale de 50 francs pour deux mois de leçons.

La mère Germain s'avance vers la barre, le poing sur la hanche, et tenant par la main un adolescent d'environ seize ans : mon magistrat, voici mon petit populo que je vous représente; c'est *z'instruit* comme un livre : vous pouvez y parler pour voir... Mais pour l'anglais, muet comme un poisson. Si j'y dis quéquefois : Phiphile, comment qu'on appelle c'te mère en anglais ? savez-vous qué qu'il me dit ?... *j'sais pas*, moi !... Si j'y dis : Eh bien alors une carpe, comment ça se surnomme?... même réponse. Alors, je me suis dit : le maître est un cornichon : il n'a pas besoin de chercher son âne, il est monté dessus.

M. le juge de paix. Cependant il paraît constant que le demandeur a donné des leçons à votre fils.

La mère Germain. Que Phiphile parle anglais donc, et je paie... Y devait lui apprendre en 40 leçons... En v'là tant plus que moins et dites-moi qué qu'y lui a appris... Je vous dis que votre Dolichon n'est qu'un grand dadais, je ne mâche pas le mot, peut-être...

M. le juge de paix. C'est un tort que vous avez.

La mère Germain. Tiens, tant pis !... Marchande qui perd ne peut rire... J'y ai donné mon fils pour l'éduquer dedans l'anglais; qu'il le fasse parler d'devant vous et y n' s'en ira pas d'ici de d'sans être payé...

Dolichon fait observer qu'il n'y a nullement de sa faute si le jeune Germain n'a pas mieux profité de ses leçons. Le petit Germain, dit-il, est un *être obtus.*

La mère Germain. Qué qu'y chante donc là, lui ?... Y dit du mal de mon Phiphile, je crois, le marchand de mots ?... Un enfant qui a autant d'entendement qu'une grande personne et qui est fièrement malin, sans que ca paraisse...

M. le juge de paix. Enfin, reconnaissez-vous que le demandeur a donné des leçons à votre fils ?

La mère Germain. Est-ce que je sais, moi ? Qué que vous voulez que je vous dise? Y n' peut pas, pas vrai, recevoir l'argent et garder la marchandise? Y n'y a rien appris, oh ! mais rien de rien, pas tant seulement à dire : bonjour mé-mère !... Alors j' paie pas ; c'est juste !

Mais, le juge n'a pas pensé que ce fût là une bonne justice, car il a condamné la mère Germain au montant de la demande.

La mère Germain. La v'là, vot' condamnation ; je paie argent sèche.... C'est égal, vous nous faites payer ça plus cher qu'au marché.

Imprimerie d'AMÉDÉE GRATIOT et Cᵉ, rue de la Monnaie, 11.

UNE PLAISANTERIE.

Bertrand... avec Raton, l'un singe, l'autre chat... Pardon, lecteur! Bertrand et son compère Ribail, appartiennent à l'intéressante famille des rapins. Ils sont traduits en police correctionnelle pour s'être beaucoup amusés et considérablement égayés aux dépens de la dame Cinglat, estimable portière de la rue des Beaux-Arts.

C'est la dame Cinglat elle-même qui va nous apprendre quel est le bon *tour*, l'excellent tour, le tour triomphant et hyperbolique, dont ces deux Raphaëls en herbe se sont rendus coupables.

M. le Président. Femme Cinglat, vous avez la parole pour développer votre plainte.

Madame Cinglat. Je l'empaume z'avec reconnaissance... Un moment! N'a pas fini qui commence, et j'ai z'un drôle de chapelet z'à vous défiler. Pour lors, c'était le jour de la Saint-Nicolas qui est le patron de mon époux, et le 6 décembre défunt... z'un vendredi! Dieu que j'haïs ce jour-là; je peux pas le souffrir!... J'étais donc z'en train de faire *revenir* une tranche de veau, dont je voulais faire la surprise à M. Cinglat, quante les criminels que voici entrent dans ma loge et me demandent si j'ai z'un appartement z'à louer. — Oui, que je dis, une pièce au huitième, fenêtre à *tabatière*, 80 francs par an, le sou pour livre; on ne reçoit pas de femme. — Ça nous va, que dit en riant le plus morveux (montrant Ribail); nous avons celui d'être veufs d'avant z'hier; notre épouse est morte en couches... voyons voir votre appartement. « Je monte en soufflant mes huit z'étages. Ils trouvent la chambre z'agréable et la vue superbe; ils me demandent si c'est par là que demeurait l'empereur de Russie pendant son séjour dans la capitale... Eh bien! vrai, je me méfiais de rien pour le quart d'heure. Puisque vous êtes en commun, je leur dis, v'là z'une soupente qui sera d'une bonne usage ; ça peut servir d'alcôve.—Vous croyez! qu'y font.—A preuve, que je dis, le dernier locataire z'y mettait des oiseaux et ils ne s'en sont jamais plaints.—Ça se peut, qu'y refont, mais ça n'est pas commode z'à monter. » Sur le coup de temps je pose l'échelle et *j'ajambe* pour leur z'y montrer qu'il ne faut pas t'être un équilibriste pour ça... Bon! voilà z'où ça commence... J'étais pas plus tôt z'entrée dans la soupente, que les scélérats tirent l'échelle z'et me font la *nique,* et puis ils m'en débitent de toutes les couleurs... J'appelle Cinglat de tous mes *pomons*... Bernique!... Je me remémore z'alors que le cher homme est en course et que mon veau brûle... Tout ça me porte à la tête, et je me mets à les prier plus que le bon Dieu. En voici bien d'une autre! ils s'en sauvent, les scélérats, et ferment la porte à double tour. Moi j'étais t'huchée dans mon coin, comme un saint de bois dans sa niche, et j'étais t'en train de gémir depuis trois heures, sans trop dire... V'là que l'idée me vient que j'peux me laissez couler z'en bas de la soupente, et j'coule ; j'en ai z'été toute *astropiée,* quoi! J'ai bien cru que j'allais devenir jambe de bois... Et dire que je pouvais rester là jusqu'à l'éternité sans l'assistance d'un couvreur... Tant il est avéré de dire que le ciel ne laisse jamais pâtir ses créatures!...

Le portier Cinglat vient ensuite entretenir le tribunal de ses transes lorsque rentré chez lui il ne trouva plus sa moitié ; de la délivrance miraculeuse de la patiente et enfin du fortuné hasard qui lui fit découvrir les délinquants, le surlendemain de l'aventure, à la porte du musée des Petits-Augustins. Plusieurs autres témoins déposent des mêmes faits et établissent l'identité des prévenus.

En présence de l'autorité de ces diverses dépositions, en présence surtout du certificat du médecin, les prévenus baissent la tête et semblent faire appel à l'indulgence du tribunal, qui prenant en considération leur repentir, les condamne chacun en cent francs de dommages-intérêts.

LE LÉZARD.

A l'appel de son nom, une espèce de colosse se dresse, haut de six pieds, dans l'enceinte réservée aux prévenus, et s'écrie :—Voilà Bichon! présent, Bichon! Bichon le bon garçon, Bichon le lézard du quartier... Qu'est-ce qu'on lui veut à ce pauvre Bichon, à ce bon Bichon ?

M. le Président. Vous êtes prévenu d'avoir donné un coup de bouteille sur la tête de Morin.

Le prévenu. C'est possible... Bichon est bon garçon, mais Bichon est nerveux, et quand on l'*ostine* il ne se connaît plus.

M. le Président. Si c'est là votre excuse...

Le prévenu. Morin sait bien que j'aime pas parler politique avec lui... pourquoi qu'il m'en embête toujours... Bichon est connu, Bichon est bon garçon... C'est pas pour des frimes qu'on l'appelle le lézard de la rue des Canettes, rapport à ce qu'a dit un fameux ancien, que le lézard est ami de l'homme, de la femme et des enfants... Mais Bichon a ses opinions comme tout bon Français *la* doit, et je n'aime pas qu'on vienne mettre des bâtons dans les roues à ma façon de penser... Demandez-lui voir un peu, à Morin, si on ne m'appelle pas le lézard de la rue des Canettes.

Morin est un petit homme tout frêle, tout chétif; il n'ose pas regarder Bichon, et la voix seule de son adversaire lui cause des tremblements et des soubresauts.

Le prévenu. Allons, parle donc, Morin! C'est-y vrai ce que je dis là?

Le plaignant. Je ne vais pas à l'encontre, Bichon... Mais, ce jour-là, t'étais pas un lézard, pour sûr... La boisson t'avait *morphosé* en léopard.

Le prévenu. Quoi que t'oses dire, Morin!.. la boisson! Je sortais de mon domicile, et à peine si j'avais eu le temps d'*asphyxier le pierrot* (de boire un verre de vin blanc). Tout ça, voyez-vous, mes juges, c'est les nerfs et la politique. Quand on professe des sentiments inverses à celles d'un ami, on renfonce ça dans son estomac, et on met son mouchoir par-dessus... Voilà la manière de voir de Bichon... Bichon le bon garçon... Bichon le lézard... Bichon, enfin, voilà... T'as tort, Morin... D'ailleurs, je veux qu'on entende mes témoins.

M. Noël, le marchand de vins chez lequel a eu lieu la dispute, est appelé.

M. le président. Dites ce que vous savez relativement à la querelle qui s'est élevée.

Bichon. Il ne s'agit pas de ça.

M. le président. Laissez parler le témoin.

Bichon. C'est à moi, ce témoin-là, je l'ai fait venir, et il doit répondre à mes demandes.

M. le président. Faites-lui des questions, vous le pouvez.

Le prévenu. Je veux absolument qu'il dise si je ne suis pas connu parmi mes amis, connaissances et

N° 15.

LA CORRECTIONNELLE

Petites Causes Célèbres.

J'appelle Cinglat de tous mes pomons.....Bernique !.... Je me remémore z'alors que le cher homme est en course et que mon veau brûle..... Tout ça me porte à la tête et je me mets à les prier plus que le bon Dieu....

Lith. Coulon.

Juste Bourmancé, Editeur de la Correctionnelle
Place du Palais Royal, 241

voisinage, sous le *briquet* flatteur du lézard de la rue des Canettes, vu ma bonté et ma douceur.

Le témoin. Je n'en sais rien... Tout ce que je sais, c'est qu'il ne se passe pas de jour que vous n'ayez des querelles et que vous ne battiez quelqu'un.

Bichon. En v'là un de floueur! je le fais venir ici, et il parle contre moi ?... Je demande l'autre témoin.

La femme Hoquart. Je ne sais rien de rien... Quoi donc qu'on m' veut ici... de me déranger juste aujourd'hui que j'ai mis le pot.

Le prévenu, faisant une douce voix : C'est moi, ma petite maman Hoquart; c'est afin que vous disiez à ces messieurs si je n'ai pas mérité par ma bonté et ma douceur le *briquet* flatteur de lézard de la rue des Canettes, que ça m'a été donné par la justice de mes concitoyens.

La femme Hoquart. Vous! vous êtes l'*épouvantable* de tout un chacun...

Le prévenu. Qu'est-ce que c'est donc que des témoins comme ça, et que je fais venir encore... C'est plus de la bonté, ça, c'est de la jobarderie... Pauvre Bichon, va!

Le lézard de la rue des Canettes restera trois mois en cage et paiera 150 francs de dommages-intérêts à la partie civile.

Saurinet, tabletier, est traduit devant le conseil de discipline de la garde nationale sous la grave inculpation d'avoir, le 12 décembre dernier, troublé l'ordre au poste de l'Hôtel-de-Ville, et porté atteinte à la discipline militaire, en refusant un tour de faction.

M. le Président. Chasseur, vous avez entendu les charges qui s'élèvent contre vous; qu'avez-vous à dire pour votre justification...., chasseur ?

Saurinet, clignant les yeux et se grattant le front: Qu'est-ce que j'avais donc à vous dire?.. Attendez un peu...

M. le capitaine rapporteur. Votre intention n'est pas sans doute de vous rire du conseil?

Saurinet. Je m'en ris, moi... C'est donc sans rire que vous dites que je ris, m'sieur Formont?

M. le Président. Eh bien! parlez, chasseur.

Saurinet, au président. Vous êtes homme juste, vous, M. Cochard, v'là mon affaire qui me revient. Je suis tabletier et j'avais apporté un bilboquet au poste, pour charmer les instants. Je dis à M. Poiré : « Layetier, je vous joue un litre de blanc au premier cent.» C'est accepté, et nous jouons. Moi qui suis fort au bilboquet, vu que ça me connaît pour être de mon ouvrage, toc! toc! toc! j'enfile, j'enfile... Mais le caporal, qui a besoin d'un factionnaire, me prie de relever. Je m'y oppose, vu que mon tour était pour cinq heures, et qu'il n'en était qu'onze... Il a une dent contre moi, le caporal; j'y ai fait protester un effet le mois passé; c'est le sujet qu'il m'en veut. Je lui dis : « Chacun son tour, comme à la queue; vous ne me *la* ferez pas, caporal; je joue un litre avec le layetier; adressez-vous à un autre. »

Là-dessus, le caporal, s'élance et m'arrache le bilboquet des mains... Je suis sûr que vous êtes justes, vous autres, et que vous dites : « Le chasseur a raison; le caporal a passé ses ordres... nous allons punir le caporal.. Saurinet est un bon chasseur, il faut rendre justice à Saurinet. »

M. le Président. Il paraît que vous avez insulté le caporal de la manière la plus *déplorable.*

Saurinet. Je *la* déplore aussi... Mais pourquoi également le caporal a-t-il mis des *R* dans ses mots... et qu'il m'a dit que j'étais un vilain boug... C'est ce qui a le plus fait *marronner* ma femme... Elle y a été sensible tout plein, mon épouse... Moi, j'y ai pas dit, à vue de nez, approchant plus d'une trentaine de mauvaises paroles... et c'est beaucoup dire... mais, lui allait toujours... et allez donc!... allez donc... Le poste était *de là*, quoi!... il disait : C'est étonnant, un homme si doux... On nous a changé notre caporal!...

M. le Président. Est-ce tout, chasseur ?

Saurinet. Mais z'oui, M. Cochard, à peu près tout... D'ailleurs, pas de bêtise... il faut que je vous quitte... mon épouse est toute seule à la boutique.... elle attend son cousin pour aller promener avec.

M. le capitaine rapporteur a la parole. Il s'élève avec force contre le relâchement de la discipline militaire : « L'armée, dit-il, ne connaît plus l'obéissance passive; elle *délibère*, aujourd'hui; de là l'affaiblissement de notre prépondérance militaire... Si les soldats de la république et de l'empire, ajoute M. le capitaine, eussent délibéré au lieu d'agir, la France n'eût pas conquis l'Europe, et Napoléon ne serait pas *assis* sur la colonne Vendôme.»

Ce discours produit une vive sensation. Saurinet est condamné à quarante-huit heures de prison.

Imprimerie d'AMÉDÉE GRATIOT et Cᵉ, rue de la Monnaie, 11.

UNE ENVIE DE FEMME GROSSE.

César Latinette. En v'là d' l'ouvrage! Faut que l' gouvernement n'ait rien à faire de me faire venir ici pour quatre méchantes pommes de terre.

Le gendarme placé près du prévenu. Je vous autorise à ne pas parler du gouvernement en termes oiseux et *submersifs.*

Latinette. Gendarme, on vous dit mon cœur.

M. le Président. Latinette, vous êtes prévenu d'avoir arraché et volé des légumes dans un champ.

Latinette Histoire que Margouillis était enceinte, mon *persident.*

M. le Président. Qu'est-ce que c'est que Margouillis?

Latinette. Margouillis est un petit nom d'amitié que je donne à mon épouse, à cause qu'on n'entend jamais un mot de ce qu'elle dit, que ça fait comme des cheveux sur la soupe.

M. le Président. La grossesse de votre femme n'est pas une excuse.

Latinette. Vous allez voir comme quoi que si... Pour lors, nous avions été promener dans la campagne pour jouir du z'espectaq de la nature. V'là tout d'un coup Margouillis qui me dit : « Oh ! les belles pommes de terre! César, j'ai envie de manger des pommes de terre... » Comme justement y en avait un fricot à la maison que nous n'avions encore fait que trois repas dessus, je lui dis : « T'en mangeras en rentrant. » Alors elle se met à me mordre le bras en me disant : « J'veux d' celles-là! J' veux d' celles-là ! » Voyez-vous, je suis à ma dix-septième épouse ; elles ont toutes été enceintes plus ou moins, et je connais les envies... La cinquième avait la manie de manger du cuir ; chaque fois qu'elle passait devant l'étalage d'un bottier, elle avalait une paire de bottes et un ou deux souliers pour son dessert... La neuvième, c'était les queues de chien qu'elle adorait; tous les chiens qu'elle rencontrait dans la rue, elle leur offrait du gâteau, et au moment où ils y pensaient le moins, elle leur coupait la queue avec ses dents et se sauvait à toutes jambes... Et l'onzième, c'te pauvre onzième, elle avait eu envie de manger un polichinelle de pain d'épices; elle a renfoncé son envie, et son mioche a eu un polichinelle sur le ventre... C'était la bosse qui formait le nombril... Enfin, mon avant-dernière a eu une rage de concombre au mois de février, et son fruit a eu un cornichon à la place du nez... Tout ça, c'est pas flatteur pour un père, et j'ai mieux aimé donner à Margouillis ce qu'elle voulait, que de la voir accoucher d'un moutard façonné en pomme de terre.

M. le Président. Tout ce que vous dites là n'a pas le sens commun... Si votre femme avait envie de pommes de terre, il fallait en acheter.

Latinette. Et de l'argent!... j'en avais-t-y de l'argent?... j'avais encore sept sous le matin; mais ma blanchisseuse de fin était venue, et il ne me restait plus que deux liards.

M. le Président. Rien ne peut vous justifier.

Latinette. J' sais ben que vous me direz que ma femme n'étant pas mon épouse, j'aurais dû l'envoyer chercher ses puces en lui disant: Hu! pus vite que ça, tu m'embêtes!... Mais j'ai trop d'éducation pour ça.

M. le Président. Vous avez cherché à fuir quand le garde champêtre vous a arrêté.

Latinette. Il a dit ça, le vieux blagueur? j'ai pas seulement fait un mouvement. Il m'a demandé: « Dites donc, camarade, qu'est-ce que vous avez là, sous votre blouse? — Ça? que je lui ai dit, c'est mon ventre. — Il tombe un peu à gauche, vot' ventre; qu'il m' fait comme ça... — Ah! oui... c'est que, voyez-vous, j'ai mal à une dent, et je ne mange que de ce côté-là... Il m'a dit que je me moquais de lui, je lui ai répondu que ça se pouvait bien, et il m'a empoigné... Voillà!... »

Latinette est condamné à huit jours de prison.

LES PREMIÈRES AMOURS.

Deux femmes encore jeunes, dont l'une est douce, modeste et pleine de réserve, tandis que l'autre, vive, égrillarde, la bouche pincée, annonce, par l'assurance de son maintien, un caractère résolu et porté à la domination, viennent se disputer, mais avec des chances inégales, le cœur du malheureux Lossac, exerçant l'état de fourreur. La première de ces deux rivales, celle qui occupe le banc des prévenus, est Mariette Vallard, couturière intraitable; la seconde, madame Lossac elle-même, qui aurait été inquiétée dans la tranquille possession de son époux par la revendication que la demoiselle Mariette se croirait autorisée à exercer de ses droits sur la personne du sieur Lossac, droits antérieurs à la célébration du mariage.

La dame Lossac, plaignante, après avoir établi, par acte authentique, la sainteté des liens qui l'unissent au sieur Lossac, expose au tribunal que Mariette se présenta un jour au domicile conjugal et demanda à parler en particulier à son époux; que, sur la réponse de la plaignante, que le sieur Lossac était absent, la prévenue, hors d'elle-même, se répandit en injures grossières contre le fourreur et sa femme; et enfin, que prenant directement à partie la dame Lossac elle-même, elle se porta sur sa personne à des voies de fait d'une nature grave.

Mariette avec vivacité. Faut donc que je reste la bouche cousue, moi, pendant que madame ne se gêne pas pour mentir?

M. le Président. Vous parlerez à votre tour.

Le sieur Lossac est appelé.

Mariette. Monsieur Isidore, soyez juste; je ne vous demande que votre bonne amitié... Parlez sans détour à la justice... C'est votre Mariette qui vous *en* implore... Dites si je n'ai pas possédé votre attachement... si vous n'avez pas été mon premier sentiment.... Mais parlez donc, Isidore; vous faites l'*étonné* comme un fondeur de cloches!...

M. le président. Ces interpellations sont étrangères au procès.

Mariette, avec aigreur. Faut donc alors qu'il parle de la pluie et du beau temps.

Le sieur Lossac dépose que, depuis son mariage, mademoiselle Mariette ne lui a laissé ni paix ni trêve, et que plusieurs fois déjà, il a eu à soutenir les plus rudes assauts de la part de la trop aimante couturière. «Tout ça, dit-il, c'est jalousie de femme; elle s'est vexée à cause que je ne lui ai pas donné ma main... Tant que j'ai été garçon, bon!.. Elle n'haït pas de *gobichonner* et de se pimpeloter. Ç'est drôler pour *farcer*, mais c'est *dangéreux* quand c'est pour le bon motif... Aussi je me suis dit: Marchand fourreur se connaît en *peaux* et ce n'est pas celle-là que je prendrai...

M. le Président. Parlez sur les voies de fait.

Dites donc, Camarade, qu'est-ce que vous avez là? — Ça c'est mon ventre. — Il tombe un peu à gauche vot ventre. — Ah! Oui... C'est que, voyez vous, j'ai mal à une dent, & je ne mange pas de ce côté là.

Lith. Coulon.

Juste Bourmancé Editeur de la Correctionnelle, Place du Palais Royal, 241.

Le fourreur. Dam! tout ce que je peux assurer, c'est que la couturière n'y allait pas de main-morte et que quand je me suis vu entre les deux femmes, je ne savais plus dans quel trou me fourrer.

Mariette. Horreur d'homme, va! Isidore, vous ne porterez pas celle-là en paradis! Vous trouverez plus de quatre fois des pierres dans votre chemin, comme on dit... Ingrat!... moi qui vous *a* adoré! Ah! tous les hommes sont des scélérats.. le meilleur ne vaut pas la corde pour le pendre.

M. le Président. Ces observations sont très inconvenantes ici, et surtout très déplacée dans la bouche d'une femme.

Mariette. Chez moi, tout ce qui sort de la bouche vient du cœur... faut toujours dire ce qu'on pense... aussi je ne mâche pas le mot: Isidore n'aura pas plus de bonheur que tous les autres, et puisqu'il a épousé la fille d'un fabricant de peignes, il peut être sûr qu'il en portera la peine.

Le fourreur, qui a entendu martre pour renard: De quoi que vous voulez dire que j'*en* porterai?...

Mariette, d'un air malicieux. Assurément c'est pas *de l'écaille* que je veux dire...

M. le Président impose sévèrement silence à la prévenue, et continue l'audition des témoins.

Le tribunal, attendu qu'il résulte des diverses dépositions, que Mariette Vallard s'est rendue coupable de voies de fait à l'égard de la dame Lossac, la condamne à un mois d'emprisonnement.

TROP PARLER NUIT.

— Dites donc, mam' Jacquard, c'est-y vrai ce qu'on dit de la fille à mam' Vaucheux?

—Qué qu'c'est donc, mam' Philippe?...

— D'où que vous devenez donc, ma pauvre mam' Jacquard?... Et ben la petite à mam' Vaucheux... vous n'devinez pas?...

— Alle s'marie au petit peintre en bâtiments du *cintième*... on dit que c'est affiché à la *mairerie*.

— Pouah!... C'est bien ça qu'est dégoûtant. *Emaginez*-vous, ma chère, que la petite en donne dors et déjà à garder au petit peintre, et que pendant que le jeune homme met les fers au feu et prépare les violons pour la noce, la petite se fait *aduler* par un monsieur qui fait des pièces...

— Un employé de la Monnaie?

— Eh non! un auteur qu'est employé aux pièces de l'Ambigu... un homme laid comme tout, ma chère... des talons de bottes qu'il faudrait caler, une castorine et pas de col de chemise... par exemple il a des lunettes et on dit qu'il a de l'esprit.

— Tiens! tiens! tiens!... On a raison de le dire: il n'est pire eau que celle qui dort... La petite Vaucheux est en-dedans; c'est tout plein de cachotteries... Ah ça, et mam' Vaucheux?...

— Taisez-vous!... Vous savez bien comme elle est portée aux friandises?... Eh bien! l'monsieur y apporte tous les soirs des marrons, d'la galette chaude, un tas de *chatteries*, quoi... On fait en haut une chère de commissaire... On y ferme la bouche comme ça... Dieu de Dieu! ça s'appelle une mère, ça... une femme qui pare sa fille comme de la viande de boucherie.

— Ah! l'abomination!... Dites donc, si le petit peintre savait ça, il en rirait tout jaune.

— Ça serait peut-être pas mal vu tout d'même de le prévenir... On dit qu'un homme averti en vaut deux; pauvre garçon, va!

— C'est ça!... Disons'-ty?...

— C'est pas l'embarras, ça rabattrait le caquet aux Vaucheux... C'est si fier, ma chère, depuis que la petite va s'établir.

—Dites-donc, je coulerai ça en douceur au petit peintre?... hein?... J'y ferai le bec, et y leur parlera.

— Dieu de Dieu! ça va-t-il être amusant de lui souffler son futur à la petite pimpernelle...

Ce qui fut dit fut fait. Calmet qui aspirait à la main de mademoiselle Célina Vaucheux, éclairé par les renseignements peu charitables des dames Philippe et Jacquart, signifia à la maman Vaucheux qu'il se désistait de ses prétentions sur sa fille et ne laissa pas ignorer les motifs de son désistement; il indiqua de plus la source à laquelle il avait puisé tous ses renseignements. Mais madame Vaucheux, forte de l'innocence de sa fille, était trop jalouse de l'honneur de son enfant pour laisser impunies les noires calomnies des deux commères. Elle a donc intenté à celles-ci un bel et bon procès en diffamation. Il est résulté des débats que le personnage mystérieux dont les fréquentes visites avaient inspiré la médisance des dames Jacquart et Philippe, n'était autre qu'un professeur d'écriture et que mademoiselle Célina n'avait jamais cessé d'être digne du jeune Calmet, au moins de ce côté-là. En conséquence, le tribunal condamne les deux *couleuvres*, ainsi que les a nommées la dame Vaucheux, à quinze jours d'emprisonnement et aux dépens.

Imprimerie d'AMÉDÉE GRATIOT et Ce, rue de la Monnaie, 11.

DEUX ENNEMIS INTIMES.

M. le Président, s'adressant à une sorte de colosse, aux formes athlétiques : Giralot, c'est vous qui avez porté plainte ?

Giralot. Oui, mon juge... Mais quand je dis que c'est moi, c'est ma femme... C'est elle qui l'a voulu... Pamphile est mon ami; c'est pas moi qui voudrais sa mort... Pas vrai, ça, Pamphile ?

Pamphile. Tiens ! t'es pas un homme, Giralot... t'es t'un sansonnet : ta femme te fait siffler toutes les airs qu'a veut... Je t'avais bien dit que ton mariage avec Suzanne serait la *définition* de notre amitié... Tu n' croyais pas, encore que tu m' disais : N'as pas peur, a nous chérira tous les deux...

M. le Président. Enfin, Giralot, de quoi vous plaignez-vous ?

Giralot. D'une *fenêtre* de moins... Plus que ça de dégât ! (Le plaignant soulève le bandeau qui recouvre son œil droit, et le tribunal peut voir un orbite entièrement dégarni.) C'est égal, je t'en veux pas pour ça, Pamphile.

M. le Président. Eh bien ! voyons ; persistez-vous dans votre plainte ?

Une voix aigre et stridente partie du milieu de l'auditoire : Pardine ! il me l'a éborgné !... Je crois ben que j'y persiste... plutôt deux fois qu'une.

M. le Président. Appelez les témoins.

Le premier témoin est le nommé Frappart, équarrisseur à Montfaucon.

Frappart. Une belle *batterie*, tout d' même !... Ça f'sait plaisir à voir, quoi !... Moi qu'est un des *espectateurs* de la Barrière du Combat par goût, je peux dire, en franchise, que c'était fièrement tapé... Ah ! ils ne boudaient pas, les faignants !

M. le Président. Bornez-vous aux faits.

Frappart. Y paraît qu'il y avait eu des mots avant la *salade*... des bêtises; j' sais pas quoi.

Pour lors, quand je suis venu, on *tricottait* des poings... Pan! pan!... Tout coup portait... Ça f'sait plaisir à voir!.. une fameuse vinaigrette! (Le témoin croisant les bras) J'étais *de là,* moi, et je regardais tomber les atouts... C'était superbe!

M. le Président. Vous auriez mieux fait d'intervenir et de séparer les combattants.

Frappart. Du tout!... C'est défendu de séparer!... on n' peut pas même donner des conseils... c'est au plus malin l' pompon!... Pour vous définir la chose, v'là donc Pamphile qui passe la jambe et qui donne le coup de bascule... Giralot, qu'est tout nerfs, se cale du pied droit, se cambre, il y empoigne *ses* cheveux, et lui allonge sa balle de coton (un coup de poing), donc, qu'il lui relève le nez et lui crève un œil... C'était'y beau à voir!

M. le Président. Votre impassibilité est on ne peut plus répréhensible... Allez vous asseoir.

Le témoin, en regagnant sa place. Tiens! quand on s' pige c'est pas pour qu'on vous en empêche... D'ailleurs, comme dit la maman Boucherand : Entre l'arbre et l'écorce faut pas mettre son nez.

M. le Président, rappelant Giralot. Quelle était l'origine de la querelle? Quel était le provocateur?

Pamphile. Giralot n'est pas libre de parler; sa femme y a fait sa leçon. Écoutez-moi voir un peu. Nous avions bu cinq litres à huit... Giralot voulait payer... j'y dis c'est moi qui régale... sur ça y me chante un tas de raisons... que son argent est aussi bonne que la mienne; que c'est pour l' vexer, et qu'il a le droit de payer... C'était pas des raisons à avoir... On est amis, pas vrai, et celui-là qu'a des *noyaux* (de l'argent) y paie... pas plus fier que ça!... C'est'y comme ça, Giralot?

M. le Président. Qui a porté le premier coup?

Pamphile. Tous les deux!...

Giralot. C'est l'entière vérité... mais, vois-tu ben, c'est ma femme qui réclame *son* œil.

Pamphile. Fallait le dire avant... on y en aurait donné un *de* postiche. On peut encore y en choisir une demi-douzaine des plus beaux.

Giralot riant. Ah! ah! c'est drôle tout d'même... un de perdu, six de retrouvés... Ça y est!

En présence de cette étrange transaction, le tribunal ne pouvait que renvoyer le prévenu de la plainte. En conséquence Pamphile est renvoyé du procès et son ami Giralot condamné aux dépens.

Giralot à Pamphile, riant. Farceur! tu casses les verres et c'est moi qui faut qui les paie!...

LA NOURRICE DES ENFANTS DE LA GRÈVE.

La femme Jabulot. C'est ici qu'on se plaint, n'est-y pas vrai, des gens qui vous en ont fait des infamies... Eh ben! bon!... je me plains, et j' vas vous dire pourquoi... C'était comme qui dirait y a deux mois...

M. le Président. Répondez d'abord à mes questions... Quels sont vos nom et prénoms?

La femme Jabulot. Désirée Jabulot, célibataire, sans aucune espèce de mari quelquiconque..... Ah! ben, oui, des maris, j' sors d'en prendre....

Le prévenu. J' crois ben; y a d' bonnes raisons pour ça, mam' Désirée... Oh! oh! Désirée!... La nature est-elle *bizarde.*

M. le Président. Femme Jabulot, quel est votre état?

La femme Jabulot. Oh! Monsieur, il est ben triste, mon pauvre état... si vous voyez mes jambes comme elles sont enflées... c'est des vraies bûches de Noël, quoi!

M. le Président. Je vous demande quel état vous faites, quelle est votre profession?

La femme Jabulot. Ah! bon, bon, bon... Excusez, Monsieur... Je suis *chartutière* ambulante, à vot' service... mais ce dont je suis surtout et dont je peux me flatter, c'est d'être la nourrice des enfants de la Grève.

M. le Président. Que voulez-vous dire par là?

La femme Jabulot. Pardine, c'est clair : j' vas tous les jours établir ma boutique, c'est-à-dire ma poële au milieu des ouvriers qui font grève, et je leurs-y fournis tout ce qui peut *sustenter* leur nourriture, à ces pauvres chéris. Et j' suis connue pour ça, j' puis dire. Quand on n'a pas d'argent, c'est tout d' même; j' dis comme ça : Tu me paieras ça plus tard, mon garçon, quand l'ouvrage mordra...

M. le Président. Tout cela ne nous dit pas de quoi vous vous plaignez.

La femme Jabulot. Oh! soyez calme; je m'en irai pas sans ça... Je me plains de ce galopin.

Le prévenu. Pas d'injures, la Jabulot... N'abusez pas de la position oùs'que vous m'avez mis.

La femme Jabulot. Enfin, pour vous rachever, Simon que v'là s'approche de ma poële, se met à remuer avec son *ustache* les boudins, les saucisses et le lard; que ça ne me faisait pas trop plaisir... car enfin on tient au coup d'œil de sa marchandise... Enfin il empoigne un morceau de

N° 17.

LA CORRECTIONNELLE

Petites Causes Célèbres.

Le Témoin.... Giralot qu'est tout nerfs, se cale du pied droit, se cambre, il y empoigne ses cheveux et lui allonge sa balle de coton (un coup de poing.)* donc, qu'il lui relève le nez et lui crève un œil.... c'était beau à voir!

Lith. Coulon

Juste Bourmancé Editeur de la Correctionnelle,
241, Place du Palais Royal.

lard, le flanque dans un trou qu'il avait fait à sa miche de pain, et me dit, sans plus s'émouvoir que çà : « Mère Jabulot, c'est pour moi! » Et il me tourne, sous votre respect, le derrière. — Dis-donc, dis-donc, que je lui fais, j'vois bien que c'est pour toi; mais et de l'argent? — Puisque je vous dis que c'est pour moi, qu'il me répète audacieusement. — J'entends bien, mon garçon, que je lui observe; mais comme tu me dois déjà 13 sous de ton avant-dernière grève d'y a six mois, j'peux pas te faire crédit. » Si vous l'aviez vu à ce mot là!... Il se met à m'en dire, ah! mais à m'en dire... Enfin comme je l'avais empoigné par sa veste et que je ne le lâchais pas, il me reflanque mon lard dans ma poêle, et me distribue par-dessous une révolution de coups de pieds, que j'en ai depuis ce temps-là les jambes comme je vous ai dit, et que j'ai été douze jours sans pouvoir frire.

Le prévenu. Mère Jabulot, vous avez conté tout ça à ces messieurs à vot' manière, et avec votre petite voix que vous prenez quand vous voulez enjôler vot' monde... Avec ça que vous faites partie du plus intéressant de tous les sexes, ce qui pourrait bien faire qu'on vous donne raison. C'est pourquoi je demande à m'expliquer.

M. le Président. Parlez.

Le prévenu. D'abord, elle m'a traité comme on ne traite pas un homme : elle m'a appelé mange-tout, va nu-pieds, panier percé... c'est humiliant devant des camarades... Alors ça m'a asticoté; avec ça qu'on n'est déjà pas trop content de faire grève... Ce qui fait que j'ai bien pu lui donner un petit coup de soulier... comme ça... tout doucement... d'amitié... mais v'là tout.

La femme Jabulot. Laissez donc!... mon pauvre corps est tout abîmé par les jambes.

Le prévenu. Il n'est pas déjà si avarié, vot' corps. Vous êtes assez bien conservée pour 45 ans.

La femme Jabulot. 38, entendez-vous. Demandez voir à ces messieurs si j'ai pas dit 38.

Le prévenu. Bon, bon, on connaît la couleur.

Cependant, comme il est établi que Simon a frappé la femme Jabulot sans provocation suffisante, le tribunal le condamne à 16 francs d'amende.

UN BON PETIT CŒUR!

Une jeune grisette, au minois chiffonné, embéguinée d'un bonnet à rubans, la collerette blanche et fraisée, se présente à la barre de la police correctionnelle. Elle lance en passant devant le banc d'accusation un regard douloureux sur un élégant jeune homme, en ce moment occupé à lisser sa chevelure avec le plat de sa main.

« Messieurs, dit en commençant la piquante grisette, je ne suis pas ici pour me faire meilleure que je *la* suis. C'est à l'Ermitage que j'avais fait la connaissance de M. Polydore. Hélas! on est exposée à faire de mauvaises rencontres partout, même au bal de l'Ermitage. M. Polydore se présenta à moi avec des manières engageantes et des promesses qui étaient bien faites pour séduire une pauvre femme sans défiance... J'eus la faiblesse d'y croire... et je fus sans défense avec lui... Vous voyez que je dis le fort et le faible de l'affaire... Enfin, messieurs, j'eus le désagrément d'être trompée dans toutes mes espérances. Au bout de quelques semaines, *au lieu que* M. Polydore *tinsse* ses engagements, j'y étais pour le mien. Il m'avait dit qu'il était riche, riche... ce n'était plus ça... il n'avait pas de quoi s'acheter des bottes et payer son garni... Moi, ça me faisait un mortel chagrin, parce qu'après tout on a un cœur et on n'aime pas à voir ses amis dans la peine... Il m'empruntait toujours quelque petite somme; si bien que toutes mes économies y passaient... Je ne lui en fais pas un reproche... Mais, un jour qu'il n'y avait plus à *frire*, il profita de mon absence et m'enleva ma montre et ma chaîne de cou, auxquelles je tenais, parce qu'elles me venaient de ma mère... Oh! mais c'est la vérité... c'est bien ma mère... Je lui dis que c'était bien mal... alors il m'a battue...

M. le Président. Cette montre et cette chaîne sont bien celles que l'accusé a vendues à Prévost?

La grisette. Oui, M. le président. Si on pouvait me les rendre, cela me ferait bien plaisir... à cause du souvenir de ma mère... Je paierai ce qu'il faudra pour cela... seulement je demande du tempérament. Quant à M. Polydore, tâchez d'arranger ça pour qu'il soit libre... il n'est peut-être pas si noir qu'il en a l'air.

Mais le tribunal, sans avoir égard à la touchante intercession de la grisette, attendu, d'une part qu'il est constant, d'après les témoignages recueillis, que Malaurant a vendu des bijoux à Prévost; que ces bijoux appartenaient à Virginie Bernelle, et provenaient d'une soustraction commise au préjudice de ladite Virginie, condamne Malaurant à un an d'emprisonnement.

Imprimerie d'AMÉDÉE GRATIOT et Cᵉ, rue de la Monnaie, 11.

LES SALTIMBANQUES.

L'enceinte de la police correctionnelle présente aujourd'hui une physionomie tout à fait originale et grotesque. A voir la profusion des baladins et des *banquistes* qui s'y sont donné rendez-vous, on croirait vraiment que la joyeuse troupe des Variétés est venue là, tout exprès pour égayer l'audience par une représentation des *Saltimbanques*. Voici d'abord le père Bilboquet, le Nestor de la bande, sous les traits amaigris du père Cantaloup, dit le *Fileur*, par allusion à ses exercices, qui consistent à avaler de la filasse et à rendre des faveurs roses. Le père Cantaloup est le même qui a eu l'honneur d'exécuter devant plusieurs têtes couronnées le pas des œufs, danse gracieuse et d'un caractère infiniment piquant. Cantaloup occupe le banc des prévenus; sur la plainte de la *demoiselle* Agathe-Césarine Rougeard, sauteuse-équilibriste, se portant partie civile au lieu et place du jeune Alexandre Rougeard, son fils mineur.

M. le Président, à l'huissier. Faites retirer les témoins dans la salle qui leur est réservée.

Au même moment on voit défiler vers la chambre des témoins tout le personnel des *Sauteriaux*, sous les costumes les plus divers.

La plaignante est admise à décliner ses nom et prénoms et à développer sa plainte. Il résulte de l'exposé des faits présenté par Césarine Rougeard, que, dans le courant du mois dernier, il s'éleva entre la plaignante et le père Cantaloup un grave conflit, suscité par une malheureuse jalousie de métier. Il ne s'agissait de rien moins que d'une contestation de terrain. Le père Cantaloup, usant des droits et privilèges du premier occupant, avait étalé son lambeau de moquette entre deux rayons de soleil, juste sur l'emplacement que la demoiselle Rougeard avait choisi jusque-là pour théâtre habituel de ses tours de prestesse. Cette usurpation occasionna de la part de la dépossédée les réclamations les plus énergiques, et par suite une rixe violente. Le père Cantaloup, poussé à bout par les malices du jeune Alexandre Rougeard, lança à celui-ci un coup de pied de telle force qu'il en résulta pour le petit sauteur une luxation dangereuse dans la partie qui avait reçu le coup, et une incapacité de *travail*.

Brabançon, *gilles* dans la troupe de la demoiselle Rougeard, est appelé.

M. le Président. Êtes-vous ami ou au service de la plaignante.

Brabançon. Oh! monsieur... mamzelle Rougeard est une honnête fille; elle n'eût jamais d'ami, comme il vous plaît à dire... Je suis sociétaire dans sa troupe... j'ai part dans la recette... ça n'est pas encore avec ça qu'on acheterait le Louvre.

M. le Président. Dites ce que vous savez des faits qui sont reprochés à Cantaloup.

Brabançon. Le fileur? C'est bien lui qu'a tort. On peut dire que c'est lui qui a mis le feu aux étoupes... Ce grand *canari*-là avait pris la place... et pourquoi faire?... pour montrer aux jobards un demi-quarteron d'œufs... alors il y a eu des mots, et mamzelle Césarine l'a appelé tout court *faiseur d'omelettes*. Pour lors le père Cantaloup, qui est *vif* comme une soupe au lait, s'a rebiffé et y a dit sans balancier qu'elle était une gaupe et que son fils Alexandre était fils de la *Jambe d'acier*... donc que c'est Colombet... le père des *artisses*, ainsi prénommé, à cause qu'il est le père de tous les *artisses*, vu sa bonté paternelle... C'est bon... v'là que je *fais ma roue* (j'assemble le public), et que je *larde mon veau* (débiter ses lazzis aux badauds). C'est bien!... Insensiblement je vois courir le fileur; il était rouge comm' un' homard et avait les yeux hors des *boîtes*, gros comme des noyaux de pêches... Il était affreux, quoi!... Il disait comme ça que le petit *l'Amour*, le mioche à mamzelle Césarine, y avait jeté des cailloux dans ses œufs, et qu'il y avait fait des œufs brouillés sans beurre. « Ah! gredin!... ah! gredin!... qu'il disait, tu me le paieras, tu me le paieras!... » Sur le coup de temps, il y a allongé là (le témoin porte la main un peu plus bas que le dos) un coup de pied... tout ce qu'il y a de mieux... que l'Amour tirait la jambe en se sauvant. Je crois bien qu'il l'aurait assassiné de calottes si mamzelle Césarine, avec son cœur de mère, ne s'avait mise au milieu.

M. le Président. Croyez-vous que Rougeard fut coupable de l'acte dont se plaignait Cantaloup?

Brabançon. Oui et non. L'Amour est un malin, mais le petit jeune homme est assez juste pour son âge... Il sait bien qu'il ne faut jamais, comme on dit, pondre sur les œufs des autres.

Différents témoins sont entendus, ainsi que le petit l'Amour; mais aucun fait nouveau ne sort de ces diverses dépositions.

Le père Cantaloup. Chacun le sien, n'est pas trop, mon Président... Si j'ai tort, la Rougeard n'a pas raison... L'Amour est un gamin qui n'a aucune chose pour les anciens... D'ailleurs il avait fait des coquilles avec mes œufs... Je pardonne pas çà... et je lui ai mesuré les côtes... Voilà! Qu'on me juge... qu'on me fusille!... Les amis diront toujours: « Le fileur!... c'est pour la douceur, sans comparaison, comme un *chausson aux pruneaux*; les ceux qui les mangent, çà leur z'y donne des bonnes coliques!... »

Le tribunal, statuant sur les voies de fait, attendu qu'elles sont constantes, mais admettant les provocations de l'Amour, comme circonstances atténuantes, condamne Cantaloup à 25 fr. d'amende.

SIMPLE GAGEURE.

Gambillard est amené devant la police correctionnelle comme inculpé de vol. C'est un grand gaillard, à l'air déluré, à la figure joyeuse et narquoise, et qui, en prenant place sur le banc des prévenus, a l'air de venir prendre part à une fête.

M. le Président. Gambillard, vous êtes prévenu d'avoir volé une bouilloire en cuivre à l'étalage du sieur Chagot.

Gambillard, riant à gorge déployée. C'est qu'il l'a fait comme il l'a dit!... Allons, la farce est bonne... Bravo!... bien joué!

M. le Président. Répondez donc à ce que je vous demande: convenez-vous avoir commis le vol pour lequel vous êtes traduit ici?

Gambillard. C'est qu'en vérité je n'aurais jamais cru qu'il parlait sérieusement... Dieu de Dieu, quelle bonne farce! Elle vaut la mienne.

M. le Président. Si vous ne répondez pas, le tribunal va passer outre.

Gambillard. C'est qu'il y a de quoi rire... vous allez voir... Je passais avec Arnault dans la rue Saint-Jacques... Nous venions de dire un tas de mots, des calembourgs, des couplets de vaudevil-

« L'Asyle le plus sûr est le sein d'une mère »

les, un tas d' bêtises, quoi! ça nous avait mis en gaîté. Tout à coup Arnault me dit : J' parie que tu ne chippes pas c'te cafetière qu'est là à l'étalage de ce marchand? — J' parie que si, que je lui réponds. — J' parie à dîner pour ce soir, chez Desnoyers, au Maine. — Ça va... Alors je prends la cafetière et je l'emporte... hein! elle n'est pas trop mauvaise, la farce?

M. le Président. Mais quand le marchand s'en est aperçu et qu'il s'est mis à courir après vous, pourquoi vous êtes-vous sauvé, au lieu de lui rendre sa cafetière.

Gambillard. Si je l'avais rendue, n'y aurait plus eu de farce... Et puis d'ailleurs, puisque j'avais parié que je l'emporterais, fallait bien l'emporter pour gagner mon pari. Je serais revenu la rendre le lendemain; mais je n'ai pas pu, vu qu'on m'a arrêté... J'étais si bien convaincu que c'était une pure et simple farce, que quand le marchand m'a mis la main dessus et qu'il m'a dit qu'il allait m'introduire devant les tribunaux, je lui ai dit: — Je vous parie à déjeûner que vous ne ferez jamais ça... Il n'a jamais voulu parier, et il m'a introduit... Vieux farceur, va!

M. l'avocat du roi. Il paraît que vous avez un goût prononcé pour les cafetières, car vous avez été déjà condamné en 1836 pour un pareil vol.

Gambillard, tout stupéfait. Tiens, vous savez ça, vous? Eh bien! vous me croirez si vous voulez, mais c'était encore un pari... J'ai la manie des paris, moi...

M. le Président. Qu'est devenu le nommé Arnault, avec qui vous dites que vous vous trouviez?... Le plaignant a déclaré que vous étiez seul.

Gambillard. J'crois bien! il s'est esbigné, le faignant, et il me doit encore mon dîner... Pourtant je l'ai bien gagné, j'espère... Il n'est pas même venu me voir en prison... Oh! les amis!... qu'est-ce qui dit qu'il y a des amis? N'y a pus d'amis!

M. l'avocat du roi. Nous voyons dans les notes de police que le prévenu a subi une première condamnation pour vol de mouchoirs, en 1821; une seconde en 1824, pour vol d'un drap de lit dans l'hôtel où il demeurait; une troisième en 1826, pour vol d'un pantalon au Temple; et une quatrième en 1831, pour vol d'une hotte de chiffonnier.

Accablé sous cette avalanche de renseignements peu flatteurs, Gambillard garde un morne silence, qu'il ne rompt qu'en s'entendant condamner à deux années d'emprisonnement. — J'en rappelle, s'écrie-t-il, et je parie que ça sera cassé!... Pariez-vous?

LE VALET DE CŒUR.

On a peine à comprendre comment la crédulité publique, si souvent avertie par la presse des pièges qui lui sont tendus, se laisse prendre encore à certaines escroqueries du genre le plus usé. On peut dire en voyant la constante stupidité des dupes et l'audacieuse persévérance de quelques filous dans certaines pratiques éventées, de ceux-ci qu'ils n'ont rien oublié; de ceux-là qu'ils n'ont rien appris. Il est peu de nos lecteurs, sans doute, qui ne connaisse, au moins par tradition, le jeu des *trois cartes*, espèce d'escroquerie qui consiste à tourner trois cartes et à laisser deviner l'une d'elles. Au fond, ce jeu serait assez innocent, s'il ne s'y mêlait toujours un peu de prestidigitation, et si le *banquier* ne s'aidait de l'escamotage.

Courtois est accusé d'avoir abusé de la bonne foi du maraîcher Didier par cette manœuvre, et de l'avoir dépouillé de son argent ainsi que bon nombre d'*oisons*, qui s'obstinaient ce jour-là à suivre le valet de cœur parmi les trois cartes de Courtois. Heureusement pour la vindicte publique, un vigilant inspecteur de police a appréhendé le banquier au moment où il allait infailliblement détrousser d'autres joueurs. Courtois est donc traduit devant le tribunal sous l'accusation d'escroquerie.

Didier, montrant le prévenu. En v'là encore un de filou... Il perdait toujours avec le même, et moi il m' gagnait à tout coup, j' n' sais pas comment que ça se joue... mais il y a ben sûr quéque manigance là-dessous.

Autre dupe. On peut ben dire qu'il a de la malice jusqu'au bout des doigts,—celui-là... mais je m'en plaindrais pas s'il ne m'*eusse* pas sustilisé quinze francs... Il escamote joliment ses cartes, saperlotte!

Autre dupe. On n'avait pas le temps de savoir de quoi qu'il retournait que les pièces de cent sous avaient déjà filé dans sa poche... On disait comme ça que c'était une volerie... J' sais pas... mais j'en suis certainement assuré!

En présence de ces formidables dépositions, Courtois n'essaie pas de se justifier. L'accusé a déjà subi deux condamnations pour le même fait qui lui est reproché aujourd'hui.

En conséquence, le tribunal condamne Courtois à trois ans d'emprisonnement.

Imprimerie d'AMÉDÉE GRATIOT et Cᵉ, rue de la Monnaie, 11.

LE DESSOUS DES CARTES.

A voir la multitude de devins et de prétendus sorciers qui trouvent à vivre, même aujourd'hui, aux dépens des esprits faibles et crédules, on serait vraiment tenté de se croire dans les temps les plus reculés du moyen âge, temps heureux pour l'astrologie judiciaire et la sorcellerie, comme chacun sait, plutôt qu'à une époque de progrès et de lumières. Voici encore un procès qui vient démontrer fort à propos de quel degré de moralité jouissent assez habituellement ces audacieux vendeurs de sorts et la confiance qu'ils méritent généralement.

Rosalie Boutot, femme de chambre au service de madame R......, a une foi robuste dans les *cartes*. Elle professe un tel respect pour la cartonomancie, que joies, espérances, craintes, elle fait tout dépendre des circonstances aventureuses du *grand* et du *petit jeu*. Grâce à ce penchant décidé pour les cartes, Rosalie devint une des *clientes* les plus assidues de la dame Patras, qui cultive avec succès l'art illustré par mademoiselle Lenormant et feu M. Moreau, de regrettable mémoire. Madame Patras, qui donne ses *consultations* à domicile, était dans l'usage de rendre de fréquentes visites à la chambrière; mais la présence de la devineresse ayant inspiré quelque ombrage à madame R......, celle-ci, sans plus de respect pour la science du *Petit Albert*, se permit d'éconduire la dame Patras; c'était assez bien avisé, comme on le verra. Rosalie ne renonça pas pour cela aux consultations de la tireuse de cartes; seulement elle choisit, pour recevoir la prophétesse, les moments où sa maîtresse s'absentait du logis. Or, un jour que madame R..... était allée rendre quelques visites, Rosalie se permit de recevoir la dame Patras dans la chambre même de sa maîtresse. Mais le soir, en rentrant chez elle, madame R..... avisa qu'une paire de boucles d'oreilles en brillants, qu'elle avait négligemment laissée sur une console, avait disparu, sans que Rosalie pût donner le moindre éclaircissement sur cette disparition. Madame R....., sûre de la fidélité de sa femme de chambre, eut tout d'abord l'idée que cette soustraction n'avait pu être faite que par une personne étrangère, et Rosalie lui ayant confessé qu'elle avait eu la faiblesse de recevoir la dame Patras malgré ses ordres, les soupçons de madame R..... portèrent naturellement sur la tireuse de cartes. Sur les indices fournis par Rosalie, la police, saisie de l'affaire, fut bientôt sur les traces de la dame Patras, qui fut trouvée encore nantie des objets volés. En conséquence, la dame Patras vient répondre aujourd'hui à une accusation de vol, commis dans les circonstances que nous venons de dire.

M. le Président à l'accusée. Quelle est votre profession ?

La dame Patras. Garde-malades.

M. le Président. Votre déclaration n'est pas exacte. Il parait que vous êtes tireuse de cartes.

La dame Patras. C'est une invention pour me perdre... Je suis garde-malades et je donne des consultations sur le magnétisme... Je connais toutes les maladies par la seule inspection des cheveux... Il me suffit pour cela d'une simple mèche de cheveux... le malade fût il à deux cents lieues...

M. le Président. De pareilles absurdités sont bonnes tout au plus à faire illusion à des idiots... Vous allez entendre les charges qui s'élèvent contre vous.

Rosalie Boutot, témoin. Dieu merci ! me voilà bien guérie des cartes et des tireuses... Je bénis mon bon ange d'en être quitte pour une souleur. Et dire que je lui aurais donné tout *le mien* à garder, à cette méchante femme, et qu'elle n'a pas craint de m'exposer à passer pour voleuse!

M. le Président. L'accusée ne venait-elle pas quelquefois chez vous pour vous faire les cartes?

Rosalie Boutot. Elle ne faisait que ça, la malheureuse... tout mon gage passait en bonnes aventures, puisque notre cuisinière me disait et sans cesse et toujours : « Vous êtes joliment bête, allez, de donner votre farine à cette mangeuse de chrétiens. »

La femme Patras. Ah! quelle affreuse calomnie!... On ne respecte plus le malheur!... Allez, allez, mademoiselle, on n'a pas de profit à mentir... On est toujours mauvais marchand à débiter des menteries... L'innocence a tôt ou tard sa récompense...

Rosalie Boutot. Je vous promets, monsieur le juge, qu'il n'y a pas un mot de mensonge dans tout ce que je vous dis... à preuve, que le jour du malheur nous étions dans la chambre de madame et qu'elle m'a donné le grand jeu... même que j'avais bien du chagrin pour des choses que je ne peux pas vous dire, et que la tireuse de cartes me disait en me câlinant : « Mon enfant, vous avez de la peine, rapport à une faute cachée qui est en vous... Vous avez manqué de prudence en vous ouvrant à une personne qui était susceptible d'en abuser... » Elle ne savait pas si bien dire... Puis, pendant que j'avalais toutes ces bêtises, doux comme du lait, madame faisait son coup... C'est bien mal ! Elle pouvait bien ainsi jouer cartes sur table avec moi, car je ne me méfiais nullement.

D'autres témoins sont entendus ; mais leurs dépositions n'apportent aucun élément nouveau de conviction. L'accusée, d'ailleurs, se reconnaît coupable de la soustraction qui lui est imputée, et se borne à alléguer, comme palliatif de sa faute, une grande *irréflexion*. Le tribunal, goûtant peu le moyen de justification, condamne l'accusée à cinq ans d'emprisonnement.

La dame Patras, en entendant la condamnation prononcée contre elle, tombe en syncope. « Ah ! mon Dieu ! s'écrie-t-elle, mais c'est un péché de condamner de la sorte une pauvre femme, qui n'est coupable que d'une simple distraction... Dites plutôt que vous prenez le parti des médecins, qui m'en veulent à cause que je guéris les maladies par le magnétisme ! »

LA MÉTROMANIE.

Un gros garçon à la figure rubiconde, aux épaules carrées, et dont la main, par son développement et sa couleur, rappelle l'enseigne que les marchands de gants suspendent en dehors de leurs boutiques, vient s'asseoir sur les bancs de la police correctionnelle. Il tient à la main un rouleau de papier attaché avec du cuir, en guise de faveur bleue ou rose.

M. le Président. Quels sont vos noms et prénoms ?

Le Prévenu. Claude-Benoît Cucuphin.

M. le Président. Votre état ?

LA CORRECTIONNELLE

Petites Causes Célèbres.

N° 19.

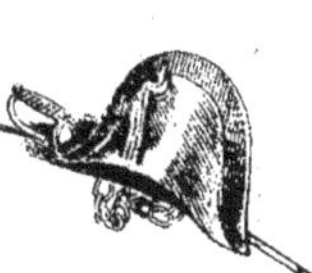

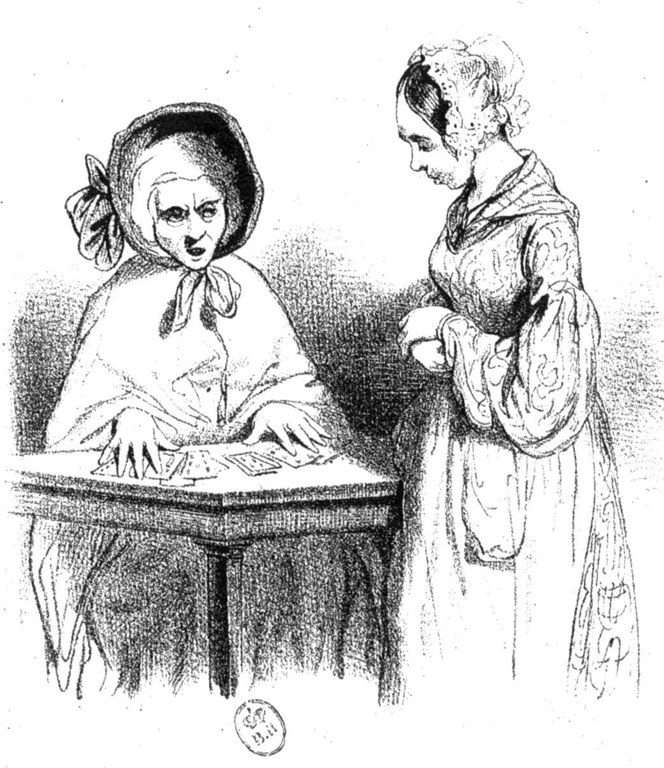

« Mon enfant vous avez de la peine rapport à une faute cachée qui est en vous.... Vous avez manqué de prudence en vous ouvrant à une personne qui était susceptible d'en abuser.... »

Lith. Coulon.

Juste Bourmacé, Editeur de la Correctionnelle
Place du Palais Royal, 241.

Cucuphin. Poëte.

M. le Président. Comment poëte ! C'est là votre état ?

Cucuphin. J'en ai bien un autre, mais celui-là je ne le compte pas.

M. le Président. C'est justement cet autre que je vous demande.

Cucuphin. Alors, je suis tailleur de pierres.

M. le Président. Vous êtes prévenu d'avoir porté des coups de bâton à votre camarade Batistin.

Cucuphin, se disposant à défaire son rouleau de papier. Je vas vous répondre.

M. le Président. Tout-à-l'heure ; nous allons d'abord entendre les témoins... Batistin, expliquez-vous sur les voies de fait dont vous vous plaignez.

Batistin Faites pas attention, monsieur le Président ; Cucuphin a souvent la tête où les cochons de chez nous ont la queue.

M. le Président. Il vous a frappé, n'est-il pas vrai !

Batistin. Oui... un peu... comme ça... quelques coups de bâton... mais je lui ai rendu des coups de poing, ce qui fait que nous pourrions bien être quittes... Entre-z'amis on ne compte pas pour si peu.

M. Pierron, maître des deux ouvriers. Cucuphin a la cervelle un peu *détractée ;* quoique ce soit un brave garçon, j'ai été forcé de le renvoyer à cause de cela.... C'est la poésie qui lui a troublé les idées... il se figure qu'il est poëte. Au lieu de tailler mes pierres, il s'amuse à gribouiller des vers avec du charbon. Quand il sciait la pierre, au lieu de suivre le mouvement régulier qui est nécessaire dans un pareil travail, il allait tantôt vite, tantôt doucement, faisant porter tantôt à gauche, tantôt à droite. Un jour que je lui en faisais des reproches, il me répondit tranquillement que c'était afin d'obtenir une musique pour accompagner les vers qu'il faisait en travaillant.

M. le Président. Avez-vous été témoin des voies de fait ?

Le témoin. Oui, monsieur ; je suis arrivé au moment où il tenait Batistin au collet, et où il lui allongeait des coups sur les épaules... Il n'était guère poétique dans ce moment-là... Il y allait d'un cœur !... S'il avait mis autant d'ardeur à son ouvrage, au lieu de le renvoyer, j'aurais augmenté sa paie.

M. le Président. Eh bien ! Cucuphin, vous venez d'entendre les dépositions des témoins ; qu'avez-vous à répondre ?

Cucuphin se lève, déroule son papier, et lit d'une voix inspirée :

Puisqu'aujourd'hui un camarade m'accuse,
Je ne veux pas d'autre avocat que les muses ;
Et j'espère bien, grâce à leur effort,
Que le tribunal va me mettre dehors.

M. le Président. Mais ce que vous dites-là ressemble à des vers.

Cucuphin, d'un air fort satisfait. Un peu que c'en sont... et de moi, encore !

M. le Président. Remettez votre papier dans votre poche, et répondez simplement à mes questions. Vous avez donné des coups de bâton à Batistin ?

Cucuphin, reprenant son manuscrit qu'il avait déposé dans sa casquette.

. . . . . Va me mettre dehors.
C'est pourquoi dans ce jour.....

M. le Président. Répondez-moi donc !... Convenez-vous du fait qui vous est reproché ?

Cucuphin. Certainement !.. Pourquoi qu'il était toujours à me dire des injures.

M. le Président. Quelles injures vous a-t-il dites ?

Cucuphin. Il m'a appelé M. Voltaire.

M. le Président, souriant. Ce n'est pas là une injure bien grave.

Cucuphin. J'en ai bien ouï dire de ce M. Voltaire, mais je l'ai jamais vu... Soyez donc tranquille que si ça avait été un compliment il me l'aurait pas dit. Si il m'avait appelé Apollon, au moins, à la bonne heure... Apollon est le fils des muses... On sait ce que ça veut dire.

Le tribunal condamne l'ouvrier poëte à cinq jours de prison.

En entendant cette sentence, Cucuphin reste absorbé dans ses réflexions ; le garde municipal placé derrière lui veut le faire sortir ; mais Cucuphin le repousse légèrement de la main et lève les yeux au ciel. On pourrait penser que c'est une expression de désespoir ; mais l'ouvrier rimeur est dans un enfantement poétique. Il se lève brusquement, comme lancé par un ressort, et s'écrie en étendant la main :

Puisque l'on me condamne à la prison,
Je me consolerai avec Apollon.

Imprimerie d'Amédée Gratiot et Cᵉ, rue de la Monnaie, 11.

J. BOURMANCÉ, ÉDITEUR D'ESTAMPES, 241, PLACE DU PALAIS-ROYAL.

MARI VISIONNAIRE.

Hurpin, portier facétieux et d'un caractère plein d'aménité, est présent à la barre de la police correctionnelle. Un sourire éternel semble stéréotypé sur sa figure.

« Messieurs, dit-il, c'est une histoire bien *bizarre* que la mienne. Je suis l'époux Hurpin, le conjoint de ma moitié que voici là-bas (Hurpin montre du doigt une femme petite, blême, d'une physionomie assez insignifiante, âgée d'environ 36 ans, et qui siége au banc des prévenus). De plus, je suis portier, et en cette qualité, je suis *exposé* à faire des ménages de garçons... Qui dit garçon, dit farceur... Nous avons donc plusieurs de ces charmants jeunes gens à la maison, et entre autres M. Beaujour, ou, comme l'appelle ma femme, M. Arthur... M. Arthur, ainsi que j'ai déjà eu l'honneur de vous le dire, est tout ce qu'il y a de plus célibataire... On sait ce que cela veut dire... Je vais droit à la chose... Ma femme lui plut. De ce moment, le caractère de ma femme changea totalement. Elle n'avait plus d'attentions pour moi et m'appelait *cornichon* tout le long du jour. Elle n'était jamais à sa loge, et s'il arrivait que j'eusse besoin d'elle, j'étais obligé de l'aller chercher chez M. Arthur. Enfin, messieurs, ma femme, qui jusqu'alors avait toujours vécu publiquement avec moi, aurait été mieux appelée du nom de madame Arthur... j'en suis très certain.

M. le Président. Arrivez au fait que vous reprochez plus directement à votre femme.

Hurpin. Un jour donc que ma femme m'était nécessaire, je montai chez M. Arthur. La porte était fermée, je regarde par le trou de la serrure et je vois très clairement que j'étais trompé; oh! mais tout ce qu'il y a de plus trompé... Je descends à l'étage au-dessous, et je dis à la bonne à M. Colomb :—Vous ne savez pas, mademoiselle Catherine, ma femme me trompe en ce moment. — Bah! me dit la bonne à M. Colomb. Je lui dis : — Oui; venez voir plutôt... Nous montons. Mademoiselle Catherine regarde par la serrure et me dit : —Vous en êtes un fameux!... — De quoi? lui fais-je. — Pardine! un imbécile donc... vous ne voyez pas qu'elle époussette partout?... En effet, elle époussetait partout... mais comme j'étais sûr d'avoir bien vu *prématurément* à cela, je me suis cru autorisé à demander mon divorce.

M. le Président Avez-vous d'autres indices de l'infidélité de votre femme?

Hurpin. Beaucoup d'autres, monsieur. Ainsi M. Arthur a donné à plusieurs reprises à mon infidèle une paire de chaussons fourrés, une alliance en *de* ses propres cheveux, un tartan, une livre de tabac de Virginie, et d'autres choses encore.

M. le Président. Ce ne sont pas encore là des indices suffisants.

Hurpin, visiblement désappointé. Que voulez-vous que je vous dise alors, si rien ne vous fait... prenez que je suis un *virionnaire*... mais pourtant j'ai bien vu ce que j'ai bien vu.

Mademoiselle Catherine vient déposer qu'elle n'a rien vu au moment même où Hurpin prétendait qu'il y avait quelque chose à voir.

Plusieurs autres témoins sont entendus et rendent hommage à la vertu de la dame Hurpin.

M. Arthur Beaujour, interpellé sur ses prétendues relations avec la femme Hurpin, répond de la manière la plus satisfaisante. Quant aux cadeaux, dont l'ombrageux Hurpin veut tirer une preuve de la criminalité de ses intentions, M. Arthur allègue qu'ils étaient faits à sa portière dans la vue de la rendre plus tolérante sur ses nocturnes équipées, et de la disposer favorablement par rapport à certains bons offices que tout locataire garçon attend de ses portiers.

La femme Hurpin se retranche fièrement derrière ses trente-six ans de la vertu la plus pure. Hurpin, dit-elle, est un sac à vin et il a toujours la *bralue* dans cet état; il en est résulté dans l'espèce qu'il a mal vu.

En l'absence de témoignages bien positifs, le tribunal renvoie les prévenus de la plainte. Pour la première fois le visage de Hurpin se contracte et perd son imperturbable jovialité. Il paraît être visiblement contrarié du résultat du procès, et se retire en murmurant : C'est vexant, tout de même; j'avais pourtant compté là-dessus pour quitter ma femme.

Maris,

« De cet exemple-ci ressouvenez-vous bien
« Et quand vous verriez tout, ne croyez jamais rien. »

APRÈS BOIRE.

Simon, Boivin et Parisot, tous trois compositeurs d'imprimerie, tous trois aussi de francs vauriens, de ceux-là qui ont le vin guilleret et l'esprit tourné à la malice, comparaissent devant le tribunal de police correctionnelle sous l'inculpation de tapage nocturne.

Voici les faits tels qu'ils résultent de la déposition du sieur Gottard, herboriste, homme doux, bienveillant et qui paraît doué d'une ineffable bonhomie.

« Le 9 du mois dernier, qui était un lundi, dit le témoin, je reposais tranquillement dans mon lit, lorsque, vers une heure de la nuit, j'entendis frapper à la porte de ma boutique. Je m'empressai d'aller ouvrir pensant que ce pouvait être pour quelque cas subit de maladie. Je trouvai un jeune homme qui me dit : — N'êtes-vous point pharmacien?... Je lui témoignai le regret que j'avais de ne l'être pas, et il me répondit : Parbleu! c'est bien dommage, car ma femme se meurt d'une affection de poitrine, et je vous aurais prié de me donner pour deux sous de pâte de réglisse... Je regagne mon lit; mais, un moment après, de nouveaux coups se font entendre. Comme nous sommes par état à la disposition de tout le monde, même la nuit, je me lève; c'était encore un jeune homme. — Vous êtes pharmacien? me dit l'inconnu. — Je voudrais l'être pour vous obliger, lui répondis-je. — Voilà qui est bizarre, reprend l'inconnu... Je suis le comte de Palissandre, et comme les souris m'empêchent de dormir, je venais vous prier de me donner pour deux sous de mort-aux-rats. — Je me dis voilà un comte qui n'est pas fier, et j'allai me coucher de nouveau. Mais à peine avais-je posé la tête sur mon oreiller qu'on frappe à coups redoublés... Ouvrez, ouvrez, je vous en conjure, criait une voix en dehors. J'hésite un moment, mais enfin mon humanité l'emporte, et cette fois encore je me trouve en présence d'un jeune homme, qui s'écrie en me voyant : — Enfin, j'ai donc trouvé un pharmacien! — Monsieur, lui dis-je avec humeur,

N° 20.

LA CORRECTIONNELLE

Petites Causes Célèbres.

Ma femme lui plut.... De ce moment, le caractère de ma femme changea totalement. Elle n'avait plus d'attentions pour moi et m'appelait Cornichon tout le long du jour.

Lith. Coulon.

Juste Bourmancé Editeur de la Correctionnelle
Place du Palais Royal, 241

je suis herboriste. — Bah ! repart l'inconnu... cela ne se peut pas... c'est impossible !... vous êtes pharmacien, ô pharmacien !... Pourquoi n'êtes-vous pas pharmacien?... — Enfin, messieurs, ajoute le témoin, pour abréger, ces trois mauvais sujets sont revenus à la charge et ont fait un tapage affreux à ma porte, criant toujours : Ohé le pharmacien !... ohé ! Heureusement qu'une patrouille est survenue, qui a arrêté les tapageurs en flagrant délit... J'en ai été quitte pour trois vitres cassées et un rhume de cerveau... »

Les prévenus allèguent pour toute excuse qu'ils étaient ce soir-là un peu *poivre* (ivres), et que du reste ils n'avaient aucun *motif particulier* pour troubler le sommeil du paisible herboriste. Le tribunal, touché de voir les trois débauchés venir à résipiscence, se contente d'infliger à chacun des prévenus une légère amende de 25 francs.

UN RÉFRACTAIRE.

A l'appel du nom de Finet, une espèce de muid se présente, ou plutôt roule jusqu'en face de messieurs les membres composant le conseil de discipline. Pour passer par la porte qui donne entrée à la salle, il lui a fallu se mettre de côté, après avoir fait des efforts impuissants pour passer de face.

— Se moque-t-on de moi ? s'écrie M. Finet. Je suis gros, c'est vrai, mais je suis rageur comme un roquet quand je vois qu'on veut me faire aller... C'est que je n'entends pas qu'on me prenne pour un *toton!* qu'est-ce qu'on me veut encore; voyons?

M. le Président. M. Finet, on vous veut ce qu'on vous a déjà voulu une douzaine de fois, c'est-à-dire vous demander compte de votre obstination à ne pas vouloir monter votre garde.

M. Finet. Faites-moi donc le plaisir de me regarder !... Figurez-vous donc mon individu sous l'uniforme !... moi, prédestiné à l'apoplexie et forcé chaque jour de maudire la civilisation, qui a introduit dans la société les bretelles et les cravates... Mais vous ne savez donc pas que je ne pourrais pas tenir dans une guérite?... Tenez, j'en ai pris la mesure... Voyez plutôt.

M. Finet tire de sa poche une de ces grandes lanières numérotées avec lesquelles les tailleurs prennent aujourd'hui mesure.

M. Finet. Une guérite porte 195 et moi je porte 201... faites élargir toutes les guérites de France et d'Alger, et je monterai ma garde.

M. le Président. C'est une mauvaise raison.

M. Finet. Sacré nom d'un chien ! mais vous me rendriez bête à me manger moi-même... Qu'est-ce donc qu'il vous faut en fait de raisons?... Est-ce que les guérites sont faites pour les hannetons?... Est-ce que vous voulez que je reste deux heures à pomper la pluie ou à fondre au soleil?

Un titi, dans l'auditoire. Quand vous *fonderiez* un peu... vous serviriez à faire des lampions pour la Saint-Philippe.

M. Finet. Voyez à quoi vous m'exposez!... à servir de risée aux gamins...

M. le Président. Vous avez été reconnu bon au service, vous devez monter votre garde...

M. Finet. Mais quand j'ai été reconnu bon au service, je ne pesais que 280, et je pèse maintenant 340... Soixante livres de plus, c'est quelque chose, je crois... d'autant mieux que c'est en large que je les acquis, et non pas en long... Voulez-vous une autre raison?... Eh bien ! je ne peux pas faire l'exercice, là !... mon bras droit ne peut aller joindre mon épaule gauche... Tenez, voilà un fusil... commandez-moi un peu le *portez armes!* vous verrez.

M. Finet se met au port d'armes.

M. le Président. Portez armes !

M. Finet. J'y suis... après?

M. le Président. Présentez armes !

M. Finet allonge son bras droit pour aller saisir le fusil; mais sa main n'arrive qu'au milieu de la poitrine, et le fusil va tomber sur la tête d'un bizet qui ronflait en attendant son tour. Réveillé en sursaut, le pauvre bizet croit qu'on l'assomme, et se met à crier : Au voleur ! à la garde !...

M. Finet. Ne faites pas attention ; ce n'est rien.

Le bizet. Comment ce n'est rien !... mais j'ai une bosse au front, monsieur... Je vais me faire faire du vulnéraire.. tant pis pour le conseil.

Le bizet se sauve en criant : Oh ! la tête, oh !

M. Finet. Vous voyez bien qu'il m'est impossible de monter ma garde... D'ailleurs, croyez-vous pas que j'irais m'habiller?... Il me faudrait sept aunes de drap pour un uniforme.

M. le capitaine rapporteur. Malgré tout ce que vient de vous dire M. Finet, nous concluons positivement à sa condamnation.

M. Finet. Dites donc, mon voisin, vous qui êtes *dégraisseur*, vous vous chargerez alors de me rendre propre au service.

M. Finet est condamné à 48 heures de prison.

Imprimerie d'AMÉDÉE GRATIOT et Cᵉ, rue de la Monnaie, 11.

J. BOURMANCÉ, ÉDITEUR D'ESTAMPES, 241, PLACE DU PALAIS-ROYAL.

UN ENFANT PRÉCOCE.

Un enfant morveux, mal peigné, et portant l'uniforme des jeunes détenus, est assis au banc des accusés. C'est le jeune Sylvestre, qui, à peine âgé de treize ans, est initié déjà à toutes les corruptions, et qui comparait devant le tribunal de police correctionnelle sous l'accusation de vol, commis au préjudice du sieur Mornet, marchand de bric-à-brac.

M. le Président. Accusé, quels sont vos noms?

L'accusé. J' sais pas.

M. le Président. Où demeurez-vous?

L'accusé. J' sais pas.

M. le Président. Quelle est votre profession?

L'accusé. J' sais pas.

M. le Président. Comment! vous n'avez ni famille, ni domicile, ni profession?

L'accusé. J' sais pas.

M. le Président Comment avez-vous vécu jusqu'au jour de votre arrestation?

L'accusé. J' sais pas.

M. le Président. Vous avez du moins été élevé par quelqu'un?

L'accusé. Oh! pour ça, oui... c'est une vieille femme qui m' *sciait* toujours... et qui m' battait comme un *emplâtre*... Pour lors un jour, j'ai *zut!* à la vieille et je m'ai épouffé de d' chez elle...

M. le Président. Y a-t-il longtemps que vous avez quitté la maison de cette femme? Ne pouvez-pas donner quelques renseignements sur la personne dont vous nous parlez?

L'accusé. Voilà 8 ans *à* tout à l'heure qu'on y a fait *le ruban* à c'te bonne femme (qu'on lui a fait la queue). On s'a donné d' l'air et d' l'agrément, tiens... c'est bien juste. J' sais pas tant seulement où qu'elle demeurait la vieille, et j' suis pas été voir le numéro d' depuis.

M. le Président. Enfin, vous portez bien un nom quelconque ?

L'accusé. Oh! pour ça, oui... Les camarades m'appellent *Sivesse;* si c'est pas l'bon, tant pis!

M. le Président. Vous êtes accusé d'avoir soustrait une paire de pistolets d'arçon à l'étalage de Mornet. Vous allez entendre les témoins.

Le sergent de ville Guimat. Le 17 du mois dernier, j'étais *en tournée* dans la rue des Blancs-Manteaux, quand j'entreperçois un petit malinot qui décroche une paire de pistolets. Je me dis c'est *précoce* pour sa jeune âge... Puis après il prend ses jambes sur ses épaules et le v'là qui s'*effarouche*.. Moi, qui n'a pas mes pieds dans mes poches, je le *relance;* vous allez voir la malice... Pour lors, comme j'vas pour lui mettre le grappin dessus, ce petit gueux-là se roule dedans le ruisseau, et vous prend un bain complet, ni plus ni moins... il était dégoûtant, quoi! On n'aurait pas su par où le prendre... C'était pas bête!... Je me dis c'est une *musique,* je connais c'te corde, et je renfonce mes gants dans ma coiffe, vu que je ne crains pas les éclaboussures pour la peau. Je vous pêche mon ablette, qui barbottait dans le ruisseau, sauf votre respect, comme un canard *liquide,* qui brasse sa coupe dans une mare, et je le mets à l'ombre... pour sécher plus vite... voilà!

Mornet n'a rien vu. Il n'a eu connaissance du vol qu'après l'arrestation du petit voleur, et reconnaît d'ailleurs les pistolets soustraits. Plusieurs autres témoins sont encore entendus et déposent avoir vu Sylvestre s'enfuir avec les objets volés.

M. le Président à l'accusé. Vous n'avez pas un avocat ?

Sylvestre. Pour *de* quoi faire? J'sais bien ce qu'il y a à siffler, allez!... C'est pas malin de dire que j'ai pas l'âge de la loi, et qu'il faut m'relâcher vu que je suis en enfance... Petit Moiré, qu'est avocat à le Roquette, m'a bien dit que vous n'pouviez pas m'pincer, rapport que je n'suis qu'un jeune homme.

Le tribunal paraît vivement affecté d'un cynisme aussi révoltant, et condamne Sylvestre à trois ans d'emprisonnement ; il ordonne qu'à l'expiration de sa peine il restera placé pendant dix ans sous la surveillance de la police.

L'AMI DE TOUT LE MONDE.

— Bonjour, Picard ; comment que ça va ?

— Ça va pas pis, Dieu merci ! Argent comptant vaut médecin, comme on dit, et voilà le sujet que je ne dépéris pas... Ah ça ! mais d'où donc que vous me connaissez ? Et d'abord je ne suis pas Picard ; je suis de l'Oise.

— Bah ! c'est égal !.. t'es mon ami tout de même.

— Comme ça, je le veux bien... et ça me fait honneur, vu que vous m'avez bien l'air d'un Parisien fini... Dites donc, puisque vous me faites tout plein des amitiés, vous me ferez bien encore *celle* d'accepter un verre de vin ?

— Ça y est!... voilà des amis qui comprend l'amitié!...

Arrivés à cette partie du dialogue, les deux interlocuteurs se dirigent vers le cabaret le plus proche. On s'établit dans un cabinet. On boit tout d'abord, et assez amplement pour que les deux inconnus deviennent en peu de temps de vieux amis. Une confiance réciproque s'établit, chacun conte ses petites affaires, et Morin apprend bientôt que son Pylade est porteur d'une somme assez rondelette. Morin qui, comme *Arlequin Voleur*, vit du travail de ses mains, trouve l'occasion assez favorable pour s'approprier le magot de son ami intime. En effet, jamais escroquerie ne s'était présentée dans des circonstances plus propices. Hulot, le candide habitant de l'Oise, est d'une ingénuité remarquable au 19e siècle ; évidemment il était fait pour vivre dans les temps primitifs ; temps heureux, où les hommes dormaient la clef sur la porte!... Nous laisserons Hulot nous faire connaître de quelle manière Morin consomma son escroquerie.

Hulot. Je suis pas un voleur, moi, et je peux pas connaître toutes ces rubriques-là... Et puis, il me disait à un chacun qui passait dans la rue : Vous voyez celui-là, c'est mon meilleur ami... Je m'ai dit pour lors : Un homme qui a autant de *meilleurs* amis, ça n'est pas, grand Dieu! un méchant homme... et je fie à lui... Nous *boivons* un coup, même deux, même plusieurs... v'là qu'en causant y me dit qu'il va me conduire à ce soir à la comédie, chez un *escarmoteur.* J'avais bien entendu dire des choses *dessur* les escarmoteurs, mais je les connaissais pas. Y me dit : Vous ne savez pas ce que c'est? — Non, je lui dis. — Eh ben! figurez-vous qu'un escarmoteur vous prendrait vos pièces de cent sous sans que vous vous en aperçussiez. —

N° 21.

LA CORRECTIONNELLE

Petites Causes Célèbres.

Je vous pêche mon abelette qui barbotait dans le ruisseau, sauf votre respect, comme un canard liquide qui brasse sa coupe dans une mare, et je le mets à l'ombre .... pour sécher plus vite..... voilà!

Lith. Coulon

Juste Bourmancé Editeur de la Correctionnelle
Place du Palais Royal, 241

Sans que je m'en *aperçussiez*, que je lui réponds en riant, ça m' paraît pas bien aisé. — Tenez, vous allez voir le coup, allongez voir le boursicot, qu'il me dit... V'là qu'il prend mon chapeau et il met l'argent dessous. Il me dit : Vous êtes bien sûr qu'il est dessous, pas vrai?... Touchez pas là ; je vas en bas pour dire des paroles, ensuite il reviendra dans votre poche.... J'attends, j'attends, j'attends !.... merci, il avait, comme on dit, tiré ses chausses... il n'y avait plus sous le chapeau qu'un vieux mouchoir... J'en étais pour mes argents... Je peux pas vous dire comment qu'il a fait son jeu... je comprends pas du tout...

Un agent de la police de sûreté dépose que, sur la plainte de Hulot, il a arrêté Morin, qui avait eu *la bêtise* de dire son vrai nom au *pigeon*. Plusieurs autres témoins viennent affirmer en outre qu'ils reconnaissent Morin comme étant *celui* qui a bu avec Hulot. L'accusé se renferme dans un système de dénégation. « Hulot est mon ami, mon meilleur ami, dit-il; voilà pourquoi qu'il m'a *prêté* son argent; c'est bien une preuve qu'il est mon meilleur ami... mais ami au prêter, ennemi au rendre!... à cause que je n' lui ai pas rendu, il s'est fâché et il me traite de voleur; c'est pas beau pour un meilleur ami...

Le tribunal qui goûte peu ce système de défense, condamne le *meilleur* ami de tout le monde à un an d'emprisonnement.

M. le Président. Corniquard, vous venez d'entendre la déposition de la plaignante, qui déclare que vous l'avez frappée.

Corniquard. Je crois bien que je l'ai entendue!... Il faudrait ben être sourd, car elle l'a assez beuglé.

M. le Président. Qu'avez-vous à répondre?

Corniquart. J'ai à répondre que c'est la vérité, la pure vérité.

M. le Président. Pourquoi vous êtes-vous porté à des excès toujours coupables, et surtout envers une femme?

Corniquard. Qu'est-ce que ça me fait, à moi, une femme? Quand une femme est malicieuse, il faut la corriger, je ne connais que ça. C'était le système de feu mon père... Demandez plutôt à ma mère... J'ai été élevé à ça.

M. le Président. Pourquoi avez vous frappé la femme Boulon?

Le prévenu. Je vous le dis : parce qu'elle a été malicieuse au vis-à-vis de ma réputation et de ma dignité d'homme.

M. le Président. Que vous avait-elle fait?

Le prévenu. Elle m'a réclamé de l'argent devant le monde.

M. le Président. Si vous lui en devez, elle en avait le droit.

Le prévenu. C'est pas à elle que j'en dois, c'est à son mari, l'ami Boulon, qui m'en a prêté comme je serais susceptible de la réciproque... si j'en avais. Mais j'en ai jamais... je sais pas pourquoi...

M. le Président. Ce n'était pas une raison pour la frapper.

Le prévenu. Pourquoi qu'elle m'a appelé mange tout... Si je veux manger tout, moi.

M. le Président. Il faut d'abord payer ses dettes.

Le prévenu. Au fait, j'y en veux pas... Le plus fautif dans ça, c'est l'ami Bou lou, mon camarade.

Boulon, se levant du milieu du banc des témoins. Moi, fautif! et en de quoi?

Le prévenu. Oui, fautif!... Pourquoi que t'as souffert que ton épouse vienne appeler un ami en justice?

Boulon. Qu'est-ce que tu voulais que j'y fasse, puisqu'elle l'a voulu.

Le prévenu. Melon, va! on tape dessus.

Boulon. Et puis, au fait, dis donc un peu voir pourquoi que tu l'as battue?

Le prévenu. Ça ne dit rien... Fallait me dire ; Corniquard, t'as profané mon épouse... Nous allons nous astiquer d'amitié... une... deux... une décoction de coups de pied, et voilà... C'est comme ça qu'on s'arrange avec un ami, quand on est homme et Français... C'est mon système.

M. le Président. Vos systèmes sont fort mauvais, et vous ferez bien d'y renoncer...

Le prévenu. Quand j'étais troupier, du temps de l'autre... du maître à tous... c'est comme ça que ça se traitait... On s'alignait... une... deux... une décoction de coups de sabre, et voilà!

Boulon. Toi, t'es militaire, c'est ta partie; moi, c'est différent... je suis civil.

Le prévenu. Toi, t'es t'un serin, c'est connu.

Boulon. Nous verrons qu'est-ce qui sera le plus serin de nous deux, tout à l'heure, quand on va te mettre en cage.

Le prévenu. De la prison pour un méchant coup de poing et quelques giffles!... pus souvent!

Corniquard avait à peine achevé son « pus souvent! » qu'il s'entendait condamner à huit jours d'emprisonnement et à 25 francs d'amende.

Imprimerie d'Amédée Gratiot et Cie, rue de la Monnaie, 11.

PUDEUR ET IMPUDEUR.

Scipion B....... comparaît devant le tribunal de police correctionnelle sous l'accusation d'attentat à la pudeur. L'inculpation qui pèse sur le prévenu contraste singulièrement avec l'apparente austérité de son visage. En effet, Scipion est porteur d'une barbe touffue; ses traits graves et accentués sont empreints d'un certain mysticisme et portent le caractère de la méditation... Son attitude est calme et réservée.

A l'appel de son nom, une jeune femme à l'œil noir, aux formes moelleuses et arrondies, se présente à la barre et dépose en ces termes :

Messieurs, je suis *modèle,* et on ne peut pas dire que je *soye* plus bégueule qu'une autre ; mais trop est trop : il y a pour toutes choses une mesure. Monsieur Scipion m'écrit un jour qu'il a besoin d'une *Pudeur* pour un tableau, et je *m'y* rends... Nous autres modèles, nous sommes pour tout faire, *Dieu merci !* Il y a apparence que monsieur avait déjeûné, car vous allez voir ce qui est arrivé... J'entre et je fais ma révérence... Il y avait plus de monde qu'il ne convient ; mais cependant je passe le costume et je prends la pose...... Voilà que les amateurs qui étaient là se mettent à me dire des choses épicées et me font faire *la planche,* ce qui veut dire qu'ils me font *poser*. Moi, j'aime bien naturellement à *bêtifier* comme chacun; mais je n'aime pas qu'on me vexe, et ils n'ont pas mis de manchettes pour le faire... Ce qu'il y a de pis, c'est que M. Scipion en était et qu'il n'avait pas sa langue dans sa poche... Un artiste!... qui doit savoir combien un modèle est sacré!...

M. le Président. Tout ce que vous nous dites là ne constitue pas l'attentat dont vous vous plaignez.

Le modèle. Est-ce que je peux vous dire, moi

femme, toutes les abominations et les vilainies qu'ils m'ont faites... l'horreur! le portier de Monsieur, qui est un homme, vous dira dans quelle infamie de costume il m'a trouvée... Allez, vous n'avez pas dans votre justice des lois assez sévères pour punir les hommes qui ne respectent pas les femmes; ce qui fait que les égards se perdent et que les hommes sont des plus révoltants!...

Pariset, portier du sieur Scipion B... . dépose, avec la rougeur sur le front et en donnant des marques du plus grand embarras pudibond. Il raconte que, attiré par les cris du modèle, il monta à l'atelier du sieur Scipion, *son* locataire, et qu'il trouva la malheureuse Héloïse, en déshabillé, *à peu de chose près dans le costume d'Ève avant sa faute* et que son corps était tatoué comme *une indienne*. « M. Scipion, ajoute le témoin, me dit qu'il avait le projet de peindre une Osage; je ne sais pas si le costume était bien exact, mais je sais bien que si les femmes prenaient cette mode-là, ça ferait bien du tort aux couturières, vu qu'il n'entre pas un pouce d'étoffe dans tout l'habillement.

Scipion ne laisse apercevoir aucune trace d'émotion, son maintien est toujours grave. Il reconnaît les faits avec un imperturbable sang-froid. Il soutient qu'en effet il avait à peindre une *Pudeur allégorique*, et fait passer sous les yeux du tribunal le croquis de son tableau, dans lequel on voit une femme dont la peau offre la plus étrange bigarrure.

M. le Président. Mais cette femme que vous nous montrez ne ressemble nullement à la pudeur?

Scipion. C'est une allégorie... les zébrures que vous remarquez indiquent que j'ai voulu représenter la pudeur des sauvages.

Quant aux outrages dont se plaint le modèle l'accusé se borne à dire qu'il n'est pas sorti des bornes d'une plaisanterie décente, et que si la femme n'avait pas de voile les mots en avaient.

Mais le tribunal, venant en aide à la vertu du modèle, condamne l'artiste à un mois d'emprisonnement et 150 fr. d'amende.

L'ÉPICIER DROGUISTE ET BARBARE.

Qui ne se rappelle cette admirable complainte :

Vous avez tous connu Trumeau,
Épicier droguiste et barbare...

Eh bien! M. Groslichard est non moins épicier. Écoutez et jugez :

Au mois de décembre dernier, entre six et sept heures du soir, M. Groslichard se présente chez madame Sureau, blanchisseuse de fin. Laissant de côté les plus simples formules de la politesse, il entre dans l'atelier comme un boulet de quatre, en s'écriant : « Madame, voilà ma facture!—Ah! c'est vous, M. Groslichard, dit la blanchisseuse; comment donc que ça va, M. Groslichard! —Madame, voilà ma facture! — Et madame Groslichard, comment gouverne-t-elle cette petite santé? —Voilà ma facture! — Donnez-vous donc la peine de vous asseoir, M. Groslichard. — Ma facture!... 37 francs 80 centimes. — C'est bien, M. Groslichard, je vous paierai cela dans quelques jours. — De quoi! de quoi!... Pas de ça, mignonne!... Je suis venu ici pour palper de l'argent, et je palperai!

— Vous palperez la porte si vous n'êtes pas plus poli, s'écrie madame Sureau. En attendant, ne touchez pas un mot de plus, ou c'est moi qui vous touche. » Furieux de voir qu'on lui tenait ainsi tête, le farouche détaillant saisit une chaise que madame Sureau avait placée près de lui lorsqu'il était entré, il la lança au beau milieu de la poitrine de la pauvre blanchisseuse, et sortit en fulminant les imprécations les plus furibondes.

Rudement atteinte par la violence du coup, madame Sureau venait demander compte devant la police correctionnelle des façons peu courtoises de son fournisseur de savon.

A peine l'audiencier a-t-il appelé la cause, qu'une voix se fait entendre au fond de l'auditoire, et s'écrie bien avant qu'on aperçoive l'individu auquel elle appartient : « A la fin de tout ça, il faut que ça finisse!... Je me dois à mes pratiques et à la société.»

Quelques secondes se passent, et l'on voit paraître devant le tribunal une grosse maman rouge comme un coquelicot, ce qui fait encore mieux ressortir l'éblouissante blancheur d'un ample bonnet, dont les plis, artistement alignés, font honneur au goût et à l'habileté de la blanchisseuse. C'est madame Sureau, partie civile.

Elle raconte au long les faits que nous avons relatés sommairement, puis elle répète sa phrase d'entrée : « A la fin de tout ça, il faut que ça finisse! je me dois à mes pratiques et à la société. »

M. le Président. Êtes-vous restée longtemps malade et hors d'état de travailler?

La plaignante. Malade! mais je *la* suis encore

LA CORRECTIONNELLE N° 22.

Petites Causes Célèbres.

Allez!.. Vous n'avez pas dans votre justice des lois assez sévères pour punir les hommes qui ne respectent pas les femmes; ce qui fait que les égards se perdent et que les hommes sont des plus révoltants!..

Lith. Coulon

Juste Bourmancé Editeur de la Correctionnelle
Place du Palais Royal, 241.

malade! j'ai sur le creux de l'estomac un emplâtre *d'empois* de Bourgogne, qui me scie le dos comme il n'est pas possible... A la fin de tout ça.

M. le Président. Combien demandez-vous de dommages-intérêts.

La plaignante. Le plus que vous pourrez... Ça ne sera jamais assez... C'est bigrement cher, l'empois de Bourgogne.

M. Groslichard. Cher! Laissez donc, farceuse! j'en vends, moi, aussi je sais bien ce que ça coûte.

La plaignante. Je vous dis que c'est cher, moi, c't'empois-là... Je me connais bien en empois, peut-être... j'en fais assez de consommé pour les chemises et les cravates.

M. le Président. Enfin, dites la somme que vous réclamez.

La plaignante. Des mille et des cents... Allez toujours!... ajoutez des zéros, ferme! ferme!... j'ai besoin d'argent, à la fin de tout ça... Il m'en faut pour me rachever de guérir... C't'empois de Bourgogne m'entête, à la fin de tout ça!

Le tribunal condamne l'épicier Groslichard à 50 francs d'amende et 150 francs de dommages-intérêts.

Madame Sureau, en s'en allant. Qu'est-ce qu'on veut que je f.... avec cinquante écus, à la fin de tout ça... C'est tout au plus si ça paiera mon empois de Bourgogne et le carabin!

LE DON QUICHOTTE DE LA HALLE.

Boulingrin était depuis une heure devant le comptoir de Paul Niquet, célèbre rogomiste de la Halle, et si célèbre, que, dans le langage des habitants du quartier, on ne dit pas: « un verre d'eau de vie, » mais « un Paul Niquet. » Bovinet avait donc absorbé une quantité bien raisonnable, ou plutôt bien déraisonnable de petits verres; et, la tête échauffée, les nerfs en mouvement, il se constituait le redresseur de torts de tous les buveurs qui avaient ensemble quelque dispute ou seulement quelque explication. Quant au maître du lieu, il n'y faisait pas attention: les bruits, les disputes et les raisonnements des ivrognes, voilà l'état normal de son établissement.

Par malheur pour Boulingrin, survint une ronde de sergents de ville. En ce moment, notre buveur était tranquillement occupé à déguster un trente-deuxième petit verre. Dans un coin de la salle se trouvait une femme qui avait sans doute quelque chose à régler avec la police, car un des sergents de ville s'approcha d'elle et lui ordonna de le suivre au corps de garde. Boulingrin, s'établissant le Don Quichotte de cette Dulcinée de carrefour, voulut s'opposer à son arrestation. De là, une discussion fort vive entre Boulingrin et les agents de la force publique, discussion que nous laisserons à la déposition de l'un d'eux le soin de nous faire connaître en détail.

« Donc, pour lors, voilà, dit le sergent de ville, j'allais sortir avec la particulière que j'étais chargé de la coffrer, et qui me suivait sans trop de cancans, quand cet individu se transvase entre z'elle et moi et me demande: « Pourquoi que vous emmenez cette femme? Vous n'en avez pas le droit! » Moi qui voyais que le paroissien était pour le quart d'heure engagé dans les soiffards, je ne voulus pas trop me fâcher, et je me contentai de lui répondre: « Suffit, motus, passez au large, ça n'est pas de votre département. — C'en est, qu'il me s'écrie, et je vous récidive pourquoi que vous mettez le grappin sur cette belle enfant? » Fallait bien qu'il en eût bu, car la belle enfant était louche, rousse, et avait l'air d'avoir été mise au monde par un cep de vigne dans le sein d'un égout... Enfin, bon!... Donc je dis à monsieur: « Qui êtes-vous pour vous inculquer dans le service? Quel est votre état? » Pour c'te fois, je dois lui rendre justice, il me répondit avec la plus grande franchise: « Pour le moment, je suis pochard, comme vous voyez, et je fais du feston à mort; mais demain, je redeviendrai Boulingrin, et je vous prouverai que, quoique serrurier, je n'aime pas que l'on forge des chaînes à la beauté. » Je me contentai de rire; mais lui voulait toujours m'empêcher d'emmener la femme, en s'écriant: « C'est donc pour c'te belle fichue liberté-là que nous avons fait le soleil de juillet! » Je *reris* et je lui réponds: « Mon bon ami, comme nous sommes au mois de décembre et qu'il pleut à verse, vous avez tort de parler du soleil de juillet... Vous ne venez pas comme mars en carême. » C'était une plaisanterie, n'est-ce pas, et ça valait mieux que de m'emporter contre cet homme, d'autant que ce pauvre garçon ne pouvait pas se soutenir. »

Le prévenu ne nie aucun des faits qui lui sont reprochés. « Est-ce que je sais tout ça, dit-il; j'étais soûl comme la bourrique du Pape! »

Le tribunal se montre indulgent et ne lui inflige que 16 francs d'amende.

Imprimerie d'AMÉDÉE GRATIOT et Cᵉ, rue de la Monnaie, 11.

AIMER ET MOURIR!

Voyez dans cette chambre, où tout respire la pauvreté, ce brasier d'où s'échappe une vapeur bleuâtre, lourde, oppressante; et sur ce lit cette jeune fille qui lutte contre les premiers envahissements de la mort. Est-ce la misère, est-ce l'amour qui l'a conduite à une mort volontaire? A vingt ans, à cet âge où toutes les richesses sont plus dans l'imagination que dans la réalité, la pauvreté est un mal que l'on ne connaît pas encore. A vingt ans, l'amour tue autant de jeunes gens que la faim enlève de vieillards, sur le déclin de la vie!... Mariette Andral meurt d'un de ces désespoirs mornes et profonds qui suivent toujours les passions violentes et déçues.

Mariette, ouvrière lingère, et qui habite la rue Mouffetard, vivait depuis longtemps dans la plus douce intimité avec le jeune Albert S........ Cette liaison, fondée sur des sympathies mutuelles et une charmante conformité de goûts, était pour la pauvre ouvrière comme un rêve délicieux, dans lequel elle s'endormait heureuse, imprévoyante, sans craintes pour le présent, sans appréhensions pour l'avenir. Hélas! de tous les sentiments humains le moins durable est l'amour; les cœurs les plus tendres et les plus épris sont eux-mêmes sujets à des retours d'inconstance. Mariette s'aperçut bientôt qu'Albert devenait chaque jour moins exclusif pour elle. Albert, qui ne se fût jamais lassé autrefois de la présence de Mariette, faisait naître maintenant de fréquentes occasions de s'absenter. L'ouvrière, qui voyait avec déplaisir ces absences, presque toujours mal colorées, ne tarda pas à comprendre qu'un changement s'était opéré dans les sentiments de son amant, et, après de persévérantes investigations, elle acquit la triste certitude qu'Albert l'avait sacrifiée à une rivale. Dès ce moment, la jalousie se glissa dans son cœur, sa tête s'égara, le désespoir s'empara d'elle : elle résolut de mourir... Seule et toujours conseillée par son amour déçu, elle allume un réchaud. Déjà la vapeur du charbon se répand dans la chambre ; Mariette est passée par les premiers symptômes de l'asphyxie. Sa tête appesantie par le vertige penche à terre ; le désordre de ses vêtements indique que la lutte entre la mort et la vie a été terrible.

Ainsi se mourait la pauvre fille, lorsque la dame Dumolard, sa voisine, et dont la chambre n'est séparée de la sienne que par une légère cloison, croit entendre des plaintes étouffées. Elle prête plus attentivement l'oreille. Saisie par une forte odeur de gaz carbonique, elle croit comprendre la cause des gémissements concentrés qu'elle vient d'entendre. Elle se rend sur le carré, et frappe à la porte de Mariette ; un silence profond règne dans la chambre. La dame Dumolard appelle quelques voisins, et leur fait part de ses conjectures... On force la porte, et en pénétrant dans la chambre un spectacle déchirant s'offre à leurs regards. On s'empresse de secourir la malheureuse Mariette ; mais celle-ci refuse tout secours : elle veut mourir ! On est obligé d'employer la force pour contenir les énergiques efforts qu'elle fait pour se précipiter par la fenêtre. Une sorte de lutte s'engage. Mariette, hors d'elle-même, trompée dans ses projets de mort, égarée par le désespoir, se débat et oppose une résistance énergique. Elle saisit des pincettes qui gisaient sur le carreau de la chambre et frappe sur ses libérateurs. La dame Dumolard est atteinte à la tête par un coup dont la violence a laissé des traces assez profondes, un peu au-dessous de l'œil droit.

Assurément les circonstances dans lesquelles le coup fut porté auraient dû désarmer la trop vindicative madame Dumolard. Il n'en a pas été ainsi.

Ayant appris que le sieur Albert S...., vaincu par les marques de désespoir données par la sensible lingère, était venu à résipiscence et avait abjuré ses infidélités pour se consacrer tout entier à sa première maîtresse, la dame Dumolard n'a pas manqué de conclure du rapprochement des deux amants que Mariette n'avait fait que *jouer la comédie* et que ses projets de suicide n'étaient à tout prendre qu'une *momerie*. En conséquence, elle n'a pu pardonner à la pauvre lingère le coup qu'elle en avait reçu, et elle se présente aujourd'hui devant le tribunal de police correctionnelle pour demander une réparation civile de blessures ayant occasionné une incapacité de travail.

Mariette occupe le banc des prévenus. Sa contenance est embarrassée ; elle baisse modestement les yeux. La dame Dumolard est une femme sèche, ridée, et dont la taille svelte offre les élégantes proportions d'un manche à balai.

La dame Dumolard. Allez ! on est toujours mal venu à obliger des ingrats !... Je peux bien dire que sans moi cette petite fillette, qui fait là ses mines, aurait oublié le goût du pain... Je ne reproche rien, Dieu merci ! mais je dis seulement qu'il ne fait pas bon se montrer *serviciable* au vis-à-vis des intrigants... Ce n'est pas qu'au fond on ne sache ce qu'il faut penser des *giries* de mademoiselle, et si je voulais parler... mais cela ne regarde personne.

M. le Président. Les coups dont vous vous plaignez ont eu quelque gravité sans doute ; mais peut-être auriez-vous dû considérer que Mariette, lorsqu'elle vous a frappée, n'était pas dans toute la plénitude de sa raison.

La dame Dumolard. Voilà précisément ce qui vous trompe, monsieur le juge !.. faites-moi *celle* de m'écouter... Tout ça, c'est de la comédie, et il n'y a qu'un homme qui s'y laisse prendre... Elle n'avait pas plus envie de se périr que moi...

M. le Président. Qu'est-ce qui peut vous faire penser que l'action de la prévenue ne fût qu'un jeu ?

La dame Dumolard. C'est qu'il fait bon vivre, donc ! et que tous les hommes ne valent pas une égratignure... Ah ! je connais un peu toutes ces malices ! Et puis c'était-il une raison, à cause que mademoiselle voulait se mourir, de m'assassiner, moi !... Ça demande justice !... Et il me la faut, ou bien je dirai partout qu'il n'y a plus de justice !...

M. le Président. Mariette, vous venez d'entendre la femme Dumolard... Qu'avez-vous à répondre pour votre justification ?

Mariette, d'une voix émue : Que j'étais bien malheureuse alors... que j'avais perdu la tête... Je ne me souviens de rien, si ce n'est que j'aurais voulu mourir, parce que je souffrais tant !... Est-ce qu'elle n'aurait pas dû me pardonner, puisque je ne savais pas ce que je faisais ?... Je ne puis pas lui en vouloir, moi, car elle m'a rendu un si bon service que je ne l'oublierai jamais... Quoiqu'elle m'ait fait bien du chagrin depuis, et qu'elle ait dit

LA CORRECTIONNELLE

Petites Causes Célèbres.

N° 23.

Aimer et Mourir!

Lith. Coulon.

Juste Bourmancé, Editeur de la Correctionnelle
Place du Palais Royal, 241.

de bien vilains propos sur mon compte et sur celui de M. Albert, ça ne peut pas effacer ce qu'elle a fait de bien en m'empêchant de me *faire du mal*... Si encore elle avait voulu s'arranger!.. Mais elle a tout refusé, en disant qu'elle voulait me faire mettre en prison, et qu'on m'enfermerait avec les mauvaises femmes... Demandez à tous ceux qui sont venus me délivrer, si je n'étais pas bien malheureuse, et si je n'étais pas folle dans ce moment-là?

Le tribunal, plus humain que la dame Dumolard, prenant en considération l'état de la prévenue, et accueillant l'expression de ses regrets, renvoie Mariette de la plainte. — La plaignante se retire en lançant sur les juges un regard plein de fureur.

UN POCHARD FINI.

Un petit bossu s'avance à la barre pour se plaindre d'avoir été *enterré*, c'est son expression, sous les coups que Claude Baluche, robuste ouvrier, lui avait portés *un peu partout*. Il expose ainsi ses griefs :

« Je dois d'abord révéler à M. le Tribunal que je suis donneur de cachets *aux Puces travailleuses*, barrière des Accacias. Un jour, c'était je crois un dimanche... non c'était un jeudi... plutôt; enfin, ce qu'il y a de sûr, c'est que c'était un lundi. Monsieur, qui est notre habitué, était venu danser avec des camarades, avec lesquels il avait biberonné depuis le matin, ce qui leur avait un peu avarié la boussole et empâté les jambes. Aussi, fallait les voir! Ils allaient en mesure, sous votre respect, comme des cochons qui cherchent des truffes.

Le prévenu. Tout ça, blagues! Je suis connu pour ma danse, et quand je pince la castoucha...

Le plaignant. Tout à coup, voulant faire le pas de zéphyr, il m'envoie un coup de pied... oh! quel coup de pied!... Si je n'avais pas été retourné, je le recevais dans le ventre.

Le prévenu. Est-ce ma faute, à moi? Fallait pas être là... c'était pas votre place.

Le petit bossu. Ma place est partout où j'entrevois des pochards... J'ai dans mes attributions les cachets, le vin à quinze et les bonnes mœurs. Alors je lui demandai si ça ne lui serait pas égal de faire d'autres pas moins subversifs... Savez-vous ce qu'il me répond? « Oui, oui, tout à l'heure, quand j'aurai fini... Je danserai une autre danse et tu me feras vis-à-vis. » Je n'avais pas absolument compris, mais je vis bien ce qu'il avait voulu dire, quand il arriva sur moi, me passa la jambe et se mit à me caresser les côtes à grands coups de souliers. On le décolla de dessus moi; mais il y allait de si bon cœur et il avait déjà eu le temps de me détériorer si complétement, que je suis resté quinze jours sur le flanc avec des sangsues pour société.

Baluche. En v'là, des blagues atroces!...

M. le Président, au plaignant. Baluche était-il complétement ivre?

Le plaignant. Comme à l'ordinaire.

M. le Président. Comment, comme à l'ordinaire! Il s'enivre donc souvent?

Le témoin. J'crois bien... mais pour ça faut pas lui en vouloir...; c'est pas sa faute; le bon Dieu a cru faire un homme et il a fait un broc.

Le prévenu. C'est un faux! je demande qu'on y arrête son *chiffon rouge* (sa langue) et qu'on me renvoie bien vite... Mon épouse m'attend.

M. Douceret, marchand de vins. Je ne sais rien de rien, d'abord; ainsi ne m'interrogez pas.

M. le Président. Vous avez cependant été témoin des voies de fait.

M. Douceret. Eh bien! oui; j'ai vu Baluche étaler not' Mayeux et lui taper dessus à grands coups de pieds.. mais v'là tout, ne m'interrogez pas...

M. le Président. Qui a eu les premiers torts?

Le témoin. Ben sûr que c'est Baluche, parbleu!... Mais puisque je ne sais rien.

M. le Président. Le prévenu est habitué de votre établissement?

Le témoin. V'là tantôt six ans.

M. le Président. Est-il querelleur?

Le témoin. Oh! je crois bien... Mais vous me faites jaser quand je ne sais rien... Il me paie, il ne me doit rien... le reste ne me regarde pas.

M. le Président. Baluche s'enivre-t-il habituellement?

Le témoin. Oh! pour ça, je ne sais rien... Une fois tous les jours, régulièrement.

Baluche. Oh! papa Douceret!...

Le témoin. Écoute donc, mon garçon, c'est la vérité... T'aimes bien le *dix-neuf*, mais t'aimes encore mieux le *vin*.

M. le Président. Voilà ce que vous avez à dire?

Le témoin. Pardieu! puisque je vous dis que je ne sais rien.

Baluche entasse paroles sur paroles pour prouver son innocence, ce qui n'empêche pas le tribunal de le condamner à 8 jours de prison, 25 francs d'amende, et 50 francs de dommages-intérêts.

Imprimerie d'AMÉDÉE GRATIOT et Ce, rue de la Monnaie, 11.

UN MÉRINOS QUI MANQUE DE FIL.

Coquel porte sa bête sur sa figure. Il n'a pas seulement des traits de ressemblance avec le mouton, mais il en a encore la douceur et l'innocence. Coquel est en outre, par une circonstance assez bizarre, fabricant de tissus de mérinos, et Champenois. Sa voix ressemble à une sorte de bêlement. Coquel s'avance et dépose ainsi :

« Mé-essieurs, j'ai bien à me plaindre de cet homme qui é-est sur ce banc-an-an... On m'avait-hé-hé bien dit à Reims qu'il fallait avoir à Paris les mains dans ses poches ; ce qui est bien difficile lorsqu'on a comme moi huit poches et seulement deux mains-hin-hin. A peine arrivé-hé-hé, je me dis, je vais aller voir M. Bé-érard. Je ne le connais pas, je ne sais pas où il demeure, mais ça ne fait rien... je lui dirai que je viens de la part de madame Simonnin, et il me recevra fort bien. C'est bien le diable si je n'arrive pas jusqu'à M. Bé-érard. Me voilà dans les rues et je suis tout étonné-hé-hé de voir que la capitale est plus grande que Reims, et qu'il y avait plus de monde qu'à la foire de chez nous. Je demandais-hé-hé partout M. Bé-érard, et on me répondait toujours : Voyez le numéro à côté. Il y avait trois jours que je courais comme ça de numéro en numéro, lorsque je vis Langlois (il désigne le prévenu). Je me dis : Voici un monsieur de Paris, il me donnera sans doute l'adresse de Bé-érard. Je lui dis : — M. Bé-érard de Reims, s'il vous plaît? — Il me répond : Vous êtes fièrement chanceux, tout de même, de tomber de la sorte. Bérard est mon camarade, et puisque vous êtes le sien, vous êtes le mien... Venez, je vas vous conduire. Il me mène bien loin et nous entrons chez un *liqueuriste*. Il me dit : Attendez là, je vais voir si l'ami Bérard est chez lui. Au bout d'un moment il revient avec Bé-érard. Je dis à celui-ci que je suis Rémois et une connaissance à madame Simonnin. Là-dessus il me fait tout plein de caresses et me propose de me rafraîchir... Vous allez voir comme quoi Bé-érard n'était pas Bé-érard et que j'étais moi-même une bête de le croire. On boit, et on reboit... que j'en étais tout dérangé, vu que la boisson m'incommode. Alors il se met à me donner beaucoup de bons conseils et à me recommander de me méfier des femmes de Paris. — Vous avez de l'argent sur vous? il me fait. Je lui réponds : Oui; 200 francs en or. Il m'appelle imprudent et m'accable de reproches, en me disant qu'à Paris il y a beaucoup de voleurs. Pour lors Langlois rajoute : Donnez votre argent à l'ami Bé-érard, il va le monter chez lui, et puis nous irons nous promener...

M. le Président. Vous vous êtes dessaisi de votre argent et ils ont disparu.

Coquel. Comme vous dites, mon-onsieur!..

M. le Président. Il suffit... Allez vous asseoir.

Un agent de police raconte que, sur la plainte de Coquel, il se transporta chez le liquoriste et que sur les renseignements fournis par ce dernier, il parvint à arrêter Langlois. Quant au prétendu Bérard, toutes les recherches de la police ont été jusqu'ici infructueuses pour le découvrir.

Langlois se borne à opposer les dénégations les plus formelles, et tâche d'établir un alibi.

Langlois. Je ne connais pas le moindrement l'affaire... et quant au *mérinos* que vous venez d'entendre, ni vu, ni connu... C'est peut-être quelqu'un qui me ressemble; mais ce n'est pas moi, ma parole d'honneur!.. J'étais allé pêcher tout seul ce jour-là à la pompe à feu de Chaillot, même qu'il faisait du vent et que je ne pouvais rien prendre... Est-ce une preuve, ça?...

M. le Président. Vous avez déjà été condamné deux fois pour vol.

Langlois. C'est peut-être quelqu'un qui me ressemble... mais je ne suis pas capable de ça...

M. le Président. Vous vous appelez bien Antoine-François?

Langlois. Oui, et c'est là ce qui fait l'erreur... Je donnerais bien cent sous pour m'appeler autrement... Je peux-t'y changer mon nom?..

M. le Président. Comment se nomme celui qui vous a aidé dans votre escroquerie?

Langlois. Je ne connais personne... Je ne connais que la pêche et je pêche toujours tout seul... Je suis innocent comme l'oiseau qui vient de naître. Je vis de ma pêche... Je suis pêcheur, rien que pêcheur... Je ne sais pas pourquoi on veut m'empêcher de pêcher...

Le tribunal, malgré les énergiques dénégations du prévenu, le condamne à huit ans d'emprisonnement, attendu l'état de récidive.

DEUX CHIFFONNIERS.

L'un se nomme Lebeau, et il est fort laid; l'autre se nomme Villain, et il n'est pas beau.

Villain, d'un coup de son crochet, a brisé la figure de Lebeau, qui se plaint en ces termes :

« C'était comme qui dirait les premiers jours de décembre, et comme le temps qui avait été très *ordurier* la veille, s'était un peu débarbouillé au matin, je me dis en me réveillant : « Si j'allais chercher le beau-frère? nous prendrions la goutte, et puis nous nous en irions travailler ensemble. » Je sors, et, en route, je rencontre le camarade qu'avait eu la même idée que moi; preuve que nous étions amis, et qu'il ne devait pas me faire ce qu'il m'a fait, surtout après que je lui ai eu donné ma propre et privée sœur en *conjungo*, y a vingt-cinq ans, l'année des Cosaques.

M. le Président. Dites ce qu'il vous a fait.

Lebeau. Ah! faut le dire?... Pour lors, après avoir bu chacun notre tournée, nous nous en allons à l'ouvrage. Voilà qu'au coin de la rue aux Ours et de la rue Martin, nous *allumons* tous les deux en même temps un superbe soulier qu'on y avait jeté. Il était si beau que nous étions étonnés tous les deux que l'on *soie* assez prodigue pour se démunir d'un *paf* si bien conservé. Nous lançons notre crochet tous deux en même temps, ce qui fait que le soulier n'appartenait ni à l'un ni à l'autre. Quand Villain voit ça, la colère le subjugue, et il m'envoie *médiatement* à travers la frimousse, un coup de crochet qui m'a métamorphosé subitement en un *caillou de sang*.

M. le Président. Que réclamez-vous de dommages-intérêts?

Lebeau. Voyons un peu voir... J'ai bien perdu, comme qui dirait quatre verres de sang... à cent sous le verre, ça fait 20 francs. En conscience je ne peux pas lui passer ça à moins (se tournant vers le prévenu): c'est que, vois-tu, Villain, le sang c'est plus cher que le vin.

M. le Président. Villain, vous venez d'entendre la déposition de votre beau-frère...

N°24.

LA CORRECTIONNELLE

Petites Causes Célèbres.

___Monsieur Bé-érard de Reims s'il vous plait?

___Vous etes fièrement chanceux tout de même de tomber de la sorte. Bérard est mon camarade et puisque vous êtes le sien vous êtes le mien.....Venez je vas vous conduire.

Lith. Coulon

[illegible] Bourmancé Éditeur de la Correctionnelle

Villain. Je l'y ai laissé dire ce qu'il a voulu... aujourd'hui c'est pas de ça qu'il retourne.

M. le Président. Que voulez-vous dire ?

Villain. Je retourne que j'ai des explications à demander au gouvernement.

M. le Président. Vous divaguez !

Villain. Pas le moindre... Il m'est revenu que l'on voulait abolir le corps des chiffonniers, et faut pas le souffrir.

Lebeau. T'as raison, vieux ! ça m'est revenu aussi... c'est le Bridoux qui me l'a dit à ce matin.

Villain. C'est aussi le grand Bridoux qui me l'a fcufilé dans l'oreille en buvant un verre de vin chez la veuve Pifard.

M. le Président. Tout cela n'a aucun rapport à l'affaire... Répondez à la prévention.

Villain. Je demande si c'est vrai qu'on veut anéantir les chiffonniers... J'adresserai une pétition aux députés et aux pairs de France.

Lebeau. Et aux académiciens ?... Y en a un qui demeure au-dessous de moi... au *permier.*

Villain. Non, vois-tu, beau-frère, nous sommes des bêtes... nous irons trouver le monarque... Il vaut mieux s'adresser au bon Dieu qu'à ses *singes.*

Lebeau. C'est ça... vive le roi et les chiffonniers ! Je m'émeute !.. Je ne t'en veux plus, beau-frère, et je te pardonne mes quatre verres de sang... (au tribunal) : J'ai-t-il le droit de pardonner au beau-frère ?

M. le Président. Sans doute, en vous désistant et en payant les frais.

Lebeau. Ça va !.. Le chiffonnier trouve ben encore une vieille pièce de trente sous quelque part.

Le tribunal donne acte à Lebeau de son désistement, et renvoie Villain de la plainte.

UN BON GENDARME.

Pierre Roupin est un brave et honnête ouvrier qui n'a d'autre défaut que de s'enivrer chaque semaine, et, une fois dans cet état, de n'avoir aucun respect pour les agents de l'autorité. C'est ainsi qu'un lundi soir, à la barrière des Trois-Couronnes, il se permit d'envoyer très lestement promener, avec un vaste accompagnement d'épithètes peu flatteuses, un bon gendarme qui voulait l'empêcher de troubler les danseurs de la *Carotte intrépide.*

Le gendarme dépose avec la plus grande modération : « Monsieur le Président, dit-il, je demande vos bontés illustres pour ce jeune égaré ; il ne pouvait avoir l'intention de me molester, puisqu'il n'a pas celui d'avoir joui de ma vue jusqu'à ce jour. Le vin a parlé par sa bouche, et le vin de la barrière est peu flatteur. »

Le prévenu. Soldat du gouvernement, ce que vous dites là vous assure ma reconnaissance et mon estime pour le restant de vos jours... mais je ne veux pas profiter de votre clémence, et je demande qu'on me condamne.

Le gendarme. Jeune homme, ce que vous dites là me semble légèrement incohérent, et vous m'avez l'air d'avoir encore dans la tête un peu de vin de la barrière des Trois-Couronnes.

Le prévenu. Nullement, gendarme guerrier... mais voyez-vous, j'ai besoin d'une leçon... Tous les mardis matin, je me donne ma parole d'honneur la plus sacrée que je ne me pocharderai plus, et toujours je recommence le lundi suivant... Quand on m'aura fait manger quelques jours de prison, ça me fera mettre de l'eau dans mon vin.

Le gendarme. Par exemple, depuis douze ans que j'ai l'honneur d'être gendarme, c'est la première fois que je vois un homme demander à être inclus en prison.

Le prévenu. C'est mon idée comme ça ; j'crois que ça me fera du bien, et ces messieurs ne me refuseront pas ça.

Le gendarme. Écoutez, jeune citoyen, ces messieurs sont les maîtres de la chose... Dans ce moment ici, ils sont, sans comparaison, vos colonels... Mais moi, si j'étais à leur place, je vous dirais : « Allez-vous-en, et ne revenez plus... » Mais si vous voulez, je vas vous donner un conseil pour l'avenir de votre existence ?

Le prévenu. Volontiers, gendarme ; je m'y conformerai avec supériorité.

Le gendarme. Voyez-vous, jeune homme, l'homme ressemble à un litre, sans comparaison... Il tient une certaine quantité de liquide, et quand on lui en met plus, il déborde... Eh bien ! il faut boire au juste ce que vous pouvez contenir, et ne pas infuser au-delà. Jaugez-vous, jeune homme !

Le prévenu. Merci, gendarme, je tâcherai.

Le tribunal met fin à cette conversation amicale en condamnant le prévenu à trois jours de prison et à 20 francs d'amende.

Loupin. Trois jours ! c'est pas assez... Je ne me corrigerai pas de boire pour si peu... Les 20 francs, à la bonne heure... c'est quarante litres de moins que je me jetterai sous le nez.

Imprimerie d'Amédée Gratiot et Ce, rue de la Monnaie, 11.

MONNAIE DE SINGE.

Une femme vieille, et d'un type usé comme une pièce de trente sous, se présente devant le tribunal de police correctionnelle; c'est *mam'* Girard, qui, ainsi qu'elle le déclare, vend des *ails* à la botte, et entremêle à son petit négoce un débit d'amadou et de laurier-sauce.

M. le Président. Expliquez-nous votre plainte.

Mam' Girard. Qué qu' vous voulez que je vous dise?... Mulot est un homme sans foi ni *oie*, un brutal, un assassin, un malhonnête... Il m'a donné un si grand coup de pied au bas du dos, que j'en ai eu un trou au *baptême* (la tête).

Mulot. C'est pas juste, qué qu' vous dites là, mère Girard.

Mam' Girard. Qué qu' vous voulez que je vous montre en preuve?... Il y a des plaies et des bosses de tout côté.

Mulot. C'est pas ça, mère Girard. Fallait dire à ces messieurs qué qu' vous m'avez dit *en premier*.

Mam' Girard. De quoi! de quoi!... grand propre à rien que vous êtes... Pour trois ou quatre méchants mots?... Chien qui aboie ne mord pas... Si je vous ai un peu *asticoté* en paroles, vous ne pouvez pas dire que je vous aie mordu.

Mulot. Je vous crois bien... Elle n'a plus de dents, la mère.

M le Président. Ce que vous dites l'un et l'autre n'explique nullement les faits du procès.

Mulot. Mon président, je demande la parole. Vous allez voir que la mère Girard à tort et que j'ai plusieurs fois raison... Voilà donc que la mère arrive un jour à mon commerce de vins, avec une grande bringue de fille... Je leurs y verse à boire sur le comptoir; c'est bon!... On fait quatre *tournées*, que c'était joli pour des dames; mais la mère Girard demande la récidive. J'y observe qu'elle va s' donner un coup de soleil, pour sûr, et qu'il vaut mieux rester sur sa bonne bouche; c'était brave! Mais la petite mère se fâche. L'autre avait graissé ses roues pendant ce temps.... histoire de dire qu'elle s'avait *éclissé*... Je lui dis : Pas de raisons, la mère, payez votre écot et allez cuver votre boisson ailleurs. — De quoi, payer! qu'elle me répond, tu mettras la *consumation* sur mon total... Je lui réitère que je ne la connais pas... Pour lors, elle s'écrie : Mon fils, t'es donc comme les gabelous qui ne laissent pas entrer un verre de vin sans payer?.. On te paiera, muffeton... Le vin bu est sacré! et j'aimerais mieux faire la queue à l'apothicaire qu'au marchand de vin... c'est mon opinion, à moi! Tout ça c'était de la monnaie de singe, et ça ne payait pas mes canons... Je me suis fâché à mon tour; je l'ai un peu bousculée, mais elle s'est laissée tomber par méchanceté...

M. le Président. Vous n'aviez pas le droit de la maltraiter; vous deviez seulement la faire arrêter puisqu'elle refusait de payer.

Mulot. J'y aurais pu faire bien plus de mal, allez!... mais je m'ai dit, c'est une femme, faut la respecter... et j'y ai pas donné plus de deux coups de pied... rapport qu'elle est du sexe.

M. le Président. C'est beaucoup trop.

Mulot. Je ne crois pas... Je suis bien sûr que la vieille, qui est une *soiffeuse*, voudrait bien boire tous les jours la même quantité pour ce prix-là.

Mam' Girard. Par abonnement, je ne dis pas... mais vous, ça n'était pas troc pour troc que vous m'*bottiez*, car vous me demandiez encore votre surplus.

Mulot. Eh bien! voyons, petite mère, n' vous fâchez pas... prenons que nous sommes quittes... Ça y est-il?

Mam' Girard. Du tout, du tout! Je demande mon reste, à présent.

Le tribunal, n'admettant pas la compensation proposée par Mulot, condamne celui-ci à 50 francs d'amende.

SYSTÈME DES COMPENSATIONS.

On appelle la cause de la demoiselle Adèle Cheval contre M. Auguste Blondet, jeune étudiant. Mademoiselle Adèle se rend à la barre d'un air dégagé, et en rajustant ses longues boucles de cheveux, pendant que M. Auguste, ployant sa casquette en manière de claque et la plaçant sous son bras, gagne d'un pas assez nonchalant le banc des prévenus.

M. le Président à la plaignante. Vous n'êtes ni parente, ni alliée, ni amie du prévenu.

Adèle. Je fus son amie, mais je ne *la* suis plus... Je n'aurais jamais dû l'être... j'aurais sans aucun doute, à l'heure qu'il est, deux bonnes couvertures à mon lit, et je ne serais pas réduite au cœur de l'hiver, à me faire un édredon avec une malle... c'est bien dur, allez!

M. le Président. Ainsi vous reprochez au prévenu de vous avoir soustrait deux couvertures.

Adèle. Faites excuse!... Il ne faut pas en mettre plus qu'il n'y en a... Je veux dire seulement qu'il m'a *soufflé* mes couvertures pour les mettre chez *ma tante,* dont voici la reconnaissance.

M. le Président. Voyons, expliquez-vous.

Adèle. C'est bien clair, pourtant... J'avais deux bonnes couvertures de laine... M. Auguste, avec qui j'étais alors en bonne amitié, se présente un jour chez mon portier, prend ma clef, emporte mes couvertures, les donne à ma tante *à garder* et puis me renvoie la reconnaissance pour tout compliment.

M. Auguste. Ceci demande une explication, messieurs les juges. Mademoiselle a oublié de vous dire que quelques jours auparavant elle était venue chez moi, qu'elle avait emporté un paletot m'appartenant, et qu'elle en avait fait ce que j'ai fait moi-même de ses couvertures, sans oublier de me faire remettre la reconnaissance de ma redingotte sous enveloppe. Cependant, comme la bise était venue, et que je grelottais, je sentis la nécessité de ravoir mon paletot. J'étais à court d'argent et je me rendis chez mademoiselle : je pris, ainsi qu'elle vous l'a dit, deux couvertures que j'engageai pour pareille somme, afin de retirer mon paletot... C'est un rendu pour un prêté, comme vous voyez. Au reste, je n'ai pas voulu, de mon côté, lui faire tort de ma reconnaissance... Elle lui était acquise et je la lui ai envoyée, en la priant de ne plus reparaître chez moi...

M. le Président, rappelant la plaignante. Il paraît que vous vous étiez vous-même rendue coupable précédemment des mêmes faits que vous reprochez au prévenu.

Adèle. Moi, c'est bien différent!.. J'étais comme sa femme, puisque dans toute la maison on ne m'appelait que madame Auguste... Il me devait

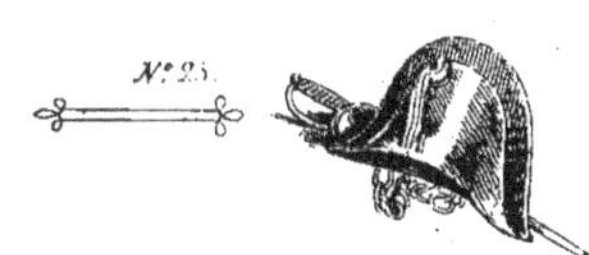

LA CORRECTIONNELLE

Petites Causes Célèbres.

... Mon fils, t'es donc comme les gabelous qui ne laissent pas entrer un verre de vin sans payer?... On le paiera, Muffeton!... Le vin bu est sacré, et, j'aimerais mieux faire la queue a l'Apothicaire qu'au marchand de vin... C'est mon opinion, à moi!...

Lith. Coulon.

Juste Bourmancé, Editeur de la Correctionnelle
Place du Palais Royal, 241

bien ça... et ça n'était pas trop... Un méchant paletot sur quoi on a prêté 6 fr., et encore parce qu'on me connaît.

M. le Président. Enfin que réclamez-vous?

Adèle. Je ne veux rien de lui que mes couvertures, M. le Président... Qu'il me rende mes couvertures, et le plus tôt possible, car il fait froid, et je me suis chauffée avec ma malle; ce qui fait que je n'ai plus que ma table pour courte-pointe... Ça n'est pas très régalant!

M. le Président. Mais, en toute équité, il ne le doit pas, puisqu'il n'a fait que ce que vous lui aviez fait vous-même.

Adèle. Au fait, c'est peut-être bien vrai... Après tout, l'hiver se passe, les bals masqués commencent... Tout bien considéré, j'aurais plutôt besoin d'un *débardeur* que d'une couverture... on danse plus qu'on ne dort en carnaval... Tâchez toujours qu'il me paie mes couvertures; j'achèterai un *débardeur* avec... Voilà ma demande!

Le tribunal, compensant les torts mutuels de M. et Mme Auguste, renvoie le prévenu des fins du *débardeur demandé*... je veux dire des fins de la plainte.

Un gros courtaud, dont le visage rose et frais respire un certain air béat, est traduit devant le conseil de discipline de la garde nationale pour avoir refusé, en partie, un service d'ordre public. Le prévenu se nomme Lerond, et prend la qualité fort bourgeoise de rentier. Lerond est taillé sur le patron de Joseph Prudhomme.

M. le Président. Voltigeur, vous êtes accusé d'avoir refusé une patrouille qui vous était commandée par le chef du poste. Quels sont vos moyens de défense?

Le voltigeur, ramassant son abdomen avec ses deux mains, cherche un aplomb solide et se campe sur deux petites jambes fort courtes... Mon colonel, celui qui dirait que je suis un mauvais citoyen aurait tort. En montant exactement ma garde je fais plus que mon tempérament et ma constitution ne comportent... Je ne le reproche pas à mon pays; je sais que je me dois à la France comme chacun de ses enfants; mais il me semble, toujours sans reproche!.. que le pays est exigeant, en demandant qu'en sus de mes contributions et des gardes de jour, je lui consacre mes veilles.

M. le Président. Considérez, voltigeur, que si tous les gardes nationaux pensaient comme vous, le service de nuit deviendrait impossible.

Le voltigeur. C'est ce qui fait aussi que j'ai demandé plusieurs fois à la Chambre législative qu'elle supprimât pour les gardes nationaux le service de nuit, qui abîme les citoyens, détériore le tempérament et entretient dans les corps-de-garde la funeste passion de la bouillotte.

M. le Président. Vous nous donnez là de fort mauvaises raisons.

Le voltigeur. J'en ai de plus *corsées*, et, je puis le dire, de plus péremptoires... Il y a des gardes nationaux de deux espèces : le gras et le maigre... Il y en a même d'une troisième espèce, l'entrelardé... Celui-ci est le bon. C'est sur celui-ci, qui n'a pas à craindre les coups de sang ni les affections de poitrine, que devrait porter le service de nuit... C'est ce que j'ai eu l'honneur de proposer à notre auguste Assemblée législative, par un projet additionnel.

M. le Président. Il est impossible que vous parliez sérieusement.

Le voltigeur. Je ne suis point un farceur, et je ne ris point devant l'autorité militaire... Mais j'ai encore une raison et c'est la bonne... Ça me barbouille tout mon estomac de ne pas dormir, et ça trouble ensuite mes digestions pendant plusieurs jours, au point que ma consommation journalière diminue de moitié, vu que je perds totalement l'appétit.

M. le Président. Assez; allez à votre place.

Le voltigeur. Un mot encore, mon colonel; c'est le dernier. Le sommeil m'est aussi nécessaire que le lait aux enfants et la plume aux petits oiseaux. Je suis Français... que l'on me montre quatre citoyens plus Français que moi, et je dirai : la France est heureuse!... Je ne demande qu'un bienfait au Pays; ce n'est pas d'être exempt du service militaire, personne ne saurait me priver d'être de l'armée citoyenne; je lui demande seulement de me permettre d'apporter mon oreiller au corps de garde, et de m'autoriser à dormir militairement pendant que mes frères d'armes, de la troisième catégorie, feront les patrouilles et les factions de nuit.

Le conseil qui n'a pas mission d'octroyer à Lerond le seul bienfait qu'il réclame de son pays, jugeant seulement sur l'infraction qui lui est reprochée, condamne l'accusé à douze heures de prison.

Imprimerie d'Amédée Gratiot et Cᵉ, rue de la Monnaie, 11.

J. BOURMANCÉ, ÉDITEUR D'ESTAMPES, 241, PLACE DU PALAIS-ROYAL.

LE JUGEMENT DE SALOMON.

Salomon est accusé d'avoir forfait à la foi maritale, et d'avoir entretenu un commerce criminel avec Désirée Stoffel jusque dans le domicile conjugal. Or, la maison des époux, ainsi que l'a dit M. Alexandre Dumas, après beaucoup d'autres,

Est un temple écarté,
Où, debout sur le seuil, veille la Chasteté.

Mais, comme la bonne déesse est toujours sujette à sommeiller, la vigilante madame Salomon s'est chargée de veiller elle-même sur la sainteté du foyer domestique et d'en assurer l'inviolabilité. C'est sur sa plainte que Salomon, espèce de Céladon, hâlé, cuivré, et d'une rude écorce, vient répondre devant le tribunal de police correctionnelle à une accusation d'adultère.

La dame Salomon, fruitière à Montlhéry, se présente devant les juges pour articuler ses griefs.

« Après deux mois de l'union la plus fortunée, dit-elle, je quittai not' homme, il y aura quatorze ans, viennent les fruits, je ne fus jamais plus heureuse...

M. le Président. Y a-t-il eu une séparation judiciaire?

La femme Salomon. Oh! mon Dieu, non: entre bonnes gens, on convient qu'on ne se convient pas; chacun prend ses quilles et tire de son côté; c'est plus tôt fait que d'appeler la gendarmerie... Je vous disais donc que depuis quatorze ans j'ai le bonheur d'être débarrassée du cher homme; c'est un bon poids de moins sur la conscience!... Mais quoique on mette son bien de côté, on est bien aise pourtant qu'une autre n'y touche pas; c'est bien naturel. Voilà que j'apprends un jour que Salomon est à Paris, oùs-ce qu'il fait ses farces avec une *criature*, et qu'il jette les pièces de cent sous par la fenêtre. Je dis au revoir aux commères, je prends le coche et j'arrive rue de la Mortellerie...Une maison superbe... une chambre à l'avenant avec un *mobélier* tout en noyer, qu'on aurait pu s'y mirer dedans, et des rideaux en calicot, que j'en étais toute éberluée, quoi!.. Vous allez voir. Salomon était absent; il n'y avait que sa *criature.* Je lui dis que je suis la légitime Salomon et qu'il me faut not' homme. Là-dessus elle me répond que Salomon ne demeure pas là et que je me suis trompée de porte, assurément. — Ah! je fais; c'est bon, c'est bon!.. Et, tout en causant d'amitié, je fais une battue autour de la chambre, quand je vous entreperçois un pantalon dans un coin. Mon cœur ne pouvait pas s'y tromper, vu qu'autrefois j'avais habité avec, deux mois et demi, et pour le bon motif. Je prends donc mon pantalon et je dis à Désirée : Voilà Salomon; ceci vous accuse joliment!... Savez-vous qu'est-ce qu'elle me dit?... Elle m'arrache mon bonnet... Je lui réponds du même... Alors elle veut reprendre le pantalon et me dit les cent mille z'horreurs... V'là donc Salomon qui arrive et qui se monte la moutarde au nez, jusque-là qu'il m'a battue...

M. le Président. Est-ce que pendant votre présence au domicile conjugal Salomon exerçait des sévices envers vous?

La femme Salomon. Des *services* envers moi?.. Jamais, que des atrocités!..

Salomon. Tu peux pas dire, Madeleine, qu'avant le mariage je ne sois été d'une douceur...

La femme Salomon. Laissez donc, vous faisiez votre pate de velours; ça n'est pas à présent qu'on m'y prendrait: *chaque* échaudé craint l'eau froide, comme on dit.

M. le Président, au prévenu. Il y a un procès-verbal qui constate le flagrant délit.

Salomon. Qu'est-ce qu'il peut dire votre *procès?*.. que Désirée est ma compagne?.. Eh bien! oui... et après?.... C'est pas un crime, peut-être!

M. le Président. C'est une grave atteinte portée à la sainteté des liens conjugaux.

Salomon. Ah, voilà le *conjungo!*.. Je vous entends bien, et je savais que vous alliez me dire ça... Mais, puisqu'il n'y en avait plus... de *conjungo*... Tenez, tout ça c'est des affaires entre femmes, et la justice ne devrait avoir que faire de se mêler de chiffons... Qu'on me passe un moment l'écharpe de M. le commissaire... Je vas juger mes epouses... Attention! Mam' Salomon, t'es mon épouse; c'est un beau titre et t'as le droit d'en être fière; mais faut pas en abuser contre celui à qui que tu le dois. . Tu es une méchante tortue, tu as tort et je te condamne... Quant à toi, ma Désirée, au plus vite que je pourrai reprendre à mam' Salomon son surnom, je te le donne.... Voilà mon jugement!

Mais le tribunal, réformant en partie la sentence de Salomon, juge, quant à sa femme, qu'elle a moins de tort que ne lui en attribue son époux. En conséquence, il condamne Salomon à un mois de prison et deux cents francs d'amende.

SOUVENIR INTIME DU TEMPS DE L'EMPIRE.

Pertusier, vieux grognard de l'Empire, décoré, comme il le dit lui-même, de trois chevrons d'abord et de la Légion-d'honneur, est traduit devant la police correctionnelle sous la prévention de nombreuses voies de fait envers sa femme. Il paraît tout confus de se trouver sur le même banc qu'un jeune homme qui vient d'être condamné à un an de prison pour vol, et il porte avec orgueil les yeux sur sa boutonnière, à laquelle append la croix d'ordonnance qui lui a été donnée par l'Empereur.

M. le Président, à la femme Pertusier. Votre mari vous a souvent frappée?

La femme Pertusier. Mon Dieu! monsieur, je ne me suis jamais plainte à personne.

M. le Président. Nous le savons; mais ce sont les voisins qui, scandalisés de la conduite de votre mari, l'ont dénoncé à la justice.

La femme Pertusier. Les voisins ont eu tort; je vis en très bonne amitié avec mon mari.

M. le Président. Ce que vous dites là est très honorable; mais vous êtes devant la justice, et vous lui devez toute la vérité.

La femme Pertusier, pleurant. Je vous la dirai.

M. le Président. Il y a longtemps que votre mari a contracté l'habitude de vous frapper?

La femme Pertusier. Depuis 1814 (*mouvement*). Mais il ne faut pas lui en vouloir... c'est le chagrin qui s'est emparé de lui quand l'Empereur n'a plus été l'Empereur... Il l'aimait tant, mon pauvre mari, son Empereur... Jusque-là, il ne m'avait jamais donné une chiquenaude. Mais une fois que l'Empereur n'a plus été là, il s'est adonné au vin, et il s'est mis à me battre.

M. le Président. Il paraît qu'il vous portait des coups fort graves?

LA CORRECTIONNELLE

Petites Causes Célèbres.

JUGEMENT DE SALOMON

Lith. Coulon.

Juste Bourmancé, Editeur de la Correctionnelle
Place du Palais Royal, 241.

La femme Pertusier, vivement. Oh ! non, monsieur !.. La preuve, c'est que je me porte fort bien... Je n'ai rien de cassé, Dieu merci.

M. le Président, au prévenu. Pertusier, vous entendez avec quel empressement votre femme cherche à vous justifier.

Pertusier. C'est pas ma faute... Pourquoi qu'on a renvoyé mon Empereur?

M. le Président. Ce n'est pas une raison pour frapper votre femme.

Pertusier. C'est plus fort que moi... Quand je pense à mon Empereur, la tête n'y est plus, faut que je tape.

M. le Président. Et y pensez-vous souvent ?

Pertusier. Tous les jours.

La femme Pertusier. Ne le croyez pas, Monsieur, il se vante.

Pertusier. Quand l'Empereur est revenu, demandez-lui voir si je n'ai pas cessé de la battre.

La femme Pertusier. Oh ! ça, c'est vrai... Depuis le 20 mars, il a été bien bon, le mois d'avril aussi, le mois de mai tout de même. Il n'a recommencé que sur la fin de juin.

Pertusier. Après Waterloo, c'est clair.

Les faits étant constants, le vieux soldat est condamné à trois mois de prison.

M. le Président. Femme Pertuisier, quand votre mari sortira de prison, s'il continue à vous frapper, vous pourrez demander la séparation.

La femme Pertusier. Oh ! non, monsieur, merci !... C'est le père de mes enfants, je peux bien lui passer quelque chose... Si les voisins ne m'avaient rien dit, je ne me serais jamais plainte... C'est son bon cœur qui le fait me battre.

LA SAUCE FAIT MANGER... LA PRISON.

On amène devant les juges un grand gaillard, dont la carrure et l'embonpoint jurent avec la prévention qui pèse sur lui. Léchat est prévenu du délit de vagabondage; il n'a pu justifier d'aucun moyen d'existence. Faute de meilleures raisons, Léchat, pour désarmer la sévérité de la justice, est réduit à argumenter à peu près de la manière suivante : Je vis, donc j'existe.

M. le Président. Quelle est votre profession ?

Léchat. Cuisinier... Avec ça on ne meurt pas de faim.

M. le Président. Vous n'avez pu indiquer une seule maison où vous ayez pratiqué votre état.

Léchat. Je compose des plats; mais je n'en fais pas.

M. le Président. Alors vous n'êtes donc cuisinier qu'en théorie.

Léchat. Comme vous dites : en théorie; mais je n'ai jamais tenu la queue de la poêle.

M. le Président, souriant. Il est assez probable que, ne vous occupant que de cuisine *spéculative,* vos moyens d'existence doivent être des plus bornés. Où demeurez-vous ?

Léchat. Un peu partout... Il est bon de vous dire que je suis très changeant, et je fais mon nid où ça se trouve.

M. le Président. Vous devez au moins justifier d'un domicile quelconque.

Léchat, avec fatuité. Je ne peux pas... ça compromettrait une femme mariée.

M. le Président. Puisqu'il en est ainsi, et jusqu'à preuve contraire, le tribunal doit vous considérer comme n'ayant aucun domicile. D'ailleurs vous avez été arrêté dans la nuit du 13 décembre dernier sous le pont des Arts. Tout porte à croire que si vous aviez eu un autre refuge, vous ne vous seriez pas trouvé là, à pareille heure, et dans cette saison.

Léchat. Je vas vous expliquer ça. Je ne dors jamais... je compose pour la cuisine, et, quand les idées me trottent par la tête, je cours...

M. le Président. Mais vous ne couriez pas : vous étiez endormi sous le pont.

Léchat. Je rêvais à un plat, voilà la vérité...

M. le Président. Assez, assez...

Léchat. On m'accuse, j'ai le droit de me défendre, peut-être !... Vous dites que je n'existe pas... Je ne fais que ça ! moi ; c'est les idées qui me nourrissent, et je me porte pas trop mal...

M. le Président. Laissez-là toutes vos extravagances, et dites-nous si vous pouvez fournir une caution. Quelqu'un veut-il vous réclamer ?

Léchat. J'ai bien un oncle aux États-Unis... il est fort riche, et il m'aime beaucoup... mais je ne le connais pas assez pour lui dire de me retirer de la panne... D'ailleurs je n'ai besoin de personne... Je ne veux pas qu'on me réclame... Qu'on me mette en prison, je pourrai au moins travailler à mon aise; ça n'est pas ça qui me gêne !

M. le président prononce contre Léchat la peine d'un mois d'emprisonnement et 25 francs d'amende.

Léchat. C'est un peu salé, tout de même... Mais, bah ! quand c'est bien accommodé, ça n'est pas mauvais de manger de la prison.

Imprimerie d'AMÉDÉE GRATIOT et Cᵉ, rue de la Monnaie, 11.

VIEUX GARÇON ET JEUNE FILLE.

Avis. « Un monsieur, seul et exempt d'infirmi« tés, désire trouver une bonne jeune, d'un physi« que agréable, d'une conduite régulière, et au fait « d'un service de garçon. On aurait des égards pour « elle. S'adresser à M. S...... etc. »

Sur la foi de cet avis, bon nombre de Babets, je veux dire de ces chambrières accortes, complaisantes, propres à tout, mais qui visent plus particulièrement à la surintendance d'une maison de garçon, s'étaient présentées au domicile de M. S..., entre autres, mademoiselle Félicité Guyot, espèce de femme moitié figue, moitié raisin, d'un âge problématique et dont les grâces légèrement éventées, rappellent la fraîcheur incolore d'une rose conservée dans un verre d'eau. Que se passa-t-il entre le vieux célibataire et celle qui se proposait pour administrer son bonnet de nuit? Quels sont les faits qui ont pu amener mademoiselle Félicité sur les bancs de la police corectionnelle? C'est ce que les débats vont nous apprendre.

M. le Président à la prévenue. Quel est votre âge?

Félicité. Vingt-sept ans.

M. S...., présent à la barre. Allons donc!.... Vous plaisantez sans doute.... vous datez au moins du Couronnement de l'Empereur, et je vous *avantage* furieusement encore... Vous n'avez plus de cheveux, ma chère demoiselle.

Félicité. Ah! vieux monstre d'homme!..., Puisque je vous dis que c'est un lait répandu dans la tête, et non pas l'âge...

M. S.... Au fait, c'est possible, car on aperçoit encore des traces de *laid* sur votre figure.... Mais je ne suis pas ici pour vous *maquignonner*, et je me hâte d'expliquer ma plainte.

Messieurs, ajoute M. S...., il est bon de vous

dire que je suis célibataire ; c'est assez vous dire que j'ai le droit d'être fort circonspect dans le choix de mes domestiques. Personne n'ignore que le service d'un vieux garçon comporte des détails tout à fait spéciaux, et exige mille qualités dans une domestique ; ce qui fait que nous devons, nous autres, mesurer notre monde de la tête aux pieds. J'avais demandé, par la voie des *Petites Affiches*, une bonne *jeune*, et d'un *physique agréable*. Mademoiselle Félicité se présenta chez moi pour m'offrir ses services ; mais elle ne remplissait aucune des conditions voulues, et je pris la liberté de le lui dire. Mon observation, faite d'ailleurs avec toute la réserve que prescrit la bonne éducation, déplut à mademoiselle ; elle se répandit en injures et m'accabla des invectives les plus grossières. Ce n'est pas tout, dans la chaleur de la *conversation*, mademoiselle, pour se venger, renverse à dessein un guéridon, sur lequel se trouvait un très beau service en porcelaine, et brise tout mon service....

Félicité. C'est bien plutôt vous que j'aurais dû *décoller*, vieux malhonnête !...Donnez donc à monsieur des rosières !... Monsieur ne veut que des jeunesses... On vous en donnera pour les perdre !... gros indécent ! Écoutez-moi, mon tribunal, et vous allez voir s'il est possible de manquer de la sorte à une femme. Voilà donc, quand je suis arrivée chez lui, qu'il me regardait... qu'il me regardait, que je me serais fourrée dans un trou de souris. Il se met à me conter tout plein de raisons que ça me semblait risqué *même* pour un homme d'âge... Il me tournait et retournait, *sous* votre respect, comme une *volaille* qu'on marchande ; c'était bien mortifiant pour moi. — Tiens, vous êtes blonde, que me dit monsieur, en *fixant* mon tour de cheveux..... mademoiselle, vous avez une bien belle chevelure.... Moi, je le laisse dire, parce qu'un vieux, ça n'est pas comme un jeune, et que ça ne passe jamais le compliment... Il s'approche de moi et me *soulève* le bonnet, l'ordurier ! Il se met à crier : Je suis volé !... Je vous demande un peu qu'est-ce que je lui avais pris..... Voilà qu'il me rajoute : Quand on a la prétention d'avoir de beaux cheveux, il faut d'abord en avoir ; et quand par malheur on n'en a pas, il faut se servir de la pommade *des chameaux*, qui n'a pas été inventée pour les chats... Quand je m'entends appeler *chameau*, la colère me monte à la tête, je ne sais plus ce que je fais, et je casse tout...

M. le Président. Quoique l'action du plaignant soit répréhensible, vous avez eu tort.

Félicité. Je sais bien que j'aurais mieux fait de tomber sur lui... Un homme, ça se *remet*...

M. le Président. C'eût été encore plus grave.

Félicité. Ah ! mon Dieu !... si je l'avais *cassé*, ce n'est pas moi qui aurais ramassé les morceaux.

M. S..... d'une voix furibonde. Insolente !... apprenez que je ne suis pas une cruche.

Félicité se dispose à riposter, lorsque le tribunal lui coupe la riposte en la condamnant à 25 francs d'amende et 100 francs de dommages-intérêts.

UN LOUP DE MER.

Grosminon, dit *Flambart*, est arrivé à l'âge de 40 ans, et c'est à peine s'il en a passé dix sur ce qu'il appelle, dans son langage pittoresque, *l'élément des taupes*. Aussi, lorsqu'il descend à terre, il faut absolument qu'il se procure de la joie et du plaisir ; et, dans ses idées, prendre du plaisir et de la joie, c'est s'enivrer, se disputer et se battre. Une partie de plaisir de Grosminon amenait ce rude marin devant la police correctionnelle.

Quand M. le Président lui demande qu'elle est sa demeure, il répond : La frégate *la Thisbé*, faisant habituellement le tour du monde. Enfin, on parvient avec peine à lui faire dire qu'il occupe un pied-à-terre rue des Trois-Bornes.

M. le Président. Vous êtes prévenu d'avoir brisé des tables, des verres et des assiettes chez le sieur Biterlin, marchand de vin ; d'avoir frappé cet homme lorsqu'il voulait s'opposer à votre action, et d'avoir injurié la force armée qui voulait vous arrêter. Qu'avez-vous à répondre ?

Le prévenu. A Mascatte et à Macao...

M. le Président. Vous n'êtes ici ni à Mascatte ni à Macao... Répondez à mes questions.

Grosminon. Je vas vous dire, voyez-vous... Sur *la Thisbé*, quand un mousse ne fait pas son affaire et se permet de jacasser, j'empoigne une garcette et je lui en frictionne les reins.

M. le Président. Probablement vous avez le droit de traiter les mousses de cette façon... Ici ce n'est pas la même chose.

Le prévenu. Est-ce que je sais ça, moi ! J'en ai fait bien d'autres à Mascatte et à Macao.

M. le Président. Que vous avait fait Biterlin pour que vous agissiez ainsi envers lui ?

Le prévenu. Il s'est permis de me faire atten-

Quand on a la prétention d'avoir de beaux cheveux il faut d'abord en avoir, et quand par malheur on n'en a pas, il faut se servir de la pommade des Chameaux qui n'a pas été inventée pour les Chats.

Lith. Coulon.

Juste Bourmancé, Editeur de la Correctionnelle.
Place du Palais Royal, 241.

dre une heure pour me servir un litre et du pain que je lui avais demandés. Mais ce n'est pas précisément pour ça que je lui ai caressé les côtes.

M. le Président. Dites donc pourquoi.

Le prévenu. Parce qu'il s'est permis de trouver mauvais que je casse.

M. le Président. Il avait grandement raison.

Le prévenu. Qu'est-ce que ça lui faisait, puisque j'avais de l'argent pour payer. Si vous m'aviez vu, un jour, à Mascatte... non, c'était à Macao... C'était bien un autre tremblement. Moi et deux camarades, nous avons tout jeté par la fenêtre et nous avons mis le feu à la maison. Eh bien ! nous avons payé, et on nous a dit merci. C'est honteux que des sauvages savent mieux vivre que des peuples civilisés.

M. le Président. Vous avez aussi frappé le cuisinier du sieur Biterlin.

Le prévenu. Ah ! le coq!... une fameuse poule mouillée, tout de même. Je lui demande du turbot, il me sert un habitant des mers du Nord, que je n'aurais pas pu le baptiser... C'était pour le moins un petit requin de trois ans... Et on m'avait vanté Paris pour la cuisine!... Foi de vieux loup de mer, aussi vrai que j'ai fait cinq fois le tour du monde, je n'ai jamais trouvé de pays pour bien boire, bien s'amuser et tout, comme Mascatte et Macao... Quelles noces!... mille tonnerres !

M. le Président. Quand la force armée est intervenue, vous vous êtes répandu en invectives.

Le prévenu. Est-ce que je reconnais une force armée comme ça, moi ? des blancs becs de quatre pieds dix pouces... Fallait m'envoyer des marins... des bons lapins comme moi... Nous nous serions entendus, et tout ça aurait fini par une bombance atroce, comme à Mascatte et à Macao.

Le tribunal condamne Grosminon à 15 jours de prison et à 25 francs d'amende.

Grosminon. Bon! dans quinze jours je me rembarque pour le tour du monde, et je ne m'arrête qu'à Mascatte ou à Macao... Ce n'est que là que l'on entend la vie et qu'on peut assommer les moricauds à son aise... en payant, comme de juste.

CUL-DE-JATTE QUI N'EST PAS MANCHOT.

Deux gardes municipaux portent sur le banc des prévenus un cul-de-jatte, dont le visage épanoui n'annonce ni regrets ni tristesse. L'accusé paraît doué d'une forte dose de jovialité, malgré l'horrible état de sa machine.

M. le Président. Protin, vous êtes prévenu du délit de mendicité.

Le cul-de-jatte. Je peux vous répondre ; car si on a les jambes en pantoufles, je ne suis pas manchot pour la langue, Dieu merci !... C'était donc sur la place du Louvre, oùsque je me bassinais les abattis au soleil ; une belle dame passe et me met un décime dans la main ; je me dis : Le préfet peut bien empêcher de demander, mais il n'a pas le droit d'empêcher de recevoir. Je fais un grand merci à ma belle dame et j'empoche mon décime. Mais tout aussitôt un sergent m'empoigne, en me disant que je suis mendiant... C'te bêtise! comme si c'était mendier que de recevoir quelques petits sous!...

M. le Président. Il paraît que vous n'exercez aucune profession et que vous demandez le plus souvent l'aumône.

Le cul-de-jatte. Le plus souvent c'est jamais !... Après ça je ne vous dirais pas que j'ai des rentes, vous ne me croiriez pas, bien sûr... Je sais bien que j'aurais pu prendre un flageolet et jouer sur place pour attraper des petits sous aux passants ; mais je me suis dit : Faut pas écorcher le monde ; j'aime mieux leu z'éviter mes *grandes* airs, et je reste dans ma *tasse*.

M. le Président. Sans avoir besoin de recourir à tous ces moyens, qui ne sont jamais que de la mendicité déguisée, vous deviez savoir qu'il existe des établissements ouverts par la charité publique à ceux qui sont dans l'impossibilité de gagner leur vie.

Le cul-de-jatte. Des hospices, pas vrai?... Merci, on s'en prive... je ne suis pas malade, moi, et quoique je ne peux pas me tenir, *je me porte* bien.

M. le Président. Il n'en est pas moins vrai que vous ne pouvez pas travailler.

Le cul-de-jatte. Je peux faire de la tapisserie, si je veux, ou d'autres ouvrages *délicates*... Mais ça me tire les yeux... Faut être juste, j'aime pas beaucoup le travail..... (riant) hé! hé! hé! hé! Tiens, chacun a ses *petites* vices! pourvu que je ne sois pas nuisible à mon prochain... ? Au fait, je vous en crois et je travaillerai... Je ferai des bagues en cheveux.... Mais surtout ne m'envoyez pas à l'hôpital. Il y là des vieux qui crachent toujours, et ça me fait de la peine de voir souffrir les autres.....

Le tribunal, accueillant avec plaisir le retour de Protin sur lui-même, condamne le prévenu seulement à trois jours d'emprisonnement.

Imprimerie d'AMÉDÉE GRATIOT et Ce, rue de la Monnaie, 11.

AMOUR ET POÉSIE.

Supposez en imagination sur un mannequin de tailleur parfaitement ajusté, modelé, ballonné, une de ces figures en cire, sur lesquelles les coiffeurs placent des chevelures idéales et des favoris d'une beauté chimérique, et vous aurez une idée approximative de l'accusé Caron, l'Antinoüs des garçons de café.

M. le Président, s'adressant au prévenu. On vous a trouvé caché dans l'appartement des époux Noiret; pouvez-vous dire dans quel but vous vous étiez introduit dans leur domicile?

Caron. Mon innocence paraîtra plus tard, vous serez tous étonnés.

M. le Président. Ainsi, vous refusez d'expliquer votre présence chez le sieur Noiret?...

Caron. Je vous dis que vous serez étonnés, comme s'il vous venait des cornes à la tête... c'est tout à fait étonnant!...

On procède à l'audition des témoins.

La dame Noiret, fabricante de corsets, est appelée. Elle dépose qu'elle est depuis fort longtemps en butte aux galantes poursuites de Caron, et que ni dédains, ni rebuffades n'ont pu attiédir les sentiments amoureux du trop sentimental garçon de café. « M. Michel, ajoute le témoin, est avantageux de lui-même; il s'est persuadé qu'on ne devait pas lui résister, et là-dessus, il s'est mis à me persécuter de toute façon, tantôt en m'accostant dans la rue, tantôt en m'écrivant; il ne m'a épargné aucun supplice. Heureusement pour mon mari, je suis attachée à mes devoirs.

M. le Président. Vous dites qu'il vous a écrit... Pourriez-vous dire ce que contenaient ses lettres?

La dame Noiret. Dam! des bêtises... vous devez bien le penser... Il me disait qu'il était fou passionné de moi... qu'il ne pouvait pas vivre sans moi... que mon mari était fort laid... qu'il allait acheter un fonds, et que si je voulais, il me mettrait *dedans*... Et puis des absurdités, comme en disent tous ces messieurs.

M. le Président remet au greffier une lettre de l'accusé pour qu'il en fasse la lecture. Elle est conçue en ces termes (nous conservons religieusement l'orthographe originale) :

« Ma Dam Nouerette ; ge suit fatigé ques Vou sete; « incansibe a mon ceürre anfia met ; ge neu sept plu « ceque ge faix ; mo nez tat Se perde; si célérl tage de « mon amour, vou sete bien cou Pa bles de me laizé « langue ire ; ge veau apsolu men vous parlet à ce soir. « Si vous mère Fuset pré nez gardavou. Jiré chë vous « Deux mains et ge dirait à vot marie que ge sui été « vot Amen, et gelé prévoquerez an düelle. — ge vous « sälut d'Amitié. — vot amen qui voü zaime. » *Signé :* « CARON ; *avec paraphe*. Scellé d'un pain à cacheter jaune de la dimension d'une pièce de 2 francs.

M. le Président à la dame Noiret. N'est-ce pas par suite de la menace qu'il vous faisait dans cette lettre, que Caron se rendit chez vous ?

La dame Noiret. Oui, monsieur, du moins je l'*augure*.

M. le Président. Faites connaître au tribunal les circonstances qui ont fait découvrir Caron, lorsqu'il était caché dans votre appartement, et ce qui se passa lorsque le prévenu fut surpris.

La dame Noiret. J'ai été tellement *glacée* de trouver un homme chez moi, que je ne me souviens de rien. Mon époux vous dirait cela bien mieux que moi... M. Noiret a montré bien du courage !

Le sieur Noiret, qui prend, comme sa dame, la qualité de fabricant de corsets, se présente et dépose ainsi :

« Je revenais de prendre mesure de corsets à plusieurs de mes clientes... Mon épouse me dit : « Tu vas manger un morceau. » *Item*, il faut manger pour vivre, comme on dit, et je me mets à table. Je n'avais pas encore avalé deux bouchées que j'entends un *frou-frou*. Ce n'est rien, me dit madame Noiret ; c'est *Mou-moutte* qui chiffonne par là. Mais voilà qu'on éternue ; je dis à mon épouse : Dieu te bénisse !.. de prendre ça pour ta chatte... ce n'est pas elle assurément qui est enrhumée du cerveau... Il y a quelqu'un ici !.. Madame Noiret était pâle et tremblante comme la feuille ; c'est la seule fois de ma vie que j'aie eu inquiétude sur mon épouse... Pauvre Bichette, je te demande bien pardon, va !... Enfin, je prends mon cœur à deux mains, je me lève, j'ouvre une armoire à placard qui était dans la chambre et je trouve un homme aplati comme un hareng et raide comme un busc... Il était comme dans un étui.

M. le Président. Que vous dit l'accusé ?

Caron. Ah ! voilà que ça vient !... Tout le monde ici va être étonné.

Le sieur Noiret. C'est moi qui dis à l'accusé : Que faites-vous là, polisson ? — Je fais des vers pour madame votre épouse, me répond l'inconnu. — Quand on veut faire des vers, on ne va pas chez le premier venu s'enfermer dans une armoire. — Il ajoute : Je vas vous dire : mes vers à moi, c'est comme des vers-à-soie ; ils ne viennent bien que dans une boîte. Ça m'avait tout l'air d'un conte, et je lui dis que je vais le faire arrêter comme voleur, s'il ne me dit pas ce qu'il est venu faire. A ces mots, il m'accable de sottises et fond sur moi... Il m'aurait bien certainement assassiné, si ma femme n'était allée chercher les voisins.

M. le Président. Aviez-vous eu connaissance des lettres que Caron écrivait à votre femme ?

Le sieur Noiret. Jamais. Je remercie madame Noiret de m'avoir épargné ce chagrin.

Plusieurs personnes, accourues au secours de l'infortuné Noiret, déposent que Caron frappait sur sa victime avec acharnement et fureur, et qu'il accablait Noiret des noms les plus injurieux.

M. le Président. Accusé, vous avez entendu les charges qui s'élèvent contre vous. Votre présence chez les époux Noiret était une sorte de guet-apens. Quel était donc enfin votre but ?

Caron. Je parlerai plus tard... L'innocence ne périra pas... Vous serez tous joliment attrappés.

M. le Président. Le moment est venu cependant de vous expliquer, ou sinon je me verrai forcé de clore les débats dès à présent.

Caron (déployant un carré de vélin glacé sur lequel on aperçoit des caractères tracés au mépris de toutes les règles d'une bonne calligraphie). Eh bien ! je vais parler.

A MADAME NOIRETTE.

Ce sont des *verssss*, ajoute Caron...

Madame Noirette,
L'amour me rend poëte ;
Il faut que je vous répète,
Que je suis amoureux de votre tête,
Et que vous avez fait ma conquête,
Mais que votre mari est une bête...

LA CORRECTIONNELLE N° 28

Petites Causes Célèbres.

_ Que faites vous là, Polisson ? _ Je fais des vers pour Mme votre épouse. _ Quand on veut faire des vers, on ne va pas chez le premier venu s'enfermer dans une armoire. _ Je vas vous dire: mes vers à moi, c'est comme des vers à soie, ils ne viennent bien que dans une boîte.

Lith. Coulon

Juste Bourmancé, Editeur de la Correctionnelle,
Place du Palais Royal, 24.

M. le Président. Il ne s'agit pas de cela. Comment vous étiez-vous introduit chez Noiret?

Caron, continuant :

Si vous voulez accepter mon amitié complète,
Et dire à monsieur Noiret qu'il aille paître,
N'ayez...

M. le Président. Ainsi vous refusez toute explication ?

Caron, qui n'entend plus rien :

N'ayez pas peur que je vous compromette.
Laissez seulement la porte ouverte,
Ou je rentre par la fenêtre...
Madame, je serai toujours...

Une voix dans l'auditoire : une *fameuse serinette !*

M. le Président. Accusé, asseyez-vous.

Caron. Quand je vous disais que vous seriez tous étonnés !...

Pendant que le tribunal délibère, Caron se penche vers le garde municipal, et continue pour lui la lecture de son poëme érotique. M. le Président l'interrompt encore une fois, en prononçant contre lui la peine de trois mois d'emprisonnement.

DAVID ET GOLIATH.

M. le Président. Femme Longinet, vous avez porté plainte contre Gigleux : expliquez vos griefs.

La femme Longinet. Moi ! je n'ai porté plainte contre personne, et je ne connais pas ce jeune homme.

M. le Président. Qui donc est plaignant ?

La femme Longinet. C'est ce pauvre Lolo.

M. le Président. Huissier, appelez Lolo.

A ce nom, on s'attend à voir paraître un enfant à la figure éveillée et aux cheveux bouclés; mais l'hilarité est générale quand on voit surgir du banc des témoins un gaillard de quarante ans, aux larges épaules, à la crinière d'ours, et qui a cinq pieds six pouces de quelque côté qu'on l'examine, en largeur ou en hauteur.

M. le Président. C'est vous qui êtes Lolo ?

Le témoin. Lolo Longinet ?... Je suis le mari de ma femme que vous venez d'avoir l'honneur de voir tout à l'heure. Lolo était un petit nom qu'on me donnait quand j'étais en sevrage, parce que je me nomme Mathieu.

M. le Président. Et vous vous plaignez de voies de fait que Gigleux aurait exercées contre vous ?

Mouvement d'hilarité ; en effet, le prévenu est un enfant de quinze ans, à l'air frêle et souffreteux, tandis que sa *victime* est taillée en Hercule.

Longinet. Oui, Monsieur, je m'en plains, et ce n'est pas sans raison. Il m'a mis dans mon lit pendant quinze jours.

M. le Président. Ce que vous dites là est assez invraisemblable. Comment cet enfant a-t-il pu se livrer envers vous à des voies de fait si graves ?

Longinet. Comment ? en me passant la jambe, tout bonnement.

La femme Longinet. Lolo, faut être juste et tout dire... C'était dans ta semaine, mon poulet.

Longinet. Du tout !... C'était le lundi, et ma semaine avait fini le dimanche, à *ménuit.*

M. le Président. Qu'est-ce que cela veut dire, votre semaine ?

Longinet. Oh ! Monsieur, ce n'est rien... c'est une plaisanterie comme on s'en fait entre z'époux.

M. le Président. Femme Longinet, approchez !.. Qu'entendez-vous par ces mots adressés à votre mari. « Tu étais dans ta semaine. »

La femme Longinet. C'est rien, Monsieur... c'est que voyez-vous, Lolo, qu'est un bon ouvrier, j' peux le dire, ne travaille jamais que trois semaines par mois, et il se grise la quatrième.

M. le Président. Comment ! il se grise pendant toute une semaine ?

La femme Longinet. Oui, Monsieur.

Longinet. Dame ! faut bien se donner un peu de bon temps.

La femme Longinet. Et quand il est comme ça, il rentre toujours avec quelque accroc à la tête, et il dit qu'on l'a battu.

M. le Président, au prévenu Gigleux. Convenez-vous avoir blessé volontairement Longinet ?

Gigleux. Si on peut dire !..... Je rentrais tranquillement en chantant : *Je veux revoir ma Normandie*, quand je me sens bousculé derrière par un particulier qui me dit : « Attends, attends, je vas t'y envoyer, moi, en Normandie, en passant par le département du *Bas-Rhin...* » Et v'lan, il m'arrive un coup de pied où il avait dit... dans le bas des reins... Après çà, il m'empoigne et ne voulait plus me lâcher. Alors, ma foi, j'y ai passé la jambe, et il s'a épaté... Pourquoi qu'il était pochard ?... En m'en sauvant pour qu'il ne me rattrape pas, j'ai tombé dans une patrouille, et on m'a arrêté.

Les allégations de Gigleux n'étant démenties par aucun témoignage, le tribunal le renvoie de la poursuite.

Imprimerie d'Amédée Gratiot et Ce, rue de la Monnaie, 11.

UN AMOUR DE CHIEN.

Une espèce de problème en chair et en os se présente devant le tribunal de police correctionnelle. C'est un corps droit et sec, tout d'une venue, osseux, presque à l'état de momie, et qui produit en se mouvant une sorte de craquement. Est-ce une femme?... Est-ce un homme caché sous un vêtement féminin? Toute indécision cesse enfin, lorsque cet étrange composé, car nous ne pouvons encore l'appeler une femme, déclare se nommer Honorine Chamouillard. — La dame Chamouillard tient dans ses bras un horrible chien noir.

M. le Président. Vous avez porté plainte contre le nommé Coco Godureau, en raison d'injures et de blessures... Dites vos griefs au tribunal.

La dame Chamouillard. J'ai besoin auparavant de vous parler de ma pauvre Zulmée...

M. le Président. Votre plainte est personnelle, ainsi parlez seulement de vous et de Godureau.

La dame Chamouillard. Quoi! vous auriez l'affreux courage de condamner Zulmée sans l'entendre?... Pauvre innocente créature!...

M. le Président. Encore une fois, l'animal, dont vous nous entretenez, n'est pas en cause.

La dame Chamouillard. Voilà le mal, car c'est ma pauvre Zulmée qui a à se plaindre encore plus que moi... Voyez-la donc remuer ses petites pattes: elle vous demande à être entendue... Zulmée, faites tout de suite une *risette* à ces bons messieurs... Tenez, tenez, comme elle vous sourit!... Si ce n'est pas comme une personne naturelle... Allez! ceux qui n'aiment pas les bêtes sont bien près de détester leurs semblables... Il faut avoir un cœur d'airain pour ne pas chérir ces intéressants animaux!... Zulmée!... faites donc la révérence à vos juges... et priez-les de nous faire justice... Oh! mais voyez donc comme elle vous saisit ça, la petite espiègle... Vous comprenez bien, mes chers messieurs, qu'avec un petit être aussi gentil aussi doux et aussi caressant, on peut se passer d'enfants et de famille. On est tôt ou tard trahi par les siens, mais on ne l'est jamais par les...

M. le Président. Vous n'avez pas encore dit un mot des faits que vous imputez à Godureau.

La dame Chamouillard. Je croyais vous les avoir dits depuis une heure.

M. le Président. Vous n'avez encore parlé que de votre chien.

La dame Chamouillard. Parlons de l'enfant... C'en est un joli, Coco... Fi! la méchante bête! Qu'on est à plaindre d'être mère!.. Un jour donc, ma pauvre Zulmée avait des inquiétudes, et j'en étais toute malade... Elle n'avait de goût à rien, elle avait refusé son café le matin. Je me dis un peu de distraction est une bonne médecine pour tout le monde, et j'allai la promener. L'air lui fit du bien. Si vous aviez vu comme elle vous jacassait avec les passants; c'était tout à fait charmant. Nous arrivons à la place Bréda; tout à coup Zulmée pousse un cri déchirant, je me retourne... C'était cette petite crapule qui la tirait par la queue. Oh! mais comme s'il avait tiré le diable par la queue, le brigand!..

Coco. Tiens, tant *pir;* pourquoi que vot'roquet m'avait fourré le doigt dans l'œil?

La dame Chamouillard. Ah!!! le doigt dans l'œil!...

Coco. Et oui, avec sa queue!

La dame Chamouillard. N'en croyez rien, mes magistrats... Zulmée ne ferait pas de mal à une mouche. Pour vous achever mon histoire, il m'a traitée comme un chien et m'a insultée...

M. le Président. Quelles sont les injures qu'il vous a dites?

La dame Chamouillard. Il m'a donné tous les noms, excepté ceux du calendrier... Tant y a qu'en allant pour lui fermer la bouche, il a si bien arrangé ses pieds, que je suis tombée sur mes genoux et que j'en suis restée douze jours au lit sans remuer pieds ni...

Coco, d'un ton patelin. C'est la vieille qui m'a agoni de coups... qu'elle n'en donnait pas sa part au chien... Encore que j'ai eu la tête grosse comme un boisseau de toutes les calottes qu'elle m'a régalé...

Le tribunal, considérant que Coco a été l'agresseur, condamne le prévenu à 25 fr. de dommages-intérêts et aux dépens.

TARDÈ VENIENTIBUS...

Une vieille tête branlante, embéguinée d'un madras en pain de sucre, s'avance à la barre. Cette tête précède de dix pouces un corps fluet et courbé. Le tout vous représente madame Pigon, doyenne des portières de la rue du Pas-de-la-Mule. M. le Président n'a pas encore eu le temps de lui adresser les questions d'usage, que madame Pigon s'écrie, d'une voix aigre et fêlée : « Il est assez cocasse que ça soie moi qui fusse ici, lorsque j'ai été éventrée par madame! »

M. le Président. Comment! la plaignante vous a éventrée?

La femme Pigon. Mon Dieu, oui, mon bon monsieur... Elle m'a éventrée de sottises... Elle m'a appelée araignée.

Madame Lucas, plaignante. Je ne me sers pas de pareilles expressions; et quand on a mon éducation...

La portière. Elle est propre votre éducation... Vous avez-t-été à l'école avec feu les pourceaux de mon défunt père.

M. le Président. Femme Lucas, dites de quoi vous vous plaignez.

Madame Lucas. Monsieur, je revenais du spectacle; il tombait une pluie de chien. Je n'avais pas pensé à prendre mon parapluie, et j'étais en grande toilette.

La portière. Grande, petite et moyenne... Elle n'en a qu'une, la pauvre femme!... C'est sa toilette des quatre saisons.

Madame Lucas. Je frappe, on ne m'ouvre pas... Il n'était pourtant pas minuit... Je frappe une seconde fois : on ne m'ouvre pas davantage. Pendant ce temps-là, une gouttière tombait en plein sur mon châle et sur mon chapeau... Comme c'était agréable! Je reprends le marteau de la porte, et je tape, je tape. Malgré ça, il se passe bien une grande minute avant qu'on m'ouvre; enfin j'entre, et en prenant mon bougeoir dans la loge de Madame...

La portière. Votre bougeoir!.. Ce genre!.. Dites donc en allumant votre rat...

La plaignante. Je lui dis en riant : Vous dormiez donc, mère Pigon? — Apprenez qu'elle me répond, que je ne dors jamais dans l'accomplissement de mes devoirs. Alors, je lui dis : Pourquoi

Ceux qui n'aiment pas les bêtes sont bien près de détester leurs semblables.

Maxime de Mme Chamouillard.

Lith. Coulon

Juste Bourmancé, Editeur de la Correctionnelle
Place du Palais Royal, 241

donc que vous avez été si longtemps sans m'ouvrir la porte? — Apparemment que j'avais d'autres chiens à fesser, qu'elle me répond du ton le plus malhonnête. Le lendemain matin, je la rencontre comme elle balayait les escaliers; elle m'interpelle et me dit : « Le locataire du second a joliment gongonné du tintamarre que vous avez fait hier soir. — Fallait m'ouvrir! — C'était pas une raison pour carillonner comme ça. » Enfin, de mots en mots, elle s'emporte et me lance un coup de balai que j'en dégringole cinq, six marches sur le dos.

La portière. La Lucas m'a z'insultée... Dieu merci, je suis connue... Je n'ai jamais été provoquante au vis à vis d'aucun locataire, mâle ou femelle.

M. le Président. Pourquoi n'avez-vous pas ouvert la porte quand on a frappé ?

La portière. J'était en train de lire.

M. le Président. Vous deviez interrompre votre lecture... Et le lendemain, pourquoi avez-vous frappé la femme Lucas ?

La portière. Puisque je vous dis qu'elle m'a éventrée d'araignée.

M. le Président. Avez-vous des témoins?

La portière. Non, monsieur; je n'avais que mon chat avec moi... Si la pauvre bête pouvait parler!

La mère Pigon est condamné à 25 fr. d'amende et à 50 fr. de dommages-intérêts.

LE PATROUILLEUR OFFICIEUX.

M. le Président. Moufflet, vous êtes prévenu de vagabondage.

Moufflet. Si on appelle ça du *vagabonage*, alors je n'ai plus la moindre *tenture* de ma langue paternelle.

M. le Président. Ainsi, vous niez le fait?

Le prévenu. Je le renie et archi-nie. Le vagabonage a une signification que je me flatte de connaître, et qui n'est nullement applicable à mon individu. Quand j'étais moutard et que je faisais l'école *boissonnière* pour aller courir la *patrentaine*, papa m'appelait petit vagabond, et je comprends la chose; mais cette fois-ci on ne peut pas dire que je vagabonais, puisque j'étais à dormir, même que je rêvais lapin blanc... mariage fortuné... 13, 29, 81..: du temps qu'il y avait la loterie.

M. le Président. Mais vous dormiez sur la voie publique.

Le prévenu. Seconde erreur. Je reposais sous la protection d'un parapluie de la halle... comme M. Robinson... c'était à une marchande de fruits de ma connaissance, qui y était consentante... Elle me donnait l'hospitalité.

M. le Président. Et quand on vous a demandé vos papiers, vous n'avez pu en montrer aucuns.

Le prévenu. Et ben! quoique ça prouve? que je n'avais pas mes papiers... mais ça ne prouve pas que je vagabonais.

M. le Président. Si vous n'avez pas d'autres raisons à faire valoir, vous pouvez vous taire.

Le prévenu J'en ai des raisons... Et pour vous en donner tout de suite une fameuse, je vous dirai que je m'étais endormi après m'avoir fatigué pour la tranquillité publique.

M. le Président. Comment, pour la tranquillité publique?

Le prévenu. Je vas vous dire, monsieur le président; je n'ai pas pour deux sous de sommeil; et quand je ne dors pas, il m'est impossible de rester au lit. Avec ça que pour le quart d'heure j'ai pour camarades de chambre un tas d'*incestes* qui me font sauter dans mon lit...

M. le Président. Nous n'avons pas besoin de connaître tous ces détails.

Le prévenu. Alors je m'a dit : Puisqu'il t'est impossible de *pioncer* (dormir), Moufflet, mon garçon, rends-toi z'utile à tes contemporains... Va patrouiller pour la sûreté publique... Ma foi, je m'ai écouté et je m'ai mis à parcourir les rues pour rechercher les malfaicteurs et les empoigner.

M. le Président. On n'a pas besoin de votre intervention... La police est fort bien faite.

Le prévenu. Ça dépend des goûts... En attendant, j'ai pensé que je ferais bien de m'en mêler.

M. le Président. Y a-t-il longtemps que vous faites ainsi des rondes de nuit?

Le prévenu. Voilà près de deux mois.

M. le Président. Et avez-vous déjà arrêté quelques malfaiteurs?

Le prévenu. J'en ai arrêté un; mais il m'a passé la jambe et s'est poussé de l'air.

M. le Président. Quand on vous a arrêté, vous n'avez pas pu indiquer de domicile.

Le prévenu. J' crois bien, j'ai donné congé... A quoi sert de payer une chambre pour ne pas y demeurer.

Le tribunal, peu touché du dévouement de Moufflet, le condamne à trois mois de prison et à cinq mois de surveillance.

Imprimerie d'AMÉDÉE GRATIOT et Cᵉ, rue de la Monnaie, 11.

J. BOURMANCÉ, ÉDITEUR D'ESTAMPES, 241, PLACE DU PALAIS-ROYAL.

LE CŒUR SUR LA MAIN.

Un mouvement d'impatiente curiosité se manifeste dans une certaine portion de l'auditoire, en entendant appeler la cause de la demoiselle Alexandrine Porchet contre Trellon et Boubin. Il est aisé de voir que le groupe qui s'est si vivement ému connaît d'avance les particularités du procès, et qu'il est venu là pour humer les détails friands que cette affaire semble promettre. Ce groupe est composé en grande partie de petits bonnets ronds, de quelques rares chapeaux plus ou moins fanés, et de plusieurs madras bariolés. Un bruissement sourd et infiniment prolongé s'élève du milieu de cet essaim de femmes jeunes, vieilles, laides, jolies, malpropres, coquettes. Il y a là vingt corps d'états pour le moins. L'audiencier, d'une voix imposante et solennelle, parvient enfin à se rendre maître du tumulte, et M. le Président procède à l'interrogatoire des prévenus.

Le premier accusé déclare se nommer Victor Trellon, et exercer la profession d'ébéniste; le second, Auguste-Léonard Boubin, et être serrurier.

M. le Président. Trellon et Boubin, vous êtes accusés d'avoir conjointement forcé le domicile de la demoiselle Porchet, et d'avoir exercé de mauvais traitements sur la personne de cette demoiselle. Vous allez entendre la déposition des témoins.

Alexandrine Porchet est appelée. Alexandrine porte le costume d'une grisette endimanchée: robe de châlis, tablier de soie, le bonnet à rubans; elle a de beaux yeux bleus, un minois chiffonné et de petits airs fort appétissants. Elle paraît âgée d'environ 20 ans. Elle soutient, sans pruderie comme sans effronterie, les regards curieux de l'assemblée.

M. le Président. Le 25 décembre dernier, Trellon et Boubin se sont introduits chez vous à l'aide de la violence, et ont exercé sur vous des voies de fait de la nature la plus grave. Quelle était l'intention des accusés?

Alexandrine. C'est la jalousie et le vin qui avaient poussé Trellon... Si vous l'aviez vu, ce n'était pas un homme; c'était un léopard.

M. le Président. Y avait-il longtemps que vous n'aviez vu Trellon.

Alexandrine. Depuis que je lui avais dit que je ne voulais plus le voir, il ne se passait pas de jours que je ne le rencontrasse sur mes pas... il me suivait partout.

M. le Président. Pouvez-vous dire quel était le motif de votre brouille avec Trellon.

Alexandrine. Oh ! certainement... il ne s'est rien passé de mal entre nous et je peux tout vous dire. Trellon me *cherchait* depuis longtemps pour le bon motif... Je le croyais rangé, doux, économe, et ma foi, j'aurais fait, je crois, la folie de le prendre; mais le ciel n'a pas voulu que je sois sacrifiée et je me suis avisée assez à temps qu'au lieu d'être tout ce que je l'avais supposé, Trellon n'était qu'une mauvaise tête, un butor et un mange-tout. Je lui dis alors que j'avais changé d'idées, que je ne pensais plus à m'établir et que je le priais de ne plus revenir, parce qu'on cancanait déjà dans la maison sur son compte et le mien... Il prit là-dessus de grands airs de comédie, et m'ajouta qu'il s'était bien aperçu depuis longtemps que j'avais un sentiment pour quelqu'un; mais que, plutôt que de me voir devenir la femme d'un autre, il me tuerait et qu'il se *déferait* après... Il fit le possible et l'impossible pour me revoir... Des fois, il me suivait et me disait les choses les plus dures... que j'étais une... éhontée, et que c'était pour avoir de la toilette que je l'avais trompé... Je vous demande si c'est tromper un homme de lui dire qu'on ne veut pas de lui!... J'avais toujours l'idée qu'il me ferait arriver du mal et ça n'a pas manqué. Un matin, il vient à la maison avec son camarade Boubin; j'étais couchée... Il enfonce la porte... et il m'a toute noircie de coups, en me disant toujours que j'étais une rien qui vaille... Je vous dis que la jalousie lui avait dérangé les idées... et puis il avait beaucoup bu.

M. le Président. Boubin vous a-t-il frappée?

Alexandrine. Pourquoi m'aurait-il battue, lui?.... Je ne lui ai rien fait.... Il me faisait seulement des reproches à cause de son ami....

On appelle la dame Bardon, témoin. Celle-ci se présente devant le tribunal, fait à messieurs les juges une de ces révérences moelleuses, arrondies, qui rappellent les grâces du vieux ménuet, et prend la parole en ces termes :

« L'homme est, comme on dit, un grand basilic... Bien sotte qui s'en inquiète.... Ce n'est pas moi qui se donnerait du tintouin et qui abrégerais mes jours pour cette valetaille....

M. le Président. Dites, sans tous ces préambules, ce que vous savez des faits relatifs à l'accusation.

La dame Bardon. Avec moi il n'y a pas de *mais* ni de *si*.... Je suis Saint-Jean-Bouche-d'Or... tout ce qui est sur le cœur en sort.... Je n'ai pas besoin de gants de *fine-oseille* pour dire qu'un chat est un chat, et que les hommes sont de la grande pauvreté!...

M. le Président. Encore une fois, abordez donc les faits du procès.

La dame Bardon. Chaque chose a son tour!... Qui parle bien, parle toujours à propos.... La vérité n'a jamais offensé que les méchants.... Qui se fait brebis, le loup le mange.... Les petits ruisseaux font les grandes rivières...

M. le Président. Tout ce que vous nous dites là n'a pas le moindre rapport avec l'affaire.

La dame Bardon. Soyez tranquilles: vos criminels ne perdront rien pour attendre... Ce que j'ai à vous dire sur leur compte ne leur promet pas poire molle... V'là donc que j'y suis. Ici le témoin fait une pause, prend son mouchoir, aspire une prise de tabac, donne en passant un petit *fion* à sa coiffure, et reprend ainsi le cours de sa déposition :

« Je vous disais donc que j'étais en train de mitonner ma petite chicorée, quand je vous entends tout un bacchanal sur le carré... c'était, je vous le donne en cent à deviner!... c'était mes deux hurluberlus que voici, et qui tapaient comme des sourds à la porte de mademoiselle Alexandrine...

M. le Président. Vous dites donc que Boubin aidait à ouvrir la porte?

La dame Bardon. Je n'ai pas parlé de *boudin*... Où prenez-vous Boudin?...

M. le Président. Boubin est le second sur le banc des accusés... Le reconnaissez-vous?

La dame Bardon. Comme si je l'avais fait.

M. le Président. Avez-vous vu l'accusé Trellon frapper la demoiselle Porchet?

N.° 30.

LA CORRECTIONNELLE

Petites Causes Célèbres.

Horreurs d'hommes!!.. Je vous dis que vous ne pouvez pas entrer!......

Lith. Coulon

Juste Bourmancé, Editeur de la Correctionnelle
Place du Palais Royal, 241.

La dame Bardon. Non, mais j'ai entendu gémir la petite.

Le sieur Coquard, portier de la maison qu'habite mademoiselle Porchet, est entendu.

« Le 25 décembre dernier, dit le témoin, je vis les accusés monter chez mademoiselle Alexandrine... ils étaient *pochardés* (ivres) tous les deux. Bientôt après j'entendis de grands coups, comme si on avait voulu ouvrir une porte de force. Je montai pour voir ce que c'était. Je vis Trellon et Boubin qui étaient parvenus, à force de frapper, à enfoncer la porte. Ils poussaient pour entrer; mais mademoiselle Alexandrine tenait ferme, à ce qu'il paraît. Faut croire qu'elle n'était pas habillée pour recevoir ces messieurs, car elle leur criait: « Horreurs d'hommes!... Je vous dis que vous ne pouvez pas entrer!... » J'invitai les jeunes gens à se retirer; c'est moi qu'ils envoyèrent promener. J'allai chercher la garde, et quand je suis revenu avec les fantassins, mademoiselle Alexandrine pleurait des seaux de larmes... On voyait bien qu'elle avait dû recevoir une bonne danse... Trellon disait des infamies à la petite, et lui faisait des reproches parce qu'elle l'avait quitté pour un autre.

M. le Président. Que faisait Boubin lorsque vous êtes venu pour la seconde fois ?

Le sieur Coquard. Il cherchait à calmer son camarade; mais il aurait plutôt apaisé la mer que son ami. Trellon avait des yeux tout rouges, comme des lanternes d'omnibus, et il écumait, sans comparaison, comme un cheval qui vient de courir pour le prix. Ce que c'est que les passions, grand Dieu! Comme ça rend les hommes *z'hideux*!

Plusieurs locataires de la maison sont ensuite entendus, mais leurs dépositions ne contiennent aucun fait nouveau.

M. le Président, s'adressant au prévenu Trellon. Vous avez entendu les témoins. Il résulte de leurs déclarations que vous avez exercé les violences les plus graves sur Alexandrine Porchet.

Trellon. J'avais deux fois perdu la raison. Elle m'avait trompé... Quand on aime bien quelqu'un, voyez-vous, c'est pour en perdre la tête.....

M. le Président. La passion la plus aveugle ne saurait rendre excusable l'action d'un homme qui frappe une femme de propos délibéré.

Trellon. Ce n'était pas non plus pour ça que je m'étais rendu chez Alexandrine... j'y allais dans l'intention de me mettre *r'ami* avec elle. Mais quand elle a refusé d'ouvrir, il m'a passé un vertigo; je me suis dit: il y a quelqu'un... et alors, je n'peux pas vous dire ce qui s'est passé en moi... je ne me souviens plus de rien... si ce n'est que j'ai vu pleurer Alexandrine, et que ça me faisait tout de même, en dedans, un fameux chagrin... mais elle m'avait trompé, et j'étais sans pitié pour elle...

M. le Président. Boubin, vous avez assisté votre camarade dans l'exécution de ses violences?

Boubin. Nous avions fait réveillon toute la nuit, et il en restait encore quelque chose le matin. Trellon me dit: « Tiens, avant de rentrer, je vas aller voir Alexandrine; je parie qu'elle n'est pas seule. » Quand nous sommes arrivés, Trellon a frappé et on n'a pas répondu... alors il a pris un tremblement à Trellon et il m'a dit: « Tu vois, je ne me trompais pas : il y a quelqu'un. » Je voulais l'emmener, mais il disait qu'il voulait faire une scène à Alexandrine; c'est dans ce moment-là qu'il s'est mis à enfoncer la porte.

M. le Président. Que faisiez-vous pendant que Trellon se portait à des actes de brutalité sur Alexandrine.

Boubin. Je regardais des gravures; mais quand j'ai vu que ça devenait du vilain, j'ai cherché à calmer Trellon... il n'entendait plus rien... il était comme un cheval échappé, quoi!...

La discussion des faits étant épuisée, M. l'avocat du Roi prend la parole, et dans un réquisitoire plein d'énergie et tout à la fois de mesure, il s'élève avec une juste indignation contre les violences brutales de Trellon, et qualifie sévèrement les actes reprochés aux accusés.

L'avocat des prévenus prend la parole à son tour. Il cherche d'abord à établir que les violences de Trellon sont le résultat d'un mouvement spontané plus fort que la prudence humaine. Il représente son client en proie à cette passion frénétique qui incite Orosmane contre Zaïre, et met le poignard aux mains d'Othello. L'avocat se livre ensuite à des considérations qui reposent sur la phrénologie et la psychologie. Enfin, après avoir paraphrasé de mille façons ce vers de l'*Andromède* d'Euripide :

O amour, roi des Dieux et des hommes, etc.,

l'avocat conclut purement et simplement à l'acquittement des prévenus.

Le tribunal, après en avoir délibéré, condamne Trellon à trois mois d'emprisonnement, et Boubin à un mois de la même peine.

Imprimerie d'Amédée Gratiot et Ce, rue de la Monnaie, 11.

LES CHEMISES ET LES POMMES DE TERRE.

Il n'est pas que vous ne vous rappeliez la noble et froide indignation de M. Pépin, lorsque, s'adressant à madame Pépin, sa vieille et acariâtre compagne, il lui dit d'un ton de reproche :

Vous avez mangé mon dîner,
Nous ne pouvons plus vivre ensemble.

Affublez M. Pépin d'une robe de toile à larges carreaux rouges et noirs, coiffez son chef d'un madras de Rouen, et vous aurez madame Pompette, animée d'une indignation non moins grande pour un crime de même nature commis à son préjudice par Poriquet.

M. le Président, à la plaignante. Racontez les détails du vol dont vous vous plaignez.

La femme Pompette. Monsieur, je suis la propre veuve de feu mon époux Pompette, qui de bel hussard qu'il était, avait passé aux vétérans, vu qu'après avoir été brûlé en *Égypre*, où l'emblème de Dieu lui tapait sur la coloquinte, il avait été métamorfondu en Russie, où la froid pinçait crânement, que je puis dire.

M. le Président. Qu'est-ce que cela nous fait?

La femme Pompette. C'est pour vous dire que, jouissant d'une pension française, je puis bien me régaler de pommes de terre; et cet homme qu'est assis là est un ogre qui me les a mangées.

M. le Président. Il ne s'agit pas de pommes de terre, mais de deux camisoles...

La femme Pompette. A la graisse d'oie.

M. le Président. Et de deux chemises...

La femme Pompette. Aux fines herbes.

M. le Président. Laissez-là vos pommes de terre, et répondez à mes questions.

La femme Pompette. Il a bien fallu que je les *laississe*-là, puisqu'il n'y avait plus rien... Il avait tout dévoré, le goulu!

M. le Président. Comment Poriquet vous a-t-il volé deux chemises et deux camisoles ?

La femme Pompette. Je les ai *r'éues*, mes chemises et mes camisoles, et je n'ai pas *r'éu* mon souper.

M. le Président. Vous ne devez pas moins nous dire comment elles vous ont été prises.

La femme Pompette. Mes pommes de terre ?

M. le Président. Eh ! non, encore une fois... vos chemises...

La femme Pompette. J'en avais d'autres, des chemises, tandis que je n'avais pas d'autre fricot... Avec ça pas le sou, et le *mont* fermé, vu que c'était un dimanche.

M. le Président. Femme Pompette !..

La femme Pompette. Quelle dégoûtation !... Et dire que je n'avais pris qu'une lichette de café depuis le matin !

M. le Président. Voulez-vous bien répondre !.. Dites comment a eu lieu le vol commis à votre préjudice.

La femme Pompette. Monsieur, je vais vous dire... Je venais d'accommoder mes pommes de terre, des vitelottes superbes, et elles mijotaient, mijotaient, pendant que je mettais mon couvert. Mon couvert mis...

M. le Président. Arrivez donc au vol de linge !

La femme Pompette. Voilà !.. je me mets à table, et je m'aperçois que je n'ai pas d'eau. Comme je n'aime pas à me déranger quand je soupe, je prends mon pot, et je descends chez la portière pour lui demander de me le remplir. Le temps de descendre cinq étages, de faire un petit bout de causette et de remonter, mes pommes de terre avaient disparu.

M. le Président. Allez vous asseoir. (A l'audiencier.) Appelez un témoin.

Le sieur Froment. Je rentrais à huit heures du soir, quand, arrivé au second, j'entends d'en haut crier : Au voleur ! Tout à coup je me trouve en face d'un homme qui descendait très vite en tenant un paquet sous son bras. Aussitôt arrive madame Pompette, qui saute sur cet homme, en s'écriant : « Mes pommes de terre, scélérat ! où sont mes pommes de terre ? » Alors l'individu que j'avais arrêté me dit : « Vous voyez bien que cette femme est folle, laissez-moi aller. » Mais moi je le retenais toujours en appelant du renfort. Le portier monta ; nous avons arraché à cet individu son paquet ; il renfermait deux chemises et deux camisoles que madame Pompette a reconnues pour lui appartenir.

Poriquet nie effrontément le vol qui lui est reproché. « Il est possible que le linge ait été volé, dit-il, mais ce n'est pas moi ; je l'ai trouvé dans l'escalier où le voleur l'aura abandonné. »

Malheureusement pour la véracité de Poriquet, il a déjà subi une condamnation pour vol. Aussi le tribunal le condamne à quinze mois de prison et cinq ans de surveillance.

Madame Pompette. Que quinze mois à un gredin qui m'a volé mes pommes de terre !....

GROGNON ET GROGNARD.

Un petit vieillard, sec et bilieux, s'approche de la barre, et après avoir renâclé bruyamment une prise de tabac, déclare se nommer Aristide Célestin Benoît, et porter plainte en voies de fait contre Jean François Courbon, soldat de l'ex-trente-deuxième demi-brigade ; un de ces hommes restés fidèles à la mémoire de Napoléon, et qui se font de l'ombre de l'Empereur une sorte de fétiche.

« Messieurs, dit le vieillard, ce soir-là j'étais en train de faire une partie de dominos, et pour tout dire, en passant, je n'avais pas la main fort heureuse : le double six ne m'avait pas quitté de la soirée. On serait de mauvaise humeur à moins...

Courbon. Aussi, vous ne faisiez que rognoner !

Benoît. Je crois bien : vous me rebattiez les oreilles de votre Napoléon, que je ne peux pas souffrir... Je ne connaissais plus mes dés, quoi !...

Courbon. Vieux rossignol !... Quand on parle du petit chapeau, on ôte sa casquette civilement, et on fait le salut militaire !... vieux *cocrodille !*...

Benoît. Laissez-nous donc tranquille avec votre Empereur !... Voilà plusieurs fois déjà qu'il est cause que vous me faites perdre...

M. le Président. Le tribunal attend avec impatience que vous développiez votre plainte.

Benoît. Eh bien ! la voilà, ma plainte !... J'ai perdu trois livres dix sous...

M. le Président. Le tribunal n'y peut rien, et si vous n'avez pas d'autres griefs...

Benoît. Un moment ! Je dis ce que j'ai perdu ; il faut que je vous dise aussi que j'ai gagné... un verre d'eau sucrée par la figure, deux féroces coups de poing et un tabouret dans le dos...

Courbon. C'est plus que vous ne valez, soldat du pape !... vous ne valez pas une pichenette...

«Je suis la propre veuve de feu Pompette mon époux qui de bel Hussard qu'il était, avait passé aux Véterans, vu qu'après avoir été brûlé en Egypre, où l'emblême de Dieu lui tapait sur la coloquinte il avait été métamorfondu en Russie, ou le froid pinçait crânement, que je puis dire.

Lith. Coulon

Juste Bourmance Editeur de la Correctionnelle
Place du Palais Royal, 241.

après ça, il vous était facultatif de vous aligner avec moi et de jouer des *broches*... mais vous n'êtes qu'un méchant *cri-cri*; vous jouez de la langue et voilà tout.

M. le Président. Vous insultez le plaignant.

Courbon. Vous avez du raisonnement, vous, monsieur le juge, et on peut causer avec vous...

Benoît. Bon! la langue lui va toujours... et bien sûr qu'il va reparler de son Empereur, c'est toujours la même *rengaine*... Veuillez m'écouter, messieurs.

M. le Président. Parlez chacun à votre tour. Benoît, avez-vous quelque chose à ajouter?

Benoît. Je crois que oui... Je ne vous ai pas encore dit qu'avec ses histoires de batailles et de Cosaques, il m'avait tellement troublé les idées, qu'il m'a fait perdre trois livres dix sous.

M. le Président. Vous l'avez déjà dit; allez-vous asseoir. — S'adressant à Courbon. Pourquoi avez-vous frappé le plaignant?

Courbon. Il m'avait insulté... c'est-à-dire, mon Empereur; mais c'est la même chose.

M. le Président. Il ne vous appartient pas de vous constituer ainsi le défenseur de la mémoire de l'Empereur, surtout jusqu'à employer la violence pour la faire respecter.

Courbon. J'étais à Frienland, à Wagram...

M. le Président. Vous êtes pour le moment devant la justice et répondez catégoriquement.

Courbon. Je vas répondre *catholiquement*, comme vous dites... Benoît est un méchant Kalmouck, qui n'a pas d'amitié pour l'Empereur... Je l'ai connu, moi, le petit caporal... mille tonnerres! quand il était les bras croisés au milieu des bombes et de la mitraille et qu'il nous disait : « Soldats! vous êtes Français!

M. le Président. Vous revenez toujours aux mêmes idées. Asseyez-vous.

On parvient avec peine à arrêter l'exubérance de paroles du vieux grognard, qui se résigne, non sans peine, à garder le silence. — Courbon est condamné à quinze jours d'emprisonnement et à 100 fr. de dommages-intérêts envers le plaignant.

En entendant sa condamnation, Courbon jette sa casquette en l'air, et s'écrie de toute la force de ses poumons : « Vive l'Empereur! »

LE MOUTARD AMBITIEUX.

Le jeune Chamel est possédé du désir d'immortaliser son nom. Cette noble ambition qui a conduit tant d'autres au Temple de Mémoire (vieux style), a conduit tout simplement Chamel sur les bancs de la police correctionnelle. La Gloire a d'étranges caprices! Il est vrai de dire que parmi tous les moyens de s'illustrer, Chamel a choisi le plus facile et le moins coûteux, et lorsque tant d'hommes ont gravé leurs noms sur les tables de la Renommée avec l'épée ou avec la plume, Chamel a jugé expédient de s'inscrire au rang des hommes illustres... avec la pointe de son couteau. Voici le fait. Le petit gamin a buriné le nom glorieux de VICTOR CHAMEL sur l'Arc-de-Triomphe; ce qui constitue le délit de dégradation d'un monument public.

M. le Président. Pourquoi aviez-vous ainsi écrit votre nom? vous deviez bien savoir que cela était défendu.

Chamel. Je pouvais pas savoir ça..... il y en avait tant d'autres, que je me suis dit : un nom de plus ou de moins... c'est pas encore celui-là qui fera tomber l'*Arche-de-Triliomphe*.

M. le Président. Vous dégradiez un monument.

Chamel. A cause que je n'ai pas de grade, peut-être?... On m'avait dit qu'il y en avait parmi ceux-là qui avaient été boulangers, cordonniers; et, comme je suis cordonnier de mon état, je me suis dit : je serai avec mes semblables.

M. le Président. Lorsque le surveillant vous a arrêté, il paraît que vous l'avez injurié.

Chamel. Ah! oui; le garde national qui garde les pierres? Pourquoi qu'il m'a pris par les oreilles.

M. le Président. Il a eu tort.

Chamel. C'est ce qui m'a semblé.

M. le Président. Avez-vous ici quelque parent?

Chamel. J'ai mon camarade d'atelier, petit Moufflet. S'il y a quelque chose à payer, c'est lui qui vous le paiera; c'est toujours lui qui paie pour moi. — S'adressant à un jeune adolescent qui est dans l'auditoire : « Pas vrai ça, Moufflet? »

Moufflet. Demande-z'y, à ces messieurs, combien que tu redois au gouvernement; j'ai là précisément une *médaille* de cinq francs... et nous prendrons un chinois avec le reste.

Le tribunal paraît fort touché de la preuve de dévouement de Moufflet et condamne Chamel seulement à 15 francs d'amende.

Moufflet. Dis-donc, Victor, c'est plus que je n'avais pensé... t'as donc joliment endommagé du moellon?

Imprimerie d'AMÉDÉE GRATIOT et Cᵉ, rue de la Monnaie, 11.

COMME ON SE MET DANS DE BEAUX DRAPS.

M. le Président, s'adressant à une sorte de matrone, accoutrée de la façon la plus bizarre : Femme Tourniquet, vous vous êtes plaint d'avoir été escroquée par Gilbert.

La femme Tourniquet. Vous pouvez bien dire volée; car c'est une belle et bonne volerie... et encore le mot est bien doux.

M. le Président. Quels sont les objets que Gilbert vous a soustraits?

La femme Tourniquet. Un pantalon, une veste et un gilet; le tout en beau drap, et conditionné comme au Palais-Royal...

Gilbert. En voilà une de menterie!... Un méchant pantalon qui était ben usé comme le pavé des rues, et une veste, avec quoi qu'on aurait ben pu quasiment vanner du grain, tant elle était trouée!...

La femme Tourniquet. Fi le vilain!... Croyez-bien, mes magistrats, que je ne tiens que du neuf.

M. le Président. La qualité ne fait rien à la chose.

La femme Tourniquet. Comme vous dites, mon magistrat! Toujours vole qui prend le bien d'autrui.

M. le Président. Racontez au tribunal de quelle façon l'accusé s'y est pris pour voler les objets en question.

La femme Tourniquet. Je suis marchande à la toilette, mais seulement pour la partie des hommes. Gilbert entre un jour chez moi et demande à voir des z'hardes. Il me dit : « Je dois être parrain du mioche à Coquillard, je voudrais une pelure un peu *chouette*, du linge fin, et des gants de coton blanc, vu que c'est bon genre et que ça donne dans l'œil aux femmes. — J'ai votre affaire, que je lui dis en lui montrant de la batiste d'*Écorse*... Tâtez-moi cette toile : on est là-dedans comme dans du coton. » Il me répond que ça lui va et je lui fais voir un habillement. Il n'a pas plus tôt passé le pantalon, le gilet et la veste pour les essayer, qu'il prend ses jambes à son cou et qu'il disparaît avant que j'aie eu le temps de crier au voleur.

M. le Président. Comment êtes-vous parvenue à découvrir Gilbert?

La femme Tourniquet. Gilbert est un gros fin... et il y en a de plus malins que lui, sans compte M. le commissaire. Je me suis dit : Mon voleur avait de la farine aux mains : il doit travailler dans le plâtre... c'était une fameuse idée!... Je m'en vais donc, un dimanche matin, à la Grève et je vous vois mon homme qui se recarrait joliment dans mes z'hardes. Je ne fais ni une ni deux, je cours au poste et on vous loge mon fripon en chambre garnie, au violon.

M. le Président. Gilbert, qu'avez-vous à répondre?

Gilbert garde le silence.

M. le Président. Ainsi, vous reconnaissez l'exactitude des faits allégués par la femme Tourniquet?

Gilbert, avec hésitation. Je suis pas *fautif* du vol...

M. le Président. Vous avez été arrêté encore vêtu de l'habillement soustrait!

Gilbert. C'est la pure vérité; mais je ne l'avais pas volé... je l'avais loué.

La femme Tourniquet. Vous voulez dire *floué!*...

Gilbert. Je vas vous dire... Il y avait un repas de *Compagnons*, et il devait y avoir des demoiselles... mon habit des dimanches était accroché au Mont... j'étais honteux d'aller avec ma veste de travail...

M. le Président. Ce n'est pas ce que vous avez dit à la femme Tourniquet . . . Vous avez prétendu que c'était pour un baptême.

Gilbert. C'était aussi pour le baptême d'un *Lofat* (aspirant au grade de compagnon)... on devait le baptiser à la Courtille; j'étais le parrain.

M. le Président. Il n'est guère probable que la marchande, qui ne vous connaissait pas, vous ait loué sans cautionnement un habillement neuf, sans savoir même où vous demeuriez.

Gilbert. C'est pourtant comme ça. J'y ai dit. je vous laisse mes effets; prenez garde de les abîmer.

M. le Président. Il paraît au contraire qu'aussitôt habillé, vous vous êtes enfui précipitamment.

Gilbert. J'étais un peu pressé, mais je serais revenu.

Le Tribunal, qui goûte fort peu le système de défense, jugeant que Gilbert avait, selon l'observation pleine de sel de la femme Tourniquet, *floué* et non *loué* le costume d'apparat, qui devait servir à la reception du *Lofat*, condamne l'accusé à un an d'emprisonnement.

LE PETIT RAMONEUR,

Un de ces pauvres petits enfants que la Savoie nous envoie tous les ans par centaines, est amené sur le banc de la police correctionnelle, sous la prévention de mendicité et de vagabondage.

M. le Président. Comment vous nommez-vous ?

Le prévenu qui s'exprime difficilement en français. Biagio (Blaise) et mon père Ginèpro.

M. le Président. Où êtes-vous né?

Le prévenu. A Clusa, en *Chavoie.*

M. le Président. Quel est votre état?

Le prévenu. Ramoneur; mais depuis qu'on ne paie plus pour les feux de cheminées... personne ne fait plus ramoner... Ça nous a fait bien du tort!

M. le Président. Où demeurez-vous?

Le prévenu. Hôtel du Rhin, Place Vendôme.

M. le Président. Comment, hôtel du Rhin?... C'est un des plus riches hôtels de Paris.

Le prévenu. Quand il est bien soir, je m'endors sous le banc de pierre qui est à la porte.

M. le Président. Connaissez-vous quelqu'un à Paris?

Le prévenu. Personne.

M. le Président. Est-ce que vous êtes venu tout seul à Paris?

Le prévenu. Tout seul... Oh! mais je n'avais pas peur de me perdre : la route est toute droite...

M. le Président. Un inspecteur de police vous a surpris demandant l'aumône. Est-ce que vous ne saviez pas qu'on ne doit pas mendier?

Le prévenu. Je souhaitais beaucoup de bonheur, et une bonne femme, à un monsieur qui était avec une belle dame, et il m'a donné un petit sou... Je ne savais pas que c'était défendu de souhaiter du bonheur aux messieurs.

M. le Président. Est-ce que vous ne voudriez pas retourner dans votre famille, si on vous en fournissait les moyens?

LA CORRECTIONNELLE

Petites Causes Célèbres.

N° 32.

Tâtez-moi cette toile; on est là dedans comme dans du Coton.

Lith. Coulon

Juste Bourmancé, Editeur de la Correctionnelle
Place du Palais Royal, 241

Le prévenu. Oh! si fait!... Il y a bien longtemps que je désire revoir mes petits frères...... Mais mon père m'a dit comme ça, en partant, que je ne reviendrais que lorsque j'aurais fait fortune.... Et j'attends, pour revenir à Clusa, d'avoir ramassé beaucoup de petit sous... Je m'ennuie tant ici!...

M. le Président. Pourquoi, puisque l'état de ramoneur ne vous rapporte pas suffisamment pour vivre, n'avez-vous pas cherché à vous employer quelque part, à prendre un état? Il se serait sans doute trouvé quelque personne assez humaine pour vous recueillir.

Le prévenu. Mon père m'avait dit : Biagio, tu ramoneras à Paris et je me suis mis à ramoner..... Mais ça n'était pas mon idée pourtant; j'aurais mieux aimer travailler beaucoup, pour gagner davantage et m'en retourner plus vite à Clusa, où mes petits frères m'attendent.. Ils m'aiment bien, mes petits frères... et moi, je les aime bien aussi.

En ce moment un homme qui paraît appartenir à la classe ouvrière se présente à la barre.

« Puisque l'enfant a d'aussi bonnes dispositions pour le travail, dit l'inconnu, si le tribunal veut *m'adjuger* le *mioche*, je l'emmène avec moi; je lui apprendrai l'état de menuisier... nous n'avons pas d'enfants et je suis sûr que ça fera plaisir à ma femme.

M. le Président félicite l'inconnu d'un mouvement de générosité qui l'honore et lui promet qu'après les renseignements d'usage, il s'empressera de remettre entre ses mains le jeune Biagio.

Biagio. Merci! mon bon monsieur!... Vous verrez comme je travaillerai bien... Seulement quand je serai plus grand, je vous demanderai d'aller à Clusa pour embrasser mes petits frères... Oh! mais je reviendrai!...

En conséquence le tribunal renvoie Biagio de la plainte.

QUIPROQUO.

Un tambour, remplissant les fonctions d'huissier-audiencier, appelle la cause du sieur Grollet, voltigeur de la garde nationale, prévenu d'avoir manqué de respect au caporal, son supérieur. On s'attend à voir un homme ramassé, rond comme une pomme, un voltigeur enfin; mais l'auditoire paraît fort désappointé en voyant se dresser un véritable mât de cocagne. A voir l'exiguité des formes de Grollet, on serait tenté de penser que le voltigeur a dû être moulé dans un bâton de sureau. Il est d'ailleurs tellement à l'étroit dans ses vêtements, qu'on le croirait cousu dans ses habits.

M. le Président. Vous êtes accusé d'avoir, pendant le service, manqué de respect à un de vos supérieurs, délit prévu par la loi.

Grollet, bégayant. Pou-ourquoi le-le ca-caporal a-t-il été ma-alhonnête avec moi-oi-oi.

M. le Président. Vous vous êtes servi envers lui de mots grossiers, tels que m.... vous m'em-m..... Ces mots répugnent à toute bonne éducation.

Grollet. Pa-parole ne pu-pu-pue point! comme on dit... Le ca-ca-caporal en a bien dit d'autres... C'est un ca-ca-cafard!

M. le Président. Vous avez donné là un mauvais exemple à vos camarades.

Grollet. Les ca-ca-camarades n'avaient rien à voir là-dedans... Il y a eu entre le ca-caporal et moi une simple ca-ca, ca-ca, ca-ca, *cacaphonie* de mots et il n'aurait pas dû se ca-ca-ca-câbrer pour si peu de chose.

M. le Président. Il n'y a pas de petites infractions lorsqu'il s'agit de discipline militaire, surtout en matière d'obéissance.

Grollet. Vou-ous parlez de la ma-atière et vous ne connaissez pas celle de la querelle.

M. le Président. Quel que fût le sujet du différend, le caporal ne pouvait pas avoir tort, *puisqu'il* était dans l'exercice de ses fonctions.

Grollet. Le cas-cas est moins grave que vous ne pensez. Voici la vé-é-rité. J'étais assis sur un pot-pot-poteau devant le corps de garde. Le ca-ca-caporal m'ordonna de me lever pour *relever*. Ce n'était pas mon tour... Je-e lui ai dit simplement : j'avais une faction de jour, il faudra donc que je la *perde*.

M. le Président. Ce ne sont pas les expressions dont vous vous êtes servi. Le procès-verbal constate très positivement que vous avez dit m... Vous devez sentir combien ce mot est peu convenable.

Grollet. Je le sens, M. le pré-ésident; mais ce que vous dites n'est pas sorti de ma bouche, aussi vrai que je me nomme Ca-casimir Grollet et que je suis marchand de ca-ca-cacao.

Par malheur pour l'infortuné Grollet, les termes du procès-verbal sont très explicites et ne permettent pas d'équivoquer sur les mots. En conséquence le voltigeur est condamné à deux jours de prison.

Imprimerie d'AMÉDÉE GRATIOT et Cᵉ, rue de la Monnaie, 11.

BATTU ET CONTENT.

Il est bien peu de nos lecteurs sans doute qui ne se souviennent du pitoyable cas de ce messire Bon, le héros d'un des plus jolis contes de La Fontaine; lequel honni par sa femme, battu par son valet, se tient pour le plus heureux des hommes et, pleurant de joie, remercie le ciel de lui avoir donné

Femme et valet si chastes, si prudents.

Le droguiste Bonard, à part la presque homonymie, est de la famille de ce messire Bon. Battu, mais seulement battu, comme le mari du conte, Bonard trouve encore le moyen de louer la Providence qui lui a octroyé non pas une femme, mais un véritable dragon. Bonard est d'une laideur hyperbolique; de plus il est affligé d'une chevelure parfaitement fauve.

M. le Président. Il paraît, Bonard, que votre femme se livre presque habituellement sur votre personne à des voies de faits. Votre famille s'est émue des mauvais traitements qui vous étaient infligés, et elle a porté plainte pour vous.

Bonard. Il est vrai de dire aussi que je fais souvent enrager ma femme... voyez-vous, j'ai bien des mauvais moments.

M. le Président. Quelles que soient les causes de mécontentement que vous puissiez donner à votre femme, rien ne saurait l'autoriser à vous battre.

Bonard. Mon Dieu!... je ne m'en plains pas, au contraire... Je prends ça pour une preuve d'attachement... J'ai si souvent entendu dire que les femmes douces et prévenantes envers leurs maris, étaient précisément celles qui les trompaient le mieux, que je me félicite de n'être pas gâté par madame Bonard.

M. le Président. Au dire de quelques témoins, votre femme vous frapperait le plus souvent sans motif, ou pour des motifs très légers.

Bonard. Je sais bien qu'elle est un peu vive et que pour un oui, pour un non, elle va se monter comme une soupe au lait; mais la main retournée, elle n'y pense plus.

On appelle la dame veuve Bonard, mère de l'époux débonnaire, à l'instigation de laquelle la dame Bonard jeune a été traduite devant la justice.

Après avoir raconté au tribunal, d'une manière fort prolixe, que son fils s'était uni, malgré l'opposition de sa famille, à la demoiselle Charlotte Norbin, et avoir relaté minutieusement tous les *pronostics funestes* qui accompagnèrent la célébration de ce mariage, le témoin arrive enfin à la scène qui a motivé plus particulièrement la mise en accusation de la dame Bonard jeune.

Ce jour-là, dit le témoin, j'avais dîné chez ma bru..... c'était bien un dîner de *politique*, je puis le dire, car nous ne pouvons pas nous souffrir, ma bru et moi.... Il n'y a pas de vexations que Charlotte ne fît endurer à mon Prosper pendant le repas... Si le pauvre garçon voulait prendre du sel sa femme lui disait que c'était assez salé... Elle s'opposait à ce qu'il mangeât des cornichons qu'il adore, sous prétexte qu'ils sèchent la poitrine; enfin elle l'asticotait de toute manière.... et Prosper avalait ces couleuvres, sans mot dire.

M. le Président. Tâchez d'abréger ces détails

La veuve Bonard. Puisqu'il faut parler en gros: Charlotte m'a étranglé mon garçon.

M. le Président. Quoi! sans sujet?

La veuve Bonard. Sans sujet!... aussi froidement que si elle eût avalé un verre d'eau.

M. le Président. Mais au moins y avait-il eu quelques mots de provocation?

La veuve Bonard. Pas la moitié d'un!... seulement on parlait de théâtres... et du *Chien du mont Saint-Bernard*... Prosper trouvait qu'il y avait de charmantes demoiselles à l'Ambigu... Alors voilà sa femme qui sort des gonds et qui le prend à la gorge, en lui criant : « Ah! vilain monstre, « vous les trouvez jolies, les actrices de l'Ambigu!.. Votre femme n'est donc pas assez belle « pour vous?.. Ah! il vous faut des princesses, « vieux débauché!.. Eh bien! on vous donnera les « femmes du *Chien du mont Saint-Bernard*... « prenez garde de les perdre!... » Et elle le serrait si fort qu'elle lui entrait les ongles dans la chair... Pauvre petit fifi!... C'est bien tout le portrait de son père pour la douceur et la patience!...

M. le Président, à la prévenue. Pourquoi frappez-vous ainsi votre mari?

La dame Bonard. Pour son bien... il sait bien que c'est de bonne amitié.

M. le Président. Il suffirait de le reprendre, s'il arrivait qu'il eût quelques torts envers vous.

La dame Bonard. Bah! des conseils, voyez-vous, ça ne reste pas; ce qui entre par une oreille sort par l'autre... Au lieu qu'une bonne giffle... quand il la tient, le diable ne la lui ôterait pas.

Bonard. Elle a raison, ma femme!... d'ailleurs faut bien se passer quelques petites choses en ménage... Elle aime à taper, c'est son amusement, faut bien qu'elle se passe son envie... Tiens! c'est bien juste!

La dame Bonard. Vous voyez bien qu'il ne m'en veut pas pour si peu... Bonard, dis donc à ces messieurs si, hors mes moments désagréables, je ne suis pas bonne et douce avec toi.

Bonard. Comme de l'angélique!...

La veuve Bonard. Ne le croyez pas; c'est la peur de recevoir une danse en rentrant qui lui fait dire ça... Il craint sa femme comme les chiens, les coups de pied... Quel malheur que ce pauvre garçon soit si mal tombé!... Il peut bien dire qu'il a épousé le manche du balai.

Bonard. Mais, maman, puisque je vous dis que je suis heureux comme ça...

La veuve Bonard. Des *coups* et des couleurs il n'en faut pas disputer, comme on dit. Après tout ta mère ne veut que ton bonheur : je rends à Charlotte le droit de taper.

Bonard. Et elle en usera!... pas vrai, ma petite femme?

La dame Bonard. Je l'entends bien comme ça, petit chéri.

M. le Président. Ainsi, veuve Bonard, vous retirez votre plainte?

La veuve Bonard. Mon Dieu oui, puisque ça paraît faire plaisir à mon fils... faut bien faire quelque chose pour le pauvre enfant.

Bonard. Merci, maman.

M. le Président. Attendu que la plaignante se désiste purement et simplement de l'effet de la plainte, le tribunal met la prévenue hors de cause, et condamne la partie civile aux dépens.

Bonard paraît tout radieux de l'issue du procès. Il court offrir son bras à la dame Bonard, qui quitte le banc des accusés, et tous deux se dirigent

N° 33.

LA CORRECTIONNELLE

Petites Causes Célèbres.

Ah! Vilain monstre, vous les trouvez jolies, les actrices de l'Ambigu!... Votre femme n'est donc pas assez belle pour vous?..... Ah! Il vous faut des princesses, vieux débauché!... Eh bien! On vous donnera les femmes du Chien du Mont Saint-Bernard..... Prenez garde de les perdre!....

Lith. Coulon

Juste Bourmancé, Editeur de la Correctionnelle
Place du Palais Royal, 241.

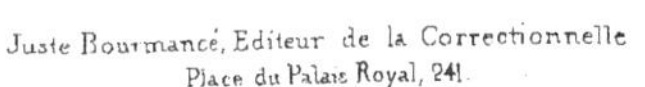

vers la porte de sortie. Mais on entend bientôt un cri douloureux. C'est Bonard qui vient d'être inhumainement pincé au bras par sa tendre moitié, pour avoir, dans l'ivresse de sa joie, donné tête baissée dans la poitrine du factionnaire.

LA TÊTE ET LE CORPS.

Un grand garçon épicier, dont la figure jaune et terne paraît avoir été taillée dans un fromage de Gruyère, se présente d'un air piteux devant le tribunal. Il soupire et renifle tour à tour en froissant dans ses mains sa casquette de loutre. Quand M. le Président lui a fait, à grand peine, dire ses noms, prénoms et profession, il l'engage à s'expliquer sur le vol dont il a été victime; ce qu'il ne fait qu'après avoir tourné ses gros yeux ronds et courroucés sur le prévenu, gamin de 16 ans, qui étouffe difficilement un éclat de rire en voyant la figure renversée de son adversaire.

« Voilà, dit le garçon épicier; un monsieur se présente à la boutique et dit, en ôtant son chapeau à madame : Madame, je voudrais avoir un pain de sucre. — Monsieur, que dit madame, on va vous faire voir ça. Barnabé, que me dit madame..... Barnabé c'est mon nom de baptême, Barnabé, montrez du sucre à monsieur. Je décoiffe plusieurs pains, auxquels je coupe naturellement la tête pour que la pratique puisse examiner le grain. Le monsieur choisit un pain... c'était, je crois, 13 fr. 12, 13 ou 14 sous... je ne sais pas au juste...

M. le Président. Tout cela est étranger à l'affaire... hâtez-vous donc un peu.

Le garçon épicier. Ah, dame! moi, je ne suis pas comme vous dans la parole, je suis dans l'épicerie... enfin, n'importe!... je remets la tête à mon pain, et le Monsieur dit qu'on l'envoie chez lui. Bon!... Barnabé, que me dit madame, portez le pain de sucre rue des Beaux-Arts... c'était, je crois, n° 5, 7 ou 9, je ne suis pas bien sûr.

M. le Président. Encore une fois supprimez ces détails.

Le garçon, avec explosion. Me voilà parti! tout à coup je sens une secousse terrible... je me *retourne*, et je vois ce galopin qui s'ensauve avec ma tête... c'est-à-dire pas ma propre tête... la tête de mon pain... C'est clair... et il disparaît à un tournant... Moi je restais de là... je suis sûr que je devais avoir l'air bête... Un jeune homme bien mis, ma foi, s'approche de moi, et me dit : Votre voleur s'est sauvé par là... Courez donc vite après. Donnez-moi votre sucre... ça vous gênerait, je vas vous le garder. Moi, pas défiant, je lui confie mon corps pour courir après ma tête, et je crie, crie tant, qu'on arrête mon jeune homme tenant ma tête sous son bras. Je la reprends et je raccours pour retrouver mon corps; mais il avait disparu. Bien sûr qu'ils étaient complice et qu'ils devaient se retrouver pour réunir ma tête et mon corps, et les vendre à leur profit. J'étais tout chose, quoi!.. Je n'osais plus retourner à la maison sans mon corps et avec ma tête toute seule... Cependant j'ai eu ce courage, et madame, qu'est bien bonne, m'a donné une giffle, en me disant que j'étais une f.... bête... Voilà toute l'histoire, mon juge.

Le prévenu prétend qu'il n'a voulu faire qu'une farce. « Si vous l'aviez vu, dit-il; il avait l'air si serin avec son pain de sucre, que ça m'a donné une envie de le faire aller, que je n'ai pas pu y résister.

M. le Président. Nous croyons bien plutôt que vous aviez envie de voler le sucre, et c'est sans doute un de vos camarades qui s'est emparé du reste.

Le prévenu. Mon camarade! un voleur, mon camarade!... je ne connais pas de voleurs, entendez-vous!

M. le Président. C'est assez singulier, car vous avez été condamné il y a quatre ans, à deux années de correction pour vol, toujours au préjudice d'un épicier, en compagnie de deux jeunes gens de votre âge.

Le prévenu, qui ne montre plus tant d'assurance, est condamné à six mois d'emprisonnement.

Le garçon épicier. Ça me rendra-t-il mon pain de sucre?... Madame me l'a porté à l'article *Doit*, et si c'était un effet de votre complaisance, je serais pas fâché de le r'avoir.

Le condamné. Compte là-dessus, va! Il y a longtemps qu'on a fait des confitures avec!

Le garçon épicier. C'est tout de même bien embêtant qu'il faut que je le régale comme ça.

Le garde municipal met fin à ce colloque en entraînant hors de l'audience le condamné qui se tourne une dernière fois vers le jeune épicier et lui fait un pied-de-nez moqueur.

Le garçon épicier. Est-il malhonnête, ce grand voleur-là!... C'est égal, une autre fois je me méfierai de lui et de ses semblables.

L'épicier gagne lentement la salle des Pas-Perdus, et se voit assailli par une foule de gamins qui le bernent impitoyablement.

Imprimerie d'Amédée Gratiot et Ce, rue de la Monnaie, 11.

J. BOURMANCÉ, ÉDITEUR D'ESTAMPES, 241, PLACE DU PALAIS-ROYAL.

LE PETIT LEVER.

Le sieur Vergier, nouvellement arrivé à Paris, s'était logé dans un des nombreux hôtels de la rue de Grenelle-Saint-Honoré. Il occupait une chambre et un cabinet, dans lequel se trouvaient ses bagages. Un matin donc que le sieur Vergier, encore plongé dans cet état de somnolence qui n'est plus le sommeil, qui n'est pas non plus le réveil, se laissait aller à cette vague paresse qui suit le repos de la nuit, il entend tourner la clef dans la serrure. Dans la persuasion où il est que le bruit est occasionné par l'arrivée de quelque garçon de l'hôtel, qui vaque à son service, le sieur Vergier se garde bien de rompre le charme de cette douce quiétude qui captive ses sens engourdis. Cependant il entr'ouvre à demi ses paupières appesanties et aperçoit, du coin de l'œil, deux hommes d'assez mauvaise mine, et qui, après s'être assurés qu'il dormait bien, se dirigent vers le cabinet et se mettent en devoir de faire main basse sur tous les objets qu'ils trouvent. Le sieur Vergier garde tout d'abord un silence prudent et feint un sommeil profond. Néanmoins il épie à la dérobée jusqu'aux moindres mouvements des voleurs. Puis, profitant tout à coup du moment où ceux-ci sont le plus occupés de leur butin, le sieur Vergier se lève précipitamment, se dirige vers la porte, qu'il referme à double tour derrière lui. Les voleurs se trouvaient ainsi pris comme au trébuchet; il n'y avait aucun moyen de fuir. Les gens de l'hôtel furent promptement sur pied et on parvint facilement à s'emparer des deux voleurs qui viennent répondre aujourd'hui devant la police correctionnelle à une accusation de vol, de l'espèce appelée le *vol au bonjour*.

Les deux voleurs sont les nommés Martin, dit l'*aile de mouche*, et Crozard, déjà repris de justice.

Le sieur Vergier vient déposer sur les circonstances que nous avons déjà fait connaître. « Heureusement, ajoute le témoin, que j'avais été assez avisé pour cacher ma montre et ma bourse sous le traversin de mon lit. Les deux voleurs se dirigèrent d'abord vers le cabinet en marchant sur la pointe des pieds, comme des preneurs de taupes. Ils ouvrirent ma malle, qu'ils vidèrent en entier. J'entendis très distinctement le nommé Martin qui disait à voix basse à son camarade : « Nous sommes volés ; il n'y a que des *frusques* (des vêtements). — T'es joliment difficile, toi, reprit Crozard... un monsieur, ça n'peut pas avoir des diamants comme la danseuse de l'autre jour... Vois-tu, Martin, faut prendre le temps comme il vient et les hommes avec quoi qu'ils se trouvent. »

Le concierge de l'hôtel dépose qu'il a vu Crozard traverser la cour avec une *bonne-grâce* sous son bras (on appelle ainsi la toile dans laquelle les tailleurs enveloppent les habits). J'ai cru qu'il avait affaire à quelque voyageur, dit le témoin, et je ne m'en suis pas inquiété davantage. Quant à Martin, je ne l'ai pas vu entrer et j'ignore comment il a pu s'introduire dans l'hôtel.

M. le Président, à Crozard. Que signifiaient les mots que vous disiez à votre camarade : « Un monsieur ne peut pas avoir des diamants comme la danseuse de l'autre jour ? »

Crozard. C'était une comparaison.... On sait que les danseuses sont couvertes de *bagues*.

M. le Président. Ces mots ne faisaient-ils pas allusion à quelque vol que vous auriez commis ?

Crozard. Vous me prenez donc pour un voleur?... Je n'ai jamais volé que deux fois dans ma vie, et ça m'a si mal réussi les deux fois, que je renonce au métier... Je n'ai pas la main heureuse.

Martin reconnaît les faits qui lui sont imputés, et ne songe nullement à se défendre.

En présence des aveux positifs des accusés, la tâche des juges était facile. Martin et Crozard, attendu l'état de récidive, sont condamnés chacun à dix ans d'emprisonnement.

LE BAL DES CHIENS.

Un gros garçon dont les joues fraîches et carminées rappellent les vives couleurs d'une pomme d'apis, est assis sur les bancs de la police correctionnelle, sous l'inculpation d'avoir porté le trouble et le désordre dans une des réunions les plus élégantes de la barrière du Combat : nous voulons parler du bal des chiens.

Un Gendarme. J'étais au bal des chiens...

M. le Président. Quest-ce que le bal des chiens ?

Le Gendarme. C'est le bal des chiens, quoi !.,, On l'appelle comme ça parce que c'est le bal des garçons bouchers, et qu'on peut y amener des chiens... Un drôle de bal tout de même ! oùs que les chiens peuvent faire la queue du chat, si c'est dans leurs z'idées !.... Enfin, c'est comme ça !.... Pour vous revenir... voilà que pendant que les cavaliers et les dames se secouaient au son du fifre et du tambour, comme on disait dans mon régiment, arrive Bertrand, le marchand de *réjouissance* que voilà (le témoin désigne l'accusé). Il était tout seul avec son dogue : on voyait qu'ils avaient bien dîné tous les deux. Au beau milieu de la contredanse, je vous aperçois mon particulier qui vous excitait son chien contre les jambes des danseuses et qui vous lâche son compagnon dans la danse, comparativement comme un chien dans un jeu de quilles. Toutes ces demoiselles se sauvaient. Moi, qui étais là pour l'ordre, je trouve que ça commence à se troubler, et je dis à Bertrand de faire sortir son *épagneul*, ou sinon je vais le mettre dedans.

Pendant ce temps, son compagnon s'était accroché à la robe d'une demoiselle, et il tirait si fort qu'il lui resta entre les crocs un échantillon de la pièce. Bertrand pillait toujours son compagnon, et riait comme *un aveugle qui a perdu son bâton* : alors j'ai été chercher du renfort, et nous avons mis le maître et le chien *en arrêt*.

1re *Danseuse.* Un beau chien de bal que le bal des chiens !.... On n'y peut pas faire un pas sans marcher sur la queue d'un animal.

M. le Président. Voyons, de quoi vous plaignez-vous ?

La 1re Danseuse. J'ai été dévorée... ma robe s'entend. Voici l'histoire. Pendant que je *balançais*, le chien de Monsieur est venu sur moi et il s'est mis à me parler des grosses dents.... Il m'a emporté une aune de mérinos.

2e *Danseuse.* J'ai eu la jambe mordue....

Le prévenu. Ça ne mord pas, la petite mère... Il faut des preuves !

La 2e Danseuse. Les preuves sont là... Les crocs sont encore marqués.... (Ici le témoin se met en devoir de dénouer sa jarretière ; mais M. le

—Nous sommes volés; il n'y a que des frusques (des vêtements.)
—T'es joliment difficile, toi!... Un Monsieur, ça ne peut pas avoir des diamans comme la danseuse de l'autre jour.... Vois-tu, faut prendre le temps comme il vient et les hommes avec quoi qu'ils se trouvent!...

Lith. Coulon

Juste Bourmancé Editeur de la Correctionnelle
Place du Palais Royal, 241.

Président l'arrête et déclare que le tribunal s'en rapporte pleinement à sa véracité).

3e *Danseuse.* Je suis tombée....

Le prévenu, interrompant le témoin. Fameux!... fallait peut-être que César donne la patte à mademoiselle pour l'aider à se relever.

La 3e Danseuse. Vous faites bien votre chien couchant, boucher!... Vous savez mieux que moi ce que je veux dire.... c'est votre chien qui est venu m'embarlificoter avec sa queue et qui m'a fait tomber sur la tête.

Le prévenu. Ça n'a ni tête ni queue, ce que vous dites-là.... César n'a pas de queue.... c'est vous qui la lui faites à présent.

La 3e Danseuse. Enfin ce qu'il y a de sûr et de certain, c'est qu'il s'est égaré dans mes jambes et qu'en tombant j'ai eu un trou au front.

Le prévenu. Tenez, mes juges, dans tout ça il n'y a pas de quoi fouetter un chien. Il est vrai de dire que César ne s'est pas beaucoup accordé avec ces demoiselles, et qu'ils étaient ensemble comme chien et chat, mais César est connu pour sa douceur.... Je puis dire, sans me flatter, que c'est la plus forte mâchoire du *Combat*.... mais il est incapable d'en abuser au vis-à-vis d'un sexe faible et charmant... C'est un malheur, quoi! il avait un peu dîné et moi-même j'étais un peu dans les brindes... César voulait voir la danse; tiens! il en avait le droit.... le bal des chiens n'est pas fait pour les chats... mais ces demoiselles l'ont offusqué rapport qu'il les regardait.... C'te bêtise.... un chien regarde bien un évêque!... Voilà la chose... J'espère que vous allez *libérer* César et que vous ne me traiterez pas comme un.....

Le tribunal qui ne prête plus aucune attention depuis longtemps à la harangue du prévenu, l'interrompt tout à coup, en prononçant contre lui la peine de 8 jours de prison et 100 fr. d'amende.

En entendant le jugement, le condamné s'écrie: Sacré nom d'un chien!... J'en rappelle!

LA LAITIÈRE ET LE POT AU LAIT.

M. le Président. Où est la plaignante?

Une femme ronde comme un fromage de Hollande, et portant cornette, se lève avec pétulance: «Voici la celle qui se plaint!.... la mère Droguet... et qui vend du lait qui ne porte pas son nom... Ah! dam!... c'est qu'il n'est pas baptisé, celui-là!...

M. le Président. Quel est l'objet de votre plainte?

La mère Droguet. Nous y voilà! J'étais montée chez madame Gillard...Gignard... Giguard... Diable de nom!... Au fait, je ne sais pas comment qu'on la nomme... Je l'appelle tout uniment la dame du second... J'étais donc allée lui porter sa boîte de crême.... je prends le temps de dire deux mots. Elle me dit qu'elle a lu qu'il y a une maladie sur les vaches.

M. le Président. Allez droit au fait.

La mère Droguet. Il paraît qu'il ne faut pas *droguer* avec vous... Au fait, on y va... Voilà donc, comme je suis descendue, ce petit grimaud-là, sans plus se gêner que de chez lui, prenait sa tasse de lait dans le couvercle d'un pot... J'arrive par-derrière, et je l'empoigne par les oreilles... Que fait mon crapoussin, il donne un coup de soulier au pot, et voilà tout mon lait dans le ruisseau... je n'ai fait que de l'eau claire ce jour-là... j'ai manqué ma vente... qué qu'vous allez me donner pour ça?...

Le prévenu. Allez donc garder vos vaches!...

La mère Droguet. Ah!!! il ose *dire!...*

Le prévenu. Du lait qui était comme de l'eau de savon!...

La mère Droguet. Ah!!! il accuse mon lait!...

Le prévenu. Une fameuse drogue... j'en ai eu des coliques toute la journée et le lendemain.

La mère Droguet. Ah!!! il veut me ruiner!... On ne *fait* pas de meilleur lait que le mien... je ne donne que de la verdure à mes vaches.

Le prévenu. De la verdure en hiver!

La mère Droguet. Je ne les nourris que de choux et de navets... les malheureuses!

M. le Président, au prévenu. Pourquoi preniez-vous le lait de la laitière?

Le prévenu. Pour me *faire* la poitrine... le lait est une bonne chose... quand il est meilleur que le vôtre, entendez-vous la laitière?

M. le Président. Vous n'ignoriez pas que vous commettiez un vol.

Le prévenu. Je vous dis que ce n'était que de l'eau... on ne vole pas de l'eau... puisqu'on dit que l'eau coule pour tout le monde...

M. le Président. Vous avez aussi répandu le lait de cette femme, et vous lui avez fait du tort.

Le prévenu. C'est un service que j'ai rendu à ses pratiques... Si celui-là venait d'une vache, c'est que la laitière y avait mis la main!

Le tribunal met fin à ce débat en condamnant le jeune Boutan à un mois d'emprisonnement.

Imprimerie d'AMÉDÉE GRATIOT et Ce, rue de la Monnaie, 11.

UN DÉMOCRATE.

Une querelle relative à un droit de préséance amène sur les bancs de la police correctionnelle le nommé Boitard, serrurier.

Un monsieur se présente devant le tribunal et expose en ces termes les motifs de la plainte :

« Dans les premiers jours du mois de janvier dernier, je regagnais tranquillement mon domicile; il était environ 10 heures du soir. Arrivé rue de la Ferronnerie, à peu près à la hauteur du Pilier des Halles, deux hommes qui venaient dans la direction opposée, me barrèrent le chemin. Le trottoir est fort étroit dans cette partie de la rue de la Ferronnerie et il était entièrement occupé par les deux piétons. J'étais un peu préoccupé et ne songeais pas d'abord à me ranger pour leur livrer passage, lorsque l'un d'eux, Boitard, m'apostropha de la manière la plus inconvenante et la plus brutale. Il me dit que si je ne m'effaçais pas de mon propre gré, il allait m'aplatir contre la muraille. Je lui fis remarquer combien sa conduite était grossière et lui dis qu'il aurait pu se déranger aussi bien que moi. Boitard prit fort mal cette observation, et sans me laisser le temps de quitter le trottoir, me poussa violemment et fondit sur moi avec le bâton dont il était armé... il me porta plusieurs coups que je parai dans le premier moment; puis, me saisissant par le collet, il m'asséna un coup entre les deux épaules et me renversa. J'appelai du secours. Une patrouille vint fort heureusement à mon aide, car il est probable que, sans son intervention, Boitard, dont la fureur ne connaissait plus de bornes, m'aurait laissé mort sur le carreau.»

M. le Président, au prévenu. Vous avez entendu les faits qui vous sont reprochés. Pourquoi avez-vous frappé le plaignant?

Boitard. Il ne faut plus d'aristocrates !... à cause

que monsieur a du linge blanc, il croyait que j'allais me déranger de mon chemin et lui dire : « Donnez-vous la peine de passer!...» Du tout, du tout!... Aujourd'hui les hommes sont *égals* et ce n'est pas le drap fin qui fait les citoyens... Un ouvrier qui vient de gagner sa journée a le droit d'être aussi fier que celui-là qui ne l'a pas gagnée... il ne faut plus d'aristocrates! la Charte l'a dit...Vive la Charte!

M. le Président. Il n'est nullement question de prérogatives dans l'espèce. C'était tout simplement une question de politesse.

Boitard. On ne peut pas dire que je ne suis pas poli avec mes semblables; mais les aristocrates, je les dédaigne... à bas les aristocrates!...

M. le Président. Vous pouviez parfaitement vous expliquer sans frapper le plaignant.

Boitard. Bien dit, *le faignant!...* C'en est un *faignant!* ça se voit à ses mains blanches... Monsieur doit écrire ou jouer du violon... En v'là de l'ouvrage!...à bas les aristocrates qui jouent du violon, pendant que les bons enfants s'abîment le physique à travailler !

M. le Président. Tout ce que vous nous dites là n'explique nullement les faits du procès.

Boitard. A qui que je dois des explications, s'il vous plaît... le peuple est libre.

M. le Président. Personne n'est libre de frapper un citoyen.

Boitard. C'est juste, un citoyen...mais les aristocrates, on peut taper dessus... Je n'en voudrais pas tant seulement pour cirer mes bottes, de ces méchants riches... à bas les aristocrates!...

M. le Président, sévèrement. Asseyez-vous. Ce n'est pas ainsi qu'on s'exprime devant la justice.

Boitard. Je la respecte la justice qui est pour le peuple.

M. le Président. La justice est pour tout le monde; elle ne fait aucune distinction entre les citoyens.

Boitard. Voilà ce qu'il ne faudrait pas ; car enfin les aristocrates ne sont pas des citoyens comme les autres...

M. le Président impose énergiquement le silence au prévenu, qui reprend sa place, visiblement contrarié de n'avoir pas pu ranger le tribunal à ses opinions ultrà-démocratiques.

Boitard est condamné à deux mois d'emprisonnement et 100 fr. de dommages-intérêts envers le plaignant.

DEUX VOLEURS AUDACIEUX.

Un jour du mois dernier, le sieur Bollet, marchand bijoutier, était occupé dans sa boutique avec plusieurs personnes, lorsqu'un monsieur, vêtu avec une certaine élégance, se présente chez lui et demande à l'entretenir en particulier. M. Bollet s'excuse auprès de ses chalands et s'empresse de se rendre au désir du nouveau-venu. Il le conduit dans son arrière-boutique et lui demande tout d'abord à qui il a l'honneur de parler. L'inconnu déclare être un employé supérieur de la police de sûreté et fait connaître au sieur Bollet qu'il est envoyé vers lui par M. le Préfet de police, pour lui donner avis qu'un vol doit être commis à son préjudice dans la journée. Le sieur Bollet remercie de tout son cœur son interlocuteur, loue hautement la prudence de M. le Préfet de police et promet de se tenir sur ses gardes. « Non, ajoute l'inspecteur de police, il faut que vous vous prêtiez aux projets des voleurs, en ayant soin toutefois de tenir note des objets soustraits. » Le sieur Bollet ne paraît pas être au premier abord de cet avis. Cependant il ne trouva pas à répliquer, lorsque l'inspecteur lui eut fait envisager que sa condescendance aux désirs de M. le Préfet de police devait rendre un grand service à la sécurité publique; car il ne s'agissait de rien moins que de découvrir toutes les ramifications d'une bande nombreuse de voleurs, qui avait jusque-là mis en défaut le zèle des agents de la sûreté publique. Cette considération l'emportant, le sieur Bollet se détermine enfin à se laisser voler, sous la condition expresse que les objets soustraits lui seront immédiatement restitués.

L'inconnu en prend l'engagement formel, fournit au bijoutier tous les renseignements nécessaires sur la personne du voleur, ainsi que sur l'heure et les circonstances du vol ; puis enfin il se retire, non sans recommander de nouveau au sieur Bollet de paraître ignorer, par rapport au voleur, toutes les particularités qu'il vient de lui faire connaître.

Le sieur Bollet attendait donc son voleur de pied ferme, lorsque le nommé Trompette se présente à son magasin. Bollet reconnaît à première vue son voleur et peut se convaincre de l'exactitude du renseignement qui lui a été fourni. Trompette affiche une imperturbable assurance, se fait montrer une quantité de bijoux et finit par emporter quatre bagues en diamants, une chaîne en or et une cassolette à odeurs, sans avoir rien acheté. Trompette

N° 35.

LA CORRECTIONNELLE

Petites Causes Célèbres.

Les aristocrates, on peut taper dessus.... Je n'en voudrais pas tant seulement pour cirer mes bottes de ces méchants riches.... à bas les aristocrates!...

Un homme libre.

Lith. Coulon

Juste Bourmance Editeur de la Correctionnelle
Place du Palais Royal, 241

n'est pas plus tôt parti que Bollet se hâte de se rendre à la Préfecture de police avec une liste exacte des objets qui lui ont été volés. Là, il ne tarde pas à acquérir la triste certitude qu'il a été victime de deux escrocs, maîtres-passés, et que l'inconnu, dont il avait reçu les premiers avis, n'était qu'un compère de celui qui avait pratiqué le vol. Sur les indices fournis par Bollet, la police parvint à saisir Trompette et son camarade Caillot, tous deux forçats libérés. Ils furent trouvés encore nantis des bijoux volés. M. le procureur du roi, saisi de l'affaire, a fait comparaître les deux voleurs devant le tribunal de police correctionnelle sous la prévention d'escroquerie et d'usurpation de qualité.

Trompette et Caillot opposent les dénégations les plus maladroites aux charges pertinentes qui s'élèvent contre eux. Caillot proteste qu'il y a erreur par rapport à lui; qu'il ne s'est pas présenté chez Bollet et n'a usurpé aucune qualité. Il reconnaît bien que les objets ont été trouvés en sa possession, mais il les avait achetés d'un inconnu pour en faire cadeau à sa maîtresse. Comme M. le Président lui objecte qu'il n'est guère vraisemblable qu'un homme de sa condition puisse faire des cadeaux de cette valeur. Caillot s'écrie : « J'ai toujours fait beaucoup de sacrifices pour les femmes... je suis connu pour ma générosité; aussi on se m'arrache!... »

Mais le tribunal, peu touché des protestations d'innocence des prévenus, et prenant en considération leurs mérites passés, condamne les deux accusés à dix ans de reclusion.

LE GOUJON ET L'ASTICOT.

Ignace Goujon a eu le tort de danser une cachucha infiniment trop prolongée, et le tort plus grave d'envoyer paître, en se servant d'un autre mot, le gendarme chargé de l'appréhender au collet. Traduit, pour ce double délit, devant la police correctionnelle, il se pose en Spartacus, et répond ainsi à l'observation de M. le Président: « Mon opinion est connue... *j'hais* les gendarmes, parce que c'est un genre de tourlourous qu'a des idées à lui, et qui empêche les bons enfants de s'amuser.

M. le Président. Quand on s'amuse d'une manière convenable, on ne doit pas redouter les agents de la force publique.

Goujon. J'approuve cette observation qui me plaît par sa *justice;* mais je puis y répondre une observation non moins souveraine et approfondie.

M. le Président. Répondez, vous le pouvez.

Goujon. Alors je répondrai que je dansais d'une manière *convenable*, puisque cette manière me *convenait* (à voix basse) : Enfoncé le Président!

M. le Président, avec sévérité. Si vous n'avez pas d'autres raisons à donner, vous ferez mieux dans vos intérêts de garder le silence.

Goujon. Je répondrai encore que le gendarme a falsifié... Je ne pratiquais ni le cancan ni la macaire.

M. le Président. Ce qu'il y a de certain, c'est que vous dansiez une danse prohibée.

Goujon. Comment que j'aurais pu savoir qu'elle était prohibée, puisque je l'avais inventée la veille... Je n'ai pas appris à l'Opéra, moi, mais je danse comme je peux, parce que j'ai des idées dans les jambes... J'ai inventé des danses que j'ai dansées à des noces et à des baptêmes, et jamais je n'ai z'eu de désagréments.

M. le Président. Vous êtes en outre prévenu d'avoir insulté le gendarme qui voulait vous faire sortir du bal.

Goujon. Encore des balivernes! Je n'ai pas insulté le gendarme... Je n'étais pas assez monté en boisson pour ne pas me *mémorier* mes faits et gestes... C'est pas quand on n'a bu que cinq ou six méchants litres...

M. le Président. Vous venez d'entendre sa déposition : vous lui auriez dit que vous alliez casser son sabre sur votre genou, et que vous le feriez entrer dans le fourreau à sa place.

Goujon. Il y est le calembourg!... Je vous demande un peu si on peut dire des choses comme ça?.... Il est mignon le gendarme, pour qu'on l'introduise dans un fourreau de sabre..... Il rendrait dix points à l'obélisque.

Le gendarme, du fond de l'auditoire. M. le Président, j'ai oublié quelque chose.

M. le Président. Approchez!

Le gendarme. C'est rapport aux sottises... Il m'a invectivé d'asticot.

Goujon. Fameux, le coq-à-l'âne! Certainement que je vous ai appelé asticot. Puisque je m'appelle *Goujon* et que vous vouliez me repêcher, je pouvais bien vous interpeller d'asticot.

Le tribunal a bien de la peine à ne pas partager l'hilarité de l'auditoire; mais, peu édifié par la singulière logique du prévenu, il le condamne à 15 jours de prison et à 20 francs d'amende.

Imprimerie d'AMÉDÉE GRATIOT et Cᵉ, rue de la Monnaie, 11.

COCO!... QUI VEUX BOIRE?...

A l'appel du nom de Planchette, un homme d'une laideur excessive, et resté enfoui, jusques-là, dans les plis d'un immense manteau, se lève et s'achemine lourdement vers le tribunal. A voir sa démarche pesante, on devine d'avance que, comme le cheval de Troie, Planchette renferme dans le contour de son *plaid* fourré de renard, sinon quelque machine de guerre, du moins quelque pièce relative au procès. Tout à coup, enfin, il rejette héroïquement son enveloppe, et les juges étonnés voient apparaître, comme par l'effet d'un mécanisme théâtral, un homme revêtu du costume au grand complet d'un de ces limonadiers au petit pied, chargés de verser aux gamins, aux bonnes d'enfants et aux militaires, les flots écumeux de ce délicieux nectar, désigné, dans l'idiome populaire, sous le nom très prosaïque de *Coco*. Planchette dépose, sous les yeux du tribunal, sa fontaine surmontée d'une ambitieuse *Renommée*, et paraît attendre avec confiance l'ouverture des débats.

M. le Président. Votre action est contraire aux usages du tribunal. Dans quel but avez-vous apporté tout cet attirail à l'audience?

Planchette. Un philosophe a dit : « La Vérité habite au fond d'un puits; » moi, je prétends la faire sortir de ma fontaine.

M. le Président. D'après les termes mêmes dans lesquels votre plainte est conçue, je ne vois pas que ces ustensiles soient nécessaires pour éclairer les faits du procès.

Planchette, frottant sa fontaine avec le revers de son coude pour lui donner du lustre. Elle éclairera la Justice; soyez en bien certains. Je demande à confondre *avec* ces deux petits scélérats qui se pavanent au banc du crime.

Planchette est admis à développer les faits imputés par lui à Morel et à Charlieu, deux petits espiègles à l'œil lutin et qui semblent pétris de malice.

« Un soir du mois dernier, dit-il, je carillonnais devant la porte du Petit-Lazari et j'attendais l'entr'acte pour rafraîchir les gosiers *sèches*. Voilà qu'il me passe des inquiétudes dans le ventre, comme si j'avais pris médecine... C'était ma femme qui m'avait fait manger des pruneaux trop sucrés à mon dîner. Bref, comme le cas pressait, je pose ma fontaine tout proche d'un banc et je vais un peu plus loin. Mais je n'avais pas plutôt mis les coudes sur les genoux, parlant par respect, que je vois les deux gamins ci-inclus qui étaient montés sur le banc, et qui après avoir enlevé le couvercle de ma boîte à coco, vous lâchent, sans se blesser, les boutons de devant... Oh ! alors, vous auriez vu la fontaine des Innocents couler dans ma tisane! J'aurais bien voulu courir pour les étrangler, car j'ai, comme on dit, la tête près du bonnet; mais dans ce moment elle était trop près des talons; ce qui fait que j'étais là comme l'*estatue* du Rémouleur, qui est aux Tuileries... Finalement, je me rajuste et je vous repince mes deux bandits...

M. le Président. Lorsque vous avez arrêté les prévenus, ceux-ci ne vous ont-ils pas maltraité?

Planchette. Je n'étais pas reconnaissable en sortant de leurs mains... Moi et ma fontaine nous étions couverts de bosses... la fontaine surtout...

M. le Président aux prévenus. Quel est celui de vous deux qui a porté les coups ?

Morel, d'un ton câlin. C'est pas moi, m'sieur le Président.

Charlieu. C'est pas moi, non plus, ma petite parole *d'onze heures !*

Planchette. Faut pas tirer à la courte-paille pour savoir qui a tapé... Il y avait, bien comptés, quatre pieds et autant de poings... chaque coup comptait double.

M. le Président. Ainsi tous les deux vous ont frappé?

Planchette. J'ai dit quatre pieds... et à moins qu'il n'y ait un de ces petits animaux-là qui soit quadrupède, vous pouvez t'être sûr qu'ils m'ont bousculé tous les deux.

M. le Président. Vous reconnaissez bien les deux accusés?

Planchette. Comme si je ne les avais jamais perdus de vue... seulement, le plus grand me paraissait un peu plus petit; quant au plus petit, il était *visiblement* plus grand... mais, bah ! quelques pouces de plus ou de moins, ça n'est pas une affaire; tout le monde est égal devant la justice.

Plusieurs témoins viennent établir ensuite la culpabilité des prévenus, par rapport aux voies de fait.

M. le Président aux prévenus. Vous avez entendu les charges qui s'élèvent contre vous. Qu'avez-vous à répondre ?

Morel à son co-auccusé. Parle, toi, Alexandre.

Charlieu. Qué que tu veux que je dise?... Je n' sais rien. Toi qu'a du *nez* et de la langue, réponds.

M. le Président. Il serait assez difficile de réfuter l'accusation; vous avez entendu les témoins.

Morel. Je vas vous dire : le marchand de coco *s'avait bu*... il ne sait ce qu'il chante... quant à ce qui est d'avoir troublé son eau de réglisse, nous avons fait ça pour la *frime*... lui a cru que c'était pour de vrai... mais c'était pour de rire... nous avons beaucoup ri.

M. le Président. Ce n'est pas ce qui est résulté de la déposition de l'un des témoins. Il paraît que vous avez fait plus que le simulacre de la chose qui vous est reprochée.

Morel embarrassé. Je pouvais pas, puisque j'ai malheureusement une prétention, comme dit le médecin... Pas vrai, Charlieu?

Charlieu. C'est vrai, ça ?

Planchette. N'en croyez-rien. J'ai dit que ça coulait comme la fontaine des Innocents, j'aurais du dire comme la fontaine de l'Éléphant.

Morel. Vous êtes pris, le marchand; l'éléphant ne coule pas... enfoncé la tisane!

Le tribunal met fin à ce debat, et fait approcher les parents des deux prévenus, qui sont réclamés par leurs familles. Après une mercuriale sévère, M. le Président engage les papas et les mamans à veiller davantage sur la conduite des deux gamins; et renvoie ceux-ci de la plainte, en les condamnant toutefois aux dépens.

L'IVROGNE ET LA PARISIENNE.

Pimpernelle, dit *Jovial*, est traduit devant le tribunal correctionnel pour injures envers un agent de la force publique. C'est un véritable colosse, de quelque côté qu'on le prenne, en long ou en large. Il se pose devant les juges en écartant les jambes, les mains croisées sur le dos, et avant que

N° 36

LA CORRECTIONNELLE

Petites Causes Célèbres.

Vous reconnaissez bien les deux accusés?

Comme si je ne les avais jamais perdus de vue .... Seulement le plus grand me paraissait plus petit, quand au plus petit il était visiblement plus grand, mais, bah! quelques pouces de plus ou de moins, ça n'est pas une affaire .... Tout le monde est égal devant la justice.

Lith. Coulon.

Juste Bourmancé Editeur de la Correctionnelle.
Place du Palais Royal, 241.

M. le Président lui ait adressé la moindre question, il prononce d'une voix rauque et courroucée des paroles qu'il est impossible d'entendre : c'est le grognement d'un dogue réveillé en sursaut.

M. le Président : qu'est-ce que vous dites? Il est impossible de rien saisir de vos paroles.

Pimpernelle. Pardon, excuse et obéissance, Président ; c'est que j'ai ma chique.

Ce disant, Pimpernelle va chercher au fond de sa mâchoire gauche une horrible boulette grosse comme un œuf; puis tirant de sa poche un morceau de papier qui doit, par sa couleur d'un jaune noir, servir depuis plus d'un an à cet usage, il *emmaillote,* avec toutes les précautions possibles, sa chère dragée, en s'écriant : « En v'là une, de scie ! »

M. le Président : Eh bien, que vouliez-vous dire?

Pimpernelle : Il me semble que ça n'est pas moi qu'a demandé à venir ici..., c'est à vous à me dire ce que vous avez à me conter.

M. le Président. Parlez plus décemment.... songez que vous êtes ici devant la justice.

Pimpernelle. La justice!... C'est juste... quand je dis que c'est juste... Enfin, n'importe... nous verrons bien.

M. le Président. Vous êtes prévenu d'outrages envers un agent de la force publique dans l'exercice de ses fonctions.

Pimpernelle. En v'là un, de pioupiou!... on l'invite à boire, il refuse, et il appelle ça l'exercice de ses fonctions... La fonction de l'homme, c'est de boire, entends-tu, tourlourou... Il était dans l'exercice de sa faction, mais pas de sa fonction.

M. le Président. Vous apportez ici une tenue et un langage fort inconvenants... je vous en préviens dans votre intérêt.

Pimpernelle. J'suis de la halle, c'est mon genre.

Claude Lopinot est appelé comme témoin.

M. le Président. Quel est votre état ?

Lopinot. Maréchal ferrant et apprenti maréchal de France.

M. le Président. Rapportez les faits qui amènent le prévenu devant le tribunal.

Lopinot. Cet homme était bu comme plus ou moins de douzaines d'éponges, ce qui fait que j'aurais tort d'y en vouloir... Je lui pardonne, au pékin.

M. le Président. Vous devez répondre à mes questions et rapporter fidèlement tout ce que cet homme vous a dit.

Lopinot. Bon ! ça y est... Donc, j'étais en faction rue Plumet, quand je vois à travers la lune dont qu'il en faisait clair, un particulier qui cheminait dans le vis-à-vis de ma guérite en pratiquant dans le ruisseau les festons les plus variés... Bon ! rien à dire, il était dans son droit.

M. le Président. Arrivez donc au fait.

Lopinot. Donc, voilà ce qu'il m'a fait... Il s'avance, s'approche, se faufile entre ma guérite et moi, et se met à chanter avec une voix que je n'ai jamais vue qu'au serpent de mon endroit :

En avant ! marchons
contre leurs canons . . .

Pimpernelle. Pardon, excuse, obéissance, si je vous dérange, pioupiou... je n'ai pas dit : contre leurs canons; j'ai modulé : contre les canons.

Lopinot. Je n'entrevois pas la malice, mais j'y *optempère.*

M. le Président. Continuez donc et ne parlez pas au prévenu.

Lopinot. Vous auriez cru trois mille hommes, avec cette voix-là... vous me croirez si vous voulez, mais j'ai eu une espèce de venette, avec ça que je me suis dit : Bien sûr qu'il en veulent aux canons des Invalides... même que je n'y ai pas mâché, au pékin, et il est là pour dire que je lui ai dit : « Est-ce que par hasard vous en *vouderiez* aux canons des Invalides? » C'est pour lors qu'il se met à m'interpeller de melon, de cantalou et autres légumes, en me disant : « Cornichon, mon ami, il s'agit de marcher contre les canons du marchand de vin du coin. » Certainement je ne suis pas inférieur à un verre de vin, mais la consigne n'étant pas pour la chose, je lui dis de passer son chemin... Oh! dam! il me traite de toutes sortes de choses..., et il finit par me dire qu'il ne fait pas plus de cas de moi que d'un cervelas sans ail... c'est profondément humiliant, pas vrai?

Pimpernelle. Pas vrai! il a dit le mot : c'est pas vrai! qu'on ne me demande plus rien, je ne répondrai plus un mot.... C'est pas vrai! c'est pas vrai! cent dix-neuf mille fois pas vrai!... voilà ma défense... n'y a pas besoin d'avocat pour ça...

La défense de Pimpernelle obtient fort peu de succès : il est condamné à un mois de prison et à 25 francs d'amende.

Imprimerie d'AMÉDÉE GRATIOT et Cᵉ, rue de la Monnaie, 11.

J. BOURMANCÉ, ÉDITEUR D'ESTAMPES, 241, PLACE DU PALAIS-ROYAL.

ON REVIENT A SES PREMIÈRES AMOURS.

« Il n'est pas de belles prisons ni de laides amours, » dit un vieux proverbe; on ne saurait attaquer la justesse de cet adage, en voyant le sieur Grivet, donneur d'eau bénite dans l'une des églises de Paris, en proie aux tourments de la jalousie par le fait de la demoiselle Dumoulin, espèce de matrone d'une laideur idéale. Il y a quelque trente ans que Grivet engagea à ladite demoiselle son cœur, sa foi et sa destinée. Daphnis et Cloé, Héro et Léandre, Laure et Pétrarque, enfin tous les plus grands saints de la liturgie galante, étaient de pauvres amants auprès du donneur d'eau bénite et de sa tendre tourterelle. Rien ne manquait à la félicité de ce couple charmant, si ce n'est pourtant la sanction de l'autorité civile et ecclésiastique. On jugera sans doute que le cas est des plus graves pour un donneur d'eau bénite; mais aux yeux de plus d'un, la tendresse de Grivet n'en sera que plus méritoire, par la raison que Grivet n'était contraint ni par la loi, ni par les canons à adorer son *Héloïse*. Toutefois mal en prit à l'infortuné donneur d'eau bénité pour n'avoir pas fait *éterniser* son bonheur par l'intervention de M. le Maire. Voilà le fait :

Après trente ans de l'amour le plus pur, alors que la passion de Grivet n'avait fait que croître et... enlaidir, Grivet se vit un jour délaissé par la demoiselle Dumoulin, qui, manquant tout à coup à la foi jurée, à tous ses antécédents de vertu, déserta le domicile quasi-conjugal pour suivre Durodé, tourneur de chaises. On ne comprend pas comment l'imagination d'un tourneur a pu poétiser une créature aussi disgracieuse que la demoiselle Dumoulin. La fuite de la Dulcinée de Grivet est un impardonnable manquement aux lois de l'amour, mais enfin la justice n'aurait pas à s'en mettre en peine, si elle n'était accompagnée de circonstances particulières qui lui donnent le caractère d'un délit. Ainsi, quoiqu'elle abandonnât volontairement Grivet, la demoiselle Dumoulin a jugé à propos d'emporter dans sa fuite, comme souvenir sans doute de son bonheur passé, une paire de flambeaux en plaqué, deux tasses portant dans une guirlande de fleurs les chiffres enlacés des deux amants ; enfin, un caleçon, quelque peu de linge et des ustensiles de ménage, encore bien que le tout fût la propriété du délaissé. C'est en raison de ces faits que la demoiselle Dumoulin est traduite devant la justice sur la plainte de Grivet.

Après les questions d'usage, M. le Président engage le plaignant à expliquer les faits de la cause.

Grivet, après une sorte d'invocation à l'amour, expose au tribunal le tableau des trente ans de douce béatitude qu'il a dus à sa *Lisa*. Il y a des larmes dans la voix du plaignant lorsqu'il retrace certains souvenirs de ses relations avec la prévenue.

M. le Président. Quels que soient les torts de la demoiselle Dumoulin à votre égard, le tribunal n'y peut rien ; il est saisi seulement d'une plainte en détournement d'effets.

Grivet. Pardon, mon Président, ça me soulage toujours un peu de pouvoir parler de ma Lisa.

M. le Président. Je veux bien le croire, mais le tribunal ne peut entrer dans ces confidences-là.

Grivet. Eh bien! parlons d'autre chose!...

M. le Président. C'est sur le fait de détournement que vous avez à parler.

Grivet. Ça ne sera pas bien long ; m'y voici. Comme je vous le disais, Lisa m'a inondé de félicité pendant trente ans; elle m'avait subjugué totalement; si bien que j'en avais perdu toutes mes facultés...

M. le Président. Vous retombez dans des faits étrangers aux débats.

Grivet. La tête n'y est plus... J'ai eu tant de chagrin depuis que Lisa m'a quitté, que je ne sais plus ni ce que je dis, ni ce que je fais.

M. le Président. Votre raison n'est cependant pas troublée à ce point que vous ne puissiez pas dire ce que la demoiselle Dumoulin vous a volé, et comment elle vous a volé.

Grivet. Ce qu'elle m'a volé, c'est son cœur; comment elle me l'a volé, c'est en allant avec le tourneur.

Une voix, partie du fond de l'auditoire. Dites donc, le donneur d'eau bénite, c'est bien moi qui suis volé! Votre Lise est un vrai diable... je vous la rerends, si vous voulez; je n'en veux plus!...

Cette voix est celle du tourneur Durodé. A cette exclamation tout à fait inattendue, le tribunal et l'auditoire ont peine à se défendre d'un mouvement d'hilarité.

La demoiselle Dumoulin. Ah ça ! est-ce qu'on va me marchander longtemps comme ça !

M. le Président à Grivet. Si vous ne vous expliquez pas plus catégoriquement, le tribunal se verra forcé d'anéantir votre plainte.

Grivet. Eh bien ! elle m'a escroqué deux flambeaux, un caleçon et du linge.

La demoiselle Dumoulin. C'est faux.

M. le Président. Vous ne pouvez nier la soustraction, puisque les objets ont été retrouvés au domicile de Durodé.

La demoiselle Dumoulin. Il me les avait donnés pendant notre amitié.

M. le Président à Grivet. Comment se fait-il que vous réclamiez des objets que vous auriez donnés ?

Grivet. C'est une fausseté!... D'ailleurs, je ne lui aurais pas donné un caleçon, vu que ce n'est pas honnête qu'une femme *connusse* ce vêtement.

Durodé est ensuite entendu. Il confirme la saisie faite chez lui des objets réclamés par Grivet; mais il ne peut pas dire auquel des deux, du plaignant ou de la prévenue, ils appartenaient.

M. le Président à la prévenue. Vous avez dit que les objets saisis vous avaient été donnés par Grivet...

La prévenue. Oui, monsieur, le jour de ma fête.

M. le Président. Grivet n'a pu vous donner un caleçon qui était à son usage personnel.

La prévenue. Tout était en commun entre lui et moi.

M. le Président. Cela peut être pour beaucoup de choses, mais cela n'est pas vraisemblable pour les vêtements.

La prévenue. Je vais vous dire... j'avais des rhumatismes partout, et le médecin m'avait ordonné de porter des caleçons. C'est encore Grivet qui est l'auteur de mes rhumatismes... cet homme-là est tout glace!...

Grivet. Ingrate!... j'aurais dû être de glace pour vous : je ne me trouverais pas réduit à voir

— C'est une fausseté!.. D'ailleurs je ne lui aurais pas donné un caleçon, vu qu'il n'est pas honnête qu'une femme connusse ce vêtement.

Lith. Coulon.

Juste Bourmancé Editeur de la Correctionnelle
Place du Palais Royal, 241.

aujourd'hui mon amour s'en aller en fumée.

La prévenue. Ta ta ta!... vous nous donnez-là de l'eau bénite de cour!... Si vous aviez eu pour moi une *attache* solide, vous ne m'auriez pas fait arriver du désagrément.

Grivet. C'est bien votre faute!... pourquoi que vous m'avez quitté pour aller avec le tourneur?

La prévenue. J'ai fait mon deuil du tourneur... Et si vous voulez?...

Grivet. Bien vrai?...

M. le Président. Ce colloque n'est nullement dans les convenances. Grivet, persistez-vous, ou non, dans votre plainte.

Grivet. Mais... il se pourrait que non... après tout, je ne sais pas pourquoi... puisque Lisa ne veut plus du tourneur...

La prévenue. Oh! mon Dieu... *n*, *i*, *ni*, c'est fini!...

Grivet, transporté de joie... Eh bien! je me *déplains!* et je demande pardon à ma Lisa.

M. l'avocat du roi ne s'opposant pas à cette transaction, le tribunal renvoie la demoiselle Dumoulin purement et simplement de la plainte.

L'ÉMOTION DU CHARRETIER.

L'audience est ouverte depuis un quart d'heure, et un grognement sourd n'a cessé de se faire entendre dans le fond de l'auditoire, vers la partie la plus reculée du banc des témoins. L'huissier, qui a plusieurs fois déjà cherché à découvrir l'auteur de ce bruit, opère, sur l'ordre de M. le Président une recherche minutieuse dans la salle, et bientôt il découvre, couché par terre et adossé au poële un grand et gros gaillard, tenant entre ses bras un de ces gros fouets, armes de nos charretiers, et coiffé d'un bonnet de coton qu'il a rabattu sur ses yeux pour ne pas être réveillé en sursaut par quelque indiscret rayon de soleil.

Cet homme sans gêne est cité comme témoin. L'audiencier l'amène devant le tribunal, et là, il pousse au nez des juges un sonore bâillement.

M. le Président. Votre tenue est d'une grande inconvenance; où donc croyez-vous être, ici?

Le témoin, en voulant se frotter les yeux, dérange son équilibre, et va tomber sur le bureau de l'audiencier

M. le Président. Cet homme est complétement ivre... Il est indécent de se présenter ainsi devant le tribunal.

Le témoin. Pardon, excuse, mon petit procureur... C'est l'émotion, le respect... sans compter la chose de quelques verres de chnick que je m'ai repassés pour me donner du courage.

M. le Président. Il est impossible de recevoir le témoignage de cet homme.

M. l'avocat du Roi. Il y a un autre témoin qui pourra édifier le tribunal sur la culpabilité du prévenu.

Le témoin. Est-ce qu'on va me laisser planté là? fallait me laisser dormir, pour lors... Je viens ici pour ma montre.

M. le Président. Retirez-vous, je vous y engage.

Le témoin. De quoi! de quoi? et ma montre!... (le charretier pousse un nouveau bâillement).

M. le Président. Audiencier, faites sortir cet homme.

Le témoin se débat toujours en grognant et en s'écriant : « C'est l'émotion!... Vous ne voulez donc pas de moi? alors, bonsoir; j'vas me coucher.

Lorsque le tumulte que cette scène a occasionné est un peu apaisé, on entend un témoin qui déclare que passant le 19 janvier dernier, sur le boulevart des martyrs, il vit le prévenu s'approcher du charretier et lui prendre sa montre dans son gousset. Il le suivit et le fit arrêter.

Le prévenu. Je pourrais faire des phrases si je voulais... j'ai autant de platine que tous vos avocats, mais je me contenterai d'un mot : la montre était-elle en ma possession quand on m'a arrêté.

M. le Président. En effet on ne l'a pas trouvée sur vous; mais ce n'est pas là une preuve...

Le prévenu. Je connais les lois... je n'avais pas la montre; aussi on ne peut pas me condamner.

M. le Président. C'est ce que le tribunal appréciera.... Le témoin affirme positivement vous avoir vu tirer la montre de la poche du charretier; et quand on est revenu avec vous auprès de cet homme, qui dormait toujours, il n'avait plus sa montre.

Le prévenu. Eh bien! là, je vais vous dire la vérité : j'avais un rendez-vous très pressé, et je craignais d'être en retard. En passant devant le charretier, je lui demande : « Quelle heure est-il, s'il vous plaît? » Il ne me répond pas, et je vois qu'il dort. Alors, comme le cordon de sa montre passait, je la tire pour regarder l'heure, et je la remets en place. Si vous ne me croyez pas, je suis prêt à vous donner ma parole d'honneur.

Cette excellente garantie ne peut convaincre le tribunal, qui condamne le prévenu à un an de prison.

Imprimerie d'AMÉDÉE GRATIOT et Cᵉ, rue de la Monnaie, 11.

UN INNOCENT FOURRÉ DE MALICE.

Faucheux est un garçon bien découplé ; sa face émerillonnée annonce un caractère joyeux et des habitudes bachiques. Faucheux comparaît devant la justice sous la prévention de tapage, de rébellion et d'injures contre un agent de la force publique.

Le sergent de ville Moirou est appelé pour témoigner sur les faits de l'accusation.

Moirou. Le 13 janvier dernier, j'étais de service à la barrière de la Chopinette, lorsque je vois du monde arrêté devant la porte des *Vendanges de Suresne*. Je me dis : Ça sent les pots cassés ; allons voir de quoi il retourne. J'arrive et j'aperçois le nommé Faucheux qui était complétement asphyxié par la boisson : le liquide lui sortait par les yeux. Il paraît qu'il avait tenu des propos de polisson à la cabaretière et que le mari avait pris la mouche par rapport à certains gestes. Quand j'arrivai sur les lieux, Faucheux était en train de faire du *verre cassé* et disait des choses désagréables sur la femme du cabaretier... mais particulièrement sur le gouvernement....

M. le Président. Comment le gouvernement se trouvait-il mêlé à cette querelle ?

Moirou. J'ignore ; je sais seulement que Faucheux disait que la police était mal faite, puisqu'on laissait ouvert le cabaret de Patouillet.

Faucheux, ironiquement. La police, c'est donc le gouvernement à présent ?... Excusez !... le sergent ne se mouche pas à la manche !

Moirou. Je *blâme* vos petitesses ; elles ne peuvent m'atteindre... Pour en finir, monsieur le Président, quand je vois qu'il y a du grabuge, j'*intime* à Faucheux de venir s'expliquer au poste. Faucheux refuse de me suivre, et alors je me vois forcé de lui parler le langage de Saint-Quentin, où toutes les paroles sont dans la main.

M. le Président. Le prévenu n'a-t-il pas opposé de la résistance ?

Moirou. Mieux que ça : il m'a allongé un coup de poing dans l'estomac, que j'en ai craché le sang.

Faucheux. Laissez-nous donc tranquille, sergent; c'était de la teinture de campêche qu'on avait infusée dans votre boisson.

M. le Président. Laissez le témoin s'expliquer; vous parlerez à votre tour.

Moirou. Quand j'ai vu qu'il jouait des mains, je l'ai un peu *coltigé*, et c'est alors que je l'ai *encrusté* dans une muraille. Faut croire que le particulier avait appris à lire le *Catéchiste poissard*, car il me disait des raisons qui n'étaient pas raisonnables du tout.

M. le Président. Quelles sont les injures qu'il vous a dites ?

Moirou. Si je les répétais, je me les dirais à moi-même... je ne peux pas.

M. le Président. Mais encore faut-il que le tribunal puisse apprécier la valeur de ces injures.

Moirou, avec une timide hésitation. Eh bien !.. il m'a appelé... je ne sais comment vous dire la chose... il m'a appelé... mouchard !

Les époux Patouillet succèdent au sergent de ville, et racontent l'origine de la querelle qui s'était élevée entre eux et Faucheux ; il confirment les déclarations de Moirou, par rapport aux voies de fait.

Faucheux a la parole à son tour. J'étais dans les vignes ; faites pas attention... Les bons enfants ont toujours le cœur sur les lèvres et dans la main ; voilà la cause que j'ai dit au sergent des choses qui n'étaient pas à dire... Si je l'ai un peu tarabusté, c'était par réciproque... Il peut se vanter de m'avoir fait la barbe, et sans savonnette, le vilain !... Tenez, l'homme *bu* est l'image de l'innocence, et on ne doit pas se vexer de ses propos, par respect pour la vérité dont il est l'emblème.

M. le Président. Mais il y a plus que des mots ; il y a eu des coups.

Faucheux. L'homme *bu* est l'image de l'innocence... les innocents en ont les mains pleines.

M. le Président. Vous feriez bien mieux de nous donner des raisons plus sérieuses et de tâcher de vous disculper.

Faucheux. L'homme *bu* est l'image de...

M. le Président vivement. Asseyez-vous !

M. l'avocat du Roi déclarant s'en rapporter à la sagesse des juges, le tribunal entre en délibération. Faucheux est condamné à un mois d'emprisonnement et 100 fr. d'amende.

CHARITÉ CHRÉTIENNE.

On amène sur les bancs de la police correctionnelle une petite fille d'environ dix ans, pâle, chétive et dont les traits languissants attestent la constitution morbide. Elle déclare se nommer Désirée Dardelle et n'avoir ni famille ni domicile. Elle est accusée d'avoir dérobé à l'étalage du sieur Bouillon, rôtisseur, une aile de poulet.

M. le Président. Quel est le motif qui a pu vous porter à voler ? N'est-ce pas pour satisfaire votre gourmandise ?

Désirée. Ma gourmandise ?... oh ! non pas !... J'avais faim, bien faim... je n'avais pas mangé depuis deux jours ; je me sentais mourir.

M. le Président. Pourquoi avez-vous quitté vos parents ?

Désirée. Je ne les ai pas quittés. C'est ma mère qui m'a abandonnée... elle disait comme ça qu'elle était trop pauvre pour me nourrir... alors elle a quitté le garni dans lequel nous demeurions ensemble, et je ne l'ai pas revue... je ne sais pas ce qu'elle est devenue... Moi, on m'a chassée parce que je n'avais pas d'argent pour payer... Je suis restée deux jours à chercher ma pauvre mère, mais je n'ai pu la trouver...

M. l'avocat du Roi annonce au tribunal que toutes les recherches de la police pour découvrir la femme Dardelle ont été infructueuses.

M. le Président à la prévenue. Est-ce que vous n'avez pas votre père ?

Désirée. Je ne l'ai jamais connu... on m'a dit souvent que j'étais venue au monde sans père.... (Sourire dans l'auditoire.)

M. le Président. Quelle est la profession de votre mère ?

Désirée. Je ne sais pas... je sais seulement qu'elle travaillait tout le jour et même la nuit, et qu'elle disait toujours que ça ne lui rapportait guère.

M. le Président. Enfin elle avait des moyens d'existence?

Désirée. Oh ! pour ça oui, en travaillant.

M. le Président. A quelle cause attribuez-vous sa disparition?

LA CORRECTIONNELLE

Petites Causes Célèbres.

« L'homme bu est l'immage de l'innocence et on ne doit pas se vexer de ses propos, par respect pour la vérité dont il est l'emblême »

Lith. Coulon

Juste Bourmance, Editeur de la Correctionnelle
Place du Palais Royal, 241.

Désirée. Elle avait beaucoup de chagrin parce que j'étais venue au monde, et que je n'étais pas un garçon... elle s'en plaignait toujours... mais ce n'était pas ma faute...

M. le Président. Ne lui aviez-vous pas donné quelque autre sujet de mécontentement?

Désirée. Je ne crois pas; j'étais toujours bien obéissante, et je faisais tout ce que je pouvais pour la consoler, car elle pleurait souvent. Quand elle était triste comme ça, elle me regardait, puis elle disait: Pauvre Désirée, pourquoi n'as-tu pas une autre mère... Mais moi, voyez-vous, j'étais bien contente d'avoir celle-là, et je ne l'aurais pas changée pour une autre...

— *M. l'avocat du Roi.* D'après des notes qui m'arrivent à l'instant de la préfecture de police, il paraît que la femme Dardelle était une réclusionnaire libérée.

Désirée fixe ses petits yeux éteints sur M. l'avocat du Roi; mais elle ne paraît pas comprendre ce qu'il vient de dire. Lorsqu'on lui explique que sa mère avait subi précédemment une condamnation infamante pour vol, Désirée laisse tomber sa tête dans ses deux mains et s'écrie en sanglotant: Vous vous trompez, bien sûr!... Ma mère était une honnête femme, la preuve c'est qu'elle m'aimait bien et qu'elle me recommandait toujours de me bien conduire, parce qu'on était bien malheureux quand on n'était pas sage. Je vous assure que vous vous trompez... Oh! ma pauvre petite mère!...

Le tribunal paraît vivement ému et semble indécis sur le parti qu'il doit prendre par rapport à la petite orpheline, lorsqu'une dame religieuse, venue à l'audience comme témoin dans une affaire, offre à M. le Président d'emmener la petite Désirée avec elle, et de la faire participer à l'éducation que reçoivent les demoiselles dans leur communauté.

Le tribunal acquiesçant à la demande de la charitable sœur, attendu que Désirée Dardelle a agi sans discernement, la renvoie de la plainte, et ordonne qu'elle sera remise entre les mains de la bonne religieuse.

GARGANTUA FEMELLE.

Mademoiselle C..., une de nos plus piquantes actrices, était citée ces jours derniers devant la justice de paix, à la requête du sieur Fournet, traiteur, pour se voir, ladite demoiselle C..., condamnée à payer la somme de 635 fr. 85 cent. montant d'un repas à elle fourni par ledit sieur Fournet.

La demoiselle C... est venue défendre en personne à la demande du traiteur.

Fournet. Mlle C... est dans l'usage de donner de petits soupers, et il m'en coûte beaucoup d'avoir à poursuivre une de mes meilleures pratiques... Dans les derniers jours de janvier dernier, mademoiselle C... me fit commander un souper de quatre couverts, s'en remettant à moi pour l'ordonnance du menu. Je fis de mon mieux parce que je savais à quelles bouches j'avais affaire. Il ne s'agissait, en effet, de rien moins que de traiter un de nos plus spirituels vaudevillistes, qui m'avait promis de me faire *figurer* dans un de ses plus prochains vaudevilles. Voici le détail du service et les prix.

Fournet déroule une immense liste, assez semblable par sa dimension à la liste des maîtresses de don Juan, et en donne lecture.

Cette carte véritablement effrayante ne contient pas moins de cent trois articles, parmi lesquels nous voyons figurer: six bouteilles de vin de Bordeaux, huit bouteilles de vin de Champagne, quatre *id.* de Xérès, une *idem vin du Vésuve!...* et le reste à l'avenant. Mais ce qui pourra paraître plus singulier, c'est que l'article désigné par le traiteur sous le titre de *casse*, et qui comprend les verres et la vaisselle cassés, ne s'élève pas à moins de 65 fr.

Mademoiselle C... ne conteste nullement la fourniture et se borne simplement à attaquer la qualité des comestibles et des spiritueux; qualité tellement inférieure, ajoute la défenderesse, qu'elle est vraiment honteuse d'avoir offert un souper aussi *mesquin* à un vaudevilliste. — A quoi le demandeur réplique, qu'au lieu d'avoir en à rougir, elle a dû recevoir de nombreuses félicitations; la preuve, dit le sieur Fournet, c'est que les convives

Ont fait en bien mangeant l'éloge des morceaux.

Malgré toutes les protestations du traiteur, mademoiselle C... n'en persiste pas moins à soutenir que le souper dont s'agit était détestable, et à tel point détestable, qu'il a fourni la matière de plusieurs traits malins au spirituel vaudevilliste, qui n'a pas craint de faire injure aux talents culinaires du sieur Fournet, en appelant son souper « *un dîner de Madelon...* » Vous comprenez, ajouta mademoiselle C... combien le trait est méchant!...

Après avoir essayé vainement des moyens de conciliation, M. le juge de paix a renvoyé les parties à se pourvoir devant qui de droit.

Imprimerie d'AMÉDÉE GRATIOT et Cᵉ, rue de la Monnaie, 11.

POMME DE DISCORDE.

Deux femmes jeunes, jolies, gantées, enrubanées, le nez fripon, l'œil lutin, se présentent simultanément à la barre en se mesurant d'un regard courroucé.

M. le Président. Où est la plaignante ?

Les deux femmes à la fois. La voici !...

M. le Président. Il y a donc deux plaignantes ?

Les deux femmes. Il n'y en a qu'une bonne, et c'est moi qui *la* suis.

L'audiencier explique au tribunal que la plainte principale est celle de la demoiselle Florentine Crévelle, et que la demoiselle Eloa Bouchard n'a porté qu'une plainte récursoire.

M. le Président. Florentine, dites au tribunal les motifs de votre plainte.

Eloa. Je n'aurais jamais cru qu'il régnasse des préférences devant la justice.

M. le Président. C'est le droit de Florentine de parler la première ; sa plainte est antérieure à la vôtre.

Florentine. Sans compter qu'elle est plus légitime, comme on le verra bientôt.

Eloa. Il paraît que c'est ici comme au royaume des cieux, et que les dernières des dernières sont les premières.

Florentine. Je ne comprends pas !... Voulez-vous me faire l'amitié de répéter, s'il vous plaît ?

M. le Président. C'est inutile ! Expliquez-nous seulement les faits.

Florentine. C'est que j'ai bec et ongles, moi aussi, et je n'ai jamais craint les bégueules... Voyons ; vous voulez donc que je vous parle des atrocités de mademoiselle ?... Eh bien ! elle m'a coupée par morceaux...

Eloa. Mais vous ne dites pas à la justice que vous m'avez mise en pièces.

Florentine. C'est mademoiselle qui a commencé...

Eloa. C'est cette mijaurée qui a débuté par des mots.

Florentine. J'ai eu mon bonnet de dentelle déchiré...

Eloa. Ma robe a été fripée comme un mouchoir de poche...

Florentine. J'étais en sang...

Eloa. J'étais en eau...

M. le Président, imposant silence à l'une et à l'autre des deux plaignantes, ordonne que les témoins soient appelés.

Le sieur Hector Marais, jeune étudiant, après avoir prêté serment de dire la vérité et de parler *sans passion*, fait connaître au tribunal que c'est dans son propre logis que s'est déroulé le petit drame qui amène aujourd'hui Florentine et Eloa devant la justice. Il ne sait rien des torts mutuels des deux parties : il était absent. Il raconte que, lorsqu'il est rentré plus tard, il a trouvé les deux champions dans le plus grand désordre, et, qu'aussitôt entré, c'est contre lui que les deux adversaires ont tourné toute leur fureur. Il a failli devenir la proie de ces deux *anthropophages*... (Rires dans l'auditoire.)

M. le Président. Comment les plaignantes se trouvaient-elles toutes les deux chez vous ?

M. Hector garde un silence plein de réserve.

Florentine. Monsieur m'avait écrit le matin pour me donner rendez-vous chez lui à trois heures de l'après-midi.

Eloa. J'avais reçu une lettre de monsieur qui me priait de me trouver à son hôtel à la même heure et c'est mademoiselle que j'y ai rencontrée.

M. le Président. Hector, dans quel but avez-vous cherché à faire rencontrer les deux plaignantes.

L'avocat de mademoiselle Florentine. On le devine bien. Monsieur voulait provoquer une scène entre les deux jeunes personnes, et amener ainsi une rupture avec l'une et l'autre.

Madame Barraquet, propriétaire de l'hôtel garni, théâtre de l'événement. Quand je me suis présentée pour mettre le holà, j'ai été inondée de coups et je me suis retirée sans demander qui avait tort ou raison.

Plusieurs autres témoins sont entendus, mais aucun d'eux ne peut préciser les faits d'une manière satisfaisante.

Les avocats des deux plaignantes prennent ensuite la parole, et dans une plaidoirie vive et spirituelle, établissent chacun le bon droit de sa cliente ; si bien que le tribunal ne se trouve pas mieux éclairé après qu'avant.

En conséquence, le tribunal compensant les torts mutuels des parties, renvoie celles-ci des fins du procès, dépens aussi compensés.

UNE ESCROQUERIE.

Dans les premiers jours de janvier dernier, un monsieur aux manières provinciales se présente chez le sieur Lampette, orfèvre, et demande à voir différentes pièces d'argenterie. On s'empresse de faire passer sous les yeux de l'acheteur toutes les richesses du magasin, et l'inconnu de louer le travail et la beauté des objets offerts à son admiration. Il s'enquiert des prix, les discute avec toute l'opiniâtreté d'un homme qui ne veut pas qu'on surfasse son marché. Enfin, après de longs débats, l'inconnu tombe d'accord avec l'orfèvre sur le prix de quatre douzaines de beaux couverts à filets. Il les fait envelopper soigneusement et prie le marchand de les faire apporter à son hôtel, en ayant soin de recommander au commissionnaire de ne les remettre qu'à lui-même. Le marché conclu, l'inconnu laisse sa carte et se retire, non sans témoigner au sieur Lampette tous ses regrets de n'avoir pu s'entendre également sur le prix de certaines acquisitions qu'il aurait eu le plus grand plaisir à faire chez lui.

A l'heure dite, un commis du sieur Lampette se présente à l'hôtel de l'acheteur, et celui-ci le reçoit en personne. Il prie le commis de déposer son argenterie sur une table, et l'emmène dans une seconde pièce pour lui compter le montant de sa facture. Arrivé dans la seconde pièce, l'inconnu ne peut retrouver la clef de son secrétaire, dans lequel sont renfermées des valeurs considérables. Il s'alarme d'abord de la disparition de sa clef, se met en quête, va, vient, passe d'une pièce à l'autre. Enfin, ne pouvant parvenir à retrouver la clef tant désirée, il s'excuse auprès du commis de ne pouvoir acquitter son acquisition pour le moment, et le prie de vouloir bien remporter sa marchandise, en assurant à son maître qu'il enverra quelqu'un dans la journée pour prendre et solder les objets achetés. Le commis reprend sa marchandise, salue et se retire.

Sur le rapport de son commis, le sieur Lam-

N° 39.

— C'est Mademoiselle qui a commencé.....
— C'est cette mijaurée qui a débuté par des mots.....
— J'ai eu mon bonnet de dentelle déchiré.....
— Ma robe a été fripée comme un mouchoir de poche.....
— J'étais en sang.....
— J'étais en eau.....

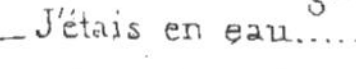

Lith. Coulon

Juste Bourmancé Editeur de la Correctionnelle
Place du Palais Royal, 241

pette n'a pas le moindre soupçon, et ordonne de mettre le paquet de côté sans même songer à enlever l'enveloppe. La journée se passe et celle du lendemain, et cependant l'acheteur ne revient pas. L'orfèvre, désespérant alors de revoir sa pratique, fait ouvrir le paquet pour remettre en place les objets qu'il contient. Grande est sa surprise en apercevant sous l'enveloppe, du reste parfaitement semblable à la sienne, quatre douzaines de couverts... en maillechort!... Lampette se rend en toute hâte à l'hôtel; mais on devine bien que l'honnête provincial avait pris la fuite.

Malheureusement pour le voleur, quelques papiers oubliés par lui dans le traversin du lit, car on ne s'avise jamais de tout dans les moments de presse, ont bientôt mis la police sur les traces du coupable, qui n'est autre que le nommé Laforêt, escroc de haute volée, ayant fait connaissance de longue main avec la justice. Laforêt comparait donc aujourd'hui devant le tribunal de police correctionnelle sous la prévention d'escroquerie.

L'identité du prévenu étant parfaitement constatée, et le délit parfaitement prouvé, quoique le corps du délit ne se soit pas retrouvé, Laforêt, en raison de ses déplorables antécédents, est condamné à 10 ans de réclusion.

ENTRE DEUX EAUX.

Un petit homme très rouge et très remuant s'avance devant le tribunal. Sans attendre qu'on l'interroge, il prend la parole et dit avec volubilité :

« Je me nomme Jean-Baptiste Nantouillet, ex-commis de la malle, présentement retiré rue Neuve-Saint-François, au Marais... Je viens me plaindre d'un attentat commis sur ma personne. Le criminel qui est là en face de vous se nomme Frédéric - Bonaventure Michon, épicier, rue Saint-Louis.

M. le Président. Parlez plus lentement : on vous entend à peine.

Le plaignant. Suffit... Voici la chose... Depuis vingt ans je me fournis chez M. Michon... jusqu'au jour fatal j'ai été content de lui... sucre de bonne qualité, café convenable, huile d'une transparence charmante... enfin un choix de denrées coloniales et autres... Mais, hélas! il ne faut qu'une heure pour faire du plus honnête homme un scélérat fieffé... Vous allez voir... J'ai l'habitude, messieurs, de tremper mon vin avec de l'eau de Seltz : cette boisson est tonique, rafraîchissante, et entretient tous les organes dans un état d'excitation délicieux. Le jour des Rois je voulus régaler ma famille d'eau de Seltz... ma foi... toute la bouteille y passa... Ma femme en but... ma fille Zoé en but... Victor, mon fils, en but... Nous avions tous au dessert un petit air gaillard qui nous allait à ravir... on s'en aperçut même chez notre voisine, madame Pinoteau, où nous allâmes faire la partie de loto après dîner, et on nous en fit compliment... Mais, hélas! vous verrez bientôt le revers de la médaille. Je tenais le sac à la malice, comme on dit chez madame Pinoteau; je venais de tirer les deux potences (chacun sait que c'est le 77), lorsque tout à coup... pardon, M. le Président... il me prend... pardon encore, M. le Président... mais enfin je suis obligé de jeter là le sac et les cartons, et de me sauver à toutes jambes. Cela était si pressant, M. le Président, que j'oubliai, chez madame Pinoteau, mon propre chapeau, un castor tout neuf... A peine étais-je rentré chez moi, à peine m'étais-je retiré dans les mystères de mon appartement, que Zoé arrivait au pas de course, puis Totor, puis ma femme... Hélas! quel spectacle!... cela dura toute la nuit, M. le Président... Nous nous crûmes empoisonnés... nous recherchâmes quelle pouvait être la cause de ce... de ce... dérangement dans nos habitudes... nous remontâmes aux aliments... Tout à coup la bouteille d'eau de Seltz frappe mes yeux... je lis l'étiquette... c'était de l'eau de Sedlitz, M. le Président, le plus actif des purgatifs connus! De l'eau de Sedlitz!... tout était expliqué!... Voilà le tour de M. Michon... Totor a abîmé son pantalon bleu de ciel... j'ai détérioré ma robe de chambre à la Robin-des-Bois... Je ne dirai pas ce que ma femme et ma fille ont dégradé... je demande 600 francs de dommages-intérêts... et cela ne nous rendra pas notre pauvre santé, qui décidément est endommagée depuis ce jour fatal...

M. le Président, au prévenu. L'eau de Sedlitz est un médicament. Vous n'avez pas le droit de vendre des médicaments.

Michon baisse la tête et ne répond pas.

Le tribunal condamne Frédéric-Bonaventure Michon à 25 francs d'amende.

« Comment! s'écria l'ex-courrier de la malle, 25 francs d'amende! rien que cela!... Mais cet infâme épicier va se vanter dans tout le quartier de nous avoir fait aller!... »

Imprimerie d'AMÉDÉE GRATIOT et Cᵉ, rue de la Monnaie, 11.

MOURIR POUR LA PATRIE.

Un grand concours de gardes nationaux, arrivés avant l'heure des débats, s'agite bruyamment; on se dispute les siéges et les premières places. Cet empressement tout à fait inaccoutumé prête une espèce de solennité à l'affaire des sieurs Grabulot et Partonnet, tous deux traduits devant le conseil de discipline pour avoir fait un usage immodéré de spiritueux dans l'exercice de leurs devoirs. On appelle la cause, et tout aussitôt un homme d'une remarquable obésité se présente, soutenu par un chasseur portant moustaches. Ce sont les deux délinquants Grabulot et Partonnet, qui comparaissent ensemble en raison de la connexité des faits. Après un salut militaire, Grabulot écarquille les yeux et grommèle entre ses dents quelques mots qui ne parviennent pas jusqu'à nous. Son attitude est vacillante. Partonnet a toute la raideur d'un soldat en serre-file.

M. le Président. Vous vous présentez tous les deux d'une manière peu convenable devant le conseil.

Grabulot, pouvant à peine articuler les mots. Pardon, mon général!... C'est Partonnet, mon camarade Partonnet que je vous présente... Il faut fusiller Partonnet... Partonnet est la honte de l'uniforme... A bas Partonnet!...

M. le Président. Cet homme est pris de vin!... Grabulot, taisez-vous, et laissez répondre votre co-accusé.

Partonnet. N'ayez pas peur, mon maréchal, Partonnet est bon là; il est solide au poste! Il est prêt à répondre de ses actions et de celles de Grabulot, qui est bien dans les vignes comme une grive qu'il est!...

M. le Président. Le 25 janvier dernier, étant de garde, vous avez quitté le poste et vous êtes allé avec Grabulot vous enivrer. Lorsque le tambour est allé vous chercher, vous l'avez assailli d'injures. De retour au poste, vous avez également injurié votre chef et vos camarades; il en est résulté une scène scandaleuse; vous avez troublé le service, et on a été obligé de vous chasser l'un et l'autre. Qu'avez-vous à répondre ?

Grabulot. Partonnet, qu'as-tu à répondre ?

Partonnet. Je suis chasseur et je connais mes devoirs; Grabulot connaît les siens... nous connaissons tous nos devoirs.

M. le Président. Vous les avez cependant méconnus le jour où *vous les avez enfreints!...*

Grabulot. C'est vrai : tu les as enfreints le jour où tu les a méconnus!...

M. le Président. N'oubliez pas, Grabulot, que le conseil qui tolère votre présence ici, malgré votre état, peut très bien vous punir si vous manquiez au respect que vous devez à la loi.

Partonnet. Grabulot, respecte l'uniforme *à laquelle* nous appartenons... nous sommes tous Français! nous sommes tous citoyens et militaires!...

Grabulot (chantant),

Je reconnais ce militaire,
Je l'ai vu sur le champ d'honneur;
Un sentiment involontaire
Malgré moi fait battre mon cœur.

M. le Président ordonne que Grabulot soit expulsé de la salle, et fait observer à Partonnet qu'on procédera de la même façon à son égard s'il ne reste pas dans les bornes du respect qu'il doit au conseil.

Partonnet. Puisque Grabulot n'est plus là, je vas vous expliquer ça en douceur... C'est Grabulot qui a tous les torts... c'est lui qui m'a conduit chez le traiteur... Je ne voulais pas boire... mais quand j'ai vu qu'il allait se *poisser* (s'enivrer), je l'ai aidé à vider les bouteilles; c'était pour le sauver... Je connais mes devoirs; Grabulot ne connaît pas les siens!... Grabulot a mille fois tort!... Je demande une garde hors de tour pour Grabulot et pour moi... nous voulons mourir pour la patrie!.. Où est Grabulot, que je l'immole sur l'autel de la patrie!

M. le Président ordonne qu'on fasse asseoir le prévenu, dont la tête semble s'être exaltée tout à coup.

M. le rapporteur a la parole et requiert l'application de la peine après avoir *flétri* la conduite des prévenus devant le conseil.

En conséquence, le conseil condamne Grabulot et Partonnet chacun en quatre jours d'emprisonnement.

ŒDIPE.

Il n'est pas ici question de cet habile devineur de logogriphes qui, par sa pénétration, mit en défaut la science du Sphinx, mais tout simplement d'un vieux comédien nomade, jadis roi dans la tragédie lyrique, aujourd'hui voûté, ridé, râpé; puissance déchue, qui, après avoir abdiqué le noble chausson de Melpomène, se voit réduit à marcher sur des tiges de bottes considérablement défectueuses. Cet homme, triste exemple des vicissitudes de la fortune, se nomme Cottonet, dit Dorival. Il siége au banc des prévenus, sous l'inculpation d'*escroquerie*.

En entendant la qualification donnée au délit qui lui est imputé, Cottonet se lève avec une majesté théâtrale, et, enflant sa voix, s'écrie sur le ton du récitatif : « J'ai rempli quarante ans, sans qu'on y trouvât à dire, tous les rôles du *grand trottoir*, à Périgueux, Cahors, Briançon, Quimper, Vire.... Le public ne pouvait se lasser de me voir dans *OEdipe à Colone*, ou bien dans *Stratonice*... Mes succès à plus d'un ont donné la jaunisse et fait leur désespoir...

M. le Président profitant d'une sorte de point-d'orgue que le prévenu introduit dans son étrange mélopée, fait observer à Cottonet que cette digression est tout à fait hors de propos et l'engage à se renfermer dans les faits du procès.

Cottonet. Un jour que je jouais OEdipe à Thionville...

M. le Président. Voici de quoi il s'agit. Vous vous êtes présenté le 14 janvier dernier au restaurant du sieur Maurinot, où vous avez dîné... vous n'aviez pas d'argent...

Cottonet. Quand je jouais OEdipe, les temps étaient meilleurs!... depuis, l'âge a éraillé le gosier, les moyens se sont perdus et je suis aujourd'hui comme un orgue sans soufflet... il n'y a plus que le buffet, mais il est vide.

M. le Président. Veuillez ne pas m'interrompre... Lorsque Maurinot vous a présenté la carte à payer, vous avez allégué que vous aviez oublié votre bourse...

Cottonet. C'est la pure vérité!... Un jour que je jouais OEdipe...

M. le Président. Vous avez alors proposé à Maurinot de vous faire accompagner jusque chez

Un service d'ordre et d'utilité publique.

Lith. Coulon.

Juste Bourmancé Editeur de la Correctionnelle
Place du Palais Royal, 241.

vous par un garçon auquel vous remettriez, disiez-vous, le prix de votre dîner...

Cottonet. C'est exact!... je jouais donc OEdipe à Thionville...

M. le Président. Si vous continuez, le tribunal se verra forcé de vous imposer silence... Je reprends. Maurinot vous ayant pris au mot, vous êtes sorti, suivi d'une personne attachée à l'établissement; mais arrivé à votre domicile, vous avez été obligé d'avouer que vous n'aviez pas de quoi acquitter le montant de la carte, et c'est pour ce fait qui constitue une escroquerie que vous êtes traduit devant le tribunal.

Cottonet. Quoique j'aie perdu les poumons, l'estomac fonctionne touojurs bien; je ne croyais pas que ce fût un crime de dîner à crédit; cela m'est arrivé plus d'une fois à l'époque où je jouais OEdipe... Et jamais personne n'avait songé à s'en fâcher.

M. le Président. Cela ne saurait rendre votre action excusable.

Cottonet. Il faut bien passer quelque chose à un artiste qui a tenu son emploi avec honneur pendant plus de quarante ans. De mon temps, on ne s'enrichissait pas comme aujourd'hui à filer des sons... Je suis né quarante ans trop tôt.

M. le Président. Est-ce là tout ce que vous avez à dire pour votre défense?

Cottonet. J'ai eu des malheurs; j'ai essuyé trente-huit faillites... Avec tout ça on n'a pas pu mettre à la caisse d'épargne... Je suis dans la débine... On ne pend pas un homme pour si peu... Ah! les arts et le public sont des ingrats!

Malgré cette touchante péroraison, Cottonet est condamné à un mois de prison et 50 fr. d'amende.

LE DISTRAIT.

M. le Président. Guillard, vous êtes prévenu d'avoir soustrait à l'étalage de Landeau, bouquiniste, un volume. Vous allez entendre la déposition des témoins. Asseyez-vous.

Guillard. Vous êtes bien honnête, je vous remercie. — Guillard, en s'asseyant, se laisse tomber sur son chapeau.

Landeau. Je suis étalagiste sur le quai Voltaire. J'étais en train d'appareiller des volumes, lorsque j'aperçois monsieur qui plaçait un volume sous son bras, et qui s'en allait sans faire semblant de rien. Je lui *observe*, sans vouloir le fâcher, qu'il n'est qu'un voleur, et comme il me donnait de mauvaises raisons, je l'ai pris par le milieu du corps et je l'ai porté au poste.

La femme Landeau dépose dans le même sens: « Je ne sais pas, ajoute le témoin, si le prévenu est timbré, mais il a pour sûr des lubies dans la tête: un moment auparavant il avait tiré son étui à lunettes de sa poche, et il cherchait à le faire tenir sur son nez; ce n'est qu'une minute après qu'il a reconnu qu'il se trompait.

M. Flotté, témoin à décharge, dit qu'il connaît le prévenu depuis plus de quinze ans, et qu'il est sujet aux plus étranges absences d'esprit. Ses amis l'appellent indistinctement Guillard ou le Distrait. Parmi tous les traits de singularité du prévenu, dit le sieur Flotté, je n'en citerai que deux dont j'ai été moi-même témoin. Un jour, nous étions allés nous promener dans la campagne avec plusieurs de nos amis; Guillard était resté en arrière; ne le voyant plus, nous rétrogradons et nous le trouvons dans une mare d'eau jusqu'à la ceinture: le malheureux s'était avancé jusqu'au milieu de la mare sans s'apercevoir qu'il était dans l'eau. Une autre fois, me trouvant chez Guillard, dans une pièce voisine, je l'entendais jurer; j'ouvre la porte et je le trouve occupé à mettre des gants de coton en guise de chaussettes.

M. le Président à Guillard. Comment se fait-il que vous ayez emporté le volume de Landeau?

Guillard. Je ne puis l'expliquer que par une absence d'esprit... Je venais de me servir de mon mouchoir... J'aurai pensé sans doute placer mon mouchoir sous mon bras, selon mon habitude, et il se sera trouvé que c'était le volume en question. S'il était besoin d'une preuve plus décisive de mon étourderie, j'ajouterai que le volume que l'on me reproche d'avoir soustrait, était tout uniment le Dictionnaire des rimes, livre qui m'est tout à fait inutile puisque je m'occupe seulement des sciences exactes, et que de ma vie je n'ai eu de goût pour la poésie, que je regarde comme quelque chose de parfaitement oiseux.

Ici le prévenu allonge le bras jusque sur le bureau de l'audiencier, prend dans une sébille en bois une pincée de poudre de buis, l'aspire et éternue à plusieurs reprises.

Le tribunal, convaincu par ses propres yeux, attendu que les faits ne sont pas suffisamment prouvés par les débats, renvoie Guillard de la plainte.

Imprimerie d'AMÉDÉE GRATIOT et Cᵉ, rue de la Monnaie, 11.

J. BOURMANCÉ, ÉDITEUR D'ESTAMPES, 241, PLACE DU PALAIS-ROYAL.

LES DEUX PIERROTS.

Le mois dernier, par une de ces folles nuits qui sont une anticipation sur les joies du carnaval, Tarabaud et son compère Guillerie s'étaient rendus au bal de la Renaissance, le visage enfariné, les manches traînantes, comme il convient à deux Pierrots de la bonne école. Là, tous deux, entraînés par l'orchestre de Tolbecque, se prennent à rigaudonner à qui mieux mieux, Tarabaud enchérissant sur les hardiesses de la danse de Guillerie ; Guillerie exagérant les légèretés de la danse de Tarabaud. La foule, émerveillée de la gentillesse des deux Pierrots, faisait cercle autour d'eux et se gaudissait fort de leur pantomime, lorsqu'un sergent de ville, gardien austère de la morale publique, intervint et pria très poliment les deux danseurs de vouloir bien vider les lieux, attendu le cas de récidive. Tarabaud et Guillerie déférèrent, non sans objections, à l'invitation du sergent de ville ; ils quittèrent le théâtre de leurs exploits. Tarabaud, expulsé du bal, avise tardivement que, à l'exemple d'Énée, il est parti sans prendre garde à *sa femme* qu'il a perdue dans la foule, et commence à craindre qu'elle ne tombe aux mains de quelque Turc ou de tout autre masque non moins infidèle. Que faire ? Guillerie imagine de braver l'ostracisme qui les frappe, et, ornés de deux nez imposants, les deux amis, rendus méconnaissables par cette métamorphose, se mêlent encore une fois aux flots des danseurs. Tarabaud oublie le motif qui l'amène, et fait choix d'une danseuse ; Guillerie imite son exemple, et voilà nos deux incorrigibles Pierrots qui se démènent tant et si bien, qu'ils éveillent de nouveau l'attention des surveillants. Reconnus, malgré leur transformation, les deux compères furent immédiatement déposés en lieu sûr. Ils comparaissent aujourd'hui devant le tribunal sous la prévention de s'être livrés à des danses obscènes.

L'agent de police, par les soins duquel l'arrestation de Tarabaud et de Guillerie a été opérée, rend compte au tribunal des faits et gestes des deux délinquants; il appelle la mimique à son aide pour éclairer les juges sur la gravité du délit.

M. le Président. Vous êtes accusés tous les deux d'avoir outragé publiquement la pudeur, en vous livrant à des danses prohibées.

Tarabaud. Nous dansions comme tout le monde, ni mieux, ni plus mal... Le sergent de ville est un peu *collet-monté*, et sa pudeur est facile à alarmer... Après tout, je ne dirai pas que nous dansions comme des vestales!...

M. le Président. Il paraît que vous attiriez l'attention générale par la licence de votre danse.

Tarabaud. Il y a toujours des badauds partout... Je puis vous assurer, M. le Président, que nous mettions le plus de retenue possible, et que pas une dame dans tout le bal n'aurait pu se formaliser de de notre manière de danser.

M. le Président. Pourquoi, après avoir été prévenus, après avoir été même renvoyés une première fois, avez-vous recommencé?

Tarabaud. Il faut bien s'amuser un peu... il n'y a qu'un carnaval par an... Le Mercredi des Cendres arrive si vite!

Guillerie s'en tient aux motifs exposés par son ami Tarabaud.

La parole est donnée à l'avocat des Pierrots. L'avocat, avec un à-propos charmant, explique et commente la danse pour laquelle ses clients sont poursuivis. Chaque peuple, dit le défenseur, a eu ses danses lascives; ces danses ne sont peut-être pas très *catholiques*, mais elles ne sont pas immorales dans le sens de la loi... Toute cette partie de la plaidoirie nous a paru un peu sophistique. Arrivant au point de culpabilité, le défenseur prétend tirer des circonstances atténuantes pour le cas où la danse en question serait jugée criminelle, de l'état même de ses clients qui étaient légèrement troublés par la fumée du vin. Il cite l'exemple tout neuf du roi David qui dansa devant l'arche, et finit par se rejeter sur les excellentes qualités des deux Pierrots, qu'il se plaît à orner des plus rares vertus.

Après cette brillante plaidoirie, le jeune avocat reçoit les félicitations de plusieurs de ses confrères mais les deux Pierrots n'en sont pas moins condamnés à 100 francs d'amende chacun et aux dépens.

A PROPOS DE BOTTES.

Le banc des prévenus est occupé par Victor Postel et François Gillet, deux de ces enfants émancipés qui vivent de maraude, et n'ont ni profession, ni domicile, ni famille; espèces de bohémiens parisiens qui ne tiennent à la société par aucun lien. Victor et François sont prévenus de vol commis au préjudice de Bellancourt, postillon au Bourget.

Bellancourt. Je venions de conduire une chaise de poste à l'hôtel Mirabeau, et j'avions dételé mes poulets d'Inde... V'là que j'ôtions mes bottes de sept lieues et que je les mettions auprès du sabot de *ma grise*, pour monter tout fringant demander mon pourboire aux voyageurs... Je reviens en fredonnant un p'tit bout de refrain; mes tuyaux de poële avaient disparu! et je les cherchions... Et je les cherchions comme une aiguille dans une botte de foin, quand une petite servante, bien mignonne, ma foi, me dit comme ça: « Qué qu'vous cherchez avec tant de soin, postillon?... — Je charche mes bottes donc, que je lui fais. — Vos bottes de cheval, qu'elle me refait. — Eh! oui, donc, que je lui fais. — Tiens, qu'elle me refait, je viens de voir deux morveux qui s'ensauvaient avec, tout le long de la rue de la Paix. » Je ne perdons point d'temps, et j'courons après mes deux gars, qui s'en allaient chacun avec sa chacune. Je les ont rattrapés et mes bottes avec... Voilà l'anecdote!

M. le Président aux prévenus. Pourquoi voliez-vous les bottes du postillon?

Victor. Pour les lui faire chercher.

M. le Président. On le comprendrait si vous les aviez cachées, mais vous vous sauviez en les emportant.

Victor. C'était pour qu'il ne les retrouvât pas si tôt.

M. le Président. Votre action ne ressemble guère à une plaisanterie, et le tribunal a peine à croire que c'en fut une.

Victor. Vous ne pensez pas, peut-être, que nous les avions prises pour de vrai... ah ben! ça nous aurait fait une belle jambe!... des bottes dans quoi la colonne entrerait sans s'écorcher le talon!...

M. le Président. Et vous, François, reconnaissez-vous que vous avez volé les bottes de Bellancourt?

N° 41.

LA CORRECTIONNELLE

Petites Causes Célèbres.

Tarabaud, expulsé du bal, avise tardivement, qu'à l'exemple d'Enée, il est parti sans prendre garde à sa femme qu'il a perdue dans la foule et commence à craindre qu'elle ne tombe aux mains de quelque Turc ou de tout autre masque non moins infidèle.

Lith. Coulon

Juste Bourmancé Editeur de la Correctionnelle
Place du Palais Royal, 241.

François, d'un ton piteux. Ni plus ni moins que Victor... je ne peux pas le reconnaître, puisque ça n'est pas vrai.

M. le Président. Alors, dans quel but emportiez-vous les bottes?

François. Dans le but de les emporter, pour qu'il ne les trouve pas... c'est clair!

M. le Président. Vous êtes tous les deux sans famille?

Victor. Mon Dieu, oui, pour le moment... et voilà longtemps que ça dure.

M. le Président. Est-ce que vous ne pourriez pas donner des renseignements sur vos parents?

François, avec attendrissement. Voilà deux ans que j'ai perdu mon père et ma mère; c'est ce qui fait que je suis abandonné comme ça... Mon père était soldat en *Algerre*, et il a été tué par les Bédouins... Ma mère a eu tant de chagrin qu'elle en est morte six mois après, au plus tard. Je suis bien malheureux de n'avoir plus ni père, ni mère!.. —Ici François répand des torrents de larmes, qui sont arrachées à son cœur par la mémoire chérie des auteurs de ses jours.

Le tribunal paraît touché par cette preuve de sensibilité, lorsqu'un homme entre deux âges se présente à la barre.

« Il n'y a pas un mot de vrai dans les paroles du petit François, dit le survenant : ce sont des larmes de crocodille!... C'est moi qui suis le père du mioche... il nous a quittés il y a deux ans, et je m'attendais bien à le voir venir ici quelque jour; c'est dans l'espoir de le retrouver que je viens ici très souvent...

M. le Président. Vous réclamez votre enfant?

Le père Gillet. En fait de réclamation, je demande qu'on le punisse; ça le corrigera peut-être... Je n'en veux plus... il a cessé d'être mon fils.

François. Papa, je ne me sauverai plus!...

Le père Gillet. Tu n'es plus mon fils, mon enfant... Je n'aurais jamais dû être ton père... ça m'aurait évité bien du chagrin!...

La sévérité du père Gillet n'étant pas de nature à disposer favorablement les juges en faveur des prévenus, le tribunal ordonne que ceux-ci seront enfermés dans une maison de correction.

L'ARMÉNIEN.

Un homme portant le costume arménien vient se placer sur les bancs de la police correctionnelle. L'étrangeté de ce personnage, la singularité de son vêtement produit un mouvement de vive curiosité.

M. le Président. Prévenu, comment vous nommez-vous?... où êtes-vous né?

L'Arménien. Je me nomme Hilarion-Claude Chopinel, et je suis né à Melun.

L'auditoire paraît abasourdi par cette déclaration.

M. le Président. Quelle est votre profession?

L'Arménien. Je vends de véritables dattes de Tunis.

M. le Président. Pourquoi portez-vous ce costume?

L'Arménien. *Parce que* je vends de véritables dattes de Tunis.

M. le Président. Vous êtes prévenu d'injures envers un agent de l'autorité dans l'exercice de ses fonctions. Qu'avez-vous à dire pour votre défense?

L'Arménien. Votre agent ressemble les anguilles de mon pays : il crie avant qu'on l'écorche... Il s'est offusqué, je vous demande un peu de quoi?... rapport que je l'ai appelé *andouille*... Voilà t-il pas de quoi faire pendre un homme par les pieds?...

M. le Président. Le procès-verbal constate que vous lui avez adressé d'autres injures; que vous l'avez appelé *canaille*.

L'Arménien. Je possède assez mon *orthographe* pour savoir ce que parler veut dire : *andouille* ou *canaille*, c'est tout un... qui dit l'un dit l'autre.

M. le Président. Vous l'avez appelé aussi *échappé des galères*...

L'Arménien. Ah ben! il faut dire alors que je lui ai dit les cent mille z'horreurs : j'ai dit seulement *andouille*... n'en mettons pas plus qu'il n'y en a!

M. le Président. Enfin le mot auquel vous tenez tant constitue à lui seul une injure, car on ne peut pas supposer que vous le lui ayez appliqué autrement que par méchanceté.

L'Arménien. C'est un joli petit nom d'amitié... Moi, quand j'aime quelqu'un, je l'appelle *andouille*, tant pis s'il se vexe!... Dans mon pays, ça se dit tel que je viens de vous le dire : *andouille*, ça veut dire : gros farceur, bon enfant; ça ne peut pas blesser le sergent qu'on l'appelle farceur, d'autant plus qu'il en est un fameux!...

Le tribunal peu satisfait de la synonimie fournie par l'Arménien, condamne celui-ci à huit jours d'emprisonnement.

Imprimerie d'AMÉDÉE GRATIOT et Cᵉ, rue de la Monnaie, 11.

DES FRANÇAIS PEINTS PAR EUX-MÊMES.

Une rixe, occasionnée par un motif des plus frivoles, a amené sur les bancs de la police correctionnelle le nommé Michelon, peintre en bâtiments.

L'audiencier appelle vainement depuis plus de cinq minutes le plaignant Trouillet, lorsque, arrivant du dehors, un homme tout hors d'haleine fend la presse et se dirige vers la barre.

« Qui est-ce qui a demandé Trouillet ? s'écrie le nouveau venu... Le voici en chair et en *eau.* » Trouillet essuie son front et s'évente avec son mouchoir. — Un col de chemise d'une incommensurable dimension enveloppe quasiment la tête du plaignant.

M. le Président. C'est vous qui avez porté plainte contre Michelon, en raison des mauvais traitements dont vous auriez été la victime ?

Trouillet. Moi-même en personne, et vous allez voir si c'est pour le roi de Prusse que je me plains !... Voilà donc que nous étions en train, Michelon et moi, de peindre la devanture d'une boutique ; moi, je faisais du bois des îles, et mon compagnon du marbre de Sienne ; c'était de l'ouvrage léché... Pendant que je veinais mon bois, tout en sifflant ma petite ritournelle, Michelon, qui était en bas de l'échelle, se met à me faire des farces et à secouer l'échelle... Il pouvait me faire prendre un billet de parterre ; naturellement c'était vexant : chacun tient à sa peau. Je lui dis de finir, mais il me répond que ça l'amuse, et il riait à ventre déboutonné. Je descends comme un écureuil, je lui dis quelques mots, et il se fâche à son tour... Alors il prend sa brosse et me barbouille le visage en vert ; j'avais bien l'air d'un plat d'épinards. Ce n'est pas tout : après m'avoir peint à la détrempe, il se met à me piler comme du poivre ;

j'étais tout bleu... de coups ; j'ai eu les côtes brisées et la *cocotte*, à cause de la térébenthine qui m'avait entré par les yeux.

Michelon. Autant de mots, autant de couleurs ! Trouillet n'est qu'un méchant *haricot!...* Ce n'est pas assez de la brossée qu'il a reçue, j'aurais dû le passer entièrement au bleu... C'est lui qui a commencé par me dire des choses peu séduisantes et qui, le premier, m'a envoyé de la peinture avec son *goupillon!...*

Trouillet se récriant. Oh! il vous en compte là de vertes !... Michelon vous a peint la chose à son avantage... C'est Michelon qui est fautif!... Il m'en a fait voir de grises, allez... Michelon est un scélérat !

Michelon. Trouillet cherche à me noircir ; il n'y réussira pas... Je suis un bon enfant, c'est connu !

M. le Président. Vous avez frappé votre camarade ; cela résulte de la déclaration de témoins oculaires et de vos propres aveux.

Trouillet. Te voilà collé, mon vieux !

Michelon. Un instant, je vas me décoller... Je veux parler... j'ai le droit de parler... Mon Président, je peux-t-il parler ?... je demande la parole.

M. le Président. Je vous interroge pour que vous répondiez. Vous avez frappé Trouillet ?

Michelon. Oui, oui, oui !... Je demande la parole !...

M. le Président, impatienté. Mais vous l'avez la parole !

Michelon. Ce n'est pas celle-là que je demande... Je demande la parole !...

M. le Président. Dites alors ce que vous demandez.

Michelon. Je demande la parole que m'a dite Trouillet... Demandez-y voir s'il ne m'a pas appelé *sagouin*... C'est pas français ce mot-là... alors, comme moi je le suis, Français, je n'ai pas voulu qu'il me vexe, et je lui ai servi des coups de poing avec une infusion de coups de pieds.... Trouillet n'est pas Français, c'est un Cosaque!..

Trouillet. V'là que je ne suis pas Frrrançais, à c't' heure !... Je suis natif du faubourg Antoine ; c'est tout ce qu'il y a de plus français.

Michelon. Je vous réitère que Trouillet est un Cosaque !...

M. le Président. Tout ce que vous dites l'un et l'autre n'éclaire nullement le tribunal.

Michelon. C'est le pot au noir..., nous parlerions tous les deux jusqu'à demain que vous verriez tout aussi trouble. C'est Trouillet qu'a tort !

M. le Président, désespérant d'obtenir des renseignements positifs, fait appeler les témoins. Il résulte de leurs dépositions que tous les torts sont du côté de Michelon, qui a frappé son camarade sans provocation. En conséquence, le tribunal condamne Michelon à huit jours d'emprisonnement et 25 fr. de dommages-intérêts envers le plaignant.

LE POT AUX ROSES.

Un petit vieillard poudré, musqué et tiré à quatre épingles, s'avance vers le tribunal et s'exprime ainsi :

« Messieurs, le 23 janvier dernier, je sortais de l'Opéra-Comique, et je regagnais paisiblement mon domicile en passant par la rue Sainte-Anne, lorsque je me sentis tout à coup inondé de la tête aux pieds. Je portai la main sur mes vêtements et je vis bien que ce n'était pas de la pluie... C'était une infection !... J'avais reçu le gros et le menu de l'averse. Je remarquai que cette trombe d'eau était venue d'une fenêtre du quatrième ; je requis immédiatement le témoignage de deux personnes qui passaient et je frappai à la porte de la maison. Je montai au quatrième. Madame, que voilà (le plaignant montre une femme d'environ quarante ans qui occupe le banc des prévenus), madame reçut fort mal mes justes plaintes et nia effrontément le fait. Elle se permit même de me maltraiter et de me faire des menaces. Elle affectait de se boucher le nez en me parlant. N'ayant pu obtenir de madame la réparation que je lui demandais, je résolus de m'adresser à la justice et je portai plainte... Il est inutile de vous dire que mon habit, mon pantalon et mon chapeau ont été entièrement sacrifiés... On n'a jamais pu parvenir à les désinfecter... C'était véritablement une... une...

M. le Président. Veuillez préciser davantage le délit d'injures et de menaces... quant à l'action par laquelle vos vêtements ont été endommagés, c'est un cas de simple police... une infraction aux règlements sur la voirie.

Le plaignant. Une *voirie !* voilà le mot que je cherchais tout à l'heure... C'était bien une peste !...

M. le Président. Abordez les faits d'injures et de menaces.

Le plaignant. Eh bien !... Madame m'a traité de

N° 42

LA CORRECTIONNELLE

Petites Causes Célèbres.

Des français Peints par eux mêmes.

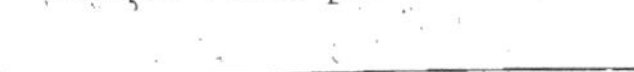

Lith. Coulon

Juste Bourmance Éditeur de la Correctionnelle
Place du Palais Royal, 241.

poule mouillée... que sais-je, moi ! Puis elle m'a poussé brutalement en me disant qu'elle allait me jeter en bas de l'escalier, si je ne me retirais au plus vite.

La prévenue. Monsieur fait beaucoup de bruit pour peu de chose. Voici la vérité : J'avais mis des fleurs dans un vase rempli d'eau. En me couchant, je voulus placer mes fleurs sur la fenêtre, pour éviter que leurs émanations ne me portassent à la tête; mais en posant le vase sur la fenêtre, il glissa de mes mains et alla tomber sur la tête de monsieur... Je le répète, c'étaient des fleurs.

Le plaignant, avec colère. C'est un infâme mensonge!... On ne pouvait pas s'y méprendre... Il y a des fleurs d'un parfum plus ou moins agréable, mais il n'y en a pas qui approchent de la puanteur...

M. le Président. Assez, assez !

Le portier de la maison, appelé comme témoin des injures et des menaces, confirme pleinement le dire du plaignant.

La plaignante. Je ne nie pas que je n'aie dit des mots un peu vifs à monsieur; mais aussi qu'on se mette un peu à ma place!... j'étais l'objet de réclamations dégoûtantes, il m'était bien permis de les repousser avec indignation... Je ne demande qu'une seule chose, c'est que le tribunal soit bien convaincu que c'étaient des fleurs...

M. le Président. D'après les dépositions des témoins, il ne peut y avoir d'erreur sur le corps reçu par le plaignant.

Le plaignant. Plût au ciel que c'eût été des fleurs!... je n'aurais pas été obligé d'envoyer mon habit chez le dégraisseur.

La prévenue. C'étaient des fleurs, vous dis-je!... des fleurs; rien que des fleurs!...

Malgré ses énergiques dénégations, la prévenue est condamnée à 100 francs de dommages-intérêts envers le plaignant, à 50 francs d'amende et aux dépens.

LA VIERGE AU POISSON.

Une virago empourprée, aux épaules carrées, se présente comme plaignante. Elle déclare se nommer Claudine Rabouillet et prend la qualité de marchande de marée.

M. le Président. De quoi vous plaignez-vous ?

Claudine. De quoi que je me plains ?... de mam' Girodeau!...

M. le Président. Je vous demande quel est l'objet de votre plainte...

Claudine. Des cancans, des tripotages, des chipoteries, quoi! C'est mam' Girodeau qui dit comme ça que je suis une *ci* une l'*autre*... Elle se permet de jacasser dessus mon compte, la Girodeau, et ça me choque.

M. le Président. Il est bon, cependant, que le tribunal ait connaissance des imputations que la femme Girodeau fait peser sur vous.

Claudine. Ah! voilà ! et moi aussi je voudrais bien savoir ce qu'elle a pu dire, cette *perpétuelle.*

M. le Président. Alors, sur quoi repose votre plainte ?

Claudine. Je vas vous dire... je ne cherche pas à me donner des gants; mais je peux vous assurer, foi de Claudine, qu'il n'y a pas à redire sur ma conduite. Et pourtant la Girodeau a trouvé moyen de me trouver des puces... si bien que l'on a clabaudé... je ne sais pas; mais on a clabaudé.

M. le Président. Le tribunal ne peut admettre une plainte aussi vague.

Claudine. C'est bien ici que l'innocence vient se plaindre, pas vrai?... Eh bien! je suis innocente comme le jour où je suis venue au monde... voilà pourquoi je me plains à vous... J'allais devenir l'épouse de Robichon, mon promis... la Girodeau l'a si bien retourné, que ça n'est plus ça aujourd'hui... mais, j'vous le promets, je suis pure comme l'enfant qui vient de naître!... Dites-moi donc qu'est-ce qu'elle a pu y dire ?...

M. le Président. C'est plutôt à vous à le faire connaître !

Claudine. Si je le savais, je vous le dirais tout de même; mais je ne le sais pas... mon Dieu! que je voudrais donc le savoir ! Ce qu'il y a de certain, c'est que de Robichon, il n'en est plus question... Qu'est-ce qu'elle a donc pu dire, la Girodeau?... ça m'intrigue joliment, tout de même.

M. le Président. Avez-vous des témoins ?

Claudine. Je voudrais bien en avoir des témoins!... Qu'est-ce donc qu'elle a pu dire à Robichon, la Girodeau?... La veille, il était gai comme un poisson, il devait m'épouser; puis, le lendemain, on ne sait plus ce qui lui a passé par la tête... C'est la Girodeau, bien sûr!

M. le Président, ne pouvant obtenir d'autres éclaircissements de la plaignante, qui se renferme toujours opiniâtrement dans son système de conjectures, la renvoie à sa place, et annule sa plainte en condamnant Claudine aux dépens.

Imprimerie d'AMÉDÉE GRATIOT et Ce, rue de la Monnaie, 11.

L'ANDROGYNE.

Le carnaval est habituellement un bon pourvoyeur des bancs de la police correctionnelle. Voici encore un délit né des joies carnavalesques, sans préjudice de ceux que le mardi-gras nous promet, et que nous sommes appelés à enregistrer par la suite.

Dans les premiers jours du mois de février, Noireau s'était rendu au bal masqué de l'Opéra-Comique. Il avait, ce jour-là, cotillon simple, soulier plat. En d'autres termes, Noireau, comme autrefois Achille à la cour de Lycomède, avait revêtu les habits féminins et s'était caché sous le costume d'une grisette. Par malheur, Noireau s'étant pris de querelle avec un Paillasse tapageur, une rixe des plus vives s'engagea. La Grisette se vit obligée de dégaîner, je veux dire de repousser la force par la force. Il y eut effusion de sang; c'est-à-dire qu'un vigoureux coup de poing étant venu choir juste sur le milieu du visage, il provoqua une abondante hémorrhagie nasale. La lutte fut des plus acharnées. Noireau n'en fut pas quitte seulement pour des déchirures; il rapporta en outre de la bataille quelques bons horions, desquels il est résulté pour lui une incapacité de travail de plusieurs jours. Le premier soin de Noireau, aussitôt après son rétablissement, fut de saisir la justice d'une plainte dirigée contre Tournelle, pour raison de blessures, et c'est devant le tribunal de police correctionnelle que viennent se battre une fois encore le Paillasse et la sémillante Grisette.

Noireau. J'étais à *même* cajoler une grosse Bretonne, quand il m'arrive droit au beau milieu des reins un coup de pied superbe; je me retourne, et tout aussitôt c'est une main qui tombe à plat sur ma joue. J'ai vu plus de chandelles qu'il n'y en avait dans le bal, quelque chose d'étourdissant!... C'était un grand diable de Paillasse qui venait de me gratifier du tout... Je veux riposter; je n'en ai pas le temps... Mon diable de Paillasse retrousse ses manches et se met à me travailler les côtes... Je m'embarrasse dans mes jupons, je tombe la tête la première; mais mon Paillasse me relève d'un coup de botte, et je me retrouve sur pied pour recevoir un déluge de calottes... Si les sergents de ville ne m'avaient pas retiré des mains de cet enragé, il aurait fait une boucherie de mon corps, sans égard pour la robe que je portais, et qu'il aurait dû ménager par considération pour le sexe qu'elle représente... La femme est un être délicat, et ce que l'homme doit le plus respecter en elle, c'est sa faiblesse... Tournelle m'a abîmé!

Tournelle. La robe ne fait pas la femme!... c'est parce que je respecte le sexe que j'ai corrigé Noireau : il avait insulté une Bretonne.

M. le Président. Il ne vous appartient pas de vous constituer ainsi le défenseur officieux de personne. Si l'action de Noireau était mauvaise, vous pouviez lui en faire tout au plus l'observation; mais encore une fois, vous n'aviez pas le droit de le frapper.

Tournelle. C'est ce que j'ai fait d'abord.

Noireau. Bon! il appelle un coup de pied une observation!...

Tournelle. J'ai fait tout pour le bien... Je croyais encore que la justice me remercierait d'avoir défendu une *faible* femme...

Noireau. Ne l'écoutez pas! Ce qu'il appelle une faible femme était pour le moins le bœuf-gras... elle pouvait fort bien se défendre elle-même, si elle l'avait voulu; mais d'ailleurs, je ne l'offensais pas, puisque je la cajolais!

Les témoins entendus, le tribunal condamne le trop galant Tournelle, l'ami du sexe, le défenseur des belles, à huit jours d'emprisonnement et 50 francs de dommages-intérêts.

TRAHISON.

Vers la fin de janvier dernier, Pissard, garçon-commis de la maison Bonaventure, épicier en gros, traînait sur un haquet à bras toutes sortes de denrées qu'il était chargé de remettre chez différentes pratique. Arrivés dans la rue Michel-le-Comte, Pissard est accosté par deux jeunes gens dont l'un prétend le reconnaître quoiqu'il ne puisse pas dire au juste dans quelle maison il l'a connu. Le commis de la maison Bonaventure énumère naïvement les diverses maisons dans lesquelles il a travaillé, et il se trouve que l'inconnu se rappelle très distinctement avoir vu Pissard chez un sieur Droquin, à l'époque où lui-même était dans l'épicerie. Pissard n'a nul souvenir de l'inconnu, mais il n'en est pas moins enchanté de trouver un confrère. « Je suis sans place pour le moment, ne pourriez-vous pas m'indiquer quelque maison qui eût besoin de commis? » Pissard cherche dans sa tête et il croit bien qu'il pourra procurer un emploi à son émule en épicerie. L'inconnu ne sait comment reconnaître un pareil acte d'obligeance, remercie Pissard de toute son âme, et finit par lui proposer de vider sans façon un verre de vin. On était précisément en ce moment devant la porte d'un marchand de vins. Pissard s'excuse de ne pouvoir accepter par la raison qu'il ne peut laisser ses marchandises seules sur la voie publique. « N'est-ce que cela? dit obligeamment l'ami du confrère de Pissard, qui n'avait pas encore dit mot; je garderai vos marchandises. Durand sait bien que je ne puis boire de vin, pour des motifs à moi connus, et si cela peut vous être agréable, je resterai près de vos marchandises, à la condition que vous ne serez pas trop longtemps. Pissard s'applaudit du bon office que lui rend l'ami de son confrère. On ne peut boire sur le comptoir, c'est par trop plébéien. Pissard donc et son nouvel ami passent dans une salle au fond de la boutique et on demande du vin. On boit assez longuement. Cependant, l'inconnu manifeste quelques craintes par rapport à son ami qui peut s'ennuyer d'attendre et dit à Pissard qu'il va voir s'il est toujours auprès des marchandises. Il sort, en effet, et pendant l'absence de son confrère, Pissard vide une nouvelle rasade, et puis une autre. L'inconnu ne revient pas. Pissard commence à s'inquiéter, il sort pour s'enquérir du motif qui peut tenir son amphytrion éloigné. Haquet et marchandises, l'amphytrion et son ami, tout avait disparu. Pissard ne perd pas de temps et court formuler sa plainte auprès de M. le commissaire de police. Les voleurs devaient être faciles à saisir, car le haquet n'était pas de facile défaite. Avant la fin du jour ils étaient tous les deux sous la main de la justice; ce sont les nommés Pastourel et Guilloteau, deux mauvais garnements en fort mauvaise odeur auprès de l'autorité judiciaire. Ils comparaissent tous les deux aujourd'hui devant la justice sous l'inculpation de vol.

Les prévenus ne cherchent à opposer aucune

« La femme est un être délicat, et ce que l'homme doit le plus respecter en elle, c'est sa faiblesse »

Lith. [illegible]

Juste Bonnemance Éditeur de la Correctionnelle
Place du Palais Royal 241

dénégation aux charges qui s'élèvent contre eux. Ils reconnaissent, au contraire, les faits avec un incroyable cynisme. «Les *pantres* (les imbéciles), dit Pastourel, sont faits pour les *grinches* (les voleurs)! le jeu est de ne pas se laisser *paumer* (prendre)... ça ira peut-être mieux une autre fois... »

Le tribunal n'avait qu'à appliquer largement la loi, afin de mettre les deux filous hors d'état de recommencer de sitôt; c'est ce qu'il a fait, en condamnant Pastourel et Guilloteau, chacun à 5 ans de prison.

LA FOLLE NUIT.

Les gens sobres ne sauraient croire combien, en général, l'organe de la *destructivité* prend de développement chez l'homme qui a bu outre mesure. Il semble que pour les personnes ivres ce soit un besoin irrésistible de rompre quelqu'un ou de casser quelque chose. Certes, ce n'est pas un des effets les moins curieux de l'ivresse que cette disposition à tout briser. C'est pour avoir poussé l'ébriété jusqu'à cette fatale condition que les nommés Galbert, Orioste et Faucillon comparaissent devant le tribunal de police correctionnelle. Ils sont prévenus d'avoir brisé des réverbères un jour, ou plutôt une nuit, qu'ils avaient la tête échauffée par les fumées du vin.

Bondon, chef de ronde, par les soins duquel les trois prévenus furent arrêtés, vient déposer que ceux-ci étaient dans un état voisin de l'asphyxie; *le vin leur sortait des yeux*. Il a vu les accusés couper la corde d'un réverbère dans la rue de Grammont, ce qui a déterminé la chute du réverbère. Il s'est saisi des délinquants au moment qu'ils venaient de pratiquer la même opération sur un second réverbère, qui, par parenthèse, ajoute le témoin, a failli écraser un homme de son escouade. Les prévenus ont opposé une vigoureuse résistance, mais ils ne savaient ce qu'ils faisaient, « car ils nous ont pris pour des Bédouins, dit Bondon, et ils parlaient de nous exterminer si nous ne nous retirions au plus vite *dans le désert*. » (Hilarité dans l'auditoire.)

Les prévenus donnent des marques du repentir le plus vrai et reconnaissent l'exactitude des faits, autant toutefois que leur mémoire peut les leur rappeler. Ils accusent le vin des désordres qu'ils ont commis. L'avocat des prévenus prend ensuite la parole et dans une plaidoirie toute lardée de citations d'Horace, il se trouve faire un moment *l'éloge* de l'ivresse et le procès de la tempérance. Son discours qui a duré près d'une heure est un agréable morceau de rhétorique : quoiqu'il manque au fond de raisons solides, il n'en promet pas moins un bon orateur de plus au barreau.

Malgré l'éloquence de l'habile défenseur, les prévenus sont condamnés chacun à 100 fr. de dommages-intérêts et solidairement aux dépens.

UN PESSIMISTE.

Douradour fait comparaître devant le tribunal de police correctionnelle, la femme Douradour, son infidèle moitié, et le tambour Fortuné sous la prévention d'adultère :

M. le Président. Douradour, quel est votre état ?

Douradour. L'état de tous les maris qui ont le malheur d'être dans le mien... c'est dit, j'espère, et vous comprenez à présent ce que je suis!... Je suis... trompé; voilà le mot.

M. le Président. Je vous demande quelle est votre profession.

Douradour. Chaudronnier et malheureux. Je me plains de ma femme qui s'en est laissé conter par le tambour de ma compagnie, le petit Fortuné... un petit serpent que j'ai réchauffé dans mon sein.

M. le Président. Quelles sont les preuves que vous pouvez administrer ?

Douradour. Des preuves ?... Ça ne se voit donc pas sur mon visage que je suis... Mais je dois être tout jaune !... Vous voulez des preuves ?... C'en est-il ça des preuves ?... (Le plaignant exhibe une paire de guêtres.) Voilà ce que j'ai trouvé sous l'oreiller de ma femme un matin que je venais de monter ma garde... D'ailleurs il y a des témoins, et voici toujours des lettres qui vous disent la chose au plus juste.

Ces lettres, qui respirent l'amour le plus ardent, laissent peu de doute sur la culpabilité des prévenus. Des voisins ont vu souvent Fortuné s'introduire nuitamment dans le domicile des époux Douradour et n'en sortir que le matin.

Douradour. Là !... Je ne le fais pas dire, et vous voyez bien que je le suis !... Voilà tout ce que je demandais.

En présence de ces nombreux témoignages, le tribunal ne pouvait hésiter. En conséquence, les prévenus sont condamnés chacun à 3 mois d'emprisonnement.

Imprimerie d'AMÉDÉE GRATIOT et Cᵉ, rue de la Monnaie, 11.

UN PIED DE NEZ,

Hautoire est un garçon boulanger de belle venue, droit comme un jonc, sec comme la jambe d'un levrier. Sa figure est immobile sous un masque épais de farine; elle n'annonce aucune émotion. Il est assis au banc des prévenus.

Un homme à peu près de même farine s'avance au milieu de l'enceinte; c'est Cottembourg, exerçant aussi l'état de garçon boulanger, et sur la plainte duquel Hautoire est traduit en justice. Cottembourg va nous expliquer lui-même les faits de la cause.

Cottembourg. Je suis garçon de four chez M. Nollet, et Hautoire, *gindre* (garçon de pétrin), dans la même maison. La vérité est de dire que nous ne cordions pas trop bien, rapport à la petite Flammerot, à qui que nous en contions chacun pour son particulier... Attendez voir la fin. Hautoire me dit un jour : « Je sais que tu allumes la grande Madeline; mais ça n'est pas pour toi que le four chauffe, blanc-bec!... La Bourguignotte est ma promise; elle a ma réciproque... J'ai déjà pris, comme on dit, un pain sur la fournée... Par ainsi je te conseille de ne pas venir cuire à mon four, ou sinon je tape!... » V'là donc que pendant qu'il avait la main à la pâte, non, je veux dire à la *tape*, il m'envoie entre les deux yeux un coup de poing suivi d'un coup de semelle de soulier, qu'il me lance dans le ventre sans me laisser le temps de me retourner. Ça n'était pas brave de commencer sans crier gare!... Pour lors, je me fends à mon tour, et je lui sers de *l'atout*, comme de juste; mais lui se jette sur mon individu et m'empoigne le nez avec les dents...

Hautoire. Voilà un fagot!... Je demande voir si on peut y mordre le nez, à ce méchant camard? Il n'y en a pas plus sur sa figure que sur une reinette grise!...

Cottembourg. Ça n'empêche pas que tu as trouvé à mordre; à preuve que j'ai encore des dents sur le nez..

Hautoire. Sous le nez, je ne dis pas !...

Cottembourg. Je vas vous montrer les dents, mes juges. — Le plaignant allonge son nez vers le tribunal.

Hautoire. Ça ne paraît pas plus que ton nez au milieu du visage, mon vieux !... Cottembourg n'a pas de nez, vous allez voir qu'il va dire que c'est moi qui le lui ai mangé... Ah ! ce nez !...

M. le Président. Il ne s'agit pas d'insulter le plaignant, mais bien de répondre à sa plainte... Qu'avez-vous à dire ?

Hautoire. Je dis que Cottembourg n'avait pas besoin de fourrer son nez dans ce qui ne le regardait pas... Madeline était ma promise... quand on est pour se marier, on n'est pas bien aise, pas vrai ? qu'un méchant garçon de four vienne aduler votre objet, et chercher à l'enjôler.

M. le Président. Ce n'était pas une raison pour vous porter à l'égard de votre camarade à un acte de barbarie; car votre action ne saurait être qualifiée autrement.

Hautoire. Mais puisque je vous dis que Cottembourg n'est qu'un chauffeur, et qu'il cherchait à *échauffer* Madeline, qui est mon objet !

M. le Président. Est-ce tout ce que vous avez à dire pour votre défense ?

Hautoire. Faut pas aller si vite !... J'ai vingt-cinq raisons pour une à vous donner comme quoi je n'ai pas mordu Cottembourg : la première, c'est qu'il n'a pas plus de nez que rien du tout, une mouche n'en ferait qu'une bouchée !... la seconde, c'est qu'il a le nez de côté, et que si j'avais voulu le manger, je pouvais avaler de travers; la troisième...

M. le Président. Vous n'êtes pas ici pour faire l'agréable; il vaut mieux vous taire que de continuer sur ce ton.

Hautoire. Dam ! vous me demandez des raisons, en v'là !...

M. le Président. Vos raisons ne sont nullement des raisons.

Hautoire. Que voulez-vous que je vous dise ?... Je ne suis pas avocat, moi; mais pourtant s'il faut parler, je parlerai... je peux vous en dégoiser aussi long qu'un autre...

M. le Président. Répondez catégoriquement. Avez-vous mordu votre camarade ?

Hautoire. Eh bien ! oui et non.

M. le Président. Expliquez-vous.

Hautoire. En lui parlant d'un peu près, il y a eu un coup de dent de donné; mais c'est sans faire attention.

Cottembourg. Ne l'écoutez pas : il mordait comme un enragé !...

M. le Président. Voilà ce que le tribunal voulait savoir. Asseyez-vous, Hautoire.

Hautoire se rassied, visiblement contrarié de l'aveu qui vient de lui échapper. Il fait d'inutiles efforts pour ressaisir la parole; mais M. le Président lui impose silence.

Le tribunal, attendu qu'il résulte de l'aveu même du prévenu, que celui-ci a blessé volontairement Cottembourg, condamne Hautoire à un mois d'emprisonnement, 50 francs de dommages-intérêts et aux dépens.

Hautoire. C'est donc pour son fichu nez que vous me condamnez ?... Ça n'a pas de bon sens de de me donner de la prison pour si peu de chose... C'est égal, Cottembourg n'aura pas la Bourguignotte, et ça lui fera un fameux pied de nez.

LES ENFANTS DE LA GAUDRIOLE.

Paturel est prévenu d'avoir tenu chez lui des réunions habituelles de plus de vingt personnes.

Paturel réalise le type heureux de Roger-Bontemps. C'est un gros homme au visage enluminé, à l'œil riant. Il y a dans toute sa personne un je ne sais quoi qui sent l'épicuréisme d'une lieue de loin et prévient tout d'abord des mœurs anacréontiques de Paturel. Au reste, le prévenu ne se contente pas de faire la queue à la *mélancolie* (style des vieilles chansons), il la fait encore à quelques honnêtes bourgeois du Marais, restés fidèles à la tradition de la poudre : en d'autres termes, Paturel exerce, rue Charlot, l'honorable profession de perruquier.

M. le Président. Dans quel but se réunissait-on chez vous ?

Paturel, le sourire sur les lèvres. Dans le but de chanter la *Mère Godichon,* et de se donner un peu de bon temps.

M. le Président. On a saisi chez vous un règlement; ce qui indiquerait que les personnes qui se réunissaient chez vous s'étaient constituées en société.

Paturel. C'étaient les statuts de l'ordre.

N° 44.

LA CORRECTIONNELLE

Petites Causes Célèbres.

« Je sais que tu allumes la grande Madeline; mais ça n'est pas pour toi que le four chauffe, blanc-bec!... La Bourguignotte est ma promise; elle a ma réciproque.... J'ai déjà pris, comme on dit, un pain sur la fournée.... Par ainsi je te conseilles de ne pas venir cuire à mon four, ou sinon je tape!... »

Lith. Coulon

Juste Bourmancé Editeur de la Correctionnelle
Place du Palais Royal, 241.

M. le Président. Quel était cet ordre, et quel était son objet?

Paturel. Les *Enfants de la Gaudriole*; l'objet de la société était de rire et de s'amuser... et on s'amusait parce que c'était dans le règlement.

M. le Président. N'était-ce pas une société chantante?

Paturel. Oui, M. le Président.

M. le Président. On a saisi à votre domicile un recueil de chansons. On y lit presque à chaque page des choses offensantes pour la morale.

Paturel. C'est le chansonnier des *Enfants de la Gaudriole*... dam! ça ne peut pas être comme des noëls... Fallait bien chanter des choses un peu gaies.

M. le Président. S'il faut s'en rapporter à certaines dispositions de votre règlement, il paraîtrait que vous ne vous en teniez pas seulement à des chansons graveleuses, mais que vous vous livriez encore à des cérémonies assez ridicules et qui sont aussi peu chastes que vos chants. Ainsi, dans le cérémonial de réception, il est dit que le récipiendaire tournera son pantalon à l'envers; qu'il sera coiffé d'un bonnet de femme et devra, ajoute le règlement, exécuter, sous les yeux des *Enfants* réunis, une cachucha *immodérée*, après avoir chanté une *gaudriole*, en s'accompagnant sur des pincettes. »

Paturel, riant aux éclats. Ah! ah! ah!... que c'était donc drôle!... comme on s'amusait!

M. le Président. Cela divertissait moins vos voisins; car c'est par leurs plaintes que la police a eu connaissance de vos réunions. Il n'en est pas un qui ne fût scandalisé de vos chants indécents.

Paturel, riant toujours. Ah! ah!... elle est bonne la farce!... Il aurait fallu peut-être pour complaire à de vieilles dévotes que les *Enfants de la Gaudriole* chantassent des cantiques spirituels... Allons donc! on chantait chez nous le vin, l'amour, les dames... Chacun composait sa *romance*... les plus drôles étaient toujours les plus jolies. Si je vous chantais *La flûte à l'oignon*, une barcarolle de ma façon, vous ririez joliment, ah! ah! ah!...

M. le Président fait appeler les témoins.

Madame veuve Thibault premier témoin.

« J'ai demandé à plusieurs reprises à la portière qu'elle fît cesser les scènes dégoûtantes dont nous étions témoins chaque semaine... Ces messieurs chantaient de vraies chansons de corps-de-garde : la femme la plus éhontée aurait rougi de les entendre.

Madame Balthazard, sage-femme. Ces Messieurs se conduisaient comme des mousquetaires, et chantaient comme des *Satyres!*... J'avais chez moi plusieurs demoiselles enceintes qui n'ont pas pu y tenir et qui sont parties le lendemain... C'était un scandale dans tout le quartier.

Paturel, riant à gorge déployée. Ah! ah! ah!

Le sieur Bourdichon. Aussitôt que commençaient leurs réunions, j'étais obligé d'envoyer Madame Bourdichon en ville... J'aurais craint d'exposer la chasteté de ses oreilles. De mon temps on se permettait bien quelques légères équivoques, mais on ne sortait jamais des termes de l'honnêteté... Ces Messieurs se comportaient comme en pleine Régence... Ils auraient pu très bien prendre pour devise le mot d'un célèbre Romain : la *Pudeur* n'est qu'un nom!...

Paturel. La *Pudeur!*... J'ai fait une chanson là-dessus, sur l'air de *Femmes, voulez-vous éprouver?* Ah! ah!...

Madame Dénizard, portière. Ces monstres d'hommes m'en ont-ils chanté de ces horreurs.

Paturel. Vous veniez toujours écouter à la porte! ah! ah!

Madame Dénizard, vivement. C'était mon devoir!... Une portière qui remplit bien sa place doit savoir tout ce qui se passe dans sa maison... Vous en avez appris de belles à mon Ernest; un petit ange dont vous avez fait une créature méprisable... Il dit maintenant des mots qui font trembler... Vous l'avez joliment éduqué!

Paturel, riant plus fort. Ah! ah!... Vous faites la petite bouche, ma chère madame Dénizard.

M. le Président. Vous êtes prévenu d'un délit qui devrait vous inspirer des sentiments de honte.

Paturel. Il n'y a pas d'affront... Les Enfants de la Gaudriole sont de bons vivants, et on n'a rien à leur dire, puisqu'ils ne parlent pas politique....

M. le Président. Toute réunion au-delà de vingt personnes est défendue, et surtout les réunions qui n'ont pas un but plus moral que la vôtre.

Paturel. Voilà précisément ce qui a tué la *romance!*... Au temps des troubadours, on pouvait au moins chanter sans la permission de M. le préfet; c'était le bon temps!...

Pendant que le prévenu prononce l'oraison funèbre de la *romance*, M. le Président prononce contre lui la peine de deux mois d'emprisonnement et 150 francs d'amende.

Imprimerie d'Amédée Gratiot et Ce, rue de la Monnaie, 11.

VISITE DE CARNAVAL.

Un petit homme maigre, jaune et frêle, se tient debout depuis quelques instants en face du tribunal ; il semble attendre avec une morne résignation qu'il plaise à M. le Président de l'interroger. Son attitude est celle d'une personne convalescente qui se tient à grand' peine sur ses jambes. Enfin M. le Président, ayant achevé de classer des papiers, aperçoit notre souffreteux et lui demande ses nom, prénoms, profession et domicile.

« Je me nomme, répond le petit homme, Côme-Philibert-Andronic Cabouillaud, ex-pharmacien, domicilié rue de la Lune.

M. le Président. Dites au tribunal les faits dont vous vous plaignez.

Le sieur Cabouillaud. Le 27 janvier dernier, vers sept heures du matin, nous reposions tranquillement, mon épouse et moi, lorsque la sonnette de l'appartement s'agite bruyamment. Je n'attendais personne à cette heure-là, aussi je ne m'empressai pas d'aller ouvrir. La sonnette s'agita de nouveau et avec plus de force encore que la première fois.

Madame Cabouillaud me dit : « Vois donc ce que cela peut être, mon bon ami ; c'est bien certainement quelqu'un. » Je me lève ; mais on ne me laisse pas le temps de m'habiller, et le tintamarre recommence de plus belle : on aurait dit une fête carillonnée. J'endosse ma robe de chambre et je cours à la porte. A peine ai-je ouvert, qu'un personnage de l'espèce la plus bizarre se présente à moi et place sous mon nez un vase d'une insupportable puanteur et qui contenait, en ma qualité d'ex-pharmacien je ne pouvais m'y tromper, de l'hydro-sulfure d'ammoniaque, l'un des gaz les plus fétides que l'on connaisse ; c'était capable de renverser un homme. Sans me laisser le temps de l'interroger, l'inconnu me dit d'un ton goguenard :

« Je suis Pétronille-Pancrace Vésinet, parfumeur bréveté du roi de Westphalie, inventeur du Vespétro et autres élixirs, actuellement en bonne odeur dans le public. Je viens pour vous faire mes offres de service... Flairez-moi ça comme ça pue!... Je laisse des commodités à ceux qui traitent avec moi. » Je ne répèterai pas tous les propos incongrus que le prétendu parfumeur me débita encore; ceux que je viens de vous rapporter doivent vous faire sentir de quelle nature ils pouvaient être. Je priai ce personnage malhonnête de se retirer. Au lieu de se rendre à mon invitation, il me repoussa violemment et s'élança dans l'appartement, promenant dans tous les coins son odeur infecte. Il alla même jusqu'au lit de ma femme, à laquelle il se plut à faire respirer ces exhalaisons pestilentielles. Je n'étais plus maître de moi-même, et, le saisissant par une partie de ses vêtements, je faisais des efforts pour l'attirer vers la porte, lorsqu'il se retourne et me jette à la figure le vase qui contenait ses dégoûtants parfums. Ce n'est pas tout; comme j'appelais des secours et que je courais vers la porte, il empoigne une chaise et me la lance dans les jambes et me renverse. Cette chute m'a occasionné les blessures les plus graves, ainsi que le constate un certificat de mon médecin. J'ai été tellement bouleversé par cette scène *désastreuse*, que je n'en suis pas encore tout à fait remis.

M. le Président, s'adressant au prévenu. Boissy, pourquoi avez-vous violé le domicile des époux Cabouillaud ?

Le prévenu. Je ne savais ce que je faisais : je sortais du bal, et j'avais la tête échauffée par le vin; je croyais rentrer chez moi, et je me suis trompé d'étage.

M. le Président. Cela n'est guère croyable. En voyant Cabouillaud vous auriez dû reconnaître votre erreur.

Le prévenu. On ne raisonne guère quand on est pris de vin... M. Cabouillaud, qui était à jeun, lui, n'aurait pas dû se fâcher d'une plaisanterie.

M. le Président. D'accord, si vous n'aviez pas joint des voies de fait... Mais il a eu raison de ne pas souffrir qu'il fût maltraité impunément.

Le prévenu. Je vous promets, M. le Président, que j'étais tout sot lorsque la portière m'a raconté la scène que j'avais faite chez M. Cabouillaud. J'ai même fait présenter mes excuses aux époux Cabouillaud; mais il m'ont fait répondre qu'il leur fallait des dommages-intérêts et non pas des excuses... Je n'ai que 800 francs d'appointements... j'ai déjà tant de peine à vivre!...

M. le Président. On ne le croirait pas à voir l'état dans lequel vous vous mettez.

Le prévenu. C'est pour m'étourdir un peu, seulement pour m'étourdir!.... Quand on n'a que 66 francs par mois et une famille à nourrir, ça n'est pas bien gai... on peut bien chercher à s'étourdir.

Mais le tribunal, qui n'est pas d'avis qu'on doive s'étourdir au point de troubler la tranquillité d'autrui et de blesser un citoyen inoffensif, condamne Boissy à 5 jours d'emprisonnement.

LE PETIT VOLEUR.

Le jeune Cottereau est prévenu d'avoir volé des billes à l'étalage du sieur Forlier, marchand épicier.

Le sieur Forlier vient faire connaître au tribunal dans quelle circonstance a été commise la soustraction reprochée à Cottereau. « J'étais, dit l'épicier, dans mon arrière-boutique, occupé à transvaser des esprits, lorsque je vous vois, dans l'intervalle de deux caisses de pruneaux, un bras qui s'allongeait, qui s'allongeait, comme s'il avait essayé de prendre quelque chose... Je me dis tout naturellement à moi-même : Je suis volé!... C'est que, voyez-vous, j'ai des idées, moi; et mes idées ne me trompent jamais... Je ne fais semblant de rien et je m'approche sur la pointe des pieds, de manière à ne pas être vu par le voleur... Qu'est-ce que je vois?... le petit Cottereau qui choisit des billes dans une sébille, et qui, après avoir fait son choix, se sauve à toutes jambes... Je n'étais pas d'avis de lui vendre ma marchandise à ce prix. Je me mets donc à crier au voleur et je me lance à la poursuite de mon scélérat. Au moment de l'attraper, le petit polisson me jette dans la figure toutes les billes qu'il tenait encore dans la main, et je reste pétrifié sur place... lui, se sauvait toujours. Quand je suis revenu de mon *étonnement*, je me relance, et cette fois, je le repince *sûrement* et le remets entre les mains d'un sergent-de-ville.

M. le Président, au prévenu. Pourquoi voliez-vous les billes de Forlier.

Cottereau garde un silence absolu.

M. le Président. Vous ne deviez pas ignorer quelles seraient les conséquences de votre action, si vous étiez découvert?

Même silence.

LA CORRECTIONNELLE

Petites Causes Célèbres.

N.° 45.

« Je suis Petrouille Pancrace Vésinet, Parfumeur Brévelé du Roi de Westphalie inventeur du Véspetro et autres élixirs actuellement en bonne odeur dans le public. Je viens pour vous faire mes offres de service.... Flairez-moi ça comme ça pue!.... Je laisse des commodités à ceux qui traitent avec moi.»

Lith. Coulon

Juste Bourmancé Editeur de la Correctionnelle
Place du Palais Royal 26

M. le Président. Il paraît que votre conduite n'est pas très régulière, et que vous donnez à vos parents de graves sujets de mécontentement, car ils ont refusé de vous réclamer.

Cottereau se renferme toujours dans son silence.

M. le Président. Vos parents sont-ils ici ?

Au même instant, une femme portant le costume des femmes du peuple, se présente devant le tribunal. C'est la mère du prévenu.

M. le Président. Réclamez-vous votre fils ?

La maman Cottereau. Je ne demanderais pas mieux que de lui éviter du chagrin, à ce pauvre petit; mais j'ai peur que ma faiblesse ne lui porte malheur par la suite... Là, si on pouvait me le corriger un petit brin sans lui faire du mal...

M. le Président. Vous pouvez, si vous voulez, le faire enfermer dans une maison de correction.

La maman Cottereau. Ça le corrigera-t-il, bien sûr, votre *Correction?*... Tenez, j'ai bien peur que non!... Ce petit diable a plus besoin d'oublier que d'apprendre, et je crois bien que votre Correction lui en donnerait plus qu'elle ne lui en ôterait... Ma foi, je garde mon garçon!

Le tribunal, se fondant sur l'excessive jeunesse du prévenu, le renvoie de la plainte et le rend à sa mère, après lui avoir adressé une mercuriale sévère.

UN SOURD QUI NE VEUT RIEN ENTENDRE.

On appelle devant le conseil de discipline de la garde nationale l'affaire du sieur Stiégard, cité pour refus de service. Personne ne répondant, on passe à d'autres affaires, en ayant soin après chacune de rappeler le sieur Stiégard. Cependant le rôle des causes est épuisé et M. le Président va lever la séance, lorsqu'un individu se présente devant le conseil, et d'un ton de mauvaise humeur, témoigne au tribunal son mécontentement de ce qu'on l'a dérangé inutilement de ses occupations.

M. le Président lui demande son nom, mais il ne répond pas. Enfin un membre du conseil se hasarde à interpeller ce mécontent : N'êtes-vous pas le nommé Stiégard?

Stiégard. Comment, il est trop tard?... vous plaisantez sans doute... Voilà trois heures et demie que j'attends ici; il fallait donc me dire en entrant que vous n'auriez pas le temps de me juger!...

M. le Président, grossissant sa voix : On vous demande si vous êtes Stiégard.

Stiégard. Certainement, je tiens à être jugé ce soir!... Je dois partir demain pour Bruxelles, et je veux savoir avant mon départ si le gouvernement veut décidément me faire monter la garde.

Un tambour s'approche en ce moment du prévenu et, faisant avec ses deux mains une sorte de cornet acoustique, il lance d'une voix tonnante dans l'oreille de Stiégard ces mots : Êtes-vous Stiégard?

Le prévenu n'a pas l'air d'être fort ébranlé par cette espèce de détonation et répond :

« Certainement, je suis Stiégard, eh bien! après?

M. le Président. On vous a appelé plus de vingt fois; il est d'usage que l'on réponde.

Stiégard, outré de colère. Comment que le ciel me confonde!...

M. le Président ne sait plus comment se faire entendre du prévenu, qui est sourd comme un sonneur de cloches. Il ordonne au tambour de se placer à l'oreille du prévenu et de lui transmettre ses interpellations.

M. le Président. Pourquoi refusez-vous de monter la garde? (Le tambour transmet la question.)

Stiégard. Je ne puis monter la garde pour des raisons à moi connues, des motifs de santé...

M. le Président. Le conseil doit connaître ces raisons; il est seul juge de leur mérite.

Le tambour transmet ces mots en augmentant le volume de sa voix d'une manière effrayante.

Stiégard, piqué. Vous n'avez pas besoin de crier comme vous le faites; j'entends parfaitement sans cela.. (Éclats de rire dans l'auditoire.)

M. le Président. Quels sont donc vos motifs?

Stiégard. Je vous ai dit que ma santé s'y opposait... J'ai quelque chose dans la tête...

M. le Président. Avez-vous un certificat?

Stiégard. Je ne suis pas malade... Est-ce que j'ai l'air d'un malade?... Je vous réitère que j'ai des raisons particulières que je ne puis pas dire.

M. le Président. Ne serait-ce pas parce que vous êtes sourd?

Stiégard, avec fureur. Apprenez, Monsieur, que je ne suis pas sourd!... Je ne suis pas sourd, entendez-vous? et je ne souffrirai pas qu'on se moque de moi!...Moi, sourd!... J'aurais dû l'être à toutes vos questions... Ne m'interrogez plus... je ne répondrai pas!...

M. le Président, après avoir inutilement cherché à persuader au prévenu qu'il n'a pas eu l'intention de le blesser, le renvoie à se pourvoir devant le conseil de révision.

Imprimerie d'Amédée Gratiot et Cᵉ, rue de la Monnaie, 11.

NE DÉRANGEONS POINT LE MONDE.

Pivonnet est un véritable trouble-fête. Son humeur querelleuse l'a rendu l'épouvantail du bal fashionable du *Veau couronné*. Nous allons entendre sur ce point les renseignements fournis par le sieur Mathieu, marchand de vins à la barrière des Amandiers, et propriétaire de l'établissement en question.

Mathieu. Le scieur de long (Pivonnet) est bon enfant, mais aussitôt qu'il a lampé, il devient casseur et désagréable avec le monde... Quand il est une fois *parti*, il n'y a plus moyen de le retenir... Dam! alors il entreprend un chacun, et il faut bien filer doux si on ne veut pas recevoir de la graisse à ses habits... Pivonnet est un émeutier; moi-même qui lui fais crédit le plus souvent, il me traite de haut en bas; mais je suis accoutumé à ces choses-là, comme les chiens à aller nu-pieds...

M. le Président. Dites au tribunal ce qui s'est passé, le dimanche 2 février dernier, entre le prévenu, Pivonnet, et plusieurs des personnes qui se trouvaient réunies chez vous.

Mathieu. C'est bien simple!... Pivonnet les a *envenimées* de sottises et de coups.

M. le Président. Cette scène a été amenée sans doute par des provocations préliminaires... Racontez les faits au tribunal.

Mathieu. C'est juste!... Il est donc bon de vous dire que les ouvriers marbriers du Père La Chaise donnaient un grand bal de société dans mon établissement. C'était joliment composé, je peux m'en vanter : il n'y avait que les ouvriers de la coterie, des ouvriers à 3 francs 10 sous par jour!... et des demoiselles un peu bien ficelées, qu'on aurait bien pu se croire dans l'*Ile d'Amour*, parlant par comparaison... Voilà Pivonnet, qui sortait du bal masqué du *Mameluck*, qui vient avec un de ses camarades et qui me dit : « Ah ben!... je crois qu'on s'amuse sans moi là-haut; il n'y a pas de bonne fête sans Pivonnet! » Le voilà qui monte dans le bal; mais les danseurs n'étaient pas d'avis de le recevoir dans leur société; c'est ce qui a fait du grabuge.

Martel, clarinette au *Veau-couronné*. Pivonnet voulait entrer de force, quoiqu'on lui dit que ça ne se pouvait pas... Et comme il faut toujours mettre les poings sur les yeux avec Pivonnet, il y a eu du gâchis.

M. le Président. Pivonnet n'était-il pas l'agresseur ?

Martel. Oui, monsieur le Président. On l'avait prié très poliment de s'en aller, parce que c'était un bal d'amis, et un bal par souscription; Pivonnet n'en fit rien; au contraire, il s'obstinait à vouloir forcer la consigne. Lorsqu'il vit que tout le monde était opposé à ce qu'il entrât, il saisit une bouteille et la lança dans le bal : heureusement la bouteille n'atteignit personne... Il se mit à insulter les dames, et c'est alors que quelques *cavaliers* se sont emparés de lui et l'ont jeté à la porte.

Cullier, officier de bouche du *Veau-Couronné*. Après avoir été mis à la porte, Pivonnet est rentré de nouveau, malgré les observations de son camarade, qui cherchait à l'emmener... Alors un des danseurs, que je ne connais pas, l'a pris par les épaules, et l'a conduit ainsi jusque dans la rue.

M. le Président. Pivonnet n'a-t-il pas porté des coups ?

Cullier. Il ne se gênait pas pour en donner.

M. le Président. N'insultait-il pas les personnes du bal ?

Cullier. Il en disait pis que pendre.

M. le Président. Précisez les injures.

Cullier. Il les appelait *Africains*... Africain ou Bédouin, il n'y a pas de différence, et c'est ce qui les a humiliés... Il est vrai de dire que Pivonnet avait *flûté*, et qu'il n'avait pas sa connaissance.

Le prévenu prend la parole et cherche à détruire une à une toutes les charges qui s'élèvent contre lui. Il reconnaît avoir tenté de s'introduire dans le bal, mais il nie les violences qui lui sont imputées. Il invoque le témoignage de son ami Porchet, qui seul peut rendre hommage à la vérité des faits et attester la modération dont il a fait preuve.

Porchet est appelé comme témoin à décharge. « Pivonnet, dit-il, n'a pas plus de raison qu'un enfant de huit jours quand il est dans les *Indes*. Je l'attendais à la porte fort heureusement pour lui; car lorsqu'il a été poussé dehors, il allait tomber au beau milieu du pavé, si je n'avais été là pour le recevoir... Il ne faut pas en vouloir à ce pauvre Pivonnet, qui était pour le moment un peu casse-cou... Il est bon enfant, mais *licheur!*...

« La preuve, ajoute le témoin, que Pivonnet était dans la boisson, c'est qu'il criait : A moi les Français!... les Africains veulent vexer les Parisiens... Il faut leur montrer que le Français est un malin, qu'il est solide au poste et qu'il n'a jamais bronché devant l'ennemi!»

Sans avoir égard à cet honorable témoignage, le tribunal, considérant d'une part les fâcheux antécédents du prévenu, déjà condamné neuf fois pour tapage, voies de fait et autres délits analogues, condamne Pivonnet à un mois d'emprisonnement.

ADMIREZ, MAIS NE TOUCHEZ PAS.

Une jeune personne au minois éveillé, vive, sémillante, et portant le tablier de satin noir, vient se plaindre devant la justice des galanteries un peu équivoques du sieur Daudinet, jeune commis marchand, présent au banc des prévenus. La plaignante se nomme Louise-Antonine Aufray, et exerce la délicate profession de fleuriste.

Mademoiselle Antonine. Déjà depuis plusieurs jours j'avais à me plaindre de monsieur, qui m'attendait chaque soir à la sortie de mon magasin, et qui me tenait chaque fois les propos les plus suspects.... Tout autre, avec un peu de tact, et qui se serait trouvé à la place de M. Daudinet, se serait aperçu de lui-même qu'au lieu de m'être agréable il me contrariait beaucoup... J'avais mes raisons pour ne pas écouter la déclaration de M. Daudinet, et je le lui dis franchement. Il n'en tint pas compte, recommença ses assiduités et devint même plus pressant. Un soir, enfin, que je me retirais chez moi, sans me donner la peine de l'écouter, monsieur se permit des attouchements... Je ne puis rien dire de plus.

M. le Président. Ces attouchements étaient sans doute indécents. Le prévenu ne les a-t-il pas renouvelés à plusieurs reprises ?

Antonine. Il n'a pas *décessé*.

M. le Président. Ne l'avez-vous pas engagé à se conduire plus décemment ?

Antonine. Je l'ai prié, conjuré, supplié... rien n'a fait... Tout le monde me regardait... j'étais dans

LA CORRECTIONNELLE

Petites Causes Célèbres.

A moi les français !!... les Africains veulent vexer les Parisiens .... Il faut leur montrer que le français est un malin qu'il est solide au poste et qu'il n'a jamais bronché devant l'ennemi !!.....

Lith. de Thierry frères

Juste Bourmancé, Editeur de la Correctionnelle,
Place du Palais Royal, N° 241.

le plus mortel embarras. Enfin, quand j'ai vu que monsieur continuait à me compromettre, je me suis réfugiée dans la boutique d'un bonnetier ; l'un des commis est sorti et lui a adressé des reproches...

Plusieurs témoins viennent déposer qu'ils ont vu le prévenu serrant de fort près la plaignante, et que sa conduite ne leur a pas paru fort honnête. Ils ont vu pleurer Antonine, et l'un d'eux lui ayant demandé ce qu'elle avait, la plaignante lui aurait répondu : « C'est ce polisson qui m'insulte.

Daudinet trouve mademoiselle Antonine un peu trop chatouilleuse. Loin d'avoir la pensée de manquer au respect que tout homme doit à une jolie femme, Daudinet prétendait seulement rendre hommage aux formes élégantes de la plaignante. S'il s'est approché d'un peu près, il a obéi à un entraînement sympathique; mais il n'y a eu, dans son fait, ni brutalité, ni inconvenance. Il proteste que nul n'est plus que lui pénétré des devoirs de la galanterie ; il peut justifier de sa courtoisie par les témoignages les plus honorables recueillis au bal Montesquieu et au Vauxhall.

M. le Président. Il résulte cependant de la déposition des témoins, que vous vous êtes permis sur la plaignante des attouchements deshonnêtes.

Daudinet. C'est une erreur. Il est vrai que j'ai pris la main à mademoiselle Antonine... peut-être même l'ai-je portée à mes lèvres... mais c'est là une preuve de mon respect.

Antonine. Vous avez pris la main et le reste... vous aviez toujours votre main dans mon dos.

Daudinet. Mademoiselle se trompe... Il est vrai que, ravi d'admiration pour l'élégance de sa conformation, j'ai passé mon bras autour de sa taille... mais c'était un hommage rendu à la perfection des formes.

M. le Président. Votre conduite constitue une insulte personnelle et un outrage à la bonne morale.

Daudinet. C'est de l'admiration, un délire, si vous voulez; mais il n'y a rien d'immoral.

Le tribunal, qui ne partage pas la manière de voir du prévenu, et qui pense qu'on doit admirer sans toucher, condamne Daudinet à quinze jours de prison et 150 fr. d'amende.

ARRHES PERDUES.

Une question des plus originales était agitée dernièrement devant la justice-de-paix. Voici les faits qui ont donné naissance à cet étrange procès.

Le sieur Dalouet, ferblantier-lampiste, avait résolu de prendre femme. Ses yeux se tournèrent vers la demoiselle Guichardon, couturière en robes. Dalouet parvint à se faire agréer de la couturière, et un mariage fut arrêté. Dans l'intervalle des fiançailles, Dalouet redoublait de soins empressés, de prévenances ; c'était tantôt un cadeau, tantôt un repas, tantôt des soirées passées à l'Ambigu ou à la Gaîté. Bref, le lampiste ne comptait guère et s'efforçait avant tout de se rendre agréable à sa fiancée. La demoiselle Guichardon, soit qu'elle eût fait un retour sur elle-même, soit qu'elle n'eût pas bien réellement d'avance l'intention de devenir madame Dalouet, écrivit un jour à son prétendu pour lui témoigner tous ses regrets de ne pouvoir accepter l'offre si généreuse de sa main. Entre autres motifs de refus, la couturière alléguait un vieux penchant contre lequel elle ne se sentait pas la force de lutter, et puis, et puis... tout ce qu'une femme peut dire de fâcheux en pareille circonstance. Dalouet n'était pas d'avis de forcer le consentement de la trompeuse fiancée, mais il a pensé qu'il pouvait exercer un recours contre elle, en raison des sommes dépensées pour son compte. En conséquence, il a actionné la demoiselle Guichardon devant la justice de paix pour s'entendre, ladite demoiselle, condamner à restituer au réclamant la somme de 95 francs, montant de divers achats faits au profit de la défenderesse et de plusieurs dîners pris en commun.

Dalouet expose gaiement les faits que nous venons de faire connaître, et pose des conclusions à fin de restitution. Au reste, il s'applaudit d'avoir échappé au mariage, les renseignements ultérieurs n'étant nullement favorables à la demoiselle Guichardon, qui n'avait pas seulement *un* penchant, mais *trente* inclinations plus ou moins vivaces.

La demoiselle Guichardon se présente ensuite, et soutient l'irrévocabilité des donations. « S'il faut tout dire, ajoute la défenderesse, Dalouet est en reste avec moi ; je puis dire qu'il ne m'a pas tenu compte des sacrifices que j'ai faits pour lui. »

Interrogée sur la nature de ces sacrifices, la défenderesse refuse de s'expliquer et persiste à dire seulement qu'elle a fait des sacrifices à Dalouet.

M. le juge de paix, se fondant sur ce que les donations attaquées avaient été faites indépendamment de toute condition, renvoie Dalouet des fins de sa demande, et le condamne aux dépens.

Imprimerie d'AMÉDÉE GRATIOT et Cᵉ, rue de la Monnaie, 11.

LES BLEUS DE M. GRABULOT.

M. le Président. Grabulot, vous promettez et jurez de dire toute la vérité ?... Levez la main.

Grabulot, levant la jambe. Toute la vérité est là !... Rien dans les mains, rien dans les...

M. le Président. C'est une prestation de serment qu'on vous demande.

Grabulot, la jambe tendue, les deux bras levés. Je jure !...

M. le Président. Dites au tribunal vos griefs contre Catichon.

Grabulot. Monsieur, j'ai beaucoup à me plaindre de l'individu que vous nommez Godichon...

Le Prévenu, vivement. Catichon, s'il vous plaît! Les Godichons sont de votre famille !... Ah! mais...

Grabulot. Catichon... Godichon, cela ne fait pas une grande différence!... et vous pourriez très bien vous appeler Godichon, tout comme je me nomme Grabulot, *si le sort l'avait voulu!*...

M. le Président. Je vous engage à laisser de côté tous ces détails qui sont étrangers aux débats... Arrivez au fait.

Grabulot. Le fait est que Godichon... non, Catichon, s'est conduit à mon égard avec la dernière barbarie... C'est un ogre !...

Le Prévenu. Qué qu'vous chantez donc avec votre *ogre de Barbarie?* Je suis journalier : voilà mon état... A cause que vous êtes rentier, faut pas insulter le pauvre monde.

Grabulot. Cet homme ne comprend nullement la valeur des mots...

M. le Président. Arrivez donc au fait de la plainte.

Grabulot. M'y voici, monsieur. Le 12 février dernier, je regardais les joueurs de boules dans l'avenue de l'Observatoire ; il y avait foule. *Naturellement* on ne regarde pas toujours à ses pieds, encore moins à ceux d'autrui. Il paraît que tout en suivant les boules dans leur course, mon pied se plaça sur celui de Catichon... Il n'y avait pas là de quoi mettre un homme hors des gonds. Cependant le prévenu s'emporta...

Catichon. C'était bien fait pour ça... vous m'aviez *réveillé* tous mes ognons, que je croyais bien avoir marché sur un cent d'aiguilles : je ne savais plus sur quel pied danser.

Grabulot. Bref, sans attendre mes excuses, Catichon me détacha un fier coup de poing dans l'estomac, qui est la partie la plus sensible de mon individu, ainsi qu'une multitude de coups de pied dans les tibias... J'ai été plus de huit jours sans pouvoir remuer ni pied ni...

Catichon. Là!... cela ne vous fait-il pas une belle jambe de mentir!... Mon président, je nie, je renie les coups de pied...

Grabulot, mettant à nu une jambe sèche, velue, horriblement meurtrie et présentant de larges contusions violacées. Je porte mes preuves avec moi... Voyez ces *bleus!*...

Catichon. Une belle frime que vos *bleuets!* La fille à Cabereau de chez nous a comme ça des bleuets sur les yeux, et les médecins disent que c'est une envie de vin contrariée de la maman Cabereau... On connaît votre couleur!...

Grabulot. Voici en outre un certificat de maladie... j'ai eu soixante-dix sangsues à la jambe : il ne me restait pas une goutte de sang dans les veines.

Catichon. Des sangsues?... Excusez!... des sangsues pour un méchant coup de talon! Le remède est pire que le mal, c'est ben le cas de le dire.

Grabulot. Je suis resté perclus pendant huit jours.

Catichon. Des sangsues!...

Grabulot. J'avais perdu l'usage de mes jambes...

Catichon. Des sangsues!...

Grabulot. Je ne suis pas encore sur un bon pied; je suis obligé d'user de grands ménagements.

Catichon. Des sangsues!... Dites donc, mon brave homme, mal sur mal n'est pas santé, comme on dit chez nous... Vos vilaines petites bêtes sont bien comme des brochets pour la méchanceté et l'appétit; c'est ce qui vous a rendu les jambes comme des tuyaux de poêle.... Tenez, si vous m'en croyez, la prochaine fois, mettez-moi là-dessus du radis noir... ça adoucit la peau et ça chasse les mauvaises humeurs.

M. le Président. Je vous engage à répondre à l'inculpation dirigée contre vous.

Catichon. Des sangsues!... ah! les vilains petits poissons!...

M. le Président. Avez-vous quelque chose à dire pour votre défense?

Catichon. C'est eux qu'a fait mourir la Bourotte de chez nous... Des sangsues!...

M. le Président. Asseyez-vous, Catichon, et gardez le silence.

Catichon. Suffit, mon Président... mais dites-y donc à ce brave homme de ne plus mettre de sangsues pour un coup de pied!...

Le prévenu n'est pas encore revenu de son long étonnement sur la médication employée par Grabulot, lorsque le tribunal prononce contre lui la peine de 8 jours d'emprisonnement et 25 francs de dommages-intérêts.

LE VOL A LA CHAISE.

On ne saurait trop se mettre en garde contre certains industriels qui, à l'aide d'une profession quelconque, s'introduisent dans les maisons et vont de porte en porte, offrant leurs services en apparence, mais en réalité épiant une occasion favorable pour quelque bon coup de main. Le fait suivant est un avertissement de plus donné à l'imprévoyance et à la trop grande sécurité du plus grand nombre.

La femme Thierry, prenant la qualité de rempailleuse de chaises, se présenta, vers la fin de janvier dernier, au domicile de la demoiselle Paulus: « N'auriez-vous pas, lui dit-elle, des chaises à faire rempailler? Les temps sont tellement mauvais, que nous sommes obligés d'aller au devant de l'ouvrage, et de travailler à très bas prix... Je demeure dans votre voisinage... Tenez, voici des chaises qui m'ont été données par plusieurs locataires de votre maison... si vous voulez m'accorder votre confiance, j'ai tout lieu d'espérer que vous serez satisfaite de mon ouvrage. » Il se trouva que la demoiselle Paulus avait précisément deux chaises qu'elle désirait faire rempailler; elle les confia à la prétendue rempailleuse qui disparut et ne revint plus. Trois locataires de la même maison avaient déjà été victimes d'une pareille ruse.

La femme Thierry ne s'en tint pas là, et pen-

LA CORRECTIONNELLE

N.° 47.

Petites Causes Célèbres.

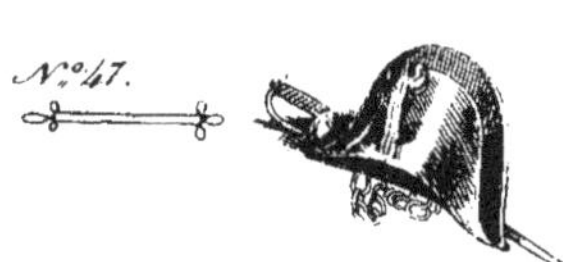

— . . . . . . Je porte mes preuves avec moi . . . . Voyez ces bleus ! . . . .

Le Prévenu ! — Une belle frime que vos bleuets ! . . . . . La fille à Cabireau de chez nous a comme ça des bleuets sur les yeux, et les médecins disent que c'est une envie de vin contrariée de la maman Cabireau !! . . On connait votre couleur !

Lith. de Thierry frères.

Juste Bourmancé, Editeur de la Correctionnelle.
Place du Palais Royal, N° 241.

dant qu'elle était en train d'exercer cette coupable industrie, elle parcourut divers quartiers de Paris, en faisant toujours de nouvelles dupes.

Un hasard malencontreux pour la rempailleuse, mais heureux pour les victimes que la femme Thierry pouvait faire encore, vint mettre enfin un terme à son audacieuse exploitation. Un jour donc que la femme Thierry, dont le centre d'opération variait chaque jour, s'était transportée dans un quartier tout à fait neuf à son genre d'industrie, elle se présenta chez la dame Palludet, toujours sous le prétexte que vous savez. Or, la dame Palludet se trouvait être une amie intime de la demoiselle Paulus et connaissait parfaitement la mésaventure survenue à cette demoiselle. La dame Palludet n'eut donc rien de plus pressé que de faire mettre la rempailleuse en état d'arrestation. Il a été constaté, par les diverses plaintes recueillies, que la femme Thierry n'avait pas volé moins de soixante-dix-huit chaises, toutes en fort mauvais état sans doute, mais cependant d'un bon rapport pour la rempailleuse qui les appliquait à son chauffage particulier.

Traduite pour ce fait devant la police correctionnelle, la rempailleuse allègue pour toute excuse son excessive indigence et les dures rigueurs de la saison. Ce n'était pas là une excuse suffisante; aussi les juges appliquant la loi dans toute sa sévérité, ont-ils condamné la femme Thierry à trois ans d'emprisonnement.

UN GRENADIER EN PUISSANCE DE FEMME.

On appelle devant le conseil de discipline de la garde nationale l'affaire du sieur Faisan, grenadier, prévenu de s'être soustrait par cinq fois à un service d'ordre et d'utilité publique. A l'appel du nom du grenadier réfractaire, un petit bonhomme, haut de quatre pieds au plus, au visage enfantin, les cheveux épars sur les épaules, se présente devant le conseil, fait le salut militaire et répond d'une petite voix flûtée : Présent!

M. le Président. C'est le sieur Faisan qui est cité... Vous n'êtes pas le grenadier Faisan?

Le petit bonhomme. Pardon, je suis Faisan; mais je ne suis pas grenadier, comme vous pouvez le voir.

M. le Président. Il y a donc eu erreur dans le travail du recensement... Quel âge avez-vous?

Le petit bonhomme. Douze ans.

M. le Président. Mais vous ne pouvez faire partie de la milice à votre âge?

Un membre du conseil se penchant vers le Président. Vous savez, voisin, que

.... Dans les âmes bien nées,
La valeur n'attend pas le nombre des années.

Cette citation est accueillie par un léger sourire.

Le petit bonhomme. Je ne demande pas non plus à monter la garde... Maman est déjà assez contrariée que papa soit garde national... Elle dit comme ça qu'il n'y a que les fainéants qui soient de la *citoyenne,* parce qu'ils font un dimanche de leur jour de garde.

M. le Président. Jeune homme, vous attaquez nos institutions. La garde nationale est le rempart de l'ordre public; c'est la représentation la plus belle de la force nationale...

Le petit bonhomme. Ah bah! ce n'est pas ce que dit maman.

M. le Président. Dans quel but vous êtes-vous présenté devant le conseil?

Le petit bonhomme. C'est pour papa.

M. le Président. Votre père est donc empêché de comparaître par quelque motif?

Le petit bonhomme. Le motif, c'est maman qui ne veut pas que papa soit soldat.... Elle m'a dit : « Paulin, va dire à ces messieurs que ton père n'ira pas se faire juger; que c'est moi qui le lui ordonne; qu'il ne montera jamais sa garde, et qu'il n'ira pas en prison; je le lui défends.

M. le Président. Votre mère n'a rien à voir dans les décisions du conseil... Retirez-vous, et à l'avenir, ne vous présentez plus ici.

Le petit bonhomme. Puisque c'est maman qui l'a voulu!

M. le Président. Retirez-vous, vous dis-je! Allez dire à votre père que le conseil est indigné de la légèreté de sa conduite. Vous pouvez lui annoncer qu'il est condamné à 8 jours d'emprisonnement.

Le petit Faisan se retire piteusement; mais après avoir fait quelques pas vers la porte, il revient sur lui-même, s'approche du bureau;

« J'ai oublié que maman m'avait chargé de vous dire que si vous ne laissiez pas papa tranquille, elle viendra elle-même la prochaine fois. »

M. le Président fait signe au tambour d'expulser le petit avocat du grenadier Faisan, mais le petit espiègle prévient l'exécution de cet ordre en se sauvant à toutes jambes.

Imprimerie d'AMÉDÉE GRATIOT et Cᵉ, rue de la Monnaie, 11.

MAILLE A PARTIR.

Une scène d'un caractère sérieux avait amassé, dans les premiers jours de février dernier, une foule de curieux devant les magasins de madame Huguet, lingère, rue Saint-Denis. Cette scène était occasionnée par la demoiselle Aglaé Poulet ; la cause première de ce grave désordre provenait d'une assez mince discussion d'intérêt. Hâtons-nous d'ajouter que cette discussion elle-même était grosse de récriminations, d'injures et d'imputations fort peu flatteuses pour la réputation des personnes en jeu.

Nous retrouvons aujourd'hui sur les bancs de la police correctionnelle l'auteur de ce trouble dans la personne d'une jeune et jolie grisette, soigneusement pimpelottée, et tirée à quatre épingles; c'est la demoiselle Aglaé Poulet. L'adverse partie est représentée par un monsieur fort laid, mais très proprement vêtu. Celui-ci déclare se nommer Mathurin-Frédéric Huguet, et décline en ces termes les motifs de sa plainte.

« C'était un samedi, jour de paie. Mademoiselle Aglaé se présenta au magasin pour recevoir le montant de plusieurs ouvrages par elle fournis à madame Huguet, mon épouse. Comme étant seul chargé des opérations de la caisse, mademoiselle Aglaé s'adressa particulièrement à moi. Elle me présenta les mémoires des diverses livraisons qu'elle avait faites. Avant d'aller plus loin, je dois dire au tribunal que madame Huguet, ayant cru remarquer du décousu dans l'ouvrage, ainsi que dans la conduite de mademoiselle Aglaé, avait, par ce motif, notifié peu de jours auparavant à cette demoiselle qu'elle ne devait plus compter sur de l'ouvrage, et qu'elle était retranchée du nombre des ouvrières employées par madame Huguet. Cette mesure indisposa mademoiselle Aglaé. Lorsque celle-ci se présenta à la caisse, elle se montra fort irritée de la révocation prononcée par madame Huguet, et me demanda la cause de cette rigueur. Je ne crus pas devoir la dissimuler, et j'expliquai à mademoiselle Aglaé que madame Huguet, déjà fort mécontente de son travail, l'était encore davantage de tous les rapports défavorables qui lui parvenaient journellement sur le compte de cette demoiselle. On conçoit qu'une maison justement estimée dans le commerce tienne à garder sa réputation de moralité aussi blanche que ses linons et ses batistes.

Mademoiselle Aglaé. Ah! vraiment, il sied bien à madame Huguet de faire la prude!... Ce qui paraîtrait un gros crime chez une demoiselle passe pour un petit péché chez une femme mariée; voilà ce qui fait que madame Huguet....

M. le Président. On n'a pas le droit d'attaquer publiquement les actes de personne, surtout pour en faire sortir un blâme... Huguet, continuez.

Le sieur Huguet. Je vous remercie, monsieur le Président, de faire respecter madame mon épouse... Je continue. A peine mademoiselle eût-elle connu les motifs qui avaient déterminé madame Huguet, qu'elle jeta feu et flamme et nous traita, mon épouse et moi, avec la dernière incivilité : nous n'étions pas bons à jeter aux chiens. Je la pressai de terminer au plus vite le réglement de son mémoire, afin de se retirer. Il s'éleva à l'occasion du compte une contestation relative à une différence de 90 centimes au préjudice de mademoiselle Aglaé. Ce fut le sujet de nouvelles injures de sa part. Sans perdre le calme et le sang-froid qui conviennent à tout comptable, je priai mademoiselle Aglaé de sortir....

Mademoiselle Aglaé. Minute, s'il vous plaît!... vous avez dit des mots *avec*, et c'est alors seulement que je vous ai *gifflé :* un coup de langue vaut un coup de main; c'est bien le moins.

Le sieur Huguet. Elle ne s'en est pas tenue là, monsieur le Président... Elle m'a saisi par le cou en s'écriant : Vieux grigou, ne dites pas un mot de plus, ou je vous étrangle... Il eût été bien difficile de répliquer, elle m'avait coupé la respiration; j'étais entre ses mains comme dans un étau. Pendant ce temps, une foule considérable s'était amassée à la porte du magasin.... J'étais humilié de toutes les injures que mademoiselle Aglaé me jetait à la face de tout le monde.

M. le Président. Quelles étaient ces injures?

Le sieur Huguet. Je ne saurais me les rappeler.

Mademoiselle Aglaé. Bah! dites toujours!.... on verra après si j'ai menti...

Le sieur Huguet. Je me souviens seulement que mademoiselle tenait des propos fort méprisants.

Mademoiselle Aglaé. Accouchez donc, monsieur Huguet!... Faut-il vous aider?

Le sieur Huguet, se grattant le front avec l'index. C'est très embarrassant à dire... Mademoiselle s'est attaquée...

Mademoiselle Aglaé. Dites toujours... Voilà que vous avez le doigt dessus.

Le sieur Huguet. Eh bien!... à mon honneur d'époux.

Mademoiselle Aglaé. Vous vous en preniez bien à mon honneur de demoiselle : l'un vaut l'autre.

M. le Président. Huguet, tâchez de préciser davantage les injures.

Le sieur Huguet. Vous voulez donc les mots tout crus?... Eh bien! elle m'a dit en propres termes : Vieux grigou, vieux cancre, vieux... *mari trompé*, vieux... Enfin, monsieur, je n'ai que quarante-cinq ans, et mademoiselle me donnait tous les *grades* par ancienneté.

M. le Président. Prévenue, qu'avez-vous à dire?

Mademoiselle Aglaé. Je n'aime pas qu'on me chiffonne ou qu'on gingine avec moi... Ceux qui m'insultent, crachent en l'air pour que ça leur retombe sur le nez; c'est ce qui est arrivé à M. Huguet. Il n'a pas mesuré ses expressions avec moi, et je lui ai pris, moi, mesure d'un bel habit...

M. le Président. Vous vous êtes portée aussi à son égard à des voies de fait.

Mademoiselle Aglaé. J'ai dû le prendre à la gorge pour lui fermer la bouche : il m'insultait... Si c'était à recommencer, je le ferais encore.

Le tribunal ayant égard au sexe et à la faiblesse de la prévenue, condamne Aglaé Poulet, beaucoup moins tendre que son nom, à 50 francs de dommages-intérêts et aux dépens.

LE NEUF DE CARREAU.

Tout ce que le cœur d'une mère peut renfermer d'amour n'est rien au prix de la tendre sollicitude et des sentiments affectueux de la dame veuve Grochard pour son bien-aimé Trim, griffon parfaitement laid, et par cela même parfaitement beau. La dame Grochard, qui, d'ailleurs, jouit d'une

N°48

LA CORRECTIONNELLE

Petites Causes Célèbres

Vieux grigou!... ne dites pas un mot de plus ou je vous étrangle!!...

Lith. Thierry frères.

Juste Bourmancé, Éditeur de la Correctionnelle.
Place du Palais Royal, 241.

honnête aisance, ne connaît d'autres joies et d'autres douleurs que les douleurs et les joies qui lui viennent par le fait de l'objet de ses affections.

Hélas ! quelle que soit la somme des jouissances que la dame Grochard trouve dans les gentillesses et la charmante intelligence de Trim, elles ne sauraient équivaloir à toutes les amertumes dont l'intéressant griffon est la source et la cause.

Enhardi par les faiblesses constantes de sa maîtresse, Trim est parvenu à se rendre insupportable à tout le voisinage ; si bien que l'animal gâté, j'allais presque dire l'enfant gâté, a accumulé sur sa tête des inimitiés profondes et méchantes. Il est résulté de là que l'infortuné Trim a été constamment, en quelque sorte, le bouc émissaire dans les différentes maisons occupées par madame Grochard, et, qu'en cette qualité, il a toujours été chargé des iniquités qui se commettaient depuis la loge du portier jusqu'à la mansarde ; ce qui l'assujétissait à porter tous les coups de pieds, tous les mauvais traitements qui peuvent choir sur les épaules d'un chien proscrit. Vous jugez si la dame Grochard devait manquer de sujet de querelle avec ses voisins. Ce malheureux état de choses a réduit la trop sensible maîtresse de Trim à déménager à peu près tous les six mois, sans que le pauvre griffon se soit mieux trouvé du changement.

Après ces interminables pérégrinations dans les divers quartiers de la capitale, lasse enfin de l'injustice et de la barbarie des hommes, la dame Grochard résolut de fuir toute société humaine et de se retirer dans un quartier sauvage et inhabité. Elle choisit la rue de l'Ouest comme une terre d'exil où elle pourrait vivre désormais dans une douce quiétude, avec son seul ami Trim. Fatale erreur ! Un malencontreux hasard voulut que la maison élue par la dame Grochard fût habitée par des peintres, espèce assez malfaisante par nature, et douée d'une insurmontable antipathie pour les animaux domestiques et les vieilles femmes. Au lieu donc du tranquille bonheur qu'elle avait rêvé, la dame Grochard trouva un enfer perpétuel. C'étaient sans cesse des provocations, des glapissements, des rires ; car les artistes s'égayaient aux dépens des affections de la dame Grochard.

Jusque-là, il n'y avait pas eu d'hostilités bien prononcées ; mais un jour que madame Grochard était livrée sans doute à ses regrets, elle vit s'introduire chez elle un horrible chien pelé, sur le dos duquel se trouvait estampillé un neuf de carreau. Elle ne reconnut pas à la première vue son Trim si mignon, et dont elle peignait naguère avec délices les soies longues et blanches. Le coup était mortel pour la sensible madame Grochard. Après les premiers soins donnés à son *toutou*, celle-ci n'eut rien de plus pressé que d'instruire elle-même sur les circonstances de l'attentat commis sur la personne de Trim ; de rechercher l'auteur de cet attentat ; de compulser le témoignage des locataires.

Une certaine dame Poissard déclara avoir vu le griffon se glisser dans l'atelier du sieur L....., et avoir entendu quelques instants après de longs éclats de rire dans l'atelier. D'un autre côté, la portière, en balayant les corridors, avait retrouvé le lendemain du jour de la perpétration du *crime*, et à la porte même du sieur L...., un neuf de carreau découpé et encore empreint de peinture à l'huile ; c'était sans doute la carte même qui avait servi de type pour les ornements imprimés sur les reins de Trim. Ces premiers éléments de culpabilité recueillis, forte d'ailleurs des sentiments hostiles dont le sieur L.... avait déjà fait preuve antérieurement, à l'égard de son cher griffon, la dame Grochard a formulé une plainte contre l'artiste.

C'est en raison de ces faits que M. L.... comparaît aujourd'hui devant le tribunal.

La plaignante expose avec aigreur toutes les circonstances du délit et qualifie avec une grande âpreté d'expressions la conduite de M. L...... Des larmes abondantes coulent de ses yeux au souvenir des *atrocités* commises sur le pauvre Trim, et lorsqu'elle représente le griffon tout grelottant de froid regagnant son domicile dans un état de nudité.

Aux charges alléguées par la plaignante, le prévenu oppose les dénégations les plus formelles... « La prévention, dit-il, ne repose que sur de simples conjectures. Il est bien vrai que l'incommode griffon de madame Grochard s'est *présenté* dans mon atelier, mais je me suis contenté de le renvoyer sur-le-champ. Quant à la carte retrouvée sur mon pallier, elle n'a pu être déposée en cet endroit que par quelqu'un de mes confrères qui habitent la maison, dans le but de me mettre aux prises avec la *propriétaire* du chien. » Le prévenu conclut en protestant de son penchant pour la race canine.

En l'absence de preuves positives, le tribunal renvoie le sieur L... des fins de la plainte et condamne la dame Grochard aux dépens.

Imprimerie d'AMÉDÉE GRATIOT et C, rue de la Monnaie, 11.

LE LION ET LE SERPENT.

Ceci n'est pas un apologue à la manière de Phèdre ou de La Fontaine, mais tout bêtement un procès en police correctionnelle, dans lequel viennent figurer un de ces beaux fils, héros de la fashion, qui ont pris la dénomination de *lions*, d'une locution anglaise, et un de ces honnêtes financiers qui vendent l'argent au poids de l'or aux enfants de bonne maison.

Nous laisserons M. de J..... expliquer lui-même les faits du procès.

« Au mois de mai 1839, je désirais faire un emprunt de vingt mille francs. Je m'adressai à un sieur Pottin, agent d'affaires, qui m'avait déjà rendu quelques services dans des circonstances toutes semblables. Le sieur Pottin me conduisit chez le sieur Renaudeau, que je traduis aujourd'hui sur les bancs de la police correctionnelle. J'exposai au sieur Renaudeau mes besoins, et le priai de me prêter la somme qui m'était nécessaire. Le sieur Renaudeau ne me connaissait pas ; cependant, après les renseignements qu'il prit sur ma famille, il consentit à me prêter 20,000 francs sur lettres de change. Cette somme devait m'être fournie en marchandises, et, par une précaution qui fait honneur à la prudence de prêteur, il fut convenu que je me ferais assurer par la compagnie d'assurances sur la vie humaine pour une somme double de la somme prêtée. L'époque de remboursement était fixée à huit mois. Voici la nomenclature des objets qui me furent remis, avec les estimations données par le sieur Renaudeau lui-même : Un magnifique serpent boa empaillé, 1,500 fr.; mouchettes, avec leurs plateaux, 1,800 fr.; fromages de Marolles, 4,000 fr.; conduits en fonte pour fosses d'aisances, 6,000 fr.; oiseaux divers avec leurs cages, 2,700 fr.... Le tout, vendu par l'entremise du sieur Pottin, a produit, défalcation faite des frais, une somme nette de 900 fr.!... Cependant, malgré le déchet considérable dans les évaluations, le sieur Renaudeau, à l'échéance de la lettre de change, exerça contre moi les poursuites les plus rigoureuses; il obtint une prise de corps qui fut exécutée. Mais, à mon tour, j'ai cru devoir user de représailles envers mon inexorable prêteur, et je suis convaincu que je rends ainsi un service éminent à la morale publique, en publiant un fait d'usure aussi criant. »

M. le Président. Renaudeau, vous avez entendu le fait qui vous est imputé. Il résulte des renseignements pris sur votre compte que vous vous livrez habituellement à des prêts usuraires. Qu'avez-vous à répondre ?

Renaudeau. Rien ne saurait égaler l'ingratitude des débiteurs, si ce n'est la reconnaissance qu'ils vous témoignent lors de l'emprunt; celle-ci est aussi vive d'abord que l'autre est profonde ensuite. Je n'ai qu'un mot à répondre aux dépréciations données par M. de J.... aux marchandises que je lui ai fournies. Voici une lettre écrite par M. de J...., lors de la livraison, et par laquelle le plaignant reconnait avoir reçu les objets que je lui fournissais, se plaît à reconnaître leur bonne qualité, et se déclare très satisfait.

M. de J..... Tout en reconnaissant l'exactitude de la lettre dont il est donné communication au tribunal, je dois dire que cette lettre a été écrite sur un modèle que M. Renaudeau me donna.

Renaudeau. Il faut attribuer la perte éprouvée par M. de J.... sur les différentes marchandises, à la *précipitation* avec laquelle il s'est défait des objets. Aujourd'hui, par exemple, il n'est pas une seule de ces marchandises qui ne soit très recherchée.

M. de J..... Je ne sache pas qu'il soit survenu une hausse sur les serpents boas, ou que la consommation des fromages de Marolles se soit accrue.

Pottin, chargé par M. de J.... de la vente des objets, est entendu. Il déclare que c'est sur sa *recommandation* que Renaudeau consentit à prêter les vingt mille francs. Il pense d'ailleurs que la vente a eu lieu dans des conditions assez favorables, et qu'il a vendu à un prix *raisonnable*.

M. le Président. Vous reconnaissez alors que les évaluations présentées par Renaudeau étaient exagérées ?

Pottin. Certainement il y a beaucoup à dire; mais tout le monde sait que ces *sortes d'affaires* ne se traitent jamais autrement... C'était à prendre ou à laisser... Il faut dire cependant que si M. de J.... avait voulu appliquer les marchandises à son usage personnel, les fournitures auraient acquis une plus grande importance.

M. de J..... Le tribunal comprendra que je ne pouvais appliquer à ma consommation particulière une partie de fromages de la valeur de six mille francs; que les conduits pour fosses d'aisances m'étaient parfaitement inutiles.... A la vérité, la dépouille du *Constrictor*, considérée comme ornement, pouvait avoir du prix pour un naturaliste; mais pour un lion, un serpent était une *superfétation*.

Renaudeau. Peut-on parler aussi légèrement d'un serpent qui avait fait de son vivant l'admiration de plusieurs cours étrangères!...

D'autres témoins sont entendus et confirment la déposition de M. de J.....

En conséquence, le tribunal condamne Renaudeau à un mois d'emprisonnement, 3,000 francs d'amende, 5,000 francs de dommages-intérêts, et aux dépens.

UN ONCLE D'AMÉRIQUE.

Un monsieur habillé de noir, en cravate blanche, et dont tous les dehors annonçaient l'homme de loi, ou tout au moins un de ces hommes qui touchent à la chicane, sous la dénomination un peu vague d'agent d'affaires, se présenta un jour au domicile des époux Bonnichon.— M. Bonnichon ?... dit l'homme noir. — C'est moi, repart un homme qui, l'œil sur une loupe, examinait de très près en ce moment les rouages d'une montre. — Enchanté de vous trouver, dit l'inconnu... Monsieur, ne seriez-vous pas le nommé Bonnichon (Claude-Etienne) ? — Ces noms sont les miens. —Voudriez-vous me faire l'amitié de me dire quel est le lieu de votre naissance ? — La Queue-en-Brie. — Très bien!... Vous êtes mon homme... N'aviez-vous pas un oncle au Canada ? — Pas que je sache. — Je vous apporte une bonne nouvelle... Votre oncle Bonnichon (Louis-Jean), décédé sans postérité, a laissé une succession très considérable et qui peut s'élever à plusieurs millions.... N'avez-vous pas des

« Souscrire une Lettre de change de Vingt mille francs et recevoir du prêteur : Un magnifique serpent Boa empaillé estimé 1500.fs. ; des mouchettes avec leurs plateaux pour 1800.fs. ; des fromages de Marolles pour 4000.fs. ; des conduits en fonte pour fosses d'aisances de la valeur de 6000.fs. ; et des oiseaux divers avec leurs cages pour 2,700 fs. !!.... Et revendre le tout pour 900.fs. . . . . .voila ce qui constitue un trafic et non pas un commerce.

Lith. Thierry frères.

Juste Bourmancé Editeur de la Correctionnelle,
Place du Palais Royal, 241.

co-héritiers ? — Ma foi, je ne connais guère mieux ma famille que je ne connaissais mon cher oncle Jean-Louis, comme vous le nommez, et je ne puis vous rien dire à cet égard... Vous dites donc qu'il y a des millions ? — Des millions et plus... Voici une lettre qui m'est écrite par un de mes correspondants du Canada, lettre par laquelle je suis chargé de trouver les héritiers Bonnichon... Dieu merci, j'en tiens un et je ne le lâche pas.

On se figure aisément toute la joie que durent éprouver les époux Bonnichon, dont les affaires n'étaient pas alors très prospères, en se voyant possesseurs d'une fortune aussi inespérée; car ils croyaient bien tenir déjà les millions du défunt canadien. Mais chacun sait qu'un héritage, et surtout un héritage situé en pays étranger, ne se recueille pas sans frais. C'est ce que l'homme à l'habit noir fit observer aux époux Bonnichon. — « Il y aura beaucoup de formalités à remplir, leur dit-il, et je m'en charge; mais tout cela exige aussi des frais, et je ne demanderais pas mieux que d'en pouvoir faire l'avance, si je n'éprouvais une gêne momentanée... Cependant, remettez-moi d'abord une petite somme de trois cents francs, et je me porte fort pour les dépenses qui excéderaient cette somme. »

Trois cents francs !....Qui ne donnerait volontiers trois cents francs pour palper une opulente succession ?... Les Bonnichon n'étaient pas d'avis de manquer, pour aussi mince bagatelle, un héritage qui devait les transformer en Nababs. Il prièrent l'officieux agent de la succession Jean-Louis-Bonnichon de repasser le lendemain, promettant de lui compter les fonds demandés. Le reste de la journée fut employé à convertir en argent tout ce qui, dans le ménage de l'horloger, pouvait offrir quelque valeur réelle.

Le lendemain l'inconnu vint à l'heure dite. Cette fois, il était chargé de paperasses qui ne contenaient rien moins que la situation des biens du défunt et l'inventaire des valeurs mobilières trouvées au décès. C'était prodigieux. Toutes les richesses de l'Inde, les mines du Potose, les trésors du plus riche sultan des *Mille et Une Nuits* n'auraient pu égaler la puissante succession du Bonnichon décédé dans le Canada. Les héritiers comptèrent les trois cents francs, l'inconnu promit de faire auprès du gouvernement anglais toutes les démarches nécessaires à fin de délivrance de succession, et se retira chargé de la bénédiction des conjoints Bonnichon, promettant de tenir ceux-ci fort exactement au courant de ses démarches.

Un mois s'écoula. Les Bonnichon n'entendaient plus parler de leur succession non plus que de leur mandataire. La femme la première conçut quelques doutes sur l'authenticité de l'héritage, et commença à craindre d'avoir été dupe de quelque adroit filou. Elle fit part de ses conjectures à son mari ; mais l'époux Bonnichon, auquel il en coûtait de renoncer à de brillantes espérances, éloigna les appréhensions de sa moitié et rejeta sur la longueur des formalités à remplir le retard apporté dans l'envoi en possession. Quinze jours se passèrent encore. Après ce nouveau délai, la foi de Bonnichon commença à s'ébranler ; il craignit fort de revenir horloger comme devant; puis enfin, ses doutes prirent la consistance d'une poignante certitude.

Il s'agissait de retrouver l'auteur de la mystification. La femme Bonnichon courut déposer sa plainte chez M. le commissaire de police. Des recherches actives furent faites, et sur les indices fournis, l'autorité parvint à arrêter, le 27 janvier, le nommé Honoré Sinson, un des fripons les plus adroits de la grande famille des voleurs.

L'identité de Sinson n'a pas été difficile à établir. Plusieurs des amis de Bonnichon, qui ne le quittaient pas plus que son ombre, depuis l'accroissement de sa fortune, ont vu chez lui le prévenu le jour même où les trois cents francs lui furent remis. Ainsi, toute équivoque est impossible par rapport à l'individualité de Sinson.

Traduit en police correctionnelle, sous l'inculpation d'escroquerie, Sinson ne songe nullement à nier les faits. Il soutient seulement qu'il a été induit en erreur par la lecture d'un journal anglais dans lequel était annoncée une vacance de succession sous le nom de Berrichon... Il y a eu erreur de personne, dit-il, et cette espèce d'erreur n'est nullement justiciable de la police correctionnelle. Quant à la somme qu'il a reçue, il est prêt à la restituer si on veut bien le mettre en liberté.

Mais le tribunal, qui connaît à fond les intentions du prévenu, éclairé qu'il est par les notes de police, sans s'arrêter à la prétendue *erreur*, condamne Sinson à 2 ans d'emprisonnement.

En entendant le jugement prononcé contre lui, Sinson laisse éclater la joie la plus vive. On a lieu de supposer que, dans son opinion, la peine est au-dessous de ses mérites.

Imprimerie d'AMÉDÉE GRATIOT et Cᵉ, rue de la Monnaie, 11.

J. BOURMANCÉ, ÉDITEUR D'ESTAMPES, 241, PLACE DU PALAIS-ROYAL.

QUERELLE DE GUEUX.

M. le Président. Tavernier, vous êtes prévenu d'avoir porté à Drouillard des coups ayant occasionné des blessures.

A cette apostrophe, un homme sec, nerveux, se lève d'un bond et tout d'une pièce, comme lancé par la détente d'un ressort. Il tend les bras, ouvre la bouche, puis s'arrête au moment de prendre la parole, comme pour recueillir ses souvenirs. Après quelques secondes d'une méditation soucieuse, le prévenu, l'esprit encore préoccupé, s'écrie : « Drouillard!... Drouillard !... Qui est-ce qui connaît Drouillard ?... Connais pas Drouillard ! Il y a donc ici quelqu'un qui s'appelle Drouillard ?... Un beau fichu nom, Drouillard ! »

Une voix aigre partie du banc des témoins, et qui paraît appartenir à un homme contrarié, fait entendre ces mots : Drouillard est mon nom de citoyen !

Le prévenu. Connu !... C'est donc vous, père Lampette, qui s'appelle Drouillard ?... Excusez ; plus que ça de nom !... Un vrai nom de *propiétaire !*

M. le Président. Vous connaissez bien maintenant le nommé Drouillard ?

Le prévenu. Je reconnais bien le père Lampette : mais puisque vous me dites que c'est le même individu, je vous crois... Drouillard !... v'là un nom un peu soigné tout d' même.

M. le Président. Vous allez entendre les dépositions des témoins. Asseyez-vous.

Drouillard. Quoique chiffonnier, on n'est pas ben aise de servir de mannequin, sauf le respect que je vous dois... D'aucunes fois on se dit comme ça : Je vas aller chiffonner un petit brin ; et il se trouve qu'on est soi-même chiffonné... C'est juste mon cas .. Pour vous revenir, j'étais-t-allé à la barrière des Deux Moulins, histoire *d'asphyxier le pierrot* (boire un verre de vin), et de ramasser un peu de vieille dentelle (des chiffons)... Je rencontre Tavernier tout proche du *Lancier Français*, qui m' dit, dit-y : « Père Lampette, c'est-y vrai ce qu'on dit ? — Qué qu'on dit, que j'y dis ? — On dit, qu'y m' dit, que t'as fait une baisse, et que tu vends tes os cinq sous ; c'est-y vrai ? — Vois-tu, Tavernier, que je lui réponds, n'est pas marchand qui toujours gagne... D'ailleurs, il y a des bas et des z-hauts dans le commerce ; ce qui fait que chacun vend les siens comme il l'entend... Voilà comme je comprends la chose. » Là-dessus, il m'appelle gâte-métier, et m'envoie un grand coup de croc dans la *boussole* (la tête), que j'étais tout saignant comme de la viande de boucherie... Et puis, pour me rachever, il m'a bassiné le corps à grands coups de talon. J'étais-t'horrible à voir... Le plus clair, c'est que j'ai fait sept jours à l'hospice.

Tavernier. Feignant, c'est pour te dorloter que tu as été à l'hospice, à cause qu'on y mange des pruneaux au sucre !.

Drouillard. Parlons-en des pruneaux !... Je peux pas les souffrir... ils me contrarient tout plein dans le ventre !...

Tavernier. T'es joliment délicat, toi !... les riches ne mangent que de ça.

M. le Président. Vous êtes fort éloigné du procès. Répondez sur les voies de fait qui vous sont imputées par Drouillard.

Tavernier. Voulez-vous que je vous dise ?... Votre Drouillard fait bien des embarras pour une petite égratignure.

M. le Président. Il est constant, d'après le témoignage des médecins, que les blessures que vous lui avez faites présentaient quelque gravité.

Tavernier. Je crois ben qu'ils disent ça, les médecins : ils ne cherchent que plaies et bosses...Mais votre Drouillard n'a pas tout conté... Il vous a arrangé sa petite affaire aux fines herbes ; il ne vous a pas dit qu'il m'avait *agoni* avec des *mots de gueule*.

M. le Président. Des témoins ont déposé au contraire qu'il avait opposé une grande modération à vos mauvais traitements.

Tavernier. On voit bien que Drouillard a gagné la Justice.

M. l'avocat du roi s'élève énergiquement contre cette imprudente allégation du prévenu, et lui fait observer qu'il prendra des conclusions contre lui, s'il se permettait de nouveau d'enfreindre le respect qui est dû à la justice.

Tavernier semble tout à fait interloqué par cette sortie. Pressé par M. le Président de se défendre, il n'ose prendre la parole, et a l'air de s'en rapporter pleinement à la sagesse du tribunal. Tavernier est condamné à 15 jours d'emprisonnement et 25 fr. de dommages-intérêts.

PETITS JEUX PEU INNOCENTS.

On ne saurait trop louer la vigilance avec laquelle l'autorité poursuit la répression des jeux clandestins. La mesure qui a aboli les établissements publics ouverts à la triste passion du jeu serait inefficace, disons mieux, elle serait mauvaise, si l'administration n'apportait tous ses soins à empêcher leur rétablissement sous forme de réunions particulières. On comprend, en effet, que les joueurs, livrés à des spéculateurs pour ainsi dire sans aveu, ne sauraient trouver dans des tripots à huis-clos les garanties et la sécurité qu'ils trouvaient auprès de l'ancienne Ferme des Jeux, placée immédiatement sous la surveillance de tous. Il était donc nécessaire, dans l'intérêt du public, comme dans l'intérêt de la morale, d'épier d'un peu près ces honnêtes maîtres de maisons qui, sous le prétexte de réunions intimes, tiennent de véritables brelans et suppléent sur une petite échelle les anciens salons du Palais-Royal.

C'est par suite de cette active surveillance que le sieur Pallard, se disant officier retraité, a vu, dans les premiers jours de février dernier, ses salons envahis par des agents de l'autorité et a été mis lui-même en état d'arrestation, comme prévenu d'avoir ouvert une maison de jeu.

Pallard comparait devant le tribunal.

M. le Président. Il résulte d'une enquête que vous réunissiez un grand nombre de personnes et qu'on jouait chez vous des jeux prohibés. On a saisi une roulette à votre domicile.

Pallard. Je ne réunissais que des personnes connues ; ma maison n'était nullement publique. Quant aux jeux, on les jouait à peu près tous, principalement les jeux de cartes, et parmi ceux-ci particulièrement les jeux de commerce. La roulette saisie n'était d'aucun usage.

M. le Président. Comment alors un pareil meuble se trouvait-il chez vous ?

N° 36.

LA CORRECTIONNELLE

Petites Causes Célèbres.

— On dit que t'as fait une baisse et que tu vends tes os cinq sous... c'est y vrai?.....

— Vois-tu, Tavernier, n'est pas marchand qui toujours gagne..., D'ailleurs il y a des bas et des z'haut dans le commerce; ce qui fait que chacun vend les siens comme il l'entend...... voila comme je comprends la chose.

Dessiné par Gavarni. Lith. de Thierry frères, Paris.

Juste Bourmancé, Editeur de la Correctionnelle.
Place du Palais-Royal, 241.

Pallard. C'était un meuble sans utilité.

M. le Président. Vous avez dit que vous ne receviez chez vous que des personnes connues... il est constant que plusieurs étrangers y ont été admis.

Pallard. Ils l'ont été sur la présentation d'amis, ainsi que cela se pratique dans les salons.

M. le Président. Les mises des joueurs n'étaient-elles pas illimitées ?

Pallard. Vous comprendrez, monsieur le Président, que quelque sévère que soit à cet égard la vigilance d'un maître de maison, elle peut être mise facilement en défaut. J'ai su qu'il y avait eu quelquefois des pertes assez considérables ; c'était à mon grand regret.

Un Anglais, nommé Harrington, qui a essuyé dans une soirée une perte de 9,000 francs, vient déposer qu'il a vu fonctionner la roulette.

Plusieurs autres témoins sont entendus. L'ensemble de leurs dépositions ne laisse aucun doute sur la nature des jeux en usage chez Pallard.

M. l'avocat du Roi prend ensuite la parole, et dans un discours plein d'une chaleureuse indignation, flétrit l'existence des maisons de jeux clandestines. Il énumère les différentes charges qui s'élèvent contre Pallard, conclut à sa condamnation, et demande en outre que la saisie du mobilier faite au domicile du prévenu soit maintenue.

L'avocat de Pallard partage la colère de M. l'avocat du Roi par rapport aux maisons de jeux; mais il soutient qu'il y a lieu à faire une distinction entre un tripot et un salon, où l'on joue par délassement et par forme de passe-temps. Il cherche à atténuer les torts apparents de son client, qu'il représente comme un soldat rempli d'honneur et de bravoure.

Après une courte réplique du ministère public, le tribunal prononce contre Pallard la peine d'un mois d'emprisonnement, 2,000 francs d'amende, et ordonne la confiscation du mobilier saisi.

SENS DEVANT DERRIÈRE.

M. le Président, s'adressant à une espèce de matrone déguenillée, au menton barbu, et dont le nez vivement allumé reflète les couleurs châtoyantes du rubis. — Comment vous nommez-vous ?

La prévenue. Mam' Bijou ! (*Riant.*) Bon !... je vois que vous vous dites à part vous : Il n'est pas très brillant, le bijou... hé ! hé ! hé !... Qué qu'vous voulez !... on n' peut pas empêcher le temps et la rivière de couler... hé ! hé !...

M. le Président. Quelle est votre profession ?

La prévenue. Veuve !... un fameux état, et qu'a ben de l'agrément quand le défunt vous laisse, comme feu mon pauvre Bijou que je *déplore*, 300 bonnes livres de rentes qui ne doivent rien ni aux impositions, ni aux médecins, hé! hé! hé!...

M. le Président. Vous êtes accusée d'avoir manqué de respect envers un délégué de l'autorité.

La prévenue. Qué qu' vous me dites donc là !... on doit donc du respect aux hommes à c'tte heure? Ah !... comme les temps sont changés !... De mon temps c'étaient les hommes qui portaient respect aux femmes...

On appelle le sieur Souillac, agent de police.

Le sieur Souillac. Comme je passais dans la rue de l'Oursine, je vis la femme Bijou qui était dans un état complet d'ivresse. Elle avait amassé autour d'elle tous les enfants du quartier. Je m'approchai de la prévenue et l'engageai à se retirer afin d'éviter de troubler l'ordre.

M. le Président. Ne s'est-elle pas permis à votre égard un geste fort malhonnête ?

Le sieur Souillac. Pardon, monsieur le Président, la prévenue fit tout à coup volte-face, et portant la main à peu près à la hauteur d'une giberne, elle me présenta quelque chose de peu convenable.

La prévenue. Dites donc, dites donc, mon officier, c'est donc ça qui vous a offensé ?... Peste !

M. le Président. Laissez parler le témoin.

Le sieur Souillac. La femme Bijou accompagna son geste de paroles tout à fait déshonnêtes.

La prévenue. Comme c'est vétilleux pour un officier!... Si vous aviez servi sous la République, vous en auriez bien vu d'autres ! car, Dieu merci, on leur montrait plus souvent les talons que le nez à ceux-là !

M. le Président. Ainsi, femme Bijou, vous reconnaissez le délit d'offense?

La prévenue. Et de quoi donc est-ce que je suis coupable, s'il vous plaît?... à cause que je n'ai pas voulu regarder l'officier en face ?

M. le Président. La seule excuse que vous puissiez alléguer, c'est votre état d'ivresse.

La prévenue. Voilà !... c'était le vin qui m'avait tourné la tête... de l'autre côté... Vous ne m'en voulez plus, mon officier ?... c'était le vin.

Le tribunal, ayant égard à l'âge de la prévenue, ainsi qu'à l'état de son esprit au moment du délit, la condamne à 24 heures de prison.

Imprimerie d'AMEDÉE GRATIOT et Ce, rue de la Monnaie, 11.

MASSACRE DES INNOCENTS.

Troplong, le Véry de la rue de la Mortellerie, est véritablement l'Attila des chats. Depuis que Troplong est venu établir ses fourneaux dans le voisinage de la Grève, les caves, les gouttières se sont tout à coup trouvées dépeuplées subitement de leurs habitants; si bien que dans tout le quartier de l'Hôtel-de-Ville, le chat, en vertu de la rareté, est passé presque à l'état de mythe, et que, pour bien des gens de l'endroit, il est, à peu de chose près, non moins fabuleux que le léviathan, le mastodonte et autres animaux chimériques. On devine sans peine le parti que le restaurateur devait tirer de ces pauvres animaux. Il est naturel de conjecturer que les robustes estomacs qui venaient prendre chez Troplong un dîner *sain* et copieux à 12 sous par tête, ont dû plus d'une fois absorber les chairs palpitantes de ces *pseudo-lapins*. Cependant aucun des hôtes nombreux des salons de Troplong ne réclama jamais contre cette substitution, et il est assez probable que le traiteur de la rue de la Mortellerie continuerait encore aujourd'hui ses immolations, si une circonstance fâcheuse n'était venue donner l'éveil à la police, au sujet des exécutions barbares du restaurateur. Voici le fait.

Un chat avait échappé au massacre. Chose étrange! ce chat habitait la maison même de l'ogre. Par quel miracle s'était-il soustrait à une mort certaine?... Il est facile de l'expliquer. Le chat en question composait à lui seul toutes les affections de la demoiselle Pitard, et celle-ci, effrayée par la mortalité qui frappait la race des chats, avait mis à préserver son favori de male-mort autant de sollicitude qu'une tendre mère, à conserver les jours d'un fils chéri.

Un jour cependant que Troplong rêvait chat, selon sa coutume, il entendit dans l'escalier un miaulement moqueur. Semblable au renard qui flaire une proie, Troplong se glisse sans bruit jusqu'à la porte de la demoiselle Pitard, et appelant à son aide la ruse et les alléchants parfums d'une tranche de lard, il parvient à attirer jusqu'à lui l'innocent minet, le happe et l'emporte. Mais, attirée par les cris plaintifs de son doux trésor, la demoiselle Pitard accourt aussitôt, se précipite sur les pas de Troplong, et une lutte vigoureuse s'établit entre elle et le ravisseur. La victoire resta au cannibale Troplong, qui emporta triomphalement sa victime. Sur ce, plainte de la dépossédée; descente de la police sur les lieux; enquête minutieuse, par suite de laquelle on découvre, dans un vaste charnier, une immense quantité de victimes pendues aux crocs patibulaires; procès-verbal; réclamations en masse d'une foule de commères; par suite enfin citation de Troplong devant le tribunal de police correctionnelle.

L'affaire est évoquée à l'audience d'aujourd'hui. Cet important procès a tout l'intérêt d'une séance de la Cour d'assises. Troplong occupe le banc des prévenus. Son attitude est calme; il est impossible de surprendre la moindre trace d'émotion sur son visage. Il répond d'abord aux questions d'usage; son élocution est facile et abondante.

La liste des témoins ne contient pas moins de quarante-cinq noms.

Le premier témoin entendu est la demoiselle Pitard. Elle rend compte au tribunal de la scène douloureuse qui accompagna le rapt de son chat infortuné.

« Hélas! dit le témoin, en m'enlevant minette, le gargotier m'a enlevé la moitié de moi-même. Ni mes larmes, ni mes prières n'ont pu arrêter sa fureur... J'avais beau lui crier : Mon chat!... mon chat!... rendez-moi mon pauvre chat!... Le cruel me répondait en goguenardant : C'est un fameux lapin que votre chat... il empêche les locataires de dormir!...» Une petite créature, ajoute la demoiselle Pitard, qui avait des mœurs pures et qui ne sortait jamais la nuit!

Deuxième témoin. J'ai perdu mon chat, qui donc me le rendra?

Troisième témoin. J'avais un *angola* superbe, une véritable chatte merveilleuse, l'infortunée a été sautée en gibelotte!

Les quarante-cinq témoins viennent renouveler, sur tous les tons, les comiques doléances de la *Mère Michel qui a perdu son chat*... D'après les diverses dépositions, il demeure acquis au procès que Troplong était le fléau des chats.

Accablé sous cette avalanche de témoignages, le prévenu, sans rien perdre de son impassibilité, prend intrépidement la parole. Il commence d'abord par réhabiliter la chair des minets et établit d'une docte façon la salubrité de ce manger. Après avoir rassuré de la sorte les estomacs timorés, Troplong aborde le fait de soustraction. Il soutient qu'il a *trouvé* tous les chats qu'il a immolés; quant au chat de la demoiselle Pitard, c'était une vengeance particulière qu'il exerçait : il avait des griefs nombreux contre cet animal qui l'empêchait de dormir. Nous ne suivrons pas le prévenu dans tous les circuits de son argumentation spécieuse.

Plusieurs témoins à décharge ont été cités à la requête du prévenu; ce sont les consommateurs habituels du restaurant Troplong. La plupart de ces consommateurs délicats appartiennent à la classe des porteurs d'eau et des maçons, tous gens dont la sensibilité papillaire n'est pas développée, comme on suppose, à ce point qu'ils puissent discerner un chat d'un lapin. « Ils ont trouvé les morceaux excellents; » voilà tout ce qu'ils peuvent dire de plus positif.

Ces témoignages ne pouvaient pas balancer dans l'esprit des juges ni l'autorité du procès-verbal de M. le commissaire de police, ni les sanglots si vrais des témoins accusateurs. En conséquence, Troplong est condamné à 2 mois d'emprisonnement et 500 francs d'amende.

TRISTE FOLIE!

On amène au banc des accusés un homme couvert de haillons, ses traits sont amaigris et fatigués, mais, à travers ce délabrement, il est aisé de lire sur ce front plissé avant l'âge, une haute origine et une noble distinction. En effet, le prévenu appartient à une famille autrefois élevée; plusieurs de ses aïeux occupèrent jadis des postes importants dans la magistrature et dans l'armée. L'histoire de cet homme, aujourd'hui prévenu de vagabondage, est une des plus dramatiques que nous sachions.

Fort jeune encore, M. H.... de L..... laissa apercevoir un irrésistible penchant à la dissipation, à la prodigalité, une tendance fatale à tous ces défauts de jeunesse qui dégénèrent bientôt en vices

N.° 31.

LA CORRECTIONNELLE

Petites Causes Célèbres.

— Mon Chat !!... mon Chat !.... Rendez-moi mon pauvre chat !!....
— C'est un fameux lapin que votre chat... il empêche les locataires de dormir.

Dessiné par Gavarni — Lith. de Thierry frères, Paris.

Juste Bourmancé Editeur de la Correctionnelle,
Place du Palais Royal, 241.

s'ils ne sont contenus par un esprit ferme et droit. M. de L....., resté seul de toute sa famille, perdit, de bonne heure, au jeu, la plus grande partie de son patrimoine; le reste de son héritage passa en dépenses frivoles. Il demeura chargé d'un beau nom, sans ressources, assez mal vu des personnes de son rang, fort mal accueilli par ses anciens amis dont il ne pouvait plus partager la vie. Déchu de sa première position, il se vit obligé de recourir, pour vivre, à mille expédients, c'est-à-dire à des moyens plus ou moins honorables. C'est ainsi qu'il a successivement parcouru, toujours en descendant, tous les degrés de l'échelle sociale. Ce mouvement de déclinaison l'a conduit jusqu'à la fréquentation d'hommes tout à fait avilis, et c'est miracle, vraiment, que, lancé dans ces sociétés dangereuses, il ait su se préserver de leurs mauvais exemples et de la contagion de leurs faux principes. On a peine à comprendre comment, dans le nombre des anciens amis du prévenu ou de sa famille, il ne s'est trouvé personne pour tendre au vagabond une main généreuse et offrir un asile à l'enfant perdu.

M. H. de L........ paraît se souvenir à peine de sa haute naissance; sa pauvreté même ne semble guère l'affecter. Il est froid et morne en présence de la prévention qui pèse sur lui. Interpellé par M. le Président sur ses noms et prénoms, il répond sans hésitation comme sans embarras.

M. le Président. Il est impossible que vous n'ayez pas trouvé, auprès des personnes que vous pouvez connaître, les moyens de sortir de la malheureuse position dans laquelle vous êtes.

Le prévenu. Je ne l'aurais même pas tenté. L'ingratitude des personnes avec lesquelles j'avais été autrefois en relation était sans cesse présente à mon esprit. Je n'aurais pas voulu m'exposer à un refus, ou à des témoignages d'une pitié humiliante.

M. le Président. L'assistance que vous auraient refusée vos amis personnels, les amis de votre père vous l'auraient certainement accordée.

Le prévenu. Ils me l'auraient aussi refusée, ou bien ils m'auraient fait acheter leurs secours au prix de mille humiliations.

M. le Président. Il est louable, sans doute, de conserver des sentiments de noble fierté, mais cette fierté a de justes bornes; les nécessités de votre position auraient dû vous porter à vous relâcher un peu de cette fierté.

Le prévenu. Des nécessités!... Grâce au ciel, j'ai su borner ma vie, et ces nécessités se réduisent à fort peu de chose.

M. le Président. Quelles que soient les bornes que vous ayez mises à vos besoins, il n'est pas moins vrai qu'il faut subvenir à ces besoins. Et vous n'avez aucun moyen d'existence dont vous puissiez justifier?

Le prévenu. Qu'importe à la société, pourvu que chaque matin je me lève avec le pain de la journée.

M. le Président. Cela n'est pas croyable, puisque vous n'exercez aucune profession.

Le prévenu. Chacun crée ses moyens d'existence. Moi, je tire les miens du jeu... (Se frappant le front.) Toute ma fortune est là!... J'ai des combinaisons sûres, infaillibles!... C'est le travail de toute ma vie!... Avec vingt francs seulement, je ferais sauter toutes les banques d'Europe... C'est un système unique... que personne ne connaît... N'en dites rien... on ne voudrait plus jouer avec moi!...

Ces paroles, prononcées à mi-voix et avec une agitation extrême, jettent le tribunal et l'auditoire dans un long étonnement. Il n'est pas douteux que le prévenu ne soit atteint d'une funeste monomanie.

M. le Président. Si vous trouviez d'autres moyens de gagner honorablement votre vie, ne les préféreriez-vous pas?

Le prévenu. Les autres moyens d'arriver à la fortune sont longs et incertains... (*Tirant un jeu de cartes de sa poche*) Celui-ci est prompt et immanquable... Je vous dis que c'est une combinaison infaillible... Oh! si j'avais 20 francs, j'aurais dans huit jours une fortune égale aux plus grandes fortunes... Il me reviendrait des amis... des amis!... je n'en veux plus!... je n'en veux plus!...

M. l'avocat du Roi, attendu l'état apparent d'aliénation mentale du prévenu, conclut à son acquittement; mais il insiste pour qu'il soit déposé dans un hospice.

Le prévenu. Moi, fou!... Oui, vous me traitez comme tous ceux à qui j'ai emprunté de l'argent... ils disent aussi que je suis fou... les misérables, ils m'empêchent de m'enrichir; oh! si j'avais 20 francs!

Le tribunal, désirant mettre fin à ce triste débat, se hâte de faire droit aux conclusions de M. l'avocat du Roi. — M. H. de L... sort en opposant une vigoureuse résistance aux gardes municipaux chargés de l'emmener.

Imprimerie d'AMÉDÉE GRATIOT et C, rue de la Monnaie, 11.

UNE POIGNÉE DE SOTTISES.

Une femme d'une quarantaine d'années environ, les épaules couvertes d'un horrible tartan, les poings sur les hanches, se tient debout en face du tribunal. On dirait un panier à deux anses ou une urne antique, indistinctement.

M. le Président. Femme François, vous êtes prévenue d'injures et de voies de fait envers la demoiselle Suzanne Poireau.

La Prévenue. Ha!... Si je m'attendais à celle-là, par exemple!... Je croyais, moi, qu'on m'avait fait venir ici tout au moins pour quelque grosse affaire... Ça n'était pas la peine de me déranger pour si peu de chose... (*S'adressant à une commère qui siége au banc des témoins*) Dites donc, la pratique, êtes-vous folle d'aller clabauder auprès de ces messieurs pour une petite poignée de sottises?

La plaignante. Hein!... S'il n'y avait eu que des sottises!

La prévenue. Est-ce qu'on vous a vendu quelque chose qui ne voulait pas cuire, ma mie?

La plaignante. Vous ne vous souvenez donc pas que vous m'avez inondée de coups?

La prévenue. Si fait, saperlotte!... Eh ben! après?.... Qué qu' ça fait à ces messieurs?.... Croyez-vous pas qu'ils vont me les rendre?

M. le Président. Pourquoi avez-vous frappé la plaignante?

La prévenue. Je vas vous dire, mon bon monsieur... Ce que j'ai sur la langue ou dans la main, faut que je le lâche.

M. le Président. C'est un tort que vous avez; on ne doit insulter ni frapper personne.

La prévenue. Oh! vous me parlez-là du grand

genre, et moi, je suis de l'halle au poisson. Chacun sait bien que chez nous il n'y a pas de langues dorées, et qu'on ne prend pas des gants *beurre-frais* pour habiller son monde... Tant pis, si ça choque quelques-uns !

M. le Président. Pourquoi avez-vous frappé la plaignante ?

La prévenue. Vous me demandez pourquoi ?... Assurément pour la corriger; car elle est bien mal éduquée, la pauvre femme.

La plaignante. Il serait drôle qu'il *fallusse* aller à l'halle pour apprendre la politesse, à c'tte heure.

La prévenue. Ah ! vous croyez, la petite mère ?... On pourrait bien aller à plus mauvaise école... Les plus polis ne sont pas ceux qui mettent de la pommade au jasmin dans les mots.

M. le Président. Tâchez de répondre d'une manière plus précise aux faits de la prévention.

La prévenue. Je vois que vous voulez que je mette, comme on dit, les points sur les *i*. Voici la chose, mon bon monsieur, et c'est la vérité toute pure, foi de Marguerite, qui est bien mon nom. Voilà donc que madame s'en vient un jour me marchander des carpes ; du poisson frais comme l'œil, et qui vous avait des ouïes vermeilles comme la rose... Il n'y avait rien à dire. Cependant madame trouve moyen de margauder, et patati, et patata ; enfin mon poisson n'était pas bon à jeter aux chiens... Moi, quand on me donne des pois, je rends des fèves ; c'est pour vous dire que je ne suis jamais en reste avec personne.... Au fait, on ne doit jamais décrier la marchandise; ce qui ne convient pas à l'un convient à l'autre : on n'est point forcé d'acheter. Si j'ai dit des mots un peu salés, c'était à cause de la circonstance de la chose.

M. le Président. Vous ne vous en êtes pas tenue aux injures, et c'est là ce qui aggrave vos torts.

La prévenue. Je lui conseille d'en parler !... J'étais tout *émouvée* des sottises qu'elle m'avait dites, et alors, je ne sais trop comment, un barbillon que je tenais dans la main s'est mis à faire tout seul le saut de carpe, et lui est tombé sur la figure.

La plaignante. Quel affreux mensonge !... Vous m'avez frappée trois fois de suite sur la joue avec le poisson.

La prévenue. Eh ben ! qué qu'j'ai dit ?... on sait ben qu'un barbillon n'a pas assez de connaissance pour giffler tout seul une impertinente.

M. le Président à la plaignante. Tâchez d'expliquer plus clairement vos griefs.

La prévenue. Ça n'est donc pas clair qué qu'j'ai dit ?

La plaignante. Je ne trouvais pas le poisson de madame François assez frais pour moi, et je lui dis que je n'en voulais pas. Elle se mit alors à m'accabler d'injures, et me frappa au visage avec un poisson qu'elle tenait dans la main, en me disant ces propres paroles : Qué mal qu'y vous a donc fait, c' poisson-là ?... En me débattant, je renversai un seau tout rempli de petits poissons rouges. Madame François se mit dans une colère épouvantable en voyant ses poissons qui *nageaient* sur le pavé, et me lança de toutes ses forces un tabouret qui m'attrappa à la tête. Voici encore la marque.

La prévenue. Çà fait que vous ne l'oublierez pas, ma chère, et que vous vous souviendrez une autre fois qu'il ne faut pas déprécier les coquilles d'une marchande.

Un garde municipal, de service ce jour-là à la Halle aux Poissons, le même qui s'interposa entre la plaignante et la prévenue, vient faire connaître au tribunal les faits dont il a été témoin. Ces faits sont tous à la charge de la mère François. Pendant le cours de cette déposition, la prévenue interrompt à plusieurs reprises le témoin. C'est à grand'peine que M. le Président parvient à contenir la loquacité de la femme François.

Enfin le tribunal, suffisamment éclairé par les débats, condamne la prévenue à cinq jours d'emprisonnement et 50 francs de dommages-intérêts.

En entendant la condamnation prononcée contre elle, la mère François s'écrie : « Cinq jours de prison pour un petit coup de langue !... Il faudra donc, dorénavant, que les dames de la halle soient muettes comme des poissons ?... Elles vont pousser de beaux cris ! »

LA FAMILLE PASTOUREAU.

Trois jeunes gens, uniformément vêtus de jaune, se présentent devant le tribunal de police correctionnelle, assistés d'un avocat. Ce sont les trois frères Pastoureau, trois Albinos parfaitement caractérisés : peau d'un blanc mat, les poils argentés et cotonneux, la pupille rose. La présence de ces trois individus excite une indiscrète curiosité dans l'auditoire. Sur le banc opposé siége le sieur Landry,

Qué mal qu'y vous a donc fait c'poisson-là ?.......

Dessiné par Gavarni

Lith. Thierry frères, Paris.

Juste Bourmancé Editeur de la Correctionnelle,
Place du Palais Royal, 241.

receveur de rentes, accompagné aussi d'un défenseur. Le sieur Landry a été cité directement devant le tribunal à la requête des frères Pastoureau, sous la grave imputation d'abus de confiance.

Argument du procès. Vers la fin d'octobre de l'année dernière, les frères Pastoureau furent obligés de quitter Paris pour se rendre à Lucerne, auprès d'une tante en danger de mort. Avant de partir, les trois frères investirent le sieur Landry d'un mandat spécial à l'effet de poursuivre le recouvrement d'une créance, commune aux mandants, sur un sieur Basile; cette créance s'élevait à la somme de 7,200 fr. Ce recouvrement ne devait souffrir aucune difficulté, dans l'opinion des frères Pastoureau, qui connaissaient la solvabilité de M. Basile. Aussi, ce ne fut pas sans un grand étonnement qu'un mois après leur arrivée à Lucerne, ayant écrit au sieur Landry pour le prier de tenir à leur disposition la somme encaissée, ils apprirent de celui-ci que la créance sur le sieur Basile n'avait pas été remplie. Cependant ils patientèrent encore quelque temps; puis enfin ils écrivirent de nouveau à leur mandataire. Nouvelle missive du sieur Landry qui se plaignait encore une fois de l'inutilité de ses démarches auprès du sieur Basile. Les frères Pastoureau ne savaient plus que penser de tout cela, et décidés à faire valoir eux-mêmes leurs droits contre leur créancier, ils quittèrent Lucerne et arrivèrent à Paris. Leur premier soin fut de se transporter auprès de leur mandataire pour savoir de lui sur quels motifs le sieur Basile appuyait son refus de payer. Le sieur Landry fut d'abord un peu surpris de l'arrivée de la famille Pastoureau, et répondit en balbutiant aux questions qui lui étaient faites. Ces hésitations inspirèrent de la défiance aux trois frères qui, d'un commun accord, se transportèrent auprès du sieur Basile pour éclaircir tous leurs doutes. Là, ils acquirent la certitude que non seulement le sieur Basile s'était acquitté dans les mains de Landry, mais encore qu'il n'avait apporté aucun retard à faire face à ses engagements; en foi de quoi il présenta un récépissé signé de la main même de Landry.

Convaincu d'infidélité dans l'accomplissement de son mandat, Landry, qui avait perdu, dans des spéculations malheureuses, les fonds de ses mandants, quitta son domicile, ne pouvant restituer la somme dont il avait indûment disposé. Les frères Pastoureau firent de nombreuses et d'inutiles démarches pour découvrir sa retraite. Désespérant enfin de saisir leur débiteur, ils résolurent de le poursuivre correctionnellement, comme ayant abusé de leur confiance.

Tels sont les faits exposés par l'avocat des parties civiles.

« Messieurs, dit l'avocat du sieur Landry, on a cherché à donner aux faits un caractère de gravité qu'ils n'ont pas. Avant d'examiner le fond de la question, il est essentiel de dire un mot des personnes qui ont soulevé le procès.... Qu'est-ce que les frères Pastoureau?... Les frères Pastoureau, messieurs, appartiennent à une classe d'hommes disgraciés de la nature. Il n'est personne qui ne sache combien peu les facultés intellectuelles sont développées chez les Albinos.

L'avocat des frères Pastoureau. Je ferai remarquer à mon confrère que nous sommes ici pour faire apprécier les faits et non pas les personnes.

L'avocat de Landry. Je prétends démontrer que nos adversaires ne peuvent offrir aucune garantie d'une parfaite rectitude de jugement.

Pastoureau, 1er du nom. Je ne vois pas où tendent les étranges explications de notre adversaire. Je ne puis non plus deviner ce qu'il peut résulter de favorable pour la justification de son client, à dire que Landry a trompé des ***imbéciles***. Il s'agit seulement, je pense, de savoir s'il y a ou non, dans le procès, un ***fripon***.

M. le Président. Je vous engage à ménager vos termes; de pareilles expressions ne sont pas convenables ici.

L'avocat de Landry insiste de nouveau pour démontrer l'incapacité dont les trois Albinos *doivent* être frappés, si rien n'est dérangé dans les observations des naturalistes. Forcé de renoncer à ce moyen de défense, il se rejette sur la justification des actes de Landry. Il soutient en fait et en droit que son client n'a pas dépassé son mandat; que s'il n'a pas immédiatement rendu compte de la somme touchée, c'est qu'il y avait compte à faire avec les frères Pastoureau.

Ce système de défense est malheureusement en désaccord avec les termes de la correspondance et avec les faits accomplis. Aussi, après les conclusions conformes de M. l'avocat du roi, le tribunal condamne Landry à 6 mois d'emprisonnement, à la restitution de la somme, et aux dépens.

Imprimerie d'AMÉDÉE GRATIOT et C., rue de la Monnaie, 11.

LES FANTOMES.

Trois femmes, d'inégale beauté, forment, dans l'enceinte du prétoire, un groupe piquant par la diversité des expressions et des attitudes. Elles appartiennent toutes trois à la profession de couturière. L'une, jeune et jolie, composant toute sa personne, affecte de petits airs minaudiers, qui lui donnent un air précieux. Une autre, moins heureusement douée sous le rapport des avantages physiques, se cache à demi; mais on devine qu'à l'exemple de la nymphe coquette de Virgile, elle se cache avec le secret désir de se faire voir. Enfin la troisième, que la nature semble avoir oubliée dans la répartition de ses grâces, et sur la face de laquelle on remarque un nez épaté, large, volumineux, pour tout dire en un mot, un nez de Siamois qui prendrait ses franches coudées; la troisième, disons-nous, possède l'imperturbable aplomb d'un sous-officier de cavalerie. Cet intéressant trio se trouve là pour se plaindre en commun de deux jeunes gens qui occupent le banc des prévenus.

Sommée par M. le Président de développer sa plainte, mademoiselle Olympe déclare, avec infiniment de modestie, n'oser point s'expliquer devant un concours aussi nombreux de personnes, et passe la parole à mademoiselle Clémence. Moins facile à interloquer, celle-ci part d'une exclamation venue du cœur.

« Hélas! dit-elle, combien les femmes étaient plus heureuses, au temps où les hommes passaient des mois et des années à jouer de la guitare sous les barreaux de leurs fenêtres!... Les hommes d'aujourd'hui n'ont plus de ces attentions-là; ce qui fait que les femmes d'à présent sont bien à plaindre!... Les hommes sont tous des monstres! »

M. le Président. Passez toutes ces considérations et arrivez au fait.

Mademoiselle Clémence. Ce que je dis là ne peut pas atteindre les magistrats; j'aime et j'estime la justice : sans elle, les pauvres femmes seraient sans appui dans le monde.

M. le Président, s'adressant à la troisième plaignante. Rosalie Pichard, exposez au tribunal les faits que vos co-plaignantes ne veulent pas aborder et faites en sorte d'être plus explicite.

Mademoiselle Rosalie. J'adhère aux paroles de Clémence; les hommes d'aujourd'hui ne valent guère.

M. le Président. Il est nécessaire de vous mettre sur la voie de la plainte. Bartholin et Foissinet sont accusés par vous de tapage nocturne.

Mademoiselle Clémence. Il est certain que ce sont des voisins bien incommodes pour des demoiselles tranquilles; sans compter qu'ils sont bien hardis et bien évaporés.

M. le Président. Eh bien! voyons, expliquez-vous.

Mademoiselle Clémence. Il va s'en dire que des demoiselles ne sont pas des soldats aux gardes. Dieu merci! on n'a pas comme nous la tête farcie de romans, sans qu'il vous en soit resté de belles peurs... Je l'avoue, je crois aux revenants, et quoiqu'on puisse dire, je suis certaine qu'il y a des gens assez méchants pour venir troubler ceux qui ne pensent pas à mal faire. Or, un soir que la lumière était éteinte, nous voyons apparaître deux fantômes blancs qui ouvraient des yeux, grands comme des portes cochères, et qui traînaient des chaînes; l'un d'eux avait un merlin dans les mains... c'était affreux!.. Je crus que ma dernière heure était venue et je m'évanouis.

M. le Président. Comment avez-vous pu distinguer les deux prétendus fantômes, puisque la lumière était éteinte.

Mademoiselle Clémence. Je ne sais; mais ce que j'ai vu, je l'ai bien vu!.... Le lendemain, je me réveillai plus morte que vive; ces demoiselles n'étaient guère plus en train de rire. Je descendis prévenir la portière de ce qui s'était passé ; elle se moqua de nous. Ce soir-là, même scène et pareille frayeur. Cette fois-là, je dis à la portière que nous allions déménager sur-le-champ : « Laissez-moi faire, poltronnes, nous dit madame Poitevin; je vous réponds d'attrapper ce soir vos revenants, s'ils y reviennent.

« En effet, ce soir-là nous étions à peine couchées que nous entendons sur le pallier un vacarme effroyable; c'était madame Poitevin qui assommait les fantômes à coup de manche de balai.... Les revenants étaient ces deux messieurs.... Il est bien juste qu'ils nous paient les *révolutions* qu'ils nous ont faites.

La dame Poitevin vient ensuite raconter au tribunal comme quoi elle s'embusqua dans un angle du pallier et qu'ayant vu, entre onze heures et minuit, les deux prévenus sortir de leur chambre, couverts de linceuls, et se diriger vers la fenêtre qui donne sur le toit, elle se précipita sur eux et exécuta sur leurs épaules une charge à coup de bâton.

Les prévenus ne songent point à nier les faits; ils se bornent à dire que c'était par pur divertissement qu'ils allaient ainsi troubler le sommeil de leurs voisines.

M. le Président. Ce badinage était mauvais; car, outre qu'il constituait un tapage nocturne, il pouvait encore avoir les plus dangereuses conséquences par rapport aux plaignantes... Comment pouviez-vous vous introduire dans le domicile des plaignantes?

Bartholin. Par les toits, sur lesquels donnait la fenêtre de leur chambre. Comme la fenêtre était fermée, nous passions le bras au travers d'un carreau de papier, et nous faisions ainsi tourner l'espagnolette.

M. le Président. C'était une véritable violation de domicile.

Mademoiselle Clémence. Et une violation de la morale... On ne s'introduit pas de la sorte chez des demoiselles endormies.

Les faits étant confessés par les prévenus, les débats sont clos. Le tribunal, après en avoir délibéré, attendu que les faits de la prévention sont constants, mais admettant toutefois des circonstances atténuantes, condamne les prévenus chacun en 50 francs de dommages-intérêts, 100 francs d'amende, et aux dépens.

LES RICOCHETS.

Quatre enfants crasseux, baveux, morveux, occupent le banc des prévenus. Ils sont accusés d'avoir soustrait à l'étalage du sieur Bouvinet, potier d'étain... Des pots?... Non!... Deux seringues!...

Il va sans dire que ce ne sont pas de ces instru-

N° 53.

LA CORRECTIONNELLE

Petites Causes célèbres.

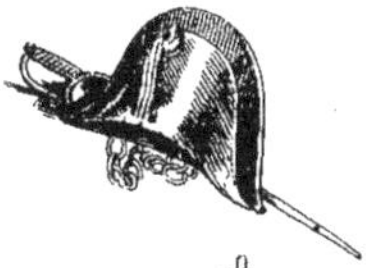

« Hélas ! Combien les femmes étaient plus heureuses au tems où les hommes passaient des mois et des années à jouer de la guitare sous les barreaux de leurs fenêtres !!..... »

Dessiné par Gavarni — Lith. de Thierry frères Paris.

Juste Bourmancé Editeur de la Correctionnelle.
Place du Palais Royal, N° 241.

ments anodins, insinuatifs, dont ce bon monsieur Argan faisait usage pour balayer et déterger ses entrailles et *hâter d'aller*, selon l'expression un peu technique employée par lui. Les deux instruments volés sont tout simplement un de ces joujous charmants, à l'usage de la jeunesse, et au moyen desquels les polissons des rues pompent le limpide cristal des ruisseaux et le font jaillir en jets déliés sur la figure des passants. Ingénieux passe-temps! Si la pompe foulante n'était pas inventée, il faudrait l'inventer tout exprès pour cette application récréative.

Bouvinet. J'étais occupé à des soudures, lorsqu'un particulier entra dans ma boutique et me dit: « Mon brave, vous êtes volé; voilà de méchants garnements qui viennent de décrocher des seringues de votre étalage et qui s'enfuient de ce côté. » En effet, j'aperçus mes petits gaillards qui s'enfuyaient en regardant derrière eux pour voir s'ils n'étaient pas poursuivis. Je me mis à leurs trousses; mais ils jetèrent les objets volés; si bien que lorsque je les eus fait arrêter, je ne savais plus quels étaient au juste les voleurs.

M. le Président. Quel est celui d'entre vous qui s'est emparé des deux seringues?

Adolphe. C'est Phiphile!

Théophile. C'est Gugusse!

Auguste. C'est Vevesse!

Silvestre. C'est Dodo.

M. le Président. C'est chacun de vous, et ce n'est personne.

Tous. Ce n'est personne!

M. le Président. Cependant deux seringues ont été volées à Bouvinet.

Tous. Ce n'est pas moi..... c'est Dodo! c'est Vevesse! c'est Gugusse! c'est Phiphile!

M. le Président. N'y en a-t-il pas un parmi vous qui a conseillé tous les autres?

Tous. C'est Gugusse! c'est Dodo! c'est Phiphile! c'est Vevesse!

M. le Président. Si vous n'avouez pas la part que chacun de vous a prise à la soustraction, le tribunal se verra forcé de vous condamner tous comme complices.

Adolphe. Je suis franc; ce n'est pas moi: c'est Phiphile!

Théophile. Je vous dis que c'est Gugusse.

Auguste. Puisque c'est Vevesse!

Sylvestre. Ma petite parole d'honneur, c'est Dodo.

M. le Président, rappelant Bouvinet. Lorsque vous avez arrêté les prévenus, que vous ont-ils dit par rapport à l'auteur principal du vol?

Bouvinet. Ils m'ont répondu comme ils l'ont fait tout à l'heure en rejetant la faute l'un sur l'autre.

M. le Président. Ainsi il est bien clairement démontré que vous avez tous participé au vol commis au préjudice de Bouvinet.

Tous. C'est pas moi!

M. le Président. Pourquoi donc alors preniez-vous tous la fuite?

Silence morne au banc des prévenus.

M. le Président. Croyez-moi: il est dans l'intérêt des innocents de faire connaître le véritable coupable.

Les prévenus, en chœur. C'est Dodo!... c'est Gugusse!... c'est Phiphile!... c'est Vevesse!

M. le Président. Asseyez-vous tous. Avez-vous des défenseurs?

Parmi les prévenus, Sylvestre, fils de bonne mère, et le plus huppé de la bande, a seul constitué un défenseur.

Un avocat se lève pour présenter sa défense. Après un panégyrique fort étendu des excellentes qualités de son jeune client, l'avocat fait intervenir, sous forme de prosopopée, l'ombre de la mère Sylvestre venant redemander son fils aux magistrats. Ce beau mouvement oratoire a produit une vive impression sur l'esprit des juges. Il s'est attaché surtout dans sa plaidoirie à représenter son malheureux client comme entraîné par les suggestions de ses co-prévenus. Mais, arrivé à cette partie de son discours, la voix de l'avocat est couverte par un chorus général des prévenus, immolés à la défense de Sylvestre. Cette fois il y a unanimité dans l'accusation.

Les trois prévenus: C'est Sivesse!... C'est Sivesse qui a volé les seringues!...

M. le Président, désespérant de tirer des débats des renseignements plus positifs, se voit obligé, pour étouffer cet étrange concert de dénonciations, de clore la discussion. En l'absence de parents qui puissent recueillir ces enfants nomades, le tribunal ordonne qu'ils seront tous déposés dans une maison de correction jusqu'à réclamation des familles, excepté le jeune Sylvestre qui quitte l'audience sous les auspices de son parrain.

Imprimerie d'Amédée Gratiot et C., rue de la Monnaie, 11.

ANGLAIS ET ESPAGNOL.

Après avoir joyeusement enterré le Mardi-Gras au bal voluptueux et fashionable de Favier, à la Courtille, Galuchet regagnait pédestrement son domicile, la tête empanachée, et sous l'habit un peu élégant d'un Espagnol, contemporain de Fernand Cortès. Sauf les taches et les altérations qu'une nuit, passée entre les brocs et la gibelotte, avait dû nécessairement apporter au costume, Galuchet n'en avait pas moins l'air et la bonne tournure d'un Infant ou tout au moins d'un de ces tendres ménestrels que l'on voit, en tête des romances, soupirant au pied des tourelles, avec un luth sur le dos. Toutes les traditions du costume avaient été soigneusement étudiées : Galuchet était Espagnol des pieds à la tête.

Arrivé à la hauteur de la rue de Lancry, Galuchet fut accosté par un *gentleman* matinal, désireux sans doute d'assister aux horribles saturnales de la descente de la Courtille. Le gentleman qui ne savait dans quelle direction marcher, interpelle Galuchet dans son idiome britannique. Or, pour Galuchet, corroyeur de son état, l'anglais est une langue savante qu'il ne possède non plus que le sanscrit. Interrogé d'une façon aussi inusitée, un jour où les mystifications courent les rues, le peu tolérant Galuchet se croit le point de mire de quelque mystificateur, et, sans délibération préalable, fond sur l'Anglais et le bouspille de la bonne sorte... Un étranger inoffensif maltraité par un Français!... ô courtoisie française, qu'êtes-vous devenue!... Que dis-je? l'honneur du nom français est sauf: Galuchet, comme nous venons de le dire, était Espagnol pour le quart d'heure.

Un sergent de ville, témoin des voies de fait, intervint et déposa sans plus de façon le farouche Espagnol au corps de garde du Château-d'Eau.

Galuchet vient rendre compte aujourd'hui devant le tribunal des actes de violence exercés sans provocation envers sir Simpton.

Le plaignant est obligé de se servir d'un truchement pour faire entendre aux juges qu'il fut fort étonné de voir Galuchet, auquel il demandait son chemin, prendre une attitude hostile et répondre à sa demande par une partie de boxe.

Le sergent de ville Bernier vient ensuite faire connaître les faits dont il a été témoin.

La déposition la plus accablante est celle du jeune Soufflet, qui se trouvait sur le théâtre de l'événement.

« Quand l'*Anglais* s'est approché de Galuchet, dit-il, celui-ci s'est posé et s'est écrié : « Le v'là le Galuchet demandé !... Une, deux !... parez-moi çà, gros farceur ; je tape dessus, dessous et partout... le reste n'en est pas !... » Et sans attendre la réponse, il vous retourne l'ancien à l'envers, et lui *enlève le ballon* à coup de pied... Il l'a joliment endommagé tout d'même ! »

« C'est fièrement *tannant*, dit le corroyeur, de se voir z'insulté, z'entre quatre z'yeux... Quand j'ai vu que l'ancien le prenait sur ce ton-là, moi, qui ne suis pas de beurre, je me suis fondu sur lui... Tiens ! tant pire... Au fait, pourquoi que l'Anglais m'a z'insulté !

M. le Président. Il n'est guère présumable qu'un homme de l'âge du plaignant et de mœurs aussi douces, se fût permis une provocation à votre égard... Dites plutôt que vous vous êtes mépris.

Le prévenu. Du mépris... voilà juste ce qu'il ne faut pas... On ne doit jamais mépriser personne. » (Hilarité dans l'auditoire).

Le tribunal, passant quelque chose à la fierté castillane de l'Espagnol Galuchet, le condamne, attendu les circonstances atténuantes, seulement à 25 francs de dommages-intérêts, 50 francs d'amende et aux dépens.

CEINTURE DORÉE.

Une jeune fille, âgée d'environ dix-sept ans, est assise au banc des prévenus. Des larmes abondantes ruissellent de ses yeux. Elle paraît accablée sous le poids du repentir et de la honte ; elle cache sa figure dans ses deux mains.

Un inspecteur de police vient déposer qu'il a surpris cette jeune fille, qui se nomme Rose Clanchet, se livrant à un infâme commerce, sans autorisation de la police.

M. le Président à la prévenue. Y avait-il longtemps que vous vous livriez à cette honteuse profession ?

Rose garde un profond silence et ne répond que par des sanglots.

M. le Président. N'est-ce pas pour satisfaire un penchant vicieux que vous exerciez cette avilissante industrie ?

Rose, vivement. Non, monsieur ; c'est la misère qui m'avait conduite jusque-là.... J'étais si malheureuse !

M. le Président. La pauvreté est une excuse insuffisante... Mais puisque vous étiez décidée à jeter bas toute pudeur, pourquoi ne vous étiez-vous pas mise en règle ?

Rose. J'ignorais qu'il y eût des formalités à remplir.... D'ailleurs je ne voulais pas faire mon état de l'état de mauvaise femme..... Il me fallait du pain pour le moment.

M. le Président. Votre mère, avertie de votre arrestation, a demandé la faculté de vous réclamer. Voulez-vous retourner dans votre famille ?

Rose. Je ne le puis plus maintenant ; je n'oserais me montrer dans mon pays.

M. le Président à l'audiencier. Appelez la femme Clanchet.

En ce moment une femme portant le costume d'une paysanne s'approche du tribunal, fait une révérence fort humble, et, avant de parler, essuie ses yeux humides avec le revers de sa main.

« C'est moi, dit-elle, qui suis la mère de cette pauvre enfant ; pardon, si je ne crains point de le dire. C'est que, voyez-vous, comme qu'ils sont, ces pauvres petits anges, nous les aimons ben tout d' même !...

M. le Président. Comment avez-vous laissé votre fille venir toute seule à Paris ?

La femme Clanchet. Je la croyais en maison, chez des bourgeois.... et je me disais : Cette pauvrette, la v'là donc ben heureuse à c'tte heure.... c'est que, à d' cheux nous, elle n'avait point tout ce que le cœur l'y désirait. J'avons onze enfants, et c'est ben dur à élever, sans que ça paraisse.... Quand j'ai su qu'elle avait mal tourné, j'ai pensé, à part moi, que l' *malin* avait passé par là ; c'est que j' connaissons ma petiote ; elle est pas capable de mal faire de soi-même.... Qu'on est donc mal-

N° 54e.

LA CORRECTIONNELLE

Petites Causes Célèbres.

Le v'là le Galuchet demandé!.... Une, deux!. parez moi ça gros farceur!!....je tape dessus, dessous et partout...le reste n'en est pas.

Dessiné par Gavarni

Lith Tierry Frères, Paris.

Juste Bournaucé Editeur de la Correctionnelle
Place du Palais Royale, 241.

heureux de ne pouvoir point garder ses enfants !... Tenez, voulez-vous que je vous dise où est le mal ?.. La petite est convoiteuse... elle aura voulu s'enrubaner comme toutes vos belles demoiselles de Paris... Il n'en faut pas davantage pour perdre une jeunesse.

M. le Président. Vous chargeriez-vous de la ramener avec vous ?

La femme Clanchet. Oh ! ben vrai que oui ! et qu'on l'y ferait encore une belle fête à la maison... puisque je vous dis qu'elle est bonne et ben douce, et qu'un chacun l'aimait dans le pays... Ah ! tenez, votre Paris c'est la désolation de ben des mères !.... Rendez-moi ma petite sans lui faire du mal, et je vous promets de la faire revenir aussi sage que devant, et sans beaucoup de peine, allez ! Je n'aurai qu'à lui dire : Rose, sois ben sage pour rendre ta mère ben heureuse, et je suis assurée qu'elle le fera.

Le tribunal, déjà porté à l'indulgence par les preuves de repentir données par la prévenue, la renvoie de la plainte, et la rend à sa mère, après une admonition toute paternelle.

MADAME BATAILLARD.

Jamais nom ne fut mieux porté. Il n'est pas de chien maigre plus hargneux que madame Bataillard. Pour une paille en croix, et le plus souvent sans sujet, madame Bataillard entrera tout à coup dans une bouillante fureur. Bref, au moral, madame Bataillard est un véritable porc-épic, et l'on ne sait par quel bout la prendre, pour éviter de se heurter aux aspérités de son naturel querelleur.

Il n'est pas un seul locataire de la maison qu'elle habite, qui n'ait été au moins une fois victime de l'humeur rèche de l'acariâtre madame Bataillard ; mais en raison de son caractère fort connu, personne n'avait encore osé lui demander une satisfaction judiciaire ou de ses injures, ou de ses calomnies, ou de ses mauvais traitements. Mademoiselle Célestine Dupont a été plus osée que pas un, et, diffamée dans tout le voisinage, par les propos de la commère Bataillard, elle n'a pas craint de s'adresser au tribunal de police correctionnelle.

La nature du procès nous empêche d'entrer plus avant dans le délit de diffamation ; nous nous bornerons à reproduire la physionomie de l'audience.

Interrogée sur ses nom et prénoms, la prévenue répond d'un ton de voix fort aigre : « Honorine-Victorine Bataillard... après ?... Il m'est peut-être bien permis de porter le nom de feu mon époux !

M. le Président. Personne ne songe à contester ce droit.

Madame Bataillard. C'est vrai, aussi !... On a l'air de me le reprocher !...

On appelle un témoin.

Madame Bataillard, au témoin qui lui tourne le dos. Eh bien ! quand vous me regarderiez un peu. . C'est moi, moi, veuve Bataillard qui vous parle !

Le témoin. On ne vous parle pas, la mère. Tâchez d'être plus polie, si ça ne vous gêne pas.

Madame Bataillard. Vous faites bien vos embarras ; mais prenez garde !...

Madame Baluchard, portière. J'ai entendu bien des mauvaises langues dans ma vie, mais jamais comme celle-là (montrant la veuve Bataillard).

Madame Bataillard. Portière, je vous conseille de tourner trois fois votre langue avant de parler.

Madame Baluchard. Doucement, vous avez trouvé à qui parler... j'ai bec et ongle, comme on dit, et je suis bonne à la réplique... Qu'avez-vous à me dire?... Vous travaillez dans ma partie, ma chère dame.

Madame Bataillard. Au fait, à laver la tête d'un noir on perd sa lessive !

Madame Baluchard. Qué que vous dites donc là, Croquemitaine ?

Madame Bataillard. Grossière !

Madame Baluchard. Tiens, mam' Bacchanal, qui se choque !

L'audiencier. Silence !

Madame Bataillard. Ah ! monsieur *J'ordonne*, à qui croyez-vous donc parler, s'il vous plaît ?... On s'adresserait à des chiens, qu'on leur dirait peut-être *messieurs*.

M. le Président. Taisez-vous, femme Bataillard !

Madame Bataillard. Femme Bataillard !!! pourquoi ne me traitez-vous pas de *fille* tout d'un coup ?... Quelle familiarité !...

Le garde municipal engage la dame Bataillard à se rendre à l'invitation de M. le président.

Madame Bataillard. Bon ! voilà la gendarmerie qui s'en mêle, à présent ; alors, je m'en vais !

C'est à grand'peine que le procès a pu arriver à son terme au milieu des continuelles interruptions de la prévenue. Convaincue de diffamation, la femme Bataillard a été condamnée à un mois d'emprisonnement et 150 fr. de dommages-intérêts.

Imprimerie d'AMÉDÉE GRATIOT et Cᵉ, rue de la Monnaie, 11.

JEU DE BASCULE.

« Messire Jean Chouart couvait des yeux son mort,
Comme si l'on eût dû lui ravir ce trésor,
Et, du regard, semblait lui dire :
Monsieur le mort, j'aurai de vous
Tant en argent et tant en cire,
Et tant en d'autres menus coûts. »

A l'exemple du curé de la fable, Gachinel, employé des pompes fuèbres, reluquait son mort du coin de l'œil, et nourrissait d'avance l'espoir d'un pour-boire honnête. Espoir trompeur!!.. Gachinel s'en revint à peu près comme son mort s'en allait : les mains vides. Cependant, comme il donnait son mort à tous les diables, il apprend que le nommé Méginot, cocher de son administration, a été gratifié par les héritiers d'une somme assez grasse. Gachinel réclame une part du pour-boire, étendant de son propre mouvement la libéralité des donateurs jusqu'à lui. Méginot, au contraire, se fondant sur leur silence, prétend s'attribuer exclusivement le bénéfice du pour-boire. Un vif débat s'établit entre eux. Enfin, après avoir épuisé tous les arguments d'une logique intéressée, les parties en viennent aux mains. Gachinel n'était pas le plus fort; aussi, il rapporta de la mêlée de bonnes contusions; mais de la monnaie, point. Moulu, meurtri et frustré par-dessus le marché, Gachinel songea qu'il y avait un moyen pour lui de remédier à l'inégalité des chances du pugilat, et d'obtenir, sous une autre forme, la quote-part bénéficiaire qui lui avait été soufflée. En conséquence, il traduit aujourd'hui devant la police correctionnelle son antagoniste, afin de s'entendre condamner à 500 francs de dommages-intérêts, sauf le surplus de la pénalité.

En entendant les conclusions posées par l'avocat de Gachinel, Méginot bondit sur le banc des prévenus. Il s'écrie :

Est-tu fou, Gachinel?... 500 francs pour un petit accroc!... faut être fièrement happe-chair, mon petit croquemort, pour oser demander tant d'argent!... Tu n'y vas pas de main morte, à ce qu'il me semble!

Gachinel. Comptons, mon vieux! un petit écu d'eau-de-vie camphrée pour me *flictionner* les épaules avec de la futaine. *Idem* de la graine de lin, du vulnéraire, des médecines, des journées perdues, une saignée, une culotte déchirée... cinq cents francs, c'est pour rien!... Autre *idem* : ma femme m'a flanqué une danse rapport à toi...

Méginot. C'est donc moi qui dois payer les violons de cette danse?

Gachinel. Je rabats cent francs sur le tout, et c'est pour t'accommoder.

Méginot. Tu me surfais, mon garçon... j'offre deux pièces de cent sous, et c'est pour en finir... ça ne vaut pas ça.

Gachinel. Nenni!... j'ai mon droit.

Méginot. Eh bien! plaidons!

Gachinel. Plaidons!

M. le Président. Il parait que vous n'êtes d'accord que sur un point; c'est qu'il y a eu des coups donnés et reçus.

Gachinel. Et c'est moi qui les ai reçus.

M. le Président. N'avez-vous pas provoqué Méginot?

Gachinel. Je ne l'ai pas provoqué : je lui ai dit seulement qu'il était un *escroqueur*.

Méginot. Voilà justement pourquoi je lui ai rabattu les coutures.

M. le Président, à Gachinel. Vous avez eu tort d'injurier le prévenu.

Gachinel. J'ait eu tort... (A part.) Diable! ça tourne mal... (Haut.) Méginot, finissons-en pour deux cents francs.

Méginot. Dam! écoute donc, si tu as tort...

Gachinel. Je te dis que j'ai raison... Cent francs! ça y est-il?

Méginot. Faut voir... faut voir...

Gachinel. Allons! avant que ces messieurs parlent : cinquante francs!

M. le Président. Vous, Méginot, vous êtes plus coupable encore : on ne doit point se faire justice soi-même.

Gachinel. Je te disais bien que tu étais fautif... Je demande 500 fr.! Ah! mes pauvres côtes!

Méginot. Quelle girouette!

Gachinel. Je demande mille francs!.... ah! la la!.... les jambes!...

Méginot. Voyons, je mets cent sous de plus.

Gachinel. Je demande trois mille francs!...... ouf! j'ai l'estomac défoncé!...

Le plaignant, dont toutes les blessures se sont rouvertes tout à coup, se dispose à renchérir sur ce dernier chiffre, lorsque le Tribunal prononce contre Méginot une condamnation à 25 fr. de dommages-intérêts et aux dépens.

Gachinel. Je suis *refait!*... Il n'y a pas de quoi payer l'apothicaire!

VOL A LA POLOGNE.

Pologne!... ô Pologne!... Peuple héroïque et malheureux, c'est surtout dans le faubourg Saint-Antoine que tes malheurs et ton héroïsme trouvent encore des sympathies et une haute admiration... Pologne!... ô Pologne!... de la Bastille à la barrière du Trône il n'est pas un cœur un peu bien placé qui ne se soit ému au récit de ton éclatante infortune; ton nom, tout empreint des souvenirs de ta gloire passée, y est conservé avec la même religion que la mémoire de Napoléon, de Poniatowski, et de l'immortel sergent Mercier... ô Pologne! Mais cette espèce de fétichisme, ô Pologne! est pour tes admirateurs une source d'amères déceptions.

En effet, il se trouve à Paris une multitude d'hommes sans aveu qui, ne pouvant inspirer aucun intérêt personnel, se sont mis à exploiter la Pologne et les honorables sympathies qui s'attachent aux Polonais. C'est à la faveur de ce nom que Lovenheim, juif d'origine et de profession, se présenta dans les derniers jours de février dernier chez François Crépinel, ébéniste et *polonophile* renforcé. Le but de cette visite était d'obtenir quelques secours de la famille Crépinel. On pense bien que Lovenheim n'épargna rien de ce qui pouvait le recommander à la bienveillance de Crépinel. Il se donna comme l'un des soldats les plus déterminés de l'insurrection polonaise. Il raconta les massacres de Varsovie, sa fuite à travers des pays étrangers, son dénuement, ses souffrances, les douleurs de l'exil. Puis il entremêla à cette lamentable histoire l'histoire plus lamentable encore de sa vieille mère, patriote exaltée, morte victime des persécutions du vainqueur et termina sa longue odyssée par des doléances sur la perte de son immense patrimoine, etc., etc. A juger par les résultats, on peut présumer que le drôle doit être d'une élo-

LA CORRECTIONNELLE

Petites Causes Célèbres.

N° 35.

« Monsieur le mort, laissez-nous faire ;
« On vous en donnera de toutes les façons :
« Il ne s'agit que du Salaire. »

Lafontaine.

Dessiné par Gavarni. Lith. Thierry frères, Paris.

Juste Bourmancé Editeur de la Correctionnelle.
Place du Palais Royal, 241.

quence entraînante, car Crépinel, touché jusqu'aux larmes, lui octroya une chemise, une veste, un bon repas, et une cordiale poignée de main.

Ce n'est pas tout, l'astucieux Lovenheim, feignant de céder à un sentiment spontané de gratitude, tire un anneau de la plus grande richesse et l'offre généreusement à la femme Crépinel; « Quoique, ajoute Lovenheim, cet anneau fût un souvenir de ma mère, et ma dernière ressource. » La femme Crépinel refuse un si riche présent. « Gardez ces diamants, dit-elle..., ils ont un grand prix; vous pourrez au besoin les convertir en argent. » Lovenheim proteste qu'il n'aurait jamais l'affreux courage de trafiquer d'un souvenir aussi précieux.

Cependant, après avoir mûrement réfléchi, il ne se montre pas très éloigné d'engager ce cher souvenir de sa mère. Mais où trouvera-t-il quelqu'un d'assez compatissant pour lui prêter sur ce trésor; quelqu'un qui puisse le lui conserver jusqu'à des jours meilleurs? « N'est-ce que cela?... dit Crépinel, je suis votre homme, mon brave. Combien vous faut-il? — Une misère; cent francs. — Les voici. Si je garde vos diamants, croyez bien que je les considère moins comme un gage que comme un dépôt que je vous conserve. » Lovenheim prend l'argent et se retire.

Lovenheim ne reparut plus. Au bout de quelques jours, Crépinel eut la curiosité de faire estimer le joyau du Polonais. A dire d'expert, cet inappréciable bijou valait 1 fr. 50 c., ni plus ni moins : Crépinel était volé.

Lors de la plainte de Crépinel, Lovenheim était déjà sous la main de la justice en raison de certaines peccadilles du même genre. L'identité du coupable étant bien établie, et les faits parfaitement prouvés, on n'a pas eu beaucoup de peine à arracher à Lovenheim un aveu complet. Il a été condamné à 3 ans d'emprisonnement.

IL Y A BOSSE ET BOSSE.

La scène se passe devant le conseil de discipline de la garde nationale. Un monsieur de taille moyenne, mais dont les épaules remontent jusqu'aux oreilles, est placé devant le bureau.

M. le Président. Quelles sont vos raisons pour refuser de monter la garde?

Le monsieur Est-ce pour me mystifier qu'on me fait venir ici?

M. le Président. Vous êtes cité pour faire valoir vos motifs, si vous en avez de plausibles.

Le monsieur. Ils vous crèvent les yeux, mes motifs... Regardez-moi bien, je vous prie.

M. le Président. Je n'aperçois rien dans votre constitution qui puisse vous exempter du service.

Une voix dans l'auditoire. Il porte son excuse à la place du sac!...

M. le Président. Est-ce que vous seriez?...

Le monsieur. Bossu!... Je ne m'en cache pas.

M. le Président. Vous auriez dû vous pourvoir près du conseil de révision.

Le monsieur. Je suis incapable d'une semblable *platitude*.

M. le Président. Il n'y a pas de platitude dans cette démarche.

Le monsieur. Jamais! jamais!... Je ne suis pas fait pour aller tendre le dos à ces messieurs...

Un membre du conseil. N'êtes-vous pas monsieur Fridolin?

Le monsieur. Hercule Fridolin.

Le membre du conseil. Parbleu! vous êtes mon voisin... Il n'y a pas très longtemps, n'est-ce pas, que vous êtes atteint de l'infirmité dont vous excipez en ce moment?

Le monsieur. Je ne sais ce que vous voulez dire.

Le membre du conseil. Je veux dire que ce matin vous paraissiez parfaitement constitué.

Le monsieur. Il est possible, monsieur; c'est qu'alors j'avais mis un corset.

M. le Président. Est-ce que par hasard votre infirmité ne serait qu'un jeu?

Le monsieur, balbutiant. Mon malheur n'est que trop réel.... Je suis très privé de ne pouvoir monter ma garde.... »

Un tambour s'approchant du prévenu lui passe la main sur le dos.

Le monsieur, vivement. Finissez donc, tambour; je suis fort chatouilleux.

Le tambour. Voilà un particulier qui a le dos moelleux comme une balle de coton.

M. le Président. Pourquoi cherchiez-vous donc à tromper le conseil?...

Le monsieur. Ma foi, chacun s'en tire comme il peut..... Si je vous avais dit que j'étais myope, vous auriez peut-être donné dans la bosse. »

Le réfractaire facétieux est condamné à trois jours de prison.

Imprimerie d'AMÉDÉE GRATIOT et C, rue de la Monnaie, 11.

UN COUP DE CHAPEAU.

Un monsieur, vêtu avec une extrême propreté, s'avance vers le tribunal sur la pointe du pied et avec la précaution méthodique d'un homme qui craint les éclaboussures. Ses manières sentent une politesse affectée. Il s'incline profondément, allonge la tête de manière à compromettre l'équilibre de sa personne, et, d'une voix qu'il cherche à adoucir, il débute en ces termes :

« Messieurs, la propreté est une des plus belles qualités de l'homme; on peut dire que c'est elle qui le distingue de la brute. En effet, seul entre tous les animaux, l'homme prend un soin extrême de sa personne; et si je ne craignais de paraître paradoxal, je dirais que le ciel ne semble lui avoir donné des mains que pour qu'il puisse *les laver* et brosser ses habits !... »

Un homme d'une malpropreté repoussante, assis au banc des prévenus, hausse les épaules, et semble improuver cette assertion quelque peu hasardeuse.

M. le Président. Ces réflexions sont hors de propos. Je vous engage à ne pas vous jeter dans des digressions.

Le prévenu. V'là pas ben des mots ?... Et pourquoi faire, je vous le demande ? Pour vous dire que je l'ai éclaboussé avec les roues de mon cabriolet.... Quel malheur !

Le plaignant. Vous ne comprenez pas la propreté, vous.

Le prévenu. Une fameuse bêtise, votre propreté. Et dire qu'il y a comme ça des particuliers qui passent toutes leurs journées à se débarbouiller... v'là une *feignantise !*... Et qui se mettent du savon dans la figure, dans les *cheveux* et partout.

Le plaignant. Taisez-vous donc; vous ne *sentez* pas la propreté.

Le prévenu. Ma fine, si, que je la sens..... je vous sens d'ici..... c'est une puanteur!.... Et dire qu'on vous vend toutes ces méchantes odeurs plus cher que le tabac en corde....... En v'là des innocents !

Le plaignant. Je vous prie de me laisser parler.

Le prévenu. Vous en gênez pas, mon maître... Dites, dites tout ce que vous avez dans votre jabot... (A part.) Cré coquin, il est ficelé comme un cervelas, ce marjolet.... quel genre *andouille*, excusez !

Le plaignant. Je dédaigne vos expressions grossières.

M. le Président. Vous abusez l'un et l'autre de la patience du Tribunal.

Le plaignant. Mille pardons, monsieur, je me hâte d'arriver au fait. Comme je vous le disais, je fais grand cas de la propreté... elle est le plus bel attribut...

M. le Président. Mais laissez donc de côté cette éternelle apologie de la propreté.

Le plaignant. Mille pardons, monsieur; j'insiste à dessein, afin de rendre plus sensibles les torts dont le prévenu s'est rendu coupable à mon égard....

M. le Président. Exposez tout simplement le fait.

Le plaignant. Je me trouvais dans la rue Saint-Honoré et je suivais le trottoir... les trottoirs sont une des *institutions* les plus utiles des temps modernes; sans eux, Paris ne serait pas praticable pour les piétons. Arrivé près de Saint-Roch, à l'endroit où finit le trottoir, je veux traverser pour gagner le trottoir opposé, qui est plus spacieux, lorsque tout à coup je sens la tête d'un cheval dans mon dos. J'ai à peine le temps de me ranger, mon chapeau est renversé, je suis couvert de boue et je reçois un coup de fouet dans la figure... Je pousse un cri de terreur; la foule s'amasse; on arrête le cabriolet, je ramasse mon chapeau; il avait été foulé aux pieds par le cheval... Ce n'était plus un chapeau, c'était une boîte à charnières. Vous pouvez vous en convaincre par vous-mêmes.

Ici le plaignant présente au tribunal un chapeau en fort mauvais état, et s'amuse à lever et baisser alternativement le fond, qui joue absolument comme le couvercle d'une tabatière. Quant à moi, j'étais couvert *d'immondices*.

Le prévenu. Je criai pour le forcer de se ranger : il ne voulait entendre ni à *hu* ni à *dia*.

M. le Président. Ce n'était pas une raison, ayant déjà heurté le plaignant, pour le rudoyer et lui lancer un coup de fouet.

Le prévenu. Le coup de fouet s'adressait à mon poulet d'Inde; c'est par distraction qu'il est allé tomber sur la figure de monsieur.

M. le Président. Et les injures, et les menaces?... à qui s'adressaient-elles ?

Le prévenu. Un peu à l'un, un peu à l'autre.

M. le Président. Vous avez apostrophé le plaignant d'une façon très brutale, et vous l'avez menacé de le frapper.

Le prévenu. Des mots et des menaces, quel mal ça peut-il faire ?.

Plusieurs témoins sont entendus et confirment les faits racontés par le plaignant. Un garçon épicier vient déposer dans le même sens. Ce qui a le plus frappé le témoin, ce sont les taches de boue dont le plaignant était couvert : « Le monsieur, dit l'épicier, était tout *persillé comme du vieux Roquefort*.

En présence de ces témoignages, le tribunal ne pouvait pas hésiter à reconnaître la culpabilité du prévenu. Celui-ci est condamné à 3 jours d'emprisonnement.

LE GÉANT BASSET.

A voir l'espèce de Titan qui siége au banc des prévenus, on dirait un mât de cocagne dressé pour quelque réjouissance publique. A coup sûr la taille du prévenu offre le phénomène le plus remarquable de la croissance humaine. Après celui-là il faut tirer l'échelle.

M. le Président. Prévenu, comment vous nommez-vous?

Le Colosse. Basset. (Rires dans l'auditoire.)

M. le Président. Quelle est votre profession.

Basset. Géant. (Nouvelle hilarité.)

M. le Président. C'est une singulière profession.

Basset. J'ai 6 pieds 11 pouces et ça me suffit pour vivre... Avec ça, je ne suis jamais à court... (Bruyante hilarité dans l'auditoire.) Je suis porteur de certificats de plusieurs médecins...

M. le Président. Est-ce que vous êtes malade?

Basset. Grâce au ciel le coffre est bon, ce n'est pas ce que je veux dire... Je veux dire seulement

N.° 56.

LA CORRECTIONNELLE

Petites Causes Célèbres.

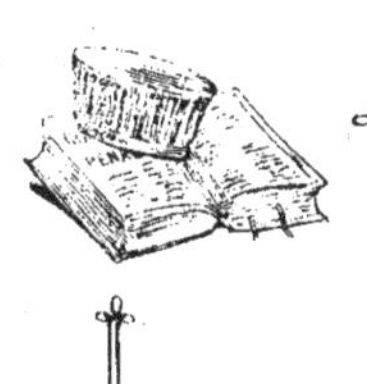

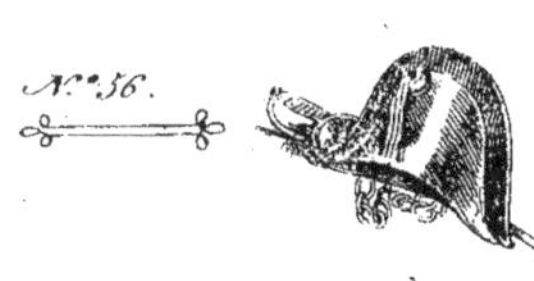

« Ce n'était plus un Chapeau; c'était une boîte à charnière. »

Dessiné par Gavarni. Lith. Thierry frères, Paris.

Juste Bourmancé Editeur de la Correctionnelle.
Place du Palais Royal, 241.

que j'ai été examiné par des *docteurs*, auxquels ça a fait plaisir de me voir. J'ai même d'avance vendu mon corps à l'Aacadémie de médecine, pour être conservé dans de l'esprit de vin... On m'a donné des arrhes, et ça m'aide à vivre.

M. le Président. Ainsi donc vous vous montrez aux curieux moyennant une rétribution?

Basset. C'est bien juste... Chacun vit de ses petits talents.

M. le Président. Où demeurez-vous?

Basset. Rue du Grand-Hurleur. (Éclats de rire.)

M. le Président. Vous êtes prévenu d'offense envers la personne d'un agent de l'autorité.

Basset. Je suis au-dessus de tout ce qu'on peut dire de moi.

M. le Président. Vous allez entendre les témoins.

Pannier, sergent de ville. J'étais vers dix heures du soir dans la rue du Faubourg Saint-Antoine, lorsque je vois venir une grande voiture qui n'était pas éclairée. Je fais arrêter la voiture pour prendre le numéro; mais, au même instant, monsieur passe la tête par une fenêtre et me crie : B..... de mouchard, passez votre chemin, ou sinon, je vous f.... vingt-cinq millions et demi de calottes. Je lui *observe* qu'il est en contravention, et il me répond qu'il *arrive de Lagny*.

M. le Président au prévenu. Ce n'était pas une raison pour vous trouver en contravention.

Basset. Ah! voilà... je n'avais pas pu trouver un épicier sur la route pour acheter un méchant bout de chandelle. D'ailleurs, j'étais chez moi...ma voiture, c'est ma maison, quand je voyage.

M. le Président. Vous répondez tout de travers. Laissons de côté la contravention. Pourquoi avez-vous injurié l'agent de police?

Basset. D'abord par ce qu'il s'y est pris avec de grands airs. Il me parlait de haut en bas... Je n'aime pas qu'on me traite comme un petit garçon. (Explosion de rires).

Pannier. Je ne vous ai rien dit de malhonnête; c'est vous plutôt qui m'avez traité du haut de votre grandeur.

M. le Président. Quelles sont les injures qu'il vous a dites?

Pannier. Dam!... il m'a appelé *friquet*, concombre, mouchard, petit polisson, grand voleur, gros melon, et autres épithètes que je ne peux *numérer*.

Basset. Si nous n'étions pas en aussi bonne compagnie, mon petit, je te dirais que tu en as menti... C'est toi qui m'as orné de tous ces sobriquets.

Pannier. Je vous ai peut-être appelé friquet, petit polisson, moi?

Basset. Tu as accommodé l'habit à ma taille, et tu m'as appelé f.... polisson.... Tu vois que je m'en souviens!

M. le Président. Cela n'est guère croyable. Asseyez-vous.

Basset. Qu'on fasse venir mon *démonstrateur*, il vous démontrera la vérité de la chose.

M. le Président. Qu'est-ce que ce *démonstrateur?*

Basset. C'est mon propriétaire... celui qui me montre au public.

M. le Président. Son témoignage ne saurait détruire les faits consignés dans le procès-verbal.... Il est revêtu de la signature de deux agents qui ont constaté vos injures. Il est inutile d'insister davantage... asseyez-vous.

Basset. Ce sont deux galopins, vos agents.

M. le Président. Je vous engage à vous exprimer avec plus de retenue et de mesure... Encore une fois, asseyez-vous.

Basset. Je suis assis depuis le commencement de l'audience, et vous me dites de m'asseoir?... (Rires prolongés dans l'auditoire.)

M. le Président. Vous oubliez le respect que l'on doit au tribunal. Si vous vous en écartez encore une fois, je serai forcé de vous appliquer la loi.

Basset. Faites excuse, mon Président; mais voyez-vous bien, c'est plus fort que moi... Je suis réduit à rien de me voir devant la justice... C'est la première fois de mes jours.

M. le Président. Enfin reconnaissez-vous avoir dit des injures au témoin Pannier?

Basset. Certainement il y a eu quelques mots; des enfantillages, quoi!... Et un grand garçon comme Pannier aurait dû en rire.

M. le Président. C'est bien; voilà ce que le tribunal voulait savoir.

Le tribunal, attendu qu'il résulte des débats que Basset s'est rendu coupable d'injures envers un agent de l'autorité, condamne Basset à huit jours d'emprisonnement et 100 francs d'amende.

Basset. C'est une injustice!... On a bien raison de dire que les petits paient toujours pour les grands.

Imprimerie d'Amédée Gratiot et Cᵉ, rue de la Monnaie, 11.

DE L'HISTOIRE ANCIENNE.

Garçons, le roi Salomon a dit : « Une belle femme est l'ennemi le plus dangereux de son mari. » A la vérité, la commune expérience nous apprend qu'il y a des dangers non moins grands à courir avec une femme de médiocre beauté ; d'où nous concluons que c'est très sagement faire que de rester—garçon. A moins toutefois que l'envie ne vous vienne de prendre une moitié d'une rassurante laideur ; et alors, voici ce qui pourra advenir. Écoutez bien.

Dantin est l'époux titulaire d'une femme parfaitement disgracieuse ; il le reconnaît lui-même. Certes, en voyant un type de figure aussi grimaçant, il n'est pas un mari, je parle des plus marris, qui ne se dit : « Heureux l'époux possesseur de tant de difformité ! La paix et la concorde habitent avec lui !... » Erreur, grave erreur ! Dantin, s'il faut l'en croire, n'a pas échappé à la loi générale. Moins heureux que Sganarelle et d'autres... malades imaginaires, Dantin ne peut pas rejeter son malheur sur les trop faciles erreurs d'un esprit prompt à s'abuser ; son infortune est trop bien constatée, comme on va le voir.

Le 17 février dernier au matin, Dantin annonce à sa femme qu'il est obligé de se rendre à Dammartin pour le recouvrement d'une créance en retard. Il prie sa tendre moitié de ne point s'inquiéter s'il n'est point de retour dans la soirée. Il part. L'absence de Dantin devait se prolonger beaucoup moins que ne l'avait espéré son épouse. Arrivé à la moitié de la route qu'il avait à parcourir, Dantin trouve son créancier qui se rend à Paris. Il traite son affaire entre deux relais, prend la voiture et rebrousse chemin. Il arrive fort satisfait de la rencontre et regagne, sans la moindre appréhension, le domicile conjugal, où une scène étrange l'attendait. Il frappe à la porte; sa femme ne répond pas. Il frappe de nouveau et à plusieurs reprises; cette fois encore personne ne vient ouvrir. Il a cependant la certitude que sa femme n'est pas sortie. Alors, pour la première fois depuis son mariage, une idée affreuse lui monte à la tête. Il fait ouvrir la porte de son appartement, et pendant qu'il en franchit le seuil, il entend une porte dérobée, donnant sur un second escalier, se refermer en criant sur ses gonds. Le premier mouvement de Dantin, fut de se transporter auprès du lit de sa femme. La dame Dantin était tranquillemeni endormie. Dantin n'est point la dupe de ce feint assoupissement. Toujours sous l'empire de ses sinistres pressentiments, il scrute du regard les diverses parties de la chambre de sa femme. Bientôt à travers les teintes douteuses d'un clair-obscur, ses yeux, tournés vers la sortie dérobée, sont frappés par un objet d'un blanc de plomb, qui s'échappait intérieurement par l'entrebaillement de la porte. Un examen plus approfondi montre à l'infortuné Dantin, que ce pan flottant n'est rien autre chose qu'une partie de ce léger vêtement que des amplificateurs pudibonds appelleraient volontiers: « le dernier rempart de la pudeur. » Dantin, n'écoutant que sa juste indignation, arrache la dame Dantin de son lit, et l'enferme à clé dans une pièce voisine, de façon à couper toute communication avec le dehors. Il descend précipitamment par l'escalier principal, requiert l'assistance du sieur Lambert, portier de la maison, et de deux autres témoins, gravit en toute hâte le second escalier, et parvenu sur le palier qui conduit à son appartement, il trouve le nommé Gallifet, malgré les rigueurs de la saison,

Dans le simple appareil
D'un charpentier qu'on vient d'arracher... au sommeil.

Les récriminations de l'époux outragé furent aigres; cela se devine. Il ne pouvait y avoir de méprise par rapport aux intentions de Gallifet, d'autant plus qu'une recherche minutieuse fit découvrir sous le lit le costume au grand complet du charpentier. Il n'y avait pas d'équivoque possible.

Dans cette triste conjoncture, Dantin n'a pas craint de livrer sa mésaventure à la publicité d'un débat judiciaire et de réclamer une satisfaction légale de l'atteinte portée à son honneur et à sa considération.

Traduits devant le tribunal de police correctionnelle, sous la prévention d'adultère, Gallifet et sa co-prévenue siégent côte à côte. Les débats, malgré le voile pudique dans lequel sont enveloppés les faits, offrent des détails tellement épineux, que nous ne saurions les reproduire d'une manière convenable, même en employant toutes les délicatesses de la langue.

Nous extrairons seulement du procès la pièce suivante, pièce curieuse et que nous livrons sans commentaire à la méditation de nos lecteurs. C'est une lettre écrite par la dame Dantin à Gallifet. Cette lettre, retrouvée par Dantin à la place même où le galant charpentier avait caché ses vêtements, figure comme un des éléments les plus accablants de la culpabilité des prévenus.

« Mon chère Allesandre Dantin et partit ace ma tin? Je serait libre acessoire? Si l'amour de tonneu géni ne tai points indiféran, tu peut vollé dans ces brats à 10 heurre ou et demit aux plutart. Mon pauvre bichons tu doit avoire bésoin d'argens, jaime reproche sous van de naitre pas pluriche pour te fair un sors digne de mona lesandre : co mentes que je pouret te peiller toute ton amoure, mon pauvre bichont. Je tenvoit 5 fran pour te fair un peut deu bon san; hà pour quoi esque tu n'et pas mo épou au lieur de ce célé rat de Dantin que jexercre. à ce soire, mon bichont. Soie fil dèle à la voi qui te suplie. Ce n'ait pas tout les jour fêtes. Toneu géni qui tadorre. »

En présence des charges qui s'élevaient contre les prévenus, le Tribunal, faisant application de la loi, condamne les deux amants chacun à trois mois d'emprisonnement. M. le président fait observer à Dantin qu'il est le maître de reprendre sa femme, s'il le désire.

UN OGRE.

Génard est un gros garçon joufflu, ventru et très porté vers la friandise. Ses petits yeux ronds semblent allumés par la sensualité. Les narines béantes, la bouche épanouie, Génard paraît flairer continuellement un bon morceau. Il possède à merveille les rudiments de la science gastronomique, mais il lui manque, pour appliquer les brillants préceptes du docte Brillat-Savarin, deux choses, presque rien : De la fortune et un cuisinier. Au reste, son

N° 57.

LA CORRECTIONNELLE

Petites Causes Célèbres.

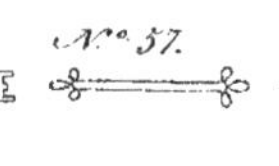

Fonder sur l'éloignement d'un mari les calculs les plus pervers; se promettre, en son absence, la libre disposition de son bonnet de nuit, de ses pantoufles, et autres objets à son usage personnel; C'est compter sans son hôte, et par conséquent s'exposer à compter deux fois: _avec le mari et avec la Justice.

Dessiné par Gavarni. Lith. Thierry frères, Paris.

Juste Bourmancé Editeur de la Correctionnelle.
Place du Palais Royal, 241.

appétit est des plus florissants : Gênard défierait les estomacs les plus gloutons en même temps qu'il peut rivaliser avec les mangeurs les plus *spirituels*. Quelques commentateurs du savant professeur du *Goût*... en matière de cuisine, affirment même que l'habile physiologiste avait en vue les *spirituelles gueulardises* (Pardon du mot !) de l'illustre Gênard, lorsqu'il écrivait cet immortel axiome : L'homme du peuple se nourrit ; l'homme d'esprit seul sait manger. » Il est à regretter pour la gloire de Gênard que son nom soit resté sur le bout de la langue de Brillat Savarin.

Quoiqu'il en soit, Gênard est un Vitellius, un Lucullus, un goinfre ; pour trancher enfin, et par un mot rempli d'une élégance attique, Gênard est un *gueulard ;* voilà !... Mais, comme nous l'avons dit, Gênard n'est nullement en position de satisfaire convenablement ses appétits gloutons ; partant, il lui fallait le plus souvent appeler la ruse à son aide... *Magister artis venter !* ce qui peut se traduire ici par ces mots : Le ventre enseigne l'artifice.

Or, voici de quelle façon opérait notre gastronome pour se procurer les morceaux recherchés que la médiocrité de sa position lui refusait. Gênard avait dressé une liste complète de tous les hôtels particuliers, restaurants, pâtissiers, ayant cuisine sur rue, et avait mis en exploitation réglée les différents fourneaux de son répertoire. Il s'approchait cauteleusement des fenêtres de l'officine sur laquelle il avait jeté son dévolu, et, profitant des préoccupations des gens de l'intérieur, il attirait toujours à lui quelque manger délicat. C'est ainsi qu'il manquait un jour au dîner de M. le duc un Tel un chapon Manceau ; un autre jour, une gelée au marasquin à la table de la jolie duchesse de **** ; chez ce gros financier, une truite saumonnée ; ici, un perdreau truffé ; là, un pudding britannique. Enfin, Gênard faisait chère-lie et mangeait à bouche-que-veux-tu.

Ce genre d'industrie durait depuis assez longtemps, lorsqu'un jour Gênard, qui s'était adressé à la cuisine de l'hôtel du riche M. de B...., fut aperçu par un agent de police et arrêté les mains dans le plat. Gênard confessa ingénûment sa faute. Il ne s'en tint pas seulement à cet aveu ; il fit en outre une confession générale de ses torts, et c'est par suite de ses aveux que la justice a retrouvé les traces de ses nombreuses voleries.

Il comparait donc aujourd'hui devant la police correctionnelle sous le poids d'un crime capital, je me trompe : d'un péché capital, la gourmandise.

Les faits de la prévention sont parfaitement établis, et par les témoignages qui s'élèvent contre Gênard, et par ses aveux mêmes. Le prévenu s'efforce de lutter contre les charges qu'on lui oppose par des protestations d'une honnêteté un peu contestable. C'est dans ce but qu'il a requis les déclarations atténuantes de nombreux témoins à décharge.

Mademoiselle Désirée, cuisinière, avec laquelle le prévenu a entretenu des liaisons. « Polythe est bien une crême d'homme ; mais il est sur sa bouche, c'est ce qui fait le malheur de ses jours. Moi, qui vous parle, je lui aurais donné ma montre à garder, et je ne lui aurais pas donné la queue d'une *casterolle* à tenir.

Madame Boccard, portière. Votre Gênard est terriblement sujet à son ventre... Ça briffe toujours !... Il ne *décesse* de manger, cet être-là ! Il ne doit pas avoir le temps de digérer. Il vous mangerait des yeux, s'il le pouvait... C'est un estomac d'autruche... Du reste, un homme rangé, poli, et qui a toujours à la bouche quelque bonne chose... à vous dire.

Robineau, porteur de journaux. Quand j'étais corroyeur de mon état, j'avais un de mes amis qui travaillait au même ratelier que moi : il mangeait six livres de pain à son dîner... Eh bien ! Gênard l'aurait avalé avec ses six livres de pain !... J'avais le plaisir d'être le voisin de Gênard, et tous les soirs il venait faire la conversation chez moi... Il me parlait cuisine. C'est un jeune homme fort doux.

Madame Postel, crémière-fruitière. Bonté divine ! a-t-on jamais vu pareille *gueule !*... Il mange les morceaux doubles... il avalerait la mer et les poissons. Il me doit encore pour quarante-cinq sous d'œufs durs qu'il a mangés un jour à son déjeuner... *D'allieurs*, c'est un monsieur fort gentil... je n'ai qu'à me louer de lui sous le rapport de la consommation.

Plantin. On ne peut pas dire précisément que Gênard soit gourmand ; non, certes ; mais il est un peu *gouliafre*... Quant à du reste, il a bien le cœur aussi bon que l'estomac, et ce n'est pas peu dire.

Malheureusement les bienveillantes attestations des témoins à décharge ne peuvent balancer les faits graves de la prévention. En conséquence, Gênard est condamné à 6 mois d'emprisonnement.

Imprimerie d'AMÉDÉE GRATIOT et C, rue de la Monnaie, 11.

LES POURCEAUX D'ÉPICURE.

Voici, sous les traits de Puisard et de Cochon, deux de ces types familiers à Charlet, le peintre si vrai des épicuriens populaires ; on dirait une page enlevée à l'album du célèbre artiste.

L'audiencier. M. le procureur du roi contre Puisard et Cochon !...

Au même instant, deux individus d'un certain âge se dirigent vers le banc des prévenus. L'un a une imperturbable jovialité répandue sur la figure ; l'autre, visiblement contrarié, grommèle entre ses dents : Cochon ! cochon !... C'est moi qui suis le cochon... et un fameux encore !

M. le Président. Puisard et Cochon, vous êtes prévenus, étant en état d'ivresse, de vous être présentés devant la femme Gourdelle dans un état peu convenable. Cette conduite est indécente.

Cochon. C'est vrai, que ça n'est pas très propre... Je vous dis que je n'ai jamais si bien porté mon nom que ce jour-là.

M. le Président. Et vous, Puisard, qu'avez-vous à dire ?

Puisard. Je ne sais pas de quoi qu'on veut m'parler... Il faut que *j'liche ;* je ne connais que çà.

Cochon. C'est pas d'vant ces messieurs qu'il faut *bêtiser.*

M. le Président. Vous allez entendre la déposition de la femme Gourdelle et des témoins.

Cochon. Nous sommes des gorets, c'est connu... J'étais dégoutant, et Puisard aussi...

La femme Gourdelle s'avance vers le tribunal ; mais avant qu'elle ait pu ouvrir la bouche, Cochon, d'un ton plein de bienveillance :

« En v'là assez, ma petite mère !... Je vous dis

qu'en v'là assez ! Je n'ai pas volé mon nom... Vous êtes une honnête femme, et nous, des gorets...

Bernouillet, témoin. V'là donc que j'étais en train de causer.

Cochon. Ça me suffit, mon bon homme... ça me suffit... tais-toi, je t'en prie ; je sais ce que tu vas dire... je suis un goret, et Puisard aussi.

Cantillon, palfrenier. Pendant que je *bouchonnais* mes chevaux...

Cochon. Je n'en veux pas savoir davantage ; c'est connu, c'est connu !

M. le Président. Et vous, Puisard, reconnaissez-vous également les faits qui vous sont imputés ?

Puisard, riant. Tenez, mon président, ça n'avance guère de mentir, et j'aime peu les mots et le vin frelatés... Je vas vous conter la chose sans vous faire tort de l'*épaisseur d'un cheveu*. Cochon était guilleret comme un sansonnet, et comme de juste je n'étais pas triste... nous avions bu, comme on dit, à la grand'tasse, en mettant les petits verres dans les grands ; c'est la bonne manière de savoir quoi qu'on boit et je vous la recommande. Cochon disait des bêtises...

M. le Président. Ne parlait-il pas de la femme Gourdelle ?

Puisard. Oh ! pour ça non, ça n'est pas à nos âges qu'on peut avoir le vin tendre... Il me disait des bêtises qui font rire, v'là tout.

M. le Président. Ce qu'il vous disait avait-il quelque rapport avec la femme Gourdelle ?

Puisard. Je vous dis que non : je suis bien croyable ! Il me parlait de la terre qui tourne : entre nous, c'était la tête qui lui tournait... Pour lors, il nous prend, sauf votre respect, un besoin...

Cochon. C'est *sale comme tout*, ce que tu dis là, mon vieux, en v'là bien assez... Tenez, condamnez-nous... nous l'avons bien mérité !

Puisard. Excusez !... t'es joliment *éduqué* aujourd'hui, mon vieux Cochon !

Le tribunal prenant en considération les aveux des prévenus et leur état au moment du délit, les condamne chacun seulement à 50 fr. d'amende.

Puisard. Diable ! ça n'est pas brave de nous retirer notre argent, à c'tte heure que les grandes soifs vont venir... qu'en penses-tu, Cochon ?

Cochon. Tais-toi, t'en es un *autre !*

COLOMBE VOLE !

M. F......, riche colon, nouvellement fixé à Paris, avait fait la connaissance de la demoiselle Dumsey, jeune et jolie personne d'origine anglaise, en outre fort adroite et des plus expertes dans ces mille manéges au moyen desquels un amant devient bientôt une dupe. M. F....., tout entier à la passion que lui a inspirée sa douce colombe, ne vit d'abord en elle que ses grâces et ses caprices qu'il trouvait adorables. Son illusion fut de courte durée. La demoiselle Dumsey avait pris droit de cité dans sa maison et tout allait pour le mieux, lorsqu'un jour, rentrant à son domicile, M. F..... apprit que son inconstante beauté avait subitement déserté. C'était une perte fort sensible sans doute pour le délaissé ; mais une circonstance fâcheuse venait ajouter aux regrets que le départ de la fugitive tourterelle devait lui inspirer. L'argenterie et les bijoux de M. F...... avaient disparu. La coïncidence de la double disparition fit naître des soupçons dans l'esprit de M. F....., mais les recherches de la police furent vaines : la jolie mademoiselle Dumsey avait prudemment métamorphosé son nom en celui de Mudeys. Il fallait deviner l'anagramme ; nous convenons que pour nous la chose n'eût pas été facile. Mais la police, qui a la clé de bien des énigmes, devait trouver le véritable mot de l'anagramme en question, et par suite la personne du nom.

La demoiselle Dumsey vient aujourd'hui se défendre devant la police correctionnelle d'une prévention d'escroquerie.

M. de F...... fait connaître d'abord les faits de la plainte.

M. le Président. Fille Dumsey, vous venez d'entendre le témoin, qu'avez-vous à répondre ?

Mademoiselle Dumsey. Je n'avais pas juré à Monsieur de lui être éternellement attachée.

M. le Président. Ce n'était pas un motif pour soustraire au plaignant son argenterie.

La demoiselle Dumsey. Je n'ai rien pris. Les objets qui ont été trouvés en ma possession, monsieur me les avait donnés.

M. le Président. Le plaignant nie formellement qu'il vous les eût donnés. Il soutient au contraire que vous les avez volés.

La demoiselle Dumsey. C'est par esprit de vengeance... Une femme est toujours payée d'ingratitude... Il faut s'attendre à tout de la part des hommes.

LA CORRECTIONNELLE — N.° 58.

Petites Causes Célèbres.

Vois-tu, Puisard, dans ce monde il ne faut s'étonner de rien..... Des malins, qui a vu la Chose, ont dit que la terre tourne... je ne veux pas contrarier leuz'idées, mais il me semble que je suis émobile.... Soutiens-moi, mon vieux !....

Dessiné par Gavarni. — Lith. Thierry frères, Paris.

Juste Bourmancé Editeur de la Correctionnelle.
Place du Palais Royal, 241.

M. le Président. Comment expliquez-vous alors votre changement de nom?

La demoiselle Dumsey. Je voulais mettre M. F.... dans l'impossibilité de retrouver mes traces... Il m'était devenu odieux... je ne pouvais me résoudre à continuer mes relations avec lui... Je craignais qu'il ne fît des tentatives pour renouer notre ancienne connaissance, et je désirais qu'il ne pût parvenir jusqu'à moi.

M. F..., rappelé, persiste à dire que les assertions de la prévenue sont mensongères. La plupart des bijoux volés sont des bijoux à l'usage d'homme; ainsi, parmi les bijoux saisis entre les mains de la demoiselle Dumsey se trouvaient une pince à cigarettes en or, et enrichie d'une émeraude; une boîte à cigare, garnie en argent, etc...

Une discussion vive s'engage entre la prévenue et M. F... Mademoiselle Dumsey reconnaît que les objets dont vient de parler le plaignant ne lui avaient pas été donnés pour son usage personnel, mais bien pour en faire un cadeau à son frère, dont M. F....., redoutait l'intervention et dans le but d'acheter sa condescendance.

M. F........ Voilà la première fois que j'entends parler d'un frère..... Dans tous les cas, je n'aurais jamais consenti à payer les complaisances d'un frère.

Mademoiselle Dumsey. Vous *en imposez* à la justice!.... car vous connaissez mon frère.

Plusieurs témoins sont entendus. Ils font connaître au Tribunal que la demoiselle Dumsey mène une vie fort peu régulière; quant au prétendu frère, ce n'était pas autre chose qu'un certain Godard, un homme mal famé et qui vivait des libéralités de la demoiselle Dumsey.

Battue sur tous les points de sa défense, la prévenue fond en larmes et proteste de son innocence. Mais, malgré ses protestations, elle est condamnée à trois ans d'emprisonnement.

CONTE A DORMIR DEBOUT.

On appelle la cause du sieur Léveillé.

A ce nom un homme bouffi, et dont l'obésité forme un ressaut par dessus la ceinture du pantalon, se lève, bâille, répond, bâille encore, et après avoir répondu, reste debout.

M. le Président. Vous êtes accusé d'injures et de voies de fait envers la dame Colichard.

Le prévenu tend les bras et bâille.

La dame Colichard. Rosa Mathurine Colichard est mon nom, et je suis née sous la République; c'est assez vous dire que je marche à la cinquantaine: on dit que je ne porte pas mon âge. Le fait est que je suis assez bien conservée, et pourtant j'ai eu du mal!... trois maris! quatorze enfants!...

M. le Président. Quelle est votre profession?

La Dame Colichard. Je vis des petits bénéfices du cordon; c'est assez vous dire que je suis portière...

M. le Président. Expliquez les faits de la plainte, et surtout soyez sobre de digressions.

La dame Colichard. Je n'ai rien à vous refuser, et je vais au plus court... Ce jour-là donc, j'avais mis mon petit pot au feu... Un bon bouillon est une bonne chose! moi j'ai une manière toute particulière de faire mon petit fricot... Il y en a qui vont à la boucherie et qui vous fourrent, révérence gardée, une culotte dans la marmite, d'autres une éclanche, d'autres du paleron, moi je n'y mets que des os, rien que des os... ça vous a des yeux! c'est une gelée, quoi!... Mais faut bien que je vous parle un peu de cet oiseau-là, qui sèche sur pied comme les rosiers du Marché aux-Fleurs... Où en étais-je donc?... Ah! nous parlions de M. Léveillé... Je n'ai jamais vu de marmotte comme cet homme-là... Qu'une femme serait à plaindre avec cet être!... Il vient un beau matin, comme il se levait, me demander si je n'ai pas reçu de lettres pour lui... J'étais précisément en train de ratisser mes carottes... J'aime considérablement ce légume!... M. Léveillé ne se met-il pas à me bâiller au nez; je lui observe que c'est un peu grossier, ce qu'il fait... Voilà pas qu'il recommence?... Alors moi, je lui lâche dans la figure ma carotte... Il se fâche; m'appelle *Gotton* par-ci, *Portière* par-là, et de fil en aiguille me lance sa clef à la tête et me fait un trou, qu'on y aurait mis les deux poings... Ce n'est que la moitié de mon mal!.., Voilà qu'en me retournant, patatra, je fourre mon pied dans la marmite et je retire ma jambe toute rouge, comme une patte de homard.....

Arrivé à cette partie de la déposition du témoin, M. le président s'aperçoit que le prévenu dort profondément. On réveille Léveillé qui part d'un bâillement immense. Il n'a rien à répliquer, sinon qu'il a usé de représailles.

Le tribunal, attendu que les faits de la plainte ne sont pas suffisamment justifiés, renvoie le prévenu et la plaignante se coucher!

Imprimerie d'AMÉDÉE GRATIOT et Ce, rue de la Monnaie, 11.

CASSE-COU.

Simon Gribouillé est très versé dans les belles-lettres. Qu'est-ce à dire?... Gribouillé serait-il orateur, rhéteur, ou poëte? — Non, Gribouillé est peintre d'enseignes. Un jour que notre artiste décorait le frontispice du magasin du sieur Morveteau, épicier, et que son pinceau léchait avec amour les pleins de ses majuscules pompeuses, Gribouillé hésite tout à coup sur son échelon, perd l'équilibre et se laisse choir sur le pavé. La chute fut rude. Elle avait été occasionnée par une sorte de lacet, passé méchamment au pied du malheureux Simon. L'état de l'artiste chu était assez grave pour nécessiter le transport de Gribouillé à l'Hôtel-Dieu.

Quel était donc l'auteur de ce quasi-délit? L'opinion publique, représentée par la très respectable madame Fleury, *verdurière*, accusait hautement de cet attentat, Gatereau (Antoine-Narcisse), épicier néophyte, au service du sieur Morveteau. A cette première accusation vinrent se joindre les déclarations des sieurs Coutinelle et Planchet, et il est résulté de cette concordance de témoignages un gros faisceau de charges contre le jeune Gatereau. Fort des allégations des témoins que nous venons de citer, Gribouillé, encore tout perclus, vient demander au tribunal une réparation civile de l'*espiéglerie* du charmant Narcisse.

La dame Fleury, premier témoin, est entendue. Elle éclaire d'abord le tribunal sur la perversité du jeune Narcisse, gamin fieffé, qui ne possède aucune des qualités honnêtes et tranquilles qu'exige le commerce de l'épicerie. Elle a vu très positivement le disciple indigne du sieur Morveteau passer un lien autour des jambes de Gribouillé.

M. le Président, au plaignant. Comment ne vous êtes-vous pas aperçu que vous aviez les jambes attachées?

Gribouillé. J'étai t'à mon affaire... une mauvaise liaison est sitôt faite... il faut beaucoup d'attention dans notre partie.

Coutinelle et Planchet ont vu, de leurs propres yeux vu, le prévenu au moment où il enlaçait les jambes du plaignant. « A ce sujet même, ajoute Planchet, je me dis à moi-même : c'est fort bête ! »

M. le Président au prévenu. Dans quel but aviez-vous attaché les jambes du plaignant?

Narcisse, comme frappé d'une idée lumineuse. Ah! la v'là la raison!.... Gribouillé est un *soiffeur* et qui perd tout son temps au cabaret... Pour l'empêcher d'aller boire, je l'ai attaché à l'échelle ; c'était pour son bien (hilarité dans l'auditoire).

M. le Président. Vous n'aviez pas le droit d'agir de la sorte. Vous voyez d'ailleurs quelles ont été les conséquences de votre badinage ?

Narcisse. Je ne savais pas que le *badigeonneur* n'était pas plus solide que ça sur ses ergots... il paraît que je n'avais pas serré assez fort !

M. le Président. Vous deviez bien prévoir qu'en embarrassant les mouvements du plaignant vous pouviez amener une chute.

Narcisse. A preuve que je ne voulais pas faire tomber le barbouilleur, c'est que je l'avais attaché.

M. le Président. Il n'en est pas moins vrai que Gribouillé est tombé, qu'il a eu des blessures graves, dont il n'est pas encore rétabli, puisqu'il boite encore.

Narcisse. Je crois bien qu'il *boit* encore; il boira toujours... il est incorrigible! (Rire dans l'auditoire.)

Gribouillé. Dis donc, mon petit épicier, tu ne connais pas la valeur des lettres. On te dit que je suis boiteux..... tiens, regarde mes pieds!... ils sont *incapables* de toute chaussure. (Le plaignant montre ses pieds chaussés de larges chaussons de lisière).

Narcisse. Vous avez encore une drôle de *tête* avec vos *chaussons!*... (Nouvelle hilarité.)

Le tribunal met fin à ce débat en condamnant Narcisse Gatereau à 100 fr. de dommages-intérêts, 50 fr. d'amende et aux dépens.

LE HASARD AU CABARET.

Il est, pour tout marchand de vin, un ustensile presque aussi indispensable que les brocs et les verres; nous voulons parler de ces petites roulettes au moyen desquelles les buveurs jouent leur écot. C'est de cet usage même qu'un savant étymologiste fait dériver le mot *tournée*, qui, dans le langage populaire, sert à exprimer une libation entre plusieurs. Il est plus probable que cette locution vient, par affinité, de cette autre expression, *boire à la ronde.* Quelle que soit, au surplus, la provenance réelle du mot *tournée*, il n'en est pas moins vrai qu'il y a une parenté incontestable entre le mot et la chose dont nous parlions plus haut, car le plus souvent l'une procède de l'autre, et que la roulette en question engendre la *tournée.*

Certes cette petite roulette est d'un usage assez benin et assez inoffensif pour qu'elle dût trouver grâce aux yeux du législateur. Et en effet, la loi qui a frappé les jeux de hasard a, par une tolérance dont les buveurs lui savent gré, maintenu la roulette sur le comptoir des marchands de vin. Mais il se trouve des hommes qui font abus de tout. Cet instrument est devenu, chez le sieur Laurent, un instrument pernicieux. Détourné de sa destination originaire, il a été converti en un véritable jeu de hasard. Plus d'une fois, au lieu de servir à déterminer la chance d'une *tournée*, il a servi à jouer de l'argent; et cela avec l'assentiment même du sieur Laurent, qui se faisait le plus souvent le banquier de cette espèce de tripot improvisé.

Cet abus, dégénéré en habitude chez le sieur Laurent, devait éveiller un jour les susceptibilités de la police. Une descente fut opérée chez le marchand de vin. Le délit bien et dûment constaté, Laurent vient répondre devant la police correctionnelle à la prévention d'avoir tenu un jeu défendu, et d'avoir donné à jouer dans son établissement.

Plusieurs habitués du comptoir du sieur Laurent viennent confirmer les faits de la prévention, quelques-uns d'entre eux pour avoir été témoins oculaires, d'autres pour avoir pris part au jeu. Il résulte de l'ensemble des dépositions qu'il était perdu quelquefois des sommes assez fortes, et que Laurent ne facilitait pas seulement le jeu, mais encore qu'il le provoquait.

M. le Président. Laurent, qu'avez-vous à répondre aux faits qui vous sont imputés?

Laurent. Tout ce qu'on vous a dit est la vérité... Je ne croyais pas faire mal... La roulette n'est pas

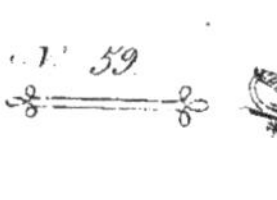

LA CORRECTIONNELLE N° 59

Petites Causes Célèbres.

Un homme attaché à la culture des belles-lettres.

Dessiné par Gavarni. Lith. Thierry frères, Paris.

Juste Bourmancé Editeur de la Correctionnelle.

Place du Palais Royal 241

plus traître que l'*impériale* ou le *piquet*... Au contraire! Il ne faut pas être fort pour jouer ce jeu-là... Puis d'ailleurs c'était pour s'amuser qu'on jouait... là, entre deux verres de vin... et de bonne amitié...

M. le Président. Vous ne deviez pas ignorer que les jeux de hasard sont prohibés.

Laurent. Je croyais qu'il n'y avait que le *trente-un* de défendu... aussi je n'ai jamais permis qu'on le jouât chez moi... Quant à l'argent qui se perdait, c'était peu de chose, on ne jouait jamais plus de vingt sous à la fois.

M. le Président. La mise était assez élevée pour qu'on pût perdre des sommes importantes.

Laurent. Ça n'arrivait pas tous les jours... Un bon marchand doit bien faire quelque chose pour plaire à ses pratiques... Si je ne les avais pas laissé jouer, ils seraient allés ailleurs...

Le tribunal, attendu qu'il résulte de l'instruction et des débats que Laurent a donné à jouer chez lui, et qu'il a tenu un jeu dit de hasard, condamne le prévenu à 15 jours d'emprisonnement, 150 francs d'amende, et aux dépens.

CIVILITÉ PUÉRILE.

On amène devant le tribunal une femme petite, vieille et fort malpropre.

M. le Président. Comment vous nommez-vous?

La prévenue. Françoise Chiffard, dite la *Petite Italienne.*

M. le Président. Où êtes-vous née?

La prévenue. A Bagnolet. (Étonnement dans l'auditoire.)

M. le Président. Pourquoi vous appelle-t-on l'*Italienne?*

La prévenue. La *Petite!*... s'il vous plaît et sans vous commander... C'est un petit nom d'amitié que l'on m'avait donné quand j'avais seize ans, de beaux yeux noirs; mais de tout ça il ne m'est resté que mon petit nom.

M. le Président. Vous êtes prévenue d'avoir volé le chapeau de Bricou. Vous allez entendre le plaignant.

Bricou. Vertugois!... une fâmeuse voleuse tout de même, que cette petite mère!... J'étions en train de dormir mon petit somme sur l'esplanade des Invalides, et j'avions le chapeau sur les yeux pour rabattre le grand jour. V'là donc que je dormions, sans comparaison, comme un petit saint de bois, quand un particulier s'en vient me frapper sur le ventre. — Vot' chapeau, qui me dit.... — Eh bien! mon chapeau... que je lui redis... — Vl'à z'une femme qui vous l'a *sustilisé.* — Bah! que je fais... C'était, ma fine, vrai tout de même: la petite vieille s'en allait son petit chemin avec mon chapeau...

La prévenue. Dis donc, mon petit pochard, c'est une leçon de politesse que je voulais te donner... A-t-on jamais vu! Une femme, et une ancienne, passe à côté de toi, mon fils, et tu ne lui ôtes pas ton chapeau!... quand j'ai vu ça, moi, qui suis du bon temps, du temps où on baisait les mains aux femmes, je me suis dit: je vais t'instruire dans tes devoirs, mon petit chou... et je lui ai emporté son *bolivard.* Je crois que j'ai un peu bien fait: faut instruire la jeunesse.

Bricou. Vous faites là des ragots, la mère.

La prévenue. Autant dire que j'ai menti, mon cœur.

Bricou. Ah! mon Dieu, c'est tout un.

La prévenue. Qui est-ce qui t'a coupé le filet, mon petit chou?... T'as la langue un peu bien pendue, mon amour!

M. le Président. Pourquoi emportiez-vous le chapeau de Bricou?

La prévenue. Je vous l'ai dit: histoire de lui donner une leçon d'honnêteté.

Bricou. Ça n'était guère honnête, pourtant.

La prévenue. Bref, la leçon est donnée; me voilà satisfaite.

M. le Président. C'est une leçon qui ressemble beaucoup à un vol.

La prévenue. Mais vous ne le pensez pas, mon Président!... moi, la *Petite Italienne*, une voleuse!

Gouret, invalide, a vu la prévenue au moment où elle s'emparait du chapeau. Il dépose que la femme Chiffard, avant de dépouiller Bricou, avait eu bien soin de regarder si on la remarquait.

La prévenue. Dites-donc, mon brave, je vous honore, je vous aime parce que vous êtes un ancien; mais vous êtes encore un fameux vaurien... Vous êtes bien gentil... Je vous retiens pour la première contredanse!...

Le tribunal, d'ailleurs suffisamment éclairé sur le degré de moralité de la femme Chiffard, déjà reprise de justice, condamne peu galamment la *Petite Italienne* à un an de prison.

Imprimerie d'AMÉDÉE GRATIOT et Ce, rue de la Monnaie, 11.

TIRÉ A QUATRE ÉPINGLES.

Frigou, plaignant, est admis à décliner ses nom, prénoms et qualité. C'est un homme de cinquante ans, d'une verte vieillesse, la tête enfoncée dans les épaules, les bras arrondis; au surplus, droit sur ses jambes et d'une physionomie renfrognée. Frigou est porteur d'un de ces cols de chemise qui viennent former un angle droit à la narine: genre suprême de 1816!... Ajoutons enfin que le plaignant est portier.

Frigou. C'est beaucoup d'honneur pour moi, messieurs, de me présenter devant vous avec mon épouse, qui n'est jamais de trop dans mes affaires....

Une voix au banc des témoins. Frigou!... demande voir à ces messieurs si je peux parler un petit brin... Tu sais bien, petit fils, que tu fais plus de bruit que de besogne... et il ne s'agit pas ici de prendre le chemin de l'école.

Frigou. Sois tranquille, m'amour; tu ne te feras pas de mauvais sang.... Je vas conter rectà, et en bref, à ces messieurs, tous mes petits chagrins; tu seras contente de moi, ma petite mère... Ah ça! par où est-ce que je débute?... Ah! je tiens le bon bout et je commence.... C'est donc pour vous dire que le jour en question c'était la fête à Pigoteau. Sa femme m'avait z'invité à aller manger des *beugnets* en famille. Faut être propre quand on va z'en société, et je dis à madame Frigou de m' passer ma *reguingotte* n° 1 et la cravatte de percale blanche.... quoique portier, on peut au besoin se donner un petit genre *faro*.... j'étais sur mon trente-un, quoi!... Je m'avais adonisé comme un vrai petit chérubin: le gilet imprimé, le pantalon cuir-laine et le toupet cardé.

M. le Président. Jusqu'ici vous n'avez encore rien dit de la plainte.

Madame Frigou, du banc des témoins. Tu vois bien que tu bats les buissons, mon bon homme : t'as toujours un pied en l'air.

Frigou. Saperlotte ! faut bien tout dire à ces messieurs. Enfin je vais au plus court. V'là qu'au moment de partir je m'aperçois qu'il manque deux boutons à la ***pelure***. Je dis à ma femme : tu vas porter ma ***reguingotte*** chez le tailleur du troisième. Un moment après, le ***pique-prunes*** (le tailleur) descend avec mon paletot... je passe le poing dans les entournures ; mais v'là que, sans y penser, je me trouve dans un cul-de-sac : la manche droite était cousue ! je tire un peu fort ; crac ! je fais une boutonnière d'un pied à l'endroit de la saignée. Comme c'est régalant ! Alors la moutarde me monte au nez et je me fâche. Mon pique-prunes riait à se tenir les côtes... c'était lui l'auteur de la farce... Naturellement les mots arrivent, et puis les gestes.

M. le Président. N'est-ce pas vous, Frigou, qui avez porté le premier coup ?

Frigou. Je n'ai pas été plus loin que les mots.

Le prévenu. C'était déjà bien honnête : il m'appelait banqueroutier.

Madame Frigou. Tiens ! monsieur le délicat !.. avant de vous vexer, faudrait payer vos effets, monsieur d'argent-court !...

Le prévenu. On ne vous parle pas, madame crie-fort !... Prenez garde que je parle !

Madame Frigou. Allez toujours... je suis bon cheval de trompette, je ne m'étonne pas du bruit... mais parlez donc !...

M. le Président. Ces interpellations sont hors des convenances ; je vous engage l'un et l'autre à garder le silence.

On fait approcher les témoins. Collard, porteur d'eau, et Simonnin, coiffeur, déposent que Frigou avait la figure meurtrie de coups ; ils déclarent très positivement que Barjolin était l'agresseur.

En conséquence le tribunal condamne Barjolin à 50 fr. de dommages-intérêts, 50 fr. d'amende, et aux dépens.

Barjolin. Bien obligé !... (*riant*) Je trouve l'*amende* un peu amère.

DES VESSIES POUR DES LANTERNES.

Khern et Baliveau sont prévenus de tapage nocturne, d'insultes et de voies de fait sur la personne de Moluvard, tripier. Les deux prévenus sont tous les deux batteurs d'or.

Moluvard. J'étais couché, lorsque je vous entends, sous mes fenêtres, un tintamarre effroyable... La peur me galope, je crois que ce sont des voleurs qui veulent forcer la porte de ma boutique... Je me lève et je passe la tête à mon œil de bœuf ; c'étaient mes deux gaillards, que voici, qui tapaient à coups de canne sur les vessies qui me servent d'enseigne... Je leur crie de passer leur chemin, et au même instant je reçois une pierre au beau milieu du front. Alors, j'appelle les voisins, la garde arrive et on empoigne mes tapageurs... Voilà tout ce que je sais.

M. le Président. Que vous ont dit les prévenus, quand vous vous êtes montré ?

Moluvard. Ils étaient imbibés comme des éponges, et ne savaient trop ce qu'ils disaient... Il y en avait un qui me disait que j'avais oublié d'éteindre mon gaz : il croyait assurément que mes vessies étaient des lanternes. (Longue et bruyante hilarité.)

M. le Président. Ils vous ont aussi insulté ?

Moluvard. Je ne peux pas trop leur en vouloir ; ils étaient dans les brindes.

M. le Président. Dans quel moment la pierre a-t-elle été lancée ?

Moluvard. Ce jour-là même !

M. le Président. Je vous demande si c'est avant ou après les observations que vous avez faites aux prévenus.

Moluvard. Ç'a été le bouquet...

Biscot, caporal dans la ligne, et chef de la patrouille qui a opéré l'arrestation des prévenus, raconte qu'attiré par les clameurs de Moluvard, il est arrivé sur les lieux et qu'il y a trouvé les deux prévenus, armés de bâtons qu'ils brandissaient en menaçant le plaignant. Le tapage occasionné par cette scène était tel que tout le voisinage était aux fenêtres.

M. le Président au témoin. Que vous ont dit les prévenus lorsque vous les avez arrêtés ?

Biscot. Ils m'ont dit que j'étais un bon enfant et m'ont proposé de me mener au cabaret ; mais, moi, je les ai conduits au corps de garde... Ils étaient perdus de boisson.

M. le Président. Avez-vous été témoin des attaques dont Moluvard a été l'objet ?

Biscot. Non ; j'ai vu seulement qu'ils tapaient

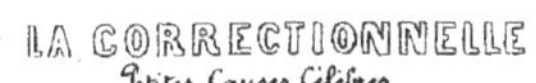
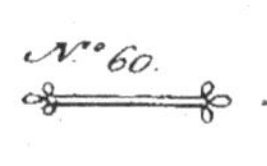

N.° 60.

LA CORRECTIONNELLE

Petites Causes Célèbres.

Je passe le poing dans les entournures ; mais v'lá que, sans y penser, je me trouve dans un Cul-de-Sac : la manche droite était cousue.... je tire un peu fort ; crac ! je fais une boutonniére d'un pied à la hauteur de la saignée.... comme c'est régalant !..

Dessiné par Gavarni. Lith. Thierry frères, Paris.

Juste Bourmancé Editeur de la Correctionnelle.

Place du Palais Royal, 241.

comme des enragés sur des lanternes en papier.

Moluvard, vivement. C'étaient des vessies !

Biscot. Des vessies ou des lanternes ; je n'y regarde pas de si près. (Le témoin regagne sa place au milieu de l'hilarité générale).

M. le Président aux prévenus. Que faisiez-vous à pareille heure dans les rues?

Baliveau. Nous rentrions chez nous.

M. le Président. Pourquoi vous étiez-vous arrêté devant l'étal de Moluvard ?

Khern. Ces diables de lanternes nous dansaient devant les yeux... Il faut si peu de chose pour offusquer un homme *bu.*

Moluvard, gaîment. Bon ! encore un qui prend mes vessies pour des...

M. le Président. Reconnaissez-vous l'exactitude des faits allégués contre vous ?

Baliveau. Il y a bien quelque chose comme ça ; mais nous ne pourrions pas dire s'il y a plus ou moins. Le tripier est bon enfant, et je crois bien qu'il ne voudrait pas nous mettre dans la *panne*, si ça n'était pas vrai.

La candeur des prévenus vient à propos atténuer leurs torts. Le tribunal, charmé de cet aveu et admettant en faveur de Khern et de Baliveau des circonstances atténuantes, les condamne solidairement en 50 fr. d'amende.

LE PARADIS DES GUEUX.

Ce soir-là, le paradis du théâtre national des Funambules était en liesse ; il était peuplé de vrais démons. Les joyeux propos volaient, les apostrophes burlesques se croisaient et couvraient la voix des acteurs : la véritable comédie était aux troisièmes galeries. Cependant on réclamait le silence des parties basses de la salle ; mais ces injonctions, loin de ramener le calme, n'avaient fait qu'accroître le désordre. Il fallut que l'autorité, protectrice des plaisirs de la multitude, s'interposât pour contenir les interrupteurs.

Un garde municipal, placé au centre de la fomentation, luttait vainement contre l'orage ; les brocards les plus piquants pleuvaient sur sa tête. Outré des interpellations un peu vertes dont il était l'objet, il prit directement à partie le jeune Béguin, l'un des plus ardents promoteurs du trouble. Mal lui en vint. Comme il saisissait au collet le petit diable, une nuée de gamins fond sur lui et le harcelle de si bonne sorte, que le pauvre défenseur de l'ordre faillit succomber sous les coups des assaillants. Mais doué d'une vigueur peu commune, il parvint à se soustraire enfin à la mêlée, emportant avec lui le malheureux Béguin, la source et la cause du tapage. L'autorité, venue en force sur le champ de bataille, parvint à arrêter trois des plus mutins. Ceux-ci furent joints au premier pris, et tous les quatre comparaissent aujourd'hui devant le tribunal de police correctionnelle, sous la prévention connexe de tapage, rébellion et voies de fait sur la personne du garde municipal Raguet.

Le garde municipal est à la barre.

M. le Président. Reconnaissez-vous dans la personne des prévenus les auteurs du désordre qui éclata le 20 mars dernier au théâtre ?

Raguet. Je ne puis pas les connaître tous ; mais quant à Béguin, je ne puis m'y tromper.

M. le Président. Racontez l'origine de la rixe.

Raguet. Je n'avais jamais vu un paradis aussi mal composé... tous ces petits anges-là criaient qu'on ne s'entendait plus... J'avais beau leur dire de se taire, rien n'y faisait... J'empoignai alors l'un des tapageurs pour le conduire au bureau de l'officier de paix, mais, au même instant, je fus empoigné à mon tour par les reins, par les pieds, par la tête, par les bras...

M. le Président. Béguin vous a-t-il frappé?

Raguet. Ça lui était défendu : je le tenais trop bien pour qu'il pût jouer des coudes.

Béguin. Je crois bien ! il me serrait si fort que j'en ai eu un bracelet rouge autour des poignets.

M. le Président. Ainsi, Raguet, vous ne pouvez désigner aucun des prévenus comme étant de ceux qui vous ont frappé?

Raguet. Non, monsieur.

Un officier de paix vient ensuite rendre compte de l'arrestation des complices de Béguin. Ils poussaient des vociférations et des hurlements ; mais, du reste, il ne les a pas vus frapper.

M. le Président. Vous êtes certain que les prévenus étaient de ceux qui troublaient le spectacle?

L'officier de paix. Très certain : je les ai pris en flagrant délit.

Béguin. Moi, je ne criais pas... j'avais reçu une pomme de terre dans l'œil... je me plaignais.

Le tribunal, écartant la prévention de rébellion et de voies de fait, mais attendu que le délit de tapage est suffisamment établi, condamne les co-accusés à trois jours d'emprisonnement.

Imprimerie d'Amédée Gratiot et Ce, rue de la Monnaie, 11.

MARCHÉ DE DUPE.

Un homme en blouse, les cheveux plats, l'air niais, se dirige vers le tribunal, salue, en tirant la jambe droite en arrière, et en prenant, avec l'index et le pouce, une mèche de ses cheveux; c'est Margoulin, maraîcher, qui vient se plaindre des mauvais traitements exercés sur sa personne par le nommé Chavoussier, marchand d'habits.

« Pardon, excuse, mon tribunal, dit le plaignant, si je venons vous déranger pour si peu de chose; mais faut ben itou que ceux-là qui pâtissent trouvent à qui parler... c'est bien le moins qu'il en coûte la médecine et le médecin quand on a démanché un homme; voilà justement ce que je viens réclamer, mes bons messieurs.

M. le Président. Commencez d'abord par expliquer les faits.

Margoulin. Si c'en est un de votre bonté, je ne suis pas grand piauleur; je sais ben que je ne suis pas assez fin pour vous; mais j'ai avec moi Picherand, qui dégoise, ma fine, pareillement comme un avocat, et si vous voulez lui donner la licence de parler...

M. le Président. C'est inutile, parlez vous-même.

Margoulin. Ah! bé tiens, tant pir!... v'là que je me débonde!... C'est donc pour vous dire que j'étions à l'apport de Paris; je me dis à moi-même: fieu, c'est demain dimanche, la fête à ma tante, comme on dit chez nous; le marché a été bon à ce matin, si je me mettais à la tête d'un bel et bon chapiau!... V'là qui est dit, que je me dis. Au même instant je vous aperçois un marchand de vieux qui portait à la main un chapiau tout neuf luisant. — Combien vot' chapiau? que je lui fais. — Cinquante sous, qui me refait. — C'est ben de l'argent, que j' lui réponds. — Ce chapeau vous fera honneur et profit, qu'il m'ajoute; il sort de chez un monsieur parvenu qui ne salue jamais personne... voyez, les bords sont tout neufs!... Je me laisse aller, j'allonge ma monnaie et j'emporte mon chapiau. Un moment après, Antoine Trichon me dit : T'es fait au même, ta coiffure ne vaut pas une pièce de quinze sous... Pour lors, je cours après mon marchand et je le rattrappe. Mais au lieur de me rendre mon reste, il se moque de moi... et puis après il me caresse à coups de poings.

M. le Président. N'y a-t-il pas eu auparavant une dispute entre vous?

Chavoussier. Il *enjambe* par là-dessus, parce qu'il sait bien qu'il a eu tort... il m'a dit les plus grosses sottises du monde.

M. le Président. C'est alors que vous l'avez frappé?

Chavoussier. Seulement alors... et je dis qu'il le méritait bien.

Margoulin. Ce n'est pas ce que j'ai pu vous dire qui pouvait vous blesser.

Chavoussier. Je suis rieur, mais il fait mauvais me tarabuster... Paysan, vous m'avez *invectifé;* je vous ai rendu la réciproque : nous sommes à deux de jeu... vous devez t'être satisfait!

Margoulin. Comme vous arrangez ça!.. vous vous portez bien; j'ai éu l'épaule droite démanchée: vous me redevez là-dessus.

Chavoussier. Combien donc qu'il vous a pris votre carabin?

Margoutin. Trois pièces de cent sous... C'est ben dur à gagner!

Chavoussier. C'est gros!

Margoulin. Que oui, c'est gros!.. les dernières gelées nous ont brûlé toutes nos légumes... je me ressens ben de la pauvreté du temps!

Chavoussier. Si je savais pourtant en être quitte pour mes trois pièces rondes!.. je les lâcherais bien tout de suite.

Margoulin. Oh! ben vrai que c'est tout ce qu'il me faut.

Chavoussier. Ah ben, les v'là!

Par suite de cet accommodement, le plaignant déclare retirer sa plainte. En conséquence, Chavoussier est mis hors de cause, et Margoulin condamné aux dépens.

Margoulin. Je suis gouré!.. j'y mettrai de mon argent... saperlotte!

PETIT MUSC.

Un soir du mois de mars dernier, Ramage se présente à la barrière de la Petite-Villette avec une charrette chargée de tonneaux à vidanges. Le sieur Bouillac, commis surnuméraire, se présente pour inspecter les fûts et s'assurer qu'ils ne contiennent rien de sujet aux droits. Ramage était pressé; il murmure de cet excès de défiance qui scrute la fraude jusque dans un endroit d'ailleurs peu propre à la fraude. Mais les soupçons du commis croissent en proportion de l'opposition du charretier; aussi, au lieu d'une inspection superficielle, Bouillac s'apprête à faire une perquisition dans les formes. La lanterne d'une main et la sonde de l'autre, le scrupuleux commis présente l'œil et l'organe de l'odorat à l'orifice de chacun des tonneaux. Cependant Ramage s'irrite de la lenteur du douanier; et les apostrophes vives et malignes de pleuvoir sur le trop rigide Bouillac. C'était déjà un tort considérable de la part de Ramage. Mais voici qui aggrave sa faute. Profitant du moment où le gabelou se penchait vers le dernier tonneau pour flairer la contravention, Ramage, appuyant lourdement sa main sur le chef de Bouillac, applique la face de celui-ci contre la bonde. On comprend ce qu'il dut résulter pour le visage du douanier de l'inconvenante action de Ramage. Mis sur-le-champ en état d'arrestation par le brigadier, Ramage comparaît aujourd'hui sur les bancs de la police correctionnelle sous la prévention d'offense envers un fonctionnaire public dans l'exercice de ses fonctions.

Bouillac vient exposer les motifs de sa plainte au tribunal. La déposition du témoin est remarquable par le tour décent qu'il sait lui donner : Bouillac précise les faits avec netteté et parvient jusqu'à l'esprit des juges sans soulever leurs estomacs.

Le brigadier Hémann est ensuite entendu; il s'attache comme le précédent témoin à envelopper les faits d'un voile convenable. Arrivé à l'endroit délicat, Hémann hésite d'abord un peu, cherche des circonlocutions, puis enfin il s'exprime ainsi :

« Dans notre partie, il faut avoir le nez éveillé, le toucher fin, et ne se rebuter de rien. Bouillac, qui a le flair subtil, mais qui malheureusement ne voit pas plus loin que son nez, vu qu'il est tout neuf dans l'octroi, Bouillac avait le visage sur le trou de la tinette, lorsque Ramage lui donna un *renfoncement* sur la tête.... Il avait ensuite la

LA CORRECTIONNELLE

Petites Causes Célèbres.

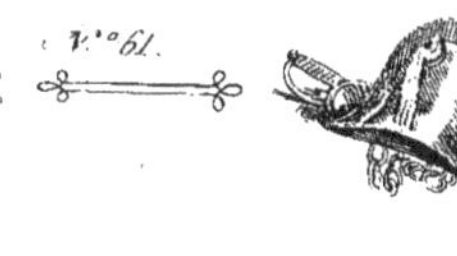

« Ce Chapeau vous fera honneur et profit . . . . . il sort de chez un Monsieur parvenu qui ne salue jamais personne . . . voyez les bords sont tout neufs .

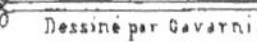

Dessiné par Gavarni. Lith. Thierry frères, Paris.

Juste Bourmancé Editeur de la Correctionnelle.
Place du Palais Royal, 241.

figure toute barbouillée comme un enfant qui a mangé du raisiné..... c'était fort dégoûtant ! »

Ramage. En v'là des petits maîtres qui font le petit bec et qui craignent les odeurs !... Apportez donc du vinaigre à ces messieurs !... En v'là des museaux fins !... Je vous demande un peu voir ce qu'il y a de sale... Voilà bientôt vingt-trois ans que je suis dans l'*aisance*...

Bouillac. Merci ! il appelle cela de l'*essence !*...

Ramage. J'ai dit l'*aisance*, mon petit gabelou ; c'est pour dire que je travaille dans l'*inodore* et que ça me connaît... Je ne suis pas honteux de le dire ; parce que, comme dit un *dit-on*, là où la chèvre est attachée il faut qu'elle en mange !... C'est mon gagne-pain, et je ne veux pas qu'on en fasse fi !... Quant à ce qui est du *renfoncement*, c'est véridique et il n'y a pas d'affront... Le petit gabelou est porté sur son nez : il a été puni par où il a péché... ça lui apprendra une autre fois à ne pas le fourrer où il n'a que faire...

Ramage est condamné à 5 jours d'emprisonnement et 25 francs d'amende.

En entendant sa condamnation, Ramage s'écrie : « En voilà de l'ouvrage !... cinq jours pour des puants comme ça !... on voit bien que les gens de mon état ne sont pas en bonne odeur auprès de la justice. »

LE QUAI DE LA LOUPE.

Il n'a aucun rapport avec le quai des lunettes.

On verra tout à l'heure où il est situé, ainsi que l'origine du nom populaire sous lequel il est connu.

Barcassat, chiffonnier peu philosophe, vient se plaindre du vol d'une chemise commis à son préjudice par Fontesse, son confrère. Voici dans quelle circonstance ce vol aurait été commis. Nous laisserons parler le principal témoin, Barcassat.

« J'étais allé *louper*[1] un petit brin sur le quai des pouilleux et prendre un petit air de soleil...

M. le Président. Où est situé ce quai ?

Barcassat. Derrière Notre-Dame... Il n'y avait pas mal de *loupeurs*, car l'ouvrage n'avait guère donné ce jour-là... Je rencontre Fontesse qui était couché le long du parapet, et nous nous mettons à parler politique. Tout en causant, j'étale au soleil une chemise blanche pour la chauffer, et nous *re*-causons... Tout en *re*causant, je me déshabille pour changer de chemise...

[1] Fainéanter.

M. le Président. Quoi ! en public ?

Barcassat. On ne se gêne pas plus que ça sur le quai de la *loupe*... puis d'ailleurs, il n'y a jamais que de vieilles femmes... Je retire donc ma chemise sale... Le temps de passer la blanche, l'autre avait disparu... Je dis à Fontesse : il y a ici des escamoteurs... Fontesse me montre ses mains, et me répond : Tu vois bien, Barcassat, que ça n'est pas moi. Ça ne faisait pas mon compte... Moi, j'avais ben idée que c'était lui et je ne me trompais pas...

M. le Président. Avez-vous retrouvé votre chemise ?

Barcassat. Malheureusement non. Elle a filé de main en main et je ne l'ai plus revue.

M. le Président. Qu'est-ce qui a pu vous faire supposer que Fontesse était l'auteur du vol ?

Barcassat. D'abord, parce qu'il avait envie de ma chemise. Il me disait : T'es joliment heureux, toi !... Et puis le petit Bouchard l'a vu.

Bouchard est appelé. Il a vu Fontesse au moment où il s'emparait de la chemise qu'il a roulée précipitamment ; mais il ne peut dire ce qu'est devenue la chemise.

La femme Griseille a été témoin du même fait ; elle ne peut comprendre où a passé le corps du délit.

Fontesse. Ce sont des menteries... Barcassat n'est guère plus huppé que moi : toutes ses z'hardes tiendraient bien dans un chausson. Il vient vous donner des bourdes pour avoir une chemise.

M. le Président. Il résulte pourtant de la déposition des témoins entendus, qu'il changeait de chemise au moment où vous vous êtes emparé de celle qu'il retirait de dessus lui.

Fontesse. Ah bien ! on vous ferait bien croire que les crapauds ont des plumes !

M. le Président. Il fallait que vous eussiez des complices, car la chemise n'a pas été retrouvée.

Barcassat, s'approchant du banc des prévenus. Je ne me trompe pas !... La v'là ben c'tte chemise !...

Fontesse. Ça ?... allons donc. Je l'ai achetée chez le chemisier du Roi, rue Vivienne... Plus que ça de genre, mon vieux !

Malheureusement pour le prévenu, la chemise est encore marquée au chiffre de Barcassat. Malgré cet incident victorieux, il n'en persiste pas moins à protester de son innocence.

Déclaré coupable de soustraction frauduleuse, Fontesse est condamné à trois mois de prison.

Imprimerie d'AMÉDÉE GRATIOT et Cᵉ, rue de la Monnaie, 11.

UNE TACHE DANS LE SOLEIL.

Mademoiselle Louise Coquardeau, jolie grisette, vêtue d'une robe resplendissante, se présente devant le tribunal en affectant un petit air précieux, et, après avoir répondu aux questions d'usage, elle s'exprime ainsi :

« On est bien malheureux d'avoir affaire à des malotrus, et qu'on est à plaindre de se frotter à des manants!... »

La prévenue. De qui parlez-vous donc comme ça, ma petite princesse?.. malpeste! comme vous faites fi des bonnes gens!... on dirait bien la fille à monsieur le marquis de Carabas!... excusez, vous n'êtes pas fière, pour une demoiselle de la couture!

Mademoiselle Louise. Si vous aviez de l'éducation, vous sauriez qu'on a le droit d'être fière dans tous les états.

La prévenue. Je m'en aperçois bien au ton dont vous rabaissez le nôtre.

Mademoiselle Louise. Ma chère, vous n'êtes jamais qu'une domestique.

M. le Président. Toutes ces différences de rang n'existent pas devant la justice... Plaignante, développez votre plainte sans injurier la prévenue.

Mademoiselle Louise. Ce ne serait, dans tous les cas, qu'un rendu pour un prêté... Mademoiselle, qui fait aujourd'hui la difficile, était beaucoup moins scrupuleuse, le jour où elle m'a si joliment habillée.

M. le Président. Il est impossible que le tribunal puisse prononcer sur la culpabilité de la prévenue, si vous ne mettez plus d'ordre dans les faits. Quelle était l'origine de la querelle qui a amené, de la part de Madeleine Chiquet, les injures dont vous vous plaignez?

Mademoiselle Louise. Ce jour-là j'allais au spectacle et j'avais mis ma robe de soie rose.

La prévenue. Ah! vous étiez bien flambante comme un soleil.... Si ça ne fait pas pitié!...

Mademoiselle Louise. Je descendais l'escalier, lorsque, arrivée au second étage, la prévenue sort de sa cuisine avec une soupière, traverse le carré, vient se jeter sur moi et répand une partie de son potage sur ma robe.

M. le Président. Pensez-vous que la prévenue ait agi méchamment?

Mademoiselle Louise. Ho! certainement!... et ce qui le prouve c'est qu'elle souriait comme une sournoise.

La prévenue. Je souriais parce que vous me menaciez et que je n'avais pas peur de vos menaces.

M. le Président. En quoi consistaient ces menaces?

Mademoiselle Louise. Je me plaignais seulement; et il y avait bien de quoi... ma robe était toute graillonneuse comme un vrai torchon.

M. le Président. Enfin une dispute s'est engagée, et Madeleine vous a insultée... Quelles sont les injures dont elle s'est servie?

Mademoiselle Louise, avec embarras. C'est fort délicat à dire, et si vous voulez nous ne parlerons que de ma robe.

M. le président insiste de nouveau pour que la plaignante précise les injures; mais mademoiselle Louise hésite toujours. Enfin, vaincue par les questions du tribunal, elle dépose en termes fort clairs, et il appert de sa déposition que la prévenue n'a nullement ménagé la réputation de la plaignante. Plusieurs locataires de la maison viennent confirmer cette partie du témoignage de mademoiselle Louise.

La prévenue. Tenez, voulez-vous que je vous dise vrai?... ce qui lui tient au cœur c'est moins son honneur que sa robe... Et pourtant il vaut mieux avoir une tache à son habit qu'un accroc à sa réputation.

M. le Président. Il paraît que vous ne lui avez épargné ni l'une ni l'autre.

La prévenue. Mademoiselle ne veut pas vous faire accroire sans doute qu'elle est une sainte... On sait, Dieu merci, de quel bois elle se chauffe.

La prévenue entre ici dans certaines considérations sur les mœurs privées de la plaignante; mais M. le Président l'interrompt et la prévient qu'elle ajoute la diffamation à l'injure.

Madeleine Chiquet est condamnée à 60 francs de dommages-intérêts et 50 francs d'amende.

PAUVRE ET COQUETTE.

Rose Marmet est accusée d'un triple vol. La prévenue a seize ans à peine. Elle est jolie, et l'on sent des intentions de coquetterie jusque dans ses habits qui annoncent la pauvreté. La prévenue témoigne par sa tenue à l'audience un repentir profond.

Voici les faits tels qu'ils sont résultés des débats. Un jour du mois de février dernier, Rose se présente dans les magasins de la demoiselle Bolleau, lingère, et demande à faire un choix d'objets de lingerie. L'air et les discours de Rose manquaient d'assurance; la demoiselle Bolleau s'en aperçut. Un instant après, comme elle l'avait laissée seule, elle la vit glisser sous son châle deux bonnets et une collerette. Mais touchée de l'extérieur honnête de Rose, et attribuant son action seulement à la misère, elle feignit de n'avoir rien vu. Rose sortit du magasin sans avoir rien acheté. Enhardie par ce premier succès, Rose se rend chez le sieur Pajot, bonnetier. A l'aide du prétexte déjà employé chez la demoiselle Bolleau, elle parvient à soustraire quatre paires de bas. Ce n'est pas tout. Coupable de ce double vol, la jeune Rose en commet un troisième au préjudice du sieur Lastié, cordonnier pour dames. Là devait se borner le cours de ses déprédations. Le sieur Lastié surprit la jeune fille au moment même du vol, et moins indulgent que la demoiselle Bolleau, après des reproches sévères, s'empressa de provoquer l'arrestation de la malheureuse Rose. La possession des autres objets éveilla tout d'abord quelques soupçons lors du premier interrogatoire que la prévenue subit chez le commissaire de police. Rose n'hésita pas à faire connaître leur origine et détailla elle-même toutes les circonstances des vols pour lesquels elle comparaît aujourd'hui devant le tribunal. Elle renouvelle ses aveux devant la justice et leur donne une si touchante expression de douleurs et de regrets, qu'elle intéresse vivement en sa faveur et les juges et l'auditoire.

Le père Marmet est appelé pour fournir des renseignements sur la moralité de sa fille. Il résulte de ces renseignements que Rose est une jeune personne fort douce, de mœurs jusque-là très régulières, et que le seul reproche que l'on puisse faire à Rose c'est d'être un peu trop encline à la coquetterie,

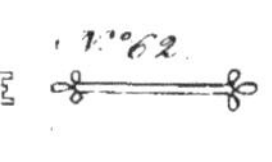

LA CORRECTIONNELLE

Petites Causes Célèbres.

« Il vaut mieux avoir une tache à son habit qu'un accroc à sa réputation !! . . »

Dessiné par Gavarni. Lith. Thierry frères, Paris.

Junca Bourmancé Editeur de la Correctionnelle.
Place du Palais Royal, 241.

défaut qui se concilie mal avec sa condition.

M. le Président. Pensez-vous, Marmet, que ce fût-là le seul mobile qui ait poussé votre fille?

Marmet. Oh! certainement il n'y en a pas d'autre. Rose est une bonne fille, et il n'y a rien à lui reprocher, si ce n'est d'aimer trop à s'attifer.

M. le Président. Quelqu'un ne vous a-t-il pas conseillé de voler?

Rose, après un moment d'hésitation et balbutiant. Non... personne.

M. le Président. Je vous engage à dire la vérité. Il est impossible que, si vous n'aviez jamais eu l'idée du vol, elle vous fût venue aussi subitement.

Rose garde le silence et fond en larmes.

Marmet. Ma petite Rose, tu n'as pas juré, toi, de dire la vérité; mais tu n'en es pas moins obligée de la dire pour ne pas mentir à la face de Dieu qui est ici....

La prévenue ne peut articuler une seule parole; sa douleur est à son comble. Rose est baignée de larmes; on voit qu'elle cherche à éviter les regards de son père.

L'âge et les regrets si vrais de la prévenue ont suffisamment plaidé sa cause. Rose, convaincue de vol, mais attendu qu'elle a agi sans discernement, est renvoyée de la prévention; néanmoins, le tribunal ordonne qu'elle sera enfermée pendant deux ans dans une maison de correction.

BON PÈRE, MAUVAIS GARDE NATIONAL.

Une infraction au bon ordre amène devant le conseil de discipline le nommé Moquet (Hector), fabricant de peignes, et dont la tendresse pour son fils Auguste ne le cède ni à la tendresse de l'alcyon pour ses petits, ni à la vive sollicitude du pélican, le symbole le plus éclatant de l'amour paternel.

Ce n'est pas que Moquet ne soit un citoyen zélé, un garde national rempli d'enthousiasme et de patriotisme; mais chez lui, les vertus civiles sont affaiblies par une exagération des vertus domestiques: il est père avant d'être garde national. Si Brutus avait possédé la plus mince partie du cœur aimant de Moquet, Rome pouvait être perdue, mais son fils du moins aurait été sauvé!...

Moquet comparaît devant le conseil, tenant son jeune fils par la main.

M. le Président. Vous êtes prévenu d'avoir manqué au bon ordre en introduisant votre fils dans les rangs de la garde nationale.

Moquet. Quel mal pouvait donc faire ce petit ange, en marchant à côté de son père? Il ne marche pas au pas, c'est vrai, mais personne n'y marche dans notre compagnie.

M. le Président. C'est défendu; cela devait suffire... Mais vous avez eu un autre tort. Lorsque l'officier vous a fait observer que la présence de votre fils dans les rangs de l'armée était contraire à la bonne tenue de la garde nationale, et vous a engagé à congédier votre enfant, vous vous y êtes opposé et vous vous êtes rendu coupable d'un acte d'insubordination, plus grave *encore* que votre première faute.

Moquet. Il ne faut pas avoir d'entrailles pour vouloir séparer un père de son enfant... Ces choses-là ne se sont jamais vues, même dans les plus atroces mélodrames de la Gaîté.

M. le Président. Mais vous pouviez fort bien vous séparer de votre fils pour quelques heures, sans qu'il en dût couter à votre cœur, quelle que soit votre affection pour lui.

Moquet. C'est plus fort que moi; et puis d'ailleurs ça l'amuse tant, ce petit innocent, de jouer aux soldats!...

M. le Président d'un ton sévère. Est-ce que votre intention serait de déverser le ridicule et l'épigramme sur l'institution de la garde nationale?

Moquet. A Dieu ne plaise!

M. le Président. Vous avez répondu avec *vivacité* à l'officier.

Moquet. Je suis vif, très vif!... mais les intentions sont bonnes.

M. le Président. Rien ne saurait vous justifier... la soumission est la base de l'état militaire.

Moquet. C'est parfaitement juste!... mais je n'ai pu oublier que le ciel et ma femme m'avaient rendu père... Quand j'ai vu que l'officier attirait rudement mon fils hors des rangs, je lui ai parlé un peu vertement, sans attaquer ses épaulettes.

M. le Président. Monsieur, nous sommes pères aussi, mais nous savons allier nos devoirs de famille avec les devoirs du citoyen.

Moquet. Je les *liais* très bien aussi... puisque je ne voulais pas séparer mon fils de la garde nationale.

Le Tribunal, fort mécontent des moyens de justification présentés par Moquet, condamne celui-ci à 48 heures de prison.

Imprimerie d'Amédée Gratiot et Cᵉ, rue de la Monnaie, 11.

QUI EN VOLE NEUF, VOLE UN BŒUF.

Trottel comparaît sur les bancs de la police correctionnelle sous l'énorme inculpation d'avoir volé un bœuf.

On appelle successivement les témoins. Niclet, témoin principal, et au préjudice duquel le vol a été commis, est entendu le premier. Niclet est un Normand court, replet, d'une chevelure rousse: il y a quelque chose de louche dans sa physionomie; c'est son regard. Son amblyopie est tellement prononcée, qu'on peut lui appliquer, à la lettre, le dicton populaire, et dire de lui qu'il regarde en Picardie si la Champagne brûle. Niclet est devant le tribunal.

M. le Président. Vous promettez et jurez de dire la vérité?... Levez la main.

Niclet, levant la main gauche. J'en lève la main et le petit doigt avec.

M. le Président. Levez l'autre main.

Niclet. Quoique gaucher, ça n'est pas ça qui me gène... je suis Normand et je jure de toute main a l'occasion.

Niclet prête serment dans la bonne forme. Monsieur le président l'engage ensuite à faire connaître au tribunal toutes les particularités du vol reproché à Trottel. Niclet s'exprime ainsi.

« C'est pour avoir l'honneur de vous dire que je revenais du marché de Sceaux, d'où je ramenais un bœuf que je n'avais pu vendre à cause qu'il avait la morve. Arrivé près de Montrouge, je m'arrête à la *Vache-Noire* pour prendre deux doigts de vin. Je rencontre dans le cabaret Trottel, qui buvait avec un autre *gouspin* comme lui. Il vient à moi et me dit: Vous revenez donc du marché, mon bonhomme?... Et vous n'avez pu vendre votre vache?... — Je lui réponds que s'il prend mon bœuf pour une vache, c'est qu'il ne se connaît guère en histoire naturelle. — Ça coûte-t-il cher un *oiseau* comme ça? qu'il me fait. — Vingt-cinq pistoles. — Ça n'est pas assez cher pour moi. — Il vous faudrait donc le bœuf gras? — Justement, vous l'avez dit. — Le mien est susceptible de le devenir avec des soins et de la nourriture. — Je vas vous dire, qu'il me dit : j'ai trouvé le moyen d'engraisser le bétail avec des queues de quelque chose, et je veux me mettre à élever des bestiaux.... Nous causons de l'état. Mais voilà que je ne pouvais m'arracher ces queues de la tête, et je me disais en sourdine : qu'est-ce donc que ça peut être que ces queues?... Enfin, il me dit de si beaux mensonges que je finis par ne plus rien croire du tout. Trottel s'en aperçut. — Je vois bien, me dit-il en riant, que vous avez peur que ça *soye* une gausse.... Eh bien! si vous voulez tenir une gageure, je parie de rendre votre bœuf sensiblement plus gras après que je lui aurai fait manger deux ou trois de ces queues... Pariez-vous vingt francs? — Je lui réponds : Je parie bien dix écus que ça n'est qu'une menterie. — La pariure est tenue! qu'il m'ajoute... Vous allez me donner votre bœuf pour un moment.... je vas le conduire jusqu'au bout du champ... mais vous ne regarderez pas. — Ça y est! Chacun allonge ses dix écus sur le comptoir... Il part avec mon bœuf, et je demande un litre, bien assuré que Trottel paierait l'écot. Au bout d'un gros moment, comme il ne revenait pas, son camarade me dit : « Dites-donc, Normand, mon ami est bien longtemps : voyez donc voir s'il vient. » Je me mis sur la porte; mais je ne voyais rien venir. Il m'ajoute : « Ça finit par devenir ennuyeux, allez donc savoir ce qu'il fait. » Je vas jusqu'au bout du pré, et je n'aperçois plus ni ma bête ni mon homme. Je retourne au cabaret... Le camarade avait pris ses bottes de sept lieues : il n'y avait plus personne. Je dis alors à la bourgeoise de me rendre l'argent que nous avions laissé sur le comptoir... Il paraît que le camarade l'avait laissé tomber dans sa poche... Pour vous finir mon histoire, je prends ma course et j'arrive à la barrière d'Enfer... Qu'est-ce que je vous vois?... mon voleur qui se disputait avec les employés de l'Octroi, parce qu'ils ne voulaient pas laisser entrer sans payer de la viande vivante... Je prends mon voleur par les cornes, mon bœuf au collet... Non... c'est tout le contraire.. Enfin j'empoigne mon voleur et je reprends ma bête en me disant : Mon vieux Mamert (c'est mon petit nom), mon vieux, une autre fois faudra te défier de ces queues... car en voilà une qui est bien une véritable queue de renard! »

La femme Lamand, tenant le cabaret de la *Vache-Noire*, vient déposer sur les mêmes faits, et sa déposition concorde pleinement avec celle du précédent témoin.

Caillard, préposé à l'octroi, fait ensuite connaître au tribunal la discussion qui s'éleva entre lui et Trottel au sujet du paiement de la taxe. Trottel, dit le témoin, paraissait ignorer qu'il fût soumis à la perception du droit. Au reste, Trottel manquait d'assurance, et la contenance embarrassée du prévenu avait même inspiré quelques soupçons aux gens de l'octroi... Dans la chaleur de la dispute avec le commis, Trottel alla jusqu'à s'écrier : « C'est une infamie d'arrêter ainsi le monde... vous ne feriez pas pis avec un voleur!... »

M. le Président. Trottel, qu'avez-vous à dire pour réfuter les charges qui s'élèvent contre vous?

Trottel. Que je suis fort étonné qu'on me fasse venir ici comme un criminel... Je ne suis pas un voleur... Le secret que j'ai annoncé à Niclet, je le possède, et ça n'est pas étonnant, j'ai beaucoup étudié l'agriculture... je n'ai jamais fait que ça.

M. le Président. Laissez là votre prétendue découverte... Pourquoi vous êtes-vous enfui avec le bœuf de Niclet?

Trottel. J'ai dit ouvertement à Niclet : Je t'engraisserai ta volaille à quatre pattes ni plus ni moins qu'une poularde du Mans...

M. le Président. Répondez nettement... Où alliez-vous?

Trottel. J'allais jusqu'à la maison pour y chercher des queues...

M. le Président. Outre que cela n'est pas croyable, cela n'est pas vrai. Vous étiez sans domicile connu à Paris... Trottel n'est pas votre nom. Vous avez été reconnu en prison par un de vos anciens camarades de détention... Vous vous nommez Caron, vous avez déjà subi *neuf* condamnations diverses pour vol.

Niclet. C'est bien ça!... comme dit le proverbe : Qui en vole neuf, vole un bœuf!...

Le prévenu paraît anéanti par cette reconnaissance. Il pâlit, et ne sait d'abord que répondre. Cependant il reprend par degré plus d'assurance, et oppose aux renseignements de M. le Président

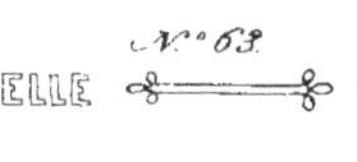

LA CORRECTIONNELLE

Petites Causes Célèbres.

N.° 63.

— Vous jurez de dire la vérité ?

— J'en lève la main et le petit doigt avec.

— L'autre main !

— Qouique gaucher, ça n'est pas ça qui me gêne.....

Je suis Normand, et je jure de toute main, à l'occasion.

Dessiné par Gavarni. Lith. Thierry frères, Paris.

[illegible] Éditeur de la Correctionnelle Place du Palais Royal 241.

les dénégations les plus énergiques. Mais les déplorables antécédents du prévenu ne sont que trop constants. Pressé de faire connaître ses complices, le faux Trottel refuse tout éclaircissement à ce sujet. Caron est condamné à six ans d'emprisonnement.

UN HOMME AGRÉABLE.

Jacquet est un personnage facétieux, un plaisant de profession. Pour lui tout est matière à bouffonneries ; il n'est rien d'assez sérieux, même parmi les choses les plus sérieuses, devant quoi la verve rieuse de Jacquet soit en défaut. Le démocritisme de Jacquet ne connaît pas de bornes ; en un mot Jacquet rit des choses créées et incréées et de quelques autres encore ; il est le rire incarné ; la charge faite homme. Mais par une contradiction des plus singulières, Jacquet, contre l'ordinaire des plaisants, est d'humeur formaliste. Il se choque d'un rien, presque aussi facilement qu'il se plaît à choquer autrui par ses lazzis.

Un jour du mois de février dernier, Jacquet monte dans un char à 30 centimes, et les voyageurs fort tranquilles jusque-là sont tout à coup obsédés de ses gentillesses. Jacquet se prend d'abord à donner gratuitement aux voyageurs une séance de ventriloquie : on rit peu. Jacquet, changeant de genre, fait mille quolibets très agréables sur une femme qui tenait un panier sur ses genoux ; s'attaque ensuite à la coiffure à frimas d'un pacifique septuagénaire ; nargue celui-ci, moleste celui-là. Plusieurs voyageurs, importunés par ce cataclysme de mauvaises plaisanteries, étaient descendus de voiture bien avant le terme du voyage.

Deux personnes avaient jusqu'ici échappé aux railleries charmantes de Jacquet ; ces deux personnes, assises côte à côte, paraissaient non moins fatiguées des moqueries de Jacquet que le reste de l'assemblée. Jacquet avise cette double proie, et s'adressant avec une courtoisie affectée à l'une de ces deux personnes, madame B..... « Madame, lui dit-il, permettez-moi de vous faire remarquer que votre jarretière vient de tomber. » A cette apostrophe, une voix pleine de hauteur répond à Jacquet : « Monsieur, vous n'êtes qu'un sot ! » Cette voix était celle de monsieur B..... Jacquet fut un peu déconcerté de la réplique. Cependant il veut riposter ; monsieur B..... lui ferme la bouche par une apostrophe encore plus énergique. Jacquet s'indigne de rencontrer un homme aussi peu rieur, et, poussé à bout par l'impassibilité de son interlocuteur, laisse choir, pour toute réponse, un large soufflet sur la joue de monsieur B..... — « Monsieur, dit l'outragé, j'ai trop peu d'estime pour les sots pour vouloir courir avec vous les chances d'une satisfaction extra-judiciaire ; je vous donne rendez-vous sur le seul terrain qui convienne à vos pareils : nous nous verrons devant la justice. »

En conséquence de cet ajournement, Jacquet comparaît devant le tribunal, comme prévenu d'offense publique envers M. B.....

De nombreux témoins établissent les faits que nous venons de rapporter. Jacquet prend ensuite la parole pour rétorquer la prévention. Le prévenu a le sourire sur les lèvres.

« Messieurs, dit-il, je me trouvais dans une *boîte à canaille*, un omnibus (*riant*) hi ! hi ! hi !

M. le président engage le prévenu à s'exprimer plus convenablement.

Jacquet reprend : « J'allais à la Gaîté, théâtre national, hi ! hi !... Nous étions pressés comme des harengs en caque... Je n'avais pas besoin de me tenir les flancs pour rire ; j'avais de chaque côté un coude qui me rentrait dans les côtes... Oh ! les bonnes têtes ! hi ! hi !... un véritable cabinet de figures de cire ! Je suis un peu comme madame Grégoire, moi, j'aime à rire, j'aime à boire !... hi ! hi !

M. le Président. Vous riez continuellement ; c'est indécent. Si vous n'avez rien de plus sérieux à dire au tribunal, il vaut beaucoup mieux vous taire.

Jacquet. Ah ! si fait, j'ai quelque chose à dire et qui vous amusera... Mon adversaire est huissier et caporal dans la garde nationale, hi ! hi !...

M. le Président. Mais cela ne fait rien à votre défense !

Jacquet. Pardon ; c'est fort utile au contraire. Vous concevez qu'étant huissier il doit être très fort sur le *commandement*... Tiens, voilà un calembour... hi ! hi !... Il n'est pas de moi... hi ! hi !..

M. le président, jugeant bien qu'il n'obtiendra rien de bien satisfaisant de cet intrépide rieur, le force à reprendre sa place, et après avoir consulté le tribunal, condamne Jacquet à 15 jours d'emprisonnement, 100 fr. de dommages-intérêts et aux dépens.

Imprimerie d'AMÉDÉE GRATIOT et Ce, rue de la Monnaie, 11.

NEZ COIFFÉ.

Le sieur Prallier, employé de l'administration du Mont-de-Piété, se rendait un jour du mois de mars dernier à son bureau, lorsque parvenu à l'extrémité de la rue des Blancs-Manteaux, du côté du marché de ce nom, il sent choir sur son chef un corps lourd et dont la chute intense dépassait de beaucoup, eu égard au volume, toutes les lois de la gravitation. Il s'arrête, un peu étourdi par le contre-coup; mais avant qu'il eût repris ses esprits, un second coup, tombé verticalement sur la plate-forme de son chapeau, vint lui enfoncer son feutre jusqu'au menton et endommager notablement sa coiffure. Victime d'une espiéglerie d'un genre un peu brutal, le sieur Prallier érigea en attentat une action toute simple, une de ces ingénieuses mystifications connues dans la classe du peuple sous le nom de *renfoncement.* Aux cris aigus poussés par le sieur Prallier, il se fit une rumeur dans le quartier. Monnot, l'auteur de cette charmante plaisanterie, fut arrêté tout d'abord sur les indications de sa victime; puis, les faits ayant été éclaircis, Monnot fut relâché, et les bonnes commères du voisinage se contentèrent de rire au nez du trop susceptible bureaucrate. Ce n'était pas là l'affaire du sieur Prallier. Obligé de fournir au remplacement du feutre bossué, il a pensé qu'il était en droit d'intenter une action correctionnelle contre Monnot, et de l'appeler à faire seul les frais de son chapeau neuf.

Monnot occupe le banc des prévenus. C'est un gaillard laid et dont les traits secs et presque immobiles n'annoncent guère un caractère jovial. Monnot oppose les dénégations les plus formelles au dire du sieur Prallier. Cependant celui-ci ne peut se méprendre sur l'individualité de son mystificateur, car, outre qu'il reconnaît la couleur du pantalon, la seule chose qu'il ait pu voir, parce qu'il avait son chapeau sur les yeux, il reconnaît encore très distinctement le son de voix de Monnot.

M. le Président. Monnot vous a donc adressé la parole ?... Que vous a-t-il dit ?

Le sieur Prallier. Monsieur, couvrez-vous donc, s'il vous plaît !...

M. le Président. Vous êtes bien certain de reconnaître le prévenu au son de sa voix ?... Monnot, répétez les paroles que le plaignant vient de prononcer.

Le prévenu répète ces mots : *Monsieur, couvrez-vous donc, s'il vous plaît* ; mais d'un ton tellement nazillard, qu'il se rend inintelligible.

M. le Président. Vous n'aviez pas cet organe au commencement des débats.

Le prévenu, toujours sur le même ton. Faites excuse, mon Président, voilà douze ans que j'ai un catarrhe qui me fait parler du nez comme un orgue.

Bouchard, marchand de vin, n'a pas vu porter le coup, mais il a vu Monnot tout à côté du plaignant, au moment où celui-ci poussait des cris. Au reste, Monnot, qu'il connaît depuis longtemps, jouit d'un timbre de voix parfaitement sonore, et son nazillement n'est qu'un jeu. — Plusieurs témoins sont ensuite entendus, et il résulte de leurs dépositions des présomptions très fortes de la culpabilité de Monnot.

En conséquence des différentes charges qui s'élèvent contre lui, Monnot est condamné en 25 fr. de dommages-intérêts et aux dépens.

TÊTE FÊLÉE.

M. le Président. Prévenu, comment vous nommez-vous ?

Le prévenu. Panouillet (Jean-Louis).

M. le Président. Quelle est votre profession ?

Le prévenu. Fabricant de têtes.

Une voix au banc des témoins. Si c'est possible !!... Il m'a cassé la mienne ! (Rires dans l'auditoire).

Invité par le tribunal à donner quelques renseignements sur la nature de sa profession, le prévenu explique qu'il se livre à la fabrication de ces têtes en carton que l'on voit dans les ateliers de modes.

M. le Président. Panouillet, vous êtes accusé d'avoir porté à Laureillon des coups ayant occasionné des blessures graves.

Panouillet. C'était un coup de tête ; il n'y faut plus penser... à bonnes gens, bonnes gens... Si Laureillon est bon garçon, je lui propose de venir chez le marchand de consolation, et nous nous ferons deux doigts d'amitiés.

Laureillon. Doucement !... je ne bois pas avec des tapageurs... Merci, je n'ai pas soif.

Panouillet. Il est certain, comme on dit chez nous, qu'on ne saurait faire boire un âne, s'il n'a soif.

M. le Président. Ainsi donc, vous persistez dans votre plainte ?

Laureillon. Je *résiste*, comme vous dites.

M. le Président. Eh bien, expliquez-nous les faits que vous imputez à Panouillet.

Laureillon. Il m'a fêlé la tête... ça n'est pas plus malin que ça... et je dis que, pour un homme qui fait métier d'en faire de neuves, il sortait drôlement de son genre !.. j'avais la tête comme un boisseau !

M. le Président. A quel sujet Panouillet vous a-t-il frappé ?

Laureillon. Pour des bêtises... une femme... Ça n'en valait presque pas la peine. Vous allez voir. Nous étions au bal du *Grand-Vainqueur*... Panouillet *rafraîchissait* une chamarreuse de ma connaissance... je m'approche et je dis à *My-myre* (Palmyre) : « Est-ce que nous ne la danserons pas ensemble, la prochaine ?... » Panouillet me répond avec de gros yeux : « La particulière est *teinte* et *reteinte*. » — Eh bien ! que je r'ajoute, mademoiselle, pour la subséquente danse ?... » Mais voilà que ça *offusse* Panouillet, qui me dit un tas de mots et qui m'envoie, pour le bouquet, un tabouret par la tête.

Panouillet. C'était la passion !... La chamarreuse m'avait totalement subjugué... Je suis jaloux comme un chat... je n'aime pas qu'on vienne chausser à même point que moi.

Laureillon. Mais puisque c'était simplement une politesse !

Panouillet, avec un signe d'incrédulité. Connue la couleur !... On s'en vient, comme ça, faire sa tête avec une demoiselle, sous prétexte de lui dire des amitiés, et puis c'est de l'amour qu'il retourne... On connaît ce vieux jeu !...

Mademoiselle Palmyre, appelée comme témoin, hésite d'abord, puis ensuite se décide à mettre

LA CORRECTIONNELLE N.° 64.

Petites Causes Célèbres.

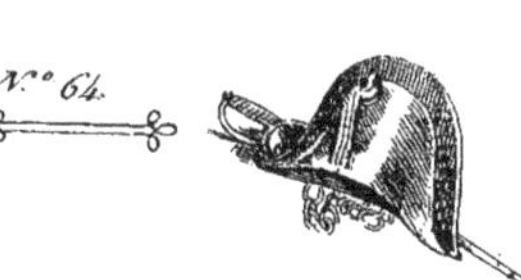

Nez coiffé !!

Dessiné par Gavarni. Lith. Thierry frères, Paris.

Juste Bourmancé Editeur de la Correctionnelle.
Place du Palais Royal, 241.

tous les torts du côté de Panouillet, et fait l'apologie des mœurs de Laureillon, qui est, dit-elle, un vrai sirop pour la douceur.

En conséquence, Panouillet est condamné à 15 jours d'emprisonnement, 50 fr. de dommages-intérêts et aux dépens.

Panouillet, dans une agitation difficile à décrire. Voilà une tête qui me revient chère!... moi, qui en fais, je m'y connais... ça ne vaut pas ça!

Laureillon. C'tte bêtise!... vous allez comparer une tête pour de vrai avec vos têtes de carton?

Panouillet. Comme a dit un ancien que je ne nomme pas : Tu as une belle tête, mais ta cervelle est frisée!...

MÉDECINE DE CHEVAL.

Montlupart, vétérinaire à diplôme, est prévenu d'être sorti de sa spécialité, et d'avoir empiété sur les prérogatives de la Faculté, en s'arrogeant le droit de tailler et de couper *impunè per totam terram;* en un mot, Montlupart exerce la médecine non pas seulement *in animâ vili*, mais encore sur l'espèce humaine. A ses yeux il n'existe aucune différence organique entre la constitution de l'homme et celle du cheval; partant il traite l'un comme l'autre.

M. le Président. Montlupart, vous êtes prévenu d'avoir pratiqué illégalement la médecine.

Montlupart. Je répondrai tout à l'heure. Qu'on fasse venir mon accusateur, je prétends le confondre et lui montrer qu'il n'est qu'une *bête*.

Lequeux, plaignant, s'approche du tribunal; sa tête empaquetée dans du linge, présente un effrayant volume. Il explique avec force contorsions, qu'un jour du mois dernier, ayant été pris par des douleurs de dent, il se rendit auprès de Montlupart. Celui-ci, après un examen du ratelier, commença par appliquer dans la dent cariée un clou tout rouge; ensuite, pour calmer les angoisses inexprimables causées par cette cautérisation, Montlupart administra au patient une certaine eau balsamique, d'une telle énergie, qu'elle détermina une tuméfaction horrible des gencives; enfin, pour diminuer les tumeurs intérieures, Montlupart eut recours à l'emploi externe d'une certaine pommade, dite *adoucissante*, dont l'effet fut de provoquer sur la face de Lequeux une sorte d'érysipèle flegmoneux, d'une nature persistante et tenace. C'est dans cet état que Lequeux se décida à porter plainte contre Montlupart. Le plaignant pousse de lamentables hélas! au souvenir des tortures qu'il a endurées. Il ajoute d'un air tout pénaud: « et cependant le vétérinaire avait promis de me guérir radicalement et sans douleur. »

Plusieurs témoins sont entendus. Montlupart prend ensuite la parole d'un ton magistral. Il établit d'abord la parfaite analogie qui existe entre l'organisme humain et l'organisme animal.

« Messieurs, dit-il, les mêmes maladies règnent chez l'homme et chez la bête, sans en excepter la morve que je retrouve chez l'un comme chez l'autre. Ces maladies sont produites par les mêmes causes. Or, les effets étant les mêmes, les remèdes doivent être pareils.

M. le Président. Il ne s'agit pas ici de faire un cours de pathologie... vous deviez savoir que vous ne pouviez exercer la médecine sans une licence spéciale.

Montlupart. Puisque vous parlez de licence, je prendrai celle de vous faire remarquer que je suis porteur d'un diplôme...

M. le Président. Pour la guérison des chevaux, mais non pour exercer la médecine proprement dite.

Montlupart. Je suis prêt à soutenir contre toutes les académies que ce que vous appelez la médecine proprement dite ne diffère nullement de l'art du vétérinaire... J'ai fait des cures dont je m'honore. Je demande à ce que plusieurs de mes clients soient entendus.

Une voix dans le fond de l'auditoire. Des chevaux?

M. le Président fait observer que l'audition de ces témoins ne peut avoir lieu; et qu'on ne peut admettre que les témoignages qui ont trait au procès. Un vif débat s'engage à ce sujet. Le prévenu insiste de nouveau pour que les personnes citées par lui soient admises à la barre.

L'avocat du prévenu présente ensuite sa défense. Il soutient que l'extraction d'une dent ne saurait constituer un exercice de la médecine.

« Mais, ajoute M. l'avocat du Roi, il n'y a pas eu extraction : il y a eu médicamentation. »

L'avocat persiste dans ses moyens, et conclut au renvoi du prévenu.

Le tribunal condamne Montlupart à 500 francs d'amende, 150 de dommages-intérêts et aux dépens.

Imprimerie d'AMÉDÉE GRATIOT et Ce, rue de la Monnaie, 11.

ALLEZ-VOUS-EN, GENS DE LA NOCE.

Vers la fin du mois de mars dernier, deux hommes sortaient, entre deux vins, d'un banquet nuptial qui se donnait dans les vastes salons du restaurant de la Vestale, boulevart de l'Hôpital. La marche de ces deux hommes était titubante et considérablement alourdie par les vapeurs du vin. Ils allaient dessinant les méandres les plus capricieux, les évolutions les plus bizarres, lorsque, parvenus à l'angle de la rue Buffon, nos deux ivrognes éperdus décrivent une courbe sinueuse qui les conduit brusquement sur l'étalage très fragile de la femme Cornois, fruitière. Le choc fut impétueux, à tel point que, les ais mal assurés dont se composait la boutique cédant à l'impulsion donnée, tout roula dans la poussière. Qui clabauda ? La fruitière, femme aigre, violente et des moins bien embouchées. Une rixe opiniâtre s'engagea. Les deux ivrognes refusaient tout net d'indemniser la dame Cornois du trouble qu'ils avaient apporté dans son commerce, sous prétexte que, son comptoir empiétant sur la voie publique, ils n'étaient pas responsables d'un dégât que la fruitière aurait pu éviter en se plaçant dans la ligne limitative du boulevard. Mais le contest ne devait pas se borner à la discussion d'une simple question de voirie ; la querelle devait empirer par l'opiniâtreté des uns et la ténacité de l'autre. Après avoir donc épuisé toute la série des arguments possibles en pareille matière, on en vint à une bataille en règle, la dernière raison dans tout litige. Au rapport des certificats apportés par la dame Cornois dans la discussion des faits du procès actuel, la fruitière aurait été traitée avec la dernière barbarie par les prévenus Ballîveau et Gentil. Nous laisserons la plaignante développer elle-même cette partie du procès.

La femme Cornois. J'aime tout comme un autre à *siroter* un petit brin, mais je m'arrange toujours de façon à ce que ça ne puisse pas troubler mon voisin ; et quand, par hasard, j'ai buvotté plus qu'il n'est prudent, je rentre chez moi sans offenser personne.

Balliveau. C'est ce que nous voulions faire.

La femme Cornois. Vous en preniez bien le chemin comme moi d'aller à la rivière !... Ce n'est pas trop dire d'ajouter que le chemin des vaches n'aurait pas été assez large pour vous conduire.

Gentil. Sans compter qu'il faisait bien mauvais marcher, et que Balliveau disait à chaque pas de lever le pied par rapport aux pavés.

La femme Cornois. Tant y a, mes magistrats, que j'en ai été pour ma marchandise et de bons coups de poing... Je puis bien dire qu'ils ne m'ont laissé qu'un œil pour pleurer... Ce que j'ai perdu avait bien aussi son prix, et je pense que vous êtes assez justes pour m'en tenir compte.

Balliveau. Mais qu'est-ce que vous réclamez donc ? Est-ce que v'là pas vos deux yeux ?

La femme Cornois. Je ne les ai pas toujours eu les deux : voici un papier *comme quoi* j'en avais à peine un, le lendemain du jour en question.

Balliveau. Écoutez donc, il faut bien croire que vous aviez quelques torts de votre côté...

La femme Cornois. Des torts ! des torts ! ah ! scélérat... je n'en ai eu qu'un, c'est de n'avoir pu vous éventrer tous les deux.

Balliveau. Tout doux ! tout doux !... ne vous fâchez pas... Là, est-ce qu'avec 50 fr. qu'on vous donnerait tout ne pourrait pas s'arranger ?

La femme Cornois. Ah ! le brave homme !... Vous gagnez à être connu... cinquante francs !... Et que puis-je faire pour vous être agréable ?

Balliveau. Pardine, dire à ces messieurs que vous ne nous en voulez plus et que vous retirez votre plainte.

La femme Cornois. C'est dit, je la retire.

En conséquence de ce retrait, Balliveau et Gentil sont renvoyés après une courte et paternelle admonition de M. le président. Les deux prévenus sortent de l'audience, bras dessus bras dessous, et chantent à l'unisson : *Allez-vous-en, gens de la noce*, etc...

UNE FEMME QUI PORTE... BRETELLES.

Mademoiselle Eloa Lemaire est une jeune modiste de la rue Vivienne, point trop jolie, mais pétulante, impétueuse, et de mœurs cavalières ; ce qui fait que mademoiselle Eloa se trouve un peu à l'étroit dans les habits de son sexe, et que, pour donner un plus libre cours à son humeur dégagée, elle emprunte assez fréquemment les habits du sexe opposé. Alors il faut la voir le jarret tendu, le chapeau incliné sur l'oreille, se rengorgeant dans sa mâle carrure, et humant avec une grâce charmante la feuille embrasée de la Havane. Jusque-là le mal n'est pas grand ; et, sauf un petit croc-en-jambe donné à l'ordonnance de police du 16 brumaire an IX, tout irait pour le mieux, si mademoiselle Eloa ne se fût pas laissée aller à prendre, en outre des libertés les plus vives, le ton impertinent, querelleur, fanfaron d'un sous-officier bravache... *Indè mali labes !*

L'agent Colnet. J'étais de service au bal du Prado ; j'aperçois tout à coup dans un coin de la salle un groupe très animé. J'appelle mon collègue Pipon et nous arrivons au milieu du trouble. Nous voyons un jeune homme, que nous avions précédemment remarqué à cause de l'irrégularité de sa danse, frappant un monsieur. On disait que le motif de la batterie était une histoire de femme. Il a été vérifié depuis que le jeune homme n'était qu'une personne du sexe. Dans le moment on pouvait bien s'y tromper ; *crénom* !... ce n'étaient pas des dragées qui tombaient de ses mains !... tous les coups étaient portés d'après les principes. Enfin nous *empoignirent* mademoiselle ; même qu'en se débattant elle me porta un vigoureux coup de poing sur le chapeau, *dont* je suis très fâché (*par parenté*), car je dois dire qu'il n'était pas à mon adresse, et qu'il revenait de droit à *l'antagonisse*.

Mademoiselle Eloa. Ne sera-t-il pas permis, nobles magistrats, à une jeune femme sans défense de se *ranger* sous le costume qui lui convient le mieux, pour faire respecter son honneur et son rang de jeune fille ? Vous n'êtes pas sans avoir vu aux Variétés la *Chevalière d'Éon*, une fière femme et qui servait dans les Mousquetaires... Dieu ! c'était le bon temps !... Je me suis dit : je ne vois pas pourquoi je ne m'habillerais pas en civil, quand elle se pavanait en militaire.

M. le Président. Vous êtes ici pour répondre plus directement à une accusation de tapage et de voies de fait.

Mademoiselle Eloa. Je m'y conforme... c'est

LA CORRECTIONNELLE

Petites Causes Célèbres.

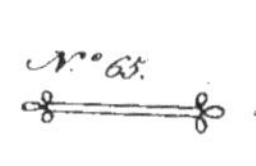

— Diable de chemin !!.. il est rempli de pierres !!.

— Mon vieux la boisson est comme la peur : elle grossit les objets..... ce sont des noyaux de Cerises...... lève le pied !..

Dessiné par Gavarni. Lith. Thierry frères, Paris.

Juste Bourmancé Editeur de la Correctionnelle.
Place du Palais Royal, 241.

bien dur, quand on n'est pas née pour être femme, d'être obligée de passer ses jours à pousser une aiguille. Aussi, quand vient le dimanche, on va se délecter et prendre un peu de bon temps au Prado. Ah! v'là le paradis des *Balochards!*... Mais il y a des maladroits partout. Voilà que pendant que j'étais en train de balancer ma danseuse, un méchant *merlan* s'approche d'elle et l'insulte... au bas des reins, qu'elle en a poussé un cri affreux! Je me retourne et je giffle l'impertinent. Il n'est pas un homme qui n'en eût fait autant, à moins d'être une femme... J'ai fait respecter mon sexe et honorer le vôtre... je ne demande pas une récompense, mais si j'ai bien fait, qu'on m'accorde le droit de porter... des bretelles!...

Le tribunal arrête la fière prévenue; et, sans lui octroyer le droit si instamment sollicité, la condamne à 25 francs d'amende et l'engage, pour l'avenir, à ne plus quitter les habits de son sexe, et surtout à modérer ses élans de vivacité.

LA ROBE ET LES BOTTES.

Me D... venait de défendre le nommé Gaillard, accusé d'escroquerie; et, grâce à sa brillante plaidoirie, toute remplie de l'apologie des solides qualités du prévenu, celui-ci avait été renvoyé des fins de la prévention. C'était un beau triomphe oratoire pour Me D... Le premier soin de Gaillard, après qu'il eut recouvré sa liberté, fut d'aller faire agréer à son éloquent défenseur les expressions de sa vive gratitude. Il se présente donc à son domicile, sollicite la faveur de lui être présenté, et obtient d'être introduit. Me D... se trouvait en ce moment dans son cabinet. Gaillard se répand en félicitations élogieuses sur le *beau talent*, la *rare éloquence* auxquels il est redevable du bénéfice de sa liberté; remercie l'avocat en termes pleins de reconnaissance et du dévouement le plus ardent; proteste de son innocence; bref, Gaillard se montre pénétré, aux yeux de Me D..., des sentiments les plus honorables et les plus vertueux. Soit qu'il ne fût pas convaincu au fond de la sincérité de ces manifestations de probité, ou qu'il voulût seulement prémunir son client contre la contagion des mauvais exemples, Me D... prit occasion de chapitrer Gaillard et de lui présenter la vertu comme le terme de ses constants efforts. Gaillard est touché jusqu'aux larmes; Me D... s'applaudit des heureux effets de sa mercuriale. Gaillard prend congé de son généreux défenseur... Mais, voyez la force du naturel, comme il traversait l'antichambre, Gaillard aperçoit dans un angle de la pièce une paire de bottes neuves, et qui lui paraît offrir chaussure convenable à son pied. Il oublie tout d'un coup les conseils de prud'homie de son avocat, le bienfait, la reconnaissance, toutes les solides vertus enfin dont le défenseur avait composé un tableau plein d'onction pour les juges du premier délit, et, zeste! fait main basse sur les bottes. La ménagère de Me D..., placée derrière le carreau dépoli de sa cuisine, vit, sans être vue, l'action de Gaillard, et, dans sa naïveté, regardant comme un vol un acte qui n'eût été sans doute, pour l'optimiste Me D..., qu'une simple distraction, se précipite sur les pas de Gaillard et crie au voleur. Gaillard avait déjà gagné le plain-pied de la rue. Mis en émoi par les clameurs de la servante de Me D..., le concierge sort de sa loge, Gaillard prend la fuite, et le concierge vole sur sa trace. Fort heureusement pour la vindicte publique qu'un agent de la police de sûreté se trouvait par là en ce moment, Gaillard fut mis en état d'arrestation. Et c'est sur la poursuite du ministère public qu'il comparait aujourd'hui devant le tribunal, sous l'inculpation de vol simple.

Gaillard oppose une imperturbable assurance aux charges qui s'élèvent contre lui. Me D..., assigné comme témoin, ne peut se résoudre à accuser celui qui a trahi sa confiance d'une façon aussi noire. Tout en exposant les circonstances du vol, il s'attache à administrer des considérations atténuantes; puis enfin il passe de l'exposé des faits à une discussion générale, et il se trouve devenir, par une incroyable préoccupation des devoirs de sa profession, le défenseur de son voleur.

Le tribunal et l'auditoire paraissent confondus de cet excès de zèle. Me D... s'aperçoit de l'effet fâcheux de sa harangue, et invoquant alors les grands moyens, il explique en vertu de quoi il a dépouillé tout sentiment d'animosité personnelle; il attribue l'intérêt que lui inspire le prévenu à une appréciation réfléchie de ses vertus privées... L'action de Gaillard est le résultat d'une *fatalité*. Me D... appelle à son aide la science de Gall pour démontrer avec la dernière évidence que son voleur est organisé de la façon la plus heureuse.

Malgré les louables efforts de l'avocat, le tribunal n'en condamne pas moins le prévenu à un an d'emprisonnement.

Imprimerie d'AMÉDÉE GRATIOT et Ce, rue de la Monnaie, 11.

NOBLE ET PROLÉTAIRE.

La diligence de Limoges venait de déposer sur le pavé de Paris un jeune homme, espèce de Pourceaugnac, tout neuf aux émotions parisiennes; provincial épais, mais soupçonneux, rempli de précautions, et poussant jusqu'à l'exagération la crainte des embûches de la capitale. Sébastien, qui a pour occupation singulière de traquer les voyageurs dans le but de leur faire agréer ses soins officieux, soit à titre de *cicerone*, soit à titre de valet de pied, Sébastien aperçoit le nouveau débarqué. Témoin de son embarras, il s'approche de lui, le prend familièrement par le coude, et de ce ton hardi qui atteste chez ses pareils l'oubli des hautes positions sociales, il apostrophe ainsi notre Limousin, gentilhomme fort bien titré d'ailleurs, et des plus considérés dans sa province : « Voilà, voilà, not' *bourgeois!* Vous faut-il une voiture, un commissionnaire, un hôtel?... — Monsieur, répond sur l'aigre-doux le voyageur piqué au vif par les façons un peu trop lestes du manant, ma tante la baronne, qui connaît son monde, m'a mis en garde contre trois sortes de personnes : les demoiselles qui mènent les gens par le plus court chemin, les cochers qui les conduisent par le plus long, et les officieux par celui où ils n'ont que faire... Vous voyez, mon cher monsieur, qu'on sait son Paris à Limoges. »

A cette allocution un peu sèche, Sébastien répond par des paroles brutales et grossières. Le gentilhomme, sans néanmoins sortir de sa fière dignité, morigène vertement le vilain, qui, prenant la mouche, sans plus de motifs, houspille gaillardement son dédaigneux interlocuteur. Il résulte de tout ceci une mêlée à coups de poings, et dans laquelle M. de S..., notre provincial, eût *pu laisser sa vie*, selon son expression, mais d'où il rapporta seulement quelques égratignures.

Sébastien comparaît devant la justice, sur la plainte de M. de S... Il y a quelque chose de rusé et de narquois dans la physionomie du prévenu. Il répond gaiement aux griefs du plaignant.

« Je suis *rigolleur* (rieur) tout comme un autre, et ce n'est pas moi qui *se* vexe facilement; mais je n'aime pas les grands airs par-dessus l'épaule; c'est pourquoi je m'rebiffe quand on blesse mon infériorité. Le *bourgeois* ci-joint...

Le plaignant. L'impertinent!

Le prévenu. Le bourgeois dont je vous interpelle est fendant et pince sans rire... Il a pris des manières avec moi et m'a appelé *vilain*... c'est comme s'il m'avait appelé canaille en toutes lettres; c'est clair... Tiens! quand j'ai vu ça, je lui ai bassiné les yeux à coups de poings; c'est trop juste!

Le plaignant. Vous êtes un grossier, mon cher monsieur.

Le prévenu. Que voulez-vous? c'est l'étoffe qui est comme ça: convenez du moins qu'elle est solide, si elle n'est pas moelleuse.

M. le Président. Vous semblez vous louer d'une action qui est très répréhensible; votre assurance n'est pas de nature à alléger votre faute.

Le prévenu. Aussi je ne cherche pas à faire le *capon*: je dis ce qui est... Il faut que le bourgeois respecte celui qui est dans le commun... On n'a pas le droit d'insulter son semblable à cause qu'on a soi-même de la *vaisselle de poche* (de l'argent).

M. le Président. Nul, non plus, n'a le droit de frapper autrui.

Le plaignant. J'ai lu que c'était permis, et j'en ai usé!

Sébastien est condamné à quinze jours d'emprisonnement, 50 francs d'amende et aux dépens.

MONSIEUR TAUPINARD EST MORT.

Aussitôt que cette funeste nouvelle se fut répandue dans Paris: Monsieur Taupinard se meurt!.. Monsieur Taupinard est mort!.. la rue de la Cerisaie s'emplit de gémissements et de larmes. On vit accourir des quatre points cardinaux tous les Taupinard en ligne directe ou collatérale, les alliés, les amis du défunt. Ce jour-là les bonnes commères du quartier Saint-Paul remarquèrent avec épouvante les inversions les plus bizarres dans l'ordre naturel des choses; les chiens hurlèrent; le soleil ne parut point dans toute la longueur de la rue Saint-Antoine. Quel était donc cet homme extraordinaire qui s'en allait de vie à trépas au milieu de tout cet appareil de douleur et des signes éclatants des regrets de la nature entière? C'est ce que nous allons vous apprendre.

L'huissier audiencier. Monsieur Taupinard!

Une voix. Monsieur Taupinard est mort!

Une autre voix. Il est mort et enterré!

En ce moment un spectre au teint livide, les joues creuses, les yeux éteints, se présente devant le tribunal.

M. le Président. Quel est votre nom?

Le spectre. Feu Taupinard. (Long étonnement.)

M. le Président. Quelle est votre profession?

Le spectre. Herboriste retiré.

M. le Président. De quoi vous plaignez-vous?

Le spectre. D'être mort!

M. le Président. Expliquez-vous.

Le spectre. Je suis plus mort que vif, permettez-moi de m'asseoir. — M. le président fait donner un siége au plaignant. M. Taupinard se dispose commodément, puis il s'exprime ainsi:

« Lorsque je vous ai dit que j'étais mort, il n'est que trop vrai, mes chers messieurs. La vérité est que ma vie ne tient qu'à un filet: ma santé a été fort dérangée par les secousses terribles que m'a occasionnées ce petit vaurien que je traduis devant vous. J'arrive au fait. Le 14 avril dernier, vers neuf heures du matin, j'étais à prendre mon café, lorsque j'entends frapper avec violence à ma porte. Au même instant une voix me crie du dehors: « Dépêchez-vous, M. Taupinard, on vient pour vous enterrer! » A ces mots, le frisson me gagne, et je sens très distinctement la petite mort qui me galope dans le dos. Je n'osais pas ouvrir. Cependant, remis un peu de ma première frayeur, je m'achemine en tremblant vers la porte, où je trouve un squelette qui me saute au cou; c'était madame Jolibois, ma portière. — « Bonté divine! s'écrie cette dame en me voyant, êtes-vous fou, monsieur Taupinard, de vouloir vous faire enterrer tout vivant! » Je ne comprenais rien à cette *absurdité*, et priai madame Jolibois de s'expliquer. — « Il y a, répliqua celle-ci, que les croquemorts sont en bas, qu'ils sont en train de clouer leurs vilaines draperies, et qu'ils disent que c'est pour vous. » J'avoue ma faiblesse; je me tâtai à plusieurs reprises pour savoir si j'étais bien vivant. Enfin, un moment après, je vis paraître, d'abord les employés

LA CORRECTIONNELLE

Petites Causes Célèbres.

N.° 66.

« Ma tante la Baronne, qui connait son monde, m'a mis en garde contre trois sortes de personnes : les Demoiselles qui mènent les jeunes gens par le plus court chemin, les Cochers qui les conduisent par le plus long, et les Officieux, par celui où ils n'ont que faire..... Vous voyez mon cher M.r qu'on sait son Paris à Limoges.

Dessiné par Gavarni. Lith. Thierry frères, Paris.

Juste Bourmancé Editeur de la Correctionnelle.
Place du Palais Royal, 241.

des Pompes-Funèbres, puis des pleureurs, des habits noirs, des crêpes noirs, des visages noirs, et puis... et puis... un long coffre en bois de sapin...»

(Ici le plaignant s'évanouit complétement.) Madame Jolibois, comme une autre Antigone, se tient auprès du défaillant et lui prodigue les soins les plus touchants. On procède à l'appel des témoins.

La dame Jolibois, après avoir dépeint, en termes apitoyants, l'état de marasme et d'hypocondrie dans lequel était tombé le sieur Taupinard à la suite de la représentation funèbre dont nous avons parlé, la dame Jolibois raconte comment elle fut mise sur les traces de l'auteur de cette odieuse plaisanterie.

« Un matin, dit-elle, M. Matasson, le cousin de M. Taupinard, était venu pour savoir des nouvelles du malade. « Savez-vous bien, lui dis-je, que le cher homme est capable de mourir... de sa belle mort!... C'est un assassinat réel!... Est-ce que vous n'avez pas averti la police? — Si fait, que me fait M. Matasson, la police est instruite... elle est déjà parvenue à découvrir l'imprimeur qui a fourni les billets de *faire part*... Il paraît qu'ils avaient été commandés par un petit jeune homme blond, pas beau, et par-dessus le marché bec-de-lièvre. — C'est le petit Mijotot, que je m'écrie; c'est ce gueusard d'herboriste que M. Taupinard avait renvoyé de sa boutique... Je ne m'étais jamais trompée sur son compte, c'était un scélérat en herbe. »

M. Cayet, imprimeur, reconnaît avoir imprimé les lettres de faire part d'après l'ordre de Mijotot, dont l'individualité ne saurait être douteuse : le prévenu a la lèvre supérieure marquée d'une suture. En outre une expertise a démontré, avec la dernière évidence, que les suscriptions des lettres de convocation émanaient de la main même de Mijotot. La demande adressée à l'administration des pompes funèbres est aussi de même origine.

M. le Président. Mijotot, qu'avez-vous à dire pour votre défense?

Mijotot. Ça ne me regarde pas... S'il s'agissait d'un bouillon aux herbes, c'est de ma partie ça... mais je n'entends rien aux *fleurs*, et je laisse cela à mon avocat.

Le défenseur du prévenu, jeune avocat stagiaire, se lève, pose ses conclusions et poursuit ainsi :

« Messieurs, c'est une règle de conduite proposée par tous les Pères de l'Église qu'il ne faut jamais perdre de vue la salutaire pensée de la mort. Bien différent sur ce point des saints Pères, le sieur Taupinard paraît être d'avis qu'on ne saurait reléguer trop loin l'image de la mort, et tel est chez lui l'attachement à la vie qu'il se meurt à l'idée seule de mourir. Messieurs, cette excessive appréhension de la mort est condamnée par une saine philosophie. C'est cette crainte qui fait les *citoyens* peureux, lâches, égoïstes... »

M. le Président. Il ne s'agit pas ici d'une proposition philosophique; veuillez parler sur le délit.

L'avocat. L'enchaînement des idées me ramènera à la question du procès.

M. le Président. Le tribunal, dont les moments sont précieux, vous verrait avec plaisir aborder résolument les faits et lui épargner les considérations accessoires.

L'avocat. Je m'empresse de déférer aux désirs du tribunal. — Messieurs, un délit a été commis; un jeune homme est traduit devant vous comme étant l'auteur de ce délit. Le premier devoir de la justice est de compulser toutes les preuves de culpabilité; le droit de la défense est de rétorquer celles-ci, de combattre avec les armes du raisonnement et de la parole. »

Le jeune stagiaire se livre ici à des aperçus d'éloquence pratique dont on pourrait composer un manuel complet de l'avocat; après quoi l'avocat, passant à un autre ordre d'idées, s'empare des charges qui s'élèvent contre Mijotot, et s'efforce d'anéantir tous les témoignages.

M. le Président. Avocat, vous dépassez le but de la défense, et sans doute aussi les vœux de votre client. Les faits dont vous attaquez l'authenticité ne sont nullement contestés par Mijotot.

L'avocat paraît étonné un moment de l'observation de M. le Président; sa voix hésite, sa langue s'embarrasse, puis il ajoute avec une extrême confusion : « Du moment qu'il en est ainsi, je n'ai plus rien à dire. Je me bornerai seulement à recommander mon client à l'indulgence du tribunal. Je puis affirmer qu'il la mérite à tous égards : Mijotot est le soutien de sa vieille mère; il s'est acquis par l'étude une grande habileté dans l'herboristerie. »

Mais le tribunal, qui avait encore présents les tristes résultats de la conduite de Mijotot, condamne le prévenu, malgré les excellentes recommandations de l'avocat, à un mois d'emprisonnement, 200 francs d'amende et aux dépens.

Imprimerie d'AMÉDÉE GRATIOT et Ce, rue de la Monnaie, 11.

HAINE AUX FEMMES.

Angilou est un homme rudanier, un Scythe, un Dalmate, un Auvergnat. Non seulement il est dépourvu de toute urbanité, mais il est encore d'un naturel farouche, même envers cette charmante moitié de l'espèce humaine de laquelle un poëte galant et vraiment français a dit très poétiquement :

Il faut céder à ses lois...
Eh! comment s'en défendre!

En un mot, Angilou, pour nous servir d'une locution pleine d'atticisme, n'a pour le sexe *pas plus de chose que rien du tout*... Le Welche!

Par une froide matinée du mois d'avril dernier, Angilou rencontre la femme Bertuchon, portière, et le colloque suivant s'établit entre eux :

— Dites donc, portière, j'apprends que vous montez la tête à tous vos locataires pour qu'ils me r'ôtent leur pratique de l'eau, et qu'ils la r'donnent au grand Benoiton; une *grande bête* qui ne peut pas porter ses *siaux* à vide, et qui gigotte des reins comme une demoiselle, quand il a seulement une voie d'eau sur les épaules.

— Passez donc votre chemin, charabia!... je n'ai pas de comptes à vous rendre.

— Charabia!... Portière, vous avez craché en l'air pour que ça vous retombe sur le nez.

Et à ces mots, Angilou, saisissant à deux mains l'un de ses seaux, lance le contenu à la tête de la femme Bertuchon. Or, la matinée était froide et la portière dans un bienfaisant état de moiteur. Un gendarme, ou toute autre personne également bien constituée, en aurait été quitte, au pis, pour un léger rhume de cerveau. La dame Bertuchon, d'une complexion délicate, portière remplie d'une intéressante langueur et d'une *morbidezza* pleine de charme, contracta une fluxion de poitrine.

Aux chansons succéda la toux opiniâtre,

Au plaisir rose et frais, la fièvre au teint bleuâtre ;
Aux yeux brillants, les yeux éteints!...

Un acte d'une aussi révoltante discourtoisie demandait une répression juridique. Aux temps heureux de la chevalerie, Angilou se fût vu actionné peut-être par-devant une *Cour d'Amour ;* juridiction charmante!... Aujourd'hui il est tout simplement cité en police correctionnelle... O prosaïsme des sociétés constitutionnelles!...

M. le Président. Angilou, votre action est doublement mauvaise, car, outre que vous n'étiez pas fondé à l'exercer, elle s'adressait à une femme.

Angilou. De quoi!... de quoi!... madame Bertuchon est une femme?... D'ailleurs, qué ça m'fait z'à moi!... Si elle est une femme, je suis un homme... et j'ai toujours entendu dire que les *hommes* se valent!... Je sais bien qu'il y a des *bêtes* qui gâtent les femmes, et qui ont des petites amitiés pour elles... Moi, je m'en moque... je ne leur demande rien... Qu'elles me laissent paisible!

M. le Président. La femme Bertuchon vous laissait fort tranquille; c'est vous qui l'avez assaillie.

Angilou. C'est une menteuse!

Madame Bertuchon, d'une voix doucereuse et pleine de mélodie. Horreur d'homme!... Il est bien aussi grossier que les semelles de ses souliers!...

Angilou. Qu'est-ce que vous dites de mon soulier? Prenez garde que je vous le jette à la tête!

M. le Président. Prévenu, taisez-vous!

Angilou. Toutes ces belles princesses ne valent pas une queue de cerise... voilà mon dernier mot! (Rire dans l'auditoire.)

Après une courte délibération, Angilou est condamné à quinze jours d'emprisonnement, 50 francs de dommages-intérêts et aux dépens.

GALANT ESCROC.

Qui ne connaît ces vers de Lafontaine :

Mainte veuve aujourd'hui fait la déchevelée,
Qui n'abandonne pas le soin du demeurant,
Et du bien qu'elle aura fait le compte en pleurant.

C'est justement le cas de la dame Saulay, veuve, non pas *déchevelée*, mais fort coquettement coiffée, d'un ancien capitaine d'habillement, mort à la fleur de l'âge et possesseur d'une aisance très confortable. Le très regrettable capitaine n'eut pas plus tôt fermé les yeux à la lumière, que sa veuve, encore humide de larmes, se mit à l'aise dans les biens du défunt, et songea à accorder quelque répit à sa douleur. Le hasard vint lui offrir un très agréable sujet de distraction dans la personne du sieur Trichard, soi-disant ex-sous-officier de hussards, jeune homme fort bien découplé, l'œil bleu, la moustache blonde, et un air à donner à penser aux plus réservées.

En peu de temps, Trichard se mit au mieux avec la dame Saulay, et bientôt leurs relations eurent atteint le dernier degré de l'intimité; c'est-à-dire que Trichard n'avait pas seulement place dans le cœur de la veuve, mais encore à la table, au feu, à la chandelle, partout. Le galant sous-officier se trouvait à merveille de cette intimité qui lui procurait bon vin, bonne chère et bon gîte; mais là ne se bornent pas les nécessités d'un sous-officier bon vivant. Trichard, à plusieurs reprises, essaya, par voie d'insinuation, de faire un appel à la généreuse amitié de la veuve. Ces moyens détournés n'étaient pas compris. Une autre fois, en roucoulant l'histoire de sa vie, il s'appesantissait à dessein sur certains revers de fortune; il se représentait à la dame Saulay comme victime des spoliations d'un dépositaire infidèle. La veuve, toujours attachée *aux soins du demeurant*, faisait la sourde oreille.

Un jour enfin, la dame Saulay fut frappée au cœur d'un double coup. Elle apprend que le parjure Trichard, oubliant tous ses serments, s'est enfui avec sa femme de chambre et une grande partie de son argenterie. Dégagée de tout lien d'affection par le fait d'une aussi noire trahison, la dame Saulay crut pouvoir saisir l'autorité judiciaire d'une belle et bonne plainte en escroquerie contre le fugitif, espérant frapper l'infidèle en frappant le voleur.

Trichard comparaît donc devant la justice sous l'inculpation d'un vol portant le caractère d'un impardonnable abus de confiance. La fille Jodet, primitivement comprise dans la plainte comme complice, en a été écartée par suite de l'instruction qui a eu lieu, et qui a mis complétement à jour son innocence, quant au vol, bien entendu.

Le prévenu répond avec assurance aux questions qui lui sont faites au sujet de sa liaison avec la dame Saulay. Au dire de Trichard, cette liaison était telle qu'elle aurait dû exclure toute distinction du *mien* et du *tien* entre la plaignante et le

LA CORRECTIONNELLE
Petites Causes Célèbres.

« Portière, vous avez craché en l'air pour que ça vous retombe sur le nez !!

Dessiné par Gavarni. Lith. Thierry frères, Paris.

Juste Bourmancé Editeur de la Correctionnelle.
Place du Palais Royal, 241.

prévenu, et qu'une franche communauté de biens entre eux eût été plus rationnelle et plus conforme à la situation. C'est en vertu de cette confusion d'intérêts que Trichard s'est cru suffisamment autorisé à déposséder *momentanément* la dame Saulay de son argenterie pour la porter chez madame La Ressource.

Le tribunal, qui n'a aucun motif de s'en rapporter à la véracité du prévenu, attendu que rien, dans les faits, ne prouve que l'action de Trichard fût l'équivalent d'un emprunt forcé, condamne celui-ci à six mois d'emprisonnement.

FEMME SENSIBLE.

Cette femme longue, jaune, sèche, à l'œil fauve et dur, qui gagne la barre du tribunal un perroquet au poing, est la dame Granouillet, la plus infortunée des femmes sensibles.

Le banc des prévenus est occupé par deux malicieux gamins qui, en apercevant l'oiseau et la femme, sont pris par un rire suffoquant qu'ils cherchent inutilement à réprimer en se pinçant le nez.

La dame Granouillet a la parole.

« Nobles magistrats, dit-elle, vous devez protection aux faibles et aux innocents, et c'est pour cela que je me présente devant vous. J'avais un perroquet gris qui était bien mignon, doux et caressant comme une tourterelle; un perroquet dont le caquet et le badinage faisaient l'unique consolation de ma vie!... Voici tout ce qui m'est resté de ce pauvre petit *fi*. »

La dame Granouillet fait passer sous les yeux du tribunal un oiseau empaillé, en parfait état de conservation.

M. le Président. Vous accusez les frères Chausselle d'être les auteurs de la mort de votre perroquet?

La dame Granouillet. Oui, mon noble Président. Bien des criminels ont trempé leurs mains dans le sang de leurs semblables, qui n'auraient pas eu le cœur de donner une pichenette à ce pauvre Coco.

M. le Président. Combien valait votre perroquet?

La dame Granouillet, un moment interdite du sang-froid de M. le Président. Eh! demande-t-on à une mère combien vaut son fils?

M. le Président. Non, sans doute; mais il s'agit ici d'une chose marchande, ou à peu près.

La dame Granouillet. Ai-je bien entendu?... Ma Cocotte, une marchandise!... (La plaignante couvre de ses baisers les mânes, je veux dire la dépouille de l'animal bien-aimé.) Ah! petit *fifi*!... ah! petit mignon!... tu as des ennemis jusques après ta mort!... Baisez petite maîtresse!... La pauvre bête, elle ne m'entend plus!...

M. le Président. Prévenus, levez-vous; pourquoi avez-vous tué le perroquet de la femme Granouillet?

Premier prévenu. C'est une erreur d'un bon cœur.

Deuxième prévenu. C'est pure bonté d'âme.

Premier prévenu. Cette mauvaise Cocotte chantait toujours, en parlant du nez: *Ah! je suis bien malade!* Et puis elle tournait l'œil, juste comme madame Granouillet qui me regarde... Alors, j'ai dit à mon frère Auguste: « Qu'est-ce qu'il faut y faire à ce Jacot, pour qu'il se porte bien? — Donnons-y du cerfeuil, qu'il me répond; c'est joliment rafraîchissant... s'il est échauffé, ça y fera du bien, et ça lui éclaircira le sang.

La dame Granouillet. C'est du persil que vous lui avez donné, vilains monstres!

Deuxième prévenu. Ça n'est pas notre faute. Pourquoi que les fruitières ne font pas une *remarque* au persil?.... On s'est trompé, voilà tout!

M. le Président. En supposant que le perroquet fût malade, personne ne vous avait chargés de sa guérison.

Premier prévenu. C'est vrai; mais on n'aime pas voir souffrir son prochain... Et pourtant il ne le méritait pas; car il était fort ennuyeux, ce vilain perroquet; il était bien *jacasse* comme une vraie pie borgne.

La dame Granouillet, étouffée par des vapeurs. Les scélérats ont juré de me faire mourir de chagrin... Ils osent calomnier cette innocente Cocotte!... J'en mourrai, c'est sûr!... Cocotte, Cocotte, tu n'auras pas longtemps à m'attendre dans le ciel où tu es sans doute! Laissez-moi sortir, j'étouffe!...

La dame Granouillet sort et renverse sur son passage un garde municipal et une vieille femme.

Une voix de femme. Faut pas se fier à ces airs de *boniface*... Ça n'empêche pas la chère dame de battre ses domestiques.

Les frères Chausselle sont condamnés à 50 fr. d'amende et 60 fr. de dommages-intérêts.

Imprimerie d'AMÉDÉE GRATIOT et C, rue de la Monnaie, 11.

LES POLITIQUES.

Le sieur Stinval, porteur de deux énormes moustaches, et prenant la qualité d'officier en traitement de réforme, occupe le banc des prévenus, sur la plainte du sieur Grabinel. Le plaignant, espèce de Bonneau, se présente devant le tribunal et articule les griefs suivants :

« Messieurs les juges, conformément à la Charte constitutionnelle, j'avais toujours cru que la liberté des opinions était garantie à tous les citoyens. Mais il paraît que, pour le sieur Stinval, cette liberté se borne à la faculté pour tous de penser comme lui. Quant à moi, messieurs, je suis invariablement attaché, de cœur et de conviction, aux institutions monarchiques ; mes opinions n'ont jamais varié à cet égard, et si la Terreur revenait une seconde fois elle me trouverait fidèle à mes principes. »

Stinval. Vieillard, vos opinions sont connues... vous êtes un *éteignoir* en politique... Croirait-on, messieurs, que M. Grabinel, oubliant son siècle, rêve encore le retour des abus féodaux ; qu'il voudrait ressusciter la noblesse, les dîmes, les corvées et tous ces abominables droits de vasselage que l'on appelait autrefois les *jolis droits du seigneur ?...*

Grabinel. C'est vrai, je ne m'en cache pas : je suis pour la monarchie pure.

Stinval. Elle était propre, votre monarchie pure !... Parlez-moi du gouvernement de Napoléon !

Grabinel. Qui ça, Buonaparte ?... Si jamais il revenait !...

M. le Président. Je vous rappellerai à l'un et à l'autre que vous n'êtes pas ici pour y discuter vos opinions politiques.

Stinval. Je demande la parole !

M. le Président. Vous parlerez à votre tour...

Laissez le plaignant développer d'abord les faits de la plainte.

Grabinel. C'est la chose du monde la plus simple... Monsieur m'a appelé publiquement *jésuite à courte robe, mouchard* et... *porte-coton.*

M. le Président. N'avez-vous pas vous-même adressé des mots injurieux au plaignant?

Grabinel. Ma modération est connue; je ne suis nullement sorti des convenances parlementaires.

Stinval. Vous vous êtes servi des termes les plus méprisants en parlant de l'Empereur.

Grabinel. J'ai, selon ma coutume, exprimé tout haut mon opinion: je l'avoue, je ne sais pas pourquoi je n'aime pas l'Empereur.

M. le Président. Y a-t-il des témoins qui aient entendu les injures dont vous vous plaignez?

Grabinel. De nombreux témoins... M. Loubert, d'abord.

M. le Président. Voilà tout?

Grabinel. Je n'ai nommé que M. Loubert parce que je ne connaissais pas les autres personnes.

M. le Président. A-t-on fait assigner le témoin?

M. Loubert se présente en personne. Il raconte que, par une après-midi du mois de mai, Grabinel et Stinval se trouvaient tous les deux au jardin du Luxembourg; qu'une discussion s'éleva entre eux au sujet d'une question politique; que la différence des opinions amena bientôt une véritable dispute, et qu'enfin, Stinval, poussé à bout par l'opiniâtreté de son adversaire, s'était laissé emporter jusqu'à l'injurier, en lui adressant les qualifications mal sonnantes que M. Grabinel a déjà rapportées.

Stinval, avec vivacité. J'adjure le témoin de dire au tribunal si Grabinel ne s'est pas exprimé avec la dernière inconvenance par rapport à l'Empereur.

Loubert. J'ai bien entendu qu'il l'appelait *cuistre;* mais le héros immortel qui couronne la colonne est trop haut placé pour que cela puisse l'atteindre.

En conséquence, Stinval, convaincu d'injures publiquement proférées envers le sieur Grabinel, est condamné à 25 fr. de dommages-intérêts, 25 fr. d'amende et aux dépens.

HORREUR!

Madame de R... est une femme de 30 à 35 ans environ. Le système nerveux a acquis chez cette dame une telle irritabilité, que madame de R..... est au vrai, pour la délicatesse des émotions, une sensitive; un rien la fait se syncoper, et pour moins que rien elle entre en pâmoison. Que madame de R.... aperçoive une araignée, et la voilà en catalepsie.

On conçoit que cette excessive *impressionnabilité* doit rendre cette dame fort difficile à servir. Elle-même ne s'est pas dissimulé cette difficulté; car, malgré ses faiblesses, madame de R... possède un esprit droit et juste; aussi elle rétribue ses domestiques en conséquence de ses exigences.

Un fait, qui paraîtra peu croyable, quoique très vrai au fond, a été révélé à l'audience de la police correctionnelle, et prouve jusqu'à quel point madame de R.... pousse son aversion pour cette intelligente filandière qui tapisse nos lambris de ses tissus légers.

Parmi ses nombreux domestiques, il en est un qui a dans ses attributions spéciales, uniques, exclusives, de faire une guerre cruelle et sans trève à la classe entière des aranéides. Cet infatigable chasseur reçoit pour prix de ses services, un salaire qui peut s'élever à 500 fr. par an, outre la table et la livrée. Cette charge n'est pas, à beaucoup près, aussi aisée à remplir qu'elle le semble d'abord. Elle demande une vigilance de toutes les heures, et engage la responsabilité du titulaire d'une manière désespérante. Que madame de R..., par exemple, croie découvrir dans quelque partie de l'hôtel des filandres blanches et flottantes, tout aussitôt une horreur secrète s'empare d'elle; elle fait approcher son grand-veneur, et les reproches les plus vifs de tomber sur le trop peu vigilant domestique.

Jusque là madame de R... est pleinement dans son droit; mais voici en quoi elle l'a outrepassé.

Michel remplit auprès de madame de R... les délicates fonctions d'exterminateur d'araignées.

Grâce à lui, depuis plus d'un an, madame de R... vivait dans une très heureuse tranquillité, par rapport aux insectes réprouvés dont nous parlions. Il n'y avait pas un coin de la maison qui ne fût journellement l'objet d'une battue soigneuse de la part de Michel, qui faisait bonne *guette.*

Un jour, par malheur, comme sa maîtresse était devant sa cheminée, elle vit sortir d'une fissure du chambranle une de ces araignées que les naturalistes nomment *lucifuge* et qui habitent sous pierre. A

N° 68.

LA CORRECTIONNELLE

Petites Causes Célèbres.

— Elle était propre, votre monarchie pure..... Parlez-moi du gouvernement de Napoléon!....

— Qui ça, Buonaparte?.. Ah! Si jamais il revenait!...

Dessiné par Gavarni — Lith. Coulon et Cie r. richer 7

Martinet rue du Coq St Honoré N° 4

cette vue, madame de R... tombe en défaillance; ses cheveux se hérissent; elle reste quelque temps entièrement privée de sentiment. Après avoir repris l'usage de ses sens, elle fait appeler Michel, et celui-ci accourt tout tremblant pour recevoir à la tête une pelle de la main de sa susceptible maîtresse. Or, le projectile, lancé avec violence, occasionna, un peu au-dessus de l'œil gauche, une blessure suivie d'une effusion de sang.

Michel avisa, avec raison, que l'irascible madame de R..., si elle était fondée à le gronder, ne l'était pas à le frapper, et, en conséquence, il lui intenta un procès en réparation de ses mauvais traitements.

Michel est présent à l'audience pour soutenir l'instance en personne. Mais sa ci-devant maîtresse n'a pas jugé qu'il fût convenable, ni pour son rang ni pour son sexe, de comparaître sur la plainte de son valet; elle a donc fait défaut.

Le tribunal, jugeant en l'absence de la prévenue, condamne madame de R... à 300 francs de dommages-intérêts et aux dépens.

LE TABLIER DE SOIE.

M. le Président, s'adressant à une jeune fille qui occupe le banc des prévenus.—Zoé Didier, vous êtes prévenue d'avoir dérobé un tablier de soie à Pascaline Tensin.

Zoé. Je ne l'ai jamais vu, son *tabelier*... Je n'sais pas comment que ça s'mène, mais il y a quelque chose là-dessous qui n'est pas clair.

M. le Président. Il paraît positif cependant qu'on vous a vue avec le tablier de Pascaline.

Zoé. C'est mam' Leufroi qu'a dit ça; c'est une menterie comme on doit en attendre de cette vipère... Car, en fait de mensonges, elle a un vieux fonds de magasin qui n'en finit pas.

M. le Président. D'autres témoins, qui vous ont vue au bal du Châlet, disent avoir reconnu le tablier que vous portiez alors comme appartenant à Pascaline.

Zoé. Vous ne pensez pas bonnement qu'on n'avait levé sur la pièce que le *tabelier* de mademoiselle Pascaline.

M. le Président. Vous n'avez pu indiquer le marchand qui vous l'aurait vendu, selon vous.

Zoé. On sait bien qu'une ouvrière se fournit plus souvent au Temple qu'au *prix fixe*.

Mademoiselle Pascaline. Ce sont des raisons.

Zoé. Tiens! v'là mamzelle *Tata*, la mère à notre chat, à c'tte heure!...

M. le Président à Pascaline. Comment ce tablier vous a-t-il été pris?

Pascaline. Je ne puis le savoir. Cependant je suppose que mademoiselle, qui est ma voisine, aura profité de ce que j'étais descendue chez la portière, en laissant ma clef sur la porte; qu'elle sera entrée dans ma chambre, et qu'elle aura enlevé le tablier qui se trouvait sur une chaise.

M. le Président. Êtes-vous bien sûre que le tablier se trouvât sur une chaise?

Pascaline. Je l'avais mis la veille, qui était un dimanche, pour aller à Romainville.

M. le Président. N'étiez-vous pas liée avec Zoé?... Ne venait-elle pas quelquefois chez vous?

Pascaline. Deux ou trois fois seulement. Mais je m'aperçus bientôt que Zoé avait un vilain genre; qu'elle fréquentait les étudiants et qu'elle découchait fort souvent. Alors, comme je ne veux pas faire jaser sur mon compte, je pris le parti de la prier de rester chez elle.

Zoé. Vous faites bien votre Rébecca!.. mais vous ne dites pas que vous recevez la visite d'un clerc de notaire.

Pascaline. Moi, c'est bien différent... Ce jeune homme n'a que de bonnes intentions... Il m'a bien dit que, si ça ne *fusse* la volonté de ses parents, il m'aurait épousée légitimement... D'ailleurs, on n'a rien à dire sur notre compte, car il n'est jamais resté plus tard que minuit.

La femme Leufroi est appelée. M. le Président lui demande si elle persiste dans sa déclaration.

La femme Leufroi. J'y persiste. Quant à vous dire comment que le *tabelier* a été *escoffié*, ça me passe; mais pour sûr, il a été volé.

Zoé. Retournez donc à votre cordon, portière!

La femme Leufroi. Qué que tu parles de cordon, petite malheureuse?... Le médecin qui t'a pris du ventre de ta mère aurait bien dû alors te le passer autour du cou et serrer ferme, effrontée!

M. le Président. Toutes ces interpellations sont hors de propos.

La femme Leufroi. Je n'en fais jamais sur personne, des propos; mais quand on me donne un coup de langue, j'en donne deux.

Le tribunal, mal édifié d'ailleurs par l'assurance dont la prévenue a fait preuve dans le cours des débats, condamne Zoé Didier à six mois de prison.

Imprimerie d'AMÉDÉE GRATIOT et Ce, rue de la Monnaie, 11.

CALOMNIEZ!... CALOMNIEZ!....

Les sieurs Chicot et Beuvard sont émules dans l'art illustré par Désirabode. C'est déjà un sujet pour eux de se jalouser; ajoutons qu'ils sont voisins, et l'on comprendra sans peine que les deux rivaux doivent être animés l'un envers l'autre d'une animosité profonde, implacable. Cette haine s'accroît encore d'un troisième grief : c'est que Beuvard et Chicot sont tous deux inventeurs, selon l'usage, d'un spécifique *unique*, *incomparable*, pour la guérison des maux de dents. Cette dernière rencontre a reculé les bornes de leur ressentiment mutuel.

Il faut voir avec quel acharnement les deux antagonistes se font la guerre. On en est venu d'abord aux médisances sourdes, aux attaques ténébreuses, puis à la calomnie imprimée, puis à la diffamation rendue publique. Chicot, le premier, dans une sorte de prospectus, avait trouvé le moyen de glisser quelques insinuations malveillantes, mais seulement malveillantes, contre l'eau divine de son concurrent Beuvard. Celui-ci, justement courroucé, élabora sous ce titre : *Réponse à M. Chicot*, un factum, sous forme de placard, qu'il fit afficher jusque sur les murs mêmes du sieur Chicot. L'écrit du sieur Beuvard portait le caractère d'un libelle et du libelle le plus noir. Il y était dit non seulement des choses peu flatteuses sur le savoir et l'expérience pratique de Chicot, mais encore l'écrit s'attaquait à des actes de la vie privée. Ainsi, par exemple, le pamphlétaire accusait hautement son adversaire, et sur le ton de l'ironie, d'être.... *dandiné* par madame son épouse. Ces sortes de choses ne se disent guère, et surtout ne s'impriment et ne s'affichent jamais. Le sieur Beuvard avait donc tort.

On devine bien quelle dût être la surprise de

Chicot en lisant sur sa porte une affiche où il était vilipendé d'une aussi étrange façon. Il paraît néanmoins qu'il n'en conçut pas un aussi vif déplaisir qu'on pourrait se l'imaginer; et s'il ne restait à l'époux offensé aucune fiche de consolation à espérer, le dentiste entrevit une bonne aubaine dans cette publication. Raisonnant à l'inverse de don Basile, Chicot se dit à part lui : « De la calomnie... bien !... j'intente un procès en diffamation... bon ! Que je perde ou que je gagne, mon nom a du retentissement, mon spécifique est connu, mes drogues se débitent... bravo !... Calomniez, calomniez, confrère, il m'en restera quelque chose. »

Et en effet, le sieur Chicot actionna le sieur Beuvard devant le tribunal de police correctionnelle. Le libelliste refusa de faire connaître le nom de l'imprimeur et de l'afficheur qui, aux termes de la loi, s'étaient rendus ses complices. Il a préféré assumer l'entière responsabilité de son écrit.

Il vient soutenir aujourd'hui devant le tribunal sa non-culpabilité; non qu'il désavoue l'écrit, mais il allègue qu'il n'est que la conséquence d'un premier écrit de Chicot, dans lequel lui et son spécifique étaient fort maltraités. Il donne lecture au tribunal du prospectus de son concurrent, dans lequel en effet son eau merveilleuse est nominativement attaquée et lui-même repris d'hérésies en matière de *dentologie*.

Chicot défend les termes de son prospectus et met en opposition la modération de l'attaque et la violence brutale de la riposte. Il énumère les nombreux travaux qu'il a faits, les services utiles qu'il a rendus à la science, en substituant aux matières d'or et d'argent fort coûteuses, le fer galvanisé et rendu inoxidable dans l'établissement des râteliers artificiels. Il rappelle que c'est à lui qu'est dûe l'introduction du marbre blanc dans la confection des molaires et de la cire vierge pour l'imitation des gencives. Quant à la partie du factum qui fait allusion aux prétendus écarts de madame Chicot, il se renferme dans son manteau philosophique, et se borne à citer les vers suivants :

A de pareils malheurs tous hommes sont sujets :
Tel qui s'en croit exempt est tout seul à le croire;
Tel rit d'une ruse d'amour,
Qui doit devenir à son tour
Le risible sujet d'une semblable histoire.

Nous regrettons sincèrement que la nature des faits ne nous permette pas d'entrer plus avant dans une cause qui est devenue infiniment piquante par les détails.

Beuvard a été condamné à trois mois d'emprisonnement et 500 fr. de dommages-intérêts.

UN COUP D'ÉPÉE DANS L'EAU.

On appelle la cause du sieur Bouvinet, pharmacien, contre Lézin, *ancien de l'ancienne*, comme il le dit lui-même, ou, pour parler d'une manière plus claire, ex-soldat de la vieille garde.

Le sieur Bouvinet, plaignant, se dispose à prendre la parole.

Lézin. Dites donc, camarade, avant que ces messieurs s'en mêlent, je vous fais toujours une légère proposition... (Le prévenu se place à l'épée de quarte.)

Le sieur Bouvinet. Laissez-moi donc tranquille avec vos absurdes propositions... Je vous ai dit que le duel répugnait à tous mes principes.

Lézin. Vous n'êtes qu'une *ablette*, un soldat du pape !

Le sieur Bouvinet. Chacun son métier., le mien n'est pas de ferrailler.

Lézin. C'est connu...vous ne tirez que le *canon de plomb*, apothicaire !

M. le Président. N'insultez pas le plaignant. Il a eu raison de refuser le défi que vous lui portiez.

Lézin. Ça me fait de la peine pour des magistrats français, qu'ils ne rendent pas plus de justice à l'honneur.

M. le Président. L'honneur ne consiste pas à être un bretteur, comme vous semblez vous targuer de l'être... Mais laissez parler le plaignant.

Le sieur Bouvinet. J'étais allé herboriser pour mon amusement dans la plaine de Vanvres. Comme je revenais, je rencontrai Lézin qui donnait le bras à une femme. Il s'approcha de moi et me dit : « Pékin ! je crois que tu as regardé ma personnière sous la visière !... » Je protestai que je n'avais nullement regardé sa dame; mais il ajouta : « Je te dis que tu l'as regardée... ainsi tu vas venir te rafraîchir avec moi d'un coup de sabre. » Je le priai de me laisser poursuivre mon chemin.

Lézin me suivit toujours en proférant contre moi des menaces de mort et les expressions les plus injurieuses. J'arrivai à mon domicile, et là Lézin, qui avait abandonné sa dame, chemin faisant, se livra à une scène des plus scandaleuses. Il ne ces-

LA CORRECTIONNELLE

Petites Causes Célèbres.

« De la Calomnie...... Bien! J'intente un procès en diffamation..... Bon!.... Que je perde ou que je gagne, mon nom n'en a pas moins du retentissement mon spécifique est connu, mes drogues se débitent..... Bravo!.....Calomniez calomniez, confrere; il m'en restera toujours quelque chose »

Dessiné par Gavarni. Lith. Coulon et Cie r. richer, 7

Martinon, rue du Coq St Honoré, N° 4

sait de me provoquer, m'appelant *lâche, Prussien, conscrit*, et d'égayer à mes dépens une foule considérable que ses violences avaient amassée. Je demande une réparation des insultes de Lézin.

Lézin. Prenez garde de vous blesser, voisin... Il paraît que lorsqu'on vous parle sur le tambour vous répondez sur la flûte. Allons, une, deux.... laissez-vous aller à la chose.

Le sieur Bouvinet. Je suis las de vous dire que je ne me bats point, que je ne me suis jamais battu.

Lézin. C'est là votre infériorité, fantassin... on voit bien que vous n'avez jamais fait l'exercice qu'avec un fusil chargé à l'eau de guimauve..., vous n'avez pas plus de montant que vos sirops.... Une, deux, feinte dégagée... coup de seconde... voyons, ça vous tente-t-il?

Le sieur Bouvinet. Pour la millième fois, non!

Lézin. Ah! vous préférez peut-être l'*espadron?* vous n'êtes pas gâté... merci!

Le sieur Bouvinet. Pas davantage.

Lézin. La canne, la *flûte à l'ognon*, la savate, ou autre? Il ne faut pas vous en priver.

Le sieur Bouvinet, avec fureur. Non! non!

Lézin. Alors, vous n'êtes qu'un *mufle!*

Le tribunal, après avoir blâmé Lézin de ses fanfaronnades, condamne le prévenu, comme s'étant rendu coupable de menaces et d'insultes envers le sieur Bouvinet, à 15 jours d'emprisonnement, 50 fr. de dommages-intérêts, et aux dépens.

LES MÉNECHMES.

Un homme vêtu d'une immense veste de grosse laine, tenant à la main un chapeau à larges bords, est devant le tribunal. Monsieur le président l'invite à décliner ses nom, prénoms, profession et domicile. L'interpellé déclare se nommer Nicolas-Guillaume Gaudriot, exercer le négoce des peaux de lapin et être domicilié à Paris.

M. le Président. Gaudriot, vous êtes prévenu d'avoir porté des coups à la fille Champlin.

Gaudriot. Faites excuse; ça n'est point vrai.

M. le Président. Cependant, des témoins vous ont vu la frapper.

Gaudriot. Bien vrai, ça n'est pas vrai.

Anastasie. Quoi! vous ne m'avez pas donné un coup de pied au... dans le... enfin, suffit?

Gaudriot. Vous voyez bien qu'elle ne sait pas dire où elle a été frappée.

M. le Président. Pour quel motif le prévenu vous a-t-il frappée?

Anastasie. Il y avait longtemps que Nicolas venait à la maison, sous prétexte de voir si j'avais des peaux de lapin à vendre; mais, de fait, il n'y venait que pour jouer de la prunelle et me conter des fleurettes.

Gaudriot. Ça n'est point vrai.

Anastasie. Mais moi je résistais toujours à ses cajoleries...

Gaudriot. Ça n'est point vrai.

Anastasie, un peu surprise. Est-ce que vous voudriez dire par là que... que...

Gaudriot. Allez votre train, ça n'est point vrai.

Anastasie. Si bien donc que parce que je faisais la rebelle, il m'a lancé un jour un coup de pied où je vous ai dit.

Gaudriot. Ça n'est point vrai.

Anastasie. Taisez-vous, gros indécent!

Guignet et la femme Polisseau ont été témoins des coups portés.

Gaudriot. Ce sont de faux témoins... Ils m'en veulent.

Guignet et la femme Polisseau. Je ne vous connais pas.

M. le Président. Vous voyez bien que les témois ne sauraient vous en vouloir.

Gaudriot. Eh bien! alors ce sont des menteurs. Je ne connais pas cette femme; je ne l'ai jamais vue... Je le jure aussi vrai que me voilà là devant vous.

Anastasie. Attendez donc... je ne me trompe pas pourtant... vous êtes bien Nicolas?...

Gaudriot. Nicolas-Guillaume... Et mon frère, Nicolas-Jean.

Anastasie. Est-ce que vous n'aviez pas une marque au-dessus de l'œil?

Gaudriot. C'est mon frère Nicolas-Jean... Mais ça n'est pas étonnant que vous vous soyez trompée. Nous sommes jumeaux, et on nous prend bien souvent l'un pour l'autre.

Un compatriote de Gaudriot, présent à l'audience, affirme que la ressemblance entre les deux frères est tellement frappante, qu'il serait fort embarrassé de les distinguer l'un de l'autre, si Jean n'avait une légère balafre au-dessus de l'œil.

Le tribunal, attendu qu'il n'y a aucune charge contre Gaudriot (Nicolas-Guillaume), le renvoie de la plainte, réservant l'action de la demoiselle Anastasie contre Nicolas-Jean.

Imprimerie d'AMÉDÉE GRATIOT et Ce, rue de la Monnaie, 11.

A BON CHAT, BON RAT.

Une dame, l'habillement en désordre, la mine effarée, se dirige vers le tribunal.

M. le Président. Comment vous nommez-vous ?

La dame. Mou-moutte.

M. le Président. C'est le nom d'un chat... Je vous demande comment vous vous appelez.

La dame. Pardon, mon doux juge, je croyais que vous me parliez de cette malheureuse bête. Je me nomme Charlotte Augibert... La tête n'y est plus!...

M. le Président. Quelle est votre profession ?

La dame. Ils l'ont pendu par la patte.

M. le Président. Je vous engage à prêter plus d'attention à mes questions, et à y répondre catégoriquement.

La dame. Je suis un peu brelique-breloque... C'est le chagrin.

M. le Président. Répondez. Quelle est votre profession ? Où demeurez-vous ?

La dame. Rentière; je demeure rue du Puits-qui-Parle.

M. le Président. Maintenant expliquez au tribunal le sujet de votre plainte.

La dame. Toute la nuit j'avais rêvé *chat;* c'est trahison, comme vous savez... j'en avais le cœur tout gros, et je me disais, il m'arrivera de la peine. O mon Dieu, ça n'a pas manqué!... ce qui prouve bien que les rêves ont toujours raison et ne sont pas si bêtes... Je m'en vais jusqu'à la place de l'Estrapade, où je rencontre madame Basserot. Elle me dit: Qué qu'vous avez donc à ce matin, madame Augibert ? — Je suis fort triste, que je lui réponds : j'ai vu chat toute la nuit. — Tant pire, qu'elle m'ajoute; vous apprendrez qu'on vous trahit. — Ne m'en parlez pas, que je lui fais; c'est bien là ce qui me dépite. Elle continue. Tenez, faut toujours prendre le mal en patience, et pourvu que vous n'ayez pas des parents ou des amis dans quoi on puisse vous faire de la peine. — Hélas! que je r'ajoute, j'ai de la famille, mais ça n'est pas de ce côté-là qu'il pourrait me venir du chagrin... il y a longtemps que je ne veux plus voir personne de ma famille. — Eh bien! alors?... — Oui, que je lui dis, mais j'ai un chat, et si jamais il lui arrivait malheur, je crois que j'en mourrais... C'était précisément l'affliction qui me pendait au nez. Comme je rentrais chez moi, je vous trouve mon chéri cloué vivant par la patte de derrière... Les anthropophages!

M. le Président. C'est Guillon et sa femme que vous accusez de cet attentat?

La dame Augibert. Ils avaient sur la conscience un vieux levain de haine contre ce pauvre bijou... une créature douce, spirituelle, gentille, caressante; un chat enfin comme on n'en fait plus.

M. le Président. Avez-vous des témoins?

La dame Augibert. J'ai des témoins comme quoi ils ne l'aimaient guère.

La femme Guillon. C'est vrai que je n'aimais pas trop cette vilaine bête. Si elle avait quelque sottise à faire, j'étais toujours sûre qu'elle choisissait de préférence mon paillasson... mais je n'étais pas le seul ennemi de cette hideuse créature; pas un locataire ne pouvait le sentir... Il se sera enfin trouvé quelqu'un moins endurant que moi... comme dit le proverbe: A bon chat, bon rat!

La dame Augibert. Est-ce bien une femme qui ose parler avec cette barbarie?

La femme Guillon. Ma chère, écoutez donc aussi, votre chat était par trop dégoûtant.

En l'absence de tout renseignement positif, le tribunal renvoie la prévenue de la plainte et condamne la dame Augibert aux dépens.

SOCIÉTÉ D'INTEMPÉRANCE.

Boiveau, Gridel et Richard sont cités devant le tribunal, comme ayant fait partie d'une société non autorisée par la police, et le sieur Pellon, marchand de vins, comme ayant favorisé les réunions de cette société.

M. le Président procède à l'interrogatoire des prévenus.

— Pellon, quelles étaient les personnes qui se réunissaient chez vous; quel était le nombre des affiliés, et de quel objet s'occupait-on dans les assemblées?

Pellon. C'étaient en grande partie des ouvriers cordonniers, dont pas un ne m'était connu... Ils étaient quelquefois vingt-cinq, quelquefois trente, tous bons enfants; quant au motif qui les conduisait chez moi, on se doute bien ce qu'on peut faire chez un marchand de vins: on boit, on *rigolle*, on chante.

M. le Président. N'y avait-il pas dans votre établissement un endroit séparé dans lequel les sociétaires tenaient leurs séances?

Pellon. Il y avait un salon qui leur était destiné... Dam' ces messieurs n'étaient pas bien aises qu'on vînt mettre le nez dans leurs verres.

M. le Président. Ces réunions n'avaient-elles pas lieu à jour fixe?

Pellon. Elles avaient lieu le lundi, qui est, comme chacun sait, le dimanche des cordonniers.

M. le Président. Ne chantait-on pas quelquefois dans ces assemblées des chansons contraires aux mœurs, ou ayant trait à la politique?

Pellon. On était plus pressé de boire que de chanter; mais quand une fois on était dans les brindes, on chantait la première chose venue... *La Parisienne*, *Malbrough*, ou le *Coup du milieu*, tout ce qui passait par la tête.

M. le Président. Savez-vous quelque chose sur l'organisation de la société?

Pellon. Certainement; je sais que tous les lundis il fallait mettre en perce une feuillette de *Beaugency* pour les *Enfants de Bacchus*; qu'il n'en restait pas ce qui aurait tenu dans l'œil d'une puce; qu'on payait rectà, rubis sur l'ongle.

M. le Président. Boiveau, vous avez été signalé, ainsi que vos co-prévenus, comme étant affiliés à la société en question. N'étiez-vous pas un des chefs de l'association?

Boiveau. J'étais quêteur de l'ordre; c'est moi qui recevais les écots et les amendes.

M. le Président. Vous aviez donc établi des peines?... Quels étaient les manquements qui donnaient lieu à ces amendes?

Boiveau. Fallait boire proprement, ne pas mettre les pieds sur la table, boire les *toax* et généralement tous les coups solennels et d'honneur en se pinçant le nez de la main gauche, et, quand le verre était vide, frapper avec trois coups sur la table pour demander à boire au chef de la vidange. Quand on y manquait, on payait une amende.

N° 10.

LA CORRECTIONNELLE

Petites Causes Célèbres.

LES ANTHROPOPHAGES !!!

Dessiné par Gavarni

Lith. Coulon et Cie r. richer 2.

Martinon, rue du Coq St Honoré, N° 4

M. le Président. N'aviez-vous pas des signes de ralliement, des devises, des symboles ?

Boiveau. Il y avait les emblèmes de l'ordre : un drapeau sur lequel était représenté Bacchus à cheval sur un tonneau, avec cette devise : *Bacchus sera mon capitaine.* (Rire dans l'auditoire.) Le signe de ralliement le voilà... (Le prévenu pose son pouce à ses lèvre tandis qu'il arrondit sa main en cor de chasse.) Le mot d'ordre : *frère, il faut boire.*

M. le Président. Gridel, n'aviez-vous pas aussi des fonctions dans la société ?

Gridel. Non, monsieur le président; j'étais *gobeleteur* simple.

M. le Président. Et vous, Richard ?

Richard. Idem... j'étais *gobeleteur.*

M. le Président. Boiveau, pouvez-vous dire dans quel but était instituée la société ?

Boiveau. C'est pourtant bien clair. Il y en a qui vont boire deux à deux ; puis, quand ils sont *confits* (ivres), bonsoir les voisins ! il n'y a plus personne pour les reconduire ; ils se font ramasser par la garde et vont coucher au violon. Nous avons voulu remédier à cela pour notre compte. Nous avons établi un *surveillant;* celui-là ne boit pas quand c'est son tour; puis quand il y en a un qui est *poussé de boisson* jusqu'à la troisième capucine, il lui met une adresse sur le dos et l'emballe dans un sapin... Voilà comme doivent faire des hommes tranquilles et qui se respectent !...

M. le Président. Des témoins vous ont entendu agiter un certain jour une question d'impôt ; ce qui indiquerait que des matières sérieuses étaient quelquefois traitées dans vos assemblées.

Boiveau. Nous avons pu parler de l'impôt sur le vin, c'est possible; ça nous touchait d'assez près.

M. le Président. Faites venir les témoins.

Pothin, 1er témoin. En voilà des amis de la jubilation !... et qui n'ont pas peur d'un coup de soleil, que je dis... Ça boit comme des sonneurs et ça fait du bruit *ibidem*... C'est écœurant de voir des pochards de cette trempe-là...

M. le Président. Est-il à votre connaissance que les membres de la société dite de *Bacchus* se livrassent à des discussions politiques ?

Pothin. Ah bien ouiche !... la politique, ils la mettaient en bouteille, et je vous prie de croire que ce qu'ils avalaient ils ne le crachaient pas.

Bottel, 2e témoin, apercevant Boiveau. Ah ! te v'là, mon bonhomme ?... A cause donc qu'on te tient comme ça le bec dans l'eau ?

Boiveau. Ils disent que nous étions des *turbateurs* du repos public.

Bottel. C'tte idée!... des *soiffeurs*, je n'dis pas!... attends, mon vieux, je vas parler à ces messieurs.

M. le Président. Savez-vous quelque chose sur la constitution de la société dite de Bacchus ?

Bottel. Pour ça oui, et je me serais bien volontiers mis dans la confrérie, si ma femme ne m'en avait empêché... ce sont de bons enfants, et qui ont le vin chaud !

Chalou. La Société de Bacchus occasionne chaque semaine un véritable scandale dans la Petite-Villette; elle met tout en révolution. On dit bien des choses sur cette Société, mais je suis franc, je ne le crois pas.

M. le Président. Qu'est-ce qu'on dit ?

Chalou. On dit que ce sont des Templiers.

Boiveau, riant. C'est une façon de parler, jobard... ça veut dire que nous buvons comme des éponges.

Guichon rapporte au tribunal qu'un jour étant allé manger une gibelotte de lapin avec son épouse et sa belle-sœur, chez Pellon, il se trouva dans un cabinet voisin du lieu de réunion de la société de Bacchus, et qu'il a très distinctement entendu agiter la question de la suppression de l'impôt municipal sur les boissons. « J'ajouterai, continue Guichon, que ces gaillards chantaient des choses qui faisaient joliment loucher la sœur de ma femme, vu que *celle-ci* est demoiselle.

L'avocat de Boiveau établit d'abord qu'il n'y avait pas association dans le sens de la loi, et s'efforce de représenter la société de Bacchus comme une réunion fortuite, existant indépendamment de tout lien social. Ce que Boiveau a dit par rapport à certaines pratiques pourrait faire supposer l'existence d'un réglement, mais il n'existe aucun pacte social, tous les membres de cette confrérie de buveurs sont des associés libres. C'est donner aux enfants de Bacchus une importance qu'ils n'ont pas, et méconnaître le but de l'institution, que de leur prêter des desseins politiques.

Le tribunal déclare que l'affaire est suffisamment entendue. Les quatre prévenus sont renvoyés purement et simplement des fins de la plainte.

Imprimerie d'Amédée Gratiot et Ce, rue de la Monnaie, 11.

CHACUN SON PLAISIR.

Il n'est personne qui ne connaisse la spirituelle définition de la ligne à pêcher, définition qui fait le plus grand honneur à la sagacité de ce bon M. Coupigny, qui fut lui-même grand pêcheur de son vivant. « La ligne, a dit ce savant praticien, est un instrument qui commence par un animal et finit par un imbécile. »

Nous avons vu à l'audience de ce jour une ligne au grand complet, sauf le poisson. Je me trompe, car, par une plaisante rencontre, le prévenu se nomme Joseph Poisson; et il se trouve qu'ici, contre l'usage, le pêcheur Rajot ait été attrappé par le Poisson dont nous parlons. Voici un court exposé des faits :

Rajot est chantre dans une des paroisses de Paris, et de plus, intrépide amateur de pêche. Par une belle journée du mois dernier, Rajot s'était rendu à l'île Saint-Ouen pour se livrer à son exercice favori. Soit lassitude, soit aussi que la pêche ne fut pas très abondante, Rajot, qui était assis sur la berge, perd tout à coup de vue le liége flottant de sa ligne, ses yeux se ferment et un sommeil paresseux vient enchaîner le bras du pêcheur. Survient un enfant éveillé, adonné pour le moment aux douceurs de l'école buissonnière, et qui suivait le cours de l'eau, fredonnant l'air fort connu :

Pêcheur, parle bas ;
Le roi des mers ne t'échappera pas !...

Il aperçoit le pêcheur endormi, et vite, l'idée d'une niche se présente à son esprit. Il s'approche de Rajot sur la pointe des pieds et à l'abri d'une petite barrière en bois ; puis, profitant de l'assoupissement du pêcheur, il allonge le bras, applique une tape sur son chapeau, et s'accroupit derrière la palissade. Rajot se réveille en sursaut, regarde autour de lui, ne voit personne, et persuadé qu'il est la dupe d'un rêve, penche encore une fois la tête et s'endort. Le malicieux Poisson, enhardi par le succès de cette première espiéglerie, revient à la charge. Mais cette fois le coup fut appliqué avec une telle violence, que Rajot, perdant l'équilibre, hésite un moment et se laisse choir dans l'eau. La plaisanterie était parfaite pour Poisson. Rajot n'est pas plutôt dans le liquide élément qu'il pousse des cris affreux. On accourt, et Poisson prend la fuite. On parvient enfin à ramener le noyé sur la berge; il explique le cas, et sur-le-champ on se met à la poursuite du fuyard. Il était facile de le rattraper, car l'absence du bac avait coupé toute communication avec le continent. Poisson fut mis en état d'arrestation, et il vient répondre aujourd'hui devant la justice de l'acte inconsidéré qui a occasionné une pleurésie au chantre Rajot.

Le plaignant expose piteusement et sous forme de doléances les faits du procès. La plainte est en outre corroborée du témoignage de Fromont, de la femme Driand et de François, bachoteur, qui, de la rive opposée, a été témoin oculaire de la scène.

Poisson se borne à dire qu'*il ne l'a pas fait exprès* et que son intention était seulement d'*asticoter* légèrement le pêcheur et de lui faire un attrape.

M. le Président. Vous voyez maintenant les conséquences de votre légèreté... Rajot a été grièvement malade.

Poisson Je ne voulais faire tomber que le chapeau. Quand j'ai vu le chantre dans la rivière, et qu'il ne nageait pas mieux qu'*une serrure*, la peur m'a galopé *dans le ventre* et *j'ai tricoté des fils de fer*. (J'ai joué des jambes.)

Le tribunal convaincu des regrets de Poisson, ayant égard d'autre part à l'intervention de sa famille, renvoie le prévenu de la plainte, et condamne seulement les parents, comme civilement responsables, aux dépens.

L'HYMEN EST UN LIEN CHARMANT.

Mégeau pense qu'il est quelque chose de plus agréable que de prendre femme; c'est de quitter celle qu'on a. Madame Mégeau, plus constante, plus attachée à ses devoirs, n'imagine pas de bonheur plus grand que celui de vivre sous la loi d'un époux. Deux fois déjà, mais sur les motifs les plus frivoles, Mégeau a demandé à la justice qu'elle voulût bien remédier, autant qu'il était en elle, à une trop réelle incompatibilité, et lui accorder le bienfait de vivre sous un autre toit que sa femme. Mais la justice, gardienne austère de nos institutions, a refusé deux fois de sanctionner les vœux de l'époux volage. Il en résulte que Mégeau, toujours dominé par son inconstance, a résolu d'amener sa femme à demander elle-même une séparation qu'il n'avait pu obtenir sur sa propre instance. Tous les moyens d'arriver à ce but lui ont été bons, et il n'a épargné à madame Mégeau aucun des sévices qui pouvaient légitimer, de la part de cette dame, une demande en séparation. L'épouse maltraitée n'a d'abord rien dit et n'a pas trouvé mauvais d'être battue. Elle a pensé, comme Sganarelle, que quelques coups de bâton pouvaient regaillardir l'affection; puis lasse enfin de sévices devenus habituels, sans que l'affection s'ensuivît, le dépit s'en est mêlé. Loin de songer à se venger de son indigne époux de la même façon que tant de femmes, la dame Mégeau, à l'instar de Martine, a jugé cette punition trop *délicate* et a voulu une vengeance qui se fît mieux sentir. En conséquence elle a porté plainte contre son barbare mari.

Mégeau reconnaît les mauvais traitements qui lui sont imputés; mais il soutient audacieusement qu'il était fondé à les exercer.

« Ma femme, dit-il, est fort désagréable et ne laisse passer aucune occasion de me faire enrager. Quand je dis blanc, elle dit noir; c'est une vraie pie-grièche. »

M. le Président. Des époux doivent être fort indulgents sur leurs défauts réciproques.

Mégeau. Moi qui vous parle, monsieur le président, je n'en ai pas, des défauts.

M. le Président. C'en est un très grand que cette vivacité qui vous porte à battre votre femme.

La femme Mégeau. Si c'était de la vivacité!... Je ne dis pas. Ça pourrait me faire plaisir encore... Mais je vous dis que c'est un calcul de ce scélérat, pour me dégoûter de lui.

Mégeau. J'ai mes idées là-dessus...

M. le Président. Expliquez-vous, quelles sont ces idées?

Mégeau. De quitter ma femme... je ne peux pas la souffrir.

M. le Président. C'est un tort que me paraît

CHACUN SON PLAISIR.

Dessiné par Gavarni.

Lith. [illegible] et Cie r. [illegible], 7

Martinon rue du Coq St Honoré N° 4.

plutôt provenir de votre fait que du fait de votre femme.

Mégeau. Enfin, je n'en veux plus; c'est mon dernier mot.

M. le Président. Vous n'avez pas le droit de n'en plus vouloir.

Mégeau. Elle n'est donc pas à moi, c'tte femme?.. Eh bien! alors... puisque je vous dis que je n'en veux plus.

M. le Président. On saura bien vous forcer à la garder.

Mégeau. Oui?... Eh bien!... je l'assommerai.

M. le Président. On vous mettra en prison.

Mégeau, avec joie. Fameux! qu'on m'y mette pour le restant de mes jours, pourvu qu'on n'y laisse pas entrer ma femme.

Le tribunal faisant droit en partie aux désirs du prévenu, le condamne à un mois d'emprisonnement.

Mégeau. Un mois; c'est bien peu... c'est égal, on peut recommencer, pas vrai?...

LE TABAC EST DIVIN.

M. le Président. Piquant, de quoi vous plaignez-vous?

Piquant. Je me plains de Germain et de mon camarade Guibou.

M. le Président. Quels sont les faits que vous leur reprochez?

Piquant. Un matin Guibou et Germain, comme j'arrivais à l'atelier, me dirent: Ambroise, c'est-y toi qui paie le vin blanc?... Naturellement je suis un peu sujet au vin, et je leur z'y réponds: Puisque vous avez peu d'*os* (de l'argent), c'est moi qui régale. Nous allons chez le marchand de vins et je demande une *chandelle* à 12 sous (une bouteille); bon! Une pipe est une chose voluptueuse accompagnée d'une *fusée* de vin. Voilà donc que je vas allumer mon brûle-gueule. Tout en causant et en fumant, j'avale un *pierrot* (un verre) et puis deux, et je trouvais du montant au paillet, mais un montant... que ça m'écœurait et qu'il me prenait des envies d'*écorcher le renard,* sauf votre respect. Je ne savais pas qu'est-ce qui me gargouillait comme ça dans l'estomac, et je me disais: Je n'ai pourtant pas pris médecine à ce matin. Je rentre à l'atelier; mais, tant pire, voilà que la tête me tourne, et j'*étends mon cœur sur le carreau* (par synonymie: je suis pris par des nausées).

M. le Président. Comment les prévenus étaient-ils cause de ce malaise?

Piquant. Pendant que j'étais allé allumer la *bouffarde,* ils avaient infusé du tabac à priser dans mon verre; c'est le marchand de vin qui me l'a dit après.

M. le Président, s'adressant aux prévenus. Quel est celui d'entre vous qui a jeté du tabac dans le verre de Piquant?

Piquant. Tous les deux sont coupables.

Guibou. Tu n'es qu'un serin... Tu ne sais pas *riser*... On joue avec toi et tu te fâches.

M. le Président. C'est qu'en effet le jeu n'est pas plaisant.

Guibou. Est-ce que nous savions qu'il avait un estomac de papier mâché? Moi, je mange du tabac, j'en mange beaucoup; ça ne me fait pas plus que du jus de réglisse.

Piquant. Tu sais bien, *melon*, que je ne peux souffrir ni la tête de veau, ni le tabac à priser; ça me *fadit* l'estomac, quoi!

Germain. C'est bon, c'est bon!... On te laisse, ton estomac.

M. le Président. Un certificat produit par le plaignant, atteste que Piquant a fait une longue maladie, déterminée par l'absorption du tabac que vous aviez jeté dans sa boisson.

Piquant. Une inflammation d'entrailles, quoi! ça n'est pas une bêtise: on en meurt... Le médecin m'a dit qu'il croyait bien que je n'en *viendrais* pas.

Guibou. Ton médecin t'a fait aller.

Piquant. C'est ce qui m'a sauvé.

M. le Président. Combien de jours avez-vous été malade?

Piquant. J'ai été quatre jours dans mon lit... et je suis encore malade... je ne sais pas ce que j'ai dans le ventre.

En présence de l'aveu des prévenus, l'audition des témoins devenait inutile. Le défenseur des inculpés s'est borné à recommander ses clients à l'indulgence du tribunal, et s'est attaché à montrer leur action sous les couleurs d'une espièglerie fort innocente dans la pensée de ses auteurs.

Le tribunal, jugeant qu'au fond les prévenus n'avaient pas calculé toute la portée de leur malice, les condamne seulement à 30 fr. de dommages-intérêts et aux dépens.

Imprimerie d'Amédée Gratiot et Ce, rue de la Monnaie, 11.

SANS TAMBOUR NI TROMPETTE.

Nous ne dirons pas, comme M. Vautour, aux locataires insolvables : « Quand on n'a pas de quoi payer son terme, il faut avoir une maison à soi ; » mais nous leur dirons : « Soyez polis, obséquieux même, avec votre propriétaire ; informez-vous avec sollicitude de sa santé, de sa femme, de sa fille, de son fils, de son chien, de sa servante ; prenez le plus vif intérêt à tout ce qui le touche ; dites-vous de ses amis, au besoin de ses admirateurs, et vous pouvez être persuadés que le drôle, encore qu'il eût une triple cloison de chêne autour du cœur, deviendra malléable comme une feuille d'or, ductile comme la cire. » Ainsi du moins en usait envers ses créanciers don Juan, le type le plus hardi du débiteur goguenard et bon enfant. C'est là, sans doute aussi, ce qui a fourni à un moraliste sans argent la plus spirituelle définition connue du mot *créancier*. « Créanciers, a dit ce philosophe dont le nom n'est pas venu jusqu'à nous : espèce d'honnêtes gens qui ont toujours tort, et qui enseignent la politesse. »

C'est pour n'avoir pas été pénétré comme il convenait de l'importance de cette vérité, que le sieur Jéliot, peintre en miniature, se voit aujourd'hui devant le tribunal de police correctionnelle, sur la poursuite du sieur Grabure, propriétaire. Ajoutons que le sieur Jéliot ne s'est pas borné seulement à une simple incivilité, il a trouvé en outre expédient d'opérer un déménagement clandestin à la barbe du sieur Grabure. Nous allons recueillir à cet égard les renseignements fournis aux débats.

Le sieur Grabure, plaignant. J'avais loué au prévenu une chambre au cinquième dans ma maison, moyennant une location annuelle de 200 francs. Cependant, depuis neuf mois que M. Jéliot était mon locataire, je n'avais pu obtenir de lui qu'il me donnât même un à-compte sur le montant des loyers échus. Je me décidai alors à lui donner congé. De ce moment il n'y eut pas de mauvais tour qu'il ne jouât soit à mon portier, soit à moi-même. Ces persécutions s'étendaient même jusqu'à mes locataires paisibles. C'était tantôt un cordon de sonnette qu'on avait enlevé, tantôt le paillasson du premier qu'il fallait aller chercher sur le palier du quatrième, des murailles charbonnées, un chat lancé dans l'escalier, et à la queue duquel on avait attaché une casserolle... Bref, messieurs, chaque jour c'était quelque nouvelle espiéglerie. J'attendais avec impatience le jour bienheureux qui devait me délivrer de mon incommode locataire, lorsqu'enfin ce jour arriva. Mais quel fut mon désappointement lorsque mon portier se présenta chez moi et m'annonça que le sieur Jéliot avait déguerpi la maison depuis la veille. Nous montâmes à sa chambre : elle était entièrement vide. Les murs étaient chargés de dessins grossiers et d'inscriptions inconvenantes. Voilà tout ce qui nous reste du locataire, me dit le portier. Comme je n'avais pas lieu déjà d'être fort satisfait du sieur Jéliot, je me déterminai à porter plainte contre lui.

Bassot, portier, est appelé. M. le président lui demande comment le prévenu a pu déménager sans éveiller davantage sa vigilance.

Bassot. Ça n'est pas le *Pérou* que le mobilier du peintre... rien n'était plus facile à déménager. Bien certainement tout son saint-frusquin aurait tenu dans une boîte à couleurs; il pouvait bien partir sans tambour ni trompette.

M. le Président. Il devait bien y avoir quelques gros meubles?

Bassot. Le plus gros était un étui de violoncelle... qui ne faisait que monter et descendre... Je vois bien maintenant que c'est là-dedans que M. Jéliot a fait tout son déménagement.

M. le Président. Il ne paraît pas croyable qu'un lit, des matelas, une table, des chaises, qui sont les meubles les plus ordinaires dont se compose un mobilier, aient pu être emportés dans un étui de violoncelle.

Bassot. Le prévenu aura sans doute démonté ses meubles pour les faire tenir dans sa voiture de déménagement; quant aux matelas, je suis certain qu'ils ont dû sortir en détail, car je me souviens maintenant que, pendant deux jours, l'escalier était rempli de moutons de laine; même je ne pouvais comprendre d'où cela provenait.

M. le Président. Au dire de votre propriétaire, le prévenu se serait rendu coupable de nombreuses dégradations dans la chambre qu'il abandonnait. En quoi consistaient ces dégradations?

Bassot. Les papiers avaient été salis à dessein. On voyait partout des bonshommes qui faisaient le pied de nez; les lambris avaient été noircis avec de la fumée de chandelle.

M. le Président au prévenu. Pourquoi avez-vous soustrait frauduleusement votre mobilier, qui était le gage de votre prepriétaire?

Le sieur Jéliot. Mon intention n'était pas de le frustrer de ses loyers... c'était seulement du temps que je demandais.

M. le Président. Comment vous justifierez-vous des dégâts commis dans la propriété?

Le sieur Jéliot. Chacun sait que les murs d'un atelier de peintre sont faits pour supporter les fantaisies de l'imagination de l'artiste; c'est assez l'habitude.

M. le Président. Comment avez-vous pu opérer votre déménagement? Vous saviez bien que votre action était répréhensible, puisque vous vous cachiez si bien?

Le prévenu garde le silence.

Bassot, de sa place. J'ai un mot à ajouter. La veille de son départ, comme M. Jéliot passait devant ma loge avec son étui, je vis tomber plusieurs assiettes de son dos; elles étaient sous son habit. Je crus que c'était une farce comme il en faisait beaucoup, et c'est pour cela que je ne dis rien.

M. Jéliot renonce à se défendre; il se contente d'alléguer une sorte de bonne foi jusque dans sa fraude. Le tribunal, admettant jusqu'à un certain point ce système de défense, condamne le prévenu seulement au paiement des loyers dus, en 100 francs d'amende et aux dépens.

TRISTE ROMAN.

Lyda est une jolie fille, blonde et rose. Ses yeux bleus, empreints d'une ineffable douceur, sont remplis de larmes. Tout dans son maintien, dans le son de sa voix, dans l'expression de son visage, respire une modestie pleine d'ingénuité et de grâce. Lyda compte à peine 17 ans.

Jeune, elle a déjà beaucoup souffert, la pauvre en-

Du locataire enfui voilà ce qu'il nous reste!

Dessiné par Gavarni

Lith. Coulon et C.ie r. Richer, 7

Martinon rue du Coq, S.t Honoré, N.° 4

fant, quoique son éducation et sa naissance la conviassent à une meilleure destinée. Son père, ancien officier de l'empire, mourut, lui laissant un mince héritage et en la confiant à la tutelle d'un sieur R... Fatale confiance! L'infidèle tuteur disparut bientôt après, emportant avec lui le petit patrimoine de l'orpheline. Lyda fut recueillie par la dame S..., lingère, et, grâce à ses bonnes qualités, à ses efforts laborieux, elle parvint à mériter toute la bienveillance de sa bienfaitrice. Jamais elle ne fournit matière au plus léger reproche, et sa conduite se montra toujours conforme à ce qu'on devait attendre d'une jeune personne remplie des plus excellents principes. Mais Lyda, seule au monde, sans appui, sans amis, se trouva portée, malgré sa timidité naturelle, par la seule pente de son cœur, à contracter une liaison qui devait plus tard remplir d'amertume et de regrets son âme jusque-là si pure, si sereine. Il s'établit entre Lyda et le jeune Alfred D... une telle liaison, que la prudente madame S... ne fut pas longtemps à s'apercevoir de notables changements dans les habitudes de son ouvrière. Elle fit à ce sujet des remontrances maternelles à l'orpheline; mais il était trop tard: Lyda était déjà sous l'empire d'une passion aveugle, insensée.

Six mois environ s'écoulèrent dans un commerce suivi entre Lyda et le jeune Alfred; à leur âge six mois du même amour pouvaient passer pour de la constance. Aussi le temps, qui émousse toutes les passions, devait bientôt attiédir les feux dont Alfred brûlait pour la malheureuse Lyda; l'amant avait déjà franchi la limite qui sépare la passion la plus vive de l'indifférence, que Lyda n'en était encore qu'aux limites de l'amour. Lyda ne put supporter l'idée de cet abandon; guidée par un instinct jaloux, elle épiait toutes les démarches du volage Alfred. Elle acquit en peu de temps la triste certitude que l'infidèle cherchait auprès de Victorine Chautin une diversion à la monotonie de sa liaison avec elle.

Une femme supporterait volontiers l'indifférence, mais elle ne saurait pardonner à l'inconstance. Lyda conçut le projet d'empêcher des relations nouées à son préjudice. Elle se rend auprès de Victorine, déclare à celle-ci le motif de sa visite, décline tous ses droits à la possession du cœur d'Alfred, et finit par enjoindre impérieusement à sa rivale d'avoir à ne plus recevoir des assiduités qui blessent tous ses sentiments. Mais Victorine n'était pas femme à subir des prétentions aussi absolues; et se montrant choquée à son tour d'une revendication qui va à l'encontre de ses affections, elle accable d'injures la malheureuse Lyda. Celle-ci, tremblante, éperdue, hors d'elle-même, lance à Victorine un coup des ciseaux qu'elle porte à sa ceinture. Victorine détourne le coup et le reçoit dans le bras gauche. Elle pousse un cri de terreur et tombe sans connaissance. On accourt. La vue du sang qui jaillit de la blessure fait croire à un attentat bien plus grave; on s'empare de Lyda, qui se laisse conduire sans opposer la moindre résistance.

C'est donc sous l'inculpation de blessures que la malheureuse Lyda comparaît devant le tribunal.

Lyda répond par ses larmes aux charges qui s'élèvent contre elle. Elle allègue pour toute justification l'état d'exaltation dans lequel elle se trouvait, et cette funeste passion *qui*, dit-elle, ***avait changé tout son être, et l'avait fait manquer en un jour à tous ses bons principes.***

M. le Président. N'étiez-vous pas allée chez Victorine avec le dessein arrêté de la frapper ?

Lyda. Oh! mon Dieu, non; j'y allais au contraire en suppliante, pour la prier de ne plus revoir M. Alfred... mais elle m'a reçu avec tant de hauteur que ma tête, déjà bien malade, s'est égarée, et quand elle est venue à moi pour me pousser vers la porte, j'ai saisi machinalement mes ciseaux et je l'ai frappée. Je proteste que je ne savais ce que je faisais en ce moment.

M. le Président. Il eût été plus sage à vous de chercher à oublier des affections d'ailleurs répréhensibles.

Lyda, les yeux baissés. J'avais essayé d'oublier, mais je ne le pouvais; mes souvenirs étaient plus forts que ma raison. Au reste, je reconnais ma faute et je sais combien je suis coupable... Ce n'est pas elle qui aurait dû porter mon ressentiment... elle aimait M. Alfred... elle tenait à lui; c'est tout simple... j'y tenais beaucoup moi-même, et j'aurais dû comprendre qu'en lui demandant de l'abandonner, je demandais une chose injuste et au-dessus de son amour.

Le tribunal, touché d'un repentir rendu avec cette simplicité de langage, et écartant toute préméditation, condamne Lyda, attendu les circonstances atténuantes, à 25 francs de dommages-intérêts et aux dépens.

Imprimerie d'AMÉDÉE GRATIOT et Ce, rue de la Monnaie, 11.

TYRAN DOMESTIQUE.

A l'appel du nom de Toulet, un monsieur d'un certain âge, mais encore leste et fringant, la bouche en calice de rose, se rend d'un pas dégagé à la barre. Son œil se pose avec une certaine expression de tendresse, sur le banc des prévenus, lequel est occupé par une espèce de Malitorne, assez mal tournée, mais fraîche et rebondie. Une dame âgée, placée au banc des témoins, surprend cette furtive œillade, se lève avec impétuosité et apostrophe le galantin en ces mots : « Toulet, je vous ordonne de vous tourner du côté de la Justice. »

La commère, assise au banc des prévenus. Pourquoi que vous y crevez pas les yeux, aussi bien à c't homme?... Avez-vous pas peur qu'il s'en aille en langueur en me regardant?

Le sieur Toulet. Calme-toi, bo-bonne... Je t'assure que je regardais monsieur que voilà. (Il montre le garde municipal).

La dame. A la bonne heure.

M. le Président. Toulet, de quoi vous plaignez-vous?

Le sieur Toulet, avec étonnement. Je ne me plains point... Je n'ai sujet de me plaindre de personne.

La dame, avec vivacité. Tout beau, M. Toulet, je vous dis que vous avez à vous plaindre de cette Marie-Jeanne.

Le sieur Toulet, avec infiniment de douceur. Tu crois, bo-bonne?... Je ne crois pas, moi.

La dame. Si fait, vous dis-je... Elle vous a manqué... elle m'a manqué...

Le sieur Toulet. Au fait, c'est bien possible. (Il se tourne vers le tribunal comme pour parler, hésite quelques instants; puis il se retourne vers son interlocutrice.) Mais, qu'est-ce donc qu'elle m'a fait, cette pauvre enfant?

La dame. Quoi! vous oubliez qu'elle vous a conduit par le bout du nez?...

Le sieur Toulet. Fi donc!.. bo-bonne... Cela pourrait donner à penser à ces messieurs que... que...

La dame, d'une voix aigre. Je vous dis, messieurs, qu'elle l'a conduit par le bout du nez... le nez n'est pas ici une figure.

M. le Président. Vous ne pouvez forcer votre mari à se plaindre, lorsqu'il croit n'en avoir aucun sujet.

La dame, ayant peine à concentrer sa colère. Oscar, vous me paierez la sotte figure que vous me faites faire ici.

M. le Président. Si vous avez des griefs pour votre part, le tribunal est disposé à les entendre.

La dame, prenant place à la barre. J'avais déjà remarqué qu'il existait des privautés entre mon époux et...

M. le Président, l'arrêtant. Ceci sort du droit de la plainte. Parlez seulement sur le fait que vous imputez à Marianne Beaugard.

La dame. J'étais dans la salle à manger, et je ne savais ce qu'était devenu M. Toulet... Après l'avoir cherché dans l'appartement, et comme je me rendais à la cuisine, je vois mon libertin qui contait fleurettes à ma bonne... Elle se laissait fort bien cajoler, ma foi... quelle horreur! sous les yeux de l'épouse légitime!.. Je ne sais si Toulet avait passé les bornes de la décence; mais je vis, comme j'ai eu l'honneur de vous le dire, Marianne qui mettait mon époux à la porte de la cuisine, en le tenant par le nez.

La prévenue. Vous aviez la berlue assurément.

La dame, avec une dignité composée. C'était aussi apparent que le nez au milieu du visage. (*continuant*). A cette vue, je me fâche; Marianne se récrie, me qualifie d'une manière fort sotte, et finit par me jeter une assiette à la tête.

La prévenue. Pourquoi que vous disiez que je cherchais à *bambocher,* à embaucher, à débaucher votre homme?.. Je ne sais tout ce qu'elle m'a dit.

La dame, avec fureur. J'ai eu une bosse au front.

Le sieur Toulet. Allons, bo-bonne, modère-toi... tu t'agaces les nerfs inutilement... De la douceur!

La dame. Taisez-vous, serpent tentateur! vous vouliez répudier votre épouse pour aller dans le désert avec votre servante!

Le tribunal, qui a beaucoup de peine à conserver toute sa gravité, attendu qu'il n'est pas suffisamment justifié des torts de la prévenue, renvoie celle-ci de la plainte. — Dépens compensés.

BATTRE LE GUET.

Battre le guet constituait autrefois une gentillesse; c'est tout simplement un délit aujourd'hui. Ce qui eût médiocrement échauffé un lieutenant de police d'un autre temps allume de nos jours les foudres du réquisitoire. Encore un bienfait du régime constitutionnel, qui a voulu que les épaules d'un officier de paix fussent respectées à l'égal des épaules de tout autre! La Charte est une bonne mère pour tous.

Bailleul et Courtinet, deux jouvenceaux de belle venue, se sont évidemment trompés de siècle, en croyant pouvoir transporter impunément dans notre société les mœurs libertines de la Régence ou du siècle de Louis XV; époque délicieuse, où non seulement c'était péché mignon et rémissible de battre, mais encore où très souvent le battu payait l'amende. Ils sont cités tous les deux devant la police correctionnelle, à la requête du ministère public.

Collet, inspecteur de police. Vers minuit ou minuit et demi, j'aperçus deux jeunes gens, légèrement échauffés par le vin, qui suivaient la rue Saint-Honoré, en montant vers la place Vendôme. Ces deux jeunes gens vociféraient des chansons et ébranlaient à coups de marteau toutes les portes cochères qu'ils rencontraient sur leur chemin. Quoique je fusse seul en ce moment, je m'approchai des tapageurs et les engageai très amicalement à rentrer chez eux pour s'éviter le désagrément d'une arrestation.— « Ah! tu fais partie du guet! s'écria le petit (montrant Courtinet); ah! tu es un oiseau de nuit!... Tiens, voilà comme on agit avec tes pareils!... » Et en même temps il leva sur moi sa canne et me porta un coup très violent entre les deux épaules. J'allais riposter, lorsque son camarade répliqua : « Je crois que tu te rébellionnes contre des fils de famille?... » et il n'eût pas plus tôt dit, qu'il laissa tomber sur ma joue un vigoureux soufflet... « Maintenant, va dire à ton monsieur de Sartines que je me moque de la Bastille et du donjon de Vincennes, et de ses lettres de cachet, et de la maréchaussée, et du lieutenant criminel et de tout le tremblement!... Hu donc, et plus vite que ça! » et en cet endroit de son dis-

N° 73.

LA CORRECTIONNELLE

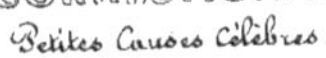

Petites Causes Célèbres.

Le nez n'est pas ici une figure.

Dessiné par Gavarni

Lith. Coulon et Cie r. richer. 7

Martinon, rue du Coq St Honoré, 4

cours, il me lança un féroce coup de pied là... (Le témoin porte la main juste à moitié chemin de la tête aux pieds.)

M. le Président. Qu'avez-vous répondu ?

Collet. Ça m'a coupé la parole... heureusement que des hommes de ma brigade sont passés un moment après et m'ont arraché de leurs mains..

M. le Président. Qu'avez-vous à répondre à la déposition de l'inspecteur ?

Bailleul. Il est impossible que j'aie été aussi brutal que le dit monsieur... De pareils actes sont tout-à-fait contraires à mes habitudes.

Courtinet. Le discours prêté à mon ami indique assez que nous n'avions pas notre raison.

M. le Président. Il n'en est pas moins vrai que l'inspecteur Collet a été fort maltraité.

Courtinet. C'est fort extraordinaire; car nous avons l'un et l'autre le vin très gai... Il y aura eu peut-être une provocation... Collet nous aura regardés de travers; car, sans cela, nous sommes très gais...

Collet. Il n'y a eu nulle provocation.

Courtinet. Alors, prenez que nous nous sommes trompés.

Le tribunal condamne les deux prévenus chacun en 100 fr. d'amende, et solidairement aux dépens.

MADAME LA RESSOURCE.

Madame Fauconneau a établi chez elle une succursale du Mont-de-Piété, contrairement à la loi qui prohibe les prêts sur gages. A quoi bon, dira-t-on, lorsque, par un bienfait cher à tout le monde, l'administration du Mont-de-Piété a généreusement multiplié ses bureaux ? C'est que la dame Fauconneau a assis sa spéculation sur les nécessiteux qu'une vergogne mal entendue empêche d'aller frapper à la porte des établissements publics. Ces pauvres honteux sont la proie de cette autre madame La Ressource. Ce genre d'exploitation est pour l'avisée commère la source d'un gain considérable, et l'on peut dire d'elle qu'elle vend son argent au poids de l'or. Jusqu'à présent cette considération l'a fait passer par-dessus la légalité. Mais tout mauvais abus a sa fin, et c'est sur la plainte de nombreuses victimes de ses coupables exactions que la dame Fauconneau vient répondre devant la justice de ses prêts usuraires.

Première plaignante. Je réclame de la prévenue mon schall-tapis !

Deuxième plaignante. Dites donc, madame Fauconneau, j'espère que vous allez me rendre bien vite ma montre... une montre guillochée...

Troisième plaignante. Et ma robe de florence !

Quatrième plaignante. Et mes six chemises de toile.

La dame Fauconneau. Qu'est-ce que vous avez donc là à japper, comme des chiens hargneux ?

L'huissier. Silence !

M. le Président. Il est impossible de s'entendre. Voyons, Désirée Juteau, répondez. Combien la prévenue vous a-t-elle prêté sur votre tapis ?

Désirée. Je n'ose pas en parler... Dix francs ! ! un schall de 100 fr... si ça n'est pas une horreur !

M. le Président. Que prenait la femme Fauconneau pour son prêt ?

Désirée. Elle a pris le schall; pas plus gênée que ça.

M. le Président. Et vous, Charlotte Roger... combien avez-vous donné d'intérêts pour le prêt fait sur votre montre ?

Charlotte. Elle m'a prêté vingt-cinq francs pour trois mois, et elle a retenu sept francs pour les intérêts; et comme j'ai manqué d'un jour de retirer ma montre, elle l'a vendue, *soi-disant*... Mais je ne donne pas là-dedans...

Les deux autres plaignantes déposent sur des faits à peu près semblables. Des calculs faits à l'audience, il résulte que la dame Fauconneau se contentait d'un modeste bénéfice de cent pour cent sur son prêt, et qu'en outre, le plus souvent, elle s'adjugeait le nantissement.

M. le Président engage la prévenue à se défendre.

La femme Fauconneau. L'argent a son prix. Tout le monde sait la peine qu'on a à l'amasser... Eh ! monsieur, je ne force personne à prendre le mien !... Quand je prête, c'est plutôt pour obliger, car je sais bien que celui auquel on prête est un ingrat... On me calomnie... on me traite d'usurière... je laisse dire... il faut savoir supporter quelque chose dans ce monde. Il serait trop facile de gagner le ciel si on n'avait pas de temps à autre quelque petit désagrément...

M. le président interrompt la prévenue et lui administre une semonce pleine de dignité à propos de la monstrueuse forfanterie au moyen de laquelle la prévenue tente de donner le change à la justice.

La femme Fauconneau est condamnée à 6 mois d'emprisonnement et à 1,500 fr. d'amende.

Imprimerie d'AMÉDÉE GRATIOT et Cᵉ, rue de la Monnaie, 11.

TOUT N'EST PAS ROSES.

Figuet est un garçon tailleur mal hanché, grêle et fluet comme une levrette, le pied plat; au demeurant, l'âme sensible, le cœur tendre jusqu'à la faiblesse, ainsi que le prouve le fait suivant.

C'était le 21 mai dernier, veille de sainte Julie, fête chômée et carillonnée pour Figuet, qui a le bonheur d'être le Saint-Preux d'une autre Julie. A pareil jour, un amant véritablement pénétré de ses devoirs ne saurait se présenter à l'objet de son culte les mains vides. L'usage veut rigoureusement qu'il soit porteur ou d'un cachemire ou d'une tourte aux confitures, selon le rang et la fortune de celui qui donne, suivant le goût et les appétits de celle qui reçoit; car, quoique chaque jour amène son saint, ce n'est pas tous les jours fête.

Or, ce jour-là, Figuet n'avait d'argent ni peu ni point, et, loin de pouvoir faire à sa Julie l'offrande d'un *Ternaux* ou même d'une simple galette, il n'aurait pu lui faire agréer un modeste bouquet de violettes, la politesse la moins composée que l'on puisse faire à une jolie femme. La conjoncture était affligeante et le cas embarrassant. Pendant que le perplexe Figuet songeait au moyen de sortir de peine, il aperçoit un rosier fleuri porté sur des crochets, et dont les fleurs vives, riantes, épanouies, semblaient lui sourire amoureusement. Il est des positions difficiles où l'homme le plus droit perdra subitement, sans discussion préalable, toute idée de justice, et se trouvera commettre une mauvaise action à l'insu de sa raison, à la seule instigation des mouvements de son cœur. Figuet n'avait pas eu encore le temps de réfléchir sur le mérite de la sienne, que déjà, les ciseaux à la main, il dépouillait le rosier de ses fleurs et rêvait tout bas au plaisir qu'il aurait à en parer les grâces de sa douce Julie. L'excès de sa joie, les préoccupations de son esprit, lui firent négliger les précautions prudentes et l'adresse que demandait un pareil coup de main. Il fut pris en flagrant délit de maraude, et il vient répondre aujourd'hui de sa spoliation devant la justice.

Guillaume, commissionnaire. J'avais été chargé par un monsieur âgé de porter un beau rosier de mai, rue Lepelletier, chez une danseuse de l'Opéra. J'entendais derrière moi un bruit comme si on avait tondu un buisson... Je me retourne et je vois monsieur qui avait une botte de roses dans une main et des ciseaux dans l'autre... Mon rosier était pelé comme la redingote d'un pauvre homme.

M. le Président. Vous avez fait arrêter le prévenu. N'a-t-il pas opposé de la résistance?

Guillaume. Dam! il s'est laissé conduire au corps-de-garde comme un chien qu'on mène à vêpres... Il disait qu'il avait besoin d'aller souhaiter la fête à sa bonne amie.

M. le Président. Avez-vous porté le rosier à sa destination?

Guillaume. Oui, monsieur; mais la petite dame, en voyant son rosier tout défleuri, a renversé la caisse et brisé tout... Elle était d'une humeur de loup; et moi, je n'étais pas sur un lit de roses.

Figuet. Je sens combien je suis coupable... Je ne voyais que ma Julie dans le moment... elle est si gentille et si bonne, ma *Lie-lie*.

M. le Président. Puisque vous teniez tant à offrir des fleurs, vous pouviez en acheter.

Figuet. Je ne pouvais pas, c'est ce qui vous trompe, M. le Président... En conscience, je pouvais-t'*y* laisser passer la fête de ma *Lie-lie* sans la lui souhaiter?.. C'est l'amour qui m'a perdu.

Le tribunal condamne le trop sentimental Figuet, attendu la légèreté du délit, à 25 francs d'amende et aux dépens.

Une petite voix flûtée. Il n'y a pas de roses sans épines, mon petit chéri... nous paierons ça à nous deux.

ON EST LE FILS DE QUELQU'UN.

Voilà une vérité qui ne souffre pas de démonstration au premier abord; mais Hortaire est un esprit lourd et grossier qui se refuse à l'évidence de l'axiome le plus clair, le plus palpable. Il est repris de vagabondage, et il s'agit d'établir son individualité. Hortaire est âgé de vingt-sept ans.

M. le Président. Comment vous nommez-vous?

Le prévenu. Je ne sais pas... peut-être Fouquet... peut-être Alexis... peut-être Lanternier; mais je ne sais pas au juste; et, pour dire la vérité, je ne m'en inquiète guère.

M. le Président. Cette indifférence sur votre famille ne vous fait pas honneur. Par qui avez-vous été élevé?

Le prévenu. Je me suis fait mon éducation à *soi*-même.

M. le Président. A quel âge avez-vous quitté vos parents?

Le prévenu, riant. Quand j'ai *éu* toutes mes dents.

M. le Président. Quoi! il ne vous est resté nul souvenir de votre père et de votre mère?... Comment avez-vous vécu jusqu'à ce jour?

Le prévenu. Comme j'ai pu.

M. l'Avocat du Roi. C'est à dessein que le prévenu cherche à équivoquer sur son identité. Il a déjà subi une condamnation pour vagabondage dans le courant de l'année 1834. Il se nomme Hortaire. Nous avons fait citer le père et la mère du prévenu.

Un homme d'une soixantaine d'années environ se présente devant le tribunal, et décline ses nom et qualité.

M. le Président. C'est vous qui êtes le père du prévenu?... Le reconnaissez-vous?

Le père Hortaire. C'est bien mon fils... Voilà vingt ans qu'il est parti de la maison et que je le cherche, et quoiqu'il y ait bien longtemps, je le reconnais.... Dis donc, ma femme, n'est-ce pas que v'là bien notre François?...

La maman Hortaire. Il ne faut avoir que des yeux pour voir que c'est son père tout craché.

Le prévenu. Je n'eus jamais de père.

La maman Hortaire. En v'l'à une de pommée!.. Tu n'es peut-être pas venu au monde sous un chou, mon garçon!... Je te dis que t'es bien le fils de ton père.

Le prévenu. Je sais bien, moi, que je n'en ai pas le plus petit brin de père!

La maman Hortaire. Qui que tu dis donc là, *fieu?*... Vas-tu pas faire accroire à ces messieurs que je t'ai fait par l'opération du Saint.....

M. le Président interrompant ce colloque. Puisque vous avez quitté votre famille à un âge où vous pouviez vous en passer, dites-vous, il doit vous être facile de donner quelques renseignements

N° 74.

LA CORRECTIONNELLE

Petites Causes Célèbres.

Que votre sort est doux, fleurs qui venez d'éclore!
Et qu'un cœur amoureux en connait bien le prix!
Vous naissez sur le sein de Flore,
Vous mourrez sur le sein d'Iris.

(Un Poëte Galant)

Dessiné par Gavarni. Lith. Coulon et Cie r. richer, 7.

Martinon, rue du Coq St Honoré, N° 4.

sur vos parents... vous devez vous les rappeler, ne fût-ce que vaguement.

Le prévenu. Je n'ai ni père ni mère... Je n'en eus jamais; voilà tout ce que je puis vous dire sur ma famille.

La maman Hortaire. Ah! malheureux enfant!... Tu me renies, tu renies ton père ?

Le prévenu. Vous voudreriez que j'embellisse vos cheveux blancs, comme on dit... Ça s'peut pas! Je me nomme Lanternier, Alexis, Fouquet!... Hortaire? jamais, jamais!... Je n'ai pas de père... Je n'en veux pas!

M. le Président. Epoux Hortaire, vous reconnaissez positivement votre enfant?

Hortaire. Comme si je l'avais fait.

La maman Hortaire. Quoi que tu dis là, mon vieux?... C'est bien ton sang, foi d'honnête femme... Il est bien à toi tout entier, mon bonhomme.

Un compagnon de captivité du prévenu vient déposer sur son identité. Il a reçu du fils Hortaire la confidence du secret de sa naissance.

Malgré ces autorités, Hortaire fils n'en persiste pas moins à soutenir qu'il n'est pas le fils de son père. Il est condamné, attendu la récidive, à trois mois d'emprisonnement.

CHAUSSURE A SON PIED.

Guichard, terrassier, est prévenu d'avoir volé une paire de souliers à son commensal Bourdier.

Bourdier se présente nu-pieds devant le tribunal; mais M. le président lui fait observer qu'il aurait pu se rendre devant la justice dans un état plus convenable.

Bourdier, riant. C'est rapport à ma chaussure que vous dites ça... Je ne suis pas trop mal chaussé comme ça... je défie bien le *Crépin* de me faire des bottes plus justes... plus propres, je ne dis pas!... Une autre fois je me cirerai à l'anglaise, et il n'y paraîtra pas.

M. le Président. Racontez au tribunal comment Guichard vous a volé vos souliers.

Bourdier. Nous étions allés manger une soupe ensemble... ma chaussure me gênait, que j'avais les pieds comme dans un étau : j'ôte donc mes souliers et je les fourre dans la poche de ma veste, que j'avais retirée... mais après dîner je ne retrouve plus mes escarpins... des chaussons neufs qui m'avaient bien coûté un petit écu.

Guichard. De vraies poêles à marrons!... ils étaient troués *de* partout!

M. le Président. Qu'est-ce qui a pu vous faire croire que Guichard vous les avait volés?

Bourdier. C'est un freluquet, un orgueilleux, qui est honteux de ses sabots. Il n'avait pas de souliers... l'idée me vint que c'est lui qui m'a volé... Je lui dis : Antoine, t'as pris mes *bateaux!* Il me répond : Foi de Guichard, je ne les ai point pris... Mais malgré ça, je voyais qu'il en avait gros sur la conscience. Je me jette sur lui et je trouve mes souliers qu'il avait cachés dans son estomac.

Guichard. C'était une farce, mon vieux.

Bourdier, avec incrédulité. Ça n'est pas naturel de jouer avec des souliers.

Guichard. C'était pour *de* rire, jobard!

Bourdier. Oh! bien, fallait pas rire avec mes souliers; tant pire!

Guichard. Je les avais cachés pour riser.

Bourdier. Ah ben! des souliers, c'est des souliers; on ne s'amuse pas avec.

Guichard. Je me *fichais* pas mal de tes vieux souliers!

Bourdier. Alors pourquoi que tu les serrais dans tes estomacs?

Guichard. Fallait pas te vexer, on te les aurait rendus... *d'aillieurs* tu sais bien que nous ne chaussons pas au même point.

Bourdier. C'est vrai que t'as pas le pied aussi mince que moi. C'était peut-être pour ton épouse.

M. le Président. Enfin le prévenu vous les a-t-il rendus, vos souliers?

Bourdier. Il ne me les a point rendus.... Au contraire, le vilain *voleux* les a empoignés et il les a jetés dans la marmite de la mère Goujet... ils en sont sortis tout racornis comme une tranche de bœuf... c'était du cuir bouilli, quoi! Je n'en pourrai plus rien faire; les clous étaient restés dans la soupe... le carreleur me demandait dix sous pour les remettre à neuf...

Guichard. Est-il tannant, c't être-là, avec ses pantoufles de Cosaque!

La maman Goujet, dont le témoignage est invoqué sur le fond des intentions de Guichard en détournant la chaussure de Bourdier, ne peut préciser au juste le but que se proposait Guichard.

En l'absence de preuves suffisantes, le tribunal, ayant égard aux bons antécédents de Guichard, le renvoie purement et simplement de la plainte.

Imprimerie d'AMÉDÉE GRATIOT et Ce, rue de la Monnaie, 11.

LE DIABLE TENTE LES JOLIES FILLES.

Que de choses conspirent contre les femmes ! C'est d'abord le cœur, l'humaine faiblesse, la coquetterie, la vanité, l'ennui; puis quelquefois aussi la cupidité, l'ambition, l'avarice, honteuse et sordide passion qui ne couvre point une faute, mais qui l'aggrave... puis enfin les conseils pernicieux. Laurentine Goureau est une jeune et jolie repasseuse qui joint à la fragilité de la femme l'imprévoyance de la grisette, et cette ignorance candide qui va s'effaçant avec l'âge de l'esprit d'une jeune fille. Heureusement, pour la repasseuse ingénue, que le ciel a commis à sa sûreté la maman Goureau, femme expérimentée, pilote habile qui connaît les écueils dangereux, pour avoir autrefois gouverné sa barque avec honneur au milieu des sirtes et des récifs qui hérissent la vie d'une jolie femme. C'est à cette vigilance maternelle que Laurentine doit d'avoir échappé aux infâmes suggestions de la dame Bonnivard, qui, à l'exemple du grand Ennemi, de Milton, s'étant glissée dans la peau du serpent, était parvenue jusqu'à l'oreille de la pauvre fille d'Ève. Trompée dans son odieux calcul, la corruptrice madame Bonnivard ne devait pas seulement revenir de son entreprise avec sa courte honte; sa conduite appelait encore un juste châtiment, et c'est en conformité de l'article 334 du Code pénal que la maman Goureau traduisait aujourd'hui devant la justice la subtile matrone. La dame Bonnivard est une femme vieille et ridée; son visage porte l'empreinte d'une profonde démoralisation.

La jeune Laurentine s'approche du tribunal. Sa contenance est embarrassée; tout dans son maintien, dans sa voix, décèle une extrême confusion. M. le Président cherche à la rassurer avec une bienveillance marquée, et lui fait observer que sa conduite ayant été irréprochable, elle peut se montrer sans crainte comme sans honte devant la justice.

Laurentine dépose d'une voix faible sur les manœuvres employées par la femme Bonnivard. Elle fait connaître que plusieurs fois, à l'insu de sa mère, la prévenue était venue la visiter, et que chaque fois elle tenait les discours les plus étranges et l'engageait à quitter un état pour lequel elle n'était pas faite, disait-elle. Elle lui offrait en compensation le sort le plus heureux, faisait briller à ses yeux les plus séduisantes illusions, et lui présentait l'avenir sous les plus riantes couleurs. La femme Bonnivard ne lui demandait, pour la mettre en possession de tous ces biens dont elle flattait son imagition, que de la docilité, un peu moins d'un rigorisme qu'elle traitait de *pruderie*, et surtout de déserter le toit maternel. La déposition du témoin ne laisse aucun doute sur l'esprit qui dictait les conseils de la prévenue. On comprendra que nous ne pouvons, en raison d'une haute convenance, reproduire ici cette déposition avec tous ses détails.

La dame Bonnivard repousse les intentions qu'on lui prête, et soutient qu'elle était animée du zèle le plus pur, le plus honorable.

La prévenue. Je n'ai jamais donné que de bons avis à cette pauvre enfant. Elle est là pour me démentir; qu'elle dise si je ne l'ai pas toujours exhortée à faire un bon usage de sa jeunesse. Je ne cessais de lui répéter que la vie est courte...

M. le Président. Vous ne parviendrez pas à donner le change sur la portée des paroles que vous faisiez entendre à la jeune Laurentine. Ce n'est pas sans un mauvais dessein qu'on ouvre les yeux à une pauvre fille sur les embarras d'une condition médiocre; qu'on cherche à éveiller en elle une convoitise mauvaise...

La prévenue. Je reconnais que je lui ai dit qu'on avait vu des repasseuses devenir de grandes dames... mais j'ai ajouté : Moi, qui vous parle, j'ai vu de grandes dames devenir repasseuses; ce qui prouve que nous tenons plus à la jeunesse qu'elle ne tient à nous, et que le temps travaille à la ruine des pauvres femmes... Une mère n'aurait pas parlé autrement à son enfant.

M. le Président, avec sévérité. Une mère n'aurait jamais exhorté sa fille à quitter ses parents. Au reste, vous ne prétendez pas, sans doute, que vous ayez voulu attirer la jeune Laurentine dans votre maison dans le but de lui montrer de bons exemples?

La prévenue. On fait le mal partout, quand on est porté à le faire.

M. le Président. Vous ne sauriez couvrir d'un voile honnête les tentatives que vous avez faites auprès de Laurentine, lorsque tout atteste leur immoralité; d'une part, le mystère dont vous enveloppiez vos fréquentes visites, le cynisme de vos discours, les promesses dont vous faisiez usage; et d'autre part enfin, vos antécédents, et surtout l'espèce de profession que vous exercez, et qui suffit pour renseigner sur la nature des propositions que vous avez dû faire à Laurentine.

La prévenue garde un profond silence. M. le Président demande à la femme Bonnivard si elle a fait choix d'un défenseur.

La prévenue. Puisque vous êtes décidés à me condamner, ça n'était pas la peine... Vous pouvez dire que vous allez frapper une innocente victime... On a bien raison de dire qu'il ne faut jamais tenter le bonheur de quelqu'un contre sa volonté... Je suis ici pour avoir voulu le bien de cette petite sotte... Les bonnes intentions ne sont jamais récompensées...

La femme Bonnivard n'a pas plus tôt achevé sa touchante homélie, que M. le Président prononce contre elle la peine d'un an d'emprisonnement et 300 fr. d'amende.

PLAISIR CHAMPÊTRE.

Vorel, Chipot et Morilleux sont traduits en justice, comme s'étant rendus coupables, au préjudice de Joseph Bastien, cultivateur à Beaubigny, d'un bris de clôture ayant occasionné la désertion d'une bande de lapins.

Bastien. Ne m' parlez point de vos damnés Parisiens, des ravageurs qui fesiont au paysan plus de tort qu'une armée de mulots; un tas de *faignants* qui s'en veniont faire des nichées dans nos blés et qui ne laissiont pas un seul fruit sur les arbres... Nous sommes ben heureux encore quand nos femmes ne leur donnent point dans la visière. Tant y a que par un lundi du mois passé, comme j'étiont occupé dans mon clos à lier la vigne, v'là ma femme Bastienne qui m' criont : « Vians donc voir, not' homme, v'là des messieurs qu'ont brisé les planches de la garenne... les lapins sont aux champs !... » J'arrivons, et je trouvons le clapier,

Petite, on a vu de simples repasseuses devenir de grandes Dames !...
Moi, qui vous parle, j'ai vu aussi de grandes Dames devenir repasseuses....
Ce qui prouve que nous tenons plus à la jeunesse qu'elle ne tient à nous,
et que le temps travaille à la ruine des pauvres femmes

Dessiné par Gavarni

Lith. Coulon et Cie r. richer, 7.

Martinon, rue du Coq St Honoré, N° 4.

comparaison parlant, vide comme une noix creuse. Et puis ces biaux petits marjolets, que voici, tiraient leurs chausses et nous faisaient les cornes en s'ensauvant. Morguienne, ils courront ben, si je ne les attrapons, que je me dis... Là-dessus, je me donnons du vent, et j'avons bentôt empoigné au collet ce grand que v'là... Le garde-champêtre en a arrêté un, et Clochet, tisserand, le troisième. Les v'là ben les trois; ça fait mon compte.

M. le Président. Combien aviez-vous de lapins, et combien les estimiez-vous ?

Bastien. Ça n'est point trop dire de deux cents, sans compter les ventrées... Les lapines avaient ben le tour de la ceinture, sans mentir, comme ma femme Bastienne, la fois qu'elle m'aviont baillé deux petiots garçons d'une seule portée... Quant à l'estimation, un lapin est un lapin : n'y a pas moyen de surfaire... mettons un petit écu par tête.. je veux ben faire grâce des petits.

Chipot. Y pensez-vous? des lapins de garenne!

Bastien. C'est qu'ils valiont ben des lapins de terrier... ah mais!

Chipot. Il n'y en avait pas plus d'une trentaine.

Bastien. Qué qu'vous jargonnez donc, à c'tte heure?... une trentaine!... (Se tournant vers le banc des témoins.) Dis donc, Landrot, v'là ce petit *freluquet* qui disiont qui n'y aviont pas plus d'une trentaine de lapins dans not' clapier.

L'interpellé. Laisse-le dire, mon vieux.

Bastien, triomphant. Là, je ne lui avons pas fait le bec, à Landrot.

M. le Président, aux prévenus. Pourquoi brisiez-vous la clôture de la garenne de Bastien ?

Morilleux. Je vais vous dire la franche vérité. Nous revenions de Bondy après un bon déjeuner, et nous étions en train de nous livrer à des plaisirs champêtres... En passant près de l'habitation de Bastien, nous aperçûmes un parc clos de planches, et nous nous mîmes à regarder les lapins. Il faut croire que la clôture n'était pas très solide, car, en nous appuyant pour voir à travers les fentes, il y eut cinq ou six planches qui se détachèrent...

Bastien. N'en croyez rien, monsieur le juge!... il vous baille le chat par les pattes... c'est à coup de pierres qu'ils ont défoncé la clôture.

M. le Président. Ainsi, tous vos lapins ont été perdus?

Bastien. Quasiment tous... et je pouvons ben dire que ce sont les plus gros qui se sont ensauvés...

M. le Président. Il suffit... allez à votre place.

Bastien, avec humeur. Je ne pensons point être déplacé où que je sommes... Faut point rabaisser les petites gens!...

L'huissier audiencier a toutes les peines du monde à faire comprendre au susceptible Bastien que monsieur le président n'a eu d'autre intention que de l'inviter à s'asseoir... Bastien se retire toujours en grommelant.

Les trois prévenus sont condamnés chacun à quinze jours d'emprisonnement, et solidairement à 200 francs de dommages-intérêts.

UN CHIEN VERT.

Madame Marmès possède un chien; la chose n'est pas rare; mais ce chien est vert, voilà qui est plus extraordinaire. Quelque merveilleux que cela puisse paraître au premier abord, il est aisé de l'expliquer. L'infortuné quadrupède aura subi la teinture comme une pièce de drap. Il s'agit de rechercher l'auteur de ce quasi-délit. Dans la maison de madame Marmès se trouve un teinturier, et chez ce teinturier un jeune enfant assez malfaisant par nature. Sur quelques indices un peu vagues qui lui ont été fournis par des voisines, la dame Marmès n'a pas craint de faire retomber sur le petit espiègle la responsabilité de la subite métamorphose de son intéressant toutou. En conséquence elle a cité directement le jeune Auguste Brizac devant le tribunal. L'intimé est présent à la barre. Il a jugé à propos de se faire suivre devant la justice par un cortége nombreux de teinturiers.

Les faits de la plainte sont présentés sous la forme du doute par les témoins de la dame Brizac; leurs dépositions se réduisent à des conjectures assez plausibles, vu le naturel malin du prévenu, mais dépourvues au fond de toute certitude.

Les témoins d'Auguste, au contraire, attestent son innocence en termes formels. Un incident est venu égayer le cours des débats. Le nommé Févrin, teinturier, étant admis à prêter serment, M. le président qui n'aperçoit pas l'épiderme de sa main engage le témoin à ôter son gant; mais celui-ci montre à M. le président qu'il est dans l'erreur, et que ce qu'il a pris pour un gant n'est autre chose que la couleur de la peau.

Le tribunal, attendu qu'il résulte des débats que Brizac est complétement étranger au fait dont on l'accuse, le renvoie de la plainte.

Imprimerie d'AMÉDÉE GRATIOT et Ce, rue de la Monnaie, 11.

COURTE ÉCHELLE.

Un monsieur, vêtu avec une certaine élégance, expose au tribunal qu'il a été renversé par le choc d'une lourde échelle que portait le jeune Hyacinthe, ouvrier plombier. Ce qui a surtout déterminé le plaignant à citer le délinquant en justice, c'est la très évidente intention de nuire qui aurait, selon lui, dirigé Hyacinthe.

M. le Président. Veuillez expliquer de quels faits résulte cette intention, afin que le tribunal puisse apprécier convenablement le mérite de l'action dont vous vous plaignez.

Le monsieur. Je longeais la rue de la Pépinière; Hyacinthe marchait dans une direction opposée à la mienne. Il était chargé d'une échelle, avec laquelle il s'amusait à exécuter des évolutions et des tours d'adresse. Un danger réel pouvait résulter pour les passants de ce singulier exercice; aussi je gagnai prudemment le bas-côté de la rue. Hyacinthe remarqua ma retraite et se dirigea vers moi. Je n'avais pas eu le temps de me ranger contre la muraille, que déjà il est près de moi, et, feignant de ne pas me voir, se détourne brusquement; l'échelle décrit horizontalement un quart de cercle, et dans son développement longitudinal, m'atteint si violemment à la tête, que je tombe à terre.

M. le Président. Que fit le prévenu en vous voyant à terre?... N'exprima-t-il pas quelque regret de son inadvertance?

Le monsieur. Il riait à se tenir les côtes!... Je ne savais pas être si plaisant!...

Hyacinthe. C'est que vraiment vous étiez bien risible... Figurez-vous, messieurs les juges, que j'ai à peine *fleuré* son chapeau; mais il marchait sur la pointe des pieds, en zéphyr, et, quoique faible, le coup l'a *mouvé* un petit brin; ça ne pouvait pas être autrement... C'est un malheur arrivé par accident!

M. le Président. C'était toujours fort imprudent de votre part de vous amuser sur la voie publique à faire pivoter une échelle, comme l'a dit le plaignant.

Hyacinthe. Le plaignant ne sait ce qu'il dit; c'était une échelle légère et très courte, une véritable échelle de colleur de papier.

Le plaignant. Je soutiens que c'était une échelle fort pesante.

Le sieur Blinet, grainetier, était devant sa porte lorsqu'eut lieu la chute du plaignant, et il vient ajouter son témoignage à la plainte. Il n'est pas douteux pour le témoin que le prévenu n'ait agi méchamment; car loin qu'il y eût nécessité pour lui de gagner le bas-côté de la rue, il lui eût été infiniment plus commode de tenir le haut du pavé: il a dû se déranger considérablement pour marcher à la rencontre du plaignant. Quant à l'échelle, elle était bien d'une grande dimension, comme il a été dit.

Hyacinthe. Allons, allons, vous faites la courte-échelle au plaignant... Combien vous a-t-il donné pour m'accuser?

Le sieur Blinet. Je sais ce que c'est que parler devant la justice; et, ni pour or ni pour argent, je ne dirais pas ce qui n'est pas... Voilà comme je suis.

M. le Président, au prévenu. Je vous engage à ne pas manquer aux témoins; il y a des peines pour ceux qui tentent d'empêcher la manifestation de la vérité.

Hyacinthe paraît terrifié par cet avis et garde le le silence.

La dame Simon, Mercier, Jean-Baptiste Virot sont encore entendus. Il reste démontré par les dépositions de ces divers témoins que Hyacinthe a agi avec plus de malignité que d'inadvertance, et que le coup porté au sieur D. est volontaire de sa part.

En conséquence, le tribunal condamne le prévenu à 15 jours d'emprisonnement, 50 francs de dommages-intérêts et 25 francs d'amende.

UNE PARADE.

Plusieurs jeunes gens étaient attablés dans le salon du *Chariot-d'Or*, à la Villette, et fêtaient la dive bouteille, comme aurait dit maître François Rabelais, de pantagruélique mémoire. Survient un bruit et nos buveurs de mettre le nez à la fenêtre. Ils reconnaissent que ce bruit est occasionné par une sorte de berline de chétive apparence et attelée de deux nobles coursiers, dont les flancs amaigris attestent qu'ils ont dû porter des paniers de cerises avant d'avoir l'insigne honneur de traîner *il signor* Favolone, célèbre médecin italien, inventeur d'une incomparable pommade propre à arrêter la chute des cheveux. Au centre de la berline était placé fastueusement l'opérateur fameux, qui mit pied à terre, et, malgré la richesse de son costume et le prodigieux amas de breloques dont il était chargé, ne fit nulle difficulté d'entrer dans le cabaret et de tâter de ce délicieux petit vin bleu que vous savez. Or, pendant que notre empirique se désaltérait sensuellement, il prit envie à nos jeunes étourneaux de voir de plus près les équipages d'il signor Favolone. Ils descendent donc, et, usant de la liberté que donne le vin, ils visitent en détail chaque partie de la berline. Heureux hasard!... En fouillant de ci, de là, ils aperçoivent sous le siége du cocher une malle d'où sortait une manche d'habit, toute recouverte de paillettes. Ils détachent la malle, et en un clin d'œil ils font l'inventaire des richesses vraiment royales que contient le coffre. Ce sont les divers costumes nationaux dont Gerbonnet, plus connu sous le nom que nous lui avons déjà donné, revêt son cosmopolitisme et au moyen desquels il exploite la crédulité des simples et des chauves. Nos jeunes gens étaient tous disposés à rire et ils avaient en main l'occasion de satisfaire ces bonnes dispositions. Ils quittent leurs habits pour endosser les oripeaux de Gerbonnet: qui, l'habit persan; qui, le costume indostan; qui, le frac de marquis, la veste rouge de hussard, le pantalon et le turban turcs; bref, la mascarade était des plus originales. Pour rendre l'aventure plus piquante, Gaucher, l'un de la bande, se place dans la berline, et s'aidant du geste et de la parole, débite ses lazzis à la foule émerveillée que cette scène grotesque avait amassée.

Pendant cette divertissante parade, les amis du faux opérateur avaient attiré Gerbonnet dans l'une des cours de l'auberge du *Chariot-d'Or*, et s'emparant de lui, avaient séquestré sa personne en l'enfermant dans une écurie. Cependant les cris du reclus ayant, longtemps après, appelé l'attention

N°76.

LA CORRECTIONNELLE

Petites Causes Célèbres.

Un malheur arrivé par accident.

Dessiné par Gavarni. Lith. Coulon et Cie r. richer, 7

Martinon, rue du Coq St Honoré, N° 4.

d'une servante de l'auberge, Gerbonnet recouvra sa liberté et en usa pour provoquer l'arrestation immédiate de ses audacieux incarcérateurs. Trois seulement des délinquants sont aujourd'hui sous la main de la justice; ce sont les nommés Jambon, Jupré et le jovial Gaucher.

Gerbonnet dépose avec acrimonie sur la double violation que nous venons de rapporter; il accuse, en outre, les prévenus de lui avoir soustrait trente-quatre pots de sa pommade merveilleuse; pommade incomparable, dit le témoin, et dont la propriété est de faire pousser les cheveux en un instant, employée dans la proportion d'une tête d'épingle. Ici Gerbonnet déploie orgueilleusement sa chevelure de *scapiglioni*, chevelure touffue et qui, décrivant autour de son front une auréole incommensurable, lui donne un faux air de marronnier taillé en parasol. Divers témoins sont en outre entendus et confirment la déposition de Gerbonnet en ce qui touche la scène principale.

Les prévenus confessent les faits et allèguent l'état d'ivresse dans lequel ils étaient. Ils protestent d'ailleurs de leur innocence quant aux pots volés.

Le tribunal, éclairci par les louables antécédents des prévenus, et jugeant bien que le délit n'a pas toute la gravité que Gerbonnet lui prête, condamne chacun des prévenus à quinze jours d'emprisonnement et solidairement à 150 francs d'amende.

PHILOSOPHE SANS LE SAVOIR.

Un vieillard, porteur d'une barbe blanche touffue, et dont le visage rappelle quelques traits de la physionomie du vieil Ochiltrie, le mendiant de l'*Antiquaire*, est assis au banc des prévenus. Il est accusé de mendicité.

M. le Président. Gérand, quelle était votre profession antérieurement à ce jour?

Gérand. Je n'en ai jamais eu.

M. le Président. Comment êtes-vous parvenu à l'âge où vous êtes, sans profession, et n'ayant par vous-même aucun moyen d'existence?

Gérand. Ça n'est pas bien malin, et le secret est tout simple. J'ai remarqué que plus on avait, plus on voulait avoir... Alors, comme j'ai vu que je courais grand risque de n'être jamais pleinement satisfait en faisant comme tout le monde, je me suis mis à vivre à ma manière. Comme il ne me faut pas grand'chose, je n'ai jamais manqué de rien.

M. le Président. C'est précisément sur cette manière de vivre, qui vous est particulière, que je vous interroge.

Gérand. Je fais tout et je ne fais rien... je veux dire que je puis faire tous les états, sans me soucier d'en prendre aucun.

M. le Président. C'est une facilité qui ne vous sert guère; il vaudrait mieux pour vous moins d'aptitude et plus de persévérance.

Gérand. A quoi bon?... Je n'ai ni femme, ni enfants, ni ambition qui me talonne. Comme je n'ai jamais fait de mal à personne, je dors mon somme tout d'un trait; ce que j'ai, ou plutôt ce que je *n'ai pas*, me suffit... On n'a pas le droit de m'empêcher d'être heureux à ma façon.

M. le Président. Il est un but d'utilité réciproque que chaque membre de la société doit se proposer... Nous devons tous chercher à nous rendre utiles les uns aux autres.

Gérand. Je vous demande un peu de quelle utilité je puis être, moi, tout petit, à des gens qui n'en vivent pas moins bien parce qu'ils se passent de mes services...? Les choses en iraient-elles mieux parce que je vendrais des cure-dents piqués sur une brioche d'un sou?...

M. le Président. Si tout le monde raisonnait comme vous, il n'y aurait plus de société possible.

Gérand. Ça serait peut-être bien préférable.

M. le Président. Voyons, revenons au délit dont vous êtes accusé... Vous avez demandé l'aumône?

Gérand. Qui donc ça peut-il blesser?

M. le Président. Est-ce que par hasard vous méconnaîtriez l'autorité des lois?

Gérand. A Dieu ne plaise... je dis seulement que les hommes font les lois à leur image; et comme ils sont bien méchants, ils les font bien méchantes... Tenez, je n'en connais qu'une bonne loi... c'est la seule: « Ne fais pas à autrui ce que tu ne voudrais pas qu'il te fût fait... » Avec celle-là, on pourrait se passer de toutes les autres.

M. le Président. Assurément, c'est la plus belle règle de conduite que l'homme puisse pratiquer; mais on ne gouverne pas une société seulement avec des lois morales. Asseyez-vous; mais, à l'avenir, tâchez de mieux expliquer cette philosophie dont vous vous piquez.

Gérard est condamné à un mois de prison

Imprimerie d'AMÉDÉE GRATIOT et Cᵉ, rue de la Monnaie, 11.

CONCURRENCE COMMERCIALE.

Lecoq, épicier *jeune France*, et Bornichon, épicier de la vieille roche, exercent concurremment le commerce des denrées coloniales, rue Saint-Antoine; les deux rivaux nourrissent l'un contre l'autre une inimitié profonde, implacable, fondée sur une déplorable jalousie de métier. Chez Bornichon, cette haine s'est accrue des sentiments envieux qu'ont développés en lui les nombreux avantages dont une heureuse étoile a comblé son fortuné rival. Ainsi, pendant que Bornichon est l'époux d'une laideron, Lecoq se voit possesseur d'une femme charmante, que les galants du quartier ont décorée du surnom un peu flatteur de *la Belle Épicière*. Lecoq, sans avoir recours à la brigue, a été appellé, par l'estime de ses semblables, à l'insigne honneur de porter le double galon d'argent dans une compagnie de chasseurs; tandis que Bornichon, en dépit de ses menées ambitieuses, est resté dans les rangs les plus obscurs de la milice citoyenne. Lecoq est jeune et presque beau : Bornichon est vieux et tout à fait laid; Lecoq est d'une élégance pleine de goût et qui va jusqu'au luxe de la casquette de velours épinglé : Bornichon est demeuré stationnaire en fait de modes et porte, en 1840, une casquette de loutre. Enfin, l'un a un magasin peint en vert; l'autre une boutique couleur chocolat. Tant et de si rares avantages dans Lecoq ont dû nécessairement aigrir l'épicier disgracié du sort et exalter sa haine jusqu'à la frénésie.

C'est par suite de cette rivalité que les deux épiciers se trouvent en présence devant la justice.

Lecoq, partie civile. Je viens demander à la justice une réparation magnanime des sottises que mon confrère Bornichon a faites à mon fils Alfred, un enfant de six ans, un petit ange...

Bornichon. Dites plutôt un vrai démon, qui jette

toujours sa balle ou sa toupie dans mes carreaux et qui, dernièrement encore, a laissé tomber son brodequin dans ma mélasse !

M. le Président à Lecoq. Enfin, quelles sont les *sottises* dont vous vous plaignez ?

Lecoq. Ce mot renferme tout.

M. le Président. C'est pour cela même qu'il est un peu vague ; mais, d'abord, racontez les faits tels qu'ils se sont passés.

Lecoq. Le 25 du mois dernier, je me trouvais derrière mon comptoir, et, par parenthèse, j'étais occupé à lire le dernier roman de M. Paul de Kock. Mon fils jouait sur le pas de la porte. Quelques instants après j'entends des cris aigus ; j'accours, c'était Alfred, que Bornichon chargeait à fond à grands coups de pied au... dans le... Le pauvre enfant a été huit jours sans pouvoir s'asseoir... Ce n'est pas tout. Mon confrère lui adressait, en le frappant, les épithètes les plus incongrues... il l'appelait... là... vous savez, *Antony*, la pièce de M. Alexandre Dumas ?... vous comprenez ? A l'entendre, l'enfant n'aurait pas eu moins de trois douzaines de pères... c'est très mortifiant pour moi. Je m'approchai pour faire des observations à Bornichon sur la manière incivile dont il traitait mon Alfred ; mais je fus fort mal reçu..., il s'en prit à moi et dit en ricanant : Tiens, voilà le... le... (je ne sais, messieurs, comment vous dire la chose) le... le... bref, il estropia si joliment mon nom, qu'au lieu de me nommer Lecoq tout court, il m'appela : *Leco-q* deux fois !

Bornichon, avec un rire sardonique. Eh bien !.. est-ce que ça n'est pas votre nom, Lecoq, imbécile ?

Lecoq, avec dignité. J'entends le coq-à-l'âne.

M. le Président. Quelle raison donnait Bornichon pour traiter ainsi votre fils ?

Lecoq. Il prétendait qu'Alfred lui avait volé des pruneaux. C'est physiquement impossible ; car de père en fils nous n'avons jamais pu supporter les pruneaux, et, sous ce rapport, mon fils Alfred tient de moi ; ce qui vous prouve qu'il y a bien de mon sang dans l'enfant, quoi qu'en dise mon confrère... Je suis donc certain que ce n'était pas pour des pruneaux que Bornichon battait mon Alfred.

M. le Président. Quel autre motif pouvait-il avoir ?

Lecoq. Bornichon ne nous aime guère... il est vrai que nous le lui rendons bien, et nous sommes à deux de jeu de ce côté-là... Mon confrère est envieux ; il n'a pu voir sans déplaisir que la bonne qualité de mes denrées avait attiré chez moi tous les gros bonnets du quartier : c'est moi, messieurs, qui ai l'honneur de fournir notre chef de bataillon et sa respectable famille.

Bornichon. Vous avez assez fait de bassesses pour cela... jusqu'à lui donner votre voix dans les élections !

M. le Président, à Lecoq. Des témoins ont vu cependant des pruneaux dans les mains de votre fils.

Lecoq. C'est une erreur... c'étaient des poires tapées, dont il est très friand ; c'est moi qui les lui avais données.

Bornichon, vivement. C'était de la prune royale de Tours ; je suis le seul à tenir cette qualité...

Lecoq, avec véhémence. C'est faux ! vous ne *tenez* que la prune de Monsieur, tout ce qu'il y a de plus défectueux en fait de pruneaux... La *royale* de Tours ne se trouve que chez moi.

Bornichon. C'est une imposture !... il veut me faire perdre mes pratiques !

En conséquence des faits, la partie civile est déboutée des fins de sa requête, et Bornichon renvoyé de la plainte avec tous les honneurs de la guerre.

UN ABUS DE CONFIANCE.

Forte de l'article 378 du Code pénal, mademoiselle Palmyre Grondin, jeune et jolie mercière, a cru pouvoir actionner devant le tribunal de police correctionnelle le sieur Bougeard, officier de santé, pour fait de révélation de secret, à lui confié dans l'exercice de sa profession. Le cas est délicat, et mademoiselle Palmyre entoure le procès de mille précautions honnêtes pour laisser aux faits une tournure vague et décente.

Mademoiselle Palmyre, qui est à la tête d'un commerce florissant, recevait les assiduités du jeune Louis Seigneuret ; mais nous devons déclarer, à la louange de la mercière, que ces assiduités avaient un but honorable, et que, d'un commun accord, et pour la plus grande gloire de la morale, un prochain mariage avait été arrêté entre les deux amants.

Le sieur Bougeard, qui remplissait les chatouilleuses fonctions de médecin ordinaire de la demoiselle Grondin, et qui, en cette qualité, était reçu dans l'intimité de sa jolie cliente, fut bientôt le

N° 77.

LA CORRECTIONNELLE

Petites Causes Célèbres.

Funestes effets de la Concurrence Commerciale

Dessiné par Gavarni.

Lith. Coulon et Cie r. richer, 7.

Martinon, rue du Coq St Honoré, N° 4.

confident des projets de Palmyre. Louis Seigneuret lui fut présenté, et une sorte de liaison s'établit bientôt entre lui et le fiancé de la mercière. Une plus grande familiarité succéda à ce premier attachement, si bien que le futur époux et le médecin devinrent en peu de temps deux amis inséparables, et n'eurent plus de secrets l'un pour l'autre.

Le sieur Bougeard, oubliant alors, en faveur de ses nouvelles affections, les égards qu'il devait à son ancienne cliente, crut pouvoir éclairer son ami sur certaines particularités concernant sa prétendue, et le renseigna si positivement à cet égard, que le jeune Seigneuret, un jour, écrivit à sa fiancée que, d'après les lumières qu'il avait recueillies par rapport à certains vices constitutifs, il ne pouvait balancer plus longtemps à rendre à mademoiselle Palmyre la libre disposition de sa main. Cette renonciation, venue tout d'un coup, et les motifs qui paraissaient l'avoir dictée, inspirèrent à la demoiselle Grondin le désir de connaître, au vrai, de quelle source étaient partis les éclaircissements sur lesquels s'appuyait Seigneuret. En conséquence, elle sollicita une dernière entrevue de son futur, aujourd'hui, hélas ! futur passé ! et elle acquit de la bouche même de Louis, la déplaisante certitude, d'abord qu'il n'ignorait absolument rien des choses qu'elle aurait voulu tenir secrètes, et ensuite que la connaissance de ce mystère était due à d'indiscrètes révélations de Bougeard.

Le bon sens de mademoiselle Palmyre répugnait à penser que la loi n'offrît pas une répression d'un abus de confiance aussi monstrueux. Aussi son premier soin fut-il de se rendre auprès d'un avocat, et, suffisamment convaincue de la science du légiste que le Code offrait un refuge contre une aussi criante énormité, elle résolut d'user largement du bénéfice de la loi et de poursuivre judiciairement l'infidèle dépositaire d'un secret qu'elle juge être sans doute d'une très haute importance pour elle.

Bougeard occupe le banc des prévenus.

Louis Seigneuret est appelé comme témoin.

M. le Président. Ne deviez-vous pas vous marier avec Palmyre Grondin ?

Seigneuret. Oui, monsieur.

M. le Président. Qu'est-ce qui vous a fait changer d'avis ?

Seigneuret, hésitant. Des bruits qui me sont revenus sur Palmyre.

M. le Président. De quelle nature étaient ces bruits ?

Seigneuret. Ils n'avaient rien de défavorable à la bonne réputation de mademoiselle Grondin.

M. le Président. De qui teniez-vous ces renseignements ?

Seigneuret hésite, balbutie quelques mots inintelligibles, et enfin refuse de répondre.

M. le Président. N'oubliez pas que vous parlez sous la foi du serment; les liens d'amitié qui vous unissent à Bougeard ne sauraient vous dispenser de dire la vérité.

Seigneuret. Je les tenais de Bougeard lui-même.

M. le Président. Ces renseignements ne portaient-ils pas sur des affections maladives que Bougeard n'a pu connaître qu'à l'occasion de son art ?

Seigneuret. Je pense qu'il ne les a pas connues autrement.

M. le Président. Que vous a dit Bougeard pour vous détourner de vos projets de mariage ?

Seigneuret. Il m'a dit que je ne serais jamais heureux avec Palmyre, parce qu'elle était attaquée d'une maladie incurable.

M. le Président. Vous a-t-il dit quelle était cette maladie ?

Seigneuret. Oui, monsieur; mais j'avoue que je ne pouvais pas trop m'en rendre compte, et je serais peut-être passé par-dessus ces considérations, si Bougeard, en véritable ami, ne m'eût répété que c'était une maladie sans remède et de plus contagieuse.

Bougeard. Les réticences du témoin pouvant nuire à la réputation de la plaignante, je crois de mon honneur de déclarer ici qu'il s'agit seulement d'une affection cancéreuse située dans les régions basses de l'abdomen. J'ai cru qu'il était de mon devoir de prévenir Seigneuret amicalement, et en cela, j'ai la conviction que j'ai utilement servi les intérêts mêmes de mademoiselle Grondin.

L'avocat du prévenu a la parole. Après avoir montré que la demoiselle Grondin avait agi plus en vue d'une coquetterie de femme qu'en vue d'une violation de secret, le défenseur s'attache à établir qu'il n'y a pas eu révélation dans le sens de la loi.

Ce système de défense ayant victorieusement triomphé de la plainte, Bougeard est renvoyé de l'accusation.

Imprimerie d'Amédée Gratiot et Ce, rue de la Monnaie, 11.

PLUS DE PEUR QUE DE MAL.

Un couple jeune et charmant occupe le banc des prévenus sur la plainte de M. G..., époux *outragé*, et qui rapporte devant la justice la preuve flagrante de la légèreté de son infidèle moitié.

M. G..., qui occupe un emploi distingué dans une administration publique et jouit de l'estime générale, s'avance et dépose en ces termes :

« Depuis longtemps déjà j'avais témoigné à ma femme mon mécontentement au sujet des fréquentes visites qu'elle recevait de M. de T........ Mes remontrances ne produisirent aucun effet. Je voulus alors, usant de mon autorité, la contraindre à congédier poliment M. de T..; mais elle m'objecta qu'un congé notifié sans motif apparent, pourrait offenser M. de T... et serait pour elle une injure aux yeux de toute sa maison. J'obtins cependant que, sans rompre ostensiblement des relations dont je ne prévoyais que trop les fatales conséquences, elle éviterait soigneusement de se rencontrer avec M. de T... Je crus cette assurance suffisante. Cependant les visites de M. de T... se renouvelèrent comme par le passé. Jugeant bien, d'après les signes nombreux d'intelligence que j'avais surpris, que la liaison dont je me plaignais avait pris un caractère de gravité qu'il n'était plus temps d'arrêter, je ne m'attachais plus dès lors qu'à acquérir une certitude fondée de l'inconduite de ma femme. Cette certitude ne se fit pas attendre bien longtemps. Un jour, comme je revenais de mes occupations plus tôt qu'à l'ordinaire, je fus arrêté en entrant chez moi par mon domestique, qui me dit que sa maîtresse était occupée, et qu'elle avait formellement interdit qu'on la dérangeât. Un secret pressentiment m'avertit de mon malheur. Je feignis de me rendre aux vœux de madame G..., et je dis à mon domestique que j'étais obligé de sortir.

Je revins quelques instants après, accompagné du portier de la maison et du sieur Gessé, coiffeur. Cette fois, malgré les observations de la domestique, je me rendis dans ma chambre à coucher; puis, muni d'un pistolet, je me dirigeai vers l'appartement de madame G... La porte était close intérieurement. Je sommai ma femme d'ouvrir; mais elle me crie qu'étant souffrante, elle ne pouvait me recevoir. Je me ressouvins dans ce moment que la porte du cabinet qui conduisait de la chambre de ma femme au salon pouvait n'être pas fermée, et je courus vers le cabinet : la porte n'était pas fermée. Je m'introduis dans l'appartement. Un demi-jour régnait dans la pièce. Je ne vis d'abord que M. de T..., debout au milieu de la chambre, dans un complet déshabillé. Sa contenance était assurée. Je marchai vers lui; mais il m'arrêta en me présentant un pistolet : « Si vous dites un mot, me dit-il, si vous faites un pas, vous êtes mort!... » Je fus interdit, je l'avoue, par le ton ferme et résolu dont ces paroles furent prononcées. Je lui demandai où était madame G..., il me fit signe de la main qu'elle était derrière le rideau de la fenêtre et je courus vers cet endroit. M. T... se retira. Une scène violente s'engagea entre madame G... et moi. J'étais furieux. Elle s'élança à mes genoux et ne dut qu'à ses instantes supplications et à la promesse formelle d'abandonner sur-le-champ ma maison, d'échapper à ma juste colère.

Touchard, portier, et Gessé, dont l'assistance avait été requise par M. G..., déposent qu'ils ont vu M. de T... sortir, ses habits sous son bras, de l'appartement de M. G... Ils n'ont point vu d'armes dans ses mains, mais seulement une pantoufle de femme.

M. le Président. T..., qu'avez-vous fait de l'arme dont vous aviez menacé M. G...?

M. de T... Je n'avais pas d'armes... ce que M. G... avait pris pour un pistolet n'était qu'une pantoufle que dans son trouble il aura prise sans doute pour une arme.

M. G... rappelé, persiste à soutenir qu'il a vu un pistolet dans les mains de M. de T... Les témoins, de leur côté, affirment de nouveau qu'ils n'ont remarqué qu'une pantoufle.

La parole est ensuite donnée aux défenseurs du prévenu. Il était difficile de lutter contre les témoignages fournis par M. de T... Aussi le tribunal, sur les conclusions de M. l'avocat du roi, condamne-t-il les prévenus chacun à un emprisonnement d'un an.

UN GARÇON-MODÈLE.

Bichon est un garçon de petite taille, les yeux ronds et pleins de feu, d'une figure peu agréable, mais rachetant ses imperfections physiques, au dire de son avocat, par les plus rares qualités du cœur. Quoique la plainte dont il est l'objet semble démentir l'apologie du prévenu, nous ne dirons rien ici qui puisse contredire la bonne opinion que son défenseur a conçue de lui : nous nous contenterons de dire à l'avocat à peu près comme Odry dans les *Saltimbanques* : «Votre client a des qualités, mais c'est un polisson! »

Bichon, en effet, malgré l'excellence de son cœur, est un drôle tout pétri de noirceur. Un doux et tendre penchant l'attirait vers mademoiselle Rosalie, la fleur des danseuses du Salon de Mars. Mais, soit qu'elle jugeât de Bichon par son enveloppe, soit aussi qu'elle n'eût pas le cœur libre en ce moment, mademoiselle Rosalie se montra rétive aux avances galantes du damoiseau. Bichon ne se tint pas pour battu et renouvela, mais sans succès, ses tentatives auprès de la cruelle. Déçu dans ses espérances, Bichon résolut de se venger sourdement des dédains qu'il avait essuyés. Il se rend donc, un jour, muni d'une fiole contenant de l'acide sulfurique, au bal du Salon de Mars, et profitant de la cohue, répand, sans remords, la liqueur traîtresse sur la belle robe de *florence* dont la jolie danseuse s'était à dessein parée en cette occasion.

Il advint, par madame Fortune, qu'une amie de la victime aperçut l'action de Bichon et en avertit Rosalie. Bichon fut mis immédiatement en état d'arrestation.

Il comparaît devant le tribunal de police correctionnelle pour rendre compte de son étrange façon d'agir.

Mademoiselle Rosalie vient faire connaître les motifs présumés de la conduite du prévenu, et ne manque pas de faire sonner bien haut l'honorable résistance qu'elle a opposée aux poursuites multipliées de Bichon. Quant à sa robe, elle n'est nullement d'avis de perdre une parure qui lui a si souvent valu les hommages enivrants des habitués du Salon de Mars; elle réclame, pour le dommage, la modique somme de 100 francs.

N° 78.

LA CORRECTIONNELLE

Petites Causes Célèbres.

UNE RETRAITE HONORABLE.

« Si vous dite un mot et vous faites un pas vous êtes mort ... »

Dessiné par Gavarni — Lith. [illegible]

Martinon rue du Coq St Honoré N° 4

Victoire Baillet succède à la plaignante. Elle expose le fait dont elle a été témoin. C'est à elle que Rosalie est redevable d'avoir découvert l'auteur du coupable attentat dont elle a été victime.

Au reste, Bichon, trouvé encore nanti, lors de son arrestation, de la bouteille qui contenait l'acide sulfureux, Bichon ne songe pas à opposer la plus petite dénégation.

Bichon. Dame! fallait pas qu'elle fasse sa renchérie z'avec moi... Elle avait dédaigné de correspondre z'à la réciproque de mon sentiment ; c'était z'un soufflet qu'elle me donnait... Je me suis dit z'alors : « Tu ne porteras pas ton péché z'en terre ! » Je n'aime pas les chipies ! à bas les chipies !

Rosalie, timidement. Une femme serait bien à plaindre s'il fallait qu'elle écoutât les cajoleries de tous ces messieurs... Il y en a de si laids !

Bichon, avec onction. Une femme honnête doit mépriser la beauté... Un bon cœur doit toujours passer z'avant un nez bien fait... Voilà ma manière de voir.

Le défenseur de Bichon, développant les idées de son client, s'attache à démontrer que le prévenu méritait de la part de Rosalie *un accueil plus favorable*, parce que ses intentions étaient pures.

Malgré le brillant éloge qu'il fait de Bichon, celui-ci est condamné à trois mois d'emprisonnement et 50 francs de dommages-intérêts.

PARDON GÉNÉREUX.

M. le Président. Aulard, quel est votre état?

Aulard, légèrement en pointe de vin. Mon état? *Pochard!*...toujours pochard!...Le liquide est mon élément comme la rivière est *celle* du poisson... Mais dépêchons-nous, s'il vous plaît, car je suis comme une carpe dans un traversin.

M. le Président. Je vous demande quelle est votre profession.

Aulard. C'est bien différent, ça... Je vais chercher des cabriolets, voilà ma profession !

M. le Président. C'est une singulière industrie.

Aulard. C'est vrai que ça ne vaut pas une boutique d'*argent de change*.

M. le Président. Expliquez-nous au moins en quoi elle consiste.

Aulard. Je me rends partout où il y a des jobards : au Champ-de-Mars, quand on lance des ballons, aux *expectaques*, aux bals; je vais aux soirées, je vais aux concerts ; je suis de toutes les fêtes, quoi !... puis, quand le *tremblem ent* est fini, je n'ai que ça à dire : « Voilà, voilà, not' bourgeois !... » Je propose une *Zéphirine* à un goutteux qui ne peut plus marcher; une *Citadine* en tête-à-tête à deux amoureux qui sont pressés d'arriver ; un fiacre à une famille nombreuse..., car j'ai des voitures pour tout le monde... Pendant que je fais rouler les pratiques, je reste modestement à pied... Mais comme il ne faut pas que les uns aient tous les bonheurs, les autres rien... pour me dédommager je hausse le coude le plus que je peux.

M. le Président. Vous êtes prévenu d'offense envers un agent de l'autorité.

Aulard. Ne parlons plus de ça... je lui pardonne, au *sergent* de l'autorité.

M. le Président. Vous l'avez injurié.

Aulard. Qu'il n'en soit plus question... j'oublie tout.

M. le Président. Vous vous êtes rendu coupable de menaces.

Aulard. N'en parlons plus.

M. le Président. Il est au contraire bon d'en parler. Pourquoi menaciez-vous l'agent de police ?

Aulard. Je ne m'en souviens plus... Causons d'autre chose.

M. le Président fait appeler le témoin Souplet, sergent de ville. Celui-ci rapporte qu'un soir, à la porte des Variétés, ayant invité Aulard à se retirer, parce qu'il gênait les personnes qui sortaient du théâtre, Aulard s'emporta en injures et en menaces. « Il est vrai, ajoute le témoin, qu'il était dans un état *dégoûtant*.

Aulard. Vous faites bien le dégoûté, sergent. Je sais pourtant que vous ne laissez pas tomber le vin sur vos bas !...

Souplet, gravement. Je bois à ma soif, ni plus, ni moins.

M. le Président. Vous voyez, Aulard, que vous avez menacé le témoin; c'est un fait très grave.

Aulard. Je ne suis pas rancuneux, moi... Sergent, *voudreriez*-vous bien accepter un petit verre de *casse-poitrine?*

Souplet. Je ne bois pas avec vos pareils.

Aulard. Je ne suis pas si fier, moi : je bois avec tout le monde... C'est égal, je ne vous en veux pas.

Le tribunal, appréciant peu tant de magnanimité, condamne Aulard à quinze jours de prison et 50 fr. d'amende.

Imprimerie d'AMÉDÉE GRATIOT et Ce, rue de la Monnaie, 11.

L'ART DE VOLER.

Voler est pris ici dans son acception honnête, et exprime l'action de se mouvoir dans l'air au moyen de deux petites rames ou ailes. Depuis l'histoire de Dédale et d'Icare, de nombreuses tentatives de locomotion aérienne avaient été faites, mais sans résultats, à des époques diverses. Il n'appartenait qu'à un siècle aussi éminemment progressif que le nôtre de réaliser une invention regardée comme chimérique jusqu'à nous. Grabelin est celui qui devait, le premier, ouvrir à l'homme des voies de communication directes avec les astres, en l'appelant à voguer dans les champs de l'air comme l'hirondelle, comme le passereau, comme le hanneton... Sublime Grabelin, immortel Grabelin! ton nom eût été mieux placé dans les fastes de la science que sur le rôle d'audience de la police correctionnelle!... Mais il est écrit qu'on ne sera l'apôtre du progrès qu'à la condition d'être martyr. C'est ainsi que Galilée expia dans les prisons de l'Inquisition ce rare savoir qui lui avait montré prématurément le mouvement de la terre!

Non moins illustre, nom moins malheureux, Grabelin va payer d'un an d'emprisonnement, la belle découverte du *vol artificiel !* Mais, derrière les barreaux de sa prison, il pourra dire avec les mêmes regrets que Galilée : « Et cependant je sens bien que je puis voler ! »

Nous allons entendre le sieur Baliveau, sur la plainte duquel Grabelin est cité devant la justice. Le sieur Baliveau est un sexagénaire crédule et de bonne volonté : sa figure porte l'empreinte d'un long étonnement. Il s'exprime ainsi :

« Je ne connaissais nullement Grabelin. Mes relations d'affaires avec monsieur Gimelle me fournirent l'occasion de voir quelquefois Grabelin avec ce dernier. C'est dans une de ces entrevues qu'il me développa son système de vol artificiel, pour lequel il se proposait, disait-il, de prendre un brevet d'invention, et qui devait, m'assurait-il, remplacer avant peu tous les moyens de locomotion connus. « Grâce à ma découverte, ajouta Grabelin, les pigeons voyageurs seront remplacés par des courriers ailés. — Hé! hé! lui répondis-je, vous allez joliment enfoncer les *ailes de pigeons!*... Il m'engagea à aller voir chez lui un appareil qu'il devait faire fonctionner le lendemain. J'étais curieux d'assister à une expérience d'un aussi haut intérêt : je me rendis au domicile de Grabelin. Il m'annonça alors que plusieurs savants, sur la présence desquels il avait compté pour son expérience, ne pouvaient assister à l'essai qui allait être fait, mais que néanmoins l'expérience n'en aurait pas moins lieu. Il me montra d'abord son appareil, qui consistait en une boîte métallique renfermant un mécanisme que je ne saurais décrire, et qu'il me dit être mû par la vapeur. Ce mécanisme mettait en mouvement deux ailes de grande dimension qui étaient attachées latéralement à la boîte. Grabelin m'expliqua fort longuement sa machine, qui devait être fixée par des courroies sur l'estomac du voyageur. Je lui fis à ce sujet plusieurs objections qui furent résolues par lui avec une rare présence d'esprit. Je ne doutais pas le moins du monde de la bonté de sa découverte. Grabelin me témoigna tous ses regrets de ne pouvoir, à cause du secret qu'exigeait la prudence, rendre, par une expérience en grand, mes convictions plus positives. Je déclarai être parfaitement édifié sur le mérite de sa découverte et le félicitai de ses heureux résultats, en lui promettant une réussite certaine. Grabelin me manifesta quelques embarras; sa gêne, me dit-il, l'empêchait d'exécuter son plan sur une plus grande échelle, et à ce sujet, il me proposa de m'associer avec lui. Je demandai à réfléchir. De ce moment Grabelin ne me laissa plus respirer. Il était chaque jour chez moi, me faisait sans cesse l'éloge de sa machine, me vantait ses avantages et les immenses bénéfices qu'on en devait retirer par l'exploitation. Je me laissai aller à ses séduisants calculs. Une association fut résolue; je comptai 4000 francs qui devaient servir à l'obtention du brevet et aux frais de construction d'un appareil-modèle. De ce moment je ne revis plus mon associé. Plusieurs fois je me rendis chez lui sans pouvoir parvenir à le joindre. Un jour pourtant, comme je le rencontrai rue des Trois-Bornes, j'eus avec lui une explication fort vive. Grabelin chercha à me calmer en me disant qu'il s'occupait d'améliorations indispensables et qu'aussitôt après l'affaire marcherait d'un bon pas. Un mois s'écoula. Je pris le parti d'écrire à mon associé, qui me répondit en m'exhortant à prendre patience, et en m'assurant de nouveau que, pour lui, il était plus certain que jamais du succès de sa machine et qu'il espérait pouvoir sous peu de jours soumettre sa découverte à l'examen des savants. Ces espérances étaient illusoires; Grabelin garda le silence pendant près de deux mois, et j'appris enfin qu'il ne s'occupait plus depuis longtemps de sa machine à voler, mais seulement d'un procédé pour la direction des ballons. Eclairé, mais un peu tard, sur le fond des intentions de Grabelin, je lui écrivis pour lui demander la dissolution de notre société et la restitution de la somme par moi avancée. Je reçus, en réponse, une lettre remplie d'invectives, par laquelle Grabelin me déclarait qu'il avait renoncé à son premier projet; que, par le fait de cette renonciation, toute association était rompue, et que j'eusse à ne plus l'importuner de mes réclamations.

M. le Président. Sur quoi portait l'acte d'association ?

Le sieur Baliveau. Sur la découverte d'une machine *propre à voler.* (Rire dans l'auditoire.)

M. le Président. Quelles étaient les parts respectives des associés ?

Le sieur Baliveau. Grabelin, comme inventeur, s'était attribué six dixièmes dans l'opération; deux dixièmes m'avaient été abandonnés, et le surplus devait être aliéné moyennant espèces.

M. le Président. Lors de l'expérience que Grabelin vous avait annoncé devoir être faite en présence de quelques savants, et à laquelle ceux-ci ne se trouvèrent pas, à quoi se réduisirent les essais qui furent faits devant vous, et quelles étaient les personnes qui assistèrent à ces essais ?

Le sieur Baliveau. Grabelin plaça dans le creux de son estomac une boîte, en la retenant par des courroies. Cette boîte avait à peu près la conformation d'un moulin à café; sur l'un des côtés était fixée une manivelle que Grabelin mit en mouvement. Aussitôt son beau-frère tirant une corde qui passait dans une poulie, tandis que Grabelin était attaché à l'une des extrémités, celui-ci s'en-

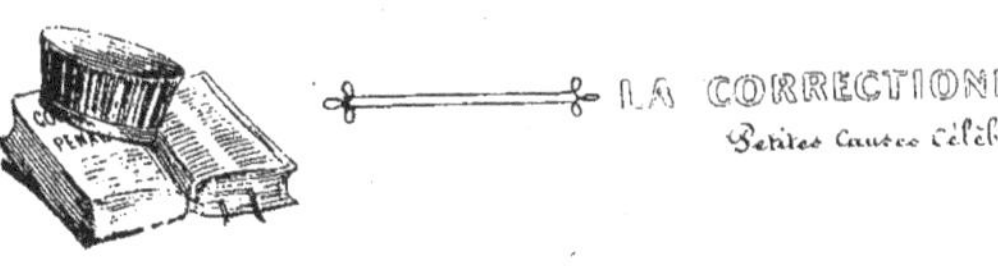

N° 79.

LA CORRECTIONNELLE

Petites Causes Célèbres.

C'est moi qui suis l'inventeur du vol artificiel, au moyen du quel les pigeons voyageurs seront remplacés par des couriers aîlés.

Hé! Hé!.... Vous allez joliment enfoncer les aîles de pigeons

Dessiné par Gavarni.

Lith. Coulon et Cie r. richer, 7

Martinon rue du Coq St Honoré, N° 4

leva à une hauteur de six pieds environ. (*Rire dans l'auditoire.*) Je fis remarquer à Grabelin que son ascension ne me paraissait nullement le résultat des forces de sa machine. Il me répondit que la machine étant trop petite il ne pouvait que faire le simulacre d'une ascension pour montrer le mécanisme des ailes. J'avoue que je fus *très satisfait* de l'expérience. Quant aux personnes qui se trouvaient là, je ne remarquai que le beau-frère de Grabelin, sa femme, son fils aîné et une quatrième personne que je ne connaissais point.

M. le Président. Vous êtes moins convaincu aujourd'hui de l'excellence de ce procédé?

Le sieur Baliveau. Je suis convaincu que ce procédé n'était qu'un leurre, et voici sur quoi je me fonde. J'ai demandé instamment à Grabelin qu'il voulût bien soumettre sa machine à l'approbation de personnes compétentes, et il s'y est toujours refusé en prétextant que les savants étant tous fort envieux, on ne rendrait pas justice à sa découverte.

M. le Président. Grabelin ne vous a-t-il pas originairement présenté sa découverte comme ayant reçu d'avance tous les perfectionnements dont elle était susceptible?

Le sieur Baliveau. Oui, monsieur, et c'est tellement vrai qu'il devait prendre du même coup un brevet d'invention et de perfectionnement.

Grabelin. C'est l'usage; mais cela n'indique nullement qu'une invention ait reçu son dernier développement ; c'est une manière de mettre son brevet à l'abri de brevets rivaux.

M. le Président. Grabelin, quels étaient les savants qui devaient honorer votre expérience de leur présence?

Grabelin, avec embarras... Mon ami M. Trubichon, professeur de calcul à Belleville... et bien d'autres encore.

M. le Président. Pourquoi cette expérience n'a-t-elle pas eu lieu dans la forme que vous aviez annoncée, et s'est-elle bornée à une ridicule parade?

Grabelin. Ce n'était qu'une expérience *préparatoire.*

M. le Président. Quel emploi avez-vous fait des fonds que Baliveau vous avait remis pour acquitter les frais du brevet?

Grabelin. Il est justifié de cet emploi dans les comptes sociaux.

L'avocat du sieur Baliveau. En effet, depuis la citation, Grabelin a fait remettre un compte minutieux à mon client pour établir l'emploi des 4,000 fr. Aux termes de ce compte, le sieur Baliveau serait redevable envers Grabelin, qui les aurait avancés, de 967 fr. 95 c. Rien n'est curieux d'ailleurs comme le détail de la comptabilité fournie. Ainsi nous voyons figurer au compte une somme de 2,500 francs pour achat de houille. On conviendra que la dépense est un peu forte pour fournir à la consommation d'une machine de l'importance d'un moulin à café!

Grabelin. Il fallait fournir à la consommation des forges servant à la construction des appareils.

L'avocat. Nous devons quelques éclaircissements au tribunal à cet égard. Grabelin s'était engagé à monter un atelier de construction, et il n'a jamais existé d'atelier. Ses ustensiles consistaient en un fourneau *économique*, qui, malgré sa prétendue économie, a absorbé pour 2,500 fr. de combustible en moins de six semaines!

M. le Président. Grabelin, quels sont les motifs qui vous ont empêché de donner suite à votre association avec Baliveau?

Grabelin. L'humeur tracassière et les avides prétentions de mon associé.

M. le Président. Ne serait-ce pas plutôt la crainte qu'il ne vînt à s'apercevoir que votre découverte était mensongère?

Grabelin. A cet égard, je ne crains pas qu'on analyse mon invention.

M. le Président. Cependant le plan que vous aviez laissé entre les mains de Baliveau a été soumis à des experts qui ont déclaré que votre découverte était une *absurde supercherie.*

Grabelin. C'est l'envie qui a dicté ce témoignage. Je soutiens, moi, que mon invention est certaine... Si je voulais, je pourrais m'élever devant vous à une hauteur prodigieuse... Mais je ne le veux pas...

Le sieur Baliveau. Que ne vous éleviez-vous à quelques pieds lors de votre expérience?

La parole est donnée aux défenseurs.

Le tribunal, après en avoir délibéré, attendu que l'emploi de manœuvres frauduleuses employées par Grabelin pour persuader l'existence d'une fausse entreprise est constant, condamne le prévenu à un an d'emprisonnement, 5,000 francs de dommages-intérêts, et 1,500 francs d'amende.

Imprimerie d'Amédée Gratiot et Cie, rue de la Monnaie, 11.

UN VILAIN QUART D'HEURE.

Bouvret, garçon tailleur, est un Don Juan au petit pied. Il compte ses jours par le nombre des cœurs qu'il a conquis. Mais aussi, quelle grâce persuasive possède Bouvret!... Imaginez-vous un jeune gars, fluet comme une hallebarde, le nez en éteignoir, les yeux arrondis en noisettes, une bouche immense contournée de telle façon que Bouvret a l'air de se parler à l'oreille; enlaidissez le tout et vous n'approcherez jamais de la laideur, hors de vraisemblance, de notre Joconde. Bouvret est la preuve la plus éloquente que ce qu'on appelle le *charme des yeux* n'existe vraiment pas en amour, et que la séduction réside bien plutôt dans les secrètes et mystérieuses attractions du cœur.

La laideur naturelle de Bouvret s'est encore accrue d'une difformité accidentelle. A l'heure qu'il est l'infortuné Lovelace a la figure couverte de contusions et de meurtrissures, lesquelles proviennent du fait du sieur Joyeux, père rigide et peu tendre, qui n'a pu voir de sang-froid les assiduités de Bouvret auprès de sa fille Fœdora. En conséquence de cette brutale rigidité, Bouvret s'est cru autorisé à actionner le sieur Joyeux devant le tribunal de police correctionnelle.

M. le Président. Bouvret, n'entreteniez-vous pas une correspondance active avec mademoiselle Joyeux?

Bouvret. J'avais écrit plusieurs fois à mademoiselle Fœdora; mais je dois avouer qu'elle n'avait jamais répondu à mes lettres.

Le sieur Joyeux. Il y avait une excellente raison à cela; c'est que toutes les lettres que vous adressiez à ma fille m'étaient remises.

Bouvret, étonné. Ha!... c'est fort mal, cela!

M. le Président. C'était au contraire fort bien

fait. Dans quel dessein vous étiez-vous introduit dans la maison du sieur Joyeux, le jour où vous avez reçu le traitement dont vous vous plaignez ?

Bouvret. Je n'avais aucun dessein.

Le sieur Joyeux. Ma domestique vint me prévenir qu'un jeune homme était sur le carré, assis sur l'escalier. Une lettre de Bouvret, que j'avais interceptée, m'annonçait cette visite. Ne doutant pas que le jeune homme qui m'était signalé ne fût l'incommode soupirant dont la correspondance m'était remise, je sortis sur le carré. Je vis, en effet, Bouvret, non pas assis, mais appuyé sur la rampe de l'escalier, regardant à l'étage inférieur, et dans l'attitude d'un homme qui attend. J'avoue que je ne fus pas maître d'un premier mouvement d'indignation, et que, dans ma juste fureur, profitant de la position de Bouvret, je lui appliquai, un peu plus bas que le dos, un coup de pied. Bouvret voulut se récrier, je le pris à part et lui fis des reproches sur sa conduite.

Bouvret. Vous appelez cela des reproches ?... Il m'a assassiné, et l'on peut voir encore les traces de ses violences sur mon visage.

M. le Président. Que vous a dit Joyeux en venant à vous ?

Bouvret. Il me prit par le collet, et me lança contre la muraille, où je demeurai aplati... Puis, me serrant de fort près, il me dit en me menaçant et avec des yeux courroucés : C'est donc vous, jeune homme, qui écrivez des fadeurs à ma petite Fœdora, et qui prétendez la conduire par un *chemin semé de fleurs!...* Savez-vous bien ce qui vous pend au nez, monsieur le langoureux ?...—Mais, répliquai-je... Aussitôt monsieur Joyeux me coupa la réplique et fit pleuvoir sur moi une pluie de coups de pied et de coups de poing... Je passai entre ses mains un vilain quart d'heure.

M. le Président. Sans doute la leçon était sévère; mais cette sévérité n'était-elle pas justifiée par la hardiesse de vos tentatives ?

Bouvret. Mes vœux n'avaient rien que d'honorable.

Le sieur Joyeux. Oui, il proposait à ma fille de l'enlever, et d'aller l'épouser en Angleterre; c'est absolument comme s'il l'eût épousée derrière l'église... d'ailleurs, les renseignements que j'avais pris sur Bouvret étaient bien loin de lui être favorables; c'est, à ce qu'il paraît, un séducteur de profession.

Bouvret. Oh!... je n'ai jamais abusé de mes avantages, comme vous voulez bien dire.

Modérant la peine, en raison des circonstances, le tribunal condamne le sieur Joyeux à 25 francs de dommages-intérêts et 15 francs d'amende.

GREDIN D'AMOUR !

Barroquet est un amoureux tout plein d'une candeur vraiment pastorale et qui rappelle les *bergères* ingénues de M. de Florian. Au lieu du *bourgeron*, mettez-lui la veste et la culotte de satin bleu, chargez ses épaules d'une panetière, et vous aurez un berger arcadien, sentimental, langoureux, honnête; un *pâtre* enfin tel qu'il n'en exista jamais que sous la plume du chantre d'*Estelle et Némorin*, ou dans les ballets couleur de rose de l'Opéra. Barroquet est un vrai Tyrcis, à la houlette près. Or, notre Tyrcis est traduit devant le tribunal pour un tout petit délit qui se commet toujours impunément dans les idylles.

En un mot, Barroquet est prévenu d'avoir écorcé un superbe peuplier d'Italie, la propriété du sieur Baculard, lequel peuplier Barroquet avait transformé en journal, sur lequel il inscrivait par jour les sensations de son pauvre cœur...

Le sieur Baculard expose ainsi sa plainte.

« J'avais sur les confins de ma propriété, limitée sur la Seine par le chemin de halage, une petite plantation de jeunes peupliers d'Italie. Mon jardinier m'informa que l'un d'eux était en danger de périr par suite des nombreuses incisions qu'y avait pratiquées un sieur Barroquet, qui trouvait fort commode d'y écrire des devises amoureuses, des chiffres enlacés et mille balivernes semblables.

Barroquet, avec un profond soupir. Ah !!!

Le sieur Baculard. Ces inscriptions se multipliaient chaque jour. Je fis donc guetter mon amoureux, et il fut pris sur le fait. Je lui fis quelques remontrances et l'engageai à ne plus recommencer. Les jours suivants, Barroquet revint à la charge, et avec des circonstances qui démontrent combien c'était un parti pris chez lui.

Ainsi, l'arbre étant entièrement couvert d'inscriptions jusqu'à une hauteur de six pieds environ, Barroquet montait dans les branches et continuait à enregistrer de la sorte ses sentiments... Je crois qu'il serait allé ainsi jusqu'au faîte de l'arbre, si je ne l'eusse fait arracher.

LA CORRECTIONNELLE

Petites Causes Célèbres.

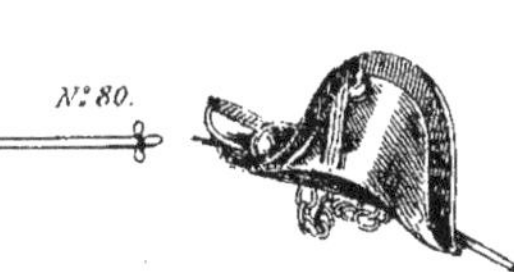

C'est donc vous jeune homme qui écrivez des fadeurs à ma petite Fœdora, et qui prétendez la conduire par un chemin semé de fleurs?.... Savez-vous bien ce qui vous pend au nez Monsieur le langoureux?... Mais........

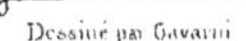

Dessiné par Gavarni — Lith. Coulon et Cie r. richer. 7.

Martinon, rue du Coq St Honoré, N° 4.

Barroquet, avec une expression de passion concentrée. Oh! oui.. oui, oui.

M. le Président. Quel si grand besoin vous poussait à écorcer cet arbre?

Barroquet. C'est au pied de cet arbre *auguste* que j'avais reçu les premiers serments d'amour de *Fifine.*

M. le Président. Si des souvenirs aussi chers pour vous s'attachaient à cet arbre, ne pouviez-vous pas vous contenter d'entretenir ces souvenirs, sans qu'il fût besoin de faire des entailles à l'arbre?

Barroquet, la main sur le cœur. Oh! non, non! Il fallait que j'épanchasse mon cœur.

M. le Président. Vous êtes la cause que l'arbre a péri

Barroquet, avec un profond désespoir. Il est bien heureux, lui!... J'aurais voulu, moi, ne pas survivre à l'infidélité de Fifine!...

M. le Président avec compassion. Si vous essayiez de travailler cela vous distrairait peut-être d'une passion qui paraît vous rendre fort malheureux.

Barroquet. On ne travaille que pour satisfaire aux nécessités de la vie... Moi, je n'ai ni faim, ni soif... O Fifine!... ô Fifine!...

M. le Président. Le tribunal espère que ceci vous servira de leçon et que vous ne serez pas tenté de recommencer.

Le sieur Bacülard. L'arbre a été arraché.

Barroquet, d'une voix élégiaque. Arraché!... Barbare, vous avez fait arracher cet arbre *vénérable*, témoin de ma tendresse... Lui seul avait le secret de toute la faiblesse de mon cœur... Homme cruel! vous avez fait arracher cet arbre qui me rappelait l'amour sitôt enfui de ma Fifine!...

Le tribunal condamne Barroquet à 6 jours d'emprisonnement et 15 francs de dommages-intérêts.

Barroquet. O Fifine!... ô Fifine!...

MAM' ABSALON.

On appelle l'affaire de la femme Juteau contre Adèl Pelaisir.

Une femme vive, alerte, se lève aussitôt, et, promenant ses regards sur la foule, s'écrie à plusieurs reprises: « Mam' Absalon!... » Personne ne répondant à cet appel, la petite femme se dirige vers le banc des prévenus d'un air visiblement contrarié. Au même instant, une vieille femme suante, essoufflée, entre, fend la presse et arrive jusqu'au milieu de l'enceinte réservée.

La prévenue. D'où que vous devenez donc, sempiternelle? Voilà une heure que vous nous faites *faire de la potasse* (que vous nous faites attendre)... Ces messieurs se mangent les poings d'impatience.

La survenante. Fallait prier ces messieurs de lire le *Moniteur*... Qué qu' tu m' veux à c' tte heure?

M. le Président. Vous avez été témoin des coups portés par la fille Plaisir à la femme Juteau?

Le témoin. Des coups?... Un chien n'en voudrait pas... et la Juteau n'est pas si chienne que de se laisser mordre l'oreille.

M. le Président. Cependant la femme Juteau se plaint d'avoir été battue.

Le témoin. C'est une *chicoteuse*, quoi!...

M. le Président. N'y a-t-il pas eu une altercation entre elle et la fille Plaisir?

Le témoin. Ça n'est pas une raison pour qu'il y ait eu des *atouts*... Adèle est une bonne fille, tandis que la Juteau est aigre comme du vin à deux sous.

La femme Juteau. Allez, ne vous gênez pas, mam' Absalon!...

M. le Président. Femme Juteau, n'avez-vous pas d'autre témoin?

La femme Juteau. Mam' Absalon, dites au moins à ces messieurs ce que vous avez vu.

Le témoin. Oui, voyez voir s'il pleut, chère amie... Plus souvent que j'irai dire ce qui n'est pas.

La femme Juteau. Mais vous savez bien qu'Adèle m'a déchiré mon bonnet et m'a balafrée à coups de poing...

Le témoin. Je ne sais rien.

La femme Juteau. Qu'elle m'a *trépigné le ventre*...

Le témoin. Connais pas...

La femme Juteau, avec fureur. Mam' Absalon, vous êtes un faux témoin!

Madame Absalon se dispose à la riposte, lorsque M. le président lui coupe la parole en demandant à Adèle Plaisir ce qu'elle a à répondre.

Adèle Plaisir. Fi! donc, des coups... Ça n'est pas mon genre. La Juteau est toujours à *tarauder* son monde; ça ne me convient guère, mais il n'y a eu que des mots...

Le tribunal, attendu qu'il n'est pas justifié des faits de la plainte, met les parties hors de procès.

Imprimerie d'Amédée Gratiot et Cie, rue de la Monnaie, 11.

UN PETIT MÉNAGE BIEN GENTIL.

Mademoiselle Zélie Broquet, plus connue sous le nom un peu équivoque de *madame Auguste*, vient articuler contre M. Auguste J..., jeune élève de Cujas et de Barthole, une plainte pour coups et blessures ayant occasionné une maladie de moins de vingt jours. Les motifs de la plainte contrastent étrangement avec l'apparente impassibilité du prévenu, qui semble doué d'un grand flegme.

Mademoiselle Zélie. Nous habitions, mon mari et moi...

M. le Président. Votre plainte ne fait nullement mention que vous soyez mariée.

Mademoiselle Zélie. Il est vrai... et cependant je l'étais de fait et de consentement à M. Auguste; si vrai, que dans le quartier et parmi toutes nos connaissances, on ne m'appelait que du nom de mon époux. Ah! c'était un petit ménage bien gentil que le nôtre!... Je puis dire que le bonheur de M. Auguste faisait envie à plus d'un... Mais les mauvais conseils gâtent tout. Auguste se dérangea de ses habitudes et se dégoûta bientôt de son bonheur. De ce moment il allait passer ses soirées au *Divan*, ne rentrait plus que fort tard, et laissait sa petite femme manquer de tout...

M. le Président. Passez tous ces détails.

Mademoiselle Zélie. Ils sont bien tristes, je le sais; je vous les épargnerai... Ah! ce n'est pas ainsi qu'il aurait dû se comporter avec une femme qui lui était toute dévouée, qui jamais, il peut le dire, ne laissa un trou à ses chaussettes, et le soignait comme un petit chérubin...

M. le Président. Venez au fait, je vous prie.

Mademoiselle Zélie. On n'aime pas qu'un homme s'émancipe; aussi je ne cessais de répéter à Auguste de fuir les mauvaises sociétés, de ne plus jouer au billard, de quitter la pipe, et qu'un jeune homme rangé ne devait vivre que pour sa petite femme... Mais tout ça c'était prêcher dans *les airs*, comme on dit. — Quand je vis que la douceur ne produisait rien, et qu'Auguste abusait de ma bonté, je me fâchai.

M. le Président. Et il se fâcha à son tour.

Mademoiselle Zélie. Mieux que ça, il m'accabla de coups et me jeta à la porte, comme la première venue... Il n'a pas voulu me recevoir depuis... moi, sa Lili.

M. Auguste. Chère amie, depuis deux ans vous ne cessiez de m'obséder de vos remontrances, de vos violences. Le jour même où se passait la scène dont vous parlez, après avoir poussé à bout ma patience par vos doléances habituelles, ne vous êtes-vous pas précipitée sur moi comme une louve?

Mademoiselle Zélie. J'en avais le droit, puisque vous étiez à moi!

M. Auguste. C'est une grave erreur qu'il était temps de faire cesser.

M. le Président. Encore une fois, toutes ces réflexions sont étrangères aux débats. J'engage de nouveau la plaignante à se renfermer dans les faits du procès.

Mademoiselle Zélie. Si vous l'aviez vu avec son air, M. Tranquille, pendant que je lui faisais de la morale...

M. Auguste. Vous faisiez mine de vouloir m'avaler.

Mademoiselle Zélie. Il me disait d'un air patelin et en se moquant : Calme-toi, Nini! la modération est, comme la décence, le plus bel ornement de la femme... tu perds toutes les grâces de ton sexe!... Et puis il ricanait pour me vexer... moi, je n'aime pas qu'on me vexe...

M. Auguste. Vous étiez insupportable avec vos éternelles jérémiades!

Mademoiselle Zélie, avec véhémence et dans le plus grand désordre. Il m'a assassiné... c'est un monstre! Il m'a donné de grands coups de pieds... Voilà le certificat du médecin... C'est un scélérat!.. 32 francs de visites... ah! le brigand!... sans compter l'apothicaire... Sa pauvre Lili, qui était si bonne pour lui... Je demande sa tête!... donnez-moi sa tête... que je lui arrache les yeux!...

Plusieurs témoins, tout en déposant sur les voies de fait, établissent une provocation et une agression préalables de la part de la prétendue madame Auguste.

En conséquence, le tribunal renvoie les parties dos à dos, dépens compensés.

CHANSON, MES AMOURS!

Une plainte en contrefaçon est dirigée contre Douillard, par Chaussuron, surnommé l'Anacréon des ruelles, auteur et éditeur de l'*Epicurien du Faubourg*, chanson devenue justement célèbre, qui, au dire même de Chaussuron, a été traduite dans diverses langues de l'Europe. Nous croyons être agréables à nos lecteurs en leur donnant ici un fragment de ce chant, nous allions presque dire de cette ode.

L'ÉPICURIEN.

AIR : *Un grenadier, c'est une rose.*

Quand il s'taff' et s'goberjotte,
L'aimabl' faubourien, Dieu merci,
Ne fait jamais d'la camelotte
Et n'pratiqu' point la chose z'à d'mi (*bis*).
Quand il vous paffe une bouteille
Il n's'la vers' point dedans l'oreille ;
Il lui fait prendr' l'chemin du nombri'.....
Puis tout est ros' quand il est gris.
Voilà (*quater*) l'faubourien de Paris (*bis*).

L'immense crédit qui s'est attaché à ce charmant poëme, qui ne compte pas moins de vingt strophes, a fait la fortune et la gloire de Chaussuron.

L'*Epicurien*, vulgarisé par l'impression et l'orgue de Barbarie, voyait croître chaque jour pour lui la faveur publique, et Chaussuron, qui exerce la profession de cordonnier pour dames, savourait, au fond de son atelier, les enivrements de son triomphe, lorsqu'il apprit un jour qu'un nommé Douillard, ex-chansonnier, et qui aujourd'hui, vieux et tremblant, a, à l'exemple du vieil Entelle, déposé son art et ses chansons; que Douillard, disons-nous, répandait dans le public une contrefaçon de son *Epicurien*. Or cette contrefaçon ne lésait pas seulement le droit de l'éditeur, elle blessait encore la réputation de l'auteur, par les incorrections nombreuses, les altérations et les lacérations qui se faisaient remarquer dans la reproduction de Douillard. Par suite, un procès en contrefaçon a été intenté par Chaussuron.

Le prévenu est presque septuagénaire. Il est de petite taille, il a le front haut, et laisse re-

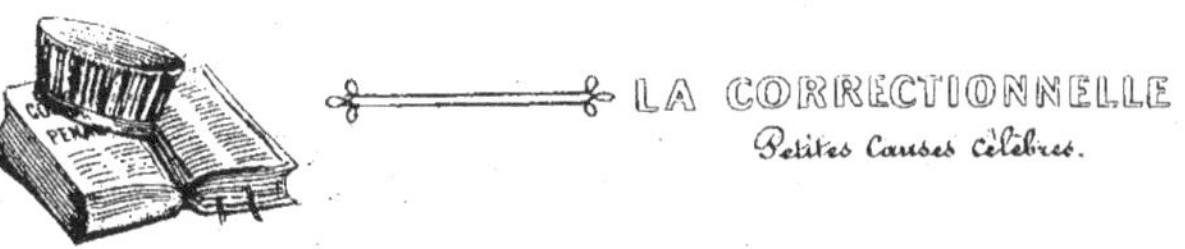

N° 81.

LA CORRECTIONNELLE

Petites Causes Célèbres.

Calme toi Nini!

La modération est, comme la décence, le plus bel ornement de la femme.... Tu perds les charmes de ton sexe!

Dessiné par Gavarni. Lith. Coulon et Cie r. richer, 7.

Martinon, rue du Coq St Honoré, N°4.

tomber sur ses épaules ses cheveux blancs.

M. le Président. Douillard, qu'elle est votre profession?

Douillard. Ex-chansonnier.

M. le Président. Je comprends, jusqu'à un certain point, qu'autrefois cela pût constituer une profession, à l'époque où vous étiez chansonnier... mais aujourd'hui que vous ne l'êtes plus, de quoi existez-vous?

Douillard. Je fais réimprimer de temps en temps mes œuvres et je les vends, puisque je ne puis plus les chanter.

M. le Président. Ainsi ce sont là vos moyens d'existence?.. C'est bien peu.

Douillard. Oui, M. le Président; je suis bien de votre avis... On m'a dit que le gouvernement disposait d'un somme qui était *infectée* à l'encouragement des lettres... J'ai fait remettre mes chansons à M. le ministre pour qu'il voulût bien encourager mes petits talents... Voilà dix ans bientôt!..

M. le Président. Vous êtes prévenu du délit de contrefaçon, au préjudice de Chaussuron, auteur et éditeur d'une chanson ayant pour titre l'*Epicurien*. Qu'avez-vous à répondre?

Douillard. Chaussuron est un vaniteux... Dans le temps j'avais des idées, moi aussi... Il y a quarante-deux ans, j'en avais vingt-sept alors, je composai une chanson intitulée le *Rémouleur*, qui fit tourner toutes les têtes... Je demanderai à ces messieurs la permission de la réciter... puisque je ne puis plus chanter!

Mon petit rémouleur, travaille,
Donne le fil à mes ciseaux....

M. le Président. C'est inutile! c'est inutile!.. Répondez plutôt à la plainte.

Douillard.

Afin qu'en plein drap, moi, je taille....
Les petits profits font les gros. »

M. le Président. On a saisi chez vous 700 exemplaires contrefaits de l'*Epicurien*.

Douillard.

Ainsi disait Pancrace,
Le plus gros des marchands,
Et petit Jean repasse, repasse....

M. le Président. Répondez donc et laissez-là votre chanson.

Douillard. C'est pour montrer à Chaussuron que j'avais, comme lui, des idées quand j'étais jeune.

M. le Président. Reconnaissez-vous que c'est vous qui avez fait réimprimer l'*Epicurien*?

Douillard. Une chanson appartient à tout le monde.

M. le Président. Il est présumable que vous ne raisonniez pas de la sorte quand vous faisiez votre état d'en vendre.

Douillard. Je ne tenais pas plus à mes chansons que l'oiseau ne tient à ses *hymnes enchanteurs!*...

M. le Président. La chanson contrefaite portait le nom de Chaussuron; vous l'avez supprimé dans la contrefaçon; vous y avez fait aussi plusieurs changements, et vous n'avez pas craint de signer de votre nom l'œuvre ainsi reproduite.

Douillard. C'était de *la grosse* ouvrage, je l'ai polie; je puis dire que je suis l'auteur de l'*Epicurien*, tel qu'il est aujourd'hui.

M. le président donne lecture de l'œuvre originale et de la contrefaçon. Il existe peu de différence entre l'une et l'autre. Il interroge ensuite l'imprimeur, co-prévenu de Douillard. Le sieur **** excipe de sa bonne foi et dit qu'il n'a dû concevoir aucun soupçon, ni former aucun doute lorsque Douillard s'est présenté à lui comme l'auteur de l'*Épicurien* et lui a remis le manuscrit.

Chaussuron, Ma chanson z'est à moi! z'entendez-vous.

Douillard, riant. Confrère, vous avez parlé du *nez*... Un homme de lettres qui parle ainsi!... Dites donc cordonnier, il n'en manque pas non plus, des cuirs, dans votre chanson; ce qui ferait croire que vous vous tirez aussi les vers du nez!...

Chaussuron. Chacun parle comme il entend.

Douillard. Il paraît que vous entendez les cuirs..

La parole est donnée à l'avocat de la partie civile.

L'avocat de Chaussuron n'a pas de peine à établir le délit de contrefaçon. Il fait ressortir ensuite les droits de son client à la propriété de l'*Épicurien*, et conclut à l'application de l'article 427 du Code pénal.

Le tribunal, faisant droit à ces conclusions, mais adoucissant la disposition de l'article invoqué, en raison du peu de gravité du délit, condamne Douillard en 25 francs d'amende, 30 francs de dommages-intérêts, et ordonne en outre la confiscation de l'édition contrefaite. A l'égard de l'imprimeur, attendu sa bonne foi, le tribunal le renvoie de la plainte.

Imprimerie d'AMÉDÉE GRATIOT et Cᵉ, rue de la Monnaie, 11.

A PROPOS DE BOTTES... D'ASPERGES.

M. le Président. Béjin, vous êtes prévenu de vous être introduit dans l'enclos de Tarson et d'y avoir volé des asperges.

Béjin. Je suis tout plein assuré que vous êtes justes, et je vous fais juger de la chose en question.

M. le président engage le prévenu à laisser d'abord parler le témoin Tarson.

Tarson. Il y a du monde qui s'gêne pas plus que ché eux!... J'étais en train de palisser derrière ma maison, quand je vous vois passer sur le chemin l'individu que v'là. Je dis à notre ménagère; Desirée, défie-toi du coup; v'là un paroissien qui guigne fièrement nos asperges; c'est un maraudeur, pour sûr... N'aie pas l'air!... Et je me mets à siffler un petit refrain, et ma Désirée n'avait pas l'air... Le moment d'après, mon particulier s'était coulé le long de la haie, et je l'aperçois qui passait dans le clos, à plat ventre. V'là pas qu'i'fourrait sous sa blouse deux bottes d'asperges que ma femme venait de cueillir, et qu'elle avait laissées tout à côté de la planche... Il n'avait pas plus tôt pris les asperges qu'il s'en sauve... Alors je cours sur ses talons, je l'empoigne par l'épaule et je lui dis : « Qué qu'vous emportez donc là, camarade?—Ça? qu'i' m'dit... c'est mon mouchoir de poche.—On dirait plutôt des bottes d'asperges, que je r'ajoute.—C'est que ma tabatière est avec, qu'il me reprend en niaisant. Mais moi, je ne m'paie pas de cette raison là. Je lui allonge un coup de poing entre les deux yeux... il tombe... Mon voisin Chevrier s'en vient m'aider à le ramasser, et nous le portons chez M. le maire... Voilà le fait.

La femme Tarson et Chevrier déposent à peu près dans le même sens.

Béjin. Ah!... chacun *mon* tour! C'est-il à moi de parler?

M. le Président. Vous pouvez parler maintenant.

Béjin. Ça n'est point malheureux ! Voilà une heure qu'ils dégoisent, eux autres, et que moi je ne peux rien dire.

M. le Président. C'est maintenant votre tour.

Béjin. Attendez voir un peu... Diable !... ça n'est point aisé de commencer, et comme on dit chez nous, il y a quelque chose de plus mal aisé à écorcher que la queue, c'est la tête...

M. le Président. Vous devez savoir ce que vous avez à dire.

Béjin. Oui bien, que je le sais... mais, voyez-vous, c'est pour vous tourner ça ; c'est mal aisé... Un procureur de chez nous vous baillerait le cas à garder que vous n'y verriez que du feu.

M. le Président. Il s'agit d'un fait que vous ne pouvez contester... les témoignages sont là qui déposent contre vous.

Béjin. C'est bien vrai... mais on peut s'en retirer tout de même.

M. le Président. Il ne s'agit pas ici de chercher des raisons plus ou moins spécieuses pour vous disculper du délit qui vous est reproché... le délit est constant... Quant à moi, je ne vois pas trop ce que vous pourriez dire qui fît que vous n'ayez pas volé les asperges de Tarson.

Béjin. Je n'ai point volé, pourtant... je les ai seulement prises.

M. le Président. Quelle différence faites-vous donc entre *prendre* et *voler ?*

Béjin. Voilà le nœud !... *voler*, c'est voler, et ça n'est point bien du tout... au *lieur* que *prendre*, c'est quasiment accrocher quelque chose... On ne fait que ça chez nous, et je dis que ça n'est point mal... Aussi, nous autres Normands, nous ne demandons jamais au bon Dieu de nous bailler du bien, mais seulement de nous placer à côté de ceux-là qui en ont... ça revient au même.

M. le Président. Vous ne savez ce que vous dites. Vous n'avez plus rien à dire ?

Béjin. C'est Pierre Coutançeau, quoi !

M. le Président. Qu'est-ce que ce Pierre que vous désignez-là ?

Béjin. Mon pays, donc !... Il était arrivé de la veille à Paris. Je lui dis : Fieu ! allons faire un tour aux champs, ça nous rappellera le pays... Pauvre garçon, fallait ben le régaler... Il aime tant les asperges !...

M. le Président. Asseyez-vous, Béjin.

Béjin. Foi de Béjin, c'est comme je vous le dis... c'était pour régaler Pierre...

M. le Président impose silence au prévenu.

Béjin est condamné à 2 mois d'emprisonnement.

UNE MÉPRISE.

Mademoiselle Claire Bridou, chamarreuse, au minois éveillé, avait noué, avec un M. Joseph Plessis, jeune commis, que les affaires de sa maison appelaient momentanément à Paris, une de ces liaisons de passage qui se rompent à peu près comme elles se forment et sans laisser de souvenirs bien profonds. Tant que durèrent ses relations avec Joseph, Claire eut ses petites entrées dans l'hôtel qu'occupait le jeune voyageur, rue de Grenelle-Saint-Honoré. Souvent même, à l'insu du très scrupuleux concierge, il lui arriva d'enfreindre les règlements austères de la maison, et la blonde Aurore, comme on disait autrefois, la trouvait alors dans un lieu qu'elle aurait dû quitter la veille à la dernière bougie éteinte. Tout allait pour le mieux, et, grâce à l'habitude et à une fréquentation presque journalière, nos deux amoureux s'étaient fort bien acoquinés l'un à l'autre. Mais, ô instabilité des amours ! d'après un ordre précipité de sa maison, M. Joseph Féron, et non point Joseph Plessis, ainsi qu'il avait plu au commis de s'appeler, par rapport à Claire, M. Féron fut rappelé à Bordeaux. Aux progrès qu'avait faits la passion dans le cœur de la chamarreuse, Joseph prévit que les adieux seraient douloureux ; aussi, dans le but de s'éviter une scène déchirante, il partit sans prendre congé de Claire. Le lendemain du départ du jeune homme, celle-ci se présente à l'hôtel de bonne heure, et usant de la connaissance des lieux, monte à la chambre de Joseph sans songer même à s'informer s'il peut être absent. Arrivée devant la porte de cette chambre qu'elle connaissait si bien, Claire se sent près de défaillir... Elle n'a pas la force de frapper... Elle vient d'apercevoir des brodequins de femme qui, placés extérieurement à côté d'une paire de bottes, attendaient le vernis du garçon de l'hôtel. Ces brodequins sont les preuves d'une perfidie flagrante. La jalousie suggère d'abord à la malheureuse Claire d'entrer brusquement et de tirer une éclatante vengeance de sa rivale. Puis, songeant cependant qu'un éclat est toujours fâcheux et qu'une scène violente peut avoir de graves inconvénients, elle se résout à se retirer. Mais, décidée à obtenir une satisfaction du parjure Joseph,

N.° 82.

LA CORRECTIONNELLE

Petites Causes Célèbres.

— Qué qu'vous emportez donc la, Camarade?
— Ça?... C'est mon mouchoir de poche.
— On dirait plutôt des bottes d'asperges!......
— C'est que ma tabatière est avec.

Dessiné par Gavarni — [illegible] et Cie r. richer, 2.

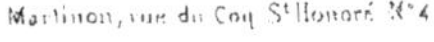

Martinon, rue du Coq St Honoré N° 4

elle emporte avec elle, et comme pièces de conviction, les brodequins accusateurs... Claire n'avait pas plus tôt glissé les brodequins sous son châle, qu'un garçon de service, placé à l'extrémité du corridor, vit son trouble, s'approcha d'elle et l'interrogea sur le motif de sa présence dans l'hôtel. « Je voulais voir M. Plessis, répond la jeune fille; mais j'ai réfléchi qu'il était bien matin ; je reviendrai. » Au nom de *Plessis*, qui était tout à fait inconnu dans l'hôtel, le garçon ne doute nullement que la visiteuse matinale ne soit une de ces adroites détrousseuses qui exploitent les hôtels garnis, et d'un bond s'élance sur la pauvre Claire. Celle-ci, ébranlée par le choc, laisse tomber les brodequins qu'elle portait sous son bras. Le garçon s'en empare, somme impérativement la tremblante Claire de déclarer l'origine de ces brodequins, et Claire, les larmes aux yeux, fait connaître la cause et les motifs de sa soustraction. Par malheur, le nom supposé de Plessis, ne prêtait aucun fondement à la vérité du récit; aussi, le garçon regardant l'aventure comme peu probable provoque l'arrestation de Claire Bridou.

Lors de l'instruction, Claire ne put fournir de satisfaisantes preuves de son innocence, Mais un hasard bienheureux est venu l'arracher à la condamnation qui la menaçait. Le faux Plessis (M. Féron), de retour à Paris, est descendu à l'hôtel qu'il avait précédemment habité. Instruit par le propriétaire de l'hôtel du procès de Claire Bridou, le jour du jugement, M. Féron s'est rendu à l'audience, et son témoignage, a suffi pour écarter de Claire la prévention qui pesait sur elle. Claire a été renvoyée de la plainte.

UN HOMME PUDIBOND.

Gribou vient demander à la justice la répression des injures auxquelles il a été en butte de la part de Pigeot.

M. le Président. Gribou, faites connaître au tribunal les injures dont vous vous plaignez.

Gribou. Elles sont consignées dans ma plainte.

M. le Président. N'importe, il est nécessaire, que vous fassiez connaître vous-même les expressions injurieuses que vous imputez au prévenu.

Gribou. En vérité, je ne le puis...

M. le Président. Sur quoi voulez-vous que les débats s'établissent, si vous refusez de fournir les éléments de la plainte ?

Gribou garde le silence et semble se tâter pour savoir s'il parlera. Puis, après de nombreuses hésitations, il s'écrie : « Décidément, je ne peux pas répéter de pareilles infamies ! »

M. le Président. Si les expressions qui constituent le délit d'injures sont contraires à la morale publique, je ne vous demande pas de les répéter ; mais je vous engage seulement à faire connaître au tribunal la nature même de l'injure.

Gribou se consultant de nouveau. « Ma parole d'honneur, c'est très délicat, et j'aime mieux me retirer que de faire rougir les dames ici présentes. »

M. le Président. Vos réticences mêmes sont un sujet de scandale... Puisque vous craignez de blesser les convenances, je vais venir au secours de vos scrupules. Il est dit dans votre plainte que Pigeot vous a publiquement appelé...

Gribou, vivement. De grâce, M. le Président, n'achevez pas... vous me feriez mourir de honte.

M. le Président, impatienté. Quand on redoute la publicité d'une audience, on ne la provoque pas.

Pigeot, haussant les épaules. Un homme de cet âge qui fait le difficile !

M. le Président. Je continue. Selon vous, Pigeot vous aurait appelé *vieux impudique ?*

Gribou, se cachant la face. Voilà le mot lâché.

M. le Président. Et se serait servi, pour vous reprocher vos mœurs, selon lui dissolues, de mots bas et que réprouve l'honnêteté.

Gribou, la face voilée, et hasardant un regard à travers ses doigts. Oui, M. le Président.

M. le Président. A quelle occasion et où Pigeot vous adressait-il ces expressions outrageantes ?

Gribou. C'était aux Tuileries... J'étais assis sur un banc ; près de moi se trouvait placée une jeune dame... fort appétissante, ma foi...

Pigeot, d'une voix terrible. C'était mon *amante!*

M. le Président. Cette dame est-elle assignée ?

L'huissier. Le prévenu n'a pu indiquer ni son nom ni son domicile.

M. le Président. Quel motif vous a porté à apostropher Gribou en termes injurieux ?

Pigeot. Il tenait des propos deshonnêtes à la personne qui était placée à côté de lui.

Deux témoins viennent, avec beaucoup moins de retenue que Gribou, faire connaître les expressions dont Pigeot s'est servi. Ces expressions constituent bien réellement une injure dans le sens de l'article 375 du Code pénal. En conséquence, Pigeot est condamné à 50 francs d'amende.

Imprimerie d'AMÉDÉE GRATIOT et Ce, rue de la Monnaie, 11.

RÉTRACTATION.

M. le Président. Femme Sylvain, vous accusez Louise Torchet de vous avoir volé un jupon... Comment vous l'a-t-elle volé?

La femme Sylvain. Oh!... elle n'y a pas mis tant de façon que vous pouvez penser. Je sais seulement que j'étais en train de *rabobiner* mon jupon dans la cour, lorsque Sylvain, mon époux, m'appelle et me dit: « Femme, tu vas aller me chercher vingt-cinq grammes de tabac à priser. » Je pose là ma jupe, je vais chez la marchande de tabac; je reviens, mon jupon avait disparu. Je demande à toute la maison: Avez-vous vu ma jupe?... mais personne ne l'avait vue.

M. le Président. Comment alors savez-vous que c'est la fille Torchet qui vous l'a volée?

La femme Sylvain. Un instant!... C'est là le nœud *gredin* de l'affaire. Huit jours se passent, un mois s'écoule; j'avais déjà fait depuis longtemps la croix sur mon jupon. Un matin, cependant, comme je montais pour balayer l'escalier, j'aperçois mademoiselle Louise en déshabillé, qui cirait ses souliers sur le carré. — C'est singulier, que je me dis, voilà un jupon qui ressemble à feu mon jupon comme deux gouttes d'eau... Je croyais rêver; j'étais toute éberluée, quoi! Je m'approche de mademoiselle Louise et je lui dis, en la prenant par son vêtement: « Voilà un jupon qui vous habille bien; vous a-t-il coûté cher? — Que voulez-vous dire? qu'elle me répond. — Qu'il n'a dû vous coûter que la peine de le prendre, que je lui r'ajoute. » Voilà mademoiselle Louise qui pousse les hauts cris et m'accable de cent mille horreurs... Heureusement qu'il y a des témoins; ils diront si je l'accusais à tort.

M. le Président. Que vous a dit Louise lorsque vous avez reconnu le jupon?

La femme Sylvain. Qu'elle l'avait trouvé par terre dans la cour...... Merci de la trouvaille!

M. le Président, s'adressant à la prévenue. Quand il serait vrai que vous l'eussiez trouvé, vous auriez dû supposer qu'il appartenait à quelqu'un de la maison, et il était de votre devoir de le remettre à la portière.

Louise, les larmes aux yeux. C'était un méchant guenillon; je croyais bien plutôt qu'il avait été jeté exprès.

M. le Président. Lors de la disparition du jupon, la femme Sylvain ne vous avait-elle pas demandé si vous l'aviez vu?

Louise. Non, monsieur.

La femme Sylvain confirme par un geste la réponse de Louise.

M. le Président. Ainsi vous ignoriez que le jupon appartînt à votre portière.

Louise. Je l'ignorais complétement.

M. le Président. Alors comment expliquerez-vous qu'il se soit trouvé en votre possession?

Louise. Je l'ai ramassé au pied de l'escalier.

M. le Président. Cependant la femme Sylvain prétend l'avoir laissé dans la cour.

Louise. Que voulez-vous que je vous dise? C'est alors le vent qui l'en aura chassé... Quant à moi, je vous jure que je suis innocente du vol dont on m'accuse... Je n'ai jamais volé... C'est une affreuse méchanceté de dire que je suis une voleuse... (L'émotion qui gagne la prévenue l'empêche de continuer; elle fond en larmes.)

M. le Président. Femme Sylvain, pensez-vous que le vent ait pu pousser le jupon de l'endroit où vous l'aviez laissé jusqu'au pied de l'escalier?

La femme Sylvain, émue par les larmes de Louise. Je crains d'avoir fait une bêtise... Cette pauvre enfant paraît si malheureuse qu'elle me fait repentir de l'avoir accusée... Si ce n'était pas vrai pourtant qu'elle eût volé!... Ah! tenez, un voleur ne pleurerait pas comme ça... Aussi bien je me souviens qu'il faisait ce jour-là un coquin de vent, que les fenêtres battaient comme des cliquettes... Ma petite mademoiselle Louise, vous me pardonnez, n'est-ce pas?

Le retour de la femme Sylvain a entièrement désarmé le tribunal. Louise est renvoyée des fins de la prévention.

COALITION.

Le sieur Doucet, batteur d'or, occupe dans ses ateliers un grand nombre d'ouvriers. Or, il arriva un jour qu'à l'heure de la prise des travaux ses ateliers restèrent vides sans qu'aucun avis préalable l'eût instruit de cette suspension de travail. Quelques instants après, une députation de batteurs, composée de neuf personnes, se présenta chez lui et lui déclara que la retraite des ouvriers avait pour cause l'insuffisance des salaires. M. Doucet leur remontra énergiquement que ces salaires étant d'accord avec les tarifs ordinaires, il n'y devait faire aucune augmentation; qu'au surplus, loin d'être intimidé par leurs prétentions, et considérant le départ des ouvriers comme un fait de coalition, il allait saisir la justice d'une plainte contre les coalisés. Cette menace produisit un effet tout contraire à celui qu'en attendait le sieur Doucet. Les révoltés se répandirent dans les ateliers et brisèrent tout ce qui tomba sous leurs mains. Grâce à l'intervention de M. le commissaire de police, on parvint à se rendre maître des plus mutins, qui, au nombre de cinq, viennent répondre devant la justice d'un délit prévu par l'article 415 du Code pénal.

Les prévenus sont les nommés Tourangeau, Vestel, Wolfram, Capotet et Suzillon.

Après le premier interrogatoire des prévenus, le sieur Doucet, qui s'est porté partie civile à l'occasion du dommage par lui éprouvé, est appelé et expose en ces termes les faits de sa plainte :

« Lorsque les ouvriers se présentèrent chez moi pour me proposer une capitulation, Tourangeau et Vestel étaient en tête du cortége. Vestel se faisait surtout remarquer parmi ses camarades par la vivacité de ses reproches et la manière peu convenable avec laquelle il s'exprimait. Tourangeau me témoigna, mais avec assez de calme, l'état de gêne dans lequel se trouvaient les ouvriers par suite de la médiocrité du salaire. Je lui représentai qu'à aucune époque les salaires n'avaient été portés au taux où ils sont aujourd'hui, et que, pour moi, j'aimerais mieux fermer mes ateliers que d'ajouter un sou aux journées de mes ouvriers. A ces mots un murmure confus s'éleva parmi les membres de la députation, et Vestel m'apostropha de la façon la plus impolie. J'ajoutai quelques mots encore pour leur prouver que, fort de mon droit, je ne redoutais pas leurs menaces. Aussitôt un cri confus s'éleva. *A l'atelier! à l'atelier*, s'écrièrent les mutins. En même temps ils se précipitèrent dans les

On reprend son bien où on le trouve.

Dessiné par Gavarni.

Lith. Coulon et Cie r. richer, 7

Martinon, rue du Cocq St Honoré, N° 4

ateliers. Dans leur fureur, ils y brisèrent la plus grande partie des ustensiles, ils déchirèrent les *quarterons* (livrets dans lesquels on place les feuillets d'or), et cassèrent les marbres servant au battage.

M. le Président. Les avez-vous suivis dans l'atelier?... N'y en avait-il pas, parmi les mutins, qui dirigeaient les autres?

Le sieur Doucet. Ils agissaient tous de leur propre mouvement... Je suis convaincu que la descente qu'ils ont faite dans les ateliers était irréfléchie.

Plusieurs témoins sont entendus et viennent déposer sur la scène violente qui eut lieu dans les ateliers de Doucet; mais nul d'entre eux ne peut assigner la part de responsabilité de chacun des prévenus dans ce grave désordre. Leurs dépositions tendent au contraire à prouver que tous y ont eu une égale participation.

M. le Président interroge ensuite les prévenus. Il demande à Tourangeau en vertu de quelle délégation il a porté la parole lors de la députation chez Doucet. Tourangeau fait connaître que cette délégation lui avait été donnée par la voie du sort. Il nie qu'il fût l'âme de la coalition, et invoque à cet égard le témoignage de ses co-prévenus. Quant au dégât, il reconnaît qu'il y a pris part, sans pouvoir assigner à son action d'autre cause que l'entraînement; il n'a fait que suivre en cette occasion encore l'exemple de ses camarades. Chacun des prévenus se borne à reproduire ce système de défense.

Après ces explications, M. l'avocat du roi prend la parole. Il représente d'abord toute coalition comme une entrave à la liberté du commerce, et comme une tentative coupable contre la fortune de celui contre lequel elle est dirigée. M. l'avocat se livre, en outre, à des observations pleines de justesse sur le danger des coalitions, et, après une courte discussion du fait principal, conclut contre les prévenus à l'application de la loi.

Un seul défenseur se présente pour les prévenus, et, dans une défense commune à tous les accusés, cherche à combattre inutilement les faits de la prévention en ce qui touche à la coalition. En ce qui concerne le dégât, il dit qu'on a beaucoup exagéré le désordre, et que cette prétendue scène de *destruction* s'est bornée à quelques outils brisés et à un laminoir renversé *par mégarde*.

M. le Président. Cette assertion est tout à fait contraire aux termes du procès-verbal de M. le commissaire de police.

L'avocat des prévenus. Je ferai observer à M. le Président que le procès-verbal, écrit presque sous la dictée du sieur Doucet, est erroné sur plusieurs points. Ainsi, par exemple, il constate le bris d'un marbre servant au battage des feuilles d'or. Or, il est avéré que ce marbre avait été précédemment endommagé par la maladresse d'un ouvrier nommé Samson. On a encore montré à M. le commissaire un grand amas de déchets, comme provenant des ruines amoncelées par les conjurés... Enfin, il n'y a pas jusqu'à un vieux balai, hors d'usage, que l'on n'ait fait figurer sur le procès-verbal, comme faisant partie *de ces décombres!*... (Rire dans l'auditoire.)

Le sieur Doucet. Il est sans doute permis à M. l'avocat de s'égayer sur le procès-verbal de M. le commissaire de police; mais j'ai besoin de répondre, pour ce qui m'est personnel, à la partie gaie de son discours. M. l'avocat affirme que le procès-verbal a été écrit sous ma dictée; le fait est inexact. Il est vrai que M. le commissaire m'a consulté pour la rédaction de son procès-verbal, mais c'était seulement pour des objets ou instruments propres à notre profession dont il ignorait la dénomination. Voilà la vérité. Quant à l'exagération dans l'appréciation des dégâts, je n'ai qu'un mot à dire. Les seuls frais occasionnés par le bris des vitres de l'atelier ont nécessité une dépense de 80 francs. L'un des cylindres du laminoir, qui aurait été renversé *par mégarde*, m'a occasionné une dépense de plus de 100 francs.

L'avocat. La réponse que vous venez d'entendre ne détruit nullement la force de mes observations par rapport à l'exagération du dégât. Je soutiens que ce dégât ne s'élève pas en somme à plus de 200 francs; et, cependant, il n'est personne qui, à la lecture du procès-verbal, ne pût s'imaginer que les coalisés, à l'exemple des géants révoltés, n'eussent amoncelé Ossa sur Pélion!...

Cette défense n'a pas eu tout le succès qu'en attendait le défenseur, car le tribunal, considérant le fait de la prévention comme une véritable coalition suivie de révolte, condamne Tourangeau, Vestel, Wolfram et Capotet chacun à un mois d'emprisonnement et solidairement en 500 fr. de dommages et intérêts envers Doucet. A l'égard de Suzillon, le tribunal le renvoie de la plainte.

Imprimerie d'Amédée Gratiot et Cᵉ, rue de la Monnaie, 11.

DIOGÈNE II.

On amène au banc des prévenus un homme tout rabougri, singulièrement difforme et vêtu d'une façon fort décousue. Il est porteur d'une culotte de soie noire, d'un habit noir usé jusqu'à la corde, et d'un gilet rouge orné de tresses jaunes, lequel gilet le prévenu tient de la munificence d'un ex-hussard de la garde impériale. Cette espèce de Quasimodo déclare se nommer Goroswistcheff, dit Loupin.

M. le Président. Est-ce que vous n'êtes pas Français?

Loupin. Je suis né à Wilna d'une mère russe et, à ce qu'on croit, d'un hussard de la garde. Toujours est-il que de son vivant Loupin, c'est le nom du hussard, m'aima comme son fils, et que, tant qu'il vécut, je ne manquai jamais de rien. Il m'a comblé de ses vieilles culottes, de ses vieux chapeaux et de ses vieilles bottes... Voilà encore un gilet qui lui a appartenu... c'est tout ce qui m'est resté de ce vertueux père!

M. le Président. Savez-vous ce qu'est devenue votre mère?

Loupin. En revenant de Moscou, mon père me trouva assez grand et assez fort pour le suivre... Il pria ma vertueuse mère de me confier à ses soins et lui promit de faire mon bonheur. Ma mère, qui m'idolâtrait, y consentit sans difficulté. Loupin m'emmena en France à la suite du 3e hussards. Il mourut quelques années après son retour. Depuis 1814, je suis resté seul au monde... (Elevant la main vers le ciel.) Il est doux pour moi de penser que ma mère est là-haut à côté de mon père Loupin!...

M. le Président. Vous êtes prévenu du délit de vagabondage.

Loupin. Vous voulez dire que je suis accusé de

n'être pas riche... La richesse!... je la méprise. J'aime mieux ma pauvreté... Je dîne moins bien, mais je n'en suis pas moins heureux!

M. le Président. Vous êtes traduit devant la justice non parce que vous n'êtes pas riche, mais parce que vous n'aviez ni domicile, ni profession, ni moyens d'existence au moment où vous avez été arrêté.

Loupin. C'est une erreur, j'avais un domicile... Mon état est de chercher des objets perdus... Mes moyens d'existence... tant qu'on n'est pas mort on vit, et quand on vit on existe; car que serait la vie sans l'existence?

M. le Président. Vous avez été arrêté par une ronde de nuit près du port au vin; vous étiez couché dans une futaille défoncée... Ce n'est pas là un domicile.

Loupin. C'est mon hôtel, à moi... Depuis deux ans je n'ai pas d'autre demeure. Quand vient le soir et que je suis bien fatigué de la journée, je rentre dans ma maison sans le moindre regret du jour qui s'en va, sans crainte pour le jour qui va venir... Je vis comme je peux, ce qui ne m'empêche pas de vivre comme je dois... Je regarde les hommes en pitié... Ce sont tous des méchants... Excepté un... un seul, qui m'a payé, il y a dix ans, le seul verre de vin que j'aie bu de ma vie... Homme généreux!... Depuis ce temps, je le cherche partout, et je ne puis le trouver.

M. le Président. Est-ce que vous n'avez jamais exercé une profession quelconque?

Loupin. Jamais.

M. le Président. Alors vous demandiez l'aumône?

Loupin, avec dignité. Jamais. J'ai le cœur plus haut que la bourse.

M. le Président. Mais enfin par quelle voie subvenez-vous à vos besoins?

Loupin. Je vous l'ai dit. Je cherche ce que les autres perdent... Par malheur, comme on ne perd guère, je ne ramasse pas gros...

M. le Président. Ce n'est pas là une industrie que l'on puisse avouer; car tout ce qui se perd a un maître...

Loupin, avec vivacité. Je parle des choses que personne ne réclamerait, comme un mouchoir, une pièce de dix sous... Une fois j'avais trouvé un portefeuille garni de billets de banque... je l'ai rendu; c'est tout simple: il était plus nécessaire à celui qui l'avait perdu qu'à moi... J'aurais préféré trouver le mortel généreux que je cherche depuis si longtemps!... J'ai bien peur de mourir sans avoir bu un second verre de vin, si le ciel ne me fait pas retrouver un jour cet homme estimable! (Rire dans l'auditoire.)

Loupin est condamné à un mois d'emprisonnement.

DE PARIS A ROUEN.

Les habitués des audiences de la police correctionnelle peuvent connaître seuls toute l'étendue des affections qu'une vieille femme peut nourrir pour un chien ou pour un chat. Les procès dans lesquels vient figurer quelqu'un de ces animaux domestiques sont tellement fréquents, qu'aujourd'hui ces sortes de procès ont perdu beaucoup de leur piquant. Voici néanmoins une *cause* qui nous a paru mériter d'être rendue *célèbre*.

La dame Riboulou habite avec son chat une petite maison à Sablonville. En raison de son attachement exclusif et sans bornes pour son Rominagrobis bien-aimé, la dame Riboulou est devenue la fable du voisinage; il n'y a pas un voisin dont la malveillance n'ait été vingt fois excitée par le pauvre animal. Met-il le nez à la porte? zeste! c'est une pierre qui vient lui choir entre les deux yeux. S'égare-t-il imprudemment la nuit jusque dans quelque maison voisine, *Be-Belle*, c'est le nom du chat en question, revient au logis chargé de horions et tirant péniblement la patte. Cette animadversion générale frappe au cœur la bonne madame Riboulou, qui, prenant fait et cause pour Be-Belle, a déclaré la guerre à tout le voisinage. Mais le parti des voisins est gros, et la dame Riboulou, seule avec Be-Belle, devait enfin succomber devant le nombre et la force. Une noire et traîtreuse machination est venue trancher les jours du quadrupède proscrit.

Un jour du mois dernier, vers six heures du soir, le sieur Hannon, l'un des plus implacables ennemis de Be-Belle, aperçut l'animal qui, la patte sur l'oreille, goûtait dans une quiétude profonde un doux et bienfaisant sommeil. Hannon s'approche discrètement du dormeur, fait patte de velours, le flatte de la main, le caresse d'une voix mignarde, et Be-Belle, séduite par cette feinte douceur, tend le dos et fait la mignonne. Hannon prend l'animal dans ses bras et l'emporte. Non loin de là était Fortier, autre ennemi de Be-Belle, et qui attendait

N° 84.

LA CORRECTIONNELLE

Petites Causes Célèbres.

GOROSWISTCHEFF, dit LOUPIN

Philosophe de la secte Diogénique.

Dessiné d'après nature

Dessiné par Gavarni

Lith. Coulon et Cie r. richer, 7.

Martinon rue du Cocq St Honoré, N° 4.

sa victime avec cet atroce sang-froid du bourreau qui attend son patient. Aussitôt pris, aussitôt pendu! Be Bebelle n'était pas plus tôt au pouvoir de Fortier, que celui-ci lui passa au cou un nœud coulant, et la traîna jusque sur la chaussée de l'avenue, malgré ses miaulements et ses grimaces. La diligence de Rouen passait en ce moment. Fortier saute sur le derrière de la voiture, et tandis que Be-Belle suit en rechignant, il attache solidement à l'enrayure de la voiture la corde qui retenait l'animal prisonnier; puis, ayant fini, il descend et souhaite un bon voyage au pauvre voyageur.

L'infortunée madame Riboulou, attirée par les premiers cris de la victime, se hâte d'accourir. Il était trop tard. Appeler, courir après la diligence n'était pas possible; la dame Riboulou eut la douleur de voir l'objet de ses affections entraîné, comme un autre Hippolyte, par des coursiers fougueux. Mais s'il lui fut impossible de ressaisir Be-Belle, elle a été assez heureuse pour attraper du moins le coupable Fortier; et c'est toujours une douce consolation pour elle. Il n'est pas douteux que Be-Belle n'ait trouvé le trépas dans sa marche forcée; la dame Riboulou ne pouvait donc mieux faire, pour apaiser les mânes plaintifs de la pauvre bête, que d'appeler sur la tête de son meurtrier une grande, une éclatante réparation.

C'est sur la plainte de la désolée madame Riboulou que Fortier et Hannon comparaissent devant le tribunal. Le délit est constant et appuyé de plusieurs témoignages. En conséquence, les deux complices sont condamnés chacun à six jours d'emprisonnement et 25 fr. de dommages-intérêts.

A DADA SUR SON CHEVAL.

Ravier a à se plaindre du nommé Traverson, qui l'aurait maltraité au point de le priver par la violence des coups de l'une de ses dents incisives.

Voici le fait tel qu'il résulte des débats.

Ravier conduisait un baquet de longue dimension, lorsqu'en détournant la rue Saint-Martin pour entrer dans la rue Aux Ours, l'extrémité de son équipage alla donner dans le naseau de l'un des chevaux que conduisait Traverson. Celui-ci, d'un naturel fort prompt, se dirigea vers le charretier imprévoyant et l'apostropha en termes de son métier. Ce n'est pas tout, il termina l'allocution par un coup de fouet si vigoureusement appliqué sur le visage de Ravier, qu'on aperçoit encore aujourd'hui les traces des excoriations produites par le coup. Indigné de cette brutalité, Ravier marche sur son agresseur, mais celui-ci l'arrête en lui portant un coup du manche de son fouet sur la tête. Ravier fut un moment étourdi. C'est dans ce moment que Traverson fondit sur lui, et, le chargeant à coups de poings, le renversa dans le ruisseau. Des assistants vinrent à point arracher Ravier des mains de son antagoniste; mais, outrés de la barbarie avec laquelle Traverson s'était conduit à l'égard d'un homme hors d'état de se défendre, ils déposèrent celui-ci au poste du Conservatoire des Arts et métiers.

Tels sont les faits rapportés par Ravier et confirmés par Bourgette, Héliot et Macassin, témoins de la partie civile.

M. le Président, au prévenu. Pourquoi maltraitiez-vous Ravier de la sorte?

Traverson. Il avait fourré son baquet dans le *nez* de mon cheval.

M. le Président. Où était donc le mal, si, comme tout porte à le croire, il ne l'avait pas fait exprès?

Traverson. Qué qu' ça dit?... Voyez voir quand une personne se fourre un petit brin de paille dans le nez, si ça la fait rire... Si c'était donc un baquet, ça serait bien mieux!... Mon pauvre cheval!

M. le Président. Votre conduite est sans excuse... votre cheval n'avait pas été blessé à ce point qu'il fût *nécessaire* de frapper Ravier.

Traverson. Mais il l'y avait flanqué son baquet dans le nez!... Mon pauvre cheval!...

M. le Président. Il paraît, d'après les témoignages recueillis sur ce point, que le baquet a à peine effleuré la tête du cheval.

Traverson. C'est une belle et bonne menterie... D'ailleurs ceux qui disent le contraire n'étaient pas dans le nez du cheval pour le savoir...

M. le Président. Dans le cas même où votre déclaration serait vraie, vous deviez savoir qu'il ne vous était pas permis de maltraiter un citoyen.

Traverson. Voilà du nouveau à cette heure!... Comme ça, le premier venu aura le droit de venir fourrer tout un baquet dans le nez de mon cheval, et il faudra que je lui dise: Bien obligé!...

Le tribunal ne laisse pas le temps au prévenu d'ajouter un mot de plus, et le condamne à 15 jours de prison et 50 fr. de dommages-intérêts envers Ravier.

Imprimerie d'AMÉDÉE GRATIOT et Ce, rue de la Monnaie, 11.

MŒURS CAVALIÈRES.

Le sieur T... est d'un embonpoint phénoménal. On pourrait lui appliquer, sans hyperbole, le mot de Diderot au sujet de certain curé gros garçon, et ce ne serait pas trop dire de lui que d'affirmer qu'on pourrait baiser ce volumineux personnage pendant trois mois entiers, sans crainte de le baiser deux fois à la même place. Mais il est douteux que quelqu'un en voulut faire l'essai, tant le sieur T... est monstrueux, et je suis assuré qu'on serait plus tenté de le bâtonner, si un homme de ce poids pouvait être bâtonné en un jour.

Malgré sa lourde obésité le sieur T... est encore frétillant, fringant, papillonnant; c'est à peu près comme si on attachait le bœuf-gras aux ailes du colibri. Cette disposition aux petits airs éventés rend parfois le sieur T... téméraire et hardi comme un chevau-léger, et dans ses accès de témérité, ma foi, M. T... ne compte plus avec la morale et saute d'un bond par-dessus l'article 330 du Code pénal. On ne tente pas ce grand *écart* sans s'exposer à retomber sur les bancs de la police correctionnelle, et c'est là justement que nous retrouvons aujourd'hui notre gros papillon.

Le sieur T... paraît être assis fort à l'étroit sur le banc des prévenus. Sa contenance est tourmentée et on voit qu'il maudit tout bas l'imprévoyance de l'architecte qui n'a pas conçu son banc dans la vue du plus gros accusé possible. Après avoir préalablement vidé toutes ses poches sur le balustre de la tribune, pour ajouter sans doute à la liberté de ses mouvements, le sieur T... décline ses noms, qualité et domicile.

M. le Président. Vous êtes prévenu d'outrage public aux bonnes mœurs.

Le prévenu. Je prouverai tout à l'heure que je suis victime d'un infâme calcul.

On appelle les témoins.

Mademoiselle Jenny. Nous étions allées nous promener aux Champs-Élysées, madame Pascal et moi. Un gros monsieur marchait derrière nous, et quoiqu'il nous suivît depuis la rue Neuve-Saint-Roch, nous n'avions fait aucune attention à lui, tant nous étions éloignées de lui supposer des vues déshonnêtes. Parvenues près du carré Marigny, ce monsieur s'approcha de moi et m'adressa la parole en termes fort libres. Je lui dis qu'il se trompait sur notre compte; mais il n'en continua pas moins ses propos grossiers et me pinça le bras jusqu'au sang. Madame Pascal l'invita poliment à se retirer et lui fit remarquer que sa conduite nous rendait l'objet de l'attention des promeneurs. Nous avions beau nous détourner de notre chemin, ce monsieur était toujours sur nos pas. Nous gagnâmes alors la grande allée, dans l'espérance qu'il n'oserait nous y suivre et que sans doute la vue de la foule parviendrait à contenir ses indécentes persécutions. Le monsieur nous suivit dans la grande allée et par ses manéges attira sur nous tous les yeux. Il affectait même de parler très haut... Enfin le ciel permit qu'un garde surveillant passât en ce moment près de nous. Madame Pascal l'appela et le pria de faire cesser un aussi épouvantable scandale.

M. le Président. Que vous disait T...?

Mademoiselle Jenny. Que j'étais fort jolie; il m'offrait de l'argent si je voulais condescendre aux propositions qu'il me faisait... Je ne saurais répéter les termes indécents dont il se servait; je sais seulement que je me sentais profondément humiliée d'un semblable langage.

Madame Pascal reproduit à peu près la déposition du précédent témoin. Elle n'a pas été moins choquée que mademoiselle Jenny de l'audace du sieur T... Le témoin doute qu'on pût employer, même à l'égard des femmes les plus méprisables, une telle crudité d'expressions. Sa propre expérience, ajoute madame Pascal, ne lui fournit pas un exemple pareil de dépravation et de cynisme.

Le sieur Gustave L.. J'étais vraiment honteux pour ces dames de l'insistance avec laquelle M. T... s'attachait à leurs pas; et vingt fois j'ai été sur le point d'intervenir officieusement dans cette scène, si je n'avais pensé que M. T... se désisterait de lui-même de ses poursuites. Sa conduite était tellement inconvenante que tout le monde se retournait pour regarder les deux dames qui étaient l'objet des galanteries de M. T...

Mourand, garde des Champs-Élysées. J'étais en surveillance près de l'Allée-des-Veuves, lorsqu'un monsieur vint m'avertir qu'une scène scandaleuse se passait près du carré Marigny, et que deux dames étaient exposées aux insultes d'un monsieur. Je me rendis sur-le-champ au lieu indiqué. Je n'eus pas de peine à reconnaître l'individu qu'on m'avait signalé : tous les promeneurs avaient les yeux fixés sur lui. Je m'approchai par derrière et je pus entendre quelques mots du discours de l'individu. Je jugeai aux reproches de l'une des deux dames que le ton du particulier ne leur convenait nullement. — « Ah! monsieur, me dit l'une des deux dames en m'apercevant, je vous en conjure, faites taire ce gros polisson!... Voilà deux grandes heures qu'il rebat les oreilles de cette jeune personne de ses horreurs. » Je priai alors le monsieur de me suivre au corps-de-garde du Jeu-de-Paume, et je l'emmenai aux applaudissements et aux huées de la multitude.

M. le Président. Prévenu, vous voyez que le délit d'outrage public aux bonnes mœurs est parfaitement constaté.

Le prévenu se levant pesamment, les bras allongés, le pouce et l'index joints, comme un homme qui va discuter délicatement.

« *Mosieu*, dit-il, s'il est vrai que la chair soit faible, ma constitution me rend, plus que tout autre, sujet à cette sorte de faiblesse... J'ai le malheur d'être encore tributaire des passions, et tributaire des plus imposés, je puis le dire. Mais cependant, malgré l'exubérance des passions, je sais ce que l'on doit d'égards et de respect au sexe le plus enchanteur *de la terre*; car je me pique de connaître à fond les usages de la *cavalerie*... (se reprenant) de la chevalerie française. (Hilarité générale.) C'est à tort que l'on m'a *dépeint* à vos yeux comme un vil suborneur... Je ne le fus jamais... J'ai toujours su allier les formes de la galanterie la plus respectueuse...

M. le Président, interrompant le prévenu. Cessez de nous parler sur ce ton-là... Vous êtes accusé d'outrage public à la pudeur : c'est mal prendre votre temps pour protester de vos principes de galanterie.

Le prévenu. Mon seul *crime* est d'avoir voulu faire agréer mes hommages à une jeune personne

LA CORRECTIONNELLE N° 85

Petites causes célèbres.

UN GROS PERVERS

« [illegible] il est vrai que la chair soit faible, ma constitution me ren[illegible] plus [illegible] tout autre sujet à cette sorte de faiblesse »

Dessiné par Gavarni. — Lith. [illegible] et Cie, [illegible] 7.

Martinon, rue [illegible], N° 4

que j'en croyais véritablement digne... Je me trompai.

La dame Pascal. Gros indécent !

Le prévenu. Elle a méconnu la délicatesse de mes sentiments...

La dame Pascal. Vil ordurier !

Le prévenu. Le procès actuel est une spéculation sur le scandale !

M. le Président. Quels sont vos motifs pour penser de la sorte?

Le prévenu. C'est que je ne crois plus aux Lucrèces... Ces dames avaient calculé d'avance sur le scandale d'un débat judiciaire... Elles espéraient sans doute que je courrais au-devant d'un accommodement pour assoupir l'affaire.

M. le Président. Vous faites injure à ces dames. Rien ne prouve que cela fût dans leurs intentions.

Le prévenu se livre ici à une discussion spécieuse pour prouver qu'il n'est pas sorti des droits de la galanterie la plus délicate. Mais comme les témoignages recueillis sont positifs, le tribunal, faisant application de la loi, condamne le sieur T... à un mois d'emprisonnement et 200 fr. d'amende.

VIEUX RENARD.

Isidore Beljambe est prévenu d'avoir volé une casquette au préjudice de la femme Gaucillon, marchande fripière, rue des Arcis.

Les témoins du vol sont la dame Gaucillon elle-même; Jurat, liquoriste; Gilloquin, marchand de *quatre-saisons*, et Marguerite Pommère, sans profession. La déposition des témoins est claire, précise et concordante. Il résulte de l'ensemble des témoignages, que Beljambe, profitant d'un moment où la femme Gaucillon était allée se régaler d'un *chinois* chez le liquoriste voisin, s'introduisit dans l'*allée* qui sert de boutique à la bonnetière, qu'il décrocha une casquette dite à la *Périnet Leclerc*, la cacha sous sa blouse et se disposait à la fuite, lorsqu'il fut arrêté par les soins de Gilloquin.

M. le Président. Beljambe, vous venez d'entendre les témoins, qu'avez-vous à dire pour votre défense ?

Beljambe. J'essayais la casquette... on n'achète pas chat en poche. (Rire dans l'auditoire.)

M. le Président. Le témoin Gilloquin a affirmé que vous aviez mis la casquette sous votre blouse.

Beljambe. Eh bien! votre Giles-coquin, comme vous dites, est un fameux gausseur... il s'est moqué de la justice. Voici la vérité. Comme je passais rue des Arcis, je vois un assortiment de casquettes de toutes couleurs... Je me dis : il y a longtemps qu'il m'en faut une, voilà l'occasion toute trouvée. J'entre dans la boutique ; la marchande était allée se *gaver*, il faut croire, car il n'y avait personne... Bon ! on peut toujours essayer un *couvre-amour*, que je me dis, ça sera autant de fait quand la marchande reviendra. Je fais mon choix. Ça n'est pas tout d'acheter, il faut payer. Je me dis : je vais voir dans la *profonde* (la poche) s'il y a de la monnaie... voilà ce qui a fait croire que je voulais mettre la casquette dans ma poche.

Le témoin Gilloquin. C'est une belle menterie !... quand je vous ai *r'empoigné*, vous aviez caché la casquette sous votre blouse, et vous commenciez à *jouer des fourchettes* (jouer des jambes).

Beljambe. J'allais chercher la marchande.

M. le Président. Tout ce que vous nous dites là n'est nullement vraisemblable. Avouez plutôt que votre intention était de voler la casquette.

Beljambe. Moi ?... allons donc !... moi, voler une casquette !... pour que les camarades disent : « Tu vois Beljambe ?... eh bien, il a une casquette volée ! » Merci, on tient plus que ça à son honneur !

M. le Président. Vous montrez de fort beaux sentiments, mais ils ne sont guère en rapport avec vos antécédents. Je trouve dans les renseignements qui me sont fournis que vous avez subi une condamnation à cinq ans de détention pour vol.

Beljambe. Moi ?... allons donc !

M. le Président. Il est vrai que cette condamnation vous l'aviez encourue sous le nom de Flécher, qui paraît être votre véritable nom.

Beljambe. Allons donc !... c'est une *farce* que vous voulez me jouer.

M. le Président. N'étiez-vous pas lié dans la maison de détention de Melun avec un nommé Croisière ?... C'est lui qui vous a reconnu.

Beljambe. Allons donc !... On vous a *induit*... Je me nomme Beljambe.

M. le Président. Beljambe est le nom de votre mère.

Beljambe, atterré. Vous m'étonnez !...

Le prévenu n'est pas encore revenu de son étonnement, que M. le Président prononce contre lui la peine de deux ans d'emprisonnement.

Imprimerie d'AMÉDÉE GRATIOT et Cᵉ, rue de la Monnaie, 11.

MARIE, TREMPE TON VIN.

M. le Président invite Poitou, marchand de vins, à développer devant le tribunal les motifs de la plainte par lui portée contre Marie Dragonnet.

Poitou. Mam' Dragonnet vient quelquefois boire chez moi...

Marie Dragonnet. Ça te fâche, vilain?

Poitou. Assurément non : j'estime les gens qui viennent boire à la maison, mais seulement quand ils sont tranquilles et qu'ils n'ont pas le vin mauvais... Vous, c'est différent, vous le portez tout de travers et c'est désagréable... Finalement parlant, M. le Président, mam' Dragonnet arrive un jour et demande un demi-setier, et puis un second, et puis un troisième; si bien qu'au quatrième elle avait déjà l'œil allumé et qu'elle commençait à avoir, comme on dit, de la poix entre les dents : elle ne pouvait plus parler. Je lui dis : « Mam' Dragonnet, en v'là assez, vous êtes déjà ronde comme une pomme, faut vous en aller. » Là-dessus elle se mit à marmonner et à me dire des injures. Ce n'est pas tout. Elle jette sur le comptoir une pièce de quinze sous et je lui rends son reste. Mais, en reprenant sa monnaie, v'là-t-il pas qu'elle se met à m'appeler voleur et qu'elle me soutient qu'elle m'a donné une pièce de vingt sous!... Elle avait la vue trouble, la chère femme. Quand j'ai vu qu'elle lâchait les gros mots, je l'ai priée de sortir... elle parlait mal de mon vin...

Marie Dragonnet. Le fait est que c'est un vrai vinaigre.

Poitou, avec dignité. Mam' Dragonnet, le vin est ce qu'on le fait... je dis qu'il est mauvais toutes les fois qu'il est accompagné de paroles équivalentes.

Marie Dragonnet. Tais-toi, vilain!... le tien n'a jamais fait bonne bouche.

M. le Président. Poitou, tâchez de spécifier davantage les injures que vous imputez à la prévenue.

Poitou. Comme je l'avais poussée dehors, elle avait amassé beaucoup de monde devant ma porte. Elle m'appelait *banqueroutier*, *voleur*, et puis elle tenait des propos qui pouvaient faire du tort à mon commerce : elle disait qu'elle m'avait surpris à frelater mon vin... Jamais pareille idée ne m'était venue.

Marie Dragonnet. Faites pas attention, mes juges, j'étais un peu *pocharde*.

Poitou. Quand on est sujet à *s'ivrer*, on met de l'eau dans son vin.

Marie Dragonnet. Merci! ça m'affadit, moi.

Rachin, témoin. Marie avait deux doigts de vin... elle appelait Poitou *banqueroutier* et *filou*. C'était la boisson qui parlait par sa bouche.

Bûchet. Marie a traité Poitou de *frauduleux*. Elle disait qu'il lui avait volé une pièce de vingt sous.

Marie Dragonnet. Mon petit Bûchet, vous ne dites donc pas à ces messieurs que j'étais dans les brindes ?

M. le Président. Est-ce que vous vous mettez souvent dans cet état ?

Marie Dragonnet. Dam', le plus souvent que je peux, et ce n'est pas autant que je le voudrais...

M. le Président. Si la sobriété sied bien à quelqu'un, c'est principalement aux femmes.

Marie Dragonnet. Fi donc! la sobriété!... c'est la vertu des chameaux, et je suis une honnête femme! (Hilarité.)

Le tribunal, après en avoir délibéré, condamne la femme Dragonnet à 25 fr. de dommages-intérêts, et l'engage à modérer, à l'avenir, son penchant pour le vin.

Marie Dragonnet. Je vous le jurerais, que ça serait un serment d'ivrogne... N'y comptez pas.

RIXE.

Une rixe de la nature la plus grave s'éleva dernièrement entre plusieurs ouvriers charpentiers et des compagnons maçons, dans un cabaret de la Villette. Le sujet de ce conflit était une de ces rivalités de corps d'état, malheureusement trop fréquentes. Voici le fait. Quelques maçons se trouvaient attablés chez le sieur Atrux, à l'*Ancienne-Galiote*, lorsque des ouvriers charpentiers se présentèrent et demandèrent à boire. Au nombre des survenants se trouvaient Raymond, dit le *Marseillais*, Baziron et Supplet. Au rapport de Chantier, l'un des témoins, il paraît que Raymond, en passant près de la table occupée par les maçons, se serait permis quelques mots un peu vifs, et dont Varnier, l'un de ceux-ci, se serait choqué. Varnier se leva, s'approcha de Raymond et lui demanda si les propos qu'il venait de tenir étaient une provocation personnelle qui lui était adressée. Raymond lui répondit qu'il était libre de les interpréter comme bon lui semblerait, et que pour lui il était prêt à offrir tous les genres de réparation qu'on exigerait de lui, excepté des excuses. Aussitôt Varnier se précipita sur son interlocuteur, et une lutte corps à corps s'engagea entre eux. Les assistants eux-mêmes ne voulurent point rester neutres dans une affaire qui mettait en jeu l'honneur de leurs corporations respectives, et la rixe devint générale et la bataille meurtrière. Il fallut que pour séparer les combattants le sieur Atrux courût informer la gendarmerie de cette scène de désordre. Lorsque la force armée arriva sur les lieux, le sang avait déjà coulé; Maigret, compagnon maçon, avait été atteint à la cuisse par un coup de compas et gisait baigné dans son sang. Les combattants se dispersèrent aux approches de la gendarmerie. Instruits par la déclaration de Maigret des principales circonstances de la lutte, et que le nommé Deschaux était l'auteur de la blessure qui retenait le malheureux Maigret sur le champ de bataille, les gendarmes se mirent à la poursuite des fuyards, et parvinrent à ramener Deschaux qui fut confronté avec plusieurs témoins. Procès-verbal fut en outre dressé de l'état du blessé, et Deschaux remis à la disposition de M. le Procureur du roi, ainsi que Raymond, Baziron et Supplet, comme provocateurs de la rixe.

Maigret, promptement rétabli de sa blessure qui n'offrait d'ailleurs rien de bien alarmant, puisque trois jours après l'événement il avait pu reprendre ses travaux; Maigret est venu joindre sa plainte à l'action du ministère public et s'est constitué partie civile.

Après l'interrogatoire des prévenus, Maigret est appelé. Il rapporte la provocation de Raymond et comment la rixe s'engagea. Deschaux vint à lui, le saisit violemment au collet d'une main, en le con-

N° 86.

LA CORRECTIONNELLE

Petites Causes Célèbres.

—Mam' Dragonnet, le vin est ce qu'on le fait..... Je dis qu'il est mauvais toutes les fois qu'il est accompagné de paroles équivalantes.
—Tais-toi, vilain!.... Le tien n'a jamais fait bonne bouche.

Dessiné par Gavarni. Lith. Coulon et Cie r. richer, 7.

Martinon, rue du Coq St Honoré, N° 4

traignant de s'agenouiller; puis il lui porta de haut en bas un coup de compas qui glissa sur sa poitrine et alla s'enfoncer dans la partie charnue de sa cuisse gauche.

Atrux, témoin, raconte les faits de la même manière et dépose sur l'initiative attribuée à Raymond. Plusieurs autres témoins sont en outre entendus.

Raymond prétend pour toute justification que ses provocations étaient motivées par l'attitude hostile de Varnier, qui paraissait, dit-il, *vouloir le manger*. Ses co-prévenus, rejetant l'agression sur les maçons absents, s'excusent par la nécessité de la légitime défense.

Le tribunal, admettant cette excuse par rapport à Baziron et Supplet, les renvoie de la plainte; mais à l'égard des deux autres prévenus, condamne Raymond à 15 jours d'emprisonnement, Deschaux à un mois de la même peine et 50 francs de dommages-intérêts envers la partie civile.

ÉNORMITÉ.

La dame Basilet a cité directement devant le tribunal de police correctionnelle le jeune Daumain, sous la responsabilité civile du papa Daumain.

M. le Président. Femme Basilet, quels sont les faits que vous imputez à Daumain?

La dame Basilet. Il m'a cassé mes lunettes, M. le Président.

M. le Président. C'est vraiment abuser du droit de citation...

La dame Basilet. Il m'a répandu pour deux sous de lait...

M. le Président. C'est pitoyable!

La dame Basilet. Ah! vous avez trouvé le mot, mon cher magistrat... C'est pitoyable, en vérité, comme les parents d'aujourd'hui élèvent leurs enfants.

M. le Président. Quoi! vous n'avez pas d'autres griefs contre le jeune Daumain, et c'est pour une cause si minime que vous le citez en police correctionnelle?

La dame Basilet, étonnée. Un homme n'est-il donc coupable que lorsqu'il a commis toutes les atrocités du code?

M. le Président. Au moins faut-il que la plainte ait quelque gravité.

La dame Basilet. Eh bien!... puisqu'il m'a cassé mes lunettes!...

M. le Président. Au moins faut-il que le délit soit sérieux.

La dame Basilet. Eh bien!... puisqu'il m'a répandu pour deux sous de lait!

M. le Président. Si encore Daumain vous avait frappée, s'il vous avait injuriée...

La dame Basilet. Il a fait pis que cela: il a cassé mes lunettes!

M. le Président. Mais, enfin, comment les a-t-il cassées?

La dame Basilet. C'est une infamie!... il les a cassées de la manière la plus vile... Il passait à côté de moi, j'avais mes lunettes dans une main et mon pot au lait dans l'autre. Il me heurte en passant... patatra!... ma crème et mes lunettes tombent.

M. le Président. Est-ce là, je vous le demande, un motif suffisant pour citer quelqu'un en justice?

La dame Basilet. Mon portier, qui sait les lois, vu qu'il lit tous les jours la *Gazette des Tribunaux*, m'a dit que j'en avais le droit et que cela arrivait tous les jours.

M. le Président. Votre portier ne sait ce qu'il dit. En supposant même que Daumain eût agi méchamment, c'était le cas d'appeler sur lui une correction paternelle.

La dame Basilet. Qu'on lui tire un peu les oreilles; c'est ce que je demande, et j'ai pensé que vous seriez assez bon pour le faire. Tirez-lui les oreilles, M. le Président.

M. le Président. Ce soin-là ne regarde que son père.

La dame Basilet. Ah ça! et mes lunettes? Et mon lait?

M. le Président. Il faut aussi vous adresser à Daumain père, qui ne saurait se refuser à vous indemniser si cela est juste; mais, encore une fois, la justice ne saurait être saisie d'une plainte qui n'offre aucun caractère sérieux de malveillance, ni aucune trace d'un dommage suffisant.

La dame Basilet, à part. Diable de monsieur Gauchard qui me disait que j'avais le droit de plaider!... Au fait, je me suis peut-être trompée en venant ici; je verrai si la cour d'assises veut juger mon scélérat.

Le tribunal anéantit la plainte de la dame Basilet et renvoie le jeune Daumain après lui avoir administré une courte mercuriale.

Imprimerie d'AMÉDÉE GRATIOT et Cᵉ, rue de la Monnaie, 11.

MISANTHROPIE.

Une femme, un véritable antidote d'amour, vient se placer devant le tribunal, et déclare se nommer Octavie Chantiquet, lingère, demeurant rue de l'Échaudé. M. le Président l'invite à développer les faits qu'elle impute au nommé Hilarion-Côme-Anacharsis Longuemain, commis aux écritures chez le sieur Bouttier, négociant.

La demoiselle Octavie s'exprime ainsi : « Que je les déteste, ces monstres d'hommes !... il semble vraiment qu'ils ne soient au monde que pour la perdition de notre sexe...

M. le Président. Passez, passez toutes ces réflexions.

Mademoiselle Octavie. Des horreurs qui n'ont aucune délicatesse... des infamies, des suppôts de Satan, des...

M. le Président. Encore une fois, assez.

Mademoiselle Octavie. Tant pis ! faut que je me débonde... j'en ai trop gros sur le cœur !... Que ce serait une belle fête pour les femmes, si un choléra-morbus les emportait tous !... De belles guenilles, ma foi !

M. le Président. Si vous ne voulez pas vous renfermer dans les faits de la plainte, je serai forcé de vous retirer la parole.

Mademoiselle Octavie. Oter la parole à une femme !... (Se tournant vers quelques dames assises sur les banquettes réservées.) Quand je vous dis que ces gueux-là ne savent que faire pour nous faire de la peine !

M. le Président. Nous direz-vous enfin de quoi vous vous plaignez ?

Mademoiselle Octavie, avec vivacité. M. Anacharsis m'a appelée *dromadaire*, na !

M. le Président. Bon !... après ?

Mademoiselle Octavie. Vous trouvez cela bon ?..

je vous le conseille, ma foi, de trouver cela convenable... vous me demandez *après?*... Ce n'est donc pas assez comme cela?... Mais puisque vous en voulez davantage, en voici. Madame Guinchard, chez laquelle je travaille, m'avait envoyée porter deux chemises chez M. Anacharsis... Les polissons d'hommes!... j'arrive chez lui... les scélérats d'hommes!... Il me prend les mains et me conte des cajoleries tout à son aise... faut-il qu'un homme soit indécent!... puis il se met à me tenir des propos galants et me propose de me donner son cœur, si j'en voulais... quelle vilainie! Je lui réponds que cela me flatte peu et le prie de me laisser tranquille. Là-dessus, il me chiffonne mes z'hardes, que j'étais toute fripée comme un lendemain de noces. Enfin, je m'échappe de chez lui. Depuis ce moment-là, M. Anacharsis n'a cessé de me vilipender. Il m'attend chaque soir dans la rue et me reconduit chez moi en m'appelant dromadaire tout le long du chemin; c'est comme s'il m'appelait vilaine femme, à cause de la ressemblance des mots.

Le sieur Anacharsis, riant. La plaignante se trompe, je n'ai jamais eu l'intention de l'insulter.

M. le Président. Des témoins vous ont cependant entendu lui donner le nom qu'elle vient de rapporter.

Le sieur Anacharsis. Cela n'est pas une insulte.

M. le Président. Dans votre bouche, ce mot semblait contenir une critique des mœurs de la plaignante.

Le sieur Anacharsis. Nullement. C'était un petit nom mignard.

Mademoiselle Octavie. Je ne donne pas dans la bosse. Vous vouliez dire que j'étais une dépravée, quoi! chameau, dromadaire, courtisane, c'est tout un!... Brigands d'hommes!... débarrassez-nous donc de ces monstres, M. le Président! Les femmes seraient si heureuses si ces polissons n'étaient pas là pour les faire enrager!

Le tribunal, venant en aide à l'honneur insulté de la demoiselle Octavie, condamne Longuemain à 15 francs de dommages-intérêts et aux dépens.

S'IL EUT PORTÉ PERRUQUE!

Un petit homme, visiblement dominé par la peur, se glisse à pas de loup jusque dans l'enceinte réservée, et tourne le dos au banc des accusés, où siége un monsieur d'une haute stature, et présentant les indices d'une vigueur herculéenne. Le petit homme fait d'abord connaître au tribunal qu'il se nomme Claude-Narcisse Subiteau et prend la qualité un peu gauloise de barbier-étuviste.

« Je demeure, dit le sieur Claude, rue des Vieilles-Étuves, à l'enseigne de la *Bonne-Lame;* enseigne flatteuse et que je m'efforçais de justifier par la légèreté et la dextérité de ma main. J'avais l'honneur d'être le barbier ordinaire de l'hôtel des *Armoricains*, fréquenté le plus généralement par des Bretons, de fort mauvaises têtes, comme chacun sait. M. de K.... me fit appeler un jour.— Je vous préviens, me dit-il, que je suis fort *sensible.* — Vous n'en êtes que plus malheureux, lui-dis-je; car j'ai lu que la sensibilité était la source de tous les maux. — Ce n'est pas ainsi que je l'entends, ajouta M. de K....; je vous dis que je crains les écorchures. Pensez-vous pouvoir me raser sans me couper? — Monsieur, lui-dis-je, depuis 22 ans il m'est passé plus d'un menton par les mains et je puis affirmer que jamais il n'est arrivé aucun accident. — Eh bien, soit! me dit M. de K.... vous allez me raser. Si je sors sain et sauf de vos mains, dix francs pour vous; songez aussi que si vous me faites la plus légère estafilade, je vous jette par la fenêtre. » Il prononça ces mots d'un ton qui me donna le frisson. Ma main n'avait plus sa légèreté habituelle; il me semblait que mon rasoir vacillait dans mes doigts. Pendant que j'humectais la barbe, M. de K.... me regardait dans les yeux : j'avais perdu toute contenance. Les premiers coups de rasoir furent irréprochables. Mais arrivé à la lèvre supérieure, comme je lui saisissais le nez, M. de K.... me lança un regard oblique qui ôta toute assurance à mon rasoir.... Je ne sais ce qu'il devint, je me souviens seulement que M. de K.... se leva furieux, qu'il m'empoigna par les cheveux et m'enleva de terre; que dans cette position il me poussa d'un bras vigoureux vers la fenêtre.... (Ici un tremblement convulsif s'empare du barbier.)

M. le Président. Remettez-vous de votre frayeur.

Le barbier. Je vivrais l'âge d'une corneille, que je me souviendrais toujours avec effroi de ce terrible moment. M. de K.... me tenait d'une seule main suspendu en l'air, à plus de quarante pieds de la rue. Mon sang se figea dans mes veines. Mon

N° 87.

LA CORRECTIONNELLE

Petites Causes Célèbres.

MISANTHROPIE

« Que je les déteste, ces monstres d'hommes !... »

Dessiné par Gavarni

Lith. Coulon et Cie r. richer, 7.

Martinon, rue du Coq S.t Honoré, N.° 4.

œil mesurait la profondeur de l'abîme; les passants me paraissaient de la grandeur du ciron; je croyais être dans les nuages.... Je ne sais par quel miracle je vis encore.

Thomasset, chaudronnier. J'étais tranquillement devant ma boutique, lorsque des cris aigus, partis de la maison en face, me firent lever les yeux vers le second étage de l'hôtel des Armoricains. Je vis en ce moment le perruquier Subiteau, qu'un monsieur tenait suspendu en dehors de la fenêtre..... C'était fait du perruquier, s'il eût porté de faux cheveux. Je courus prévenir la maîtresse de l'hôtel, qui sortit accompagnée de plusieurs personnes, et cria à M. de K.... de ne pas commettre une pareille barbarie. M. de K...., voyant qu'une foule considérable s'attroupait sous les fenêtres de l'hôtel, fit rentrer Subiteau.

M. le Président. Combien de temps le barbier est-il resté suspendu ?

Le barbier, de sa place. Une heure environ!

Thomasset, riant. Peut-être une minute. Je conçois que le temps lui ait paru long; il ne devait pas être à son aise, ainsi suspendu par les cheveux.

Madame Vitelle, propriétaire de l'hôtel des Armoricains. Thomasset vint me prévenir qu'un des voyageurs de l'hôtel se disposait à jeter un homme par la fenêtre. Effrayée, je sortis et j'aperçus en effet M. de K... qui, le bras allongé hors de la croisée, tenait le malheureux Subiteau suspendu entre la vie et la mort. « Que faites-vous, barbare? m'écriai-je; vous allez commettre un meurtre!... Grâce, grâce!... » Et M. de K... me montrait de la main qui restait libre sa lèvre supérieure ensanglantée. Pendant cette scène, un domestique de l'hôtel s'était rendu en toute hâte dans la chambre de M. de K..., et faisait des efforts auprès de lui pour le détourner de lâcher sa victime. M. de K..., rendu sans doute à lui-même à la vue de l'anxiété des assistants, rentra sa victime et referma sa croisée.

Paul Gagin, domestique de l'hôtel. La vie du perruquier ne tenait qu'à un cheveu. Je m'approchai de M. de K... et lui fis entendre raison. Il déposa Subiteau sur le parquet; il était comme mort. Depuis ce jour-là le perruquier n'a plus voulu remettre les pieds à l'hôtel.

M. le Président. Prévenu, vous avez commis un acte d'une cruauté inouïe et qui révolte justement par le sang-froid dont vous avez fait preuve.

M. de K..., sans s'émouvoir. C'était une chose convenue avec le barbier.

M. le Président. Comment peut-on admettre que Subiteau ait cru consentir à un marché sérieux?

M. de K... Je ne ris jamais, moi... c'était à prendre ou à laisser.

M. le Président. Quoi! vous auriez eu l'affreux courage de punir par la mort de Subiteau une légère coupure qu'il vous aurait faite?

M. de K... Il m'avait coupé la lèvre supérieure d'une manière profonde.

En effet, le prévenu montre au tribunal une large cicatrice qui s'étend de la narine gauche jusqu'à l'angle de la bouche. M. le Président objecte de nouveau que c'était un châtiment un peu sévère en comparaison de la faute.

M. de K... Il était bon de le corriger et de le mettre en garde pour l'avenir contre des distractions qui auraient pu avoir des conséquences plus funestes.

Une voix, dans l'auditoire. Vous l'avez joliment corrigé!... il a renoncé à faire la barbe. Il s'est fait coiffeur de dames.

Les débats étant clos, la parole est donnée à l'avocat de la partie civile. Le défenseur de Subiteau, placé immédiatement sous le banc des accusés, se lève, et, dans un rapide exposé, développe encore une fois les faits connus. Il accuse la *barbarie* de M. de K... et fait assister le public à la mortelle agonie de son client. — « Oui, messieurs, s'écrie le défenseur, pour une pareille atrocité la Police Correctionnelle est une juridiction trop douce; son action porte le caractère d'une véritable tentative d'assassinat, et c'est dans une autre enceinte que celle-ci que cette affaire aurait dû être évoquée. »

M. de K..., se dressant avec impétuosité, saisit l'avocat de la même façon que l'infortuné barbier, et lui faisant perdre terre, le tient élevé à plus de trois pieds du sol. « Messieurs, dit-il, vous voyez que j'ai la main sûre et que j'étais assuré de moi-même; il n'y avait aucun danger pour Subiteau. »

Puis ayant dit, il dépose à terre le défenseur et l'engage à modifier ses attaques. L'avocat de Subiteau déclare que sa défense est complète et se rassied en donnant des signes d'une terreur mortelle.

M. de K... est condamné à un mois de prison et 300 francs de dommages-intérêts envers la partie civile.

Imprimerie d'Amédée Gratiot et Ce, rue de la Monnaie, 11.

PETITS PROFITS.

Le sieur Boulmeseau est traduit en justice sous la prévention de se livrer habituellement à l'usure. On remarque à l'audience plusieurs fils de famille, lesquels viennent rendre compte de leurs relations avec le prévenu.

M. Anatole Chèze est le premier entendu.

« J'avais besoin, dit le témoin, d'une somme de trente mille francs; M. Boulmeseau consentit à me la prêter, mais à des conditions fort onéreuses. Il me fit souscrire plusieurs lettres de change s'élevant ensemble à la somme de 30,000 fr.; il me remit contre ces titres, défalcation faite des intérêts payés par anticipation et d'un droit de *commission* qu'il prélevait par avance, une somme de vingt-cinq mille francs, composée ainsi qu'il suit : 10,000 fr. de traites souscrites par divers; 6,000 fr. de marchandises, la plupart défectueuses, et 9,000 fr. en espèces.

M. le Président. A quelle échéance étaient les lettres de change ?

M. Chèze. A six et huit mois.

M. le Président. En dernier résultat, quelle perte avez-vous eue à supporter après la négociation des traites et la vente des marchandises ?

M. Chèze. M. Boulmeseau m'adressa à un soi-disant banquier, qui se chargea des traites et me compta 8,000 fr. au lieu de 10,000. Les marchandises vendues ont produit une somme de 1,500 fr., c'est-à-dire le quart de l'estimation qui leur avait été assignée par Boulmeseau. En totalité, j'ai eu à peu près 20,000 fr. et j'ai donné pour trente mille francs d'*acceptations*.

M. le Président. Par qui aviez-vous été mis en rapport avec Balmeseau ?

M. Chèze. Par mon ami M. de Brézelles. J'étais prévenu qu'il n'y avait pas à marchander avec lui; aussi, lors de notre première entrevue, je lui fis entendre que je serais fort accommodant sur toutes les conditions d'intérêt. Cependant Balmeseau parut hésiter. C'est alors que je lui proposai mille écus. Ma proposition lui donna à réfléchir. — A vue de nez, répliqua-t-il, vous n'offrez guère plus de vingt pour cent... Considérez que l'argent est hors de prix, mon cher... les mauvaises opérations sont si communes, mon cher... Allons, vous ajouterez bien une petite commission de dix pour cent, mon cher! — Oui, mon très cher, lui dis-je, répondant ainsi en riant au ton de familiarité qu'il prenait avec moi.

M. le Président. Vous avez été poursuivi à l'échéance des lettres de change?

M. Chèze. J'ai même été incarcéré.

M. de Foulange, autre témoin, est appelé.

« J'ai été en rapport d'affaires, dit-il, avec M. Balmeseau. Une première fois, il m'a prêté 12,000 francs, moyennant 2,500 francs d'intérêt. A l'échéance du titre souscrit pour sûreté du prêt, Balmeseau me fit écrouer à la prison pour dettes, et je ne pus obtenir de lui ma mise en liberté que contre une rénovation de titre, et la somme due fut alors portée à 18,000 francs.

Balmeseau. Cette augmentation était la représentation des frais de poursuite liquidés par moi.

M. le Président, d'une voix sévère. C'est une assertion mensongère. Il n'est pas croyable d'ailleurs que des frais d'incarcération puissent monter à une somme aussi élevée. Dites plutôt que vous frappiez une rançon sur votre prisonnier.

M. Guérin, troisième témoin. Sur la présentation de M. de Foulange, M. Balmeseau consentit à me prêter 15,000 francs et me fit signer un transport de pareille somme à prendre dans la succession à venir de mon père.

M. le Président. Combien avez-vous touché de Balmeseau?

M. Guérin. Onze mille francs environ.

M. le Président, au prévenu. Comment se fait-il que vos livres ne contiennent aucune mention de ces opérations?

Balmeseau. Je considérais ces prêts moins comme des opérations commerciales que comme une affaire de pure obligeance de ma part. (Hilarité.)

M. Béfort, lieutenant de lanciers. J'ai fait plusieurs emprunts à M. Balmeseau, et je n'ai jamais eu à me plaindre de lui. Je dois dire, au contraire, qu'il a toujours mis le plus grand empressement à me rendre service.

M. le Président. Quel était le taux d'intérêt auquel ces emprunts étaient faits?

M. Béfort. J'avoue, monsieur, que je n'ai jamais attaché grande importance au chiffre de l'intérêt. Je ne puis répondre d'une manière bien précise à cet égard. Tout ce que je sais, c'est que la dernière fois M. Balmeseau a eu la gracieuseté de me prêter 10,000 francs, sur lesquels j'ai touché réellement en *bon argent* 6,700 francs...; ma foi, quand cela ferait 7 ou 8 pour cent, je ne puis oublier le service que m'a rendu M. Balmeseau.

M. le Président. C'est de l'argent prêté à plus de 30 pour cent!

M. Béfort, riant. Cela m'est bien égal... Les 10,000 francs sont à prendre sur l'héritage d'une de mes tantes.

M. le Président. Est-ce que la somme prêtée n'était pas exigible à une époque déterminée?

M. Béfort. Elle devait être remboursée cinq mois après la date du prêt, mais comme je me trouvais gêné à l'expiration du délai, M. Balmeseau a daigné consentir à attendre jusqu'après la mort de ma tante... Cela ne peut pas aller bien loin encore, à moins que ma tante, qui ne veut pas reconnaître ces dettes-là, n'y fasse opposition.

M. Alfred Grévier, jeune adolescent, et qui ne paraît pas âgé de plus de 15 ans, se présente comme témoin. Il déclare être étudiant en droit.

M. le Président. Quel âge avez-vous?

M. Grévier. Dix-neuf ans passés.

M. le Président. Dites au tribunal ce que vous savez par rapport au fait qui est reproché à Balmeseau.

M. Grévier. Je ne sais rien.

M. le Président. N'avez-vous pas été vous-même en relation d'affaires avec le prévenu?

M. Grévier. Oui, monsieur, il m'a vendu pour six mille francs de chocolat. Ç'a été pour moi une opération manquée.... Je veux dire que l'opération n'a rien produit; car n'ayant pu parvenir à me défaire du chocolat contre écus, je me suis vu contraint de le déposer entre les mains du propriétaire du café Romain, qui s'est engagé à me laisser *consommer* dans son établissement jusqu'à concurrence de la valeur de mon chocolat. Ce crédit, que m'avait ouvert M. Romain, a été absorbé par

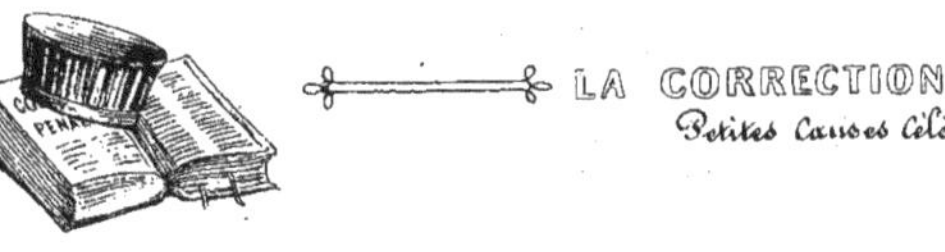

N° 88.

LA CORRECTIONNELLE

Petites Causes Célèbres.

— A vue de nez, mon cher Monsieur, vous n'offrez guère plus de vingt pour Cent..... Considérez que l'argent est hors de prix mon cher......Les mauvaises opérations sont si communes mon cher..... Allons vous ajouterez bien une petite commission de dix pour cent mon cher!...

— Oui mon très-cher!

Dessiné par Gavarni

Lith. Coulon et Cie r. richer, 7.

Martinon rue du Coq St Honoré, N° 4.

mes camarades : mon chocolat s'en est ainsi allé en eau....de vie.

M. le Président au prévenu. Vous voyez, Balmeseau, qu'il résulte bien des témoignages entendus la preuve manifeste que vous vous livrez habituellement à des opérations usuraires.... Qu'avez-vous à répondre aux charges qui s'élèvent contre vous ?

Balmeseau. Il ne faut pas considérer les opérations que j'ai faites avec ces messieurs comme des prêts ordinaires, mais comme des transactions offrant des chances aléatoires.

M. le Président. Cette distinction ne saurait être accueillie dans l'espèce. Il s'agit bien réellement de prêts, et vous n'aviez guère d'autres chances à courir que celles de la solvabilité ou de l'insolvabilité du débiteur, et à cet égard encore tout porte à croire que vous preniez suffisamment vos garanties.

Balmeseau. On est si souvent trompé par de faux renseignements.

L'avocat du prévenu s'efforce d'établir que son client ne saurait être assimilé à un prêteur, mais bien plutôt à un marchand. « En effet, dit-il, nous voyons que dans toutes ses opérations il s'agit toujours de marchandises livrées. »

M. l'Avocat du roi. Ce système ne saurait être soutenu. Il est bien évident que chez Balmeseau le marchand n'était que la transformation du prêteur, et que cette qualité n'était qu'un prétexte pour lui de réaliser un double bénéfice.

Le tribunal, partageant pleinement cette opinion, condamne Balmeseau à 6 mois d'emprisonnement et 5,000 francs d'amende.

UN HOMME SOUS CLOCHE.

M. le Président. Busset, vous avez porté plainte contre Colon et Desjardins. Dites au tribunal de quoi vous vous plaignez.

Busset. Colon et Desjardins *m'a* mis sous cloche, comme un vrai melon, que je suis.

Colon, riant. Ah! ah! ah!... quelle drôle de figure il faisait sous verre, le Champenois !

Desjardins. Un concombre pour de vrai, quoi !

Colon. Dis donc, Champenois... t'avais l'air d'un cornichon dans un bocal !... hi ! hi !...

Busset, riant. Hé ! hé !... vrai ?

Colon. T'étais bête *comme tout !*... ho ! ho !...

Busset. Ha !... ha !... J'aurais-t-il donc voulu me voir soi-même !

M. le Président. Puisque vous considérez l'action des prévenus comme une plaisanterie, pourquoi donc avez-vous porté plainte contre eux ?

Busset. Tiens, tant pir ! je suis farceur, moi. Quand je suis content, je ris ; puis quand je suis vexé, je *ri-t'*encore !... hi ! hi !...

M. le Président. Pour le moment, tâchez de contenir cette hilarité, et expliquez au tribunal les faits qui ont motivé votre plainte.

Busset. V'là que nous allons tous rire !... C'est donc pour vous dire que je suis bombeur de verre de mon état, et que je travaille chez M. Darexis, avec Colon et Desjardins. Le bourgeois était chargé de souffler, pour un gros particulier, une cloche de jardin de cinq pieds de haut... C'était pour un *arbusse* qu'est susceptible, à ce qu'il paraît, d'attraper des engelures aux pieds dans le mois d'août... C'était-il cocasse, des *arbusses* comme ça !

Desjardins. Bête, va !... on appelle ça des plantes *ex-nautiques*, et voilà pourquoi qu'elles craignent l'eau.

M. le Président. Voyons, allons donc au fait.

Busset. Quand la cloche a été bombée, Colon et Desjardins me disent : Champenois, tu vas passer dessous pour voir s'il n'y a pas des *étoiles* au verre. Je n'étais pas plus tôt dessous, qu'ils laissent retomber le verre et que je me trouve pris comme dans une souricière.

Colon, riant aux éclats. C'est bien le cas de le dire : Tu étais penaud comme un fondeur de cloche.

Busset. Ça se passait le samedi soir, et à l'heure où il fallait quitter l'atelier, ce qui fait que je suis resté sous verre jusqu'au lundi matin. Je mourais de faim; mais le lundi personne ne vint à l'atelier. Quand je vis que ça pouvait durer encore vingt-quatre heures, je me dis : Faut bien fondre la cloche. Tant pir ! s'il y a de la *casse*. Mais voilà qu'en cherchant à soulever la cloche, crac ! il se fait du verre pilé, merci ! un verre de 800 francs ! Le bourgeois veut me faire payer la casse, à c'tte heure.

Desjardins. Qui casse le verre, le paie.

Busset. C'est une justice qui n'est pas juste !

M. le Président. Que réclamez-vous donc des prévenus ?

Busset. Rien, sinon qu'ils paient la cloche qu'on veut me faire payer.

Conformément à ces conclusions modérées, le tribunal condamne les prévenus à acquitter solidairement le dommage causé au sieur Darexis.

Imprimerie d'AMÉDÉE GRATIOT et Ce, rue de la Monnaie, 11.

SIRÈNE.

Une jeune femme, aux airs éveillés, occupe le banc des prévenus; elle déclare se nommer Adélaïde Ficheron.

M. le Président. Quelle est votre profession?

Adélaïde. Femme sensible.

M. le Président. Femme galante, n'est-ce pas?

Adélaïde. Comme dit cet autre, la galanterie est fille de l'honneur; c'est assez vous dire que le mot n'est pas juste.

M. le Président. Vous êtes accusée d'avoir déchiré les pans de l'habit de Maucourt.

Adélaïde. Votre *Court*, comme vous l'appelez, est un méchant *muffeton*, je dis le mot.

M. le Président. Le plaignant a pensé que vous vous étiez emparée de ses poches dans le but de les vider. Le fait est que lorsqu'après avoir arraché les pans de son habit vous les lui avez rendus, il n'a plus retrouvé son foulard dans la poche de derrière, où il a l'habitude de le mettre.

Adélaïde. Ça n'est pas moi qui l'*a raccroché*, son foulard.

M. le Président. Pourquoi, si ce n'est pour voler Maucourt, avez-vous enlevé les poches de son habit?

Adélaïde. Je l'invitais gentiment à monter chez moi; mais il n'est pas facile à *mouver*, le monsieur. Il filait toujours son nœud. J'ai essayé de le retenir en le prenant par la queue de son habit: la *gueuse* m'est restée dans les mains.

M. le Président. Cette violence était déjà un tort grave.

Adélaïde. Pourquoi qu'il se démenait aussi comme un chien qui défend sa queue?

M. le Président. Comment expliquez-vous la disparition du foulard ?

Adélaïde. J'ignore : il ne me l'avait pas donné à garder.

M. le Président fait appeler le témoin Maucourt. Celui-ci s'exprime ainsi :

« Je passais rue des Vieilles-Étuves à la chute du jour ; une femme s'approcha de moi et m'engagea à monter chez elle. Je continuais toujours mon chemin, lorsque je me sentis tiré tout d'un coup par les basques de mon habit ; c'était encore la même femme. Je cherchai à me dégager de ses mains ; mais plus je faisais d'efforts pour lui échapper, plus elle en faisait elle-même pour me retenir, si bien que les pans de mon habit restèrent en son pouvoir. La première idée qui se présenta à moi fut que j'étais victime d'une tentative de vol. Aussi, en reprenant mes pans des mains de la prévenue je visitai mes poches sur-le-champ : mon foulard avait disparu.

M. le Président demande au témoin s'il est bien certain que son foulard fût dans la poche au moment où les pans furent saisis par Adélaïde. Le témoin déclare qu'il ne s'était point aperçu jusque-là que son foulard lui manquât.

M. le Président. Cependant, aucun des témoins entendus dans l'instruction n'a vu ce foulard, et aucun d'eux non plus n'a pu expliquer comment Adélaïde l'aurait dérobé.

Le sieur Maucourt. Je ne puis le comprendre moi-même ; cependant il est bien certain que mon foulard n'était plus dans la poche.

Plusieurs témoins entendus laissent subsister le même doute par rapport au vol dont la fille Ficheron est prévenue.

Adélaïde. Quoiqu'on nous appelle *voleuses*, nous ne trichons qu'en amour. Pour ma part, foi de jolie femme, je n'ai jamais volé personne..... Il faut de l'honnêteté partout, mais surtout dans notre état ; sans cela il pourrait arriver que celui qui est entré chez nous en pantalon s'en retournât en chemise. Voilà comme je comprends la chose.

Le tribunal, attendu que le vol n'est pas suffisamment justifié, écarte ce chef d'accusation ; mais à l'égard de la violence dont se plaint Maucourt, attendu qu'elle est constatée, condamne la fille Ficheron à 50 fr. de dommages-intérêts et 15 jours d'emprisonnement.

DIOMÈDE.

Un homme de petite taille, et vêtu d'un vieil habit noir dont l'ampleur atteste qu'il ne le possède que de seconde main, s'élance, à l'appel de son nom, du banc des témoins à la barre. Un immense rouleau de papiers, soigneusement enveloppé d'une feuille de papier gris, est placé sous son bras. Sa chaussure se compose d'un brodequin de coutil et d'une botte en état de vétusté. Il déclare se nommer César Cocquet, homme de lettres, demeurant à Paris, rue du Petit-Musc.

M. le Président. Cocquet, de quoi vous plaignez-vous ?

Cocquet. D'un acte de vandalisme sans motif comme sans excuse : les rats ont dévoré ma tragédie de *Diomède*. (Longue et bruyante hilarité.)

M. le Président. Ce n'est pas sans doute une perte irréparable ?

Cocquet. Pardon, monsieur le Président ; il n'existait que cette seule copie de ma tragédie... J'ai perdu en peu d'instants le fruit de mes travaux de vingt années.

M. le Président. Était-ce une œuvre que vous destiniez à la scène ?

Cocquet. Elle était destinée au Théâtre-Français ; ce n'est pas parce que la pièce est de moi, mais j'ai tout lieu de croire qu'elle était appelée à régénérer notre première scène ; c'était un dernier tribut que je payais à la belle et chaste antiquité. Vous allez en juger.

M. le Président. Cela n'est pas nécessaire.

Cocquet. La scène se passe au siége de Troie. Diomède, roi d'Étolie, a eu le malheur de blesser la déesse de la beauté. Vénus, irritée de cette blessure, et pour se venger de Diomède, a inspiré à Égyalé, son épouse, l'infâme désir de se livrer à tout le monde... C'est tout à fait *original !*

M. le Président. Veuillez passer tous ces détails.

Cocquet. J'abrégerai. Diomède est le plus malheureux des époux, par suite des abominables passions de sa femme ; il ne peut voir sans un mortel chagrin les *erreurs* de la princesse. Dans une scène à *deux*, qui se passe dans la chambre à coucher de la reine, celle-ci fait des sollicitations déshonnêtes à son époux ; mais Diomède résiste à ses détestables désirs. Alors la reine se précipite

LA CORRECTIONNELLE, N° 89.

Petites Causes Célèbres.

SIRÈNE

„Je suis bien aimable, mon petit rat!„

Dessiné par Gavarni

Lith. Coulon et Cie r. richer, 7.

Martinon rue du Cocq S.t Honoré, N° 4.

sur le roi pour le tuer; mais celui-ci se sauve dans le temple d'Apollon, qui est à côté. Au second acte...

M. le Président. Assez, assez. Le sujet de votre tragédie aurait pu être mieux choisi.

Cocquet. C'est tout à fait original ; et, comme vous voyez, il y a du drame dans ma tragédie.... Une reine qui veut tuer son mari!... Cela m'a paru fort heureux... Et pourquoi veut-elle le tuer? Parce qu'il ne veut pas satisfaire sa honteuse passion ; c'est tout à fait beau !

M. le Président. Je vous engage de nouveau à laisser là le sujet de votre tragédie et à revenir promptement au fait du procès.

Cocquet. Eh bien ! monsieur, les rats ont mangé mon chef-d'œuvre!

M. le Président. Comment Friou était-il coupable du délit dont vous vous plaignez ?... Voilà ce qu'il faut expliquer au tribunal.

Friou. Vous devez voir qu'il a des lubies, et qu'il lui passe des rats par la tête : il ne sait ce qu'il dit.

Cocquet. Vandale, taisez-vous !

M. le Président. Parlerez-vous enfin ?

Cocquet. Comme je vous l'ai dit, je suis un nourrisson des Muses ; je n'ai que ma lyre pour tout potage... Comme l'a fort bien dit un ancien, la pauvreté est inséparable du culte d'Apollon.

Friou. Voilà bien des façons pour vous dire qu'il mène une vie de gueux.

Cocquet, avec mépris. Visigoth! vous ignorez que les anciens, qui étaient nos maîtres dans l'art des fictions, prétendaient que la Pauvreté était fille des Beaux-Arts et de l'Industrie.

Friou. Je ne m'inquiète guère des *vieux*, et je crois plutôt qu'elle est la fille de la paresse... *faignant!* Faut vous imaginer, mon président, que ce paresseux que vous avez devant vous reste couché tout le jour, sous prétexte qu'il fait des vers.... Aussi voyez le particulier, c'est de la *vermine* toute pure.

M. le Président. Il serait préférable sans doute que Cocquet se livrât à des occupations plus utiles; mais, après tout, cela ne vous regardait pas.

Friou. Faites excuse, mon président. Cocquet est un camarade de chambrée, car sa gueuserie l'a conduit, tout éduqué qu'il est, à vivre comme nous et avec nous, qui ne connaissons pas son latin de cuisine. Comme il travaille pas, il *tire au grenadier* plus souvent qu'à son tour. Nous ne pouvons pas le voir *lire le Moniteur* (jeûner), sans que ça nous crève le ventre, ce qui fait que nous l'aidons; mais rien ne lui fait, à ce *faignant*, et il nous verrait vendre nos outils pour lui donner du pain, qu'il ne se remuerait pas davantage.

Cocquet. La pauvreté est sœur du génie.

M. le Président. Il est impossible que les débats se continuent ainsi. Cocquet, vous n'avez encore rien dit sur le fait de la plainte.

Cocquet. Nous couchions dans le même lit, Friou, *Diomède* et moi : je veux dire que mon manuscrit ne me quittait jamais; de quoi Friou était fort irrité. Il me disait sans cesse que s'il parvenait à mettre la main sur ma tragédie, il la jetterait au feu, le barbare ! Un jour mon *Diomède* disparut; jugez de ma douleur. Je demandai à mon camarade de lit s'il avait vu mon *Diomède*. Il me répondit que ma tragédie était en lieu sûr, et que je ne l'aurais que lorsque je serais bien décidé à travailler. Huit jours se passèrent en supplications de toute espèce. Je feignis enfin, pour recouvrer mon *Diomède*, de me rendre aux désirs de Friou, et lui dis que je travaillerais et prendrais un état. Friou parut satisfait et me conduisit au grenier du *garni* que nous habitions; c'était là, me disait-il, qu'il avait caché le manuscrit. Hélas! il ne restait plus de mon œuvre que quelques feuillets entièrement rongés par les rats !

Friou. Ça n'est pas ma faute. Je ne pouvais pas penser que des rats seraient assez bêtes pour avaler une tragédie.

M. le Président. Cocquet, vous auriez dû comprendre que votre camarade avait été mû par un véritable intérêt pour vous.

Cocquet. Il m'a ruiné, le malheureux ; c'était mon unique espérance pour l'avenir.

Friou. Ne l'écoutez pas, monsieur le Président. Je ne m'y connais guère, mais je suis certain cependant que sa tragédie ne valait pas le diable ; elle ne l'aurait pas même conduit à l'hôpital.

Cocquet. Hun ! que vous êtes !... Une tragédie classique, écrite et conçue d'après les règles !.... Une épouse adultère et..... criminelle! Diomède assassiné par Énée..... Je suis ruiné! Je suis anéanti !

Le tribunal, jugeant que l'action de Friou ne présentait aucun des caractères d'un quasi-délit, renvoie le prévenu des fins de la plainte.

Imprimerie d'AMÉDÉE GRATIOT et Ce, rue de la Monnaie, 11.

UN HOMME PRIS À L'HAMEÇON.

L'huissier audiencier appelle par trois fois le sieur Fumet (Agénor), et personne ne répond à l'appel.

Une voix partie du banc des témoins. Va donc, monsieur Fumet; faut pas être honteux, comme disait feu mon père, qui aurait, je crois, parlé à monsieur le curé le chapeau sur la tête; il n'y a que les z' honteux qui ne gagnent rien.

M. le Président. Le plaignant Fumet est-il présent à l'audience?

La même voix. Le voici, le cher homme... Mais il n'y a pas de danger que vous le fassiez *se plaindre*: il a peur de son ombre, ce pauvre chat... Va donc, mon petit Agénor; c'est ton Augusta, ta *mou-moutte*, ton épouse chérie qui t'en conjure.

A ces mots, l'interlocutrice saisit violemment par le collet un homme horriblement laid, qu'elle lance d'un bras vigoureux dans l'enceinte réservée. C'est le nommé Fumet.

La dame Fumet. On dirait que tu es tout étonné de te trouver en bonne compagnie, mon bonhomme. N'aie donc pas peur, mon chou, ces messieurs ne te mangeront pas.

M. le Président, s'adressant au plaignant. Est-ce que vous auriez renoncé à votre plainte?

Fumet, avec hésitation. Oui... non; ma femme vous dirait bien mieux que moi ce qu'il faut que je fasse.

La dame Fumet. C'est convenu, mon bichon; tu sais bien que je t'ai glissé tantôt dans le tuyau de l'oreille ce qu'il fallait dire à ces messieurs... va, mon lapin!

M. le Président. La déposition des témoins doit être spontanée et surtout libre. Femme Fumet, vous n'aviez nullement le droit de suggérer à votre mari ce qu'il avait à dire.

La femme Fumet. Allez, vous ne connaissez pas ce pauvre Fumet; il ne desserrerait pas les dents sans ma permission... Ah! mais c'est qu'il est bien gentil, mon petit Fumet!

M. le Président. Voyons, Fumet, de quoi vous plaignez-vous?

Fumet lance un regard timide sur sa moitié et semble lui demander s'il doit répondre à M. le Président. La dame Fumet lui fait signe de la main qu'il peut parler.

Fumet. C'était un dimanche, j'allais retrouver ma femme chez madame Farignon qui demeure au Marais. Comme je passais dans la rue Chapon, un jeune homme s'approcha de moi et me demanda son chemin. Il était presque nuit. Pendant qu'il me parlait, il me passa la main derrière le dos; je n'y fis pas attention dans le moment. Quand je lui eus indiqué son chemin, il me remercia et s'éloigna après m'avoir salué. Je fis moi-même quelques pas en avant; mais, au même instant, je me sentis accroché par l'habit et attiré en arrière comme avec un *harpiot* (petit harpon). Bientôt après, je me trouvai suspendu au bout d'une corde que deux jeunes gens avaient solidement attachée à la fenêtre du premier, chez Bajat, marchand de vin. Je restai quelques secondes dans cette position. Mon habit s'étant enfin déchiré à l'endroit ou le harpiot avait été accroché, je retombai à plat ventre sur le trottoir.

M. le Président. Ne vous êtes-vous pas blessé en tombant?

Fumet. J'ai eu les genoux *arrachés* et le nez tout *échigné.*

La dame Fumet. Ne mets pas ton nez où il n'a que faire, mon petit léopard, et parle plutôt de ton habit qui était bien comme une vraie loque.

Le plaignant étale aux yeux du tribunal l'habit dont il est question.

Fumet. Voici l'habit... On ne dira pas qu'il est décousu; c'était un habit sans coutures.

Bajat, marchand de vin, reconnaît parfaitement Louis Hulot comme étant l'un des trois jeunes gens qui se sont fait un jeu de harponner le pauvre Fumet. Bajat raconte comment Hulot, qu'il connaissait déjà, se présenta un jour chez lui avec deux autres personnes qui lui sont inconnues. Il demanda un cabinet, et Bajat les plaça au premier étage. Le harpon qui a servi au prévenu avait été oublié la veille dans le cabinet par un récureur de puits; c'est sans doute la vue de l'instrument qui aura inspiré aux trois amis la folie dont se plaint Fumet.

Hulot, invité par M. le Président à désigner les deux autres jeunes gens qui ont pris part à l'espièglerie dont Fumet a failli devenir la victime, garde le silence. Il allègue pour toute excuse les excitations du vin.

Fumet. Lorsque j'ai été délivré de l'hameçon, je suis monté au premier étage pour me plaindre. Ils n'étaient que deux dans le cabinet. Ils m'ont reçu à grands coups de poing et de pied, et se sont sauvés sans vouloir m'entendre. Heureusement que le marchand de vin connaissait l'un d'eux, ce qui m'a donné la facilité de le retrouver.

La dame Fumet. Agénor, tu n'as pas dit à ces messieurs que l'habit était quasiment tout neuf.

M. le Président. L'habit est peu de chose auprès du danger auquel s'est trouvé exposé votre mari.

La dame Fumet. Je suis flattée, monsieur, du bien que vous voulez à mon mari.... Mais l'habit?

M. le Président, sans laisser à la dame Fumet le temps d'achever sa phrase, prononce contre Hulot la peine de huit jours d'emprisonnement et 50 fr. de dommages-intérêts.

ON NE PASSE PAS.

Henriette Rablot et Alexandrine Coutellier, deux pimpantes grisettes, revenaient seules d'une excursion champêtre aux Prés-Saint-Gervais. Elles longeaient le canal de l'Ourq, dans la direction de la Villette, lorsque, parvenues à la hauteur du pont tournant, elles firent la rencontre des nommés Michelet, Grivelou et Charbeigné, trois jouvenceaux de bonne mine et des plus prompts à la séduction. Les trois amis se tenaient par le bras en marchant de front et barraient si complétement le chemin de halage, qu'Henriette et Alexandrine n'avaient plus qu'à opter entre l'alternative de se jeter dans le canal ou dans le pré inférieur, ou de rebrousser chemin. Elles s'arrêtèrent cependant, présumant bien que la galanterie gauloise suggérerait aux trois compagnons de leur ouvrir un passage. Les amis n'en firent rien et firent mine, au contraire, d'intercepter la voie publique de leur mieux. Puis Grivelou, apostrophant les demoi-

On ne dira pas que c'est décousu; c'est un habit sans couture.

Dessiné par Gavarni — Lith. Coulon et Cie r. richer, 7.

Martinon, rue du Coq St Honoré, N° 4.

selles, leur proposa de payer, à titre de droit de péage, la légère rétribution d'un baiser. C'était agir sans façon et un peu trop librement. Les deux grisettes furent justement choquées de cette privauté et allaient rétrograder, aimant mieux retourner sur leurs pas que de se soumettre de bonne grâce à cet acte de concussion, lorsque Grivelou, qui n'avait pu lever amicalement l'impôt, imagina de recourir à des moyens de coërcition.

En conséquence, il se dirigea vers Henriette et, saisissant l'une de ses mains, tandis que d'un bras il enlaçait la taille svelte et mignonne de la jolie grisette, il allait peut-être l'embrasser, lorsqu'Henriette se dégagea d'une manière un peu farouche de cette étreinte familière. Elle s'enfuit. Grivelou se met à la poursuite de la fugitive et l'atteint : nouvelle étreinte, nouveaux propos galants. Henriette avait alors un pied sur le bord de la chaussée. Un mouvement brusque qu'elle fit pour échapper au galant Grivelou lui fit perdre l'équilibre, le pied lui glissa et elle tomba dans l'eau. La chute n'était pas dangereuse. Henriette, recueillant toute sa présence d'esprit, s'approcha du bord, et s'accrochant avec force au mur de soutenement, elle appela à son aide. Cependant Grivelou, effrayé des conséquences de son entreprise amoureuse, s'était sauvé à toutes jambes au lieu d'aider à la délivrance de la submergée.

Heureusement pour la grisette que Michelet et Charbeigné accoururent et parvinrent à ramener sur la berge la pauvre Henriette, encore toute tremblante du danger qu'elle venait de courir. Celle-ci ne manqua pas d'imposer à Grivelou la responsabilité de sa chute. Trompée par un juste ressentiment, elle alla même jusqu'à prétexter que Grivelou l'avait méchamment poussée dans le canal. Mais, dans l'instruction, cette version a été combattue par la déposition contraire de Michelet et de Charbeigné, voire même d'Alexandrine. Il est demeuré constant que la chute n'était pas le résultat d'une intention criminelle, mais aussi il a été démontré que Grivelou l'avait occasionnée par imprudence. En conséquence, Grivelou vient répondre devant la justice à la prévention dirigée contre lui.

Henriette fait connaître au tribunal les faits que nous venons de rapporter; malgré la preuve contraire, elle incline toujours à penser que Grivelou, guidé par un dépit amoureux, a eu le coupable dessein de la plonger dans le canal. La déposition du témoin est pleine d'acrimonie et de fiel.

Grivelou se lève pour répondre aux insinuations du témoin. Il se pose devant le tribunal, balance agréablement la tête, et promène, avant de parler, un sourire de satisfaction sur tout l'auditoire.

« Oh! dit-il, mademoiselle, vous ne me connaissez pas. Je sais ce que la galanterie ordonne envers la femme, qui est un être délicat. Toute mon ambition était de *cueillir* un doux baiser.... Je chéris le sexe, comme tout bon Français doit le faire; c'est assez vous dire que je suis incapable de ce *qu'on m'inculque*. »

Mademoiselle Henriette. Taisez-vous, vilain brutal.... Vous vouliez faire comme M. *Antony* du théâtre de la Porte-Saint-Martin; et parce que je vous résistais vous vouliez m'assassiner.... Vous n'êtes qu'une canaille.

M. le Président. La déposition du témoin à cet égard est explicite. Elle attribue à une simple imprudence votre chute dans l'eau. Il n'y avait pas d'ailleurs, dans le refus que vous lui opposiez, de quoi désespérer Grivelou au point de le pousser à un crime.

Mademoiselle Henriette. Mon Dieu ! il y a des scélérats d'hommes qui tuent des femmes pour bien moins que ça. Ça se voit tous les jours dans la Gazette des Tribunaux.

M. le Président. C'est qu'en effet ceux-là sont des scélérats. Mais il ressort des renseignements recueillis sur le compte du prévenu, qu'il n'est pas d'un naturel aussi pervers que vous le pensez et qu'il est incapable de faire volontairement une mauvaise action.

Grivelou. J'aime à batifoler; voilà tout. Ça n'est pas défendu.

Michelet. C'est vrai que Grivelou est rieur. Mais, comme il le dit, ça n'est pas défendu. Moi, d'abord, j'aime les farceurs.

Charbeigné. Il fait des farces *à mort;* mais il est doux comme un bâton de sucre d'orge.

Mademoiselle Alexandrine. J'avoue que Grivelou m'a eu l'air d'un *séduiseur* fini, et on n'est pas méchant quand on est bien porté pour les dames, comme il m'a semblé l'être.

Le tribunal, accueillant ce concert de bons témoignages, renvoie Grivelou de la plainte, en l'engageant toutefois à ne plus lever à l'avenir d'impôt forcé sur les dames.

Imprimerie d'AMÉDÉE GRATIOT et Cᵉ, rue de la Monnaie, 11.

UN AUTRE MAZEPPA.

Voici en quels termes le sieur Billegrin expose les faits qui ont motivé de sa part une plainte contre le nommé Bridoux :

« Le 25 juin dernier, je sortais du restaurant des Muses, place Ventadour, où j'avais dîné en compagnie de mademoiselle Eudoxie Jacquet. Deux jeunes gens, qui avaient occupé, pendant tout le temps de notre repas, une table voisine de la nôtre, et qui n'avaient cessé de faire pleuvoir sur mademoiselle Eudoxie et moi les lardons les plus mortifiants, sortirent sur nos pas. Ils nous suivirent jusque derrière le théâtre Ventadour. Là, l'un d'eux se jetant au milieu de nous de manière à forcer mademoiselle Eudoxie à lâcher mon bras, m'appliqua sur le chef un coup de poing qui m'enfonça le chapeau jusqu'au menton et qui m'étourdit totalement. Le second des assaillants, profitant de mon trouble, me plaça sur son dos et me transporta malgré mes cris jusqu'à l'extrémité de la rue Monsigny, où il me déposa et s'enfuit. Mon premier mouvement fut de regarder autour de moi pour voir ce qu'était devenue mademoiselle Eudoxie: mais ne la voyant plus à mes côtés, j'augurai de sa disparition qu'elle avait été enlevée, et que nos deux jeunes gens n'étaient, à tout prendre, que des ravisseurs. Je me transportai le lendemain chez mademoiselle Eudoxie; elle n'avait pas reparu chez elle depuis la veille. Trois jours se passèrent ainsi. Le quatrième jour enfin, je reçus une lettre par laquelle mademoiselle Eudoxie elle-même prenait la peine de me rassurer sur son sort, et m'apprenait, sans aucun ménagement, qu'elle était devenue volontairement la maîtresse d'un monsieur Albert, et que par ce motif elle était obligée de me notifier un congé définitif.

M. le Président. La justice ne peut rien pour de

pareils torts, à moins que vous n'ayez contre le prévenu des griefs plus sérieux.....

Le sieur Billegrin. Je n'en manque pas. J'ai raconté les faits dans leur ensemble. Voici les détails. Le sieur Bridoux, qui est celui qui m'a enlevé sur ses épaules, a débuté d'abord par un vigoureux coup de pied dans le...... dans les..... enfin, un coup de pied au bas des reins. J'ai en outre reçu de lui deux coups de poing, dont l'un renversa mon chapeau ; un *idem* dans le creux de l'estomac; un coup de pied dans les os des jambes, qui m'a fait voir toutes les étoiles du ciel, etc., etc. Ce n'est pas tout vraiment. Pendant que, comme un autre Mazeppa, je franchissais la rue Monsigny, privé de mes mouvements, tous les chiens du quartier, je crois, couraient après nous en poussant des aboiements affreux, et l'un d'eux m'enfonça ses crocs dans le gras des mollets..... Je me crus hydrophobe; jugez de mon effroi! J'ai eu recours fort prudemment à des cautérisations qui m'ont causé des douleurs atroces.

M. le Président. Comment avez-vous su que Bridoux était celui qui vous avait enlevé sur son dos ?

Le sieur Billegrin. Aussitôt que je fus rétabli, je me transportai au domicile de mademoiselle Eudoxie. Il ne me fut pas difficile de savoir de la portière le nom du nouvel amant de l'infidèle : elle m'apprit qu'il s'appelait Albert Hédin. Je m'apostai donc un jour au coin de la rue de Provence, où demeure mademoiselle Eudoxie, et je vis M. Hédin qui se rendait auprès de sa nouvelle conquête en compagnie de M. Bridoux, que je reconnus parfaitement comme étant le même qui m'avait, hélas! fait faire la course désagréable que vous savez.

Bridoux. Le plaignant se trompe. Il est bien vrai que j'étais avec Hédin le jour où l'attentat aurait été commis ; mais je déclare que je suis tout à fait étranger aux faits dont se plaint le sieur Billegrin.

M. le Président. Cependant les personnes qui ont eu part dans le guet-à-pens ont été signalées comme ayant occupé, pendant le dîner de Billegrin, une table voisine de la sienne. Vous avez été reconnus, Hédin et vous, comme étant les deux personnes.

Bridoux. Il est vrai ; nous sommes sortis aussi en même temps que Billegrin, mais nous nous sommes dirigés vers la rue Neuve-des-Petits-Champs.

Morel, Duplantier et Voireux, cités comme témoins, ont bien vu un monsieur qui parcourait là rue Monsigny à dos d'homme, mais ils ne peuvent reconnaître positivement le prévenu, tant à cause de l'obscurité qui régnait alors, qu'à cause de sa position courbée, qui ne leur permettait pas de voir la figure.

La dame Drapillon, portière, raconte qu'ayant entendu son Azor jappant dans la rue, elle était sortie de chez elle et qu'elle a vu le sieur Billegrin traîné par un particulier qu'elle a tout lieu de croire le même que Bridoux. La dame Drapillon examine attentivement le prévenu. « Tenez, dit-elle, plus je l'examine et plus je suis assurée que c'est le même individu qui a eu les jambes mordues par mon *Zo-zor*. »

Mademoiselle Eudoxie Jacquet est appelée. Un mouvement de curiosité s'empare de l'auditoire. Le témoin est de médiocre beauté, et rien ne semble justifier le prétendu rapt dont elle aurait été l'objet.

M. le Président. Connaissiez-vous les personnes qui vous ont suivie ainsi que Billegrin au sortir du restaurant ?

Mademoiselle Eudoxie. Non, monsieur.

M. le Président. Ces personnes n'étaient-elles pas Hédin et Bridoux ?

Mademoiselle Eudoxie. Non, monsieur.

M. le Président. N'avez-vous pas des relations avec Hédin, et n'avez-vous pas reçu chez vous Bridoux ?

Mademoiselle Eudoxie. Oui, monsieur. Peu de jours après l'événement de la rue Monsigny, je rencontrai Hédin et son ami Bridoux aux Tuileries, et voilà comment s'est faite notre connaissance.

M. le Président. Tout dans les faits de la plainte dément votre assertion.

Mademoiselle Eudoxie. Je ne dis pourtant que la vérité.

Le sieur Billegrin, avec amertume. Se peut-il, mademoiselle, que vous ayez si tôt oublié la reconnaissance que vous me deviez !

Mademoiselle Eudoxie, à mi-voix. Dieu! que cet être-là est *tannant* avec son air langoureux!

Hédin est ensuite entendu. Il dépose dans le sens de mademoiselle Eudoxie, et affirme que son

LA CORRECTIONNELLE

N°. 91.

Petites Causes Célèbres.

Un autre Mazeppa.

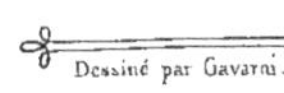
Dessiné par Gavarni.

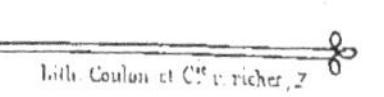
Lith. Coulon et Cie r. richer, 7

Martinon, rue du Coq St Honoré, N°. 4.

ami Bridoux et lui sont demeurés étrangers aux violences exercées sur la personne de Billegrin.

Le sieur Billegrin, avec fureur. C'est un faux témoin !

M. le Président. Vous insultez le témoin. Quelque motif que vous avez de suspecter sa bonne foi, vous n'avez pas le droit de lui adresser publiquement une injure.

Le sieur Billegrin. C'est Bridoux qui m'a assassiné ! c'est Hédin qui m'a enlevé le cœur de mon Eudoxie !... ô Eudoxie !

M. le Président. Bridoux, vous persistez à nier que vous soyez auteur du guet-à-pens dont se plaint Billegrin ?

Bridoux. Oui, monsieur. Je n'avais aucun motif d'en vouloir à M. Billegrin. Ces violences se comprendraient tout au plus de la part de Hédin, qui lui a succédé dans les bonnes grâces de mademoiselle Eudoxie; de ma part elles ne seraient qu'une brutalité sans excuse.

M. le Président rappelle les témoins et leur pose de nouvelles questions par rapport à l'identité du prévenu. Les réponses des témoins ne sont pas plus explicites. En conséquence, le tribunal, attendu qu'il n'est pas établi que Bridoux soit l'auteur des violences exercées sur Billegrin, renvoie le prévenu de la plainte.

Billegrin, avec exaltation. Il faudra donc que je sois *trompé*, battu et content ?... J'en rappelle ! j'en rappelle.

DIEU VOUS BÉNISSE !

Madame Herbulot, éternuant. Hapchitt !

Tourdeux. Dieux vous bénisse, la mère.

Madame Herbulot. Polisson !... gueusard !...

Tourdeux. C'est comme ça que vous dites merci ?...

Madame Herbulot. Scélérat, c'est bien toi qui es cause que j'ai le nez dérangé... hapchutt !..

Tourdeux. Qué qu' j'y ai donc fait, à c' nez ?

Madame Herbulot. Brigand ! c'est ta poudre *sturnu... sterlu... sternututu...* comment que tu appelles ça, *estuberlu ?*

Tourdeux. Je ne sais pas de quoi vous parlez.

Madame Herbulot. Il n'y a pas de pire bête que celle qui veut l'être. Je te parle de quoi que tu as mis dans ma tabatière, le jour où j'ai éternué comme si j'avais *éu* un rhume de cerveau pour tout un régiment. Hapchitt !

Tourdeux. Ma fine parole d'honneur, maman Herbulot, je ne sais pas quoi que vous voulez dire. Est-ce de la *muscade* que vous voulez parler ?

Madame Herbulot. Non, non. Je veux dire cette poudre... tu sais bien ?... cette poudre qui fait éternuer... Hapchutt !

M. le Président. Une poudre sternutatoire ?

Madame Herbulot. Vous avez dit le mot, Monsieur le Président : une poudre *esturmerbatoire*... le v'là donc ce gueux de mot !... Faut donc vous imaginer que *de depuis* ce coquin de jour-là, j'ai toujours comme des pattes d'araignées qui me chatouillent dans le nez, tenez, hap ! tenez, hapchitt !...

Tourdeux. Que le bon Dieu vous éclaircisse la vue, mam' Herbulot !

Madame Herbulot. As-tu fini, polisson !

M. le Président. Enfin expliquerez-vous au tribunal le fait que vous reprochez à Tourdeux ?

Madame Herbulot. Il m'a empoisonné le nez.

Tourdeux. Ça n'est pas vrai.

Madame Herbulot. Faut croire qu'il aura jeté des mouches *cantharines* dans mon tabac.

M. le Président. Qu'est-ce qui vous fait présumer que Tourdeux a introduit dans votre tabac une substance étrangère ?

Madame Herbulot. Mon président, voilà quinze grands jours que je ne fais qu'éternuer et que je ne fais qu'entendre des gens qui me disent : Dieu vous bénisse, la mère Herbulot.... Je ne fais que ça... Hapchut !

M. le Président. Comment Tourdeux s'y est-il pris pour mêler à votre tabac une poudre nuisible ?

Madame Herbulot. Nous causions mam' Chiptout et moi des affaires d'*Algerre*.... Tourdeux tournaillait autour de nous. J'ouvre ma tabatière et je dis à mam' Chiptout : En usez-vous ? Tourdeux s'approche alors et présente ses deux doigts en pincette. — Vous permettez ? qu'il me dit. — Si je te permets, mon fils ? que je lui redis : une prise ne se refuse jamais.... Là-dessus il fourre ses doigts dans ma tabatière, jusqu'au coude. Je prends une prise après lui, et voilà que ça commence à me gargouiller dans le nez; et *chitt* par ci, et *chutt* par là.... J'aurais eu la colonne Vendôme entre les deux yeux que je n'aurais pas été plus embarrassée de mon nez.... Je ne fais qu'éternuer *de* depuis.

Malgré ses dénégations, Tourdeux se voit condamné à 5 jours d'emprisonnement et 25 fr. de dommages-intérêts.

Imprimerie d'AMÉDÉE GRATIOT et Ce, rue de la Monnaie, 11.

DOUBLE QUEUE.

Un homme droit comme un peuplier et porteur d'une petite queue se présente devant le tribunal. M. le Président l'invite à décliner ses nom et qualité; mais avant de répondre, l'interpellé fait ses dispositions, pose son chapeau sur la balustrade, tout près de l'accusée, prend son mouchoir, extrait sa tabatière de sa poche, y puise une prise copieuse et, après tous ces préparatifs, il s'exprime ainsi :

« Quand j'étai*t'en* Vissembourg avec l'armée de Condé... »

M. le Président. Vous ne répondez pas ; comment vous nommez-vous ?

L'individu. Honoré-Antoine Moulinot... Quand j'étai*t'en* Vissembourg, avec le prince de Condé...

M. le Président. Quelle est votre profession ?

Moulinot. Suisse ci-devant au service de M. le comte de B... quand j'étai*t'en* Vissembourg oùsque nous remportâmes des succès...

M. le Président. Vous avez porté plainte en diffamation contre la femme Clopin.

Moulinot. Elle n'est point mon épouse, quoiqu'elle *pourrait* l'être; car, depuis 27 ans, elle était ma compagne par sa propre volonté, et aussi à cause des nombreux agréments d'être ma conjointe.

M. le Président. De quels faits résulte le délit de diffamation dont vous vous plaignez ?

Moulinot. Du fait qu'il y a eu des bavardages de faits : voilà le fait. Elle m'a accusé d'avoir *lessivé* (vendu) son *mobélier*, qui était le mien sans partage, et à cause que j'en étais le *propriétaire*, voilà l'histoire.

La femme Clopin C'est un fait faux. Après 27 ans d'un ménage bien uni, et quoique tout le monde, dans l'hôtel, me regardât comme la légitime de Moulinot, il m'avait renvoyée de la loge sous prétexte que j'avais du penchant pour le *palfernier* de M. le comte. Moulinot perdit sa place de suisse, et comme il voulait se rendre dans son pays, il vendit tout le *mobélier*. Les meubles étaient à moi. Moulinot est un brigand et je n'ai pas fait faute de le dire.

Moulinot. La femme est un être incohérent, qui n'a ni queue ni tête... Cornélia, tes propos sont inconséquents comme ton sexe... *Tais* ta langue!

M. le Président. Qui de vous avait acheté les meubles?

La femme Moulinot. Moi.

Moulinot. Avec mon argent. Quand j'*épousa* Cornelia, comme je vous l'ai dit, elle n'avait que ses charmes individuels; moi j'avais ma place de suisse. Les meubles ont été z'achetés ou renouvelés avec mes *émonuments*. Ce qui nous appartient est bien à nous; c'est trop juste, et voilà la raison pourquoi j'ai vendu nos meubles... D'ailleurs, un soldat qui a zéu l'honneur de remporter des succès en Vissembourg...

M. le Président. La diffamation a-t-elle été publique?

Moulinot. Tout ce qu'il y a de plus *publique*, puisque c'est chez la fruitière du quartier que les bavardages ont eu lieu.

M. le Président. La femme Clopin vous a donc accusé de l'avoir volée?

Moulinot. Elle m'a traité de voleur, *excroqueur*, et autres mots peu flatteurs, que l'on ne m'aurait pas dit quand j'étais en Vissembourg.

La femme Clopin. Accuser une femme avec qui que l'on a passé 27 ans de bonheur!... quelle bassesse!

Moulinot. Vous n'êtes plus rien pour moi, ma douce Cornélia... Souvenez-vous du *palfernier* de M. le comte... Si je vous ai fait la queue, c'est que vous me l'aviez faite... Ah! celle-là ne me sortira jamais de la tête.

Plusieurs témoins sont appelés et déposent sur le délit de diffamation. Il résulte de leurs témoignages que la femme Clopin aurait répandu dans tout le quartier les bruits les plus défavorables pour la réputation de Moulinot, et l'aurait accusé de l'avoir spoliée.

Le tribunal condamne en conséquence la femme Clopin, comme s'étant rendue coupable de diffamation, à 50 francs de dommages-intérêts et 15 fr. d'amende.

La femme Clopin. Bonté divine! il ne m'en eût pas coûté davantage si je lui avais arraché les deux yeux, et je me serais mieux vengée!

PLUIE D'ENCRE.

Le 26 juin fut témoin d'un phénomène qui n'a pas son analogue dans les annales de la science, et auprès duquel les pluies de crapauds, tant vantées, ne sont en vérité que de l'eau claire. Or, ce jour-là, il arriva qu'après une tiède journée une ondée survint. Mais tandis qu'il tombait bien réellement de l'eau pour le commun de la population parisienne, les habitants de cette partie de la rue de Laharpe qui avoisine la rue des Mathurins essuyaient, au pied de la lettre, une pluie d'encre. Bon nombre de robes blanches se trouvaient souillées; plus d'un bonnet fut sali; et cependant la pensée ne vint à aucun des piétons mouchetés, zébrés, tigrés, de s'enquérir de la cause d'une aussi étrange anomalie. Une seule personne, sans plus, fut mieux avisée et se permit de trouver le cas par trop phénoménal pour être possible; c'était la demoiselle Aurélie Riboutot, grisette jolie, coquette, et qui par malheur était vêtue ce jour-là d'une superbe robe d'organdi. Il ne fallut pas à la charmante grisette une forte dose de pénétration ponr savoir que si les pluies de pierres et de serpents sont dans l'ordre des choses possibles, une pluie d'encre est parfaitement improbable. En conséquence, et dans la persuasion où elle était que le prétendu phénomène devait être d'origine suspecte, elle passa du côté opposé de la rue et, levant les yeux vers le faîte d'une maison voisine, elle remonta ainsi très positivement jusqu'à la source même du prodige. En effet, Cyprien Fournier, placé à la fenêtre d'une mansarde, et incliné sur un crible, à peu près comme le signe du Verseau sur son urne penchée, répandait ainsi sur les passants les flots noirâtres que son ami Buré accumulait dans le crible. La coquette Aurélie, émue de la perte de sa belle robe, entre dans la maison, gravit l'escalier, frappe à la porte des deux jeunes gens et réclame une juste indemnité pour les dommages par elle éprouvés. Je vous demande si elle fut honnie. Force lui fut alors d'invoquer la justice, et c'est sur sa plainte que Fournier et Buré comparaissent devant le tribunal. Les prévenus déclarent être étudiants en médecine. Mademoiselle Aurélie se présente devant les juges forte du témoignage de plusieurs personnes honorables. Ces

N° 92.

LA CORRECTIONNELLE

Petites Causes Célèbres.

« La femme est un être incohérent, qui n'a ni queue ni tête. »

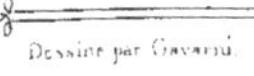

Dessiné par Gavarni. Lith. Coulon et Cie, r. richer, 7

Martinon, rue du Coq St Honoré N° 4.

témoignages sont tellement précis qu'ils ne laissent aucun doute sur la culpabilité des prévenus.

Mademoiselle Aurélie. Si vous saviez comment ils m'ont reçue lorsque je suis montée pour leur montrer ma robe toute tâchée ! On aurait cru que je n'étais là que pour leur servir d'amusement.

Fournier. C'est qu'aussi vous aviez un ton...

M. le Président. Quand même la plaignante aurait montré de l'humeur, il faut convenir que la circonstance autorisait des reproches un peu vifs.

Buré. Nous nous livrions à une expérience de physique.

M. le Président. L'heure et l'endroit étaient assez mal choisis. Il est plus probable que c'était une espièglerie de votre part. D'ailleurs de quelle expérience pouviez-vous être occupés ?

Buré. Nous voulions mesurer la vitesse des corps.....

M. le Président, l'interrompant. C'est une mauvaise plaisanterie.

Les prévenus sont condamnés solidairement en 50 fr. de dommages-intérêts et 25 fr. d'amende.

MADAME PIFFARD.

Une femme pourvue d'un nez incommensurable se présente devant le tribunal.

M. le Président. Comment vous nommez-vous ?

La dame. Femme Piffard, née Long. (Bruyante hilarité dans l'auditoire.)

M. le Président. Vous avez porté plainte en voies de fait contre le nommé Lardichon ; expliquez les faits au tribunal.

La dame Piffard. J'étais allée à la fête de Belleville avec madame Percier, ma voisine. L'envie nous prit d'entrer au cirque olympique de M. Butor, sans penser que nous étions exposées à en rencontrer *un* une fois dedans. Cela ne manqua pas. A peine étions-nous placées, qu'un individu fort grossier, qui était derrière nous avec une espèce de femme, se mit à crier : « A la porte le nez ! à bas le nez ! » Moi, qui ne me suis jamais laissé conduire par cette partie, je me retourne et je dis au particulier : « Voulez-vous me faire l'amitié de me dire de quel nez vous voulez parler ? » Il me répond insolemment : « Eh, parbleu ! du vôtre, madame Nez-Grand ! » Je réplique : » Vous êtes un polisson ; mais, avant tout, je ne suis pas née Grand, mais bien née Long ; et si mon nez vous porte ombrage, j'en suis très fâchée ; je n'irai pas le mettre dans ma poche pour vous faire plaisir. » A ces mots, l'individu se met à me débiter mille vilénies, m'assure qu'il va me *moucher* si je l'empêche de voir ; car il faut vous dire qu'il se plaignait de ne voir pas plus loin que mon nez.

Le prévenu, avec ironie. Merci, c'est une assez belle portée... Mais ça n'est pas ça, mon président ; vous allez voir que je n'avais pas tort. Ma femme est enceinte, et la moindre chose fait impression sur elle. Aussitôt que nous fûmes assis, elle s'écria : « Oh ! le vilain nez ! » Je voyais que ce *pif* ne lui sortait pas de la tête ; voilà donc que la peur me galope et que je commence à craindre que son fruit ne naisse avec un pied de nez. En conséquence, je prie madame Piffard de sortir, en lui disant que son nez ne me revenait pas du tout.

M. le Président. Vous vous êtes oublié jusqu'à la frapper.

Le prévenu. Je lui ai donné une pichenette sur le nez.

M. le Président. Il était plus simple de faire sortir votre femme.

Le prévenu. Certainement ; mais, voyez-vous bien, ma femme ne voulait pas se retirer... elle me disait au contraire qu'elle avait des envies de mordre le nez de madame Piffard.

Madame Piffard. Vous bridez votre veau, mon cher homme ; je peux dire que vous nous donnez là de sottes raisons, car je n'ai pas remarqué que votre femme fût enceinte.

Le prévenu. C'est qu'alors vous n'aviez pas plus de *nez* que rien du tout ; car sa grossesse est aussi visible que votre nez au milieu du visage.

M. le Président. Ce n'était pas d'ailleurs un motif pour frapper la plaignante.

Le prévenu. Fallait-il donc laisser pousser la colonne Vendôme entre les deux yeux au marmot de mon épouse ?

M. le Président. Ne pouviez-vous pas au moins en faire l'observation à madame Piffard ?

Le prévenu. C'est aussi ce que j'ai fait ; mais elle s'est vexée comme dans ce moment ; ce qui fait que je lui ai envoyé délicatement une nouvelle croquignolle.

Madame Piffard. Bien obligée ! il m'a régalée de coups de talon de botte.

Le prévenu. Oh ! bien légèrement. Que n'avez-vous aussi un nez moins ridicule ?

Lardichon est condamné à 25 francs d'amende.

Imprimerie d'AMÉDÉE GRATIOT et Cᵉ, rue de la Monnaie, 11.

PAIE TES DETTES!

Grâce au ciel, on ne jette plus les créanciers par les fenêtres ; le régime *égalitaire* sous lequel nous vivons a fort à propos réformé là-dessus nos vieilles mœurs ; et tout ce que la loi tolère à cet égard c'est qu'on puisse jeter un créancier à la porte. C'est déjà quelque chose. Mais en jetant son créancier à la porte, il faut encore employer quelques ménagements, de telle sorte au moins qu'il ne puisse pas se casser un bras ou une jambe. C'est pour avoir oublié ces ménagements que M. Adolphe C..., peintre d'histoire, est traduit aujourd'hui devant le tribunal.

M. C... a le malheur de compter au nombre de ses créanciers le sieur Schubrech, cordonnier, homme dur, exigeant, tyrannique, ne laissant, au dire de M. C..., nul répit à ceux qui ont le malheur de lui devoir de l'argent. Or, M. C... était le débiteur de Schubrech d'une somme de 48 francs, prix de deux paires de bottes à lui fournies par l'*artiste* allemand. Il ne se passait pas de semaine que Schubrech ne vînt une ou deux fois rappeler sa petite créance à M. C... ; c'était toujours fort inutilement, car le débiteur avait toujours une bonne raison à lui donner pour retarder le paiement de quelques jours : son dernier *grand tableau* ne lui avait pas encore été payé ; mais il calmait l'avide bottier en lui donnant l'assurance que les premiers fonds qui lui rentreraient seraient par privilége destinés à acquitter son mémoire. Schubrech patienta. A la fin, cependant, lassé d'attendre vainement et de n'obtenir jamais de M. C... une réponse plus satisfaisante, Schubrech se rendit un matin chez son débiteur, bien décidé à le forcer à s'acquitter.

M. C... le reçut d'abord avec son impassibilité accoutumée et essaya des mêmes raisons qui lui avaient si bien réussi jusque-là ; mais Schubrech était résolu à rompre la glace afin d'amener son débiteur à une capitulation par la peur du scandale. Poussé à bout, M. C. perdit tout à coup son sang-froid et fondit sur son créancier, qu'il traîna jusqu'à la porte de son atelier et le lança d'un bras vigoureux dans l'escalier. Schubrech se releva tout meurtri et perclus de tous ses membres. Il actionne aujourd'hui son débiteur en réparation des mauvais traitements qu'il lui a fait éprouver.

Schubrech expose dans son français *germanisé* les motifs de sa plainte.

M. C..., tout en reconnaissant le mouvement de vivacité qui lui est reproché, allègue pour excuse l'espèce de provocation que lui a adressée Schubrech.

« Schubrech, dit l'artiste, venait me demander de l'argent avec une insistance *ridicule*.

M. le Président. On n'est pas ridicule parce qu'on réclame ce qui est dû.

M. C... Je dis *ridicule*, parce que Schubrech savait très bien que c'était peine perdue, attendu la position gênée dans laquelle je me trouvais. Je le lui avais dit plusieurs fois. Il vint un jour me faire une scène du plus mauvais goût, et me traita d'une manière fort insultante. Il se permit de me faire des observations fort déplacées en me disant que je ferais mieux de payer mes dettes que d'avoir de beaux appartements et de porter de beaux habits. Il me manquait essentiellement en me parlant ainsi ; car enfin je n'ai pas de comptes à rendre à mon cordonnier, qui n'est, à tout prendre, qu'un... cordonnier.

Schubrech. Tertéfle !... Un pon schumaker, il faloir pien ein mauvaise parpouilleur, endendez-fous ?

M. C... Insolent !

Schubrech. Bayez, et fous serez gonsitéré...

Tel n'est pas l'avis du tribunal ; car jugeant que Schubrech avait eu tort d'insulter M. C... chez lui, admet ces insultes comme une suffisante provocation, et renvoie le prévenu de la plainte.

LES MAUVAISES LANGUES

« Mam' Giffaut !... mam' Turdane !... où êtes-vous, m'sieu Grivois ?... passez donc par ici, m'sieu Jaladon !... Vous arrivez bien tard, m'sieu Droguin !... Voyez donc si cette mam' Tartisson viendra ! »

Ainsi s'écrie une petite femme vive et frétillante malgré son embonpoint des plus florissants ; c'est la dame veuve Gradivaux. Elle s'agite, va, vient, se tourmente, et paraît non moins occupée qu'un général qui, le moment d'avant la bataille, inspecte ses troupes, les range et aiguillonne leur courage. D'un autre côté, on aperçoit un groupe compact composé de cinq ou six commères embéguinées, en tête desquelles on remarque la dame Guilloteau, femme sèche, dont les traits anguleux prêtent à sa physionomie quelque chose de dur et de menaçant. A voir les œillades hautaines que la dame Gradivaux lance sur ce groupe, on devine aisément que c'est le camp ennemi. L'attitude fière et martiale des deux partis annonce que la lutte sera chaleureuse. Après l'appel des témoins, ceux-ci sont invités à sortir de l'audience. La dame Gradivaux, seule alors en présence de sa redoutable adversaire, perd visiblement de son assurance ; néanmoins, elle recueille toutes ses forces, et ayant déclaré ses nom, prénoms et qualité, elle continue en ces mots :

« Rien n'est affreux comme une méchante langue, et, sur ce point là, mam' Guilloteau ne laisse rien à désirer. Voilà trois ans, vienne la Toussaint prochaine, que je suis veuve et bien veuve de défunt Gradivaux, de son vivant officier de bouche ; le pauvre cher homme, je puis dire qu'il ne négligea rien pour rendre à sa femme la vie douce comme un caramel. Aussi, il a droit à tous mes regrets et Dieu veuille avoir son âme. Il n'est personne, jusqu'à présent, qui ne m'ait toujours rendu les honneurs qui sont dus à une femme légitime et respectable, car je puis dire que je *la* suis. Mais on ne saurait forcer tout le monde à nous estimer et il se trouve toujours des envieux. Mam' Guilloteau, donc, s'est avisée de trouver à redire dans mon union avec feu mon pauvre Gradivaux. Elle a fait courir le bruit, dans tout le voisinage, que je n'avais jamais été mariée avec lui et que le nom de Gradivaux, qui m'est cher, n'était pas le mien. C'est une atroce calomnie. Voici un papier comme quoi Gradivaux fut mon époux et comme quoi je fus son épouse. (La plaignante fait passer sous les yeux du tribunal un extrait du registre des actes de l'état civil.)

Mam' Giffaut, premier témoin. Madame Guilloteau est, sans comparaison, un aspic ; bien malheureux qui passe par sa langue... Sans compter

No 93.

Payez et vous serez considéré!

Dessiné par Gavarni

Lith. Coulon et Cie r. richer 7

Martinon rue du Coq St Honoré, No 4

que c'est la femme la plus bavarde du quartier, et qu'avec elle il n'y a jamais deux mots à placer.

Madame Guilloteau. Allez ! vous n'avez pas la pépie non plus.

Mam' Giffaut. Il faut toujours que vous soyez à dragonner votre monde...

M. le Président. J'engage le témoin à déposer sur les faits qui lui sont connus.

Mam' Giffaut. Madame Guilloteau m'a dit, parlant à moi. Vous ne savez pas ?... cette madame Gradiveau qui fait sa fière, et qui se donne des airs de veuve... Eh bien! elle n'était pas mariée avec Gradivaux..., ça n'était qu'un mariage à la détrempe.

Mam' Turdane. Madame Guilloteau vint me trouver un jour en me disant : Quelle horreur, ma chère ! la Gradivaux qui voulait se faire passer pour une honnête femme ! Comment trouvez-vous cela !... Une femme qui vivait en concubinage avec son époux, c'est révoltant !

M. Grivois est appelé ; c'est une espèce de femmelette, petit, remuant, et à la parole abondante. Messieurs, dit-il, je suis connu pour savoir un peu les affaires de tout le monde.

M. le Président. C'est une triste réputation que vous avez-là.

M. Grivois. Que voulez-vous?... tous les bruits du quartier viennent me trouver... Le ciel m'est bien témoin que pour ma part je ne donnai jamais un coup de langue à *quiconque*, à plus forte raison à cette bonne dame Gradivaux que j'estime, que je respecte, car enfin une femme n'est pas pendable parce qu'elle a anticipé sur le mariage, et qu'elle a pris le nom de son mari avant que d'en avoir la permission de M. le maire... Heu ! heu !

M. le Président. On ne vous demande pas tous ces renseignements.

M. Grivois. O mon Dieu!... ne croyez pas que ce que j'en dis soit pour affliger cette excellente madame Gradivaux, que je chéris de tout mon cœur... La pauvre dame!... on dirait que tout le monde est ligué contre elle... Il n'y a pas jusqu'à son propriétaire qui n'ait eu la cruauté de faire saisir dernièrement ses meubles.

M. le Président. Tous ces détails-là sont étrangers aux débats.

M. Grivois. Je le sais, et c'est pour cela que je m'en abstiens. Nous parlions, je crois, de la dame Guilloteau... encore une dont la langue va to[illegible]s.

Madame Guilloteau. Tiens, le petit *margajat* qui mesure les autres à son aune!

M. Grivois. *A son mètre*, s'il vous plaît ! car les anciennes mesures sont abolies.

M. le Président. Veuillez nous dire ce que vous savez des faits imputés à la femme Guilloteau.

M. Grivois. Madame Guilloteau, que je rencontrai un matin dans l'escalier, me dit : J'ai un cancan, M. Grivois. — Oh! dites-moi ça, madame, lui dis-je. — Vous connaissez bien, reprit-elle, madame Gradivaux ? — Parbleu ! cette excellente dame qui est toujours en discussion avec sa portière? — C'est cela même, ajouta madame Guilloteau; eh bien! elle n'a jamais été mariée avec feu Gradivaux ! — Pas possible ! — C'est tout comme j'ai l'honneur de vous le dire ! » J'ai eu tort de croire trop légèrement madame Guilloteau.

M. Jaladon. Madame Guilloteau et madame Gradivaux sont ensemble comme chien et chat, et ni l'une ni l'autre ne laissait passer une occasion de donner un coup de patte. Tant y a, que madame Guilloteau m'est venue conter que madame Gradivaux n'avait jamais reçu le sacrement du mariage, et qu'elle avait vécu dans le libertinage avec son défunt. Madame Guilloteau m'a ajouté qu'elle était certaine qu'avant d'être avec Gradivaux, vous aviez eu des rapports avec le 35e de ligne, où vous étiez blanchisseuse de fin pour les soldats.

Madame Guilloteau. Saint Babillard ! je n'ai pas dit un mot de cela.

M. Jaladon. Vous invoquez là un saint qui me fait bien l'effet de ne guérir d'aucun mal.

Madame Guilloteau. Vous êtes un faux témoin, M. Jaladon !

M. le Président. Pourquoi alliez-vous répandre dans tout le voisinage que la dame Gradivaux n'avait pas été mariée ?

Madame Guilloteau. Je ne suis pas la seule à le dire, malheureusement.

M. le Président. Nous savons par les renseignements fournis que la dame Gradivaux a été mariée à la date du 16 mai 1831.

La dame Guilloteau. Ah ! la malheureuse ! elle était avec Gradivaux depuis 1825 !

Le tribunal, attendu que la femme Guilloteau a tenu des propos de nature à attirer un blâme sur la femme Gradivaux, condamne la prévenue à 50 francs de dommages-intérêts et aux dépens.

Imprimerie d'Amédée Gratiot et Ce, rue de la Monnaie, 11.

LA BATAILLE DE CANNES.

Filoseau et Lambinel, deux honnêtes bourgeois du Marais sont en présence. Tous les deux ont passé l'âge d'aimer; et cependant le petit dieu malin (style olympien) décochant à l'un et à l'autre un trait de son arbalète, est parvenu à émouvoir les deux barbons et à les rendre sensibles aux charmes un peu rudaniers de mademoiselle Jeannette, soubrette rebondie, vive et madrée. Au reste, tous les deux sont célibataires; ce qui constitue tout d'abord une présomption assez défavorable au sujet de leur mœurs.

Filoseau. Je viens me plaindre de Lambinel qui m'a bâtonné jusqu'à me rompre les os.

Lambinel. J'accuse Filoseau de m'avoir roué de coups.

M. le Président. Cela n'est pas très clair; et si chacun de vous a été battu par l'autre, de quoi vous plaignez-vous tous deux?

Filoseau. Si j'ai frappé c'était dans le cas de légitime défense.

Lambinel. Je voulais seulement repousser la force par la force.

M. le Président. Il n'y aurait pas eu d'agresseur à vous entendre.

Filoseau. Pardon, M. le président; c'était Lambinel.

Lambinel. Je vous demande bien pardon; c'est Filoseau qui a commencé.

M. le Président. Voyons, Filoseau, racontez les faits au tribunal.

Filoseau. J'ai été assommé sans raison par Lambinel; voilà le fait.

M. le Président. Et vous, Lambinel, qu'avez-vous à dire?

Lambinel. Filoseau m'aurait fait périr sous le bâton, si l'on ne se fût jeté entre nous deux; voilà.

M. le Président. Il est bien évident jusqu'ici que vous avez des torts mutuels... N'y a-t-il pas des témoins ?

Filoseau. Je demande que la petite Jeannette soit entendue.

Lambinel. Je supplie le tribunal de vouloir bien entendre mademoiselle Jeanneton.

M. le Président fait appeler Jeannette Dravinet, dont le témoignage est invoqué par les deux parties.

M. le Président. Vous connaissez Filoseau et Lambinel ?

Jeannette. Les deux vieux?...Ne m'en parlez pas : je les ai toujours sur mes talons. Je ne puis faire un pas que l'un d'eux ne s'en vienne me cajoler, et souvent tous les deux à la fois, comme le jour où ils se sont si bien chamaillés pour moi...

M. le Président. Racontez au tribunal l'origine de la querelle.

Jeannette. Bien volontiers, et vous pourrez dire que vous savez la chose de première main, car c'est sous mes yeux que la bataille a eu lieu. Un jour j'étais allée promener le petit mioche à Madame, et j'étais assise sur un banc de la place Royale, lorsque M. Filoseau vient s'asseoir à côté de moi et se met à m'enjôler. Je me dis à part moi : Écoute voir s'il pleut, mon pauvre cher homme ; certainement que s'il n'y avait que toi et moi au monde... Enfin, suffit!... Voilà donc que pendant que celui-ci *fignolait*, M. Lambinel s'était assis à ma gauche, et m'enfonçait, tant qu'il pouvait, son coude dans le *cœur*. Je connais ce vieux jeu, et je lui dis : « Finissez donc, Monsieur ; à qui pensez-vous vendre vos coquilles ? » M. Filoseau s'aperçut de cela, et dit à M. Lambinel que c'était fort malhonnête, et qu'étant le premier arrivé, il avait le droit d'être seul avec moi... Voyez-vous, le vieux scélérat ! M. Lambinel se fâcha, et on se dit de gros vilains mots. Pendant ce temps, mon mioche se sauvait, et je courus pour le rattrapper. Un moment après, je me retourne, et je vois les deux vieux qui se donnaient de bons coups de cannes, et pin ! et pan ! l'un parait, l'autre tapait : c'était comme aux *combats* des Funambules, excepté que c'était pour de vrai. Je n'ai jamais vu deux enragés de ce poil.

M. le Président. Ainsi vous ne pouvez dire quel est celui qui a, le premier, porté des coups à l'autre ?

Jeannette. Oh ! ils ne se sont pas épargnés tous les deux, et je crois qu'ils ont commencé ensemble.

Plusieurs témoins succèdent à mademoiselle Jeannette ; mais tous sont arrivés trop tard : la lutte était déjà engagée.

M. le Président. Vous voyez qu'il est impossible d'établir quel est celui de vous qui a pris l'initiative. Il résulte bien évidemment que vos torts se sont suffisamment compensés.

Filoseau. Le mal d'autrui ne guérit pas le mien.

Lambinel. Je n'ai pas mal dans les côtes de Filoseau, mais bien dans les miennes.

Le tribunal met fin à la récrimination en renvoyant les deux adversaires du procès, et en les condamnant solidairement aux dépens.

LE TÉMOIN MALGRÉ LUI.

M. le Président interpelle pour la troisième fois le nommé Guillaret ; mais celui-ci fouille toujours avec anxiété dans ses poches et ne paraît prêter aucune attention aux questions qui lui sont adressées.

M. le Président, d'une voix forte. Guillaret, je vous invite à décliner vos prénoms, profession et domicile.

Guillaret, s'interrompant dans ses réflexions. Allons, bon... voilà que je ne puis parler ; j'ai oublié mes lunettes.

M. le Président. Vous pouvez bien répondre sans le secours de lunettes.

Guillaret. J'ai mes réponses dans ma poche... je suis muet si je n'ai mes *verres*... Ah ! le Ciel soit loué, les voici !

N'ayant plus de motif pour garder le silence, Guillaret place méthodiquement ses lunettes sur son nez, et, tout en répondant aux questions préalables de M. le Président, il déploie une espèce de mémoire, et attend de nouvelles interpellations.

M. le Président. Pivert est prévenu de mauvais traitements envers Mulet ; dites ce que vous savez de l'affaire.

Guillaret, lisant. « La vérité est indestructible ; elle doit toujours prévaloir sur le mensonge et l'hypocrisie. Les hommes sont nés astucieux... »

M. le Président, l'interrompant. Vous lisez, je crois, votre déposition ?

Guillaret. Ce sont quelques petites idées que j'ai couchées sur le papier à propos de l'affaire.

M. le Président. La loi s'oppose formellement à ce qu'une déposition soit écrite à l'avance ; ainsi je vous engage à mettre de côté votre mémoire.

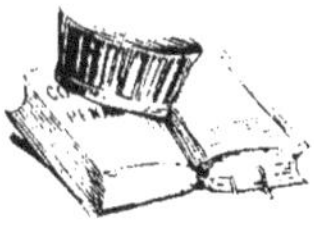

LA CORRECTIONNELLE N°94.

Petites Causes Célèbres.

BATAILLE DE CANNES.

Dessiné par Gavarni

Lith. [illegible] 7

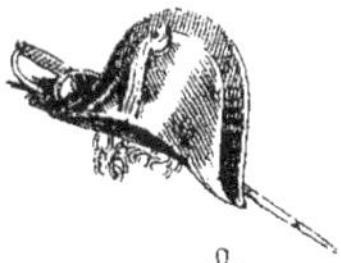

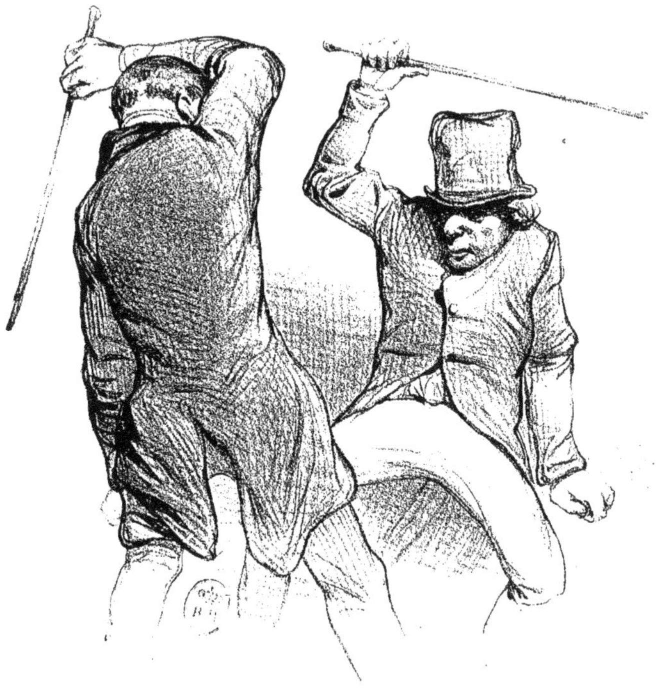

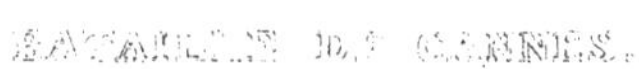

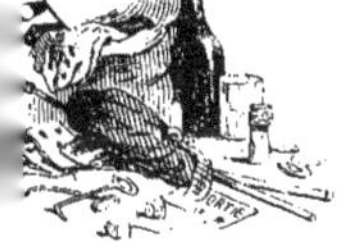

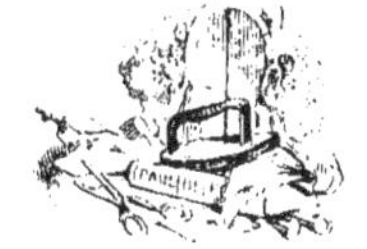

Guillaret. Alors je ne sais rien de l'affaire de Pivert.

M. le Président. Cependant vous étiez présent lorsque la scène a eu lieu.

Guillaret, continuant à lire. « ...nés astucieux, et leur éducation tend à développer encore leur penchant à la fraude. »

M. le Président. Je vous ai déjà dit que vous ne pouviez pas lire votre déposition.

Guillaret. Alors, j'ai le regret de vous répéter que je ne sais rien.

M. le Président. Vous pouvez bien, sans doute, rapporter les faits dont vous avez été témoin, sans qu'il soit besoin de vous aider de notes écrites.

Guillaret, lisant toujours. « Un philosophe a dit : « Si la vérité était proscrite de la terre... »

M. le Président. Mettez donc votre *factum* dans votre poche et répondez.

Guillaret. Je ne sais rien que ce qui est consigné dans cet écrit.

M. le Président. Avez-vous vu, oui ou non, Pivert maltraiter Mulet?

Guillaret. Je n'ai rien vu.

M. le Président. Vous étiez cependant sur les lieux.

Guillaret. Ne m'interrogez pas : je ne sais rien.

M. le Président. On ne saurait vous contraindre à parler si vous ne le voulez. Cependant, s'il est démontré que vous refusiez d'éclairer la justice, le pouvant, je dois vous avertir que la loi punit le refus de témoignage.

Guillaret. Mais, aussi, pourquoi la justice m'empêche-t-elle de parler?

M. le Président. Ce n'est pas vous refuser la liberté de parler que de vous ôter celle de lire votre déposition. Encore une fois, vous étiez sur les lieux et vous avez été témoin des violences de Pivert.

Guillaret. Si vous m'aviez permis de lire mon *ouvrage*, vous seriez demeurés convaincus que je n'ai rien vu de la scène dont vous parlez. J'étais fort tranquillement aux Champs-Elysées pendant qu'on se battait dans la rue Ponthieu.

M. le Président. Mais, alors, comment se fait-il qu'on vous ait cité comme témoin?

Guillaret. C'est ce que j'ai l'honneur de demander à M. Mulet, à la page 63 de mon mémoire. J'aime à croire qu'il répondra à ma question, comme s'il avait entendu la lecture de mon ouvrage.

Le sieur Mulet. Vous plaisantez sans doute, mon bonhomme.

M. le Président. Comment une semblable méprise a-t-elle pu être commise?

Le sieur Mulet. Attendez donc... en effet, je crois me souvenir à présent que la personne dont j'avais remarqué la présence sur le théâtre de l'événement était moins *corpulente* que monsieur.

M. le Président. Voilà qui est étrange ; vous n'avez pu cependant citer un témoin au hasard.

Le sieur Mulet. Voici d'où est venu le quiproquo. Lorsque je me trouvai dégagé des mains de Pivert, je n'eus rien de plus pressé que de requérir des témoins du fait. Il n'y avait personne dans la rue. Je me rappelai alors que pendant que Pivert me mesurait les côtes, j'avais vu passer un monsieur d'un certain âge qui marchait dans la direction des Champs-Élysées. Je m'acheminai vers cet endroit, et tout en cherchant mon témoin, le hasard me fit mettre la main sur monsieur que voilà. Il était occupé à regarder les tours d'adresse d'un équilibriste. « Votre nom, monsieur? » lui dis-je. Il hésita. J'ajoutai : « C'est bien vous qui passiez tout-à-l'heure rue de Ponthieu? » Il hésita encore, et je me dis : voilà mon homme. Comme il refusait de se faire connaître, je m'attachai à ses pas ; je le suivis jusqu'à son domicile, et je sus de cette façon qui il était.

M. le Président. Vous voyez cependant que la personne que vous avez citée n'a aucune connaissance du fait que vous imputez à Pivert.

Guillaret. Pas la moindre connaissance.

M. le Président. N'auriez-vous pas pu le déclarer dès l'origine?

Guillaret. Je me tuais de vous répéter que je ne savais rien.

M. le Président. Que contient alors le mémoire dont vous vous apprêtiez à nous donner lecture?

Guillaret. Un éloge de la Vérité. C'est assez bien troussé, et si vous voulez bien permettre, je vous lirai seulement ce qui a rapport à la sainteté du témoignage en justice.

M. le Président. C'est inutile. (*S'adressant à Mulet.*) N'avez-vous pas d'autres témoins?

Mulet fait signe qu'il ne peut fournir aucun autre témoignage.

Les faits de violence n'étant pas justifiés, Pivert est renvoyé de la plainte, et Mulet condamné aux dépens.

Imprimerie d'Amédée Gratiot et Ce, rue de la Monnaie, 11.

UN PETIT FILS DE VATEL.

O Vatel! que dirait ta grande âme, si, pour un moment rappelé à la vie, tu voyais dans le prétoire de la police correctionnelle Bernard Chamel et son émule Cardon venant discuter, avec ce feu sacré qui brûlait tes entrailles, sur le mérite d'un godiveau à la Sowinski, mets succulent et divin qui paraît dû aux savantes combinaisons de Chamel? Nul doute que dans le ravissement de ton cœur ta main ne plaçât sur leur front la palme glorieuse qui passa d'un jambon de Mayence sur ton illustre chef, et que, radieux de voir se conserver encore parmi nous le goût des bonnes études culinaires, tu ne pressasses sur ton sein les deux pâtronnets, disciples amoureux de ton art sublime.

C'est de la bouche même de Cardon et de Chamel que nous allons recueillir les renseignements d'un procès qui a mis en émoi toutes les cuisines de Paris.

Chamel s'exprime à peu près en ces mots:

Vers la fin de 1839, nous travaillions Cardon et moi dans l'établissement de M. Brégasse, à la barrière du Maine. A cette époque déjà je me sentais des idées pour la composition, et j'avais jeté le premier plan d'un mets encore inconnu; c'était le godiveau à la Sowinski. Je fis part à Cardon de mon travail et il le goûta. Quelques mois après, je rentrai chez M. Drémon, et Cardon passa au service d'un pâtissier-traiteur. Nous étions voisins l'un de l'autre. Je m'occupais toujours des perfectionnements à apporter à mon œuvre, lorsque j'appris que Cardon, de son côté, confectionnait hardiment des godiveaux à la Sowinski, et se prétendait effrontément l'inventeur de ce mets. J'allai le trouver; je lui fis des reproches sur un plagiat qui m'enlevait le fruit de mes longues études. Cardon se moqua d'abord de moi, et soutint que le godiveau à la Sowinski, tel qu'il le confectionnait, était bien réellement sa propriété. Je suis prêt à prouver qu'il ment, que le godiveau à la Sowinski est de mon invention, que je suis volé, que Cardon est un plagiaire.

M. le Président. Ce n'est pas là le sujet du procès. Vous vous êtes plaint d'avoir été frappé au visage avec une cuiller à pot.

Cardon. Chamel est fou; l'orgueil lui a tourné la tête. Je demande au tribunal la permission de lui lire un billet que Chamel m'écrivait il y a quelque temps : on verra qu'il bat la breloque. (Cardon donne lecture du billet.)

Cette lettre est vraiment curieuse et mérite d'être conservée. En la reproduisant, nous nous garderons de rien changer à son orthographe de cuisine.

« Mon chair Cardon au jus gement de plusieurs « mets tre mon godivot à la Sovinxi, dont tu na- « vet pas eu confiance jusqu'à ce jour, doit avoire « du suc cé, jean est les poire. Fais des veaux « pour queue je réusis et je ne tablier erai pas dans « ma pros perté. Aveque de la noi muscate, il est « excellent; ça lui donne un fon dent que tu ne « conné pas encor. Tout à toi !

« Signé B. Chamel. »

Une longue hilarité succède à la lecture de cette lettre.

M. le Président à Cardon. Pourquoi avez-vous battu Chamel ?

Cardon. Il faut vous imaginer qu'il vint me trouver dernièrement : il avait l'air tout déconfit. Il me parla de son ambition, et me dit qu'il voulait absolument faire un livre ou inventer quelque chose qui fît parler de lui. Je lui répondis : « Chamel, les hommes n'ont pas plus la reconnaissance de l'estomac que celle du cœur... Ils oublieront un dîner bien digéré et se souviendront d'un mauvais livre qui leur sera resté sur la conscience; ce qui me fait te dire que la gloire n'est que de la crème fouettée, qui n'a jamais nourri personne. »

Il s'approcha alors de mon fourneau, et ayant aperçu un godiveau qui mitonnait, il s'écria : « Tu m'as volé mon godiveau à la Sowinski ! » Et il me porta un coup de casserole dans les épaules... Je vous dis qu'il est fou... je me serais reproché de lui donner une chiquenaude.

Chamel demande à répliquer et à établir la preuve que le godiveau à la Sowinski est bien sa propriété. M. le Président l'engage à fournir plutôt la preuve des coups. Chamel entre dans une longue dissertation culinaire sur la préparation du mets dont il est l'auteur. Le tribunal, voyant enfin que le plaignant n'est nullement décidé à entrer dans le fond du procès, et attendu d'ailleurs qu'aucun témoin n'est cité, renvoie Cardon de la plainte.

BERLUE.

Une grosse couturière joufflue, courant sur la trentaine, siége avec aisance au banc des prévenus. Elle déclare se nommer Zélie Robleau. Elle a de gros yeux qui lui sortent de la tête; son teint est animé, elle a de belles épaules, la taille un peu épaisse; la peau de son visage est sillonnée par des sutures d'un blanc d'argent, et son cou porte les traces profondes d'un collier imprimé par la nature ou par accident; sa parole est facile, et son élocution vise à l'élégance. A chaque interpellation qui lui est adressée, la prévenue pince les lèvres et répond d'un ton précieux qu'elle *en ignore*.

Un monsieur maigre, élancé, une paire de bésicles bleues sur le nez et le front couronné d'un garde-vue, vient exposer qu'une dame, demeurant au sixième, sur le derrière, dans une maison de la rue Rochechouart, et de laquelle il est séparé par deux cours et un petit jardin, l'obsédait depuis longtemps de ses provocations inconvenantes. Au récit du plaignant, cette inconnue s'avisa un jour de diriger contre sa fenêtre et dans ses yeux les rayons d'un soleil ardent qu'elle recueillait malicieusement dans un miroir d'une grande capacité.

« J'ai la vue faible et affaiblie par le travail, dit le plaignant; et comme mademoiselle recommença cet ennuyeux manége pendant huit jours de suite, ma vue en souffrit si fort que j'ai fini par être tout à coup frappé d'une ophthalmie intense et dont je suis à peine rétabli. »

Mademoiselle Robleau. J'en ignore, M. le Président, j'en ignore! cependant je crois bien reconnaître monsieur, à présent qu'il parle de fenêtre; j'ai tout lieu de *supréposer* que c'est le particulier qui se démanchait si fort à envoyer des baisers à notre maison. Faut croire qu'on lui aura donné dans l'œil. Ce n'est pas moi certainement. Du reste, j'en ignore.

M. le Président, au plaignant. Vous avez dit dans votre plainte que la demoiselle dont vous

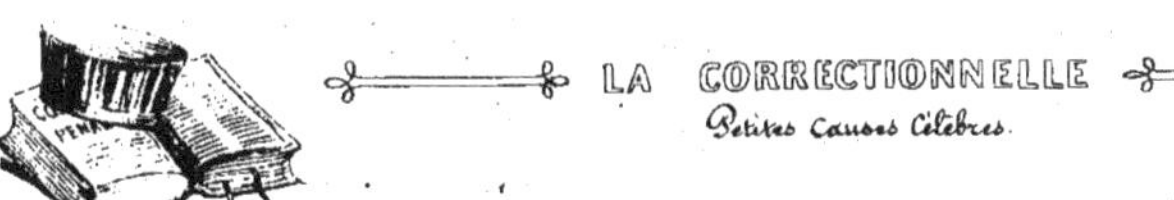

LA CORRECTIONNELLE

Petites Causes Célèbres.

N.° 95.

« Chamel! Les hommes n'ont pas plus la reconnaissance de l'estomac que celle du cœur.....Ils oublieront un dîner bien digéré, et se souviendront d'un mauvais livre qui leur sera resté sur la conscience, toujours, toujours.... »

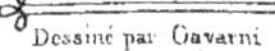

Dessiné par Gavarni — Lith. Coulon et C.ie r. richer, 7.

Martinon, rue du Coq S.t Honoré, 4.

avez indiqué la fenêtre, qui paraît être celle de mademoiselle Robleau, était une fort belle femme.

Le plaignant. Oui, M. le Président; mais vous savez que j'ai la vue courte.

M. le Président. Regardez la prévenue; la reconnaissez-vous pour être cette même personne?

La prévenue, prenant un faux air de vestale, baisse modestement les yeux, fait le moulinet avec ses pouces, et secoue négativement la tête.

Mademoiselle Robleau. M. le Président, j'en ignore complétement.

Le plaignant, écarquillant les yeux. Mais elle me paraît assez belle pour être la même personne.

Quatorze dames ou demoiselles, habitantes du sixième étage de la maison occupée par la demoiselle Robleau, sont successivement entendues. Il n'est pas une d'elles qui n'ait vu le plaignant envoyer souvent à travers l'espace, et sur la pointe de ses doigts, de jolis petits baisers couleur de rose. Ces baisers s'adressaient à un petit lutin qui venait se placer à dessein à la fenêtre du carré; mais très positivement ce lutin n'était pas la couturière rebondie qui se trouve incriminée.

Le plaignant. C'est vraiment étonnant!

Mademoiselle Robleau. Vous aviez la berlue, mon cher monsieur.

Le plaignant, ouvrant de grands yeux. Je commence à le croire, ma chère demoiselle.

Tel est aussi l'avis du tribunal, qui, renvoyant la demoiselle Robleau de la plainte, engage le plaignant à mieux établir sa plainte une autre fois, et le condamne aux dépens.

L'INTRIGUE ÉPISTOLAIRE.

Letorouilly, cocher de cabriolet, accuse sa femme, ouvrière fleuriste, d'avoir entretenu une correspondance et un commerce amoureux avec un sieur Lérot, vendeur de pastilles du sérail. Letorouilly est un petit homme sale, grêle, pâle et maladif. Madame Letorouilly est au contraire assez grande, mise avec recherche, fraîche et bien portante. Lérot, vêtu d'une manière assez cossue, mais dont la redingote est beaucoup trop aisée et le pantalon infiniment trop juste, tient son menton entièrement enseveli dans une énorme cravate, et semble attendre avec insouciance le résultat des débats, regardant de temps à autre sa co-accusée d'un air d'indifférence calculée.

M. le Président, à la prévenue. Vous avez entretenu une correspondance avec Lérot?

La femme Letorouilly. Jamais, monsieur.

M. le Président. Voici cependant des lettres qui vous sont adressées et qui ont été interceptées par votre mari.

La femme Letorouilly. Si elles ont été interceptées, c'est signe que je ne les ai pas reçues.

M. le Président. En voici d'autres que votre mari a trouvées à votre domicile, et dont vous aviez pris connaissance.

La femme Letorouilly. Dabord, mon mari peut fort bien avoir supposé ces lettres; d'ailleurs, en admettant que ces lettres m'eussent été réellement écrites (il n'est pas en mon pouvoir d'empêcher que l'on m'écrive), il faudrait encore prouver que j'ai répondu à ces lettres; ce qui n'est pas.

M. le Président. Mais ces lettres supposent par leur contenu des réponses de votre part.

La femme Letorouilly. J'ai déjà dit que rien ne prouve que ces lettres ne soient pas l'œuvre de mon mari, qui est traître, brutal, embêtant. Vous pensez, M. le Président, qu'un homme qui a l'habitude de mener des chevaux ne doit pas être fort doux avec sa femme.

M. le Président. Lérot, reconnaissez-vous ces lettres pour être de vous?

Lérot. Jamais, mon Président, pour ça, Dieu! jamais! je les nie, les renie.

Letorouilly. Les lettres sentent toutes le musc.

Lérot. Bon! je ne vends que des pastilles du sérail.

M. le Président. Il est établi que vous avez passé la majeure partie de la nuit du 10 au 11 mai dernier dans une même chambre avec madame Letorouilly.

Lérot. Nous voyagions ensemble, madame et moi. En descendant d'une diligence pour en reprendre une autre, comme il y avait plusieurs heures à attendre, la nuit, madame demanda une chambre, où j'allai lui tenir compagnie jusqu'au départ de l'autre diligence, où nous avions nos places arrêtées.

Le tribunal, après avoir entendu les témoins, qui n'ajoutent rien aux faits de la cause, attendu que les faits ne sont pas suffisamment prouvés, renvoie la femme Letorouilly et Lérot des fins de la plainte dirigée contre eux, et condamne Letorouilly aux dépens.

Imprimerie d'AMÉDÉE GRATIOT et Ce, rue de la Monnaie, 11.

UN CŒUR BIEN PLACÉ.

Un monsieur vêtu de noir et porteur de lunettes se lève en clignotant, à l'appel du nom de Regard. Interpellé par M. le président, il déclare exercer la profession de médecin-oculiste, et avoir à se plaindre grièvement de la demoiselle Régine Coquardeau, rentière, sa cliente. Celle-ci est une femme sur le retour de l'âge et passablement laide.

— Messieurs, dit le sieur Regard, je suis aussi médecin-accoucheur...

La demoiselle Coquardeau, se récriant. Hah!.. qu'allez-vous laisser supposer à ces messieurs!... Oubliez-vous que je suis demoiselle, et qu'une faiblesse du genre de celle dont vous avez l'air de parler serait une honte dans ma position ?...

Le sieur Regard, sans prendre garde à cette interruption. Je m'occupe également et avec succès des pneumonies, des gastralgies, de la myopie, de la pharyngite, de la lithrotritie, et du traitement des maladies secrètes.

La demoiselle Coquardeau. Aurez-vous bientôt fini toutes vos turpitudes ?... Mais, monsieur, songez donc que je suis demoiselle.

M. le Président. Eh bien! voyons. Quel est l'objet du procès? (Au sieur Regard.) De quoi vous plaignez-vous ?

Le sieur Regard. J'ai été vilipendé par mademoiselle Coquardeau.

M. le Président. Cela n'explique nullement les faits de la plainte.

Le sieur Regard. Quoique j'exerce la médecine en général, je suis médecin des dames; c'est ma *spécialité*. On comprendra combien ce ministère est délicat, de quelles garanties de moralité et de discrétion un médecin de dames doit être environné.

La demoiselle Coquardeau. Ah ! M. Regard, vous n'êtes pas digne de remplir des fonctions aussi *sacrées* ; vous étiez né pour être médecin des armées !

Le sieur Regard. Voilà précisément de quelle façon me traite dans le public la demoiselle Coquardeau.

M. le Président. Cela n'est peut-être pas très bien ; mais au fond quel mal cela vous fait-il ?

Le sieur Regard. Mademoiselle Coquardeau ne s'en tient pas là ; elle incrimine mes mœurs ; elle m'accuse d'incontinence.

La demoiselle Coquardeau, avec sensibilité. Sera-t-il permis à une faible femme, messieurs les juges, de faire entendre les cris de sa faiblesse ?

M. le Président. Vous parlerez à votre tour. Regard, expliquez-vous plus catégoriquement.

Le sieur Regard. Mademoiselle Coquardeau était au nombre de mes clientes. Ma qualité de médecin m'avait fait le dépositaire des confidences de mademoiselle Coquardeau. Elle s'était souvent plainte à moi de la rigueur du sort qui l'avait condamnée à rester demoiselle.

La demoiselle Coquardeau, avec feu. C'est une *calomnie !*... C'est par le fait de ma volonté que je suis restée demoiselle. Les partis ne m'ont jamais manqué, monsieur !... A 18 ans, je refusai la main d'un gros-major ; à 20, un trombonne de l'Opéra soupira inutilement pour moi ; et j'avais à peine 30 ans qu'un marchand de bois de l'île Louvier, fort connu, me fit l'honneur de me rechercher... Enfin, il n'y a pas encore six mois que M. Anastase Broguillard me proposait une union bien faite pour flatter une femme.

Le sieur Regard. Il n'en est pas moins vrai, mademoiselle, que vous avez été la première à me proposer de devenir votre époux.

M. le Président. Jusqu'à présent le tribunal ne voit rien qui constitue des torts bien graves de la part de la prévenue.

Le sieur Regard, continuant. Je déclinai l'honneur qui m'était offert. De ce moment, mademoiselle Coquardeau me fit fermer sa porte. J'appris quelque temps après que cette demoiselle s'était rendue auprès de plusieurs de mes clientes et s'était permis sur mon compte des propos de nature à me nuire dans l'exercice de ma profession.

M. le Président. Quels sont ces propos ?

Le sieur Regard. La demoiselle Coquardeau aurait prétendu que j'aurais essayé auprès d'elle de moyens de séduction dont je suis incapable.

La demoiselle Coquardeau. Et la boîte de pastilles de Vichy que vous m'avez donnée, petit méchant ?

Le sieur Regard, rougissant. Ho ! mademoiselle !

La demoiselle Coquardeau. Et les jujubes dont vos poches étaient toujours remplies ; croyez-vous que tout cela ne parle pas, monsieur ?... Ah ! ah !... ah !... (*La prévenue se sent défaillir.*)

Le sieur Regard. Bon ! voilà vos vapeurs qui vous reprennent. Mademoiselle Coquardeau..... oserai-je vous offrir des sels ?

M. le Président. Remettez-vous, mademoiselle. (Au sieur Regard.) La prévenue est-elle sujette à ces sortes d'évanouissements, ou bien serait-ce l'émotion d'un débat public ?

Le sieur Regard. Cela tient à son *idiosyncrasie ;* c'est précisément l'exubérance de ces vapeurs qui donne à son caractère cette teinte de sensibilité que vous avez dû remarquer... car il est bon de vous dire que ces vapeurs dont je vous parle venant à passer du côté gauche, où est le *foie*, au côté droit, où est le *cœur*, il se trouve.... enfin, voilà pourquoi la demoiselle Coquardeau est extrêmement sensible. (Rires dans l'auditoire.)

Une voix dans l'auditoire. Voilà un cœur bien placé !

M. le Président, à la demoiselle Coquardeau. Êtes-vous un peu remise ?... Qu'avez-vous à répondre ?

La demoiselle Coquardeau. Il est vrai que j'ai eu à me plaindre de quelques tentatives de la part de M. Regard.

Le sieur Regard. J'en suis totalement incapable.

La demoiselle Coquardeau. Ces sortes de licences sont fort graves chez un médecin ; et j'ai cru devoir en informer quelques personnes de mes amies, pour les prémunir contre des tentatives pareilles.

Quelques témoins sont appelés. La dame Sébillon vient dire au tribunal qu'elle a entendu la demoiselle Coquardeau se plaindre des privautés excessives du sieur Regard ; mais elle ajoute que, dans son opinion, elle pense que ces récriminations cachaient un dépit amoureux.

D'autres témoins déposent dans le même sens

N.º 96.

LA CORRECTIONNELLE

Petites Causes Célèbres.

LE MÉDECIN DES DAMES

« Car il est bon de vous dire que ces vapeurs, dont je vous parle, venant à passer du côté gauche où est le foie, au côté droit où est le cœur, il se trouve... Enfin, voilà pourquoi la D.elle Coquardeau est extrêmement sensible. »

(Pathologie de Sganarelle.)

Dessiné par Gavarni.

Lith. Coulon et C.ie r. richer, 7.

Martinon, rue du Coq S.t Honoré, N.º 4

et font conjecturer que la cliente et le médecin n'ont pas toujours été sur le pied des hostilités ensemble.

Mais le tribunal, qui ne peut entrer dans ces considérations, déclare que la prévenue doit être renvoyée de la plainte.

HONTE ET MISÈRE.

Une jeune femme est devant le tribunal. Tout dans sa contenance décèle la honte et un profond abattement. Elle ne répond qu'au nom de Julie, et refuse de faire connaître son nom de famille. Pressée enfin de répondre, elle déclare avec hésitation se nommer Julie Gautier.

M. le Président. Accusée, on vous a trouvée sur la voie publique.

Julie. J'occupais précédemment un cabinet garni dans un petit hôtel. Le maître d'hôtel m'avait renvoyée de chez lui parce que je n'avais pu lui payer le prix de la dernière nuit.

M. le Président. Vous avez aussi dérobé un pain de quatre livres la veille du jour où vous avez quitté l'hôtel.

Julie. Je devais deux pains à la boulangère qui en apportait dans l'hôtel; elle m'avait refusé de m'en livrer un troisième si je ne lui payais les deux autres. Je mourais de faim et mon enfant aussi... mon lait était tari... Moi, je pouvais bien mourir, mais mon fils!... La boulangère avait laissé son panier sur le carré, je pris un pain. Une femme de l'hôtel me vit; elle instruisit la boulangère de cette soustraction. J'avouai que c'était bien moi qui lui avais pris le pain, et je lui ai promis que je le lui payerais avec les deux autres aussitôt que je le pourrais... On m'arrêta parce que je refusais de me faire connaître.

M. le Président. Pourquoi refusiez-vous de livrer votre nom de famille?

Julie. On ne le connaîtra jamais.

M. le Président. Julie Gautier n'est donc pas votre nom?

Julie cache sa tête dans ses deux mains et d'une voix faible répond : Non!

Tout à coup une femme d'un certain âge, les traits pâles et souffrants, s'avance dans l'enceinte réservée; mais dominée par sa faiblesse et le trouble de son esprit, elle ne peut articuler une seule parole. M. le président l'engage à recueillir ses esprits et l'invite à quitter l'audience pour quelques instants.

M. le Président, reprenant l'interrogatoire de la prévenue. Julie, est-ce que vous connaissez cette dame?

Julie, balbutiant. C'est ma mère.

M. le Président. N'êtes-vous pas mariée?

Julie. Non, monsieur.

M. le Président. Cependant vous avez un enfant. Bien que cela ne soit pas du domaine de la justice, il est permis néanmoins de ne pas passer sous silence une faute qui paraît être la source de toutes vos autres fautes.

Julie. Oui, monsieur, c'est là la seule cause de mes malheurs... mais, de grâce, cessez, monsieur, de m'interroger. Je ne puis être responsable d'une faute à laquelle je n'eus aucune participation... Oh! je le jure à la face du Ciel; je ne suis pas coupable... (La prévenue fond en larmes.)

M. le Président. Pourquoi ne vous réclamiez-vous pas de votre famille?

Julie. Je ne le pouvais sans faire rejaillir mon déshonneur sur ma famille.

On procède à l'audition des témoins.

Après cette audition, un avocat *d'office* recommande l'accusée à l'indulgence du tribunal.

L'avocat du roi conclut, mais avec regret, au minimum de la peine.

Le tribunal, avant de délibérer, exprime le désir d'entendre la mère de la prévenue. Celle-ci, ranimée un peu par l'air extérieur, se présente quelques instants après.

M. le Président. Votre nom, madame?

La dame. Véronique-Marie-Augustine de M...

M. le Président. Comment se fait-il que votre fille ne soit plus chez vous?

Madame de M... Elle nous a quittés secrètement il y a cinq mois, sans que nous ayons jamais su le motif de sa fuite.

M. le Président. N'avez-vous pas de reproches à faire à votre fille?

Madame de M... Aucun.

M. le Président. Ne vous êtes-vous pas aperçue que votre fille était enceinte?

Madame de M... Jamais. Quand il serait vrai que ma fille aurait eu une coupable faiblesse, j'aurais pu gémir sur sa faute, mais non la chasser.

Le tribunal, après une courte délibération, renvoie la prévenue de l'accusation et ordonne qu'elle sera remise entre les mains de sa famille.

Imprimerie d'AMÉDÉE GRATIOT et Cᵉ, rue de la Monnaie, 11.

DISPUTEZ-VOUS, MAIS NE VOUS BATTEZ PAS.

M. Grolibert connaît-il le double-six ? Voilà la question.

Un menuisier d'une physionomie agréable se présente devant les juges.

« Messieurs, dit-il, j'avais l'habitude de jouer chaque soir ma partie de domino avec M. Grolibert..... J'ai maintenant l'intime conviction qu'il connaît le double-six.

M. Grolibert, d'une voix d'ophicléide. Je n'ai jamais connu le double-six.

M. Alexis, premier interlocuteur. Vous connaissez le double-six ; cela n'est pas douteux.

M. Grolibert. Je proteste qu'il m'est parfaitement inconnu.

M. le Président. Il me semble que c'est un point fort indifférent dans le procès.

M. Grolibert. Toute la question du procès est là-dedans.

M. Alexis. C'est la cheville ouvrière de l'affaire ; car si M. Grolibert connaît le double-six, il est bien évident qu'il est un escroc, et dans ce cas je n'ai pas tort.

M. Grolibert. Si, au contraire, je ne le connais pas, il est certain que M. Alexis n'a pas eu raison, et que je suis dans mon droit.

M. le Président. Veuillez vous expliquer plus clairement l'un et l'autre.

M. Alexis. Le soir de la querelle, je remarquai que le double-six ne me quittait pas un seul instant. Je crus un moment qu'il y avait du guignon, un maléfice ; que sais-je ? M. Grolibert brouillait toujours les dés ; je ne tardai pas à m'apercevoir, et cela à plusieurs reprises, que mon adversaire tenait toujours un dé sous son index, de telle sorte qu'en mêlant le jeu il ne le lâchait jamais, et qu'il avait soin, quand l'opération était finie, de le lancer devant moi à la portée de ma main. Il m'arriva plusieurs fois de prendre le dé qui était ainsi poussé vers moi, quoique je soupçonnasse quelque fraude. C'était toujours le double-six.

M. Grolibert. Par hasard !

M. Alexis. Je me rendis compte alors des pertes continuelles que j'avais essuyées jusque-là.

M. Grolibert. Le hasard ; rien que le hasard !

M. Alexis. Impatienté par la supercherie de M. Grolibert, la colère s'empare de moi, et......

M. Grolibert. Vous m'appelâtes escroc... C'est le hasard seul qu'il fallait accuser.

M. Alexis. M. Grolibert répondit à l'épithète par des voies de fait de la nature la plus compromettante.

M. le Président. Vous l'aviez insulté.

M. Alexis. Je constatais un fait. Bref, il se leva furieux, me saisit au collet, renversa tout, et m'étendit sur le carreau.

M. le Président. Grolibert vous a frappé ?

M. Alexis. J'ai dit que la manière dont il m'avait frappé était une insulte : j'ai été atteint par lui d'un coup de pied dans le bas du dos.

On appelle M. Rillon, témoin.

M. Alexis, vivement. M. Rillon, dites, je vous prie, si M. Grolibert connaît le double-six.

Le sieur Rillon. Il est certain qu'il *est probable* que M. Grolibert doit le connaître.

M. le Président. Avez-vous entendu Alexis traiter son adversaire d'escroc ?

Le sieur Rillon. C'est un vain mot ; entre gens qui s'estiment, on ne se fâche pas pour si peu.

M. le Président. Il est douteux que deux personnes qui s'estiment se traitent de la sorte.

Le sieur Rillon. Je veux dire deux personnes qui s'aiment.

M. le Président, souriant. A la bonne heure, si vous voulez parler de gens qui s'aiment et qui ne s'estiment pas... Revenons au fait. Avez-vous été témoin des coups dont se plaint Alexis ?

Le sieur Rillon. A moins de les avoir reçus moi-même, je ne saurais en être plus certain.

M. Alexis. Ce n'est pas cela, M. Rillon !... Dites si M. Grolibert ne connaissait pas le double-six.

M. le président. Rillon, allez vous asseoir. Huissier, appellez un autre témoin.

Le sieur Brachet, deuxième témoin. J'ai vu Grolibert qui étrillait Alexis.

M. le Président. Savez-vous ce qui pouvait porter Grolibert à maltraiter Alexis ?

Le sieur Brachet. Ma foi, non. Ils criaient tous les deux : « Vous connaissez le double-six ! — Je ne connais pas le double-six ! » A vrai dire, je ne peux pas supposer que deux hommes s'échignent pour le double-six ; ce qui me fait vous dire que je ne sais rien du motif de la querelle.

M. le Président. Avez-vous entendu qu'Alexis ait insulté Grolibert ?

Le sieur Brachet. Nullement... Si je l'avais entendu, je le dirais tout de même.

Le sieur Vérillot, troisième témoin. Le plus clair de l'affaire, c'est qu'Alexis a reçu quelque part un coup de pied... Quel coup de pied !

M. le Président. N'avait-il pas auparavant appelé Grolibert escroc ?

Le sieur Vérillot. Peut-être bien... je n'assurerais pas que non.

M. le Président. Vous devez savoir si vous avez entendu le mot *escroc* sortir de sa bouche.

Le sieur Vérillot. Eh bien ! il l'avait appelé escroc !

Le sieur Vérillot retourne à sa place pendant que le sieur Muneret, autre témoin, s'avance vers le tribunal d'un pas grave et mesuré. Interrogé sur sa profession, le sieur Muneret répond :

« Je m'occupe de la paix universelle. »

M. le Président. Cela ne constitue pas une profession.

Le sieur Muneret. Cela constitue pour moi une occupation de tous les jours. Je cherche à établir la fraternité parmi les hommes.

M. le Président. Avez-vous été témoin de la querelle ?

Le sieur Muneret. C'est moi qui suis allé chercher la garde... (rire général). La paix est le plus précieux de tous les biens. Le premier devoir de l'homme en société, c'est d'aimer son semblable...

M. Grolibert, d'un ton goguenard. Cette maxime n'est pas neuve.

Le sieur Muneret. Elle est du moins consolante.

M. Alexis. Parlez sur le double-six.

M. le Président. C'est inutile. (*Au sieur Muneret*). Alexis a-t-il injurié Grolibert ?

Le sieur Muneret. Je ne puis rien affirmer à cet égard. Il est positif seulement que l'un et

LA CORRECTIONNELLE N° 97

Petites Causes Célèbres

Le premier devoir de l'homme en société, c'est d'aimer son semblable.

Dessiné par Gavarni. Lith. Coulon

Martinon, Editeur
rue du Cocq S.t Honoré N.o 4.

l'autre ont oublié ce principe qui fait une loi à l'homme de chérir son semblable.

La liste des témoins étant épuisée, le tribunal se retire pour délibérer, et rentre en séance un moment après. Grolibert, attendu que les torts d'Alexis constituent au profit du prévenu des circonstances atténuantes, est condamné seulement à 16 fr. d'amende.

LES ÉCREVISSES.

Létrillot est un grand gaillard d'au moins six pieds, tout en jambes et vêtu d'un bourgeron court. Il a de gros yeux ronds, fixes; un nez d'une taille démesurée, et percé de deux narines profondes qui le font ressembler à un buffle essoufflé. Sa bouche, légèrement fendue, semble se sourire à elle-même. Cependant Létrillot contracte ses lèvres et fait une moue disgracieuse au moment où il renouvelle sa plainte en ces termes :

« J'étais un soir, à la fraîche, sauf vot' respect, le long du canal de l'*Ours*. Ma tante, respectable femme, est ici à l'audience..... Voulez-vous l'entendre, M. le Président? Ce n'est pas pour dire, mais elle a une fameuse boule, ma tante; elle vous expliquerait furieusement bien la chose.... Voulez-vous ? Je vas l'appeler..... Ma tante !...... Ma tante !

M. le Président. Expliquez-vous vous-même, et sans commentaire.

Létrillot. Ma tante aime beaucoup les écrevisses, et vous pensez bien que je fais tout pour lui plaire..... Elle a de bonnes rentes, ma tante.

M. le Président. Vous vous êtes plaint qu'étant sur le bord du canal de l'Ourcq pour pêcher des écrevisses, une jeune fille qui passait vous aurait pris par les jambes, et vous aurait fait tomber dans l'eau.

Létrillot. Comme vous vous faites l'honneur de me le dire, M. le Président. Si bien que ma tante fut forcée de se passer d'écrevisses ce jour-là : c'est régalant de se passer de ce qu'on aime !...

M. le Président, s'adressant à la prévenue. Qu'avez-vous à répondre ?

La fille Lechanteur. Avec quatre paroles et demie je vais vous conter l'affaire. Nous passions, Désirée Mortellot et moi, sur les bords du canal; nous revenions d'attacher des gerbes. Voilà que nous apercevons l'imbécile que vous venez d'entendre qui avait les pieds sur la chaussée et la tête dans l'eau; il avait l'air de prendre un potage avec une fourchette !.... C'tte bêtise !

Létrillot. Je pêchais des écrevisses avec une fourchette.

La fille Lechanteur. Si c'est possible ! On prendra bientôt les hannetons avec une cuiller !...... Tant y a que nous crûmes bien que ces grandes jambes étaient mises de travers pour nous empêcher de passer.

Létrillot. Je vous réitère que je pêchais des écrevisses.

La fille Lechanteur. Ça n'empêche pas que vos jambes nous coupaient le chemin, et que ça ne nous rendait pas très contentes de passer par dessus.

Létrillot, distrait. Vous dites qu'elle n'aime pas les écrevisses, ma tante ?..... (Létrillot retire de la coiffe de sa casquette plusieurs écrevisses.) Tenez, en voici de toutes fraîches que j'ai pêchées ce matin, et que je lui garde pour son souper.

M. le Président, à la prévenue. Enfin comment vous y prîtes-vous pour faire tomber Létrillot dans le canal ?

La fille Lechanteur. Pour dire vrai, je n'en sais rien. Ce qu'il y a de bien certain, c'est que ce grand dadais s'est laissé tomber dans l'eau, et qu'il nageait comme un chien de plomb.... Si on ne lui avait pas allongé une perche, il buvait un fameux coup.

Létrillot. C'est bien malin..... J'avais la tête en bas, vous m'avez pris par les jambes; la tête a entraîné tout le reste.

La fille Lechanteur. Ah mon Dieu !.... ce n'est pas moi qui voudrais la mort du pêcheur !.....

La tante Létrillot se présente, et raconte d'une manière fort prolixe comment son neveu faillit devenir victime de l'espiéglerie de la fille Lechanteur.

M. le Président. Vous n'étiez pas sur les lieux ; comment se fait-il que vous rendiez compte d'un fait dont vous n'avez pas été témoin ?

La tante Létrillot. C'est tout de même; mon neveu m'a raconté comment ça s'était passé.

Désirée Mortellot est ensuite entendue. Sa déposition ne laisse aucun doute sur le fond de l'intention de la fille Lechanteur : celle-ci, en écartant les jambes de Létrillot, voulait se faire un passage et non précipiter le pêcheur dans le canal.

En conséquence le tribunal, attendu les circonstances de la cause, renvoie la fille Lechanteur des fins de la plainte.

Imprimerie d'AMÉDÉE GRATIOT et Cᵉ, rue de la Monnaie, 11.

LE CAOUT-CHOUC EST DANS TOUT.

Qui n'a pas admiré les innombrables applications qu'a reçues de nos jours le caout-chouc? Il entre dans tout. Nous avons les bretelles en caout-chouc, des souliers et des habits en caout-chouc, de l'encre au caout-chouc, des plumes en caout-chouc. Très prochainement on pavera les rues en caout-chouc; on fera du pain en caout-chouc; nous aurons des danseurs et des journalistes en caout-chouc, sans compter les applications non moins surprenantes que nous sommes appelés à voir se réaliser avant peu... O caout-chouc, universel caout-chouc! que ton utilité est grande et merveilleuse! En attendant cette série de perfectionnements qui nous sont promis, voici que cette précieuse substance vient d'élargir le cercle de son usage par une innovation en dehors de toutes les prévisions. L'explication de cette précieuse découverte se trouve dans le procès suivant:

M. le Président. Maigret, dites ce que vous savez par rapport à l'escroquerie reprochée à Cadreux.

A cette interpellation, un monsieur d'un embonpoint monacal relève ses lunettes sur son front, cligne ses yeux, et l'auditoire de rire du contraste comique offert par le nom et l'individu. Maigret est en effet rond comme une tonne et affecte de se tenir droit comme un I.

Maigret. Je suis confiseur, et je puis dire avec quelque vanité que je jouis d'une certaine célébrité dans ma profession, autant à cause du choix et du bon goût de mes bonbons qu'à cause de la galanterie de mes devises... Le 25 juillet dernier, Cadreux se présenta chez moi. Ses manières étaient polies et son air des plus empressés. Il me salua avec la plus grande civilité, et je vis tout d'abord que j'avais affaire à quelque solliciteur. « Que désire monsieur? lui dis-je. — L'honneur de votre suffrage, me répondit Cadreux. — Monsieur serait-il candidat à..... ? — Pas tout à fait, reprit-il; c'est moi qui ai perfectionné les bâtons de sucre de pomme dans lesquels j'ai introduit le caout-chouc. — Cela ne me surprend nullement, monsieur, lui répondis-je; car, de même qu'on fait de charmantes semelles de souliers avec ce précieux *végétal*, il ne doit pas être impossible d'en extraire du sucre et bien d'autres choses encore... Tout dépend de la manière de s'en servir. » Cadreux se mit alors à énumérer les diverses qualités qu'acquérait le sucre par son mélange avec le caout-chouc; il devenait, me dit-il, plus onctueux, moins irritant, ce qui rendait cette espèce de sucre infiniment précieux dans un grand nombre d'affections de la poitrine... (Rires dans l'auditoire.) Je l'avoue, je prise le caout-chouc... (nouvelle et bruyante hilarité), et je me laissai facilement entraîner par Cadreux. Il me remit un bâton de sucre pour le déguster, et lui ayant trouvé une saveur toute particulière, je le chargeai de m'en fournir cent cinquante bâtons du poids d'un demi-kilogramme chaque. Cadreux revint peu de jours après avec ma commande. Les bâtons étaient soigneusement roulés dans des feuilles d'argent; j'acquittai la facture et Cadreux s'éloigna. Le jour même de la livraison je trouvai un grand débit de mon sucre au caout-chouc. Je m'applaudissais déjà de la découverte de Cadreux, lorsque, le lendemain, un grand nombre des acheteurs de la veille s'en vint se plaindre que ces bâtons de sucre n'étaient autre chose que de la résine... en bâton. Jugez de mon désappointement. J'avais beau protester de mon ignorance, on m'accusa de vouloir empoisonner le public... Mon établissement a été l'objet d'un décri général.

Guibou, Restan, mesdemoiselles Duvivier, Arsène et Longuerue, employés dans les magasins du sieur Maigret, rapportent les mêmes faits. — A ces témoins succèdent les dégustateurs des bâtons en caout-chouc. Ceux-ci font d'horribles grimaces au seul souvenir de la résine que Maigret leur avait vendue comme un délicieux bonbon.

M. le Président procède à l'interrogatoire du prévenu.

Cadreux ne paraît nullement ébranlé par la masse des témoignages qui s'élèvent contre lui. Il explique au tribunal qu'il se livre au commerce de la résine en bâton concurremment avec le commerce des sucres de pomme, et rejette sur une erreur de manipulation le désagrément dont les témoins entendus se sont plaints.

M. le Président. Pourquoi n'avez-vous pas dit cela lors de votre arrestation? Vous avez d'abord nié que ce fût vous qui eussiez vendu les bâtons à Maigret, auquel vous aviez donné une fausse adresse. Ce n'est que lorsque votre confrontation avec les témoins a établi votre identité que vous vous êtes décidé à adopter la version que vous venez de présenter.

Cadreux. C'est la vérité. Que l'on me donne du caout-chouc, et je ferai des bâtons de sucre de pomme sous vos yeux.

M. le Président. Les gens de l'art ont reconnu que votre prétendue innovation était une mauvaise plaisanterie.

Cadreux. M. Maigret, que vous avez entendu, ne l'a pas traitée de la sorte.

Maigret. Je crois fermement au caout-chouc, moi.

Cadreux. Vous voyez que M. Maigret ne fait aucun doute sur la réalité de ma découverte.

Maigret. Le caout-chouc est divin; il est incomparable!

M. le Président. Maigret, vous n'êtes pas ici pour faire l'apologie du caout-chouc.

Maigret. M. le Président, pardonnez cet élan; il est dû à la force de mon estime pour le caout-chouc.

M. le Président. Cadreux, vous avez déjà subi une première condamnation pour fait d'escroquerie.

Cadreux. J'ai été victime d'une erreur de la justice. On m'avait faussement accusé d'avoir soustrait une montre. Je fus condamné malgré mon innocence; mais j'ai souffert cette injustice sans murmurer.

Maigret. Intéressant jeune homme!

M. le Président. Vous avez subi une seconde condamnation pour faux en écriture de commerce.

Cadreux. La justice a encore à se reprocher cette condamnation; j'ai été toute ma vie victime de l'erreur.

Maigret, visiblement attendri. Pauvre jeune homme!

M. le Président. Enfin, une troisième condamnation a été prononcée contre vous en 1835 pour escroquerie.

LA CORRECTIONNELLE

N.° 98

Petites Causes Célèbres

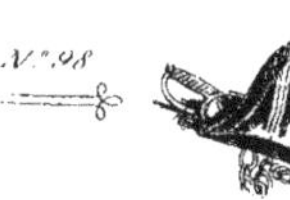

– C'est moi, Monsieur [illegible] Caoutchouc.

– Cela ne me [illegible] Monsieur, [illegible] avec ce précieux [illegible] ex[illegible] chose encore... [illegible]

Dessiné par Gavarni

Lith. [illegible]

Maigret. Jeune homme, vous n'avez plus d'excuse ; vous êtes un scélérat. (Explosion de rires.)

M. le Président. Ces rires sont aussi inconvenants que les réflexions du témoin sont déplacées. Maigret, asseyez-vous et gardez le silence.

M. le Président demande au prévenu s'il a quelque chose à ajouter pour sa défense.

Cadreux prend la parole, et dans un long plaidoyer qui lui permet de faire briller quelquefois un rare mérite d'élocution, il cherche à atténuer la fâcheuse prévention qui résulte de ses antécédents. Abordant ensuite le chef de la prévention, il renouvelle ses protestations d'innocence et insiste pour que cette déplorable affaire soit mise sur le compte de la méprise.

Cadreux est condamné à 5 ans d'emprisonnement.

Cadreux, avec feu. Le temps démontrera l'injustice de mes juges et fera triompher le caout-chouc.

AVARE AMOUREUX.

Monsieur Fourcheux est un usurier à pendre ! s'écrie une femme sèche et d'une maigreur extrême. — Figurez-vous, M. le Président, qu'il n'est pas un jeune homme de famille qui vienne chez lui qui n'y laisse sa laine.

M. le Président. Ce n'est pas de cela qu'il s'agit. Reconnaissez-vous avoir soustrait à votre maître le brillant que voici ? Fourcheux établit qu'il était propriétaire du brillant ; comment alors ce bijou se trouve-t-il en votre possession?

La fille Dervois. Quoiqu'il ne soit pas aisé de lui tirer des plumes de l'aile, il est certain qu'il m'a fait cadeau du brillant, un jour que j'étais dans ses bonnes grâces.

M. le Président. Comment se fait-il qu'il le réclame ?

La fille Dervois. C'est tout simple. Il est tellement avare, qu'il ne donne pas un bonjour sans être tenté de le reprendre.

M. le Président. Le cadeau que vous dites avoir reçu de lui ne s'accorde guère avec l'avarice que vous lui imputez.

La fille Dervois. Le fait est que j'ai été aussi étonnée de le recevoir, qu'il a dû l'être de le faire.

M. le Président. Vous étiez au service de Fourcheux ?

La fille Dervois, se rengorgeant. Nullement, j'étais sa demoiselle de compagnie.

Le sieur Fourcheux se présente. C'est un homme de 60 ans environ. Son œil, quoique petit, est caressant et velouté ; sa figure enluminée. Il porte une redingote extrêmement ample ; son gilet et son pantalon sont très courts. Il tient un feutre gris dans sa main.

M. le Président. Fourcheux, la fille Dervois nie positivement qu'elle vous ait soustrait le brillant que vous réclamez ; elle affirme, au contraire, qu'elle le tenait de vous.

Fourcheux. Je ne fais pas de pareilles folies... c'est un brillant de prix...

La fille Dervois. C'est sans doute par vous.

Fourcheux. Je veux dire que c'est un joyau d'une grande valeur. J'y tenais à cause de quelques souvenirs qui s'y rattachent.

La fille Dervois. Il vous vient du dernier débiteur que vous avez fait mettre en prison.

Fourcheux, d'un air benin. Cette fille ne sait ce qu'elle dit.

M. le Président. La prévenue a prétendu qu'elle tenait ce joyau de vous ; que vous le lui avez donné un jour qu'elle possédait vos bonnes grâces ; ce sont ses expressions.

Fourcheux. Oh ! Monsieur le Président, c'est une calomnie... La seule idée d'une pareille faiblesse me fait tomber en confusion.

M. le Président. Fille Dervois, pouvez-vous établir d'une manière certaine que Fourcheux vous ait donné le brillant?

La fille Dervois. Plusieurs personnes ont pu le voir à mon doigt pendant que j'étais chez lui. Vous pouvez le demander aux témoins.

On procède à l'audition des témoins. Ceux-ci s'accordent tous à reconnaître l'avarice de Fourcheux. Ils déposent que la demoiselle de compagnie ne se cachait pas pour porter le brillant, qu'ils l'ont vu à son doigt, et que la prévenue répétait hautement qu'elle le tenait de la munificence de son maître. Il est impossible que M. Fourcheux n'ait pas eu connaissance de ce fait. Quant aux relations *amicales* qui ont existé entre la demoiselle de compagnie et le maître, sans pouvoir en administrer les preuves, ils ne font aucun doute sur l'existence de celles-ci.

Le tribunal, jugeant que le vol imputé à la fille Dervois n'est pas constant, renvoie la prévenue, et administre au sieur Fourcheux une mercuriale sévère.

Imprimerie d'Amédée Gratiot et Ce, rue de la Monnaie, 11.

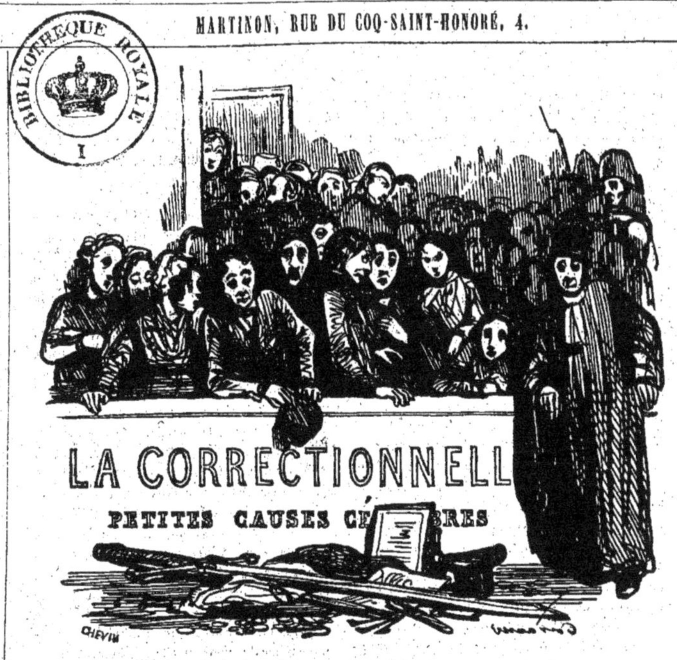

MAM' L'AMOUR.

Madame Lechagreux est une grosse rebondie, toute pleine de cette haute assurance qui caractérise les *dames de Paris*. Il est des occasions cependant où cette intrépidité s'évanouit, et où la fière madame Lechagreux devient faible et peureuse comme ces vierges pâles et frêles que l'on appelle dans le drame moderne de faibles femmes. C'est qu'en dépit de son épaisse nature, et quoique marchande de marée, elle possède une délicatesse infinie et un certain atticisme dans les manières. Aussi la vaporeuse marchande de goujons a-t-elle reçu le surnom flatteur de mam' l'Amour, quoique ses quarante-huit ans bien sonnés et son obésité établissent une notable différence entre elle et le gamin qu'on adorait à Paphos.

Mam' l'Amour, donc, les mains plongées jusqu'au coude dans les vastes poches de son tablier de soie, s'avance au pied du tribunal et dit :

« Jour de Dieu! ça n'est pas moi qu'*a* peur de plus méchant que moi, pourvu qu'il ne s'agisse que de chanter goguettes ; mais s'il faut se mettre les poings sur le nez, je n'en joue plus. »

M. le Président. Trêve à toutes ces réflexions; allez au fait.

Mam' l'Amour. On y va tout de go. De tous les temps les gros poissons ont mangé les petits; c'était déjà comme ça du temps du roi Guillaume, et c'est encore tout de même.

La femme Vaillant. C'est-il pour moi que vous dites ça, dromadaire?

Mam' l'Amour. Nous sommes ici dans le tabernaque de la justice et je vous respecte; mais vous n'êtes qu'une gueuuche.

M. le Président. Encore une fois, de quoi vous plaignez-vous?

Mam' l'Amour. De quoi je me plains?... Eh

bien! je vous trouve charmant, monsieur le juge... Mais si vous ne le trouvez pas mauvais, je me plains que mam' Vaillant m'appelle du nom des quadrupèdes d'Égypte.

M. le Président. Je vous demande quel est le sujet qui vous a fait citer la femme Vaillant.

Mam' l'Amour. Pour ça, c'est différent; vous pensez bien que j'ai mes raisons... Mam' Vaillant m'a menacée.

La femme Vaillant. On croirait bien, à vous entendre, que vous n'avez pas encore la clef de vos chausses, et qu'il vous faut quelqu'un pour vous défendre... Voyez donc la pauvre petite... Est-ce que vous n'avez pas, comme moi, les poings au bout des bras?

Mam' l'Amour. Fi donc!

M. le Président. A quelle occasion la femme Vaillant vous a-t-elle menacée?

La femme Vaillant. C'est mon affaire, ça, et je vas vous expliquer la cause. Il y a des gens qui fourrent leur nez partout; c'est incommode. Moi j'aime assez gobeloter, mais ça choque mon homme; ce qui fait que je suis obligée de boire en catimini. Mam' l'Amour sait cela. Aussi comme je sortais un matin du débit de consolation, j'entends la marchande d'abelettes qui criait: « Ah! si le père Vaillant la voyait! » Je me retourne et je lui dis: « Si tu as le malheur de lui en parler! » Faut croire qu'elle n'a pas *tu* sa langue, car le soir mon homme m'a fait entrer en danse; et voilà!

Mam' l'Amour. Depuis ce maudit jour mam' Vaillant ne cessait de me mettre le poing sous le menton et de me faire des menaces.

M. le Président. Que vous disait la prévenue?

Mam' l'Amour. Dam! elle me fourrait le poing sous le nez en me disant: « Mam' l'Amour, je ne te dis que ça. » Ça ne disait pas grand chose; mais ça en dit long. Puis elle recommençait son geste tous les jours. Dans la crainte qu'il arrivât un malheur je me suis adressée à la justice, à *seule* fin que mam' Vaillant retienne son geste.

M. le Président. Ces menaces ne paraissent pas bien sérieuses. Il est bien présumable que si la femme Vaillant avait été animée d'une mauvaise intention, au lieu de renouveler si souvent d'inutiles menaces, elle aurait cherché à les mettre à exécution.

La femme Vaillant. C'était pour lui faire peur.

M. le Président. Votre action n'en est pas moins blâmable; on ne doit jamais menacer personne.

Le tribunal, attendu le peu de gravité des faits, renvoie la femme Vaillant de la plainte.

UN DE PLUS.

Le sieur D....., bonnetier, s'en vient d'un air marri livrer à l'appréciation du tribunal correctionnel la conduite un peu légère de son épouse. Madame D..... est une femme de 35 ans environ, d'un teint blafard, et rien ne semble justifier en elle la passion du sieur Mamertin, son co-accusé.

Le benin mari expose qu'il n'a pas recueilli de son union avec Amélie-Laurette G... tous les fruits qu'il s'en était promis. Au lieu des mœurs douces et pures qu'il avait cru remarquer d'abord dans celle qui lui était réservée pour épouse, il ne tarda pas à trouver en elle une horrible dépravation. Laurette G....., devenue madame D....., s'afficha bientôt par une vie licencieuse qui lui attira à plusieurs reprises le blâme sévère de sa famille. Il était de notoriété publique qu'elle entretenait des relations criminelles et sans le moindre mystère, avec la plupart des jeunes commis de sa maison. Cependant son mari était fort éloigné de soupçonner ces déportements scandaleux qui frappaient tout le monde. Après douze ans de mariage, et lorsque l'âge aurait dû ramener l'épouse infidèle à de meilleurs sentiments, une nouvelle passion vint effacer toutes celles qui avaient jusque là régné dans le cœur de madameD..; celle-ci se sentit éprise pour le sieur Mamertin d'un violent amour, et qui devait les conduire tous les deux aux plus grandes inconséquences. Le résultat de cet amour extravagant fut un commerce illégitime, mais presque public; les prévenus, au dire de la prévention, n'usaient d'aucun ménagement pour masquer leurs coupables relations. Mais tel était l'aveuglement de M. D..., que cette fois encore il ne conçut aucun soupçon sur la fidélité de sa femme, quoique celle-ci désertât assez fréquemment le domicile conjugal pendant la nuit. Elle se contentait de donner pour motif de ces sorties nocturnes qu'elle allait coucher chez une de ses amies, et M. D... n'eut jamais la pensée de s'assurer de la véracité de sa femme. Cependant, plusieurs fois déjà il avait été informé, par des insinuations plus ou moins directes, que sa femme n'était pas sans avoir des torts graves; mais, tout plein d'une confiance hy-

Mam' l'Amour, je n' te dis qu' ça!

Dessiné par Gavarni

Lith. Conlon et Cie r. richer, 7.

Martinon rue du Coq St Honoré, 4

perbolique, il avait toujours rejeté bien loin des accusations qu'il regardait comme calomnieuses. A la fin cependant, il ouvrit les yeux à la lumière.

Le sieur Mamertin, enhardi par l'impunité qui avait jusque-là couvert ses intrigues avec madame D... devint en peu de temps, dans la maison de l'époux trompé, un commensal plein des exigences les plus exorbitantes. Le sieur D... était obligé de faire fléchir toute volonté devant les caprices du favori. Les choses en vinrent à un tel point que M. D... devint à peu près un étranger dans sa propre maison : sa femme lui fit même sentir plus d'une fois qu'il lui devait quelque reconnaissance de l'excessive tolérance en vertu de laquelle il n'avait pas encore été expulsé de chez lui.

Un coup inattendu vint frapper le malheureux M. D... et lui ouvrir les yeux. Le sieur Mamertin, qui, du rang le plus humble qu'il occupait dans la maison, était arrivé aux fonctions de caissier, déclara un jour à M. D... qu'il eût à résigner dans ses mains la gestion de son établissement. Madame D... appuya ses prétentions de toute l'influence qu'elle exerçait sur l'esprit de son mari. Mais M. D... était encore plus attaché à ses bonnets de coton qu'à sa femme ; pour la première fois, il fit une énergique opposition à la volonté de son épouse Le lendemain, Mamertin et madame D... avaient abandonné le domicile commun. L'époux abandonné attendit vainement le retour de sa volage moitié. Désespérant enfin de revoir les fugitifs, il a pris le parti de s'adresser à l'autorité judiciaire, qui fut bientôt sur les traces de madame D... et put constater l'adultère de la manière la moins équivoque.

Mamertin et la dame D..., traduits pour ce chef d'accusation devant la justice, sont condamnés chacun à six mois d'emprisonnement.

JACQUES BONHOMME.

Voyez en regard de cet adolescent au teint cuivré, et dont les yeux noirs et pleins de feu roulent de grosses larmes, cet homme sec, grêle et bien peigné, dont toute la personne respire l'égoïsme le plus profond : c'est le sieur Nivet, célibataire et rentier ; un homme qui a eu de beaux jours sous le Consulat, époque à laquelle son nom florissait au Ranelagh et brillait d'un éclat non moins beau que celui de Trénis, dont Nivet fut l'émule.

Au regard courroucé que le ci-devant jeune homme lance du côté du banc des prévenus où siége le Piémontais Marinari dont les pleurs ne tarissent pas, on devine que le sieur Nivet est rempli de la plus vive indignation. Il s'exprime ainsi :

« Un jour du mois dernier, comme j'étais placé devant ma fenêtre et que je vaquais aux soins de ma toilette, un maudit orgue discordant et nasilleux vint s'établir sous ma fenêtre. Dans ce moment-là j'étais en train de me raser ; ce qui est pour moi une opération fort difficile, à cause des précautions que je suis obligé de prendre. Pendant que l'acier glissait dans la gouttière du nez, un individu se présenta à la fenêtre entr'ouverte de ma chambre ; le rasoir vacille dans ma main, et au même instant un ruisseau de sang coule d'une large blessure que je venais de me faire à la lèvre supérieure. Le survenant n'était autre qu'un horrible singe, qui malgré mes cris souleva l'espagnolette de la croisée, sauta dans la chambre et se mit à ma poursuite. Jugez de mon effroi ! Je serais mort de frayeur infailliblement, si ma bonne, alarmée par mes cris, n'eût accouru à mon secours.

M. le Président. Est-ce là tout ?

Le sieur Nivet. Non vraiment. Ma bonne ayant fait mine de vouloir chasser l'animal, celui-ci irrité par ses démonstrations hostiles, entra en fureur et saisissant une bouillote remplie d'eau chaude qui se trouvait à terre, me la lança à la tête.

Marinari. Il est si zentil, Zacot, mon Bonhomme !

Le sieur Nivet. Ce sont des gentillesses fort mauvaises que celles-là... Le maudit animal a causé un dégât affreux chez moi... Mon canapé a été déchiré, trois tasses du Japon renversées...

Marinari. Pauvre Bonhomme!... Il est si zentil !

M. le Président, à Marinari. Pourquoi alors ne rappeliez-vous pas votre singe ?

Marinari. Ze ne savais pas que Bonhomme faisait des bêtises... Ze croyais qu'on lui donnait du soucre.

M. le Président, au sieur Nivet. A quoi concluez-vous ?

Le sieur Nivet. A la prison et à des dommages-intérêts.

M. le Président. A combien évaluez-vous les dommages ?

Le sieur Nivet. A 200 francs.

Le tribunal, modérant les conclusions un peu sévères de la partie civile, condamne Marinari à 50 francs de dommages-intérêts.

Imprimerie d'AMÉDÉE GRATIOT et Cᵉ, rue de la Monnaie, 11.

L'UTILE ET L'AGRÉABLE.

Serponnet et Canneton, inventeurs d'un appareil perfectionné pour la vidange des fosses d'aisance, trouvèrent expédient de faire de leur découverte l'objet d'une société en commandite, dont le capital fut modestement fixé à la bagatelle de 750,000 fr. Malgré les recommandations dont ils eurent soin d'entourer l'opération, celle-ci rencontra peu de faveur dans l'opinion publique. Sur 1,500 actions en émission, sept seulement furent souscrites par MM. Gournaud et Balleuil, marchands de poudrette à Vanvres, moyennant la somme totale de trois mille cinq cents francs. Trompés dans leurs brillants projets, les deux inventeurs renoncèrent à leur établissement; mais tout entiers aux mécomptes qu'ils venaient d'éprouver, ils oublièrent de liquider leur société qui n'avait fait que commencer, et les sieurs Gournaud et Balleuil n'entendirent plus parler des inventeurs non plus que des versements qu'ils avaient effectués dans leurs mains. Dans ces circonstances, et après de vaines tentatives pour retrouver Canneton et Serponnet, les deux actionnaires pipés se décidèrent à déposer une plainte collective en escroquerie contre les deux insaisissables associés.

L'affaire est évoquée aujourd'hui devant le tribunal correctionnel; les deux prévenus siégent au banc des accusés. Après les questions d'usage, M. le Président ordonne l'audition des témoins.

Le sieur Gournaud est entendu. Il raconte que Serponnet vint le trouver un jour, et lui parla avec les plus grands éloges de sa propre découverte, l'engageant à prendre quelques actions dans l'entreprise qu'il se proposait de fonder pour un nouveau mode de vidange des fosses d'aisance. Gournaud se montra peu disposé à accéder aux désirs de Serponnet; mais celui-ci ayant mis en avant des chiffres pompeux et surtout les noms les plus recommandables, comme couvrant de leur patronage l'opération projetée, Gournaud se laissa déterminer par toutes ces considérations, et souscrivit pour une somme de 2,000 fr.

M. le Président. Quels étaient les noms que Serponnet mettait en avant, pour cautionner son entreprise ?

Gournaud. Je ne me les rappelle pas très bien, mais je sais qu'il y avait bon nombre de marquis, de pairs de France... Je me souviens très distinctement pourtant qu'il cita madame la comtesse de R..... comme principale fondatrice; selon Serponnet, cette dame apportait 50,000 fr. dans l'affaire, plus l'espoir d'une clientelle considérable. (Rire général.)

Balleuil rapporte les faits de la même manière. Il insiste surtout sur les manœuvres employées par Serponnet, qui lui dit très positivement que la jolie comtesse de R....., dont tout le monde connait l'esprit et la beauté, avait pris des actions pour 50,000 fr., et que cette dame s'était portée fort d'avoir, grâce au crédit dont elle jouissait, la clientelle de toutes les grandes administrations publiques.

Serponnet. En effet, tout cela avait été promis; mais plus tard madame la comtesse de R..... retira ses promesses, en alléguant des motifs de haute convenance: voilà pourquoi l'opération n'a pas eu lieu.

Madame la comtesse de R..... J'ai été fort étonnée d'apprendre que mon nom avait été placé sur le prospectus d'une entreprise de... de... d'une entreprise industrielle, enfin.

M. le Président. Est-ce qu'il n'y a avait pas été placé de votre aveu ?

Madame la comtesse de R..... Nullement, monsieur. J'avais reçu plusieurs lettres d'un individu que je ne connaissais pas. On me sollicitait d'accorder mon patronage à une entreprise de..... de..... à une entreprise industrielle, enfin. Je ne répondis à aucune de ces lettres. On me prévint un jour qu'un monsieur désirait me parler; c'était le sieur Serponnet; je refusai de le recevoir et le fis inviter à m'épargner des démarches qui m'étaient pénibles.

M. le Président. Ainsi vous n'aviez point promis votre concours pour l'opération dont il est question ?

Madame la comtesse de R..... Non, monsieur.

Plusieurs autres témoins sont entendus ensuite et déposent sur les mêmes manœuvres.

M. le Président. Serponnet, qu'avez-vous fait des fonds provenant de l'émission des actions ? Les livres saisis constatent bien l'emploi de trois cent quarante-quatre francs, mais on ne trouve nulle trace d'aucune autre dépense.

Serponnet. Le surplus a été affecté au paiement d'une partie du traitement du gérant et de l'administrateur pendant deux mois.

M. le Président. N'est-ce pas vous qui étiez gérant, et Canneton administrateur ?

Serponnet. C'est par déférence pour Canneton que je m'étais résigné à occuper la gérance; je n'en avais nulle envie.

M. le Président. Vous reconnaissez que vous avez surpris la bonne foi de Gournaud et Balleuil, en vous appuyant sur un crédit imaginaire ?

Serponnet. Mon avocat répondra à cette partie de la prévention.

Canneton. C'est une idée grande et généreuse que celle qui réunit dans une seule main une foule de capitaux épars et qui leur assigne un même but, une même destination, sous la responsabilité parfaitement intègre.....

M. le Président. C'est surtout par une administration probe qu'on fait l'éloge des sociétés en commandite, et non par des discours.

Canneton. Il entre aussi dans mes vues de vous parler de la mienne.

Le prévenu raconte ici tous les soins qu'il a donnés à la réussite d'une opération qu'il n'hésite pas à regarder comme un grand bienfait pour la salubrité publique et la source de bénéfices incalculables pour les actionnaires. Il attribue l'échec éprouvé aux préoccupations politiques qui ont détourné malheureusement les esprits d'une entreprise vraiment utile et jusqu'à un certain point *nationale*; car, dit le prévenu, sa découverte est assez belle pour faire envie à plus d'une nation étrangère.

L'avocat de Serponnet prend ensuite la parole; mais il ne parvient point à détruire les charges qui s'élèvent contre son client. Aussi les deux prévenus sont-ils condamnés chacun à 6 mois d'emprisonnement, 2,500 fr. d'amende, et à la restitution des sommes reçues.

LA CORRECTIONNELLE — N° 100.

Petites Causes Célèbres.

ÉLOGE DES SOCIÉTÉS EN COMMANDITE.

« C'est une idée grande et généreuse que celle qui réunit dans une seule main une foule de Capitaux épars; qui leur assigne un même but, une même direction, sous la responsabilité d'un homme parfaitement intègre. »

Dessiné par Gavarni

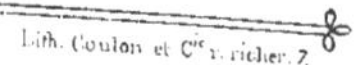

Lith. Coulon et Cie r. richer, 7.

Martinon, rue du Coq St Honoré, N° 4.

MORT AUX RATS!

Mademoiselle Zoé Bertholin, couturière en robes, a une horreur profonde pour les rats. Elle devrait être au mieux avec Larçon qui fait profession de les détruire. Point, car c'est sur la plainte de la couturière que le marchand de mort-aux-rats se trouve sur le banc de la police correctionnelle. Voici le fait qui a motivé cette plainte.

Mademoiselle Zoé occupe, rue de Chabrol, un rez-de-chaussée ; or cette rue, en raison du grand nombre de démolitions qui l'environnent, est fort peuplée de rats. Larçon, grand flaireur de ces animaux, a dû par conséquent comprendre dans le cercle de son exploitation tout le quartier du marché Saint-Laurent, où son nom, mais surtout sa personne, sont fort connus. Mademoiselle Zoé n'a jamais pu voir sans une sorte d'horripilation le destructeur de rats. Aussi, que par aventure elle soit à la fenêtre lorsque passe Larçon, avec son grand roseau orné de rats pendants en grappes, soudain elle tombe en défaillance. Larçon, qui s'est aperçu de l'impression désagréable qu'il produisait sur la trop délicate Zoé, s'est fait un jeu cruel d'irriter davantage encore ses répulsions. A cet effet, il ne manque jamais d'aller frapper dans les carreaux de la couturière, et, en lui proposant sa mort-aux-rats, de lui montrer un rat monstrueux qu'il tient familièrement dans son estomac, et avec lequel il joue comme avec un écureuil. Cet horrible exercice avait plusieurs fois déterminé des syncopes fâcheuses chez mademoiselle Bertholin ; mais un jour surtout que Larçon poussa la cruauté jusqu'à lâcher l'animal dans l'appartement de la couturière, celle-ci éprouva une si forte révolution que sa santé en fut fort dérangée ; de là les représailles que vient exercer aujourd'hui la demoiselle Bertholin contre Larçon.

Les faits sont prouvés du côté de la plaignante par des témoignages concordants, précis, et notamment par des certificats de médecin, lesquels constatent la perturbation qui s'est opérée dans la santé de mademoiselle Zoé depuis la grande peur que lui fit le prévenu.

Larçon, interrogé à son tour ne peut s'empêcher de rire de cette délicatesse d'organisation qui fait que mademoiselle Bertholin se pâme à la vue du *plus charmant animal* de la création.

M. le Président. A cet égard, il est permis d'avoir une opinion contraire à la vôtre. Vous pouvez rire d'une faiblesse, mais vous n'aviez nullement le droit de la provoquer, en quelque sorte. Votre conduite est on ne peut plus répréhensible.

Larçon. A bon chat, bon rat, comme dit le proverbe : si j'ai eu quelques torts envers mademoiselle Zoé, elle s'en est bien *re*vengée, en me jetant à la tête une potée d'eau... j'avais l'air d'un rat d'eau, quoi!

M. le Président, à la plaignante. Quels sont les dommages-intérêts que vous réclamez ?

Mademoiselle Bertholin. Mille francs, au plus bas mot.

Larçon. Oubliez-vous que je suis gueux comme un rat d'église? Et à moins de vous donner ma peau.....

Mademoiselle Bertholin. Fi, l'horreur !..... Vous puez comme un rat mort!

M. le Président. Larçon, avez-vous quelque chose à ajouter pour votre défense?

Larçon. Il me reste bien des choses à dire; faut pas que ça finisse comme ça en queue de rat.

M. le Président. Eh bien! vous avez la parole; parlez.

Larçon. Je ne sais par où je vais commencer... Mille francs! excusez..... Je voudrais bien qu'on me fît beaucoup de peurs à ce prix-là.

M. le Président. Parlez sur les faits qui vous sont reprochés.

Larçon. Mille francs!... Tenez, il n'y a plus moyen de s'entendre... qu'on me pende et n'en parlons plus..... (Hilarité dans l'auditoire.)

Le Tribunal plus indulgent condamne Larçon à 25 francs de dommages-intérêts et 15 francs d'amende.

Imprimerie d'AMÉDÉE GRATIOT et Ce, rue de la Monnaie, 11.

Table des Matières.

FIN DE LA TABLE.

Imprimerie d'Amédée Gratiot et Cᵉ, rue de la Monnaie, 11.

Imprimerie d'Amédée GRATIOT et Ce, rue de la Monnaie, 11.

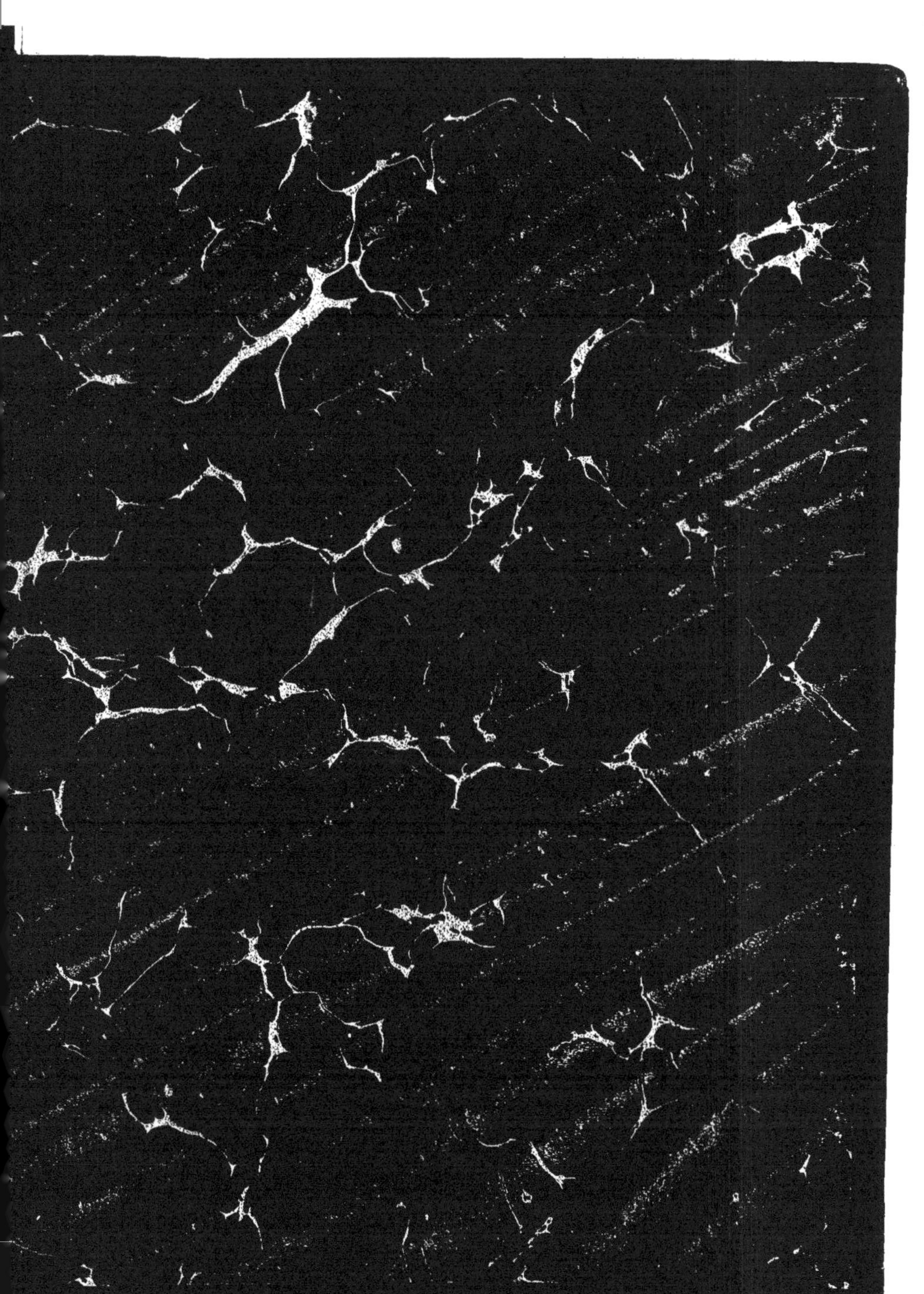